SECCIÓN DE OBRAS DE SOCIOLOGÍA

DICCIONARIO DE SOCIOLOGÍA

Traducción y revisión de
T. Muñoz, J. Medina Echavarría y J. Calvo

DICCIONARIO DE SOCIOLOGIA

HENRY PRATT FAIRCHILD, Editor

FONDO DE CULTURA ECONÓMICA

México

Primera edición en inglés,   1944
Primera edición en español,   1949
Segunda edición en español, ~~1977~~ 1997

Titulo original:
Dictionary of Sociology
D. R. © 1944, Philosophical Library, Nueva York

D. R. © 1949, Fondo de Cultura Económica
D. R. © 1997, Fondo de Cultura Económica
Carretera Picacho-Ajusco 227; 14200 México, D. F.

ISBN 968-16-5393-9 segunda edición
ISBN 968-16-0284-6 primera edición

Impreso en México

DICCIONARIO DE SOCIOLOGIA

PREFACIO

Toda ciencia ha de tener su vocabulario o terminología especial. Las ciencias emplean ideas, pensamientos y conceptos que han de expresarse por medio de palabras. Los hechos mismos que constituyen el fundamento de la ciencia han de explicarse, en gran medida, mediante palabras. Por consiguiente, ninguna ciencia puede tener más precisión y exactitud que las palabras u otros signos, tales como las fórmulas químicas o matemáticas, a los que se halla incorporada. Tal es la razón de que, por regla general, se necesite un diccionario o glosario especial para cada ciencia particular.

Por lo que respecta a la Sociología, lo que acaba de decirse acaso sea todavía más cierto que con referencia a otras muchas ciencias. Como la Sociología se ocupa de cuestiones de las que se tiene una experiencia vulgar, los pensamientos, ideas y conceptos que debe expresar aparecen, con relativamente pocas excepciones, en cualquier diccionario general corriente y la mayor parte de sus términos realmente importantes son ya, hasta cierto punto, familiares incluso a los miembros menos formados de la sociedad y de frecuente empleo en el diálogo cotidiano. La exactitud científica exige que se asigne a dichos términos una significación precisa y limitada a fin de que puedan emplearse de manera inequívoca por los especialistas, los estudiosos y los aficionados que se aventuran por este campo. De algunas palabras puede encontrarse una definición sociológica bastante precisa en un diccionario general y todo lo que se necesita es una confirmación de esta interpretación particular. En otros casos, las exigencias de la ciencia hacen necesarias definiciones especializadas que no aparecen en forma precisa en los diccionarios corrientes. Para ambos fines es indispensable un diccionario especial. Si, a veces, este procedimiento parece violentar los preconceptos de quienes emplean una determinada palabra, ello es inevitable y todo el que desee estudiar Sociología de un modo científico ha de resignarse al consiguiente esfuerzo de acomodación. La única alternativa que se ha sugerido es inventar palabras artificiales y arbitrarias, derivadas probablemente de raíces clásicas y a las que el inventor dará una significación lo más exacta posible. Pero este procedimiento no ha tenido nunca amplia aceptación porque el empleo de términos extraños y artificiales produce una impresión de pedantería y alejamiento y destroza el sentido de realidad humana que es necesario para que la ciencia sea viva y aceptable. Difícilmente podrá encontrarse en este diccionario una veintena de palabras que hayan sido inventadas deliberadamente para expresar conceptos sociológicos.

Un diccionario tiene dos finalidades principales: en primer término, consolidar y fijar las uniformidades existentes en el empleo del idioma, y en segundo lugar, establecer nuevas uniformidades y precisiones mediante la selección, para darles autoridad, de uno o más entre los diversos significados que corrientemente se atribuyen a una palabra o frase determinada. En el *Diccionario de Sociología* se da mayor relieve a esta última finalidad en razón de las circunstancias ya mencionadas. La utilidad del diccionario como elemento auxiliar para el desarrollo de una verdadera ciencia dependerá, en gran parte, de la medida en que los sociólogos acepten de buen grado las definiciones que en él se den y las empleen de manera consecuente y escrupulosa de acuerdo con las significaciones indicadas.

Asimismo, una buena definición tiene dos aspectos principales. Debe proporcionar a la persona no informada una noción clara y adecuada del carácter del objeto, incluso en el caso de que nunca se le ofrezca en su experiencia, permitiéndole también identificar correctamente el objeto que por primera vez encuentre en ella. Una buena definición debe ser algo más que una clasificación o fórmula, aun cuando estos dos factores puedan ser incorporados en ella. Como las definiciones se expresan en palabras (y algunas veces en otros símbolos), si una definición ha de ser precisa y clara, toda palabra que se emplee en ella debe ser igualmente precisa y clara. En un diccionario general toda palabra empleada en cualquier definición está, probablemente, definida en su lugar adecuado. Por consiguiente, aun cuando existe una especie de círculo vicioso, se trata de un verdadero círculo y no debe haber en él ninguna solución de continuidad. En un diccionario sociológico la mayor parte de las palabras que se emplean en las definiciones no están definidas a su vez en él, sino que han sido tomadas del uso cotidiano y sus definiciones han de buscarse en un diccionario corriente. Esto da lugar a un lamentable, pero inevitable, elemento de imprecisión. Pero se logra también una gran ventaja con el empleo de ciertas palabras características de la sociología para definir otros términos sociológicos. En este aspecto un diccionario puede ser congruente y constructivo.

Se ofrece una especial dificultad por el hecho de que, debido, en parte, a la situación a que se acaba de aludir, una proporción muy grande de términos sociológicos no son simples palabras, sino expresiones compuestas de dos o más palabras. Esto plantea problemas técnicos peculiares en la preparación de un diccionario de sociología. La cuestión de la catalogación primaria y secundaria es casi insoluble. Adoptar la norma de poner el sustantivo primero y después el adjetivo daría lugar a absurdos tales como "escala agrícola" y "cazador ambulante". El expediente de poner primero la palabra más claramente sociológica y la palabra más general en segundo lugar tiene a la lógica de su parte, pero tampoco ofrece solución en el caso en que los dos términos sean igualmente sociológicos, como, por ejemplo, "cooperación antagónica". No ha sido posible encontrar una fórmula amplia que pudiera aplicarse invariablemente a éste y a problemas análogos. Se ha creído que el mejor sistema era tratar cada caso o tipo de casos con arreglo a sus propias características, siguiendo los dictados del sentido común, prácticamente y produciendo el mínimo de violencia al pensamiento de quien haya de emplear este diccionario. Por eso, cada término particular ha sido colocado en el lugar que se estimó más razonable y práctico asignarle dentro del conjunto del sistema.

Se plantea un problema adicional por el hecho de que la sociología, como ciencia de ancho campo, debe penetrar necesariamente en varios otros más especializados, tales como los de la antropología, la economía, la psicología, la ciencia política, la estadística y la historia. No es posible establecer líneas divisorias rígidas ni tampoco idear una fórmula comprensiva que prescriba exactamente hasta qué punto es conveniente penetrar en cada uno de dichos dominios. En este caso puede encontrarse alguna indicación en el grado de carácter sociológico de varios términos específicos. Así pues, "amuleto" es un término definidamente antropológico y, no obstante, tiene una genuina significación sociológica. En cambio, "cerbatana" es un término especializado para figurar en un diccionario de sociología.

La mayoría de las definiciones han sido aportadas individualmente por los miembros del consejo de redactores colaboradores. Tales aportaciones llevan al pie las iniciales de su autor. En algunos casos se ha estimado conveniente asignar ciertos campos bastante especializados a una persona que actuaría como coordinador y unificaría las propuestas del grupo de redactores colaboradores que trabajó en la esfera que se le asignó. Así, Dwight Sanderson aceptó esta función por lo que respecta a la sociología agrícola, Walter C. Reckless para la criminología, Clyde V. Kiser para la población y E. A. Hoebel y George P. Murdock para la antropología. Las definiciones que no llevan iniciales proceden de tres fuentes principales: *1)* Han sido redactadas, individual o colectivamente, por el editor, el editor adjunto o los redactores consejeros. *2)* Se han tomado de otras obras, para lo cual se obtuvo permiso de citarlas *verbatim*, gracias a la cortesía de sus autores. Tales obras son el *Social Worker's Dictionary* de Young y el *Glossary of Housing Terms*, que se citan después. *3)* En algunos casos han sido propuestas, a petición especial, por personas que no eran miembros del consejo de redacción, pero que se prestaron amablemente a examinar ciertos conceptos con los que estaban familiarizados de manera especial. En fin de cuentas, por virtud de su posición oficial, el editor debe aceptar la responsabilidad definitiva por toda definición recogida en el texto. Pero el hecho es que la gran mayoría de las definiciones propuestas por otros fueron muy poco modificadas si es que no se las aceptó en su integridad. En conjunto, el *Diccionario* se ofrece como muestra unitaria del pensamiento preciso de la fraternidad sociológica norteamericana en general.

En la ordenación de la obra se han utilizado en gran medida algunas otras de referencia, particularmente el *Merriam's Webster's New International Dictionary of the English Language;* la *Encyclopaedia of the Social Sciences*, de Seligman y Johnson; el *Handbook of Sociology*, de E. B. Reuter; la obra de Earle Edward Eubank, *The Concepts of Sociology;* la de Harold A. Phelp, *Principles and Laws of Sociology;* el *Statistical Dictionary of Terms and Symbols*, de Edgerton; el libro de Constantine Panunzio, *Major Social Institutions*, y la obra *Building Materials and Structures, A Glossary of Housing Terms*, compilado por el Subcomité de Definiciones del Comité central de Edificación para la Investigación, Diseño y Construcción, del Departamento de Comercio de Estados Unidos y la Oficina Nacional de Patrones. Para todos ellos, nuestra gratitud más cumplida.

ADVERTENCIA A LA PRESENTE EDICIÓN

La versión española del presente *Diccionario de Sociología* ha planteado numerosos y peculiares problemas de adaptación, derivados en gran parte de la conveniencia de ampliar el campo de la obra, originalmente circunscrito casi por completo al dominio de la sociología norteamericana, con el fin de hacerla más útil para el público hispano-americano. La solución de tales problemas sólo ha podido intentarse gracias al esfuerzo de revisión total, de adaptación y de coordinación cumplido por José Medina Echavarría, director de la Sección de Sociología en la editorial Fondo de Cultura Económica, autoridad reconocida en la materia, antiguo profesor en las Universidades de Murcia (España) y México, quien actualmente tiene a su cargo la cátedra de Sociología en la Universidad de Puerto Rico. Le ha auxiliado en tal labor Julián Calvo, funcionario de la propia editorial y antiguo profesor ayudante de derecho penal y procesal en la Universidad de Murcia (España). Este último ha aumentado además considerablemente la parte de criminología y derecho, añadiendo gran número de conceptos que si no en todos los casos pueden considerarse propiamente sociológicos, siempre son susceptibles de implicaciones de tal naturaleza, por lo que se ha considerado oportuna y útil su inclusión en esta obra. Han tenido la generosa atención de revisar y en ocasiones adaptar a la realidad social hispanoamericana las partes de su respectiva especialidad, el antropólogo Javier Romero, el ingeniero agrónomo Manuel Mesa, el estadístico Miguel Gleason Álvarez y el especialista en derecho del trabajo Ángel Martín Pérez.

La incorporación de una obra de esta clase a la bibliografía sociológica hispanoamericana, cubriendo un vacío ampliamente sentido, por fuerza ha de revestir carácter provisional. De la acogida que se le dispense dependerá que en ulteriores ediciones pueda ser mejorada y que llegue a convertirse, conforme al propósito de sus editores, en un instrumento de trabajo de uso indispensable para los cultivadores y estudiosos de la Sociología.

COLABORADORES

Mapheus Smith
T. Lynn Smith
Stanley Stevens
Edwin H. Sutherland
Arthur James Todd
Warren S. Thompson
Frederic M. Thrasher

Mary van Kleeck
Amey E. Watson
Frank D. Watson
Donald Everett Webster
Oscar Wesley
Bessie Bloom Wessel
Arthur Evans Wood

COLABORADORES DE ESTA EDICIÓN

Julián Calvo
Miguel Gleason Álvarez
Ángel Martín Pérez

José Medina Echavarría
Manuel Mesa
Javier Romero

ABREVIATURAS

A.C.—antes de Cristo
adj.—adjetivo
ant.—antónimo
cf.—confróntese
criminol.—criminología
der.—derecho
econ.—economía
etc.—etcétera

for.—forense
histór.—históricamente
p. ej.—por ejemplo
penol.—penología
psicol.—psicología
psicol. crim.—psicología criminal
q. vid.—quod vide
sociol.—sociología

A

abandono. Incumplimicnto de la obligación legal de suministrar alimentos a las personas que tienen derecho a recibirlos. Es causa de divorcio. Puede considerarse como delito si el incumplimiento llega a crear una situación de peligro.—J.C.

abandono de personas. Injustificada omisión de la asistencia debida a un niño de corta edad o a un adulto impedido o incapaz por parte de sus padres o personas legalmente encargadas de su cuidado y custodia, en condiciones tales que suponen un grave peligro para el abandonado. Se sanciona como delito. Distínguese de la exposición de infante (q. vid.).—J.C.

abandono de servicio. Grave forma de incumplimiento de los deberes del cargo o función que reviste especial entidad en ciertos servicios públicos (comunicaciones, etc.) y en el ejército, por lo que en tales casos suele sancionarse como delito. En otros constituye una infracción administrativa que da lugar a la correspondiente corrección, o un incumplimiento que puede fundar la rescisión del contrato de trabajo.—J.C.

abigeato. Delito consistente en el hurto de ganado o bestias.—J.C.

abigeo. El que hurta ganado o bestias.—J.C.

abolicionismo. Movimiento en contra de la esclavitud que en Estados Unidos promovieron Wendell Phillips, William Lloyd Garrison y otros entre 1832 y 1862. Los medios empleados en él fueron desde la ayuda a los esclavos fugitivos y el empleo de la fuerza hasta la promulgación de disposiciones legales y el establecimiento de compensaciones a los propietarios de los esclavos emancipados.—G.M.F.

El término se aplica también al movimiento contra la pena de muerte y contra la regulación de la prostitución como un *status* legal.—J.C.

aborto. Vulgarmente se denomina así toda interrupción criminal del embarazo en los primeros meses de la gestación. En términos médicos es el desprendimiento, la expulsión, o ambas cosas, cualquiera que sea su causa, del huevo fecundado o el feto antes de ser capaz de vida independiente (es decir, en las primeras 26 ó 28 semanas). Después de este período y hasta la normal conclusión del embarazo, la expulsión se llama nacimiento prematuro (q. vid.). El aborto se clasifica médicamente en a) espontáneo, b) provocado, c) legal y d) ilegal. Aborto espontáneo es el desprendimiento o expulsión

del feto previable debido a condiciones o estados que no están bajo el control de las funciones fisiológicas normales (por ejemplo, cierto estado patológico en la mujer o un accidente). Aborto provocado es la interrupción artificial del embarazo, usualmente mediante una operación. Por aborto legal o terapéutico suele entenderse el provocado por un médico conforme a las prescripciones de la ética profesional en cuanto se refiere a las indicaciones médicas adecuadas y de general aceptación (con fines terapéuticos, como salvar la vida o preservar la salud de la mujer embarazada) y no prohibido por el derecho. En otras circunstancias el aborto es ilegal y se le sanciona como delito.—N.E.H.

aborto criminal. Destrucción ilícita del feto mediante el empleo de drogas, instrumentos o manipulaciones. Cf. *aborto.*—E.R.G.

absolutismo. Forma de gobierno en la que el poder supremo se ejerce por un monarca o un pequeño grupo con o sin constitución. Por analogía se aplica dicho término al dominio autocrático ejercido por una o varias personas sobre cualquier grupo social.—G.M.F.

abstención, abstinencia. Privación total y voluntaria de la satisfacción de un apetito en virtud de tabú o de una prohibición moral, como en el caso de abstenerse de comer carne en los días de vigilia, o de consumir bebidas alcohólicas.—F.H.H.

abstinencia marital. (*general*) Privación de satisfacer el apetito sexual en el matrimonio. (*específica*) 1. Aplazamiento del matrimonio hasta ser posible el sostenimiento decoroso de una familia. Es la teoría de Malthus de la "restricción moral". 2. Privación del comercio sexual en el matrimonio: a) total o b) excepto con fines de procreación.

abundancia. Copia de bienes materiales, comodidades y moderadas superfluidades, suficiente para suministrar la base física de una vida decorosa. El término se ha empleado con profusión estos últimos años, en relación particularmente con el concepto de "economía de abundancia", que se contrapone a la actual "economía de escasez", y a la filosofía en que se apoya, dominante hasta hoy incluso en los países de avanzada cultura económica. Cf. *economía de superávit.*

abuso de autoridad. Delito caracterizado por el uso de un poder público en perjuicio del derecho ajeno, sin móvil de lucro y sin que ese perjuicio constituya otro delito. Si el daño o perjuicio causado es constitutivo de delito, la circunstancia del abuso de autoridad se toma en consideración como agravante de la responsabilidad y por tanto de la pena.—J.C.

abuso de confianza. Modalidad del delito de estafa (*q. vid.*) en la que el fraude o engaño de la víctima se origina en una relación previa de carácter personal entre la víctima y el autor del delito por virtud de la cual a aquélla debían razonablemente merecer crédito o seguridad las palabras o actos de éste. La relación de confianza puede ser preordenada o no a la comisión del delito, y puede derivarse del trato personal o del prestigio o consideración social que disfrutara el delincuente. Puede dar lugar a un fraude instantáneo (apoderamiento, retención) o que se cometa a lo largo de una dilatada gestión. Jurídicamente puede constituir un delito autónomo y específico de carácter subsidiario o una circunstancia de agravación de la responsabilidad y de la pena cuando es ocasión para cometer otro delito.—J.C.

acaparamiento. Acción y efecto de acaparar. Consiste en sustraer del comercio, por medios lícitos pero con fines de especulación, productos en tal volumen que sea posible llegar a la fijación unilateral del precio desnaturalizando las leyes del mercado. Por las graves perturbaciones económicas que puede producir, suele sancionársele como delito.—J.C.

acaso. Azar (*q. vid.*).

acceso pacífico. Derecho a penetrar, sin ser molestado, en el territorio de una tribu, que a veces se concedía en Estados Unidos a los extranjeros para permitirles aprovecharse de algún monopolio de recursos naturales existentes en el mismo. Gracias a él se evitaba un estado continuo de guerra y hostilidad. Cf. *salvoconducto.*—G.P.M.

accidentes. Véase **seguro de accidente.**

accidentes del trabajo. Véase **seguro de accidentes del trabajo.**

acción. Proceso que supone cambio y también alteración progresiva de *status.*—M.C.E.

acción antisocial. La de una o varias personas que colocan el interés de ciertos individuos o grupos minoritarios por encima del bienestar general de la comunidad o población afectada. —G.M.F.

acción colectiva. 1. La emprendida por individuos unidos de tal modo que reaccionan frente al medio como si fueran partes del mismo organismo vivo.—M.S.

2. Actividad télica, simultánea y mutua, de varias personas o grupos de personas, que tiende a producir un cambio temporal o permanente en el estado de un sujeto u objeto.—J.H.B.

acción criminal. Elemento físico o de ejecución material y externa del delito. Puede consistir tanto en un hacer como en un abstenerse, dando lugar a delitos de acción, de omisión y de comisión por omisión. La forma de la acción

determina otras clases de delitos (instantáneos, permanentes, continuados, etc.). Su importancia es fundamental para la exigencia de la responsabilidad criminal desde que se hizo un principio universalmente admitido del antiguo axioma de Ulpiano: "cogitationis poenam nemo patitur".—J.C.

acción directa. Recurso a métodos no políticos, como las huelgas, el sabotaje y la resistencia, violenta o no, contra el gobierno, con el fin de provocar cambios políticos, sociales o económicos; es lo contrario de la acción política (*q. vid.*)—R.N.B.

acción en serie. Véase **acción serial.**

acción impulsiva. Acción sin previsión de un fin o dirección voluntarios.—M.S.

acción individual. Acción no influída por la de a la de cada uno de los demás.—M.S.

acción política. Utilización de las instituciones políticas para realizar cambios en el orden social y económico. Se opone a la acción directa (*q. vid.*).—R.N.B.

acción procesal. Derecho a formular una demanda ante los tribunales de justicia y modo o forma legal de ejercitarlo.—J.C.

acción recíproca. Aquella en la que cada individuo, en una pluralidad de partícipes, responde a la de cada uno de los demás.—M.S.

acción serial. Aquella en la que el primero de los partícipes inicia la actividad, y el segundo y los subsiguientes responden a la acción del predecesor y estimulan a su vez la de otro de los partícipes.—M.S.

acción social. 1. Todo gasto de energía realizado por un grupo en cuanto tal; todo esfuerzo concertado o colectivo, consciente o inconsciente.—N.L.S.

2. Esfuerzo organizado para cambiar las instituciones económicas y sociales, a diferencia del trabajo social y del servicio social (*q. vid.*), cuyas esferas no abarcan, de manera característica, la realización de cambios esenciales en las instituciones establecidas. La acción social comprende cuanto se refiere a movimientos de reforma política, democracia industrial, legislación social, justicia racial y social, libertad religiosa y civil. Entre las técnicas que emplea figuran la propaganda, la investigación y el convencimiento. Cf. *reforma social.*—R.N.B.

"acculturation." En inglés este término tiene los siguientes sentidos: 1. Proceso de adaptación: *a)* del niño a las normas de conducta —explícitas o implícitas— del grupo a que pertenece, o *b)* del miembro de un grupo ajeno al grupo que lo recibe, acomodándose a él e imitando sus pautas.—D.E.W.

2. Recepción de una cultura por contacto, especialmente con un pueblo de civilización más desarrollada. Cf. *difusión, transculturación.* —G.P.M.

De uso muy frecuente en la sociología de lengua inglesa, no puede darse un término español que abarque tal diversidad de sentido. —J.M.E.

aceleración. Aumento en el momento de un objeto móvil. Aplicable a un movimiento social o a un proceso que lleve consigo un grado mayor o menor de cambio.—N.A.

aceleración del cambio social. Aceleración es el apresuramiento del ritmo del tiempo de un cambio social. Es el ritmo del tiempo en que aumenta la velocidad de un proceso. "Retardo" es la reducción del ritmo de cambio. El *tempo* denota tanto la aceleración como el retardo, y también el ritmo cambiante, positivo o negativo, de la velocidad de un proceso. Estos términos son mensurables y, por consiguiente, susceptibles de ser precisados operativamente, hallando la diferencia entre dos períodos del ritmo del cambio social y dividiéndola por el intervalo de tiempo entre las fechas medias de los dos períodos.—S.C.D.

acercamiento. Categoría de actitudes opuesta a la de retraimiento, en el caso de que todas ellas se clasifiquen como actitudes de acercamiento, retraimiento, indiferencia y ambivalencia, o combinaciones de ellas.—T.D.E.

aclimatación. Proceso en virtud del cual los emigrantes se adaptan orgánicamente a un nuevo clima, o estado de semejante adaptación. También, en sentido figurado, adaptación psicológica y social a un medio humano diferente.—F.H.H.

acomodación. 1. Proceso social, consciente o inconsciente, que consiste en la alteración de las relaciones funcionales entre personas y grupos a fin de evitar, reducir o eliminar conflictos y favorecer el ajuste recíproco, siempre que las normas de conducta modificadas se transmitan mediante aprendizaje más bien que por herencia biológica. 2. Relaciones sociales que resultan de este proceso. Entre las variedades (o métodos) de acomodación que se mencionan con más frecuencia figuran el arbitraje, el compromiso, la conciliación, la conversión, la subordinación y la ·tolerancia (q. vid.).—H.H.

acomodación creadora. Forma de acomodación consciente y deliberada en la que se busca una solución al conflicto descubriendo y ampliando zonas potenciales de avenencia en las que las necesidades, intereses y motivos subyacentes de todos los que participan en la operación pueden ser satisfechos en el mayor grado posible. A diferencia del compromiso, la acomodación creadora trata de evitar el sacrificio de todo interés importante de ambas partes; por oposición a la justicia legal, la acomodación creadora aspira a encontrar soluciones satisfactorias y que supongan un avance.—H.H.

acomodación de grupos. Proceso por el cual los grupos que actúan influyendo unos en otros modifican su organización, su función o *status* para adaptarse a las exigencias planteadas por la situación o por la unidad social más amplia en que se incluyen.—J.P.E.

actitud. Tendencia arraigada, adquirida o aprendida, a reaccionar en pro o en contra de algo o de alguien. Se evidencia en formas de conducta tanto de aproximación como de alejamiento y el objeto de la reacción adquiere, por consecuencia, un valor positivo o negativo, respectivamente, desde el punto de vista del sujeto. La actitud puede ser, en gran medida, latente, subjetiva, no expresada, o puede representar un grado cualquiera entre dos extremos. La actitud puede ser característica de una persona y, como tal, referida a la persona en cuestión, a otras personas, a grupos sociales, a la sociedad o al universo. La actitud puede ser social en cuanto característica de un grupo homogéneo de personas. Cf. *escala de actitudes.*

actitud aprendida. Actitud adquirida como respuesta al influjo de otra persona.—M.S.

actitud doctrinaria. Véase **actitud aprendida.**

actitud experimental. Véase **actitud propia.**

actitud propia. Actitud derivada de la experiencia personal de su poseedor.—M.S.

actitud social. Actitud que 1) es comunicable y compartible o 2) favorable a los intereses sociales como distintos de los individuales. Ejemplo: si el militarista o el objetante en conciencia puede difundir sus ideas o considerar el interés social por encima del individual, se dice que su actitud es social.—F.E.L.

actitud típica. 1) Actitud que se encuentra con gran frecuencia en un individuo o grupo o 2) es característica del individuo o grupo o predomina en ellos; por consiguiente, una actitud representativa.—F.E.L.

actitudinal. Relativo a la posición o disposición que se conoce por actitud.—M.Pt.

actividad creadora. Esfuerzo consagrado a la producción de objetos o valores deseados y que contiene un elemento de plan o invención. Constituye lo contrario del esfuerzo automático o "mecanizado". La actividad individual, del grupo o de la sociedad puede ser de esta naturaleza. Los grados y los planos de la actividad creadora son tan importantes como la actividad misma. De ellos se tienen ejemplos en la esfera de la producción y oscilan desde el trabajo no cualificado o trabajo por el procedimiento de ajuste de piezas, en un extremo, hasta el trabajo del inventor o el gerente, en el otro. La actividad creadora se orienta a la modificación de la personalidad —propia o ajena— no menos que a la producción de objetos materiales. El desarrollo del entendimiento o el cultivo de las aptitudes, por ejemplo, constituyen un proceso de creación.—S.E.

actividad subversiva. Movimientos políticos organizados o, con menos frecuencia, actos políticos individuales, que los funcionarios y defensores del *status* quo consideran hostiles a las instituciones existentes y tendientes a derrocarlas por medios ilegales. Desde el punto de vista de los órganos gubernativos, la expresión comprende una extensa variedad de actos ideados para obstaculizar las funciones de la autoridad pública, la mayor parte de los cuales pueden clasificarse en diversas categorías de delitos (traición, espionaje, atentados, desacato, resistencia, desobediencia, etc.). En otro sentido, la expresión suele comprender las actividades contra el capitalismo y la propiedad privada. En los últimos años la expresión se aplica a las actividades comunistas y fascistas, aunque en menor grado a éstas.—R.N.B.

actualidad. La existencia en el presente. En su acepción correspondiente al concepto aristotélico de acto, es actual, como opuesto a potencial, lo que actúa, lo que posee realidad, actualidad o energía: el ser en acto, la forma que aplicada sobre la potencialidad de la materia constituye propiamente la cosa.—J.C.

acuerdo. Fase de la asociación humana de tipo personal-social o humano-común cuyo ejemplo más notorio es la pareja o la díada, pero que también se presenta dentro de las demás estructuras plurales y en sus relaciones mutuas y que se caracteriza por un bajo grado de distancia social. Si se destaca el aspecto humano-común, los términos sinónimos o análogos son concordancia, acuerdo, acomodación, asimilación, transculturación, armonía, concordia, etc. Cuando la asociación llega a la intensidad del acuerdo se produce la recíproca participación en las emociones, recuerdos y actitudes habituales; la conducta es cada vez más concorde, se hace cada vez más similar. No obstante, el acuerdo caracteriza únicamente la fase de semejanza, no de identidad; aun cuando en muchos aspectos es muy análogo a los conceptos de amalgama social, fusión, unificación, solidaridad, etc., no significa el máximo grado de asociación. Cf. zona de acuerdo.—H.B.

acumulación. Proceso o acto de reunir o acumular rasgos culturales tales como ideas, artefactos o técnicas.—J.P.E.

acusación. Acción y efecto de acusar. 1. Denuncia o imputación formal, ante autoridad competente, del delito cometido. Debe mantenerla durante toda la tramitación del proceso, en nombre de la sociedad, el fiscal o representante del ministerio público, y también pueden hacerlo los perjudicados por el delito, constituyéndose en partes. 2. Alegato forense (q. vid.) del fiscal o acusador, de carácter técnico, oral o escrito, en que se formula la acusación definitiva y se contienen los pedimentos de hecho y de derecho correspondientes.—J.C.

adaptación. Proceso mediante el cual se adquiere la aptitud para vivir en un medio dado. El término se aplica comúnmente, y en forma más correcta, a los cambios de los rasgos morfológicos del cuerpo físico. Por inferencia, y cuidando de que encaje bien en el contexto, puede también utilizarse para indicar la modificación cultural realizada para acomodarse a un medio humano determinado. Cf. aclimatación, asimilación social.

adaptación individual. Proceso por el cual un individuo modifica conscientemente una característica socialmente adquirida a fin de ajustarla a un modelo o norma que se estima deseable. —J.P.E.

adaptación personal. Véase **ajuste personal.**

adaptación social. Relación de un grupo o institución con el medio físico que favorece su existencia y supervivencia, o proceso, activo o pasivo, para lograrlas. A veces se emplea con impropiedad, en lugar de ajuste o acomodo, para significar una relación favorable o ventajosa del individuo con el grupo, o el proceso para lograrla.—N.L.S.

adaptado. Sujeto del proceso de adaptación; individuo, grupo o masa que pasa por dicho proceso.—F.E.L.

adaptar. Conformar un organismo a las condiciones del medio mediante un proceso de selección, natural o artificial, que produce modificaciones orgánicas. De manera análoga, acomodar un rasgo cultural, especialmente material, a nuevos empleos o a un nuevo medio cultural. —F.H.H.

adecuación. Véase **muestra adecuada.**

ademán social. Véase **gesto social.**

aditivo. Susceptible de ser tratado por el procedimiento matemático de la adición.

adivinación. Se llaman así las prácticas que tratan de predecir el futuro con ayuda sobrenatural o por medios mágicos, entre los que figuran patulimancia, la hidromancia, la contemplación la astrología, el augurio, la nigromancia, la esde la bola de cristal, el sortilegio, etc.—G.P.M.

administración. 1. Acción y efecto de administrar. 2. Función de gobierno consistente en dictar y aplicar las disposiciones necesarias para el cumplimiento y efectividad de las leyes, para la conservación y fomento de los intereses públicos y para resolver las reclamaciones a que todo ello dé lugar. La administración puede ser descentralizada geográfica (administración provincial, administración municipal) y funcionalmente (administración de justicia, administración fiscal, administración militar, de correos y telégrafos). 3. El mismo término designa al conjunto de órganos y servicios administrativos en cuanto personalidad.—J.C.

administración científica. Véase **gerencia científica.**

administración de instituciones sociales. Dirección del funcionamiento y planeación del desarrollo de una institución social; comprende primordialmente la función ejecutiva o de gerencia, el auxilio y fomento de las actividades de la función ejecutiva y la cooperación con ella.—W.P.

administración del hogar. Véase **hogar (administración del).**

administración fraudulenta. Delito por virtud del cual el gestor de una operación administrativa en interés de otros abusa de la confianza que se le otorgó, convirtiendo indebidamente en su provecho las mismas cosas que se le entregaron para que las administrase o las ganancias obtenidas en la administración, ya reteniendo los bienes o valores, ya negándose a rendir cuentas, ya rindiéndolas con infidelidad.—J.C.

adolescencia. Período del desarrollo del ser humano comprendido entre la pubertad, comienzo acelerado del desarrollo sexual, y la plena madurez.—E.R.G.

adolescentes. Véase **tribunales de menores.**

adopción. Aceptación voluntaria, confirmada de ordinario por testimonio judicial u otro acto jurídico, de un hijo de otros padres para considerarlo como hijo propio. Produce efectos civiles.—A.J.T.

adquirido. Recibido de fuente externa; no innato. Cf. *característica adquirida.*—J.P.E.

advertencia. Promesa o predicción de consecuencias desagradables que han de seguirse de los actos presentes. Mientras la amenaza contiene siempre una referencia al presente, la advertencia se proyecta siempre sobre el futuro.—F.E.L.

adulación. Forma de presión ejercida sobre las personas y que consiste en charla amena, lisonjas claramente expresadas y con frecuencia engañosas, hechas con la intención de obtener favores. Halago, zalamería, marrullería y engatusamiento son términos de significación muy similar.—F.E.L.

adulteración. Alteración de la naturaleza, características o cualidades de alguna cosa. La de alimentos suele hacerse con móvil de lucro y puede suponer grande o grave riesgo para la salud, dando lugar a que se le sancione como delito.—J.C.

adulterio. Mantenimiento de relaciones sexuales extraconyugales entre personas casadas. Es causa de divorcio. Algunas legislaciones lo sancionan también como delito en cuanto ataque a la fe conyugal, al buen orden de la familia y a la seguridad de la descendencia legítima. Suele ser objeto de desigual consideración jurídica y social según que lo cometa el marido o la mujer. Cf. *concubinato.*—J.C.

adulto. Persona llegada al término de la adolescencia y que adquiere la plenitud de los derechos y deberes que dimanan de su vida social. La condición de adulto, ligada jurídicamente con la mayoría de edad, da lugar también a la plena responsabilidad civil y penal por los propios actos. El sistema jurídico penal está construido sobre tal supuesto, y por ello se debe excluir del mismo a los menores y someterlos a tratamientos especiales, aunque sus fines generales —reeducación y readaptación social— sean los mismos que persigue el tratamiento penal de los adultos. Cf. *educación de adultos.*—J.C.

advenedizo. Dícese despectivamente de la persona que pretende establecerse y residir en un lugar donde carece de arraigo. También de la persona que procediendo de una capa social inferior pretende asimilarse a otra superior fundándose en su fortuna o en una cultura superficial adquirida.—J.C.

afiliación. Estado de relación legal, formal o cooperativa, entre dos o más grupos sociales organizados; proceso mediante el cual se establece dicha relación.—F.H.H.

afinidad. Parentesco que en virtud del matrimonio se establece con los parientes consanguíneos del cónyuge o con el cónyuge de un pariente consanguíneo. Cf. *consanguinidad.*—G.P.M.

afrodisíaco. Alimento o droga ideado para engendrar o acrecentar el deseo o la potencia sexual.—E.R.G.

agamogénesis. Reproducción asexual; reproducción por hembras vírgenes mediante huevos que se desarrollan sin haber sido fertilizados por espermatozoos; sinónimo: *partenogénesis.* En las categorías subhumanas se da este caso, principalmente en ciertos crustáceos, insectos y gusanos; en la historia de la cultura humana, supuesto "nacimiento virginal".—A.J.T.

agencias de servicio. Expresión empleada por los sociólogos rurales para designar las instituciones, organizaciones, negocios o profesiones que sirven una zona determinada.—D.S.

Dichas zonas son áreas sociales y económicas (q. vid.) que constituyen el campo de acción natural de las respectivas agencias de servicio.

agente de cambio y bolsa. Funcionario que interviene en las negociaciones de valores cotizables y las certifica.

agente de la autoridad. En términos de uso corriente se llama así el agente de policía o empleado subalterno encargado de la seguridad y vigilancia públicas. Técnicamente es todo aquél que ejerce una función de autoridad que no lleva aneja jurisdicción o competencia propias. Sus actos son objeto de igual protección jurídica que los de la autoridad misma.—J.C.

agente de negocios. El que se dedica a la gestión de negocios ajenos.

agente ejecutivo. El encargado de hacer efectivos por vía de apremio los impuestos, arbitrios o penas pecuniarias no pagados voluntariamente.

agente provocador. Agente solapado que emplea el método de incitar a los individuos a realizar actos ostensibles con el fin de comprometerlos. El tipo más conocido es el agente utilizado para que actúe dentro de los sindicatos, partidos políticos extremistas y grupos obreros semejantes con el propósito de perjudicarlos lanzando a sus miembros a la comisión de actos de violencia u otros igualmente ilícitos que les hacen caer en manos de la policía y de los tribunales, que crean disensiones internas o que producen el descrédito de la organización.—K.DP.L.

agio. Delito contra la economía que se comete maniobrando por medio de noticias falsas, negociaciones fingidas o coaligándose con los principales tenedores de mercaderías, fondos públicos o valores y restringiendo su venta con el fin de alterar artificialmente su precio.—J.C.

agitador. 1. Persona que, con la palabra y con

la pluma, expresa las reivindicaciones de clases y grupos desvalidos y trata de organizar reformas radicales.—R.N.B.

2. Todo el que intenta crear una actitud de descontento, inquietud o rebelión en los demás.—M.S.

aglomeración. Proceso o resultado de la reunión accidental de personas. Cf. *hacinamiento, promiscuidad.*

agnación. Sistema de parentesco dominante en la Roma antigua y en el que la relación se establecía de modo exclusivo siguiendo la línea masculina. Los parientes que tenían un antepasado común masculino, determinado siguiendo la línea masculina, se denominaron *agnati.* —W.G.

agnado. Pariente consanguíneo de la línea patrilineal (*q. vid.*) o masculina. Cf. *cognado.*—G.P.M.

agorafobia. Sentimiento neurótico de temor a los lugares públicos. Particularmente, temor de atravesarlos; en algunos casos puede ser efecto del aislamiento social. Cf. *ghetto.* Ant.: *claustrofobia.*—J.H.B.

agostamiento. Deterioro que resulta del menoscabo en el valor de uso de una propiedad territorial. Cf. *área agostada.*

agotamiento social. Desaparición o eliminación gradual de elementos sociales vitales que dejan un residuo socialmente ineficaz. Por ejemplo: la reducción de la población de una comunidad debida a la eliminación de ciertos grupos de edad o sexo, o de personas bien dotadas mental o técnicamente, al extremo de perjudicarse la eficacia de las instituciones sociales.—M.C.E.

agrario. Perteneciente o relativo a la tierra cultivable.

agravación. Aumento de la responsabilidad criminal, y por consiguiente de la pena, en consideración a la concurrencia de especiales circunstancias (agravantes) de hecho o personales que denotan mayor peligrosidad en el autor de un delito.—J.C.

agravantes, circunstancias. Circunstancias personales o de hecho que, por denotar una mayor peligrosidad en los partícipes en la comisión de un delito, dan lugar a la agravación de su responsabilidad y consiguientemente de la sanción. Entre ellas se encuentran la alevosía, el precio, recompensa o promesa, el estrago, el ensañamiento, la premeditación, la astucia, el abuso de superioridad, el abuso de confianza, la nocturnidad, el despoblado, la cuadrilla y la reincidencia. Cf. *circunstancias mixtas.*—J.C.

agregación. Cf. *agregado.* En el álgebra básica y en la sociología dimensional, lista de entidades registradas separadamente. Así, el calendario de un mes es una agregación de días, un mapa es una agregación de regiones, una lista nominal es una agregación de personas y una escala es una agregación de unidades.—S.C.D.

agregado. Proceso de agrupación de individuos en un cuerpo no organizado o masa sin consenso obligatorio de sentido permanente. Cf. *agregado social.*

agregado genético. Grupo de personas emparentadas que han vivido juntas desde su nacimiento en un mismo sitio; grupo asentado reclutado de un modo exclusivo por razón de nacimiento; grupo cuyos miembros son de una misma sangre debido al matrimonio entre sus propios miembros.—N.L.S.

agregado social. La totalidad de personas que habitan en un territorio determinado, considerada como colectividad desde el punto de vista tan sólo de la proximidad o propincuidad relativa de unos y otros, pero no desde el punto de vista de la organización o interacción.

agresión. 1. Acto cuya finalidad es dominar la persona, los actos o las propiedades de uno o más individuos contra su voluntad y en beneficio principal del agente agresor, pero también con el propósito de crear sufrimiento o descontento en quienes sufren la acción.—M.S.

2. Empleo ilegítimo de la fuerza por una persona contra otra; puede consistir en golpear, herir e incluso en cualquier contacto, por ligero que sea, con otra persona o con sus vestidos o efectos, cuando se realiza de manera airada, insolente u hostil; puede constituir un daño civil o un delito. Cf. *atentado.*—F.W.K.

agrícola. Relativo a la agricultura.

agricultor. Persona que administra y dirige una explotación agrícola, ya sea como empresario o como administrador retribuido, aplicando capital y trabajo a la tierra con el fin de explotar una o más empresas agrícolas. El agricultor puede ejercer las funciones de capitalista o de jornalero, pero debe ejercer las de administrador. Los agricultores pueden dividirse en cierto número de categorías, según sea el origen de su derecho a explotar la finca, a saber: *1)* El propietario o hacendado, si explota por sí mismo su tierra destinándola a la agricultura. *2)* El arrendador o rentero, que obtiene el derecho a trabajar la tierra por su cuenta mediante un contrato de arrendamiento, obligándose a pagar una renta en dinero al propietario de la tierra. La renta puede estipularse en un tanto alzado por el arrendamiento de la finca, o en un tanto por unidad de superficie cultivada. *3)* El aparcero, que obtiene el uso de la tierra a cambio de entregar al propietario de ella una parte de la cosecha. No cabe confundir al aparcero o mediero con el jornalero o campesino que percibe una parte de la cosecha como retribución en especie por su trabajo en la finca, pero que no adquiere otros derechos sobre ella.—T.L.S.

agricultor de subsistencia. Individuo cuyas actividades agrícolas tienen como finalidad primordial proveer a sus propias necesidades y a las de su familia más bien que obtener productos para el mercado.—P.H.L.

agricultores. Véase **cooperativa agrícola.**

agricultores, organizaciones de. Grupos organizados de agricultores. En sociología rural norteamericana la expresión se restringe a las asociaciones nacionales de agricultores, como "The Grange", "The Farm Bureau" y "The Farmers' Union".—P.H.L.

agricultura. Utilización de la fertilidad de la tierra para la producción de plantas y animales necesarios para el hombre. El término comprende todas las formas de cultivo y de cría de animales. Debe su existencia a la extracción de la tierra de materias que son reemplazables, al menos teóricamente, bien sea por el lento proceso natural, bien por la fertilización artificial. Por consiguiente, no implica necesariamente el agotamiento de la tierra. Económica y socialmente, la caza y la pesca de animales silvestres se encuentran en la zona fronteriza entre la agricultura y la minería (q. vid.). Cf. *escala agrícola.*

agricultura complementaria. Tipo de agricultura familiar en el que sólo una parte de la familia se dedica al trabajo en la finca en tanto que la mayor parte de aquélla se consagra a ocupaciones no agrícolas. La granja o rancho suministra un sitio donde vivir, productos obtenidos en el hogar y quizás algún dinero procedente de la venta de productos. Sin embargo, la mayor parte de los ingresos en dinero proviene de las ocupaciones no agrícolas.— C.E.L.

agricultura de jornada incompleta o parcial. Véase **agricultura complementaria.**

agricultura dispersa. Véase **dispersión de posesiones.**

agricultura en gran escala. La que consiste en la explotación de unidades agrícolas de gran tamaño e intensamente racionalizadas. Una explotación de este tipo produce principalmente para el mercado y de aquí que tienda al monocultivo (especialización por empresas) y no a la diversificación. También entraña una gran especialización por tareas, siendo la más importante de todas la separación de las funciones del empresario, el administrador y el trabajador. La propiedad de un negocio de esa índole puede pertenecer a una sociedad, el capital ser suministrado por inversionistas extraños, el administrador ser un empleado asalariado y los trabajadores constituir un proletariado rural permanente. En la gran empresa agrícola, el lucro es el móvil principal y la labranza no es una simple manera de vivir.—T.L.S.

agricultura familiar. La que consiste en la explotación de una propiedad agrícola reducida y cuyo objetivo principal es la producción de mercancías y servicios para satisfacer las necesidades del agricultor y de los miembros de su familia. En ella la producción para el mercado ocupa un lugar secundario, y los productos vendidos suelen ser los excedentes no utilizables por la familia. En la economía agraria de Estados Unidos, este tipo de agricultura tiene sobre todo importancia histórica. Las propiedades que hoy se dedican a ella son pequeñas y muy diversificadas y se cultivan intensivamente. En tal unidad, la labranza continúa siendo

una "manera de vivir" más que un negocio. —T.L.S.

agua. Véase **funeral acuático.**

agüero. Todo fenómeno que se cree tiene un augurio sobrenaturalmente inspirado y que, por consiguiente, se interpreta como indicación digna de confianza sobre futuros acontecimientos favorables o desfavorables.—E.A.H.

"ahimsa." Doctrina de la no violencia tal como en la India la practicó Gandhi en sus campañas de desobediencia civil. El término comprende todas las formas pacíficas de resistencia, pero excluye los motines que con frecuencia forman parte de tales campañas. Cf. *satiagraha.*— S.C.M.

aislamiento. Desde el punto de vista sociológico, concepto triplemente relativo: 1) es imposible tener un yo organizado, y en este sentido ser un individuo humano, si ha dominado una separación completa de otros seres humanos desde el nacimiento o durante ciertas fases fundamentales del desarrollo; 2) no obstante, las personas pueden verse impedidas para iniciar o mantener relaciones sociales que ellas consideran deseables y, por consiguiente, pueden encontrarse hasta cierto punto aisladas; 3) lo que se cree que constituye el aislamiento varía de persona a persona y de sociedad a sociedad. A causa de esta relatividad sólo puede ser negativa una definición general del aislamiento: situación en la que faltan ciertas relaciones con otros seres humanos. Para fines menos generales podemos, no obstante, distinguir: a) el aislamiento estrictamente físico, como el de Alejandro Selkirk, el confinamiento solitario del tipo de los isleños de Pitcairn, etc.; b) el aislamiento social, como el de una sociedad sagrada (q. vid.), el de los gitanos, los judíos, los intocables u "hombres marginales", y c) el aislamiento psíquico (empleando el término "psíquico" como un aspecto del funcionamiento de un organismo total, más bien que dualísticamente). Esta última clase de aislamiento puede oscilar desde las formas de pensamiento cerrado de un dogmático a las ensoñaciones autistas de un esquizofrénico, o desde el ingenuo etnocentrismo de un pueblo analfabeto a la arrogancia racial de los "arios" de elevada educación. El aislamiento físico puede, naturalmente, fomentar o alentar los otros tipos y también, en ciertas circunstancias, puede ocurrir al contrario.—H.B.

aislamiento social. Véase **aislamiento (b).**

aislar. Separar de las relaciones sociales; reducir o eliminar los contactos sociales.

ajustar. Modificar la conducta personal, mediante acomodación, por ejemplo, para conseguir una relación armónica y eficaz con el medio cultural.—F.H.H.

ajuste de la personalidad. 1. En la relación entre las partes de una personalidad (q. vid.), tipos que favorecen los intereses supremos de aquélla y las exigencias de los grupos sociales en que se apoyan esos intereses. 2. Procesos que tienden a producir semejantes relaciones;

los procesos sociales (q. vid.) cuando son analizados desde el punto de vista de los cambios que se producen en el individuo y de los efectos de tales cambios en lo que son sus intereses supremos.—H.H.

ajuste defectuoso. Proceso-situación en el que una personalidad o grupo no logra "compensar", es decir, resolver sus problemas de tal modo que queden resueltos sus conflictos internos y externos; insuficiencia de adaptación o acomodo juzgada desde la perspectiva de ciertos valores. Normalmente los problemas se resuelven empleando los recursos ordinarios (habituales, mentales, económicos y sociales) de la persona o grupo, después de un período de "desarreglo" (q. vid.). Si resultan insuficientes los recursos "normales", sobreviene una situación crítica y si la crisis se afronta de manera ineficaz continúa el desajuste, aumenta la anormalidad, se producen nuevas crisis, y la desintegración (q. vid.) o la intervención de agentes extraños al círculo de dependencia (q. vid.) normal que actúan, sucesivamente, con carácter terapéutico, curativo y mejorador (q. vid.). [Inglés, maladjustment.] Cf. desajuste.—T.D.E.

ajuste individual. Véase **adaptación individual.**

ajuste institucional. Modificación de las funciones y relaciones consuetudinarias de una institución. El carácter de movimiento de masa del ajuste institucional hace que de ordinario se verifique en forma carente de plan y en gran medida no prevista, fuera del alcance de las capacidades individuales. Todo cambio en las condiciones de vida, especialmente los cambios técnicos y ecológicos, da lugar a un ajuste institucional. Se produce más fácilmente en las instituciones relacionadas de manera inmediata con la preservación social y con menos facilidad, en general, en la institución religiosa, porque ésta se encuentra más alejada del control inmediato y constante de la vida económica y política.—A.M'C.L.

ajuste personal. Condición o estado en el cual el individuo se encuentra en relación armoniosa con una situación social dada. Proceso que conduce a tal estado.—W.E.G.

ajuste profesional. Preparación y adaptación de los jóvenes a su status profesional y económico, de tal modo que sus necesidades sociales y domésticas queden, también, satisfechas. Tal ajuste tiene tanto un aspecto subjetivo como objetivo, puesto que proporciona al individuo un conocimiento completo de sus aptitudes innatas y de las orientaciones dominantes en los ramos profesionales de mayor importancia. En este ajuste se ofrecen un entrenamiento adecuado de determinadas habilidades y una educación científicamente orientada. Cf. enseñanza vocacional, orientación profesional, reeducación profesional.—A.E.W.

ajuste social. 1. a) Tipos de relación entre personas, grupos, elementos culturales y complejos de cultura que son armoniosos y mutuamente

satisfactorios para las personas y grupos implicados. b) Procesos que tienden a crear tales relaciones.—H.H.

2. Uno de los términos más empleados por la biología, la educación, la psicología social y la sociología contemporáneas. También es uno de los más vagos y ambiguos, fluctuando desde la frase "la vida es un ajuste de las relaciones internas a las relaciones externas" (Spencer) a la de "el éxito no es otra cosa que saberse ajustar a los demás" (Dale Carnegie). Por consiguiente, en la mayor parte de los casos conviene especificar qué es lo que significa el término ajuste en su contexto; por ejemplo: si conformidad pasiva, propia reforma activa, mutación, variación infinitesimal, habituación, subordinación, modales recatados, laxitud ética, etc.

Un examen del empleo corriente del término proporciona los diversos sentidos sociológicos principales. Entre los más importantes figuran: a) El interactivo, en el que el hombre se ajusta a los demás mientras actúa en los medios económico, religioso y otros. La interacción existente puede caracterizarse como de competencia, de cooperación, etc. b) El de lucha, en el que existe un esfuerzo deliberado hacia una adaptación mejor o mejorada. c) El acomodativo, concebido como cierta relación entre los partícipes relativamente estable y mutuamente aceptada. d) El asociativo, en el que el ajuste se considera como un paso o fase de un proceso asociativo general. Existe menos distancia social que en la insinuación, pero más que en la armonía. Los partícipes han llegado a un modus vivendi en algunos respectos, por decirlo así, y con respecto a los demás "están conformes en que no lo están". e) El normativo, en el cual los ajustes "buenos", "eficientes" o "adecuados", las adaptaciones, los "encajes" o "integraciones" se realizan entre personas, tecnologías, organizaciones o instituciones. Sus opuestos son desajuste, ajuste defectuoso, desintegración y desorganización.

ala derecha. Aquella parte o elemento de cualquier grupo ideológico que tiende hacia un conservadurismo o reaccionarismo relativo o que defiende la forma extrema de las ideas o principios característicos del grupo.

ala izquierda. Expresión que designa a los partidos radicales extremos en los Estados democráticos y que procede de su colocación en el hemiciclo de los cuerpos legislativos europeos. Generalmente comprende a los socialistas, comunistas y demás partidos que defienden un programa revolucionario basado en la abolición del capitalismo. Se emplea por extensión para designar a los elementos de cualquier organización que dentro de ella defienden el programa más radical. La expresión ala derecha (q. vid.) se emplea para designar a los partidos o sectores conservadores contrarios.—R.N.B.

albinismo. Característica hereditaria variable que se encuentra tanto en las razas blancas como en las de color y que se muestra en una marcada carencia de pigmento en la piel, el cabello y los ojos. En el albinismo completo los ojos son color de rosa, el cabello blanco y la piel blanca como la leche y sin pigmento. En el albinismo parcial estas circunstancias se dan sólo aproximadamente. Se debe a una sustitución en los genes, heredada en muchos casos como un recesivo autosomático. Entre los albinos parciales se incluye usualmente a las personas que tienen manchas blancas en la piel y anormalidades pigmentarias.

alcalde. Autoridad administrativa superior de un ayuntamiento o municipio.—J.C.

alcoholismo. Afición anormal al alcohol. La base de todos los licores malteados y destilados es el alcohol etílico, que en grandes cantidades constituye un veneno. Según la teoría freudiana, la apetencia psicológica irreprimible de ingerir alcohol tiene su fundamento en la homosexualidad reprimida. Sin embargo, más generalmente, el alcoholismo es una forma de evasión ante los conflictos y se asocia con frecuencia a sentimientos de inferioridad. El alcoholismo, sin duda alguna, es un factor criminógeno indirecto de la delincuencia violenta. La intemperancia y la miseria también van asociadas a él. Los perniciosos efectos del alcoholismo suelen hacerse sentir con intensidad en los miembros no bebedores de la familia del alcohólico. El alcoholismo es una de las formas del problema de la entrega a un narcótico para escapar de una situación psicológica o social deprimente.—N.F.C.

aldea. La aldea agrícola es aquella forma de asociación, consecuencia de la contigüidad local de residencia, entre gentes dedicadas a diversas ocupaciones, cuyos hogares están reunidos en un área pequeña y cuyas organizaciones e instituciones económicas y sociales dependen en gran medida, para su sostenimiento, de las familias campesinas del área circundante a que sirven. Las aldeas pesqueras, mineras o industriales se caracterizan porque la mayoría de sus habitantes están dedicados a tales ocupaciones. Según el censo de Estados Unidos, las aldeas que constituyen municipio tienen una población inferior a 2,500 habitantes. No existe ninguna norma establecida por lo que respecta al volumen de población de las aldeas sin organización municipal. Algunos autores señalan como población mínima la de 250 habitantes (llamando villorrios a las que tienen una población menor aún), mientras que otros aceptan como denominación común la de población rural (pueblo o poblado) y llaman aldeas a los agregados de 100 o más habitantes. Cf. comunidad de aldea.—D.S.

aldea lineal. Tipo de colonización o asentamiento rural. Cf. colonización (formas de).

aleatorio. Véase **elemento aleatorio.**

alegato forense. Amplia y razonada exposición técnica que contiene la defensa del derecho invocado por un abogado en favor de su cliente y la impugnación del alegado en su perjuicio.

Puede ser oral o escrito, tiene el carácter de informe jurídico y debe contener como conclusiones los pedimentos de hecho y de derecho que constituyen el objeto de su participación en el proceso.—J.C.

alevosía. Circunstancia agravante o cualificativa que consiste en el aseguramiento de la comisión de un delito sin riesgo para el delincuente, "a traición y sobre seguro".—J.C.

alfabeto. (adj.) Se dice del que es capaz de leer y escribir o comunicarse por medio de la escritura. Tales aptitudes evidencian la capacidad de una persona o pueblo para llegar a articularse por medio de símbolos.—N.A.

alibi. Coartada (q. vid.).

alienista, perito. Término con que se designa al especialista en enfermedades mentales que comparece ante un tribunal para dictaminar sobre el estado mental del autor de un delito, en la actualidad o en el momento de delinquir.—J.W.M'C.

alimentos. Pensión que un tribunal obliga a pagar a uno de los cónyuges con cargo a su propio patrimonio, y en favor del otro, con o sin divorcio previo, para su sostenimiento o el de los hijos que quedan en su poder. Los alimentos provisionales (pendente lite) constituyen una pensión que se exige al marido para el sostenimiento de la esposa mientras se tramita el divorcio. La cuantía de la pensión alimenticia y el período de tiempo durante el cual debe ser satisfecha varían con arreglo a las circunstancias económicas, salud, edad, posición social y otros factores que debe tener en cuenta el tribunal. La cuantía de la pensión y los procedimientos de pago para hacer frente a nuevas circunstancias pueden ser revisables por el tribunal.—O.W.

allanamiento. Acción y efecto de allanar y de allanarse. Acto procesal que consiste en avenirse o conformarse con una demanda o decisión judicial.—J.C.

allanamiento de morada. Atentado contra la libertad de domicilio que consiste en penetrar en él contra la voluntad expresa o presunta del morador y sin mandamiento de autoridad competente. Constituye delito.—J.C.

alma. El doble espiritual separable y el principio animador de un ser humano u otro organismo u objeto. Cf. animismo, espectro, espíritu, pérdida del alma.—G.P.M.

alma-substancia. Poder sobrenatural impersonal en general, o la esencia espiritual difusa asociada a un ser humano o a un objeto. Cf. alma, mana.—G.P.M.

alquería. Casa o centro de la explotación agrícola, donde vive el agricultor, se recogen los animales y se guardan los aperos de labranza. Puede ser además un pequeño centro industrial agrícola.

alquiler. Cantidad en dinero que se paga periódicamente al propietario de un terreno o edificio por su ocupación o uso a título de arrendamiento. Se aplica más generalmente refiriéndose a edificaciones urbanas. El movimiento de la tasa de alquileres suele ser un índice de importantes problemas sociológicos.—J.C.

altruísmo. Sentimiento de consideración hacia los demás, devoción por los demás, que implica, frecuentemente, cierta abnegación. Lo opuesto a egoísmo.—O.W.

altruísta. No egoísta; generoso; caracterizado por el altruísmo; que atiende con preferencia a los intereses y el bienestar de los demás o del grupo social; especialmente, quien tiene tal consideración con respecto a los demás en las relaciones personales íntimas de la vida social. Interesado más por el volumen total de bienestar que por su distribución.—F.H.H.

alzamiento. Rebelión. Levantamiento público, tumultuario, con o sin armas y en actitud de hostilidad contra las autoridades públicas con el fin de conseguir alguna finalidad ilícita. Constituye delito.—J.C.

alzamiento de bienes. Se denomina así la sustracción u ocultación de bienes de cualquier clase y la aparente y maliciosa alteración de su propiedad cuando se hace con el fin de favorecer a una persona insolvente en perjuicio de sus acreedores. Constituye delito.—J.C.

alumbramiento. Parto. Acto de dar a luz un nuevo ser.—E.R.G.

ama-criada, relación de. Fase de la evolución de las relaciones de trabajo en la que el ama no posee ya la persona de la trabajadora (como sucedía en la esclavitud), pero sí la mayor parte del tiempo de la criada, así como su fuerza física y su dedicación. La criada, por su parte, ha aceptado la subordinación y la inferioridad como su misión y su *status*.—A.E.W.

amalgama. 1. Proceso biológico por virtud del cual dos o más tipos raciales se funden en una mezcla homogénea por medio de la endorreproducción y de la combinación progresiva de los respectivos plasmas germinales. 2. Por analogía, unión en un grupo funcional de dos o más personas o grupos distintos, diferentes en características secundarias pero suficientemente similares en los rasgos fundamentales, a tal extremo que el resultado es una mezcla fácil y homogénea.

amalgamar. Participar en el proceso de amalgama o sufrirlo.

amarillo. Esquirol (q. *vid.*). Cf. *cláusula amarilla.*

ambiente. Véase **habitat, medio, milieu.**

"ambil-anak." Excepción especial a las costumbres matrimoniales en el caso de la hija, que suele producirse en las sociedades patrilineales y patrilocales (q. *vid.*) cuando una familia carece de hijos varones, por lo cual durante una generación es matrilocal (q. *vid.*) la residencia y matrilineal (q. *vid.*) la descendencia; entonces se suprime o reduce el acostumbrado precio de la novia (q. *vid.*).—G.P.M.

amenaza. Atentado a la libertad de determinación consistente en la conminación de un mal grave para conseguir de una persona que haga o deje de hacer algo en contra de su voluntad. Se considera como delito.—J.C.

amencia. 1. Deficiencia mental. 2. En ciertas partes de Europa, particularmente en Alemania, Austria, Holanda y Noruega, el término amencia se aplica a las situaciones psicopáticas caracterizadas por un síndrome orgánico agudo en el cual hay pérdida de memoria, obnubilación, confusión, perplejidad, azoramiento, desorientación y desórdenes emocionales.—C.F.S.

americanismo. Exaltación y defensa del espíritu y las tradiciones de las instituciones culturales y democráticas americanas. Términos análogos (argentinismo, cubanismo, mexicanismo, peruanismo, etc.) se aplican a diversos movimientos nacionalistas. Con frecuencia se falsean, al extremo de encubrir la adhesión a determinadas fórmulas políticas o económicas de interés puramente particular.

americanización. Se llama así en la sociología norteamericana al proceso de asimilación mediante el cual gentes de cultura distinta adquieren maneras y tipos de vida norteamericanos y las actitudes de fidelidad a su nueva nación; asimilación de la cultura norteamericana por personas de nacimiento o descendencia extranjera.—N.L.S.

El término es traducible a otras culturas nacionales. Cf. *americanismo.*

amistad. Relación social entre dos individuos caracterizada por la atracción y la cooperación mutuas y en la que no intervienen tendencias o móviles sexuales, o no son predominantes.

amistad platónica. Véase **amor platónico.**

amitato. Relación convencional de especial importancia entre una persona y su tía paterna. Cf. *avunculato.*

amnistía. Causa de extinción de la responsabilidad criminal por virtud de la cual, olvidándose el delito, se considera inexistente en todos sus efectos. Su pronunciamiento es general y suele aplicarse a los delitos políticos.—J.C.

amo-criado, relación de. Tipo especial de relación humana, característica de la sociedad heril, muy corriente en la sociedad romana y en la feudal, pero ya inexistente en las relaciones obrero-patronales de nuestro tiempo. El amo típico conoce a su criado y a la familia de éste y sabe cuáles son sus problemas. Las exigencias del amo respecto del criado están reguladas, en gran parte, por la costumbre; sus obligaciones para con él son efectivas y regularmente demostrables. El criado, a su vez, está dedicado a su amo, no formula exigencias categóricas o imperativas, acepta sumisamente su situación y de ordinario es respetuoso. Los servidores domésticos, especialmente, disfrutan de un prestigio especial, de seguridad y de privilegios personales.—W.C.H.

"amok." En los pueblos malayos, situación de depresión psíquica que culmina en una breve explosión de manía homicida. Se emplea en el lenguaje corriente de algunos países para indicar un ataque ciego, una conducta irresponsable y desenfrenada. Cf. *berserk* (persona extraordinariamente violenta).—E.A.H.

amor. Afección profunda y sincera por cualquier objeto, acompañada, de ordinario, por una devoción leal y por una solicitud invariable. El objeto puede ser una persona, un grupo e incluso una entidad abstracta llamada "patria". El término tiene muchas subdivisiones reconocidas, tales como: sexual, filial, paternal, consanguíneo, romántico, platónico, etc. Para conseguir exactitud científica, el contexto debe siempre aclarar de qué variante se trata.

amor libre. Relaciones sexuales no reguladas, sin las obligaciones y responsabilidades ordinarias del matrimonio. Término vago que va desde la absoluta promiscuidad hasta las "distracciones casuales" de un individuo casado. El término no tiene precisión científica, a menos que su significación exacta pueda aclararse por el contexto.

amor platónico. Camaradería de carácter espiritual, no sexual ni carnal. En la acepción moderna este estado afectivo se limita a las personas de sexo contrario, pero en las obras de Platón no hay nada que justifique esta limitación estricta.—W.C.H.

amoral. Carente del sentido de responsabilidad moral, como, por ejemplo, un criminal amoral o un imbécil.—F.H.H.

amoralidad. Estado o cualidad de no estar sujeto a juicio con arreglo a un código moral; fuera de los límites de las normas morales; también la condición de los individuos incapaces de formular juicios morales o de hacer distingos morales.

amuleto. Objeto u ornamento que se lleva como protección mágica o fetichista contra la enfermedad, la hechicería u otros males. Cf. *fetiche*, *talismán*.—G.P.M.

anabolismo social. Desarrollo constructivo que se da en la sociedad mediante la absorción y adaptación de nuevas ideas, actitudes y prácticas.—M.C.E.

anacoreta. Eremita religioso.—L.P.E.

anafrodisíaco. Alimento o droga destinado a calmar el apetito sexual.—E.R.G.

analfabetismo. Condición de analfabeto. En los censos de población comprende a las personas que han pasado de la edad escolar y no saben leer y escribir.

analfabeto. Que no sabe leer y escribir. Distínguese de no-alfabeto y de prealfabeto (*q. vid.*).

análisis componencial. Véase **análisis factorial.**

análisis factorial. Descomposición de una situación o fenómeno en sus factores; por ejemplo, en sus determinantes culturales, hereditarios y geográficos subyacentes. Un análisis factorial puede emprenderse desde una o varias perspectivas o puntos de vista. En el último caso sería un análisis pluridimensional. Cuando el interés se centra en los elementos más bien que en las determinantes de una situación, puede

utilizarse como apropiada la denominación de análisis "componencial".—S.E.

análisis social. Examen amplio de los hechos sociales complejos para distinguir: *a*) sus partes; constitutivas, *b*) la relación recíproca entre ellas; *c*) la relación de cada parte con el todo; el resultado es una descripción sistemática de las interrelaciones sociales con arreglo a una clasificación formal y material; debe distinguirse de las técnicas de investigación denominadas análisis de datos sociales y análisis factorial.—J.H.B.

analogía. (*for.*) Forma de interpertación de las leyes que consiste en extender a un caso no previsto la regulación establecida para otro, basándose en razones de semejanza lógica. Las modernas legislaciones penales, fundadas en el principio de la estricta legalidad de los delitos y las penas, la excluyen en términos absolutos.—J.C.

analogía orgánica, analogía organicista. Comparación de la estructura y funcionamiento de la sociedad con la estructura y funcionamiento de los organismos biológicos; lleva consigo un paralelismo detallado entre los sistemas de nutrición, comunicación, transporte, etc., y con los sistemas de estructura-función de los animales. Este concepto fué desarrollado hasta tal extremo por Heriberto Spencer, que dió la impresión de que trataba de convencer a sus seguidores de que la sociedad es, realmente, un organismo.

anarquía. Ausencia de gobierno organizado. Estado o situación de las interacciones y relaciones humanas en franca oposición a una autoridad fundamental tradicionalmente aceptada o prescindiendo de ella. Estado de caos o desorden.—F.E.L.

anarquismo. Filosofía social o forma de organización social que implica la ausencia de toda forma de Estado y de gobierno. Se funda en la doctrina de que una sociedad ideal puede administrar sus asuntos sin emplear la coacción en lo más mínimo y, por consiguiente, sin necesidad de ningún órgano oficialmente autorizado y equipado para el empleo de la fuerza. En sus supuestos básicos es, prácticamente, lo contrario del socialismo y del comunismo.

anatomía social. Estructura y organización de la sociedad. Función, posición relativa e interdependencia de los diferentes grupos sociales y su relación con la sociedad como unidad total activa.—M.C.E.

andocracia. Situación social de supremacía masculina, especialmente cuando se basa en la fuerza bruta. Cf. *patria potestad*, *patriarcado*.—G.P.M.

animales, vida familiar de los. Cuidado de la prole por uno o por ambos padres, común entre los mamíferos, pero que se encuentra en mayor o menor grado entre los pájaros y, a veces, entre ciertos peces. Los hechos son tan contradictorios que de la vida animal no puede obtenerse, para la interpretación de las formas de la familia humana o de la evolución social, sino el vago supuesto de un "instinto paternal". —A.J.T.

animatismo. Creencia en que todos o ciertos objetos importantes están dotados de vida o contienen una energía comunicable (*mana*). Si es suficientemente poderosa para constituirlos en objetos de magia o de adoración se los respeta como vehículos de un poder impersonal o como capaces de actuar por motivos de tipo personal. Contrasta con el animismo, que concibe ciertos objetos como si estuvieran habitados por espíritus personalizados, separables como vástagos humanos del cuerpo u objeto en cuestión. Cf. *animismo, fetichismo, mana.*—T.D.E.

animismo. Creencia en que todas las cosas, animadas e inanimadas, están dotadas de almas personales que residen en ellas; teoría de que la creencia en seres espirituales, es decir, almas, espíritus y espectros (*q. vid.*) es el elemento básico y original de la religión. Cf. *animatismo, preanimismo.*—G.P.M.

"animus." Propósito o intención dolosa específica que tipifica determinados delitos (ej.: *animus injuriandi, animus nocendi*). Cuando, siendo específico, no constituye la forma dolosa característica del delito imputado, puede dar lugar a una causa de justificación (ej.: *animus corrigendi, animus defendendi, animus jocandi, animus retorquendi*).—J.C.

anomalías. Anormalidades asociadas a constituciones criminales y que se consideran sus correlatos causales.—J.P.S.

anomalías físicas. Estigmas físicos que según César Lombroso identifican al criminal. Lombroso afirmó que los criminales eran natos, no formados, y que los signos de la criminalidad podían observarse en la forma peculiar de varias partes del rostro y de la cabeza particularmente. Aun cuando la teoría se desechó, ha sido resucitada en años recientes por un pequeño grupo de antropólogos físicos.—J.W.M'C.

anomalías sociales. Véase **anormalidad social.**

anomia. Palabra de origen francés que significa ausencia de normas (*q. vid.*). Desorganización social y personal, desmoralización, etc.—H.B.

anómico. Sin normas. Perteneciente o relativo a la anomia.

anonimato. Situación de permanencia en el anónimo, sin descubrir el nombre, no conocido. —C.W.

anónimo. Caracterizado por carecer de nombre y, por consiguiente, no definido, clasificado ni localizado. Benefactores, comunicantes y criminales desconocidos constituyen ejemplos de esta situación.—F.E.I.

anormal. 1. Todo lo que se encuentra fuera de concierto con la estructura general de un sistema determinado. Perjudicial para el funcionamiento eficaz de un sistema en su conjunto. Contrario a toda expectativa social. 2. Lo que se desvía de lo acostumbrado, de lo usual o de lo común.

anormalidad. Ausencia de la normalidad o desviación de ella.

anormalidad social. Anormalidad (*q. vid.*) que se manifiesta en las relaciones de un individuo o grupo con su medio social o en la estructura o funciones de la sociedad misma.

antagónico. Que actúa o siente en oposición o en contravención.—F.H.H.

antagonismo. Oposición activa a otro, persona o entidad abstracta, o interferencia en su conducta. Una de las manifestaciones francas de antipatía. El antagonismo puede dirigirse contra una persona, grupo, idea o movimiento. Cf. *aversión, cooperación antagónica, esfuerzo antagónico.*

antecedentes. Acontecimientos que preceden a una situación y tienen con ella cierta relación causal. La consideración de los antecedentes implica el supuesto de una relación de continuidad entre los acontecimientos de una serie.—N.A.

antecedentes del caso. (*comunidad, familia, grupo, sociedad*) Información recogida respecto a un individuo, familia, grupo o comunidad La expresión se emplea comúnmente por las distintas organizaciones de beneficencia y acción social y también en los estudios sociológicos, médicos y psiquiátricos. Cf. *casos (método de).* —W.P.

antepasados. Véase **culto a los antepasados.**

anticiparse. Actuar o responder de antemano al estímulo que, normalmente, suscitaría tal respuesta. Actuación relacionada con un estímulo esperado. Puede ser una actuación habitual. —N.A.

anticoncepción. Modificación del coito o interposición en él de modo que se impida la fertilización del óvulo por la esperma y precisamente con dicha finalidad.

anticoncepcionista. El que practica la anticoncepción. Relacionado con ella.

antijuricidad. Elemento esencial del delito en la moderna teoría jurídica del mismo. Es un juicio de valor que establece la contradicción sustancial entre el fin perseguido con la acción criminal y aquellos otros que reconoce y garantiza el derecho. Los códigos siguen el sistema de presumir la antijuricidad de todos los actos que formalmente se adecúan a las descripciones típicas de los delitos establecidos en ellos, sin perjuicio de excluirla cuando concurren determinadas causas de justificación (legítima defensa, estado de necesidad, ejercicio legítimo de un derecho, obediencia debida, etc.).—J.C.

antipatía. Sentimiento contra un objeto particular, personal o abstracto. Lo opuesto a simpatía (*q. vid.*). Actitud que lleva a formas diversas de asociación negativa, desde el retraimiento a la oposición o conflicto. Cf. *aversión, personalidad dilatada.*

antipatía racial. Sentimiento de desvío, que va desde la indiferencia al antagonismo, producido por la constitución racial de dos o más individuos o grupos diferentes. Manifestación de la conciencia de la "semejanza" cuando el grupo propio y el ajeno están diferenciados por caracteres raciales. En la experiencia real, la antipatía racial se mezcla de tal suerte con otros sentimientos y actitudes diversos que es en extremo difícil aislarla y observarla por separado. Su comprensión científica, en consecuencia, es en grado sumo imprecisa. No debe confundirse con prejuicio social (q. vid.)

antipático. Que siente antipatía; actitud arraigada y, en gran medida, orgánica, de oposición o repugnancia hacia una persona, animal u objeto, como sucede en la reacción ordinaria ante las serpientes. Se emplea algunas veces para indicar sentimientos de diferencia de raza.—F.H.H.

antisemitismo. Oposición verbal y de hecho a la igual participación de los judíos en los derechos sociales y legales que una nación reconoce a sus ciudadanos. También, censura oral o escrita de la cultura, tradiciones y actitudes de los judíos, que se considera hostiles al bienestar de una nación. Retraimiento personal frente a los miembros de la raza judía y resentimiento con respecto a ellos.—J.W.M'C.

antisocial. Toda conducta, actitud o valor que los miembros de un grupo consideran perjudiciales para el bienestar del mismo. Tal juicio corresponde hacerlo, de ordinario, al grupo dominante de una sociedad determinada.—J.P.P.

antrópico. Concerniente al hombre precultural; la vida del *genus homo* como animal entre otras especies competidoras. Se diferencia de antropoide, humano y cultural. *(q. vid.).*—T.D.E.

antropocentrismo. Opinión que supone que el hombre es el hecho central del universo y al cual se refieren todos los demás.—J.G.I.

antropofagia. Canibalismo (q. vid.).

antropogeografía. Estudio científico del hombre, su historia y su cultura en sus relaciones con el medio geográfico. Cf. *ecología*.—G.P.M.

antropoide. Familia de primates integrada por el hombre y por los monos sin rabo. Rasgos y características semejantes a los que se encuentran en el hombre.—E.A.H.

antropología. Estudio del hombre y de sus obras. Esta disciplina tiene dos aspectos fundamentales: uno, el estudio del hombre como organismo (antropología física) y sus divisiones —biología humana, primatología, antropometría y biometría—; otro, el estudio de la actuación humana (etnología), antropología social, antropología cultural, arqueología, etnografía y psicología de las razas.

Por consiguiente, la antropología es tanto una ciencia natural como una ciencia social. Históricamente ha tendido a limitar su campo de estudio al hombre y a las culturas prehistóricas y primitivas. Hasta cierto punto, también se ha ocupado del estudio de los hombres y culturas de la sociedad civilizada no occidental. Recientemente se ha puesto de manifiesto una tendencia cada vez mayor a ampliar el campo de la antropología para incluir en él el estudio de las culturas contemporáneas americanas y europeas.—E.A.H.

antropología criminal. Ciencia que se propone el estudio de los caracteres somáticos y psicofísicos especiales del delincuente, para determinar su relación con la criminalidad y la profilaxis científica de ésta. Puede decirse que su creador fué César Lombroso. Constituye una de las bases fundamentales de la escuela positiva del derecho penal (q. vid.). Producto de su evolución es la biología criminal (q. vid.). —J.C.

antropología cultural. Estudio de la conducta social del hombre. En su pleno sentido el término es sinónimo de sociología (q. vid.). En su significado más restringido se aplica al estudio de la vida social del hombre primitivo. Cf. *antropología somática, arqueología, etnografía*. —E.A.H.

antropología física. Véase **antropología somática**.

antropología social. Véase **antropología cultural**.

antropología somática. Rama de la antropología, denominada también "antropología física", que se ocupa del estudio del organismo humano, especialmente de su evolución o filogenia, su ciclo de vida individual u ontogenia, sus variaciones en los diferentes troncos raciales y su medición, es decir, la antropometría (q. vid.). Cf. *antropología cultural*.—G.P.M.

antropometría. Medición científica y exacta de los rasgos importantes del cuerpo humano y su distribución en sistemas de clasificación.

antropometría social. Estudio comparativo, cuantitativo y estadístico de los fenómenos sociales. Cf. *estadística social*.—E.A.H.

antropomorfismo. Tipo de pensamiento religioso que aplica atributos humanos, tanto físicos como psíquicos, a la divinidad.—J.H.E.

anunciar. Poner de manifiesto ante el público las supuestas calidades de mercancías o bienes de producción cuando se ofrecen a la venta. En esta actividad se puede pasar desde una restricción digna a una ostentación engañosa, empleando todos los medios de comunicación. Las desventajas nunca se mencionan.—F.E.L.

aparcería. Contrato mixto que participa de los de sociedad y arrendamiento, y por el cual el propietario de la finca la cede a un agricultor para su cultivo; el colono o agricultor se compromete a cultivarla en la forma convenida aportando al efecto el trabajo necesario; y ambos se distribuyen la cosecha en la proporción previamente establecida. Va acompañado de estipulaciones muy diversas relativas a la forma de aportar los aperos, semillas, abonos, etc., necesarios para el cultivo, al destino de las mejoras, a la concesión de créditos, etc., las cuales se presumen e interpretan, a falta de convenio expreso, según el derecho consuetudinario. El mismo contrato tiene modalidades aplicables a la cría de ganados y a otros trabajos agrícolas.—J.C.

aparcero. Denominación del colono o agricultor que posee y cultiva una finca rústica en virtud de un contrato de aparcería (q. vid.) y que se obliga a entregar al propietario una parte de la cosecha. Las modalidades diversas de la aparcería y de las estipulaciones que la acompañan están influídos por los intereses económicos en juego en cada país y región y a falta de convenio expreso se regulan por el derecho consuetudinario. Cf. mediero.—J.C.

apareamiento regulado. Apareamiento de personas de rasgos genéticos similares como, por ejemplo, con talla, rubio con rubio; lo opuesto de aparcamiento al azar. Aun cuando algunas veces se emplea la expresión para significar el apareamiento de personas de características sociales análogas, tales como semejanza de educación y de creencias religiosas, en su acepción estricta se limita al apareamiento de personas que tienen uno o más rasgos hereditarios semejantes.—F.H.H.

apartamento. Unidad de vivienda o serie independiente de habitaciones de un edificio compuesto de varias de estas unidades y algunos servicios o instalaciones comunes, o ambas cosas, todo ello servido por una vía de acceso común.

aperos. Conjunto de animales, instrumentos y demás cosas destinadas en una hacienda a las faenas agrícolas.

apoderamiento. Elemento material de asunción de la cosa ajena que constituye la base de ciertos delitos contra la propiedad como el hurto y el robo.—J.C.

apología del delito. También se sanciona como delito. Consiste en hacer por cualquier medio y con publicidad la defensa o exaltación de un hecho delictivo concreto o de su autor.—J.C.

aprendizaje social. Véase **proceso de aprendizaje.**

aptitud. Véase **prueba de aptitud, supervivencia del más apto.**

arbitraje. Procedimiento consistente en someter una cuestión litigiosa a una o más personas desinteresadas, llamadas árbitros, cuya decisión, denominada laudo, es aceptada como obligatoria por las partes. Actualmente, el arbitraje está legalmente reconocido, en general, como medio de resolver litigios sin ejercitar acciones procesales, y los laudos se consideran con frecuencia como de ejecución obligatoria por los tribunales. En ciertos oficios y ocupaciones que tienen códigos y costumbres detallados se recurre casi invariablemente al sistema del arbitraje para resolver las polémicas y se establecen preceptos minuciosos para determinar su empleo.—F.W.K.

arbitraje industrial. Procedimiento de someter las diferencias entre patronos y obreros a la decisión de "jueces imparciales". El arbitraje puede ser voluntario u obligatorio. El primero existe cuando un contrato colectivo de trabajo establece un organismo judicial imparcial. El segundo, cuando el Estado requiere a ambas partes para que sometan sus diferencias al arbitraje, lo establezca o no el contrato de trabajo. Deben distinguirse de él el arbitraje internacional, que se refiere a las diferencias entre naciones en lo que afecta a sus relaciones políticas, y el arbitraje comercial, que se refiere a la resolución de las diferencias que surgen de los contratos mercantiles que rigen la actividad comercial e industrial.—F.D.W.

árbol. Véase **matrimonio con un árbol.**

archivo. Lugar destinado a la conservación, en condiciones seguras, de documentos y memorias, especialmente cuando tienen un interés público o histórico; también se aplica al conjunto mismo de los documentos o memorias depositados en un lugar determinado para su custodia por razón especial de su interés público o histórico.—F.W.K.

área. Región geográfica con fronteras precisas; serie de fenómenos que tienen una característica común unificadora. Cf. distrito, zona.—P.F.C.

área agostada. Zona, por lo común, pero no de una manera necesaria, residencial, que ha perdido su valor de uso hasta el extremo de que ya no puede producir rentas económicas, pagar los impuestos ordinarios y sufragar los gastos de reparaciones fundamentales. A causa del deterioro resultante tiende a caer, a un ritmo acelerado, en la condición de barrio infecto o de tugurios (q. vid.), pero no llega a serlo verdaderamente hasta que no ha pasado el punto en que era posible su rehabilitación económica sin necesidad de amplia demolición y limpieza. [Inglés, blighhed area].—s.s.

área de caracterización. Región o fragmento de la superficie terrestre en la que un grupo ha podido desarrollar sus características distintivas. En general, dicha expresión se emplea con referencia a aquella región geográfica en la que una sección determinada de la especie humana ha podido desarrollarse en una raza de caracteres y rasgos diferenciales como resultado de la adaptación física y de la selección sexual actuando en condiciones de aislamiento y segregación.

área de cultura. Toda porción de humanidad que está conectada por la semejanza de cultura de sus grupos constituyentes; área a través de la cual se pueden difundir con rapidez y facilidad cualesquiera rasgos culturales.

área de delincuencia. Zona urbana caracterizada por un coeficiente anormal de criminalidad si se la compara con otras zonas de la misma ciudad de análogo volumen de población. Tales áreas suelen localizarse en zonas de transición y se caracterizan por sus edificios industriales, riberas de ríos y muelles ferroviarios, casas medio destruídas y población de nacionalidades mezcladas. Cf. ecología humana.—J.W.M'C.

área de deterioro. Véase **zona de deterioro.**

área de entendimiento. Véase **entendimiento (área de).**

área de interés. Serie de fenómenos en torno

a los cuales tiende a concentrarse la atención de un grupo de personas.—P.F.C.

área de problema rural. Véase **problema rural (área de).**

área de segundo asentamiento. Sección de la comunidad a la que, abandonando el lugar de su primitivo asentamiento, tiende a trasladarse un grupo étnico determinado, por lo general un grupo inmigrante.—E.E.M.

área de simpatía. Area ideal formada por una serie de fenómenos respecto a los cuales un grupo de individuos comparte un interés emocional común.—P.F.C.

área de transición. Distrito en que se establece lentamente una forma distinta de empleo del terreno. La expresión se refiere a la zona urbana comprendida entre el barrio comercial y la zona circundante de viviendas para obreros. Cf. *zona de transición.*—J.P.E.

área edificada. Superficie ocupada por construcciones inmuebles o edificios. Permite establecer una proporción entre ella y la extensión total del terreno.

área industrial. Distrito de una villa, ciudad, provincia, estado o región que se dedica predominantemente a la fabricación.

área intersticial. Zona situada entre dos secciones de diferente aplicación como, por ejemplo, una de venta al por menor y otra al por mayor, que participa de las características de las secciones adyacentes o que puede distinguirse por otro destino generalmente inferior, como sucede en el caso de una zona de casas en las que se alquilan habitaciones y que está situada entre un distrito residencial en decadencia y un distrito de negocios de tendencia expansiva. Cf. *zona de transición.*—E.E.M.

área marginal. 1. *(antropología)* Territorio adyacente a dos áreas culturales en el que predomina un tipo mixto de cultura. 2. *(ecología humana)* Término que suele emplearse como análogo a "área de transición" *(q. vid.).*—C.F.S.

área metropolitana. Región que comprende una gran concentración de población junto con sus zonas circundantes y en donde la vida económica y social cotidiana está influida de manera predominante por la ciudad central o metrópoli.

área natural. Toda extensión determinada de superficie que ha llegado a diferenciarse como resultado de procesos ecológicos y sociales espontáneos, o sólo como resultado de uno de estos procesos, más bien que como consecuencia de planeación deliberada y regulación administrativa o sólo por una de estas dos actividades.—J.A.Q.

área recreativa. La que contiene elementos estructurales decorativos, espacios libres, parques, terrenos de juego, plantaciones y todas las demás características naturales o artificiales que vienen a añadirle agrado y atractivo como lugar donde vivir o que la protegen contra espectácu-

los desagradables, ruidos y otras molestias.—S.S.

área urbana. Ciudad. Area geográfica limitada y que habita una población relativamente densa.—E.E.M.

áreas de empadronamiento. Zonas en que se divide la población para facilitar su registro en el padrón o censo.

áreas o zonas de vicio. Lugares donde se concentran las casas de prostitución y/o prostitutas solicitantes en las calles en número suficiente para caracterizarlos. Para el desarrollo de tales lugares se necesitan condiciones favorables y tiene lugar especialmente en ciertos distritos que por sus condiciones de vida no pueden oponerse a ese desarrollo. Pueden encontrarse en la periferia de las comunidades urbanas. Pero también muestran un crecimiento inusitado en las áreas no urbanas donde existe una excesiva concentración de hombres solos (es decir, sin familia). Ej.: en una ciudad en pleno auge industrial, en un distrito minero, en un campamento militar, etc.—W.C.R.

áreas sociales y económicas. Areas rurales caracterizadas por el uso común de ciertas agencias de servicio *(q. vid.)* situadas en centros determinados.—D.S.

argot. Véase **jerga.**

aristocracia. Las "mejores familias", socialmente superiores y reconocidas como tales, a aquellas que ocupan un lugar aparte por la alta estima social de que disfrutan, por sus maneras más exquisitas y por su influjo mayor, tanto en lo social como, con frecuencia, en la política. En sentido estricto, alta nobleza, cuyo rango y preeminencias son hereditarios y establecidos legalmente por encima de los demás estratos político-sociales. Los patricios romanos constituían la aristocracia por excelencia.—W.C.H.

armonismo. Teoría según la cual las ideas del singularismo (el individuo es la única realidad social) y del universalismo (la sociedad es la única realidad) son inseparables y ambas son tan sólo dos aspectos de la misma realidad. Sinónimo de integralismo.—J.B.

arqueología. Estudio científico de las culturas primitivas, particularmente a través de sus manifestaciones instrumentales.

arquetipo moral. El que la costumbre, la autoridad, la tradición o el consentimiento general establece como un modo o ejemplo de vida; nivel, grado, criterio o ideal de conducta preciso con arreglo al cual se juzgan las actitudes, los hábitos y los actos sociales. Forma de vida elevada que se considera esencial al bienestar humano y apetecible para la pureza personal.

arrabal. Barrio situado fuera del recinto de la población a que pertenece.

arrendador. En general se llama así el propietario que cede en arrendamiento su propiedad. Pero en el contrato de arrendamiento de fincas rústicas, por un fenómeno de inversión, se emplea también el término para designar al agricultor que toma la finca en arriendo.

arrendador a la parte. Aparcero *(q. vid.)*

arrendamiento. Contrato por el que se cede temporalmente el uso y la ocupación de un terreno o edificio propio contra el pago de una renta o alquiler (q. vid.). El empleo sociológico del término se hace, principalmente, en el campo de la sociología rural, en el que el arrendamiento agrícola se considera como problema social.—P.H.L.

arrendamiento a la parte. Aparcería (q. vid.).

arrendamiento de servicios. Contrato de trabajo. Por virtud de él, obrero o empleado y patrono conciertan una relación jurídica; el primero conviene en ceder el producto de su esfuerzo material e intelectual durante cierta jornada al segundo, y éste en retribuir pecuniariamente dicho esfuerzo en forma de salario o sueldo.—J.C.

arrendatario. Persona que utiliza y ocupa, o sólo ocupa, un terreno o edificio a título de arrendamiento (q. vid.).

arrepentimiento. Cuando es espontáneo y activo, impulsando al delincuente a reparar o disminuir los efectos nocivos del delito, a dar satisfacción al ofendido o a confesar la infracción en determinadas condiciones, suele constituir una circunstancia atenuante (q. vid.). —J.C.

arresto. Detención (q. vid.). Pena de privación de libertad de corta duración cuyo cumplimiento puede ser remitido o autorizado en condiciones particularmente benignas (arresto domiciliario). En algunas legislaciones se admite como medida subsidiaria de la multa.—J.C.

arriendo. Véase **arrendamiento.**

arte. 1. Una de las instituciones sociales primarias, que trata de responder simbólicamente al enigma de la vida, del mismo modo que lo hace la religión en lo espiritual. El hombre prosigue constantemente esta pesquisa en su deseo de calmar el temor a la muerte, que siempre lo aflige. La importancia sociológica del arte y de las obras de arte reside en que son manifestaciones de una psique colectiva (q. vid.) que, mediante la obra de arte, une al artista creador con su público. Por medio de una consciente irracionalización el arte eterniza una determinada cultura. Cf. belleza, religión, valor. —J.H.B.

2. Destreza, técnica, manipulación organizada, comunicable y culturalmente transmitida. Las artes útiles, prácticas o aplicadas se distinguen de las bellas artes (danza, drama, poesía, arquitectura, pintura, escultura, música), que tienen en común, por medio de su participación imaginativa y sentimental, el reino todo de la experiencia humana. El arte difiere del ritual porque este último acomete la empresa de cambiar el curso de la "naturaleza", directamente por medio de la magia o indirectamente influyendo sobre personas o entes sobrenaturales que se supone controlan los fenómenos pertinentes. El arte difiere del juego en razón de su finalidad de comunicación estética y de sus cánones o convenciones. Cf. sociología del arte.—T.D.E.

artefacto. Objeto material hecho por la industria humana; elemento de la cultura material. (q. vid.).—G.P.M.

"artel." Grupo asociado para trabajar o para cualesquiera otros fines comunes. Tipo de cooperativa. Específicamente, la aldea rusa colectivizada, donde la tierra y el capital se ponen en común bajo una administración única.— N.L.S.

artes sociales. Artes que no son un producto individual, sino la creación de esfuerzos artísticos colectivamente acordados.—J.H.B.

artesanía. Véase **economía artesanal.**

artificial. Lo que existe y tiene su origen en razón de la aplicación de la inteligencia humana; lo contrario de artificial es natural (q. vid.).

aruspicina. Adivinación (q. vid.) de presagios, especialmente observando las entrañas de animales sacrificados.—G.P.M.

asaltante. Ladrón que comete sus robos sin reparar en medios y en circunstancias de sorpresa y violencia que le hacen especialmente peligroso.—J.C.

ascendiente. 1. Antepasado. 2. Superioridad de poder, influencia o posición.—M.S.

ascendiente individual. Ascendiente de un individuo sobre otro.—M.S.

ascendiente personal. Clase de situaciones sociales en las que el miembro de un grupo de presencia (q. vid.) ocupa una posición directora por sumisión espontánea de los demás; se basa en cualidades y diferencias personales más bien que en diferencias de status o rango, o sobre excelencias, capacidades o poderes ya conocidos. El ascendiente personal puede fundarse en el predominio físico, en la voz, en la intrepidez, en el tacto, en la capacidad de resolver problemas en momentos críticos, en el hechizo personal, en el humorismo o en ciertas aptitudes.—T.D.E.

ascenso social. Movimiento de individuos, familias o grupos hacia el pináculo de la escala del rango social, del poder, del prestigio o del honor.—W.C.H.

ascetismo. Extremo rigor y abnegación practicados por un ideal. Cf. ideacionalismo ascético. —L.P.E.

asentamiento. Instalación de colonos o cultivadores en tierras destinadas a la agricultura. Colonización. Establecimiento.

asentamiento o colonización de grupo. En la colonización de nuevas tierras, proceso por virtud del cual una colonia o comunidad nueva se establece a modo de brote de otra más antigua, como lo hace un enjambre de abejas. Cf. colonización (formas de).—T.L.S.

asentamiento lineal. Tipo de asentamiento rural. Cf. colonización (formas de).

asentamiento nuclear. Tipo de asentamiento rural. Cf. colonización (formas de).

asesinato. Homicidio realizado en circunstancias que lo cualifican como especialmente grave. Las circunstancias cualificativas pueden referirse al aseguramiento del propósito homicida, a la disminución de las posibilidades de defensa de la víctima, a la crueldad con que se realiza el delito o al motivo innoble o fútil que determina su comisión. En Estados Unidos se distingue entre el asesinato de primer grado y el de segundo. Aquél requiere que en el homicidio concurran premeditación o ensañamiento.—J.C.

asexuado. Carente de sexo.

asignación familiar. Modificación de las disposiciones sobre salario mínimo a fin de permitir variaciones en favor de las familias con hijos. Las asignaciones familiares pueden ser de dos tipos. El primero establece un salario mínimo uniforme para el hombre casado sin hijos y concede una compensación adicional por cada hijo. Nueva Gales del Sur fué el primer país que puso en práctica este procedimiento. El otro tipo trata de fomentar la elevación del porcentaje de natalidad y lo adoptaron Francia, Bélgica e Italia después de la primera guerra mundial. Consiste en otorgar a las familias favorecidas una recompensa en forma de prima por el nacimiento y manutención de cada nuevo hijo.—J.W.M'C.

asilo. 1. Refugio sagrado e inviolable. Por ejemplo, el templo cuyo amparo buscaba un delincuente u otro perseguido, y del que no podía sacársele violentamente. Derecho de un fugitivo a permanecer incólume en tal lugar. Cf. ciudad de refugio.—G.P.M.
2. Institución (q. vid.) para el cuidado, protección o asistencia organizada de ciertos elementos desvalidos de la población, tales como huérfanos, ancianos, dementes o débiles mentales.

asilo en sagrado. 1. Derecho antiguo y medieval que permitía a ciertos delincuentes escapar al castigo de las autoridades temporales si llegaban a ciertas zonas o edificios considerados bajo la protección de Dios. Cf. derecho de asilo.
2. Lugar u objeto sagrado que confieren a la persona perseguida que penetra en ellos, protección contra su perseguidor, particularmente contra un vengador que sigue la costumbre de la represalia. El que se refugia o asila se encomienda a los procedimientos legales ordinarios de la sociedad. Cf. ciudad de refugio.

asimilación social. Proceso por virtud del cual culturas, individuos o grupos diferentes que representan culturas distintas quedan fundidos en una unidad homogénea. Tiene analogía con el proceso biológico por el que un cuerpo vivo se asimila materia externa de diversas clases y la transforma en células que armonizan entre sí. Es importante hacer observar que esta asimilación fisiológica no produce células idénticas, sino diversos tipos de células que se adaptan al organismo entero y son normales en él cualquiera que sea la complejidad del mismo. De modo análogo, la asimilación social no exige la identificación completa de todas las unidades, sino aquellas modificaciones que eliminen las características de origen extraño y les permitan adaptarse con facilidad a la

estructura y funcionamiento típicos de la nueva unidad cultural. Los ejemplos de asimilación más frecuentes e importantes se presentan cuando grupos sociales más poderosos dominan y absorben grupos más débiles, o cuando, por el proceso de la inmigración, se admite en el territorio de un país a representantes de culturas extrañas. En esencia, la asimilación es la substitución de un rasgo de nacionalidad por otro. De ordinario, las modificaciones debe realizarlas el grupo más débil o numéricamente inferior. Cf. nacionalidad.

asimilar. Utilizar el mismo término familiar tanto para los parientes directos como para los colaterales (ej.: para el padre y el tío paterno). Cf. sistema clasificatorio.—G.P.M.

asistencia a la iglesia. Promedio de la distribución por edad, sexo, residencia y profesión de las personas que asisten a los principales servicios de culto y predicación en una o más parroquias de una confesión, registrado y analizado a fin de averiguar el influjo en su distrito y la adaptación a él de determinado ministro, o para obtener una base de comparación entre diversas confesiones o una ordenación de las mismas según su importancia.—G.M.F.

asistencia a la vejez. Auxilio concedido a los ancianos que han llegado a una cierta edad y se hallan desamparados total o parcialmente. Cf. seguro de vejez.—W.P.

asistencia jurídica. Servicio social mediante el cual aquellas personas que necesitan el consejo o los servicios profesionales de un abogado son auxiliadas para vencer los obstáculos que encuentran en su esfuerzo por obtener justicia.—W.P.

asistencia jurídica, oficinas de. Organizaciones existentes en Estados Unidos y establecidas con la cooperación de abogados de espíritu altruista, para asesorar jurídicamente a personas desvalidas. La asistencia puede prestarse a demanda de los interesados o de los jueces. El sostenimiento de las oficinas puede depender de fondos privados o procedentes del gobierno local. Pueden distinguirse tres etapas en el desarrollo de las oficinas de asistencia jurídica: en la primera la labor se limitó a aconsejar jurídicamente a los inmigrantes; en la segunda la misión de dichas oficinas se extendió a auxiliar a todas aquellas personas desprovistas de medios económicos que se veían necesitadas de asistencia jurídica, pero sólo en pleitos civiles (usualmente, reclamaciones de salarios); la tercera etapa se caracteriza por la extensión del trabajo de las oficinas a las causas criminales y por su amplia difusión por todo el país.—J.W.M'C.

En los países hispanoamericanos la asistencia jurídica organizada se presta a través de instituciones como las defensorías de oficio, costeadas por la administración pública; en forma de servicio social, durante el período de pasantía de los estudiantes de leyes, o por los colegios de abogados, mediante un turno de oficio en el que pueden participar o no todos los miembros de la corporación.—J.C.

asistencia pública. Suministro de auxilio público; organización benéfica encargada de dicha actividad.—W.P.

asociación. 1. Relación fundamental que une a los individuos en grupos o sociedades. Término amplio que se aplica a las relaciones relativamente duraderas de acción recíproca, por oposición al mero contacto.

2. Grupo organizado para la consecución de algún interés común, con estructura administrativa propia y un cuadro de funcionarios. [Inglés, *association*.]

3. (*econ.*) Organización socio-económica integrada por individuos y constituída legalmente con el propósito de administrar derechos de propiedad y otros intereses en beneficio de quienes la componen. Si la función consiste sobre todo en crear y distribuir beneficios entre un número de miembros relativamente limitado, se considera como asociación privada, y es civil o mercantil según lo sean sus propósitos fundacionales. Tiene personalidad jurídica.

No cabe duda de que el sistema más eficaz, hasta la fecha, para acumular capital es la sociedad privada o de negocios. Pero no es sólo un simple sistema de concentración de la propiedad. La moderna sociedad mercantil ha llegado a ser el sistema dominante para organizar el esfuerzo económico.

Sus ventajas sobre las organizaciones más sencillas para incrementar la producción han producido muchos nuevos cambios sociales. El enorme desarrollo de la concentración y del control del capital ha restringido el área de la competencia tal como existía en las fases primitivas de una economía liberal. Otro factor ha sido el advenimiento de dos nuevas clases: la de los administradores, que reemplaza al viejo tipo de empresario, y la de los propietarios, alejados de la gestión. En consecuencia, el control ha quedado separado de la propiedad. [Ingl. *corporation*.]—J.E.H.

asociación cooperativa. Véase **cooperativa.**

asociación criminal. 1. Grupo organizado expresamente para fines delictivos.

2. Proceso de comunicación íntima y amistosa con delincuentes que tiende a producir como resultado la asimilación de modelos de conducta criminal.—E.H.S.

3. Forma de relación entre dos o más personas con fines delictivos en la que se aprovechan para fines de esta clase los medios de que les provee su asociación lícita. Puede ser transitoria. La pareja delincuente (q. vid.) constituye un caso especial de asociación criminal. La asociación criminal ha sido objeto de estudio desde los puntos de vista psicológico y sociológico.—J.C.

asociación diferencial. (*psicol. crim.*) Distribución de las asociaciones de una persona de manera diferente a las de otras. Se la utiliza como una hipótesis para la comprensión de la conducta delictiva; es decir, una persona que desarrolla una conducta criminal difiere de aquellas que no lo hacen por la cantidad y calidad de sus asociaciones con modelos de conducta criminales y por su relativo apartamiento de normas anticriminales; esa asociación diferencial con respecto a los modelos criminales y anticriminales de conducta es, por consiguiente, la causa de la conducta criminal. Según esta hipótesis, tanto las técnicas, los motivos y las racionalizaciones como otros elementos se aprenden en asociación con modelos criminales o, si se han aprendido, en parte, en otras clases de asociación, se organizan en asociación con modelos criminales.—E.H.S.

asociación voluntaria. Grupo organizado libremente por ciudadanos para la gestión de algunos intereses, a diferencia del órgano establecido por el Estado.

asocial. Característica de la relación entre un individuo y su grupo en que el primero no se identifica de modo consciente con el último, no hace esfuerzo deliberado alguno para contribuir a su bienestar y es indiferente respecto a él. El término asocial debe distinguirse de los términos antisocial (criminal), pseudosocial (parásito) y social. Este último denota una situación en la que el individuo se identifica activamente con su grupo y se preocupa de su bienestar. La persona asocial, por el contrario, es un individuo que vive y deja vivir, pero que no tiene interacción deliberada con su grupo.—F.D.W.

asociarse. En general, participar en cualquier forma de interacción social con otros, ya sea de oposición o de cooperación. Más concretamente, unirse con una o más personas para una acción común sin consideración a las motivaciones psicológicas que conducen a ella. Específicamente, formar una asociación. Asociado es el que está relacionado de esa manera con otro u otros.—F.H.H.

asonada. Alboroto dirigido a la consecución de un fin ilícito.—J.C.

aspiración. Objetivo o propósito hacia el cual se dirige la conducta humana. Este término supone de ordinario cierta actividad durante algún período de tiempo.—J.P.E.

asténico. Tipo físico humano cuyas características son: tronco relativamente corto, cuerpo y miembros largos y angulosos y una baja vitalidad constitucional. Se cree que va asociado con rasgos mentales esquizofrénicos. Cf. *atlético, pícnico.*—J.M.R.

astrología. Adivinación (q. vid.) mediante la interpretación del influjo de las estrellas sobre las cosas humanas.—G.P.M.

ataque. (*sociol.*) Aspecto del conflicto social que se ofrece cuando una persona o grupo trata de perjudicar las estructuras física, psicológica o social de otra persona o grupo o de frustrar sus aspiraciones.—H.H.

(*crimin.*) Acción y efecto de atacar. Agresión. Atentado.—J.C.

atávico. Relativo al atavismo (q. vid.).—o.w.

atavismo. Reaparición de un rasgo poseído por un antepasado más remoto que los padres. El atavismo y la reversión se emplean frecuentemente como sinónimos aun cuando el atavismo se refiere a la reaparición de un rasgo específico, en tanto que la reversión alude a un tipo o a una combinación de rasgos menos específicos.—o.w.

atención, foco de. Zona de los contenidos de conciencia mejor percibida por el individuo en un momento determinado.—p.h.f.

atentado. En términos generales, cualquier ataque cometido contra una persona, sus bienes o efectos. Sinónimo de agresión, amenaza y abuso. Específicamente se denomina así el delito consistente en emplear vías de hecho (fuerza o violencia) contra la autoridad o sus agentes o en resistirles gravemente. Por sus efectos es más importante que la desobediencia y el desacato y menos que la sedición y la rebelión. —j.c.

atenuación. Disminución de la responsabilidad criminal y consiguientemente de la pena, o sólo de ésta, en consideración a especiales circunstancias (atenuantes) personales o de hecho que denotan menor peligrosidad en el autor de un delito.—j.c.

atenuantes, circunstancias. Circunstancias personales o de hecho que, por denotar una menor peligrosidad en los partícipes en la comisión de un delito, dan lugar a la atenuación de su responsabilidad y consiguientemente de la sanción. Entre ellas se encuentran la embriaguez (no fortuita ni preordenada), la minoridad, la preterintencionalidad, la provocación o amenaza, la vindicación próxima de una ofensa grave, el arrebato y obcecación y el arrepentimiento activo. Cf. circunstancias mixtas.—j.c.

atesoramiento. Acción y efecto de atesorar. Consiste en sustraer de la circulación monetaria dinero u otros valores de cambio con el fin de guardarlos y aumentar en términos absolutos la riqueza individual. Cuando reviste gran volumen o es el efecto de un movimiento colectivo, tanto el atesoramiento como el desatesoramiento bruscos pueden producir graves perturbaciones económicas, por lo que en ocasiones se les sanciona como delitos.—j.c.

atisbo. Aprehensión directa, inmediata o súbita del significado de una situación sin recurrir a procesos mentales complicados. [Inglés, insight].—j.p.e.

atlético. Tipo de cuerpo humano medianamente proporcionado, con musculatura bien desarrollada, que recuerda al atleta. El atlético es uno de los tres tipos morfológicos humanos —los otros son el asténico y el pícnico (q. vid.)—, diferenciados en un intento de establecer relación entre los rasgos de la personalidad y el tipo de la estructura corporal. —j.m.r.

atomismo. Teoría o creencia de que un grupo ha de ser explicado o comprendido en función de sus miembros o unidades singulares más bien que como un todo colectivo; negación de que la sociedad o cualquier grupo tenga una existencia o significación distinta de la de sus miembros individuales.

atomizar. Tipo de proceso social por el cual los grupos sociales son reducidos a fragmentos, o grandes formaciones sociales son reducidas a otras más pequeñas.—n.a.

atrofia. Disminución en el tamaño y en la complejidad estructural de un órgano con menoscabo de su eficacia funcional, por desuso, presión o enfemedad; consunción o enflaquecimiento de cualquier parte del cuerpo.—o.w.

Auburn, sistema de. Sistema penitenciario que toma su nombre de la prisión de Nueva York, establecida en Auburn, donde se practicó por primera vez en 1821. Consiste en el aislamiento celular nocturno de los reclusos y en el trabajo diurno en común bajo el régimen del silencio, impuesto bajo severas medidas disciplinarias. Es una atenuación del sistema celular puro por que todavía se funda en el principio del aislamiento físico y moral riguroso.—j.c.

audiencia. 1. Acto público o privado en el que tiene lugar la vista, el juicio y en ocasiones se pronuncia la resolución o sentencia que pone término a un proceso civil o criminal en cualquiera de sus instancias. 2. Conjunto de personas que asisten a un acto de tal clase. 3. Forma de organización de los tribunales judiciales dotada de cierta competencia territorial y jerárquica. 4. Edificio donde se halla establecida dicha organización o desde donde se dirige. —j.c.

audímetro. Instrumento que se aplica a los receptores de radio para saber en todo momento si el interruptor está abierto o cerrado e indicar la estación con que están sintonizados. Se emplea para medir los hábitos de radioescucha de una población.—m.pt.

augurio. Adivinación (q. vid.) mediante presagios o auspicios; p. ej.: observando el vuelo de las aves (ornitomancia), etc.—g.p.m.

autista, pensamiento. Tipo de pensamiento centrado en el yo con un mínimo de relación con el estímulo externo. El término, de origen freudiano, comprende las ensoñaciones y los modos de pensar, apenas sin orientación, de los niños y de las personas perturbadas.—s.c.m.

autarquía. Autosuficiencia (q. vid.). Más generalmente se aplica el término a los regímenes políticos que adoptan el principio de la autosuficiencia como directriz fundamental de su política económica, aunque para ello tengan que violentar las condiciones y factores naturales de su economía. No debe confundirse con autonomía.—j.c.

auto. Resolución judicial fundada que decide cuestiones incidentales o secundarias para las que no se requiere sentencia. En lo criminal puede contener pronunciamientos que limitan los derechos personales con objeto de asegurar la buena administración de la justicia (como los de prisión, secuestro de la correspondencia, registro de locales y documentos) o los restituyen, o definir importantes situaciones procesales (como la incoación y la conclusión del sumario, el procesamiento, el sobreseimiento de la causa).—J.C.

autocracia. Gobierno por una autoridad arbitraria, frecuentemente en manos de un hombre o de un pequeño grupo o partido. Comprende, pues, diversas formas de gobierno arbitrario tales como el despotismo, la oligarquía y la dictadura; se opone a la democracia.—R.N.B.

autodirección societal. Control societal (q. vid.) bajo planificación deliberada y liderazgo responsable; telesis social (q. vid.). No establece necesariamente como premisa un "yo" societal en sentido de personificación.—T.D.E.

autodisciplina. Capacidad de un individuo para dirigir su propia conducta de acuerdo con sus necesidades y con las normas vigentes. Mediante la educación, el individuo aprende a regular su conducta por sí mismo, desde dentro, más bien que a dejarla dirigir totalmente por otros, desde el exterior.—A.E.W.

autoerotismo. Satisfacción sexual autoinducida. Con frecuencia se emplea como sinónimo de masturbación, pero es un término más amplio.—E.R.G.

autointoxicación. Estado de un individuo que padece por la absorción de una toxina endógena, no eliminada, en la región intestinal. La presencia de la toxina es motivada por la stasis intestinal (estreñimiento).—J.M.R.

automatismo. Véase **selección automática.**

autonomía. Estado o condición en la que se disfruta de la facultad de dirigirse por sí mismo. Puede ser facultad privativa de un grupo o de una población dentro de una zona geográfica o incluso de un grupo disperso.—N.A.

autonómico. Se refiere a aquella parte del organismo humano cuya función es mantener en marcha el proceso vital. Comprende las vísceras con sus músculos lisos y el sistema nervioso (base fisiológica de las emociones), distintos de los centros cerebrales superiores y los músculos estriados (que intervienen en el razonamiento y en el movimiento). A estos últimos se les llama algunas veces sistema voluntario, en oposición al primero (sistema autonómico o involuntario).—F.D.W.

autónomo. Característica de un órgano político, de una institución social o de un grupo que posee el derecho y el poder de determinar su propia línea de conducta.—G.M.F.

autor. El que es causa de un hecho o de una cosa. Causante (q. vid.). El que, con su acción o su omisión, ocasiona la ejecución de un delito y es criminalmente responsable del mismo. Las formas de autoría pueden consistir en actos de ejecución directa (autor material, propiamente dicho), en actos de coacción o inducción sobre el ejecutor material (autor por inducción, inductor) o en actos de cooperación tales que sin ellos no habría podido cometerse el delito (cooperador). El concepto de autor se extiende a veces, por presunción legal, a personas que no encuadran en las categorías anteriores (caso de los delitos de prensa) con el fin de evitar en todo caso su impunidad.—J.C.

autoridad. 1. Poder, gobierno o mando en un grupo social o político; en una familia, se llama paterna si es ejercida por el padre o abuelo paterno, materna si la ejerce la madre o la abuela materna y avuncular si es el tío materno quien la ostenta. Cf. avunculato, matriarcado, matriautoritario, patria potestad, patriarcado, patriautoritario, sucesión.—G.P.M.

2. Persona revestida de poder propio de mando o disposición como consecuencia del desempeño de una función pública. Sus actos y determinaciones son objeto de una protección jurídica especial (cf. atentado) y sus abusos o extralimitaciones constituyen formas delictivas de mayor relevancia, por lo que dan lugar a más graves sanciones (cf. abuso de autoridad).—J.C.

autoridad carismática. Ascendiente personal basado en supuestas capacidades para experiencias que exceden lo puramente empírico.—P.H.F.

autoridad individual. Conciencia de la superioridad efectiva y amplia de un valor o sistema de valores sobre otro, representado por una persona o grupo. Tal autoridad puede ser: a) original o b) derivada. La autoridad original puede ser reconocida mediante la experiencia o la percepción, y esta última puede fundarse en la presencia de una obra o en la intuición. El reconocimiento de la autoridad derivada reside en la superioridad del sistema de valores al cual pertenece autorizadamente la persona o grupo que actúa o habla.—J.H.B.

autoridad social. Conciencia y reconocimiento, vigorizados por medio del control social institucional, de la superioridad de un sistema de valores establecido como ideal de un grupo.—J.H.B.

autoritarismo. Sistema fundado en la sumisión incondicional a la autoridad y en la imposición arbitraria de ésta. Absolutismo.—J.C.

autorrealización. Véase **realización de sí mismo.**

autosuficiencia. Régimen o sistema de condiciones que permiten a un ser natural o a un agregado social satisfacer sus necesidades valiéndose exclusivamente de sus propios medios.—J.C.

autosuficiencia agrícola. Véase **agricultura familiar, explotación agrícola familiar, granja familiar.**

autosugestión. Sugestión que emana del indi-

viduo mismo. Se diferencia de la heterosugestión, que emana de otro.—m.s.

avalúo. 1. Procedimiento para valorar la propiedad con fines tributarios; también el valor asignado de tal modo y que suele llamarse "valor
asignado". 2. Avalúo especial. Carga impuesta
por un gobierno sobre un grupo restringido o
clase de propiedades para cubrir totalmente
o en parte el costo de mejoras o servicios especiales que se consideran beneficiosos para
tales propiedades de un modo especial (pero
no necesariamente privativo).

ave de paso. Se llama así al inmigrante temporal que va de un país a otro siguiendo, de
ordinario, las fluctuaciones económicas del país
de destino (q. vid.).

avenencia. Acuerdo logrado mediante concesiones recíprocas; procedimiento conciliatorio
consistente en el intercambio de valores hasta
que todas las partes se consideran más o menos
satisfechas; al menos la mayor parte de ellas
se encuentran más satisfechas que antes del intercambio. Procedimiento característico en la
legislación y administración democráticas. —
f.e.l.

avería. Daño que padecen las mercancías o géneros, con independencia de su causa. Cuando
no es puramente casual, como ocurre en la
avería gruesa, produce determinados efectos jurídicos.—j.c.

averiado. Defectuoso, dañado.

aversión individual. Antipatía o antagonismo

personal que no es el resultado de la experiencia o tradición del grupo.—p.f.c.

aversión social. Antagonismo que se deriva de
la cultura de una sociedad.—p.f.c.

avidez. Codicia. Móvil bajo y antisocial que puede determinar la comisión de ciertos delitos
contra la propiedad y debe influir en su sanción.—j.c.

avunculato. Relación especial entre el tío materno y el hijo de la hermana, especialmente
donde el primero ejerce autoridad (q. vid.) sobre su sobrino y este último le hereda o sucede.—g.p.m.

avunculocal. Referente a la residencia conyugal
cuando, por costumbre o preferencia, se establece en la casa del tío materno del marido.
Cf. matrilocal, patrilocal.—g.p.m.

ayuda mutua. Auxilio recíproco espontáneo e
irregular o esfuerzo cooperativo directo en beneficio de los partícipes; la ciencia evolutiva
la opone a la supervivencia de los más aptos.
Factores cooperativos, por oposición a los de
competencia en el desarrollo social.

ayuntamiento. 1. Acoplamiento sexual. 2. Corporación política encargada de la administración del municipio.

azada. Véase **cultivo de azada.**

azar. Lo que acontece sin ningún influjo aparente por parte de cualquier agente humano, en
particular de la persona inmediatamente interesada. Interferencia de dos secuencias causales
en apariencia inconexas. Cf. elemento aleatorio,
muestreo al azar.

B

bajos fondos. Designación popular de la localización secreta de las zonas sociales donde predominan la mala vida, la actividad criminal, el vicio comercializado, los juegos prohibidos, el tráfico de estupefacientes y otras empresas ilícitas interrelacionadas, tales como diversas formas de contrabando, consumo de bebidas alcohólicas y raqueterismo. Los elementos criminales y criminaloides constituyen un inframundo en la medida en que la asociación y la actividad tienen lugar fuera de los límites de la sociedad respetable; y, por consiguiente, forman una especie de casta paria. Son auténticas zonas peligrosas. Los bajos fondos de la criminalidad y el vicio probablemente no son otra cosa que una ficción, producto del aislamiento moral entre las personas respetables y las desacreditadas y con más propiedad de la asociación y organización irregulares de los elementos criminales y criminaloides.—w.c.r.

Su estudio ofrece gran interés para la criminología y para la determinación de la peligrosidad. [Inglés, *underworld.*]

balística forense. Utilización de las armas de fuego, los proyectiles, las huellas de pólvora, etc., como medio de identificación criminal. Se basa en la observación de que no hay dos armas de fuego, incluso de la misma marca, que produzcan un disparo igual ni en que la aguja de percusión deje en los cartuchos una señal idéntica. En consecuencia, por medio de la microfotografía es posible comparar las señales de una bala y un cartucho disparados con las que produce un arma de fuego determinada, y establecer conclusiones útiles de identificación. La balística forense es una subdivisión de la balística general, que se ocupa de las armas de fuego de todas clases y del cálculo del alcance y dirección de sus proyectiles.—j.l.g.

bancarrota. Quiebra fraudulenta *(q. vid.).*

banco territorial. Banco que, en lugar de acciones corrientes, títulos de la deuda y otros valores, emplea la propiedad agraria como base financiera.

banda. *(antropología)* Grupo local o comunidad de familias asociadas que residen juntas y mantienen relaciones íntimas y personales, especialmente en condiciones nómadas o seminómadas.—g.p.m.

(sociología) Grupo primario que se desarrolla de modo espontáneo en una asociación de presencia y que logra cierto grado de solidaridad como resultado de la lucha o antagonismo con su medio social. Puede originarse como grupo de juego, del cual ha de distinguirse porque su solidaridad se debe al conflicto. Puede actuar como una multitud, pero difiere de ella en que tiene una tradición y una moral elevada. La multitud se dispersa y no se rehace; La banda tiene a veces conducta de masa pero siempre se rehace bajo el mismo liderazgo. Una "banda" o "pandilla" puede componerse de individuos de cualquier edad. La tendencia a formarla comienza a los 7 u 8 años y continúa durante la adolescencia y la madurez. Aun cuando la mayor parte de las bandas se componen de adolescentes masculinos, en algunas de ellas figuran muchachas y sólo la integran de modo exclusivo en casos poco frecuentes. La banda es un grupo de transición que se forma en aquellos períodos de la vida en que otros tipos de grupo tienen menos influencia y suele aparecer en las zonas en que brillan por su ausencia tipos más estables de organización social. Así pues, la banda es principalmente un fenómeno de adolescencia, aun cuando pueden existir bandas durante toda la madurez en condiciones especiales. La banda es particularmente característica de las fronteras interiores, es decir, de aquellas zonas urbanas o rurales en que la organización social se encuentra en su nivel más bajo, insertándose así la banda en los intersticios sociales. Las bandas han florecido también en las fronteras entre la civilización y los desiertos, o entre naciones en que el control social está relajado. A medida que los miembros de las bandas de adolescentes van creciendo en edad, la banda tiende a disolverse, particularmente cuando sus miembros se casan. En la historia natural de la banda figura una etapa amorfa en la que tales grupos son muy inestables y se constituyen y rehacen constantemente. Seguidamente la banda puede entrar en una fase de intensa integración que se caracteriza por una fuerte solidaridad y un liderazgo preciso. Y en una tercera fase puede convertirse en grupo reglamentado y formar un club atlético o social, fase que, por lo general, precede a su decadencia y desintegración. La banda ha de distinguirse de la masa orgiástica *(q. vid.),* cuya conducta se caracteriza por el libertinaje o la expresión afectiva. Aun cuando la banda es perfectamente capaz de seguir este tipo de conducta, posee un grado de moral y de solidaridad desconocido en la masa orgiástica como tal. La masa orgiástica desaparece ante

la oposición, en tanto que la banda se queda para combatir, siempre que la desigualdad no sea demasiado grande, porque su moral es inferior a la de un grupo de combate disciplinado y sus métodos de lucha, por lo general, no siguen norma alguna, salvo la aconsejada por su propia intuición. [Inglés, gang.] Cf. edad de banda.—F.M.T.

banda criminal. Todo grupo de delincuentes que opera como unidad cooperativa en la comisión de delitos o en asuntos conexos. [Inglés, criminal gang].—A.R.L.

Cuadrilla. Forma de asociación criminal que tiende a asegurar los efectos del delito y a disminuir los riesgos de sus autores. Por su peligrosidad es objeto de especial agravación en las legislaciones penales. Al igual que su forma más simple, la pareja criminal, ha sido objeto de especial estudio desde los puntos de vista psicológico y sociológico.—J.C.

bandidaje. Robo y otras formas de latrocinio con violencia practicadas de manera constante y organizada; especialmente cuando tales actos son cometidos por personas que residen en regiones despobladas o inseguras.—E.H.S.

bandido. Miembro de una banda criminal. Bandolero. El nombre también puede tener su origen en el bando o edicto público por el que se ordena la busca y captura de tales delincuentes.—J.C.

bando. 1. Facción, partido, parcialidad. 2. Edicto o mandato solemnemente publicado de orden superior. En su origen contenía la notificación pública de la sentencia de muerte dictada en rebeldía contra un reo ausente. Hoy se emplea todavía esta forma de publicidad para llamar a· personas en ignorado paradero, especialmente acusadas de delito, o para procurar su captura, prometiendo o no una recompensa. También se usa para hacer del conocimiento público medidas de emergencia dictadas por la autoridad y que suponen limitaciones a los derechos individuales, bajo la conminación de sanciones más o menos graves.—J.C.

bandolerismo. Bandidaje (q. vid.).

bandolero. Ladrón, salteador de caminos (q. vid.). El nombre alude a la banda o forma colectiva en que suele cometerse dicha clase de delitos.—J.C.

baratería. En su significado clásico, hoy en desuso, significa tanto como corrupción, comercio ilícito de la justicia por magistrados venales a cambio de dinero o de otras cosas. Por extensión se dice también del menosprecio o la mercantilización de bienes o valores superiores, como la dignidad, el honor, etc.—J.C.

baratería marítima. Especie de administración fraudulenta que comprende las malas artes que permiten al capitán de buque mercante abusar de la confianza ajena para enriquecerse injustamente con engaño y perjuicio del que contrató con él. Se sanciona en interés de la seguridad y confianza del comercio marítimo. Suele ser

considerada como delito especial, aunque Carrara ve en ella más bien una circunstancia agravante específica de los delitos de apropiación, estafa, falsedad y administración fraudulenta.—J.C.

bardaje. Persona que adopta los vestidos y vive como los miembros del sexo opuesto.—C.P.M.

barrio comercial. Zona de una ciudad dedicada a actividades comerciales, delimitada y definida, con frecuencia, por la costumbre y por las leyes de división en zonas.

barrio infecto o miserable. Zona de decadencia física y social. En su aspecto material, el barrio infecto se caracteriza por la presencia de casas e instalaciones descuidadas, anticuadas e insalubres. En el aspecto social, por la pobreza, el vicio y las diversas formas de desorganización social. La existencia o ausencia de un barrio infecto en una ciudad se determina basándose en consideraciones relativas. Puede decirse que en el barrio infecto de cualquier comunidad viven la gente pobre y los proscritos sociales. En una gran ciudad puede haber varios tipos de barrio infecto y cada uno de ellos puede estar ocupado por diferente clase o población. [Inglés, slum.] Cf. saneamiento de barrios infectos.—N.A.

bastardía. Condición de bastardo; ilegitimidad; el delito de engendrar un hijo bastardo. Falsía.—F.W.K.

bastardo. Persona nacida fuera de matrimonio; hijo ilegítimo; con arreglo al common law inglés, y salvo prescripción legal en contrario, no tiene derecho a suceder a sus padres en la propiedad ni en el nombre.—F.W.R.

Baumes, leyes de. Se conoce con este nombre la legislación represiva de la reincidencia propugnada por una comisión del Senado del Estado de Nueva York que presidió el senador Caleb H. Baumes. Estas leyes, promulgadas en 1926, establecían un aumento en la penalidad de cada delito sucesivo y la prisión perpetua desde el cuarto delito cometido. La misma expresión se aplica por extensión a otras leyes similares contra los delincuentes habituales que otros Estados han promulgado después.—M.A.E.

behaviorismo. Conductismo. Escuela psicológica que sostiene que la psicología científica debe estudiar únicamente la conducta. La conciencia y los objetos y procesos de la misma se consideran casi fuera de la investigación científica o se interpretan como actos lingüísticos inexpresos. Se descarta el método introspectivo o se le concede una mínima atención. El behaviorismo no se identifica, de modo necesario, con la filosofía mecanicista; tampoco es correcto limitarlo al estudio de actos parciales o aislados tales como los reflejos condicionados o los hábitos.—M.S.

behaviorístico. 1. Lo que se refiere a cualquier punto de vista psicológico interesado de una manera predominante en la conducta. 2. Término aplicado algunas veces por los psicólogos a la tendencia a definir la psicología como estudio de las relaciones activas entre los organismos y su medio. Tal psicología es una forma modificada del behaviorismo.—M.S.

bellas artes. La apreciación profunda y las expresiones poderosas de los valores de la vida humana. Tales expresiones toman las formas de juego, danza, drama, dibujo, pintura, escultura, arquitectura, otras artes plásticas, prosa literaria, poesía y música; emplean las técnicas más refinadas y perfectas de la línea, el color, la forma, el tono y las palabras; suscitan vocaciones sociales y la creación de instituciones para perfeccionarlas.—C.J.B.

belleza. Concierto de cualidades y calidades en una obra de la naturaleza o del hombre, que satisfacen o estimulan al espíritu (J. Moreno Villa).

La belleza resulta de armonías y contrastes de línea, color, forma, tono y palabras, que sugieren o presentan atractivos de la naturaleza, situaciones humanas, logros, anticipaciones o sueños. En la medida en que son realmente bellos no se gozan como medios, por su valor técnico, sino por su valor intrínseco, como fines en sí mismos. Y ello de modo inmediato e incuestionable. La belleza es el aspecto constitutivo en la función social de las bellas artes. —C.J.B.

beneficencia social. Conjunto de servicios, públicos o privados, que tienen por fin la mejora de las situaciones de miseria o enfermedad que se ofrecen en una comunidad. En un sentido general el concepto lleva consigo la idea de un propósito de servicio como asimismo la de la manera o método de prestarlo. Cf. *bienestar público.*—N.A.

beneficio de clerecía. Fuero eclesiástico (*q. vid.*).

benevolencia. Literalmente, "querer o desear el bien" a los demás. Acto de amabilidad o de donación de dinero o efectos. En tiempos pasados se le consideró como una cualidad de la naturaleza humana que impulsaba a la conducta altruísta. En la primitiva teología norteamericana era la virtud suprema, de la que dimanaba toda moralidad. En un sentido especial, las donaciones que algunos reyes ingleses obtenían, coactivamente, de sus súbditos. Cf. *caridad.*—W.P.

"berserk." Guerrero feroz y terrible. Persona de carácter sumamente violento. Cf. *amok.*—E.A.H.

bertillonaje. Sistema de identificación criminal basado en el archivo de fichas antropométricas. Su nombre deriva del de Alfonso Bertillon, que lo ideó y lo aplicó cuando fué jefe de la policía de París, en 1883. Consistía en una serie de medidas corporales homogéneas, en modelos fotográficos uniformes, en la anotación de señas particulares y en la clasificación de todos esos datos organizada de tal modo que fuera fácil localizar una entre millares de fichas. El método se basa en la observa-

ción de que la madurez física fija las dimensiones del esqueleto para el resto de la vida. Este método ha sido sustituído en gran medida por la dactiloscopia (*q. vid.*), porque el sistema de Bertillon es inaplicable con respecto a las personas no adultas y aun para las mujeres adultas no suele ser seguro, porque las señas son susceptibles de alteración, así como la expresión facial recogida en la fotografía, que también suele modificarse con la edad e incluso artificialmente.—J.L.G.

bestialidad. Véase **sodomía.**

"beweddung." En el derecho germánico y durante la primera época de la Edad Media la *beweddung* fué el primer paso para la celebración del matrimonio en todos los pueblos teutónicos. Al principio, la *beweddung* fué un contrato estipulado por el padre y el pretendiente a fin de entregar la muchacha al hombre en pago de ciertos objetos valiosos tales como ganado, armas o dinero. No hay duda de que, en los primeros tiempos, los bienes y la muchacha eran intercambiados en el mismo acto. Pero a medida que transcurrieron los siglos el intervalo entre la *beweddung* y la *gifta* (*q. vid.*) o entrega de la muchacha se fué ampliando por virtud de la influencia romana. El tosco contrato o *wed* celebrado por el padre y el pretendiente fué sustituído por un contrato entre la muchacha y el novio y el pago de los objetos de valor al padre se transformó en un contrato para proporcionar alimentos a la viuda en caso de muerte del marido.—W.C.

biblioteca pública. La costeada con fondos públicos y que se halla gratuitamente al servicio de toda la población. Puede adoptar diversas formas de organización.—E. de S.B.

bienes de consumo. Objetos materiales empleados para satisfacer de modo inmediato y directo alguna necesidad, exigencia o deseo humanos. Producto final de las actividades económicas. La distinción entre bienes de consumo y bienes de producción (*q. vid.*) no reside en la forma del objeto, sino en su uso. Un diamante llevado en una sortija o collar es un bien de consumo; un diamante engastado en un cortacristales y empleado por el cristalero es un bien de producción. Los bienes de consumo no son necesariamente los que desaparecen con el uso. Un anillo de diamantes o una residencia de piedra pueden durar más que generaciones de usuarios.

bienes de producción. Objetos materiales utilizados en la producción de riqueza o en servicios económicos. Capital (*q. vid.*). Los bienes de producción no se distinguen de los bienes de consumo (*q. vid.*) por su forma, sino por el empleo que se hace de ellos.

bienes sepulcrales. Armas, ornamentos u otros objetos depositados con el cadáver en su sepultura. Cf. *sacrificio.*—G.P.M.

bienestar. Vida holgada, cómoda y tranquila.

bienestar infantil. Resultante de las fuerzas

sociales y económicas de la comunidad que permiten a la familia atender a sus hijos durante la infancia y de los medios públicos y privados que complementan la capacidad y recursos de la familia natural del niño en la medida necesaria a su completo crecimiento y desarrollo.—w.p.

bienestar orgánico. Bienestar que no es individualista ni socialista, sino mutualista; no lo constituyen los hombres en cuanto productores nada más ni sólo como consumidores, sino en ambas calidades a la vez. El proceso de producción, cuando es eficaz en lugar de ser destructor de la normalidad, debe ser fuente de enriquecimiento y goce de la persona. El consumo, por su parte, debe aumentar esa eficacia. Al mismo tiempo que un objetivo, constituye un criterio para juzgar del valor de los sistemas económicos, políticos y sociales.—t.d.e.

bienestar público. Parte de las actividades de una comunidad que se refiere a los problemas sociales de individuos y familias y que incluye la planificación social; generalmente, programas de gobierno. Cf. *beneficencia social.*—w.p.

bifurcación. 1. Acción y efecto de bifurcarse o dividirse una cosa o fenómeno. 2. Distinción en la terminología familiar, entre parientes iguales, según que su entronque sea con varón o hembra (ejemplo: entre el tío paterno y el materno).—g.p.m.

bigamia. Delito contra el estado civil (q. vid.) de las personas que se comete contrayendo nuevo matrimonio sin que se halle legalmente disuelto el anterior. Es característico de las sociedades que protegen jurídicamente el régimen de monogamia (q. vid.).—j.c.

bilateral. Cómputo de la descendencia o herencia (q. vid.) tanto en ambas líneas, masculina y femenina, como indistintamente en cualquier ade las dos. Cf. *unilineal.*—g.p.m.

Bill de Derechos. Así se denominan las diez primeras enmiendas a la Constitución de Estados Unidos, que prohiben al gobierno federal o a los Estados poner trabas a las libertades políticas y garantizan a las personas acusadas de delito la protección de un procedimiento imparcial. Las enmiendas XIII, XIV y XV se consideran también como parte del Bill de Derechos. La mayor parte de las Constituciones locales recogen en su texto las garantías federales. La expresión fué empleada por primera vez en Inglaterra durante la lucha entre el rey y los comunes y significa igualmente el conjunto de garantías similares conquistadas por el pueblo. Cf. *declaración de derechos.*—r.n.b.

"bill" de indemnidad. Acuerdo del Parlamento u otra autoridad soberana asegurando la exención de las sanciones anejas a cualquier acto anticonstitucional o ilegal. [Inglés, *bill of indemnity*].—j.c.

"bill of attainder." Ley o acuerdo del Parlamento, de efectos retroactivos, que en Inglaterra, desde 1352, permitía extender a casos no previstos las disposiciones punitivas del *Statute of treason* dictado bajo el gobierno de Eduardo III e incluso condenar a alguien sin proceso regular. Los abusos de esta facultad legislativa bajo los reinados de Ricardo II, Enrique IV, Enrique VIII y Jacobo II produjeron una fuerte reacción contra ella, que culminó con su prohibición.—j.c.

biología. Rama de la ciencia que trata de los organismos vivos. Cf. *mutación biológica, herencia biológica, sociología biológica.*

biología criminal. Estudio científico de la personalidad biológica del delincuente, a fin de establecer la relación de los rasgos físicos hereditarios con el carácter criminal, es decir, con las tendencias congénitas a la delincuencia en general o a la comisión de determinados delitos. Su impulso se debe a los austríacos A. Lenz y F. Exner.

blancas. Véase **trata de blancas.**

blasfemia. Expresión injuriosa, generalmente en sentido religioso, que ofende el sentimiento público. Suele ser sancionada como contravención o falta.—j.c.

bodas. Nupcias. Ceremonia del casamiento. Ritos empleados en el matrimonio.—w.g.

bolchevique. El origen etimológico, *bolshinstvo* (que significa mayoría), se remonta a la votación celebrada en el segundo congreso del partido social-demócrata ruso que se reunió en Bruselas y Londres en 1903 y en la que el ala izquierda obtuvo la mayoría. Los bolcheviques, bajo la dirección de Lenin, recomendaban emplear tácticas revolucionarias, poner fin a la colaboración con los partidos burgueses y crear una organización centralizada del partido en la que no se admitiera más que a revolucionarios profesionales. Esta entidad política puede considerarse como la primera aparición del moderno partido totalitario.

La doctrina del bolchevismo, antes de su victoriosa ascensión al poder en noviembre de 1917, representaba una ampliación de la interpretación marxista del capitalismo, sus antinomias fundamentales y su inevitable derrumbamiento, adaptándola a las formas del capitalismo en el Estado monopolista. Se consideraba al imperialismo —período monopolista del capitalismo y su necesaria consecuencia, la lucha por los mercados coloniales en guerras imperialistas— como la condición previa de una revolución proletaria victoriosa en la nación derrotada, que, contrariamente a la tesis de Marx, no era necesario que fuese el país más intensamente industrializado. La conquista definitiva y la conservación del poder por los bolcheviques se debe, en parte, a la magistral estrategia de Lenin, a su eficaz combinación de tres revoluciones (liquidación de la guerra, lucha de los campesinos contra los grandes terratenientes, control bolchevique de la producción industrial) y a su estimación realista de las fuerzas predominantes (esto es, su política de la NEP).

El bolchevismo victorioso, antes y después de la muerte de Lenin, ha pasado por un proceso revolucionario integrado por fases diferentes y, con frecuencia, divergentes. Aun después de transcurrido un cuarto de siglo, la Rusia soviética está lejos de haber plasmado en una estructura y forma definidas. Las peculiaridades nacionales, las circunstancias históricas y la estrategia del liderazgo han creado, con el bolchevismo, un fenómeno específicamente ruso, que no puede identificarse, sin más, con los movimientos comunistas de otros países, ni transplantarse a éstos. Entre otras cosas, porque los primitivos levantamientos, las revoluciones sociales y la tentativa de occidentalización de Rusia estuvieron tan inextricablemente mezclados y confundidos que su esfuerzo parece ser simplemente un doble avance de uno y el mismo movimiento (Lenin, el Pedro el Grande del siglo xx). La industrialización de la Rusia agraria, la emancipación de las mujeres y la familia, los progresos en materia de sanidad e instrucción, son una parte de la revolución tan genuina como la destrucción de la antigua clase dirigente, la dictadura del proletariado y la socialización de la Rusia rural. La lucha histórica entre Trotsky y Stalin y la victoria definitiva de este último han conducido, además, a cambios trascendentales en la política. La fórmula "el socialismo en un solo país" parece que ha conseguido dominar, aun cuando la idea de una posible "revolución mundial" fué fomentada y dirigida por la Tercera Internacional.

Finalmente, la situación internacional, la amenazadora ascensión del nacional-socialismo y su esperado y definitivo asalto a la patria soviética han dado forma a la estructura del bolchevismo. Puede afirmarse sin ningún género de duda que el bolchevismo, además de su carácter inequívocamente revolucionario, ha adoptado muchos elementos del genuino nacionalismo ruso. Cf. *menchevique*.—s.n.

Bolchevo. Denominación de la moderna comuna o institución para el entrenamiento especial de los jóvenes delincuentes establecida no lejos de Moscú. Suministra una vida de comunidad normal y una excelente instrucción académica y vocacional. Sólo son admitidas personas seleccionadas. Deben tener de 16 a 24 años en el momento de la admisión. En un principio la institución se dedicó a la reforma de jóvenes de 13 a 17 años, principalmente de los llamados "niños incorregibles" del período que siguió a la Revolución. Las personas admitidas deben dar pruebas de capacidad para beneficiarse con la enseñanza. La vida tiene carácter rural, se enseñan oficios y se practican deportes. Los delincuentes casados llevan a sus familias y viven en apartamentos. Los solteros siguen el régimen de dormitorio común.—m.a.e.

boleta. Cédula, cuestionario (q. vid.).

bolsa de valores. Institución mercantil que tiene por objeto facilitar las transacciones sobre toda clase de valores públicos y privados. Con objeto de asegurar la confianza en su comercio, se hacen objeto de especial protección jurídica dichos valores y transacciones.—j.c.

borrachera. Embriaguez.

borrachera de la masa. Expresión que se emplea para describir el estado de una multitud en la que sus miembros se encuentran "arrebatados", "fuera de sí" (éxtasis, enajenación), "poseídos" por el "espíritu de la multitud", comportándose bajo el dominio de los estímulos inmediatos, sin la inhibición ordinaria; efectos comparables, aunque toscamente, con la embriaguez. Dionisos fué el dios del vino y sus adoradores se encontraban posesos por los espíritus del vino. Un adorador aislado, dominado por el frenesí religioso, se decía por los griegos que era un "borracho de dios", un endiosado.—t.d.e.

Borstal, sistema. Sistema establecido en Inglaterra en 1908 para el tratamiento y la preservación de menores delincuentes. Se funda en las ideas de que hasta cierta edad, todo delincuente debe considerarse como un buen ciudadano en potencia y de que su incidencia en el delito puede ser el efecto de la degeneración física o de un pernicioso ambiente social. Por virtud de este sistema se elevó la minoridad penal hasta los 21 años y se sustituyó la prisión ordinaria por una forma especial de detención bajo un régimen dirigido a desarrollar mental, física y moralmente a los prevenidos durante un período no menor de un año ni mayor de tres. El sistema tomó su nombre del lugar donde fué ensayado antes de su sanción legal. Un eficaz complemento del sistema Borstal es la institución especial de asistencia que lleva el mismo nombre y que ejerce funciones de patronato sobre los menores liberados. Los establecimientos Borstal han adoptado un principio de clasificación de los diferentes tipos de delincuentes y de especialización en su tratamiento.—j.c.

braquicefalia. Cabeza relativamente ancha, con índice cefálico (q. vid.) de 82 o más.—g.p.m.

Bridewell. Casa de corrección para el internamiento de personas inmorales. Por ley de 1576, el Parlamento inglés ordenó que cada condado estableciera una casa de corrección. La más famosa de este tipo fué la de Blackfriars, en Londres, que se instaló en un lugar llamado St. Bridget's Well, aprovechando un viejo palacio donado a la ciudad por Eduardo VI y convertido en albergue para mendigos. Prestó el doble servicio de prisión y casa de trabajo y, por consiguiente, puede considerarse como un antecedente de la prisión moderna.—a.k.w.

brujería. Véase **hechicería.**

budismo. Nombre genérico de los diversos sistemas religiosos que se desarrollaron históricamente a partir de las enseñanzas de Gautama Buda (las fechas más probables de su nacimiento y muerte son 563-483 A.C.).

buena conducta, buenas costumbres. Manera honesta de conducirse en la vida y de gobernar las propias acciones. Se refleja en la buena fama o consideración social. De su prueba dependen determinadas consecuencias jurídicas (en ciertos delitos contra el honor) y administrativas (para la concesión de empleos, para la remisión de penas).—J.C.

buena vecindad. Características sociales de las personas que viven en contacto directo y practican la ayuda mutua. Ayuda recíproca e intercambio de simpatías y favores que de ordinario predominan entre los pueblos en estrecha proximidad.—N.L.S.

burgués. Miembro de la burguesía (q. vid.). Como adjetivo denota las características y actitudes de la burguesía. Por su dominio sobre la enseñanza, la iglesia y el gobierno, esta clase extiende su influencia sobre gran parte del proletariado. Son típicos en ella los llamados trabajadores de corbata (o de chaqueta) quienes, aunque esencialmente asalariados, adoptan la manera de vivir y la ideología de la burguesía. Esto es particularmente cierto en el movimiento obrero de Estados Unidos. Aunque nominalmente representa al proletariado y con frecuencia entra en polémicas con los capitalistas, de ordinario se ha esforzado más bien por obtener una mayor participación en la distribución de la riqueza producida. No ha intentado derrocar el actual sistema de producción, orientado por el beneficio, para sustituirlo por otro inspirado en la utilidad. De los grupos fronterizos brota un doble movimiento hacia las dos clases principales. La ideología burguesa caracteriza no sólo a la burguesía dominante y a los grupos fronterizos, sino que se extiende muy dentro del proletariado.—M.PM.

burguesía. Durante la Revolución Francesa este término adquirió significación moral y política, puesto que fué el nombre de la clase intermedia entre la nobleza y la clase trabajadora. Con el desarrollo del capitalismo moderno y la rápida desaparición de la aristocracia hereditaria, ha adquirido una importancia mucho mayor. Actualmente designa, colectivamente, a todos los que, por sus intereses, están vinculados a los de los propietarios de los medios de producción. Como tal se la distingue de la clase proletaria. En ella figuran no sólo los capitalistas, sino también sus agentes auxiliares y dependientes. Entre los capitalistas se encuentran, además de los grandes terratenientes, industriales y comerciantes y los banqueros y financieros que ejercen un amplio control sobre la industria, el comercio y la agricultura, también los pequeños propietarios agrícolas y los empresarios de modestos negocios. En las capas más elevadas de los agentes y auxiliares se encuentran abogados de empresas, administradores y gerentes de fábricas, ingenieros consultores y técnicos, consejeros comerciales y agentes anunciadores. En los rangos inferiores se hallan la mayoría de los abogados, los gerentes y capataces de almacenes y fábricas y los técnicos menos importantes. Formando parte, en general, de los rangos superiores o inferiores de los agentes, se encuentran los profesores y maestros, los escritores y los periodistas, los ministros de las diversas religiones, los médicos y los políticos. A sueldo o no de los propietarios de los medios de producción, estos profesionales, consciente o no de ello, participan en sus intereses y trabajan por el mantenimiento de su sistema económico. En la línea fronteriza entre la burguesía y el proletariado se encuentran los arrendadores agrícolas, que esperan convertirse en propietarios, y muchos de los auxiliares menores, como los contables, tenedores de libros y empleados, que esperan ascender al grupo capitalista.—M.PM.

burocracia. Jerarquía graduada de funcionarios, cada uno de los cuales es responsable ante su superior. De ordinario se aplica este término a la organización gubernativa en sus ramas administrativas, pero existe también en los negocios, la industria, el comercio, los sindicatos, las instituciones sociales, las iglesias y otras formas de organización social. Se acostumbra a caracterizar el burocratismo por su apego a la rutina, por sus normas más o menos inflexibles, el balduque, las dilaciones, la renuencia a aceptar responsabilidades y su repugnancia a introducir innovaciones.—M.PM.

"busse." Antigua forma germánica de composición (q. vid.) relativa a los delitos menos graves.—J.C.

C

caballería, caballerosidad. Clase caballeresca de los tiempos feudales; también los ideales de honor, los usos y costumbres de los caballeros. En los tiempos modernos, el término ha venido a significar cortesía para con las mujeres y condescendencia para con los humildes y desvalidos. En las leyes medievales inglesas, caballería significó posesión de la tierra por servicios de guerra prestados a un señor feudal de categoría superior o al rey. La caballería desempeñó un papel importante en la suavización de las costumbres dentro de la rudeza que caracteriza a los siglos que integran la Edad Media; primero en las costumbres de las damas y caballeros que habitaban en los castillos y después en las de los burgueses de la clase media y sus esposas.—w.c.

cabecilla. Líder o jefe de una banda, aldea o cualquier otro grupo social, especialmente cuando su posición y autoridad están apenas institucionalizadas y tienen su fundamento, principalmente, en la influencia personal. [Inglés, *headman*].—c.p.m.

"ca'canny." En el lenguaje ordinario de Escocia e Inglaterra, *ca'canny* significa marchar con precaución, con cuidado o cautelosamente. Pero esta palabra se aplica, de un modo más concreto, a la restricción deliberada de la producción industrial por los obreros ingleses. La táctica del *ca'canny* va dirigida contra la maquinaria economizadora de trabajo humano, contra el sistema de remuneración por bonos y otros ardides y técnicas ideados para elevar la eficiencia industrial. Sus métodos se basan en el supuesto de que una producción industrial incrementada dará como resultado la reducción de los salarios y el paro.—j.h.e.

cacería de cabezas. Práctica extendida en Indonesia y regiones adyacentes y que consiste en realizar incursiones contra las tribus hostiles para procurarse cabezas del enemigo, bien como trofeos, bien para satisfacer exigencias del ceremonial.—c.p.m.

cacique. 1. Entre los indios caribes se llamaba así al señor de vasallos o jefe administrativo de un pueblo o demarcación. 2. Persona influyente que ejerce arbitrariamente el poder político o administrativo.—j.c.

caciquismo. Forma corrompida de ejercicio del poder político o administrativo por una persona o cacique fundándose en arbitrarias consideraciones de índole personal o parcial y que da lugar a peligrosos abusos. Generalmente el caciquismo tiene una base local y arraiga con más facilidad en las comunidades rurales o de bajo nivel cultural. Caudillismo, tiranía (q. vid.). —j.c.

cadena. 1. Antigua pena aflictiva, de extensión variable, llamada así porque los condenados a ella llevaban una cadena sujeta al cuerpo. 2. Cuerda o serie de galeotes o condenados que eran conducidos encadenados al establecimiento o lugar donde debían cumplir la pena que se les había impuesto.—j.c.

Esta misma expresión [*chain gang*] se emplea en Estados Unidos para designar los grupos de reclusos de las prisiones locales que trabajan en empresas fuera de la prisión; en otros tiempos se aplicó también a los de las prisiones estatales que trabajaban en análogas condiciones. La expresión deriva de la cadena sujeta a una pierna y con una pesada bola de hierro en su otro extremo que debían llevar los reclusos para prevenir su evasión. Posteriormente se empleó una cadena corta con dos abrazaderas de hierro que se sujetaban a los tobillos del recluso.—j.l.c.

Según una práctica que prevalecía en otros tiempos en algunos Estados norteamericanos del sur, los grupos de penados iban encadenados juntos, para impedir su fuga, como las antiguas cuerdas de galeotes en España, cuando se les empleaba en obras públicas fuera de la prisión, por ejemplo, en la construcción de carreteras.—m.a.e.

caja de compensación. Fondo reunido por primera vez por ciertos grandes industriales franceses con objeto de pagar a los trabajadores cabezas de familia según el número de hijos menores de 13 años que tuvieran a su cargo. Para evitar una probable actitud discriminatoria por parte de los patronos en perjuicio de los obreros casados, se ideó el plan de incitar a los propietarios a poner en común el costo total de las asignaciones familiares y establecer un fondo de compensación general (caja de compensación). Con arreglo a este sistema el gasto de las asignaciones familiares se dividió entre todos los patronos cooperadores en proporción al número de sus obreros o al volumen de su lista de salarios. También se organizaron fondos de compensación para el pago de las asignaciones familiares en Bélgica y Austria después de 1920. En 1932, Francia estableció, mediante una ley, un sistema obligatorio nacional de fondos de compensación para el pago de asignaciones familiares.—m.c.

caja o fondo comunal con financiación federada. 1. Fondo recaudado por una organización federal de diversas entidades y que se destina a un fin convenido (p. ej., financiar organismos privados de trabajo social). 2. Organización para recaudar tales fondos.—w.p.

"cake of custom." Metáfora empleada por Walter Bagehot para significar el conjunto total de usos y actitudes que aglutinaban a los miembros de las sociedades primitivas, con la misma fuerza con que se unen los granos de harina en una masa [cake]. Se emplea con frecuencia para aludir a la resistencia al cambio y a las innovaciones que procede de la conducta consuetudinaria y habitual. — n.l.s. y f.e.l.

califato. Estructura sagrada del Islam, idéntica a la estructura secular del Estado musulmán dominante; organización política internacional del Islam, presidida por el Califa o "sucesor" de Mahoma, el Profeta. Aun cuando la sucesión legítima se extinguió en 661 d. c., los gobernantes seculares de los países musulmanes pudieron mantener la creencia en virtud de la cual se consideraban como gobernantes sagrados del Islam entero. Los sultanes otomanos desempeñaron dicho cargo desde 1517 a 1922. Desde esta última fecha el califato ha estado vacante y con pocas perspectivas de restauración, a pesar de haber aspirado a él varios reyes secundarios. Esta organización amorfa ha pasado por la fase de una institución social sagrada que dejó de serlo por obra de su secularización.—d.e.w.

calumnia. Véase **difamación.**

calvero. Zona forestal que las operaciones de tala han desprovisto de arbolado.—p.h.l.

camarilla. Unidad local de una clase social. Grupo de familias que se aceptan recíprocamente como iguales, asociándose entre sí y excluyendo de ese trato en gran medida al resto de la comunidad local. La camarilla es la unidad inmediata superior a la familia en la formación de la clase social. [Francés, clique.] —w.c.h.

cambio. El cambio implica movimiento, modificación, transformación, no sólo una diferencia en el tiempo, en el objeto al que se aplica. Se dice que se ha verificado un cambio cuando un objeto o elemento de un sistema de objetos móviles cambia de posición de tal manera que la disposición estructural del sistema resulta diferente. Existe una relación causal entre dos objetos o entidades cuando el cambio de uno de ellos da por resultado un cambio en el otro. Cf. causación.—s.j.

cambio catastrófico. Trastorno o cambio violento y súbito de la escena social, seguido rápidamente por una situación de desequilibrio, inestabilidad y desorganización, considerada generalmente como un desastre. El origen de las catástrofes puede ser social o subsocial. Los tipos subsociales son: físico-sociales, los que se producen totalmente fuera del orden social, como terremotos, inundaciones, ciclones, tornados, etc.; bio-sociales, como pestilencias o epidemias, plagas o invasiones de pestes y acaso las hambres; originadas por completo en el seno de la esfera social se encuentran las guerras, las revoluciones y las crisis económicas. Las catástrofes pueden crear una interferencia temporal con el equilibrio social, o, por otra parte, contribuir a cambios vitales y duraderos del orden social. Como contrapartida de la destrucción inmensa e inmediata que en la vida y la propiedad se produce y como resultados a la larga no puramente perniciosos, se han producido con frecuencia cambios sociales inesperados socialmente ventajosos, o bien se ha acortado el período de rezago cultural. Con el progreso de la ciencia y de la técnica y el perfeccionamiento del control social, el hombre ha encontrado medios culturales tanto protectores como preventivos cada vez más adecuados frente a los desastres de carácter físico-social y bio-social. En cambio, el avance ha sido muy lento por lo que hace a las catástrofes de tipo puramente social, como las guerras y las revoluciones, debido a la complejidad de los factores que entran en juego.—s.j.

cambio de población. Véase **población (cambio de).**

cambio de vida. Expresión común del tránsito climatérico y gradual de la función reproductiva. También se emplea como sinónimo de la menopausia que acompaña al climaterio.— e.r.g.

cambio evolutivo. Cambio ordenado y continuo en una dirección determinada en un proceso de adaptación o ajuste a un medio dado que, a su vez, puede estar modificándose, con una creciente diferenciación o complejidad de estructura consiguiente a una diferenciación de función. La evolución entraña el "desarrollo" de fuerzas potencialmente presentes desde el comienzo. Qué sea lo que constituya los factores dinámicos específicos de la evolución depende del nivel de la organización de que se trate: inorgánica, orgánica o superorgánica (social).—s.j.

cambio genético. Concepto empleado, principalmente por los sociólogos y antropólogos evolucionistas, para explicar la variedad de sistemas sociales por la índole de su origen o génesis. Uno de los primeros problemas de los arqueólogos y de los investigadores de la cultura material primitiva consistía en averiguar cómo y en qué forma evolucionaban los procesos y objetos. Se investigó con afán el origen de la mayor parte de las instituciones sociales en la creencia de que se obtendría así la clave para la explicación causal de su diferenciación progresiva en el tiempo y que de esa manera se acabaría por reconstruir una imagen total del cambio evolutivo que nos daría la historia completa del hombre y su desarrollo.—s.j.

cambio, medio de. Véase **medio de cambio.**

cambio revolucionario. Cambio social importante que afecta o altera las relaciones recíprocas de las clases sociales, así como las ideas, tradiciones y adscripciones (ideología) que sirven de soporte a la estructura social. De lo que se ha hecho un análisis más minucioso ha sido' de la revolución política, porque en ella la universalidad del interés y la calidad dramática de la acción es mayor que en otras formas de cambio revolucionario. En resumen, sus dos rasgos característicos son: primero, su ostensible subitaneidad; segundo, la transferencia del poder de una clase socio-económica a otra. El proceso final viene precedido, de ordinario, por un largo período de fermentación y agitación intelectual que prepara el terreno al momento, crisis o lucha revolucionarias que son resultado de la conquista del poder y del desplazamiento de la burocracia, clase o grupo gobernante por medios técnicamente ilegales y violentos. Los cambios fundamentales y a largo plazo en la estructura tecnológica, económica, religiosa o social y cualquier otro cambio, que tenga raíces profundas, en los sistemas de pensamiento y de hábitos, si se producen gradualmente y sin violencia, son más bien evolutivos que revolucionarios.—S.J.

cambio social. Variaciones o modificaciones en cualquier aspecto de los procesos, pautas o formas sociales. Expresión amplia que sirve para designar el resultado de cualquier variedad del movimiento social. El cambio social puede ser progresivo o regresivo, permanente o temporal, planeado o sin planear, en una dirección o en múltiples direcciones, benéfico o perjudicial, etc.

cambio tecnológico. La tecnología es la combinación o totalidad de técnicas empleadas por un pueblo, en un período determinado, con el fin de lograr la adaptación a su medio biofísico. En sentido más alto, comprende también elementos de organización social como la cooperación, la división del trabajo, la administración, etc. Se da un equilibrio o ajuste entre un medio dado, con sus recursos potenciales, y el pueblo que habita dicho medio, con sus capacidades y conocimientos técnicos. El cambio tecnológico es, sin duda, una fuerza permanente de la historia, por obra de la creciente diferenciación de los utensilios y herramientas empleados por el hombre, las adiciones constantes a la serie de los inventos, el gradual aumento del saber empírico, y la mayor capacidad que de todo ello resulta para la utilización y explotación del medio natural con objeto de hacer frente a las necesidades. Los factores que contribuyen al cambio tecnológico pueden ser las migraciones, la mudanza de localidad y los cambios operados en las técnicas y en los conocimientos, bien por inventos dentro del grupo o por la introducción de nuevas técnicas procedentes del extranjero. En los tiempos modernos, la base cultural más amplia, hecha posible por la extensión de los contactos y de la comunicación entre los pueblos, ha dado como resultado un ritmo cada vez más rápido en el cambio tecnológico.—S.J.

cambio télico. Cualquier alteración intencional o planeada de la estructura, relaciones o funciones del grupo; cambio orientado hacia algún fin o ideal.—N.C.S.

cambios culturales. Modificaciones en la civilización de un pueblo, es decir, en el medio construido por el hombre, que se producen automática o deliberadamente.—P.H.L. y N.L.S.

Camorra. Organización criminal depravada y secreta que tuvo su origen en la ciudad de Nápoles en 1830 y alcanzó vida próspera hasta cerca de 1922. Aun cuando la Camorra representaba una organización brotada de los bajos fondos de la vida napolitana, tuvo concomitancias delictivas con las autoridades civiles, políticas y religiosas durante el curso cambiante de su existencia.—N.F.C.

campesino. 1. Perteneciente o relativo al campo, a la tierra cultivable. 2. Agricultor, trabajador de la tierra; entendido en las faenas del campo.

campo. 1. Tierra laborable, sembradío. 2. Extensión o espacio real o imaginario en que cabe o por donde corre o se dilata algo material o inmaterial. 3. Ambito o materia de una actividad o investigación. 4. Fondo real de un trabajo o experimento.—J.C.

Area de influencia o de interés. En la administración pública o privada el término se emplea para distinguir aquellas fases o aspectos del programa distintos de la oficina central. En la investigación el término indica el área abarcada por un estudio; en el comercio puede ser el área del contrato de ventas. [Inglés, *field.*] Cf. *trabajo de campo.*—N.A.

cancillería, procedimiento de. El empleado en los antiguos Tribunales de Cancillería ingleses, donde el representante del rey (el canciller) presidía en los casos que afectaban a ciertas personas, de ordinario mujeres o niños, que, con arreglo a las leyes vigentes, carecían de capacidad para defenderse. En la actualidad se ha adoptado tal procedimiento en los tribunales de menores, que asumen la tutela del niño delincuente y un interés protector de su bienestar.—M.A.E.

canguro, tribunal del. Así se denomina en Estados Unidos [*kangaroo court*] la norma social penitenciaria que permite a los reclusos antiguos reglamentar el tratamiento que ha de darse a los recién ingresados, obligándoles a someterse a diversas novatadas (*q. vid.*).—M.A.E.

canibalismo. Práctica de comer carne humana, a veces como un artículo alimenticio ordinario, pero más comúnmente a fin de vengarse de un enemigo, asimilarse las cualidades espirituales de la víctima o cumplir un requisito religioso o ceremonial.—G.P.M.

capacidad craneana. Capacidad cúbica de la cavidad interior del cráneo, medida, de ordinario, en centímetros cúbicos.—G.P.M.

capilaridad social. Proceso-situación en el que los miembros de una clase "inferior" son atraídos hacia arriba y tratan de elevar su *status* deslizándose hacia otro más elevado por los intersticios existentes en la estructura estratificada de las clases. En un sistema de clases abierto la competencia hace que se acepte y extienda, relativamente, la capilaridad. En un sistema de castas existen pocas fisuras por don de ascender, aun cuando una persona puede perder casta de muchas maneras.—T.D.E.

capitación. 1. Impuesto por hombre o cabeza. 2. En Estados Unidos se llama así [*poll tax*] la contribución impuesta a cada individuo como condición previa que le capacita para votar. La capitación fué introducida primero por los Estados liberales como substitutivo del requisito de propiedad. Fué desapareciendo gradualmente durante el siglo XIX y reapareció en los Estados del sur con el fin de restringir el derecho de los negros y el poder ascendente del movimiento populista entre los blancos pobres. Mediante diversos artificios se utilizó la capitación para excluir de las elecciones a los votantes indeseables. La constitucionalidad de la capitación ha sido sostenida por la Suprema Corte de Estados Unidos; en varias ocasiones, el Senado norteamericano ha rechazado las leyes que la proscribían.—J.W.M'C.

capital. Bienes materiales empleados en la producción de la riqueza o en la prestación de servicios económicos. El capital es uno de los cuatro factores comúnmente reconocidos en la economía como necesarios para la unidad productiva o negocio (*q. vid.*). Los otros tres son: la tierra, el trabajo y la organización. Es el menos esencial de los cuatro; la tierra y el trabajo son indispensables y asimismo un grado mínimo de organización, como el requerido por el hombre primitivo a fin de poder aplicar su trabajo a la tierra. La evolución social se ha caracterizado por un incremento continuo en la importancia relativa del capital en la unidad económica típica. Su rápido ascenso a una posición dominante en las últimas generaciones ha dado lugar a que se denomine "capitalismo" el sistema económico resultante. El término capital es susceptible de ser empleado en forma vaga e imprecisa; por ejemplo, se le emplea para designar todas las formas de riqueza invertida. En un análisis estricto debería limitársele a los instrumentos tangibles, aparte la tierra, empleados en el proceso productivo. Cf. *bienes de producción*, *capitalismo*, *producción*.

capitalismo. Sistema económico general que da su forma característica al orden social presente de los países del mundo industrialmente avanzados. Sus principales características son: *1)* propiedad privada de la tierra y de los bienes capitales en manos de individuos, compañías y sociedades mercantiles; *2)* actuación en competencia, principalmente para el beneficio privado de los propietarios; *3)* gran estímulo para la empresa; *4)* acrecentamiento de los inventos; *5)* perfeccionamiento de los procedimientos técnicos; *6)* gran especialización, particularmente de las finanzas; *7)* rápido aumento de la producción; *8)* extensión universal del comercio; *9)* desarrollo de grandes y poderosas organizaciones colectivas que dan lugar *10)* a cierto control particular del gobierno, *11)* a depresiones periódicas y *12)* a organizaciones obreras cada vez más poderosas que van consiguiendo un mejor *status* y una mayor influencia de los trabajadores. La restricción de la capacidad adquisitiva en el mercado por una excesiva concentración capitalista de los ingresos, el paro tecnológico y la limitación de los salarios, hacen posible mantener una producción abundante sin un consumo abundante que la acompañe. Ello da lugar a una amplia transferencia del control económico a los órganos del gobierno, responsable ante el masa de que alguna vez sea el servicio al público el motivo dominante de la vida industrial. Cf. *organización económica*.—C.J.B.

Una definición más precisa y rigurosa limita la aplicación del término simplemente a la posición predominante mantenida por el factor capital en la estructura típica comercial de cualquier sistema económico, sin consideración a las características incidentales o conexas. Así pues, el capitalismo sería tan característico de la Unión de Repúblicas Socialistas Soviéticas como de los Estados Unidos de Norteamérica.

capitulaciones. Estipulaciones establecidas por medio de tratados para el régimen de los extranjeros seglares dentro del Imperio Otomano, toda vez que los súbditos de los Sultanes estaban sometidos a leyes religiosas (el Seriat). Con arreglo a las capitulaciones, los individuos de nacionalidad extranjera que vivían en el Imperio Otomano (1299-1922) y en Egipto (hasta 1937) quedaban sujetos a las leyes y tribunales consulares de sus respectivos Estados, del mismo modo que los nativos no musulmanes eran gobernados en *millets* (*q. vid.*).—D.E.W.

capitulaciones matrimoniales. Estipulaciones en que los futuros cónyuges determinan el régimen a que habrá de sujetarse la administración de sus bienes durante el matrimonio.—J.C.

capnomancia. Práctica de la adivinación por medio del humo.—J.C.

carácter. Cualidad, rasgo o conjunto de rasgos, atributos o características que sirven para indicar la naturaleza esencial de una persona o cosa. Como cualidad moral, conjunto y organización de los rasgos, actividades y hábitos que se orientan por una norma objetiva de conducta. Organización de la vida de una persona; motivos, actitudes, hábitos, sentimientos, ideales y valores que condicionan o determinan el curso de la acción en una situación que requiere decidirse y elegir. El carácter de una persona se entiende desde la conducta ejemplar o modelo, digna de imitarse, hasta el mal comportamiento o las conductas prohibidas. Como señal de distinción, atributos y cualidades de una persona que sirven para indicar su naturaleza esencial e intrínseca; suma de rasgos que confieren distinción y singularidad; peculiaridades, rasgos ejemplares o notables. Grado de organización subjetiva de los rasgos, ya sea fuerte o débil.—M.H.N.

La personalidad (q. vid.) cuando se atiende a la posibilidad de prever sus reacciones y, por consiguiente, a su capacidad para adaptarse a las exigencias de comportamiento de los grupos sociales con los que el individuo está en contacto.—H.H.

Rasgo considerado como heredable por separado o susceptible de ser descubierto en el proceso de la mezcla biológica. Cf. rasgo.—T.D.E.

carácter adquirido. Atributo de un objeto (particularmente de una persona) que ha sido derivado o desarrollado de algo externo a él. Rasgo producido por el medio, físico o social, o en contacto con él. Cf. característica adquirida.—J.P.E.

carácter, entrenamiento del. Proceso de desarrollo de los hábitos, actitudes, valores morales, ideales y modelos de conducta de una persona mediante la instrucción, la orientación, el precepto y el ejemplo y por el acceso a experiencias de situaciones que exigen una decisión moral.—M.H.N.

carácter individual. Véase **personalidad.**

característica. Rasgo, propiedad o atributo de un individuo, grupo o cultura que lo distingue de los demás.—J.P.E.

característica adquirida. Rasgo, propiedad o cualidad de un individuo, grupo o tipo incorporado después de haber ocurrido el proceso de fertilización, ya sea antes o después del nacimiento. Esta expresión va unida de manera casi inseparable con las teorías de Juan Lamarck (1744-1829) y de Augusto Weismann (1834-1912). Lamarck enseñó que las características adquiridas durante la vida de un individuo pueden transmitirse mediante la herencia a la generación siguiente. Creyó que una característica como la planta palmípeda de las aves fué adquirida por la costumbre de dilatar sus dedos al intentar nadar y que el largo cuello de la jirafa se produjo por su empleo para alcanzar más alimento y que tales características fueron transmitidas por herencia a la generación siguiente. Weismann recusó la teoría de Lamarck, demostrando que las células germinales se encuentran separadas de las células somáticas, y que, por consiguiente, no pueden ser afectadas por ninguna característica adquirida después de la fertilización.—O.W.

característica heredada. Véase **característica adquirida.**

caracterización. El proceso de asumir rasgos distintivos, ya sea por medio de la herencia o el medio, ya por una combinación de los dos. Específicamente, proceso por el cual un grupo humano aislado y segregado lleva a cabo la diferenciación racial. Cf. área de caracterización.

cárcel. Denominación genérica de todo establecimiento penitenciario. Prisión local para la detención de delincuentes sometidos a procedimiento judicial y para el cumplimiento de penas cortas de prisión que, según las legislaciones, pueden llegar hasta seis meses o un año. [Inglés, jail].—M.A.E.

caridad. En el empleo ordinario del término, la caridad tiene dos aspectos: 1) actitud o cualidad del sentimiento hacia los que padecen infortunio; 2) los modos de hacer frente a la situación de los infortunados. Ambos se relacionan históricamente en forma muy estrecha con la religión (véase Primera epístola a los Corintios, XIII). Hacia el fin del siglo pasado se acentúa en el concepto de la caridad el valor de los llamados derechos individuales. El denominado "Charity Organization Movement", que tuvo su origen en Londres, se basó en este concepto más reciente, del que deriva gran parte de la beneficencia moderna. El término caridad se aplica con frecuencia a un solo acto; la filantropía auxilia al individuo en su calidad de miembro de un grupo o raza, o alude a la actividad que se refiere en sus propósitos a muchos individuos o masas. Cuando en los países anglosajones se aplica hoy la palabra charity a una organización, se indica un contenido más preciso del que sugería la expresión "asociación filantrópica"; lleva consigo un programa más definido y un mayor interés por los problemas peculiares del individuo. Benevolencia es un término menos limitado que caridad, en tanto que filantropía se aplica usualmente a lo que son proyectos amplios acerca del bienestar humano. Cf. benevolencia.—W.P.

carisma. Don espiritual. Este término, empleado desde hace largo tiempo en la literatura teológica y en la historia eclesiástica, fué introducido en la teoría sociológica por Max Weber para designar el mérito extraordinario, la gracia, el genio o el poder de una personalidad. Semejante cualidad excepcional fundamenta el influjo ejercido por estas personalidades, consideradas como dechados sobrehumanos y como elegidas por la divinidad, y aceptadas por esa razón como dirigentes en campos diversos: profetas, fundadores de religiones, gobernantes, jefes de partido, etc. En definitiva, el carisma se encuentra en la raíz de todos los movimientos de masa por virtud de la atracción que ejercen las personalidades creadoras. Su autoridad o dominación se basa en la fidelidad directa y personal de sus secuaces a diferencia del control tradicional o legal, en el que el elemento personal ha sido desalojado por el institucional. Por lo que respecta a la distribución del poder se plantean problemas delicados cuando el líder envejece o muere, cuando sobreviene la rutinización y han de tomarse medidas para la institucionalización y perpetuación del movimiento y del aparato que ha cristalizado en torno a la personalidad carismática. Históricamente, el derecho divino de los reyes, el culto al genio y el caudillismo [*Führerprinzip*] o liderazgo [*leadership*] constituyen reconocimientos diversos de la desigual distribución del carisma.—E.F.

carracas. Barcos viejos anclados en los ríos o aguas muertas que se usaron como lugares de prisión para los delincuentes. [Inglés, *hulks*].—J.P.S.

carrera criminal. Carrera que implica la delincuencia habitual o que se basa en el delito como medio de vida.—A.R.L.

carterista. Ladrón especializado en la sustracción fraudulenta de carteras de bolsillo.

casa barata. Vivienda decente, segura y sana suministrada especialmente para familias de escasos ingresos. Salvo en casos raros, tal vivienda no es de bajo costo y la diferencia entre la renta económica y la capacidad para pagarla de las familias de bajos ingresos se cubre por medio de un subsidio.—S.S.

casa de apartamentos. 1. Edificio que contiene tres o más unidades de vivienda con servicios o instalaciones comunes, o ambas cosas. 2. Edificio de dos o más pisos superpuestos bajo un solo techo y distribuidos de modo que puedan facilitar vivienda a dos o más familias. Cf. *apartamento*.

casa de corrección. Institución inglesa establecida en el siglo XVI para el albergue de vagabundos, prostitutas, mendigos y desocupados. En Estados Unidos, lugar de confinamiento para delincuentes condenados por delitos leves. De ordinario para delincuentes condenados a penas de arresto.—J.P.S.

casa de detención. En Estados Unidos se llama así [*house of detention*] al edificio sostenido por un gobierno local para detener provisionalmente a los jóvenes pendientes de decisión de un tribunal de menores o de otra resolución relativa a ellos. En algunos Estados por disposición legal y en otros por consentimiento común, los niños menores de cierta edad no pueden ser albergados en las prisiones locales. Por ello, la casa de detención se convierte en un cajón de sastre y en ella se reunen en promiscuidad todos los niños que no pueden ser puestos en libertad inmediatamente. Jóvenes acusados de delitos graves son arrojados junto con niños detenidos como testigos, niños abandonados y fugitivos.—J.W.M'C.

casa de huéspedes. Edificio en el que son hospedadas personas por una noche o por períodos prolongados, mediante remuneración. Difiere del hotel en que el hospedaje es objeto de convenio y no se concede a cualquiera que lo solicite, y en que los deberes y responsabilidades del hospedero no son propiamente los de un hotelero o mesonero con respecto a su cliente, sino más bien los de un arrendador con respecto a su inquilino. Casa donde se alquilan habitaciones. [Inglés, *lodging house*].—S.S.

El hospedaje puede o no comprender, además del albergue, la asistencia y prestación de ciertos servicios domésticos e incluso el suministro de alimentos y la participación en la mesa familiar.

casa de refugio. Antigua institución norteamericana para la reclusión de los delincuentes jóvenes. Antecedente de las instituciones juveniles contemporáneas.—J.P.S.

casa de trabajo. Institución inglesa para el confinamiento de vagos, mendigos y pobres. Institución norteamericana para el cumplimiento de penas cortas de prisión. En dichos países es sinónimo de cárcel. [Inglés, *workhouse*].—J.P.S.

casa-habitación. Edificio destinado a vivienda u ocupado con ese fin por una o más familias u hogares, provisto, de ordinario, de cocina, baño, servicio sanitario y, en caso necesario, de instalaciones de calefacción. Usualmente considerado como vivienda separada para una sola familia.

casamentero. Intermediario que concierta matrimonios en ciertas culturas en que prepondera el tipo de familia patriarcal y apenas se inicia la moderna forma igualitaria. En diversas tribus primitivas y pueblos civilizados el matrimonio ha sido, con frecuencia, una transacción comercial que redundaba en beneficio de los padres de uno u otro de los cónyuges. En muchos países europeos la novia aporta a su marido una dote y existen disposiciones legales para la adjudicación a la mujer de una parte de la propiedad del marido. Los matrimonios reales se contraen a menudo por razón de Estado, lo cual da lugar a la institución del matrimonio morganático. En todos estos casos se solicitan, de ordinario, los servicios de un intermediario para que haga los arreglos necesarios. La práctica de recurrir a un casamentero continúa en vigor incluso en el seno de las culturas urbanas e individualistas, particularmente en los grupos inmigrantes. Así, entre los inmigrantes judíos el *shadchan* prepara reuniones entre clientes de sexo diferente después de haber percibido ciertos honorarios de registro. Después, si la pareja decide finalmente casarse queda contractualmente obligada a pagarle una suma determinada como remuneración por su servicio de corretaje. No deben confundirse con los casamenteros las diversas agencias que arreglan presentaciones y contactos.—E.F.

casillero judicial. Registro o archivo de antecedentes penales. La inscripción en él, efecto jurídico de la sentencia condenatoria, es obligatoria, afecta en determinados aspectos la capacidad jurídica de los condenados y constituye la prueba de la reincidencia. La amnistía y el indulto son las principales causas que limitan los efectos de dicha inscripción.—J.C.

caso. En la beneficencia, individuo o familia al cuidado de una agencia social. Cf. *antecedentes del caso, historial del caso.*—W.P.

caso fortuito. Acontecimiento o situación cuya causa puede explicarse en función de un acto humano o de un hecho natural, pero que no es imputable al descuido o a la imprevisión de nadie en particular. Jurídicamente se le reconocen efectos liberatorios de las obligaciones civiles y de la responsabilidad criminal.—N.A. y J.C.

casos culturales, estudio de. Aplicación del método de la tipología constructiva (*q. vid.*) a aquellos problemas de las ciencias sociales que exigen el análisis de fenómenos sociales y culturales de gran amplitud. Las investigaciones de Weber sobre sociología de la religión, que utilizan una especie de tipología constructiva, el *idealtypische Methode*, son ejemplos sobresalientes de estudios de esta clase plenamente logrados. Aun cuando mucho menos complicado, el análisis de Toynbee sobre "el estímulo de las penalizaciones" con respecto a los judíos Askenazim, Sefarditas, Dönme y Marranos es otro ejemplo.

La necesidad de investigaciones de este tipo en las ciencias sociales, y especialmente en la sociología, proviene del descrédito y carácter anticientífico del método comparativo de viejo cuño, con el que se emitían generalizaciones basadas tan sólo en ejemplos o trozos ilustrativos desprendidos de los todos o contextos que los incluían. Si el sociólogo pretende ser un hombre de ciencia, la posibilidad de predicción será también su propósito final, mas semejante predicción, retrospectiva o prospectiva, ha de expresarse siempre en términos condicionales, es decir, teniendo en cuenta el "si y cuando", en la medida y siempre que algo suceda o haya sucedido. Ahora bien, ese "si y cuando" en esas condiciones se refiere siempre a situaciones que han ocurrido ya o que pueden contemplarse en función de lo ya ocurrido.

Las conclusiones iniciales del estudio de casos culturales están limitadas al área y período estudiados, pero el método básico empleado —la tipología constructiva— puede permitir la transferencia de tales conclusiones, después de una modificación adecuada, a otras áreas y períodos. Han de reunirse y acumularse diversos tipos sujetos a tiempo y localización antes de intentar cualquier construcción definitiva de tipos no limitados en el tiempo y en el espacio.

Quizá entonces será posible reafirmar los tipos construídos de esa manera condicional e investigar después hasta qué punto otros casos suministran una comprobación de la validez de las predicciones mantenidas. Sólo así tendremos un método comparativo genuino y

en estricto sentido. Y sólo cuando se consiga una comprobación de semejante especie pragmática podrá comenzarse a hablar de generalizaciones de gran alcance. Pero aun entonces es improbable que esas generalizaciones sean válidas para todos los demás tipos.—H.B.

casos, método de. Método de investigación social que tiene por objeto estudiar la vida de una unidad en su proceso total o en una de sus fases, de modo que destaquen su emplazamiento cultural y sus relaciones recíprocas con otras unidades. La unidad estudiada puede ser una persona, una familia, un grupo, una institución, una comunidad o una nación. A diferencia del método estadístico, el método de casos ofrece un cuadro más o menos continuo, en el tiempo, de los incidentes por los que ha pasado la unidad en cuestión o de las fuerzas e influencias a que ha estado sometida. Cf. *antecedentes del caso, historial del caso.* —A.E.W.

casos, trabajador por. El que realiza el trabajo social atendiendo a casos diversos. Cf. *trabajo social por casos.*—W.P.

casos, trabajo por. Función de los trabajadores sociales profesionales al asistir a individuos y familias en mala situación, a fin de conseguir que hagan una vida normal en la mayor medida posible. Cf. *trabajo social por casos, método de casos.*—R.N.B.

casta. En la India, organización de control social homogénea y endógama, con rituales característicos, particularmente los que se refieren a la pureza religiosa. Cf. *castas (sistema de), castas (sociedad de).* Cada casta y subcasta obtiene un *status* oficial que se estima alto o bajo según la fecha de su origen, su supuesta ocupación en cierto momento y la severidad de sus normas morales y religiosas. También, como en Europa, una minoría con vida de comunidad separada; por ejemplo, los gitanos y judíos. En Estados Unidos, la raza blanca que vela por la observancia del separatismo social y los negros acomodados a esa situación por su fidelidad a normas y rituales de una conducta distinta. La palabra casta ha sido empleada ampliamente para denotar ocupaciones hereditarias, *per se*, como en la caracterización del Imperio bizantino. También ha sido empleada en sentido muy lato como sinónima de clase social.—W.C.H.

castas, sistema de. En la India la sociedad está fraccionada en unas 8,000 unidades endógamas que deben considerarse como organizaciones de control social (*q. vid.*). Cada grupo posee normas y ritos diferentes por lo que se refiere al culto, alimentación, matrimonio y contaminación. La mayor parte de estos grupos son subcastas hindúes (nacidos por segunda vez); algunos son meramente grupos degradados; otros son tribus aisladas, e incluso hay otros que son grupos cristianos o musulmanes. En la civilización india, los grupos de casta son algo semejante a los clanes de los primitivos, sin más diferencia que la de ser siempre endógamos. La "ocupación tradicional" sólo tiene importancia para la casta en los basureros, lavanderos y sacerdotes. Otras ocupaciones se ejercen por personas pertenecientes a castas distintas. La homogeneidad económica y de clase sólo caracteriza a algunas de las castas degradadas, las llamadas intocables. Todas las demás castas contienen diversos elementos económicos y clasistas, incluso en sus unidades locales.—W.C.H.

castas, sociedad de. Población con una cultura general común dividida por barreras sociales en unidades endógamas, cada una de las cuales posee peculiaridades culturales. Cf. *castas (sistema de)*. El parentesco y las organizaciones de control social dividen al pueblo en segmentos separados por diferencias de ritual, moral y normas exclusivistas. Estas unidades (organizaciones de subcastas) se hallan jerarquizadas, por lo común, según su "pureza" o rango de "santidad". Algunas —especialmente los grupos fuera de casta— se caracterizan también por su *status* social.—W.C.H.

castigos corporales. Aunque las penas corporales (q. vid.) han sido proscritas de los sistemas penales modernos, todavía se suele recurrir a los castigos de esta clase como medida disciplinaria y correctiva. Así quedan vestigios de ellos en algunos sistemas pedagógicos y en el régimen interior de las prisiones. En Inglaterra incluso está legalmente permitida la aplicación de los azotes.—J.C.

castración. Extirpación de los testículos de un macho o de los ovarios de una hembra, aun cuando el término se aplica usualmente en el primer caso.—R.E.B.

casualidad. Manera de ocurrir los fenómenos sin control de la inteligencia o intención humana. Cf. *acaso, azar, elemento aleatorio.*

catabolismo social. Fase destructora del metabolismo social (q. vid.). Desgaste normal de las partes componentes de la estructura social normalmente reemplazadas por el anabolismo social (q. vid.).

catástrofe. Véase **cambio catastrófico.**

catarsis. Teoría según la cual, por el hecho de presenciar la expresión de una emoción (por ejemplo, en el drama) o de expresarla verbal o imitativamente por medio de gestos, se produce en el sujeto una mitigación de tensiones similares y de sentimientos reprimidos o suprimidos que es suficiente para aliviarle, eximiéndolo, en consecuencia, de la necesidad de una expresión franca de las mismas en la vida real. Teoría según la cual la liberación parcial de tensiones (tales como las del sexo en el "baile", la "cita", los "mimos") produce su aplacamiento más que su excitación, purificando las tendencias habituales en vez de fijarlas o intensificarlas. Teoría que sostiene que la confesión (religiosa, psicoanalítica o informal) mitiga las tensiones, la sensación de responsabilidad y otros conflictos. Cf. *purificación, sublimación, sustitución.*—T.D.E.

categoría. Clase, grupo o tipo en una serie clasificada. El término es de uso frecuente en la clasificación de personas menesterosas a fin de proporcionarles proyectos de trabajo, rehabilitación, socorro, pensiones, etc. Cf. *clasificación.* —N.A.

categórico. Se aplica a la palabra juicio para distinguirlo del que de una persona, grupo o situación se hace con carácter personal y concreto. Con el juicio categórico se encaja a una persona que se acaba de conocer dentro de una categoría precisa y trazada de antemano. Se la prejuzga así (prejuicio) en el sentido de atribuirle todas las características que constituyen al tipo mencionado por esa categoría. Contactos categóricos son aquellos en que más que a un fundamento íntimo y personal se atiende al hecho de pertenecer a determinado grupo o tipo social los que se derivan de tal hecho. Cf. *prejuicio.*—T.D.E.

cáucaso-centrismo. Es aquella forma del etnocentrismo que considera al grupo caucásico, blanco, consciente de su raza, como poseedor de las más deseables cualidades físicas, mentales, sociales y morales de todos los pueblos. El principal contenido de la ideología que simboliza es el "derecho divino" a gobernar a la raza humana.—W.R.C.

caución. Condición o garantía precautoria impuesta por una autoridad judicial para acordar la libertad provisional del acusado de un delito durante la instrucción del procedimiento y hasta que sea dictada sentencia en el mismo. Su objeto es asegurar la comparecencia del acusado ante el juez o tribunal cuando sea requerido, incluso su sumisión al cumplimiento de la sentencia que contra él se dicte. La caución puede ser personal o material.—J.C.

caudillismo. Sistema de mando, gobierno o dirección fundado en la vinculación personal, de real o supuesto origen carismático y no representativo. El caudillo es de ordinario irresponsable y ejerce su poder más o menos arbitrariamente, por lo que el sistema suele degenerar hacia la tiranía (q. vid.). Cf. *caciquismo, liderazgo.*—J.C.

causa. 1. Todo lo que da como resultado un efecto o cualquier movimiento o cambio; condiciones que, necesariamente, preceden a un hecho.—F.H.H.

2. Proceso criminal.

causa inicial. Factor o serie de factores puramente hipotéticos o imaginarios que, normalmente, habrán de ser seguidos por una consecuencia particular, pero que carecen de antecedente. Tal concepto queda, por completo, fuera del campo de la ciencia, puesto que en toda sucesión causal no hay cosa que no provenga de otra y todo antecedente debe contener la totalidad de potencialidades de su consecuencia y ninguna consecuencia contiene nada que no esté comprendido en su antecedente.

causa singular. Factor separable, lógica o realmente, de los demás factores de un proceso y que conduce a una situación resultante determinada. En la práctica ninguna causa singular actúa con independencia de las múltiples causas que juegan en un campo determinado. Las "causas" y los "factores" tienen una existencia instrumental en el plano de la abstracción, pero de hecho lo que existe es una situación total de carácter dinámico de la que el observador abstrae por análisis unidades observables que denomina "causas singulares" o "factores". Cf. *causación, causación múltiple.*—T.D.E.

causa social. Fuerza productora de una coyuntura social que tiene como efecto un cambio en una situación social. La causa social debe distinguirse de las causas físicas, biológicas y psicológicas y sólo puede encontrarse en la esfera de lo social. Por otra parte, no es lo mismo causa social que factores sociales, que sólo son abstracciones de la total coyuntura social y cuya importancia relativa varía con arreglo a los esquemas de referencia; por ejemplo: los tipos de sociedad y de grupos.—G.G.

causación. Relación entre los elementos anterior y posterior en una sucesión de fenómenos, que por su carácter permite ser formulada como ley científica. En todo caso particular, la fórmula de causación consiste en una enumeración de los factores que, en una asociación dada, se espera sean seguidos por un fenómeno determinado. El "porqué" último de la causación se encuentra más allá del ámbito de la ciencia y pertenece al campo de la filosofía, de la religión o de la intuición.

Analizando el proceso, tenemos: si B designa el efecto y A expresa la serie de acontecimientos antecedentes, una vez medidos todos ellos por su presencia o ausencia o en la forma más rigurosa de su gradación, la causación completa de la unidad RaB (relación a B) es igual a 1.0 y la causación parcial se mide por la correlación múltiple, inferior a la unidad.—S.C.D.

causación múltiple. Teoría que sostiene que nunca puede considerarse como causa única de un proceso cualquiera de las "causas" que intervienen en él; la que afirma que en la producción de un resultado determinado operan factores diversos en acción recíproca; la que sostiene que en un momento y situación dados son muchos los factores que juegan y se entrelazan en un determinado campo, del cual habrá de derivar en virtud de ese juego la situación dinámica (situación-proceso) subsiguiente. Ahora bien, en ese campo ciertos factores pueden ser indispensables para la producción de un determinado efecto, pero la consecuencia típica en la mencionada situación dinámica subsiguiente sólo se produce cuando tales fac-

tores se combinan en una configuración única y peculiar. Cf. *causación, Gestalt.*—T.D.E.

causación social. La que se manifiesta en la sucesión de los fenómenos sociales. Principio que informa la ciencia social y que nos permite afirmar que a una determinada serie de factores o condiciones pueden seguir tales o cuales acontecimientos o condiciones.—F.H.H.

causal. 1. Relativo a la causa o que está en una conexión de causa. 2. Lo que, dada su naturaleza, nos induce a esperar la aparición de un fenómeno determinado como consecuencia. —F.H.H.

causalidad. Relación intrínseca comprendida en la conexión necesaria de causa y efecto o de antecedente y consecuencia.—F.H.H.

causante. Persona, viva o muerta, en cuya actividad o derechos halla su origen el que actualmente se invoca.—J.C.

"caveat emptor." Fórmula jurídica cuya invocación en ciertas condiciones legalmente determinadas permite al vendedor declinar toda responsabilidad legal por lo que respecta a la calidad o cantidad de las mercancías objeto de contratación. Su alcance no se extiende a la cuestión de la legitimidad del título de propiedad.—J.H.B.

Los efectos liberatorios de esta cláusula se fundan en la previsión del riesgo por el comprador y la contraponen a las de evicción y saneamiento (q. *vid.*).—J.C.

cédula. Impreso, hoja, tarjeta o cuaderno para coleccionar, conteniendo el registro de los datos de la investigación. A veces se emplea como sinónimo de cuestionario, aun cuando técnicamente el cuestionario es un impreso para la cédula.—M.Pt.

celda. 1. (*estadística*) Compartimiento formado por la intersección de una columna y una línea en un cuadro estadístico. El número de casos de una célula se denomina frecuencia de célula.—M.Pt.

2. (*penol.*) Aposento individual donde se aloja a los reclusos sometidos a régimen de aislamiento. El sistema penitenciario denominado filadélfico, que Benjamín Franklin introdujo en América y se aplicó por primera vez en Pensilvania, se basa en el aislamiento celular absoluto. Con anterioridad se empleó también este sistema, aunque no con fines propiamente penitenciarios, por la iglesia católica. Su fundamento teórico radica en el supuesto arrepentimiento y en la consiguiente enmienda del reo a quien se deja a solas con su conciencia. Históricamente fué la natural reacción contra el pernicioso régimen de hacinamiento y promiscuidad que imperaba en las antiguas prisiones. En realidad nunca ha sido estricto y absoluto el aislamiento celular, puesto que se combinó con las visitas tutelares de pedagogos, sacerdotes, etc. El aislamiento celular está hoy en descrédito por los perturbadores efectos psíquicos que produce en los reclusos, y sólo se aplica en las primeras eta-

pas de la detención, hasta que se determina la clasificación y tratamiento más adecuados, o como medida disciplinaria.—J.C.

celibato. Estado de quien no está casado; se aplica particularmente al que ha hecho voto de castidad.—O.W.

célula. Celda (1) (*q. vid.*).

cenotafio. Tumba vacía que conmemora a una persona enterrada en otra parte.—G.P.M.

censo. Padrón. Enumeración periódica de la población de una unidad política. Los datos que ordinariamente se obtienen no sólo comprenden el simple número de personas, sino también las circunstancias concernientes al sexo, edad, raza y toda una variedad de características que pueden abarcar muchos extremos. El censo más antiguo, continuo y exacto del mundo es el de Estados Unidos. Se inició en los primeros días de su vida nacional independiente, en 1790, y desde entonces es puesto al día, regularmente, cada diez años. Cf. *familia empadronada, índice por calles, zona de censo.*

censura. Función, ejercida por funcionarios públicos —o por las autoridades de ciertas organizaciones privadas—, de vigilar, ordinariamente con carácter previo, la publicación, representación o recepción por el público, del contenido de toda clase de obras, obras teatrales, películas o programas de radio. Luego de la publicación o representación, la acusación del hecho ante los tribunales, su prohibición o persecución sumaria son ya objeto de las facultades de la policía por razón de delito y no se debe confundir con la censura como sistema de regulación previa con el propósito de impedir la comisión de supuestos delitos. —R.N.B.

centralización. Proceso o situación en que el poder se ha concentrado de algún modo en manos de personas cada vez menos numerosas y que se consideran el foco de una estructura concéntrica de dominación, el cual irradia de esta suerte del centro a la periferia; le acompaña una reducción en la independencia de decisión o en la autonomía local de los grupos y personas subordinados. Cf. *descentralización.* Concentración de habitantes o actividades y empleo de la tierra en los centros de ciertas zonas o estructuras.—T.D.E.

En sociología rural implica, bien la concentración del equipo o personal de una institución en el punto central de un territorio con abolición o subordinación de las unidades menores, como sucede con la escuela rural central o consolidada, bien la centralización de la autoridad, como en la asunción de las funciones del municipio por la provincia, el departamento o el condado y las de éste por el Estado. Esta tendencia existe en todas las grandes organizaciones donde se precisa para la eficacia un fuerte control.—D.S.

centralización urbana. Concentración de la población en áreas urbanas. Con menos frecuencia alude también a la concentración de

la industria, el comercio y las instituciones culturales en las áreas urbanas.—E.E.M.

centro comercial. Expresión empleada en sociología rural para designar cualquier núcleo urbano al que concurren los agricultores para vender sus productos y hacer compras. Donde las alquerías dispersas constituyen la principal forma de colonización, como sucede en Estados Unidos, el centro comercial es la aldea. La moderna comunidad rural norteamericana se compone de dos partes, la aldea o pequeña ciudad (centro comercial) y el área comercial de los contornos (cuenca comercial).—T.L.S.

centro de cultura. Lugar de un área cultural donde se encuentra un rasgo o complejo de cultura en su forma más peculiar y menos modificada. Dicho lugar es, de ordinario, aunque no necesariamente, su punto de origen.—J.P.E.

centro de recreo. Véase **recreo (centro de).**

centro social. Organización que proporciona un lugar de reunión e instalaciones recreativas, ya a un vecindario, ya a grupos coherentes de carácter racial, nacional o profesional.—W.P.

centro urbano. Barrio de una ciudad donde se agrupan, con arreglo a un plan preconcebido, los principales edificios públicos tales como el Ayuntamiento, la biblioteca municipal y el salón de conferencias. Cf. *centro social.*—S.S.

centrografía. Conjunto de técnicas estadísticas que se emplea en el análisis de las distribuciones geográficas. Dichas técnicas se ocupan, especialmente, de los centros de población, centros medianos, puntos medianos y procedimientos conexos. Los términos centrografía y centrograma se aplican con carácter intercambiable y los empleó por primera vez el Laboratorio Centrográfico de Mendelef, de Leningrado.—C.F.S.

centrograma. Véase **centrografía.**

cepo. Artefacto que se empleó antiguamente para castigar a los delincuentes, colocándolos en una posición físicamente molesta y en lugar público, donde eran objeto del desprecio y la befa de los transeúntes. El cepo estaba formado por dos postes verticales entre los que se deslizaban y quedaban fijos varios gruesos maderos con agujeros por los que se hacían pasar los tobillos y las muñecas del reo. Esos maderos quedaban bastante altos para que, si el delincuente se sentaba en el suelo, quedara su cuerpo en una posición muy incómoda. Se empleaba por lo común para castigar delitos leves. [Inglés, *stock*].—J.L.G.

ceremonia. Serie de actos organizada con arreglo a un modelo establecido, que tiene como propósito definido el agradecimiento del grupo, el señalamiento de algún acontecimiento, persona o valor especial y el reforzamiento de sus significaciones y sentimientos para el grupo. Los partícipes pueden llevar a cabo sus movimientos sin darse cuenta de esta intención original o pueden obtener de la experiencia sentidos distintos de los señalados en la herencia cultural o anunciados para la ocasión. Cf. *etiqueta, rito, ritual.*—T.D.E.

ceremonial. Lo que tiene carácter de ceremonia; el término puede aplicarse a actos o convenciones secundarios tales como el apretón de manos o el saludo, para los cuales raramente se aplicaría el sustantivo ceremonia; cuando, ocasionalmente, se le emplea como sustantivo, es equivalente a ceremonia (*q. vid.*).—T.D.E.

cicatrización. Véase **escarificación.**

cicisbeísmo. Práctica por la que a una mujer casada se le permite tener uno o varios amantes reconocidos. Cf. *concubinato, poligamia.*— G.P.M.

ciclo de la vida industrial. Expresión procedente de la teoría de las fluctuaciones cíclicas de los fenómenos sociales. Según ella, la vida industrial parece manifestar una configuración, más o menos definida, de cambio, con un período inicial de rápido desarrollo, después un largo período de estabilización, caracterizado por grados variables de explotación de los hombres y recursos, por la frecuencia de las situaciones de conflicto y por otros factores que afectan a la buena marcha de la industria, con una tendencia, a la larga, hacia los rendimientos decrecientes; y, finalmente, un período de decadencia. Los cambios en la población, las innovaciones tecnológicas, el estado cambiante del mercado nacional y de los mundiales y otros numerosos factores sociales y económicos se reconocen plena y claramente con influjo en la dirección que toma el ciclo. Aun cuando algunas industrias y comunidades industriales pueden dejar de existir, la fase de decadencia, al parecer, no entraña dicho fin de modo necesario. Puede marcar la transición de un ciclo a otro. Una industria o comunidad industrial decadente que cobra nueva vida (como sucede con el impulso de expansión en tiempo de guerra) simplemente comenzaría un nuevo ciclo de vida o, al menos, así lo parecería. La teoría es dudosa en muchos puntos. Cf. *ciclo económico.*—K.DP.L.

ciclo de plantación. Véase **plantación (ciclo de).**

ciclo económico. Alternativa de prosperidad y depresión característica del sistema capitalista y, al parecer, inseparable de su actual desarrollo. La figura del ciclo es inadecuada y nada feliz porque las condiciones económicas nunca retornan de modo preciso a un punto de partida. La comparación con un tobogán sería mucho más exacta.

ciclo institucional. Ciclo vital típico de una institución. Esta, con frecuencia, tiene su origen en un movimiento de reforma en un instante de crisis social o en otra situación que demanda nuevas técnicas de adaptación (en este último caso puede establecerse de una manera deliberada); crea sus propios líderes y desarrolla los variados mecanismos que son típicos de las instituciones y necesarios para su funcionamiento eficaz; alcanza prestigio y goza

de él; logra autoridad en los asuntos humanos y tiende así a convertirse en un fin valioso por sí; envejece y sus administradores u otros funcionarios profesionales se convierten en gentes satisfechas e incluso reaccionarias, su funcionamiento se hace formulario y mecánico y sus estructuras relativamente inflexibles; después, cesa de funcionar por completo, y finalmente desaparece o, si ocupa un lugar estratégico en una sociedad determinada, sufre una reorganización radical durante otra crisis. Es posible distinguir cuatro períodos en la organización y desarrollo institucional: *1)* período de organización inicial; *2)* período de funcionamiento eficaz; *3)* período de formalismo, y *4)* período de desorganización.—J.O.H.

ciclo secular. Variación de aumento o disminución por encima o por bajo de una línea de tendencia en la que se requiere un siglo o más para que se produzca un cambio completo.—H.A.P.

ciclo vital. Transcurso de la vida de un organismo o, por extensión, de un grupo, nación o cultura, concebido, a veces, como algo que vuelve a repetirse en otra época o generación. Un ciclo vital personal o familiar queda señalado por ciertas crisis y episodios: concepción, alumbramiento, registro civil, pubertad, adolescencia, noviazgo, matrimonio, menopausia, senectud, muerte y duelo.—T.D.E.

ciencia. Clase de actividad humana orientada hacia la formulación sistemática de las probabilidades de repetición, hipotética o real, de determinados fenómenos que, para los fines perseguidos, se consideran idénticos. Con arreglo a esta definición, la geología, la filología comparada, la biología, la sociología, etc., son ciencias, aun cuando, con frecuencia, carezcan de la precisión de la física y de la química; la historia, las matemáticas, la lógica y estudios análogos son actividades orientadas hacia fines de índole diferente y, por ello, no son ciencias. Ciencia no es un término honorífico, sino descriptivo; por consiguiente, las actividades que no son científicas tampoco son, por necesidad, de valor inferior; son, tan sólo, diferentes de las científicas.—H.B.

ciencia de la sociedad. Cuerpo de conocimientos obtenidos de la observación y conceptualización sistemáticas de las relaciones y procesos sociales que se ofrecen como consecuencia de la asociación humana.—J.P.E.

ciencia natural. Conocimiento preciso, sistemático y generalizado referente a fenómenos, fuerzas y series causales no influídas por la inteligencia humana. Cf. *ley, ley natural.*

ciencia social. Expresión general que comprende a todas las ciencias que se ocupan de los asuntos humanos, como son la ciencia política, la economía, el derecho, la pedagogía, la psicología, la sociología y la antropología.—H.A.P.

ciencias, jerarquía de las. Véase **jerarquía de las ciencias.**

cifrar. Asignación de símbolos genéricos a las diversas categorías o combinaciones de categorías de variables cualitativas, a fin de prepararlas para su tabulación. Las cifras pueden ser números, letras, palabras u otros símbolos.—M.Pt.

"cihat." Ortografía turca de jihad (q. vid.).

cimarrón. Cazador de jabalíes. Denominación aplicada a los esclavos negros y a los animales fugitivos.—W.R.C.

cimbel. Término empleado, principalmente, en los círculos obreros y radicales para designar a un informador de sus filas que sirve secretamente los intereses de los adversarios. Soplón. También se emplea para designar a los informadores secretos entre los reclusos en las prisiones.—R.N.B.

cinturón verde. Franja de tierra de labor, libre y dedicada al esparcimiento, que rodea a una comunidad urbana. Con ella se trata de proteger a la comunidad contra la intrusión de utilizaciones censurables de los bienes raíces por parte de las comunidades adyacentes, o de proveer a la futura y ordenada expansión de la comunidad. La tierra es poseída y controlada por un órgano público o por la comunidad misma. La expresión se emplea también a veces, en la planificación de ciudades, para designar un área, temporalmente abierta al público, en torno a un distrito comercial o industrial, que permite la futura expansión sin invadir los distritos residenciales. [Inglés, greenbelt].—S.S.

cinturón verde, ciudad de. Ciudad planificada que tiene en torno una franja de terreno protectora, dedicada a la agricultura o al esparcimiento. La ciudad, provista de albergues, servicios, almacenes, escuelas y otras instalaciones comunales, es mantenida permanentemente en régimen de propiedad pública o colectiva y es administrada, así como su cinturón verde, con plena representación de sus habitantes. En tal ciudad puede haber o no industrias. Los ejemplos norteamericanos existentes son sobre todo satélites residenciales de los centros metropolitanos. [Inglés, greenbelt town].—S.S.

circulación social. Forma de movilidad social (q. vid.) restringida al movimiento vertical de las clases sociales, es decir, a las corrientes de ascenso y descenso de individuos y familias en la escala y el rango sociales. El término tiene, pues, una significación delimitada, aludiendo a una forma precisa del fenómeno de la movilidad social en general. Cf. clases (circulación de las), "élites" (circulación de las).

circularidad vertical. Movilidad social entre clases o estratos que se considera tienen status diferentes con respecto a superioridad o inferioridad.

círculo cultural. Area o espacio en que tiene validez una determinada cultura y desde la cual irradia. [Alemán, Kulturkreis].—J.H.B.

circuncisión. Mutilación genital que consiste en la escisión del prepucio en los varones y, por extensión, de los pequeños labios en las hembras. Cf. clitoridectomía, subincisión, supercisión.—G.P.M.

circunstancias agravantes, atenuantes, eximentes. Véase **agravantes, atenuantes, eximentes (circunstancias).**

circunstancias mixtas. Se llaman así aquellas circunstancias personales o de hecho que, según los casos, pueden agravar o atenuar la responsabilidad y consiguientemente la penalidad del partícipe en la comisión de un delito. Se consideran como tales el parentesco y la comisión por medio de la imprenta.—J.C.

ciudad. Población general asentada de modo más o menos permanente (adultos y niños de ambos sexos) dentro de una zona relativamente unida, en donde se realiza la vida social y familiar usual, se llevan a cabo ocupaciones o actividades económicas y existe por lo común una organización política. (jurídicamente) Comunidad que disfruta de un status administrativo característico determinado por su volumen de población.—E.E.M.

ciudad de asilo o de refugio. Ciudad, en particular entre los antiguos hebreos, especialmente indicada y reconocida en su peculiar carácter por las costumbres durante el período de transición entre la venganza privada y la venganza pública. En ella el responsable de un daño culposo inferido a otro podía encontrar refugio de los vengadores que le perseguían. Una vez seguro dentro de las murallas de la ciudad de asilo, el acusado quedaba libre de la acción, convencionalmente reconocida, de la parte agraviada y bajo la jurisdicción de las autoridades públicas competentes. Cf. asilo.

ciudad de empresa. Comunidad habitada, única o principalmente, por los trabajadores de una determinada empresa industrial o de un grupo de empresas con gerencia común. Parte de las viviendas, o todas ellas, suelen ser propiedad de la compañía y por lo general la comunidad carece de personalidad administrativa. Con frecuencia se emplea esta denominación en sentido peyorativo para acusar la dominación política y económica de una comunidad por una empresa determinada.—S.S.

ciudad dormitorio. Véase **dormitorio (ciudad).**

ciudad fantasma. Expresión originalmente acuñada para describir las ciudades mineras y madereras que han sido abandonadas; después se ha empleado en relación con las viviendas de guerra que quedan abandonadas a consecuencia de la paralización de las industrias bélicas o de la destrucción en las operaciones militares.—S.S.

ciudad industrial. Comunidad urbana de proporciones de ciudad en la que las actividades profesionales de los habitantes más características son la industria y la producción.—E.E.M.

ciudad jardín. Unidad urbana, más o menos autosuficiente, rodeada de un cinturón agrícola y planeada para proporcionar condiciones de residencia ideales en un ambiente de jardín, limitada por lo que respecta al tamaño máximo y a la población, y que posee todas las instalaciones de una ciudad corriente de su tamaño, así como las industrias que dan empleo a sus habitantes.—E.E.M.

ciudades antiguas. Comunidades urbanas de las civilizaciones primitivas de Babilonia, Egipto, Grecia, etc.—E.E.M.

ciudades, planificación de. Véase **planificación de ciudades, urbanismo.**

civil, servicio. Véase **servicio civil.**

civilización. Desarrollo cultural. Atributos y dotes distintivamente humanos de una sociedad determinada. En el uso corriente, el término entraña una fase bastante elevada en la escala de evolución de la cultura. Se alude a los "pueblos civilizados" por oposición a los "inciviles" o "no civilizados". Un empleo más estricto del término haría referencia a pueblos de civilización más o menos elevada, tomando como características determinantes las ·dotes intelectuales, estéticas, tecnológicas y espirituales.

civilización dinámica. Sociedad situada en aquel plano superior de la cultura caracterizado por el cambio constante o mudanza cultural. —N.L.S.

civilización estática. Sociedad de elevado nivel de cultura en un estado de aproximado equilibrio o no sujeta a cambios culturales importantes.—N.L.S.

civilización ideal. Condición de la sociedad humana que responde a determinado arquetipo ideal.

clan. Grupo de parientes de filiación unilineal y con frecuencia exógamo; en la originaria terminología de los científicos norteamericanos designaba un grupo de filiación matrilineal. También se emplea de ordinario como sinónimo de *sib* (q. vid.); pero se reserva, con preferencia, para una *sib* localizada, es decir, para el grupo compuesto por los miembros adultos de una *sib* con residencia común y por las esposas e hijos de dichos miembros. Cf. *descendencia, exogamia, gens, tribu.*—G.P.M.

clase. Totalidad de personas que tienen una o más características comunes; unidad homogénea dentro de una población; categoría, dentro de una serie, por la cual pueden ser clasificadas las personas. La clase puede o no denotar la existencia de una escala jerárquica de prestigio social. Hay clases de edad, nacimiento, profesión, industriales, sociales, ideológicas y rentísticas. Sin embargo, las razas y las nacionalidades, que pueden también dividir a la población, no se consideran propiamente como clases. La legislación de clase (tarifas preferenciales, estipendios a los soldados, etc.), constituye una aplicación reveladora y característica de la clase que denota categoría, pero no rango. Cf.

casta, *clase social, intervalo de clase, lucha de clases.*—W.C.H.

clase, conciencia de. 1. El hecho de darse cuenta de la clase a que se pertenece. Fundamentalmente, el hecho de darse cuenta o percibir la diferencia que existe entre la propia situación de clase y la de algún otro individuo o individuos. Esta percepción va acompañada también, en general, de ciertas actitudes respecto a los que ocupan otras situaciones de clase. Estas actitudes pueden consistir en un sentimiento de superioridad o de inferioridad respecto de aquellos que ocupan un rango más bajo o más alto, respectivamente; o pueden dar lugar a un sentimiento de oposición u hostilidad allí donde existe una situación de conflicto de clases; o simplemente a un sentimiento de apartamiento o reserva debido a la diferencia de usos sociales, costumbres e ideologías de las diferentes clases. 2. Actitud de quien se avergüenza de la clase social (q. vid.) a que pertenece o la de deslealtad hacia ella y el deseo, especialmente por parte de los trepadores sociales (q. vid.), de abandonar sus propios círculos y ser admitidos en grupos más elevados socialmente. Esta forma de la conciencia de clase se caracteriza por la imitación y envidia descaradas de las clases sociales elevadas. La conciencia de clase social que entraña una aspiración a elevarse de clase es tan vieja como la estratificación social. 3. Espíritu de lealtad de grupo en la rivalidad, menosprecio y conflicto entre los capitalistas y los obreros, según la fórmula marxista de la lucha político-social por el poder. En tal conflicto, la lealtad del hombre es para su clase; teóricamente los hombres se levantan o caen juntos como capitalistas o como trabajadores. Esta forma de conflicto social recibió su carácter específico en el siglo XIX y en la Unión Soviética terminó con la victoria definitiva de los trabajadores. En la Alemania fascista, e igualmente en Italia, la lucha de clases fué suprimida por el Estado.—W.C.H.

clase de edad. Grado de edad (q. vid.).

clase, diferencias de. Características salientes y diferenciadoras de los diversos estratos sociales, económicos y profesionales, especialmente aquellas que se refieren a su comportamiento social, maneras, moral, normas de exclusión y respetabilidad, patrones de consumo, intereses y actitudes.—W.C.H.

clase, epígrafe de. El epígrafe de clase o postepígrafe, ¹s, se emplea en la sociología dimensional para indicar el número y especie de las clases lógicas.—S.C.D.

clase, estructura de. Organización jerárquica de las reacciones de los individuos a los estímulos fundamentales de rango, título o privilegio; configuraciones de conducta o reacciones típicas de superioridad e inferioridad que, por encima o por bajo de las formas de conducta o reacciones de tipo igualitario, acompañan a aquella organización; tales reacciones en cuanto forman parte de una configuración semirrígida de prestigio y estimación sociales.—F.S.C.

clase, interés de. Véase **interés de clase.**

clase matrimonial. Grupo exógamo de una sociedad aborigen australiana que se asemeja superficialmente a una *sib* (q. *vid.*), pero difiere de ella por el predominio de la doble descendencia (q. *vid.*). Aunque destacado en la literatura teórica, el término está ya anticuado y ha sido reemplazado por "mitad" (q. *vid.*) donde hay dos clases semejantes, por "sección" donde hay cuatro y por "subsección" donde hay ocho.—G.P.M.

clase media. Estrato social reconocido en la República romana como rango de los caballeros, en el Imperio por el título de decurión y en la Europa medioeval por las diversas formas de la palabra burgués. Clase social, situada en la escala social entre la aristocracia y el proletariado, que se caracteriza por su culto a la respetabilidad, su interés por la enseñanza acerca de este mundo, el cuidado de los hijos, la infatigable actividad en los negocios y profesiones y, de ordinario, por sus inhibiciones morales. En la clase media la limpieza va inmediatamente después de la devoción, y el tiempo ocioso se considera pérdida irreparable. La finalidad máxima de la vida consiste en ser independiente, la siguiente el trabajo, pero, de ordinario, no el de tipo manual. La clase media va unida, en general, a la vida urbana, aun cuando los granjeros acomodados norteamericanos, los *Landgutsbesitzer* alemanes y la *gentry* inglesa pertenecen a la clase media. En Holanda y Suiza fué tan completa la difusión cultural de los hábitos de la clase media que la cultura del proletariado ha sido casi eliminada.—W.C.H.

La clase media moderna surgió equidistante de la aristocracia terrateniente y de los campesinos libres y siervos de Europa durante el período de desintegración del sistema feudal. En un principio se componía de comerciantes que adquirieron riqueza como resultado del empleo, cada vez más generalizado, del dinero, y más adelante comprendió también a los que pusieron una parte de riqueza mercantil en empresas industriales. Estos mercaderes e industriales fueron los habitantes de la ciudad y, por ello, se denominaron burgueses o burguesía (q. *vid.*), lo que, posteriormente, llegó a ser sinónimo de clase capitalista.

En la etapa subsiguiente del capitalismo (q. *vid.*) se estableció una distinción entre los capitalistas más poderosos y ricos (gran burguesía) y los capitalistas más modestos (pequeña burguesía). Esta última división de la población, denominada en los Estados Unidos "negocio e industria pequeños", se convirtió en núcleo de la nueva clase media. Pero con el incremento de los servicios profesionales y de otras actividades intelectuales la expresión clase media se amplió para comprender también en ella a los que suministraban dichos servicios, particularmente a los que percibían ingresos moderados. Los obreros calificados que disfrutan de buenos sueldos y los agricultores acomodados, propietarios de sus haciendas, también se comprendieron en ella. Así pues, en los Estados Unidos, a partir de mediados del siglo XIX, aproximadamente, la clase media designaba a los poseedores de la pequeña propiedad, a los trabajadores intelectuales de ingresos modestos, a los obreros calificados y a los agricultores acomodados. Hacia mediados del siglo XIX comenzó en dicho país un aumento considerable en el número de obreros asalariados, trabajadores de oficina, gerentes y superintendentes de almacenes o tiendas filiales o de departamentos de grandes empresas. Este grupo de trabajadores asalariados de "corbata", que en su mayoría son técnicamente asalariados, están mucho más unidos, por su educación y por el carácter de su trabajo, con los propietarios y con los trabajadores intelectuales que con los asalariados de la industria. Por esta razón son considerados, y ellos mismos se consideran, como clase media.

Por consiguiente, en la actualidad clase media es una expresión que designa a un sector heterogéneo de la población integrado por pequeños negociantes e industriales, profesionales y otros trabajadores calificados que obtienen ingresos moderados, artesanos calificados, agricultores acomodados, "trabajadores de corbata" y empleados asalariados de los grandes establecimientos mercantiles, industriales y financieros. Tienen pocos intereses económicos comunes. Toda la unidad que poseen reside en sus formas de existencia y educación y en sus ideales de vida familiar, en sus costumbres y en sus intereses recreativos. Constituyen la inmensa mayoría de la iglesia protestante y un elemento importante de la iglesia católica y de la rama reformada de la comunidad judía.

clase, mentalidad de. Ideologías, actitudes, creencias y normas que caracterizan a los miembros de una determinada clase social.

clase, moralidad de. Véase **moralidad de clase.**

clase ociosa. Elemento de la sociedad que, a tenor de la costumbre, puede sostener un nivel de vida muy superior, de ordinario, al nivel medio, sin tener que realizar directamente ninguna actividad útil para su sostenimiento. La base de su posición privilegiada puede ser un *status* hereditario, la renta no ganada de la tierra, un capital o privilegios especiales.

clase, pensamiento de. Véase **pensamiento de clase.**

clase, prejuicio de. Véase **prejuicio de clase.**

clase social. Estrato de la sociedad compuesto de grupos de familias que ocupan una posición semejante. Cf. *camarilla*. Todas las personas que se encuentran en un mismo nivel del prestigio y la estimación sociales, y que en consecuencia se consideran como iguales entre sí, forman una clase social relativamente precisa. Cf. *clase.*

Antecedentes y conexiones familiares, amistades, actitudes morales, grado y tipo de educación, éxitos profesionales, gustos en las formas de gasto, posesión de bienes de consumo, tipo de vocación, grado de prestigio personal, afiliación política, religiosa y racial, todo contribuye a fijar o identificar el *status* de la propia clase social.

En los últimos tiempos las clases sociales se bosquejan en Estados Unidos del siguiente modo: alta, media superior, media, media inferior, baja superior, baja inferior.—w.c.h.

clase trabajadora. Grupo de trabajadores manuales de la sociedad industrial moderna que ocupa el rango más bajo entre las diversas clases en punto a ingresos, *status* y demás condiciones y que, por razón de sus comunes intereses, y de los problemas que plantea su situación, tiende a formar un grupo secundario más o menos coherente.—k.dp.l.

clases, circulación de las. 1. Movimiento de individuos de una clase social a otra; movilidad social vertical. 2. Circulación de las *élites.* —a.m'c.l.

clases, conflicto de. Véase **conflicto de clases.**

clases, lucha de. Véase **lucha de clases.**

clasicismo penal. Véase **escuela clásica.**

clasificación. Acto de distribuir elementos o tipos de una serie en sus relaciones recíprocas dentro de una disposición ordenada. Normalmente, el procedimiento exige una descripción sistemática de los elementos de las series con arreglo a pautas uniformes y con terminología también uniforme en la medida en que las semejanzas lo permiten. Otra cualidad de la clasificación consiste en la identificación de las diferencias. Una clasificación correcta debe basarse siempre en algún principio lógico y reconocido de semejanzas y diferencias.—n.a.

clasificación de delincuentes. Ordenación y disposición sistemáticas de los condenados según sus antecedentes sociales, sus condiciones biológicas, sus aptitudes individuales y sus necesidades, que son examinados y tenidos en cuenta a fin de que el tratamiento penitenciario pueda basarse en datos reales y ser individualizado. Una buena clasificación penitenciaria de los delincuentes los separará según el sexo (varones y hembras), la edad (menores y adultos), la salud física (sanos y enfermos), la normalidad psíquica (normales, locos, alcohólicos y toxicómanos, débiles mentales, psicópatas y neurópatas, vagabundos, etc.), el origen social (urbano y rural), la incidencia en el delito (pasionales y ocasionales, habituales y reincidentes), e incluso según el delito cometido, estableciendo una categoría especial de delincuentes políticos y sociales.—n.s.h. y j.c.

clasificador, clasificatorio. Basado en la exacta subdivisión de datos en clases o categorías y hasta ese punto sistemático y científico.

clasificatorio, sistema. Sistema de parentesco (q. vid.) en el que cada uno de sus términos se aplica normalmente a más de una categoría de parientes. En la actualidad se reconoce que la mayor parte de los sistemas de parentesco son de este tipo y la palabra "clasificatorio" se reserva, usualmente, para determinados términos que se aplican a parientes de diferentes categorías.—g.p.m.

claustrofobia. Terror o pavor mórbido de verse encerrado o acorralado; opuesto a agorafobia (q. vid.).—w.e.g.

cláusula amarilla o de esquirol. Cláusula que un patrono impone a un obrero como condición para emplearlo y por la que éste se compromete a no afiliarse a un sindicato. —m.vk.

Constituye un atentado a la libertad de asociación. Los norteamericanos la llaman *yellowdog contract.*

cláusula de exclusión. Relación obrero-patronal en la que únicamente los miembros del sindicato con el que el patrón ha celebrado el contrato colectivo pueden ser ocupados para trabajar en la planta o fábrica. Es el resultado de una cláusula especial en el contrato colectivo [*closed shop*]. Según una modalidad de la misma [*closed union shop*], el patrono está en libertad de contratar a cualquier persona, pero a condición de que se afilie al sindicato dentro de un plazo convenido.—j.w.m'c.

En México la cláusula de exclusión reviste un doble aspecto, ya que comprende tanto el empleo del trabajador como su despido si así lo solicita el sindicato contratante.—a.m.p.

clemencia. Término genérico y sin rigor científico que se emplea para designar todos los tipos de reducción de la pena de un recluso decretados por autoridad competente: perdón judicial absoluto y condicional, conmutación y remisión de la pena, indulto y amnistía.—j.l.c. y j.c.

cleptomanía. Tendencia impulsiva al hurto, de origen patológico. Suele distinguirse entre la cleptomanía propiamente dicha, con fines de lucro y sin conciencia de la ilicitud del hurto, y la pseudocleptomanía, en la que puede existir o no dicha conciencia pero en la que predominan móviles no lucrativos (coleccionismo, juego, etc.) e incluso inconscientes. Modernamente se ha establecido una interpretación psicoanalítica de la cleptomanía que la relaciona con ciertas satisfacciones y transferencias eróticas. —j.c.

clerecía. Conjunto de personas eclesiásticas que componen el clero. Conforme al derecho medieval, el beneficio de clerecía (q. vid.) confería un fuero privilegiado a sus componentes.—j.c.

clima. Condiciones meteorológicas generales o medias de una zona que se manifiestan en la temperatura, grado de humedad, insolación y movimiento de los vientos. Metafóricamente, como cuando se habla de "clima social", suele indicar el carácter general de las actitudes públicas, especialmente las actitudes relativamente permanentes que se manifiestan en las costumbres y en la ley.—F.H.H.

clínica. Sección de un dispensario en la que se someten a tratamiento un grupo determinado de enfermedades afines; por ejemplo: clínicas dentales, neurológicas, oftalmológicas, venéreas y cardiológicas. Los términos dispensario y clínica se emplean con frecuencia indistintamente.—E.E.M.

clínica criminal. Véase **criminal (clínica).**

clínica de conducta. Se llama así en los Estados Unidos a una clínica psiquiátrica o psicológica, o ambas cosas a la vez, que se ocupa de los problemas de conducta de los niños y los adultos. Las clínicas, en su mayor parte, prestan servicios de diagnóstico y atienden las peticiones de los tribunales, escuelas, agencias sociales e instituciones del Estado. Algunas clínicas, sin embargo, se dedican también al tratamiento de casos. Es frecuente que las clínicas de conducta estén en relación con los hospitales e instituciones del Estado que prestan servicios a enfermos no hospitalizados. Establecidas en local distinto se han organizado en las ciudades norteamericanas clínicas de orientación infantil a partir de 1920 y han funcionado, principalmente, como agencias sociales, obteniendo su financiamiento de fundaciones privadas. Algunos Estados han organizado clínicas de conducta ambulantes a fin de que sean accesibles a los casos infantiles de las pequeñas ciudades. Las clínicas de conducta, ya sean de niños, de adultos o para ambos, constituyen un engranaje importante del movimiento pro higiene mental.—W.C.R.

clínicas de orientación infantil. Así se denominan las que estableció por primera vez el Dr. William Healy en conexión con el tribunal tutelar de menores de Chicago en 1909 para diagnosticar la naturaleza y las causas de la delincuencia y para prescribir un programa terapéutico adecuado sobre la base de la información obtenida. En ellas, al principio se dió más importancia al examen físico y psicológico, pero en los últimos años se ha reconocido la trascendencia de los factores ambientales. Después de la primera clínica de Chicago, la más famosa es la establecida por el Dr. Healy en Boston, en 1917, bajo el patrocinio de la fundación del juez Baker. En dichas clínicas se tratan cada año cerca de 100,000 casos.—J.W.M'C.

clitoridectomía. Mutilación genital de la hembra consistente en la extirpación del clítoris. Cf. *circuncisión.*—G.P.M.

club. Forma de asociación voluntaria en la cual los miembros están organizados en torno a ciertos objetivos específicos comunes. Tales objetivos son, de ordinario, de carácter recreativo o cultural, pero también pueden entrañar finalidades religiosas, políticas, sociales o económicas. Los clubes se gobiernan, por lo común, autónomamente y establecen mediante elección la admisión de sus miembros. En general,

el término se emplea para las organizaciones en las que existe un vínculo social o un deseo de sociabilidad entre los miembros, así como acuerdo formal sobre un propósito común.—G.L.C.

coacción. Proceso por el cual se obliga a una persona, con frecuencia mediante intimidación, a actuar en forma contraria a su decisión libérrima. Método de explotación o dominación (q. *vid.*) en el que los propósitos del explotador o dominador son impuestos al explotado o dominado en lucha con sus propios fines remotos por medio de la fuerza física directa o, psicológicamente, por medio de la intimidación, amenazas o torturas. Una acción psicológicamente coaccionada (o la aceptación de una situación de coacción psicológica) tiene lugar siempre que se pretende eludir otra penalidad o sanción que se considera peor. Recompensas, pagos y sobornos inducen, pero no coaccionan. Cf. *fraude, libertad.*—H.H.

coacción no violenta. Ejercicio de la compulsión moral por un individuo o grupo mediante la negativa a cooperar, pero sin emplear nunca la violencia física. Término más común es el de resistencia no violenta. Desobediencia civil es la expresión empleada cuando la resistencia se ejerce contra una autoridad civil.—A.E.W.

coacción social. Tipo de control social negativo ejercido por la autoridad en nombre del grupo y que somete a los transgresores a custodia o restricción de su libertad en forma suficiente para impedir la reincidencia en el delito. Coacción jurídica.—T.D.E.

coaccionar. Forzar a una persona a actuar de la manera deseada.—T.D.E.

coadaptación. Proceso de llevar a la unidad de un propósito común las actividades de los miembros de un grupo. Algunos sociólogos llaman también a este proceso "adaptación social" o "coordinación social". En la medida en que es el proceso que hace posible la acción o conducta del grupo, constituye un concepto de suma importancia en la teoría sociológica. Los individuos, a fin de constituir un grupo funcional de cualquier índole, y especialmente para llevar una vida en común, tienen que coadaptar o coordinar sus actividades de forma que actúen en pro de un propósito común. Como todo grupo humano sólo disfruta de unidad mediante este ajuste mutuo de las actividades de sus miembros, semejante coordinación o coadaptación es lo que constituye al grupo y le da vida. En un equipo de fútbol, por ejemplo, las actividades coordinadas de los miembros del equipo constituyen la conducta del mismo. Esto es exacto en todos los grupos humanos. Para que la forma de coadaptación o coordinación pueda cambiar, ha de producirse en los grupos humanos cierto intercambio de ideas o sentimientos, estímulos y reacciones psíquicas, al menos hasta que pueda lograrse de esa manera una nueva forma de ajuste. Así pues, la vida consciente de todos los grupos humanos se centra en torno a este proceso de adaptación o coordinación social, del mismo modo que la vida consciente del individuo se centra en torno al proceso de la adaptación individual. El proceso social, dentro del grupo, se realiza en gran medida gracias a las diversas formas de comunicación, que al adaptar unos a otros a los individuos permiten que el grupo pueda actuar a la postre como una unidad. Cf. *grupo (conducta de)*. Debe hacerse observar que la adaptación o coordinación social tiene muchos grados. No toda adaptación social es cooperativa, por lo menos en el sentido corriente. La tolerancia, por ejemplo, es una forma de adaptación social, pero usualmente no se la considera como cooperación. La hostilidad atenuada o el conflicto regulado pueden considerarse también como formas de adaptación social, aunque apenas cooperativas. La coordinación o coadaptación entre los miembros de un grupo es, por consiguiente, un concepto más amplio que el de cooperación. Desde la perspectiva de la estabilidad y eficacia del grupo, ha de considerarse a la cooperación como la forma más elevada y armoniosa de la coadaptación o coordinación.—C.A.E.

coalición. Unión de personas o grupos en un cuerpo o grupo integrado. Frecuentemente se emplea para designar las asociaciones, relativamente pasajeras, políticas y militares, cuya finalidad es una acción concertada en momentos críticos.—M.S.

coartada. Medio de defensa ante los tribunales por el cual el acusado sostiene haberse hallado presente en lugar distinto de aquel en que se desarrollaron los hechos que se le imputan al tiempo mismo en que tenían lugar, y por consiguiente la imposibilidad de su participación en ellos.—F.W.K.

cocción con piedras. Método primitivo para el cocimiento de líquidos, consistente en depositarlos en canastos impermeables u otros recipientes y en sumergir en ellos piedras calientes.—G.P.M.

codicia. Cualidad de quien tiene un vivo deseo de adquirir o poseer.—J.P.E.

codicia social. Cualidad que consiste en experimentar el apremiante deseo de adquirir o poseer un *status* social, una afiliación de grupo o algún otro valor social característico del grupo a que pertenece el sujeto.—J.P.E.

codicioso. Aquel que desea vivamente adquirir o poseer.—J.P.E.

codificación. Proceso (o su consumación) por virtud del cual las costumbres, normas o leyes que ya gozaban de vigencia, pero que carecían de sistema o congruencia, se clasifican, se disponen en cierto orden lógico, se concuerdan e incluso se suplen congruentemente sus posibles lagunas. El resultado de tal labor es un código (q. vid.).—T.D.E.

código. Cuerpo de prescripciones y prohibiciones socialmente reconocido y hecho cumplir. *(legislación)* Ordenación sistemática de costumbres formuladas (ejemplos: los de Manú, Moisés, Licurgo) o de disposiciones jurídicas sobre una materia especial, como el procedimiento civil o criminal, el derecho penal, administrativo, municipal, el del trabajo infantil. *(moral)* Ordenación sistemática de costumbres o preceptos morales que se formulan para conseguir una mayor eficacia en la regulación social. *(ética profesional)* Ordenación sistemática de principios, normas y reglas establecidos por un grupo profesional o cuasi-profesional, para su propia vida, con el fin de regular y dirigir la conducta moral de sus miembros o sus relaciones mutuas.—T.D.E.

código moral. Reglas o principios de moralidad que son usualmente conocidos y aceptados por la generalidad de los miembros de un determinado grupo social y a los que acompañan sanciones de grados variables de severidad.—F.H.H.

código social. Sistema de reglamentaciones reforzado por sanciones sociales.—M.K.

coeficiente. Proporción, con la adición de un elemento temporal. Ordinariamente, relación entre una variable significativa y cierta base arbitrariamente fijada dentro de un área espacial determinada y cierto período de tiempo convencional.

coeficiente bruto de incremento natural. Exceso del coeficiente bruto de nacimientos sobre el coeficiente bruto de defunciones de una población determinada. Por consiguiente, la expresión indica, convencionalmente, para una población determinada, el exceso de los nacimientos sobre las defunciones durante un año, por cada 1,000 personas vivas a mediados del año. La situación contraria resulta de un coeficiente bruto de fallecimientos más elevado que el coeficiente bruto de nacimientos e indica el coeficiente bruto de decrecimiento natural, pero se la suele introducir en el material tabular como coeficiente negativo ($-$) de incremento natural.—C.V.K.

coeficiente bruto de reproducción. Promedio de hijas que nacerían por cada miembro de una cohorte de mujeres nacidas al mismo tiempo y que han vivido todo el período natural de fertilidad, si, a medida que pasan por las edades sucesivas de dicho período, quedan sujetas a un cuadro determinado de coeficientes de fertilidad especificados por edades. Así pues, si 1,000 hembras recién nacidas viven todas ellas durante todo el período de fertilidad y dan a luz 860 hijas, el coeficiente bruto de reproducción es 0.86 (por mujer). El supuesto de supervivencia universal de todas las mujeres que forman la cohorte durante todo el período de fertilidad distingue al coeficiente bruto del coeficiente neto de reproducción y proporciona un medio de medir la proporción de fertilidad implícita en dos generaciones sucesivas, aparte el influjo de la mortalidad. Aun cuando, en general, no se computa con tal detalle, el coeficiente bruto de reproducción para una población y año dados es equivalente a la suma del número medio de hijas nacidas durante el año de cada mujer perteneciente a cada edad sucesiva dentro del período de fertilidad. En la práctica, si los datos básicos aparecen en forma de grupos de edad de cinco en cinco años y se refieren a los nacimientos en general en vez de a las hijas durante el año considerado, la suma de las fertilidades por edades observadas se multiplica por 5 y se reduce después basándose en una proporción razonable de sexos con respecto a los nacimientos. También se han ideado diversos métodos indirectos para computar los coeficientes de reproducción partiendo de los datos del censo referentes a los números de hijos menores de 5 años y de mujeres en edad de concebir. Cf. *coeficiente neto de reproducción*.—C.V.K.

coeficiente de correlación. Indice numérico de la magnitud de la relación o asociación entre una uniformidad de respuesta. Tiene lugar en series de medidas apareadas que representan las variables que se comparan. De uso frecuente es el coeficiente Pearson (r) de correlación del producto-momento, que es una fracción decimal cuyos valores oscilan de —1, pasando por 0, hasta + 1 y que puede indicar todos los grados de relación desde el negativo absoluto al positivo absoluto.—M.PT.

coeficiente de criminalidad. Medida de la criminalidad que se registra en áreas geográficas determinadas o en grupos de población, expresada en números proporcionales a una unidad de población. Tales coeficientes pueden ser brutos (por cada 100,000 individuos de la población), refinados (por cada 100,000 personas capaces de cometer un delito) o específicos (por ejemplo: por cada 100,000 varones naturales del país de 21 a 30 años). No existe una terminología generalmente aceptada para distinguir los diferentes tipos de coeficientes. La unidad de "delito" o de "criminalidad" que se emplea para computar estos coeficientes es variable. Cf. *estadísticas criminales, índice de criminalidad*.—T.S.

coeficiente de divorcios. Razón entre el número de divorcios, dentro de un área determinaday en un período de tiempo dado, y cierta base concreta. El problema de determinar la base correcta, o más útil, es difícil y nunca se ha resuelto de manera satisfactoria. Lógicamente, la base más significativa y útil sería el número total de matrimonios. La proporción de todos los matrimonios que concluyen en divorcio en un determinado país es lo que realmente interesa a la mayoría. Pero la dificultad de establecer un factor temporal e incluso un factor espacial para el empleo de esta base es prácticamente insuperable, sobre todo porque la acumulación de datos amplios se extendería sobre un largo período de años. La mayor parte de los coeficientes logarítmicos se computan sobre la base del año civil. En armonía con este procedimiento, las demás bases del coefi-

ciente de divorcios que han sido sugeridas son: 1) la población total calculada como la de mediados del año, 2) el número calculado de parejas casadas, 3) la población de quince años en adelante, 4) el número de matrimonios celebrados en el curso de un año. Hasta que los especialistas en esta cuestión no hayan logrado un procedimiento más uniforme, el término puede considerase exacto únicamente cuando su aplicación concreta sea precisada por el contexto.

coeficiente de fertilidad. Medida o índice de la capacidad de natalidad o de reproducción de una especie. En un sentido genérico, todos los índices de fertilidad son "coeficientes de fertilidad". Sin embargo, técnicamente, los investigadores de los problemas de la población aplican esta expresión, con un adjetivo o descripción adecuados, a los índices en que se expresa la fertilidad con relación a un número de mujeres determinado, o de mujeres casadas en edad de concebir. Ejemplos: el coeficiente de fertilidad general es el número de nacidos vivos durante un año por cada 1,000 mujeres en edad de concebir (por lo general de 15 a 44 años); el coeficiente de fertilidad matrimonial es el número de nacidos vivos legítimos durante un año por cada 1,000 esposas en edad de concebir; el coeficiente de fertilidad por edades (general o matrimonial) es el número de nacidos vivos durante un año por cada 1,000 mujeres (o esposas) de una edad determinada; el coeficiente de fertilidad uniformado (general o matrimonial) es la media de los coeficientes de fertilidad por edades, ponderada con arreglo a la importancia proporcional de los sucesivos grupos de edad en una población tomada como tipo; la proporción entre los niños menores de 5 años y las mujeres (o las mujeres casadas) en edad de concebir, tal como se expresa usualmente, es el número de niños vivos registrados de 0 a 4 años por cada 1,000 mujeres (o mujeres casadas) de 15 a 44 años de edad; el coeficiente de fertilidad acumulativo es el número total de nacimientos vivos ocurridos por cada 100 esposas del grupo de mujeres casadas que se considera. (Para un control del tiempo este coeficiente debe expresarse especificando edades, o uniformado por edad si se desea una cifra sumaria de mujeres en edad de concebir.) Los datos sobre el número total de niños nacidos durante todo el ciclo natural de la fertilidad femenina (45 a 49 años, 45 +, etc.) suelen emplearse también para computar las proporciones de matrimonios sin hijos y las proporciones de determinadas fertilidades en familias completas. Para otros índices de fertilidad humana cf. *coeficiente de natalidad, coeficiente bruto de reproducción, coeficiente neto de reproducción*.—C.V.K.

coeficiente de mortalidad. Número de fallecimientos en un área o población dadas por unidad de tiempo y población. Ejemplos: *Coeficiente bruto de mortalidad* es el número de fallecimientos por toda clase de causas durante un año por cada 1,000 personas vivas a mediados del año (o por cada 1,000 personas vivas de la población media durante el año),

$$\frac{\text{Total de fallecimientos durante el año} \times 1,000}{\text{Población a mediados del año (o media)}}$$

Coeficiente de mortalidad detallado por edades: coeficiente de mortalidad en individuos de edad o edades determinadas,

$$\frac{\text{Fallecimientos durante el año a una edad determinada} \times 1,000}{\text{Población de una edad determinada a mediados del año (o media)}}$$

Coeficiente de mortalidad por causas determinadas: coeficiente de mortalidad (en todas las edades o en una edad determinada) por causas concretas o grupos de causas de fallecimiento,

$$\frac{\text{Fallecimientos por causas concretas durante el año (en todas las edades o en una edad determinada)} \times 100,000}{\text{Población a mediados del año (o media) (en todas las edades o en una edad determinada)}}$$

Coeficiente de mortalidad uniformado: la media de los coeficientes de mortalidad por edades ponderada según la importancia proporcional de los sucesivos grupos de edad de una población tomada como tipo.
Nota: Las palabras "mortalidad" *(q. vid.)* y "fallecimiento" son intercambiables en todos los tipos de coeficientes mencionados. —C.V.K.

coeficiente de natalidad. Número de nacimientos en una población determinada por unidad de tiempo y de población. Aunque algunas veces se emplea en relación con diversos índices de fertilidad humana, el término, a menos que se indique lo contrario, **es** generalmente sinónimo de "coeficiente bruto de nacimientos" y expresa, para una población determinada, el número de nacimientos viables durante un año por cada 1,000 personas vivas a mediados del año (o por cada 1,000 personas vivas de la población media durante el año).

$$\frac{\text{Nacidos vivos durante el año} \times 1,000}{\text{Población media (o a mediados del año)}}$$

Cf. *coeficiente de fertilidad, coeficiente bruto de reproducción, coeficiente neto de reproducción.*—C.V.K.

coeficiente de ponderación. *(estadística)* Valor o importancia relativos de los elementos que se tienen en cuenta en una computación determinada. Multiplicador empleado para modificar la magnitud de un elemento, de acuerdo con su importancia relativa.—M.Pt.

coeficiente exacto (intrínseco) de incremento natural. Coeficiente de incremento natural que se obtendría para una población determinada si continuara operando un determinado cuadro de coeficientes de fertilidad y mortalidad detallados por edades y si la población permaneciera cerrada por lo que respecta a las influencias migratorias. El coeficiente exacto o intrínseco de incremento natural, por consiguiente, está implícito en los coeficientes de fertilidad y mortalidad detallados por edades y es el que produciría una población "cerrada" con una fertilidad y una mortalidad detalladas por edades. El coeficiente exacto de incremento natural computado en una población normal sirve, pues, para eliminar la influencia de las anormalidades en la estructura de edades que tienen su origen en la migración y en las tendencias de fertilidad y mortalidad del pasado.—C.V.K.

coeficiente neto de reproducción. Promedio de hijas que nacerían por cada mujer de una cohorte femenina nacida al mismo tiempo y sujeta a cuadros determinados de coeficientes de fertilidad y mortalidad detallados por edades. Así, si las supervivientes de 1,000 hembras recién nacidas dan a luz 750 hijas, el coeficiente neto de reproducción es 0.75 (promedio de hijas por mujer de la cohorte original). El coeficiente neto de reproducción se diferencia del bruto en que tiene en cuenta la mortalidad femenina detallada por edades, desde el nacimiento hasta el fin del período natural de fertilidad. Con la excepción de este intervalo adicional, los coeficientes bruto y neto de reproducción son semejantes en su concepto y en los métodos de computación. Cf. *coeficiente bruto de reproducción.* El coeficiente neto de reproducción puede considerarse también como índice del potencial de "autorreposición" de una población con determinados coeficientes de fertilidad y mortalidad especificados por edades. Así, un coeficiente neto de reproducción de 0.75 es un 25 por 100 inferior al que se requiere para la "autorreposición" de la población sobre una base permanente. Con un coeficiente neto de reproducción de 1.00 se dice que una población se reproduce exactamente sobre una base permanente.—C.V.K.

"coemptio." Forma de matrimonio empleada en la antigua Roma y en la que no se utilizaban los servicios sacerdotales. El rito esencial consistía en una venta simbólica de la mujer a su prometido. Se empleaba una moneda de escaso valor y la "venta" simbolizaba simplemente el hecho de que, mediante dicho rito, la mujer quedaba sometida a la *manus* (mano) o poder del marido.—W.G.

cognado. Pariente consanguíneo de la línea matrilineal *(q. vid.)* o femenina.—G.P.M.

cohabitación. Vida en común de marido y mujer. Usualmente supone el comercio sexual, pero en el sentido jurídico dicho comercio no es necesario para que entre marido y mujer exista el *status* matrimonial.—E.R.G.

cohecho. Soborno (*q. vid.*).

cohesión social. Estabilidad de la organización social. Sinónimo: solidaridad social. Antítesis: desorganización social.—H.A.P.

cohorte. (*demografía*) Grupo de personas que comienzan la vida al mismo tiempo. Así pues, se establecen cohortes hipotéticas en la construcción de las tablas de vida y en la computación de otros índices en los que se siguen los principios de la tabla de vida. Cf. *tabla de vida, coeficiente bruto de reproducción, coeficiente neto de reproducción.*—C.V.K.

coito. Penetración del pene en la vagina. Aun cuando los movimientos y la eyaculación son la consecuencia corriente, no constituyen elementos esenciales de la definición.—N.E.H.

"coitus interruptus." Coito seguido por la retirada del pene, frecuentemente momentos antes de la eyaculación, que de ordinario se produce fuera de la vagina. Se empleó mucho como medida de restricción de la natalidad antes de que se inventaran los modernos sistemas mecánicos y químicos. Es un viejo método puesto en práctica aún por las personas no bien informadas. Las estadísticas muestran que el *coitus interruptus* es uno de los tres procedimientos más comunes de restricción de la natalidad que se emplearon antes de adquirirse conocimientos clínicos. Las opiniones de los médicos difieren por lo que respecta a su seguridad y efectos físicos. Aun cuando se ha podido comprobar que causa trastornos nerviosos, los escritores modernos que se han ocupado del control de la natalidad (*q. vid.*) han exagerado tales trastornos.—N.E.H.

"coitus reservatus." Coito sin eyaculación. Los movimientos y el contacto pueden durar mucho más que en el coito ordinario. A veces se le considera como procedimiento no mecánico de control de la natalidad. Acaso donde se practica más sea en la comunidad de Oneida (Estado de Nueva York).—N.E.H.

colectividad abstracta. Clase de estructuras plurales (*q. vid.*) caracterizada por darse en ella la abstracción en su más alto grado. Estas estructuras plurales tienen un carácter conceptual o lógico porque no son simples agregados nacidos de los procesos sociales directamente observables. En otras palabras, las colectividades abstractas son construcciones mentales (*q. vid.*) aun cuando pocas veces de carácter científico; en el lenguaje vulgar se utilizan mucho. Casi siempre son resultado del "animismo social", si bien pueden observarse de manera científica y ser objeto de predicción. Las iglesias, las naciones, las clases, los partidos, etc. son colectividades abstractas. Términos análogos son las asociaciones, las grandes estructuras sociales y las corporaciones.—H.B.

colectividad humana. Unidad de personas que se encuentran en una relación de acción recíproca y en la que tales partícipes poseen la conciencia de que componen un todo más o menos homogéneo, así como de la existencia entre ellos de intereses comunes y de la necesidad de una acción conjunta. Por el número de personas que la integran puede comprender desde la pareja hasta la sociedad de naciones.—T.D.E.

colectivismo. Teoría o práctica de la empresa colectiva; acción colectiva o control colectivo en cualquiera de sus múltiples formas. Comúnmente se emplea la palabra como término general para diversos "ismos" que propugnan una economía colectiva o para significar el funcionamiento de una economía de tal naturaleza. Dicho término comprende el sindicalismo, el socialismo fabiano, el socialismo guildista, el socialismo marxista y el comunismo soviético (variedad de marxismo), aparte de una variedad de colectivismo, desarrollada en Estados Unidos, que lo identifica, sencillamente, con la propiedad colectiva, tanto pública como privada. Contrariamente a algunas definiciones, los colectivismos no son todos autoritarios en el sentido de carecer de un soporte y una regulación democráticos. La palabra colectivismo se emplea con frecuencia de manera algo imprecisa para significar todo sistema de regulación que, no dimanando de la propiedad privada, se ejerce por el Estado u otra entidad colectiva y se usa incluso para designar una organización económica corporativa. El término necesita, sin duda, una definición precisa en cada caso. Cf. *comunismo, socialismo.*—S.E.

colectivo. Como adjetivo, la palabra expresa lo contrario de individual; con ella se alude, en forma aproximada, a todo lo que es común de un grupo o lleva consigo una organización. Se refiere a la estructura o actividad de cualquier colectividad integrada por dos o más individuos. Como sustantivo significa, en general, cualquier unidad de tal índole. El empleo del término "colectivo" es tan diverso que se necesita una definición específica en cada caso. Cf. *cooperativa.*—S.E.

colegio con patrimonio territorial. Institución norteamericana de enseñanza establecida sobre la base de una fundación derivada de la venta de terrenos concedidos a las entidades locales por el gobierno federal de acuerdo con la ley Morrill o de concesión de tierras de 2 de julio de 1862 y la legislación conexa subsiguiente.

colonia. Subdivisión secundaria de un Estado poblada por inmigrantes procedentes de la metrópoli en proporciones diversas con respecto a la población indígena. Estos pobladores permanecen sometidos al poder central, pero, de ordinario, con un *status* político inferior en comparación con el de los que permanecen en la patria. Cf. *colonización.*

colonia agrícola. 1. Grupo humano que se establece en una zona inculta de su propio país para poblarla y cultivarla. Cf. *aldea, comunidad de aldea.*

2. Se llaman así también las casas de co-

rrección agrícola que comenzaron a establecerse por todas partes en el continente europeo hace cien años como instalaciones para el tratamiento penal de vagabundos, mendigos y ebrios habituales. Actualmente se utilizan asimismo para el de ciertas clases de condenados y para el de menores delincuentes.—T.S. y J.C.

colonia penitenciaria. Zona separada, generalmente una isla distante situada fuera de la nación o, a veces, una parte remota de la nación misma, a donde se envía a los delincuentes condenados para cumplir la sentencia. De ordinario, sólo se envían a la colonia los delincuentes condenados a penas de larga duración y que forman las más peligrosas categorías. La sentencia que destina a un individuo a una colonia penitenciaria implica la pena de extrañamiento.—M.A.E.

Nota histórica: El sistema tuvo su origen en Inglaterra como modalidad del extrañamiento penal cuando la independencia de Estados Unidos impidió su cumplimiento en las colonias norteamericanas. Inglaterra desvió entonces la corriente de deportados hacia Australia. Allí los colonos libres eran muy pocos para poder absorber a los penados empleándolos como obreros, como ocurriera en las colonias norteamericanas, por lo que Inglaterra tuvo que concentrarlos en establecimientos o colonias. La primera fué establecida en 1787-1788 en Botany Bay, cerca de Sydney. Otros países como Rusia, Francia, India, México, etc., ensayaron estas colonias y algunas de ellas existen todavía: de Francia en Cayena, Guayana francesa; de México en las Islas Marías, etc.—J.L.G.

colonización. Forma de movimiento de población caracterizada específicamente por el establecimiento, por el Estado, de un dominio político sobre un territorio extranjero, acompañada de una pronunciada corriente de colonos desde la metrópoli a dicho territorio. La colonización difiere de la expansión imperial en la relativa importancia de la transferencia de población efectiva y permanente desde el país dominador y en la preponderancia de los colonos sobre los indígenas en el territorio extranjero. Difiere de la migración (*q. vid.*) en que las dos áreas implicadas en la colonización se encuentran bajo la misma jurisdicción política en tanto que la verdadera migración atraviesa siempre una frontera política. La colonización es un antiguo sistema y ha sido puesto en práctica por muchas potencias, desde los chinos primitivos, pasando por los griegos clásicos, hasta los Estados contemporáneos. En toda verdadera colonización, los pueblos indígenas son tan poco numerosos o de cultura tan inferior, que no ofrecen ningún obstáculo grave. Aun cuando puede darse, y de ordinario se da, un período inicial de supresión violenta de la población indígena, la colonización no es por esencia una operación bélica. La colonización ha adoptado dos formas principales: una en que el territorio sometido se en-

cuentra en los trópicos y otra que se ha localizado en las zonas templadas. El tipo de administración y la vida social y económica de las dos clases difiere en gran medida. La colonia tropical está llamada a permanecer en sujeción indefinidamente, en tanto que el destino de toda colonia situada en la zona templada es el de convertirse en Estado independiente.

colonización, formas de. Forma, tipo y patrón de asentamiento, colonización o establecimiento son expresiones utilizadas para denotar la manera de distribuirse la población agrícola en la tierra. Los diversos tipos o formas de colonización pueden ser clasificados en tres categorías principales:

1) En las aldeas o colonias agrícolas las casas se encuentran agrupadas, formando un núcleo (aldea o villorrio) más o menos compacto —asentamiento o colonización nuclear—. En tal tipo, las tierras cultivadas, los pastos y los bosques se extienden en torno al centro residencial y los agricultores necesitan ir y venir de la casa al campo.

2) Las granjas, haciendas o alquerías dispersas o aisladas constituyen una forma de asentamiento en la que las viviendas de la población agrícola están situadas cada una en medio de la tierra cultivada por la familia que la habita y poca o ninguna tendencia a la agrupación de las viviendas próximas.

3) La aldea o colonia lineal es un tipo semiagrupado de colonia en el que se logra el asentamiento sobre la propia tierra cultivada sin una gran dispersión de las viviendas. Tal tipo de colonia aparece cuando las tierras de labor dan frente a un curso de agua, a una carretera, colina, etc.; la tierra se divide en franjas y las diversas familias campesinas sitúan sus viviendas en el límite mismo del lote de tierra que cultivan. Tal distribución de la población sobre la tierra da lugar a una larga fila de casas que se extiende por la campiña, o a una aldea larga, de una sola calle, que se extiende por el campo.—T.L.S.

colonizar. Emprender la obra de colonización (*q. vid.*), bien como potencia dominante o como colono.

columna. Elemento vertical del cuadro estadístico.

comensalismo. (*ecología, biología*) Forma de simbiosis en la que dos especies comparten la misma región geográfica, pero no entran en lucha por sus recursos en la medida en que sus necesidades son diferentes. En lugar de una relación de ayuda mutua, en una región como la mencionada puede también ofrecerse la mera yuxtaposición. (*ecología social*) Se emplea algunas veces para describir la situación de personas o grupos que, habitando en una misma área, no compiten entre sí, ni tampoco entran en relación de conflicto o de ayuda mutua, porque sus funciones, necesidades e intereses son recíprocamente independientes:

Cf. *ayuda mutua, parasitismo, simbiosis.*—T.D.E.

comercialización. Ordenación de cualquier institución o actividad, sólo o principalmente por el móvil de obtener beneficios privados; en particular, en los casos en que esto lleve consigo la eliminación de otros móviles y valores que pudieran tener una parte importante en la orientación de la actividad.—F.N.H.

comercializar. El hecho de transportar los ideales, hábitos y métodos de una persona, asociación o comunidad en el marco exclusivo del espíritu y maneras de la vida mercantil y del afán de lucro; es decir, sólo como lo requieren las condiciones comerciales al uso, sin responsabilidad definida ni preocupación alguna por el bienestar general de los que intervienen como partes en la transacción. El término alude en particular a la tendencia a extender a otros dominios diferentes de la producción y el cambio (higiene, educación, enseñanza, recreo, arte, vida religiosa, moral y política) el espíritu y las técnicas de la competencia por el beneficio, desvirtuándolos así en su naturaleza y convirtiendo el desarrollo de semejantes actividades y servicios en un campo para la obtención de ganancias privadas en lugar de respetar sus servicios normales.—C.J.B.

comercio. 1. Aplicado a las relaciones económicas, el término se refiere a las transacciones de cambio o trueque. También se refiere al trato social, al intercambio de comunicaciones, etc.—N.A.

2. Cambio de mercancías por mercancías o dinero equivalente; transacciones económicas o comerciales dentro de un país (comercio interior o nacional) o con otros países (comercio exterior o internacional).—E.E.M.

3. Relación interpersonal que implica cierto grado de toma y daca, usualmente en el supuesto de una ganancia en valores por ambos lados. Puede ser mental, verbal o afectiva y, en el uso corriente, suele aplicarse a las relaciones sexuales. En este sentido se emplea siempre calificado.

comercio, área de. Véase **zona comercial.**

comercio internacional. Intercambio de riqueza a través de las fronteras políticas. Tuvo su origen, en gran medida, en el cambio de mercancías. En la mayor parte de los casos la natural expansión del comercio nacional condujo a la compra y venta de mercancías más allá de las fronteras nacionales. El cambio de productos de los países tropicales por las mercancías de las zonas templadas ha existido desde hace largo tiempo. Pero hasta el desarrollo del industrialismo, junto con las mejoras introducidas en las instalaciones de transporte, no adquirió el tráfico de mercancías su enorme volumen. Una de las primeras consecuencias del industrialismo fué el desarrollo del comercio entre los países agrarios y productores de materias primas y los países industriales. Pero a medida que se extendía el industrialismo, el total del comercio entre las naciones manufactureras fué aun mayor que el realizado entre ellas y los países agrícolas.

El comercio no se limita ya a mercancías. El industrialismo, al llegar a su madurez, fué acompañado por una corriente de capital y servicios que se dirigía a las zonas relativamente retrasadas en su desarrollo. Estas exportaciones e importaciones, llamadas "invisibles", deben ser tenidas en cuenta como factor importante tanto por su volumen como por sus consecuencias sociales. La teoría del comercio internacional destaca que la especialización regional, ya sea en capacidades, abundancia de materias primas o capital, juntamente con la corriente no restringida de estas mercancías y servicios, fomenta la eficaz utilización de los factores productivos. El efecto esterilizador de la ignorancia y la deliberada aplicación de barreras comerciales por intereses creados y egoístas tiende a reducir los tipos de vida en la economía total. Cf. *industrialismo, revolución comercial.*—J.H.E.

comercio sexual. Unión sexual. Coito. Cf. *comercio* (3).

comercio silencioso. Véase **trueque mudo.**

comisario. Comisionado o jefe de un departamento del gobierno. Término empleado especialmente en la Unión Soviética para designar a los jefes de los comisariados o departamentos gubernativos en las diferentes Repúblicas y a los miembros del gabinete nacional. Recientemente se abolió este término en la Unión Soviética y se le reemplazó por el de ministro. [Ruso, *Komissar*].—N.L.S.

"common law." El cuerpo legal formado por la costumbre local inglesa en los siglos IX y X y perfeccionado después por la interpretación judicial. La característica más importante del *common law* es la de que su origen reside en la costumbre más bien que en la ley escrita. Sin embargo, en la práctica existe poca diferencia entre el *common law* y el derecho estatutario, puesto que la codificación de aquél por Coke, Blackstone y otros famosos juristas suministra un punto de partida tan concreto como cualquier ley escrita para la interpretación legal. Las disposiciones del *common law* han sido, por lo general, definidas y modificadas por actos legislativos en la mayor parte de los Estados de la Unión Norteamericana. Cf. *derecho consuetudinario.*—J.W.M'C.

compañero cooperador. Miembro de un grupo de juego que es aceptado a participar en todas las actividades del grupo; se presta respetuosa atención a sus indicaciones y, ocasionalmente, puede actuar como líder temporal del grupo. —P.H.F.

compañero rechazado. Individuo que no es aceptado como partícipe en las actividades del grupo formado por aquellos con quienes entra en contacto social.—P.H.F.

compañero tolerado. Miembro de un grupo de juego a quien, de ordinario, se permite, por los demás, participar en las actividades del grupo, pero cuya intervención raramente se solicita.—P.H.F.

compañía, matrimonio de. Véase **matrimonio de compañía.**

compañías, viviendas de. Casas-habitación, dependencias e instalaciones comunales suministradas a sus trabajadores por una empresa industrial. [Inglés, *company housing*].—S.S.

compensación. (*finanzas y derecho*) Pago por mercancías, servicios, daños o perjuicios. (*fisiología*) Reacción orgánica para evitar o neutralizar un defecto, necesidad sentida o tensión, frustración o peligro y restablecer el equilibrio orgánico. (*psicología*) Reacción personal para restablecer la ecuanimidad y el equilibrio psíquicos mediante la corrección de defectos o evitando amenazas o frustraciones de deseos. (*sociología*) Reacción que se produce en un *status* social amenazado y que consiste en neutralizar o cortar tendencias sociales existentes que se consideran indeseables. (*seguros*) Cantidad especificada por la póliza, la ley o el tribunal y que debe pagarse por la pérdida sufrida por accidente, enfermedad u otro riesgo asegurable.—T.D.E.

compensación, mecanismo de. 1. Proceso, movimiento o acción que restituye una parte de la organización a su posición normal o neutral o que restablece el equilibrio de la organización. 2. Acción que repara algún defecto o pérdida, comprendiendo los casos en que se trata de vencer una situación desfavorable por medio de un esfuerzo enérgico, o de conseguir el equilibrio y la satisfacción íntimas por el desarrollo de una cualidad distinta de aquella de cuya ausencia se percata la persona, o de justificar al yo quitando importancia a la cualidad que falta. Cf. *caja de compensación.*—M.S.

compensación o subsidio por paro. Dinero suministrado a personas temporalmente sin empleo, de ordinario por el gobierno.—W.P.

compensar. (*finanzas y derecho*) El hecho de ofrecer algo en pago como equivalente de servicios, daños, perjuicios o venta. (*sociología*) El hecho de neutralizar, por una acción contraria, tendencias sociales existentes y consideradas como indeseables. (*psicología*) El hecho de esforzarse, mediante neutralización o igualación en sentido contrario, por mantener el equilibrio psíquico y afectivo, y esto por la corrección directa de un defecto o por el medio indirecto de neutralizarlo con el éxito, la seguridad, el poder, etc., obtenidos gracias a otras facultades o talentos. (*fisiología*) El hecho de reaccionar orgánicamente a fin de evitar o neutralizar tensiones, frustraciones, necesidades sentidas, defectos de funcionamiento, ya directamente o por el empleo de otros órganos. Se da una sobrecompensación cuando la actividad compensatoria excede de las exigencias de la situación de necesidad que, en un principio, la estimularon.—T.D.E.

compensatorio. Lo que equilibra, neutraliza, resarce o corrige. Comportamiento compensatorio es aquel que neutraliza o evita una condición indeseable de la personalidad o situación. Cf. *principio compensatorio.*—T.D.E.

competencia. Lucha por la posesión o uso de bienes escasos. Estos bienes pueden ser objetos físicos o materiales, o bien cuestiones de estimación social, rango y recompensa inmaterial. La esencia de la competencia consiste en una pugna de intereses de tal naturaleza que la satisfacción de un individuo o unidad excluye la satisfacción de otro individuo o unidad. La causa de la competencia se encuentra en el carácter finito de la tierra y en los limitados recursos afectivos y estéticos de la sociedad.

competencia cooperativa. Rivalidad que se restringe o limita por el deseo de los partícipes de trabajar juntos en pro de algunos objetivos comunes. Cf. *conflicto cooperativo.*—P.F.C.

competencia cultural. Aspiraciones más o menos automáticas de diferentes formas de cultura a ser adoptadas por distintas sociedades o grupos sociales. Rivalidad semejante entre las pautas culturales menores, dentro de la estructura cultural general de la sociedad misma.

competencia ecológica. Forma de interacción ecológica en que dos o más organismos, esforzándose cada uno por obtener alguna provisión limitada de determinado recurso de su medio, reducen por ese hecho la cuantía de lo que otros pueden obtener del mismo.—J.A.Q.

competencia efectiva. Redistribución de un *desideratum* escaso entre aquellos que lo desean. La competencia efectiva puede medirse y, por consiguiente, puede precisarse funcionalmente.—S.C.D.

competencia institucional. Proceso de interacción social que es causa de la persistencia de determinadas instituciones y acaso de su mayor crecimiento y perfección, así como de la decadencia de otras, que pueden llegar a su total extinción. La competencia institucional deriva del hecho de que las instituciones sólo existen en la medida en que son mantenidas por la acción continuada de numerosos individuos y de que éstos no pueden mantener al mismo tiempo un número indefinido de instituciones distintas; además, algunas instituciones se oponen por su naturaleza a ciertas otras y por ello no pueden subsistir a la vez, funcionando normalmente, en una y la misma sociedad.—F.N.H.

competencia productiva. Pugna interpersonal por el logro de un *desideratum* escaso. Operativamente representa la conducta antecedente cuyo correlato positivo y en el que se puede confiar significa una ganancia de los competidores en el *desideratum* por el que se compite. Los gastos de publicidad son un ejemplo de este tipo de competencia por cuanto su correlato consiste en un incremento del negocio.—S.C.D.

competencia social. Condición de competente; capaz de competir en el mantenimiento del *status* y en el desempeño del propio papel social (con independencia de la simple competencia ocupacional).—P.D.E.

competente. Apto, capaz de competir, en condiciones de ganarse la vida, de dirigir sus asuntos con la suficiente habilidad e inteligencia para conservar su *status* y mantenerse por sí; reconocido como adiestrado y cualificado para llenar una función social determinada.—T.D.E.

competición social. Actividad de la persona o grupo en su empeño por obtener *status* o posición social sin referencia consciente a los esfuerzos de los demás y sujeta a las limitaciones impuestas por el orden social.—W.E.G.

competir. Acción de perseguir, consciente o inconscientemente, el mismo objetivo que otra persona; el objetivo (manutención, *status*, seguridad, riqueza u otros bienes) es siempre algo que no pueden conseguir dos, al menos en igual grado. Se puede competir conscientemente sin conflicto, como en el juego o en cualquier otra situación amistosa o indiferente. Cf. *lucha*.—T.D.E.

complejo. *(psicología)* Constelación o sistema de impulsos o ideas con sus tonos afectivos correspondientes; conjunto de recuerdos, creencias, ideas, palabras, actitudes, disposiciones afectivas, deseos, etc., que se relacionan entre sí en virtud de su asociación con algo, propósito, interés, recuerdo, emoción, etc., que tiene así una posición nuclear. *(psiquiatría)* Los mismos recuerdos, creencias, etc., cuando se encuentran disociados o reprimidos o son ilusorios u obsesivos. *(etnología)* Configuración de rasgos culturales relacionados entre sí por virtud de su asociación con un sentido central, idea, creencia, fin, costumbre, en que el grupo participa. Los complejos psicológicos normales corresponden, por lo común, a los complejos culturales de importancia. Allí donde se ofrece una disparidad aguda o la ausencia del complejo cultural paralelo, se supone que el complejo personal representa una excentricidad o un posible síntoma patológico.—T.D.E.

complejo cultural. Nombre que se aplica a un grupo de rasgos culturales entrelazados, de ordinario, con una característica central y que forman un todo con el que guardan relación; serie de actividades en conexión con alguna característica cultural central. Los rasgos culturales se distribuyen en sistemas que se conocen con la denominación de "complejos culturales". El complejo abarca todas las actividades que se relacionan con el rasgo central. Por ejemplo: la industria mecánica, la monogamia y el monoteísmo son complejos culturales de la civilización occidental. El complejo del arroz es muy típico de la civilización de muchos pueblos orientales. Cualquier cultura o civilización de cualquier grupo tomada en su conjunto está compuesta por la suma total de los complejos culturales que posee; éstos, tomados en conjunto, constituyen una configuración cultural definida o *Gestalt* (q. vid.). Así, llamamos cultura a la suma total de los complejos culturales que posee un pueblo determinado. En cierto sentido constituye un complejo cultural de gran dimensión. Por consiguiente, la expresión es de gran importancia para la comprensión de la civilización de cualquier grupo y para la comprensión de la conducta social y de las personalidades de sus miembros.

La interpretación de la conducta individual y de la del grupo en función de los complejos culturales tiene, por consiguiente, el fundamento realista de un hecho social científico. Ninguna institución y, en realidad, ninguna conducta individual o característica personal puede ser comprendida sin referencia al complejo cultural en que se da. Los usos del grupo siguen la pauta general de algún complejo cultural o de toda la cultura del pueblo. Como son hábitos del grupo, se automatizan y estereotipan mediante la repetición. Como se practican, con frecuencia, de modo no reflexivo, pueden considerarse como no racionales, en el sentido de que no se basan en ningún juicio personal inteligente. En consecuencia, los usos y costumbres del pueblo van íntimamente asociados con los complejos culturales que preponderan en el grupo.—C.A.E.

complejo de rasgos. Cierto número de rasgos culturales unidos entre sí funcionalmente; la unidad más pequeña de una cultura capaz de funcionar de modo independiente. Por ejemplo: un arco puede existir como un objetivo definido pero sólo puede funcionar como unidad cultural en su asociación con la flecha, que la convierte así en arma de caza o en instrumento deportivo. Los primeros son rasgos; los últimos son complejos de rasgos.—H.E.J.

complicidad. Relación de participación o concurso de personas en la comisión de un delito caracterizada por su carácter accesorio o secundario. Dicho carácter influye en la determinación de la pena correspondiente al cómplice. que es siempre menor que la asignada al autor.—J.C.

comportamiento colectivo. Véase **conducta colectiva.**

composición. Sistema penal propio de pueblos primitivos y originario del antiguo derecho germánico que consistía en una forma de transacción o compensación entre el autor de un delito y el perjudicado por él, mediante el pago de una cantidad en dinero protenía. Dicha cantidad se descomponía en dos partes, una de las cuales (*fredus*, *Friedengeld*, precio o dinero de la paz) se destinaba a recobrar la protección del poder público y la otra (*Wergeld*, precio o dinero de la sangre, en casos de homicidio; *Busse* en los delitos menos graves) constituía propiamente una indemnización pagadera a la víctima o a sus parientes.—J.C.

composición demótica, La composición de una población por lo que respecta a la densidad de sexos, grupos de edad, raza, etc.— T.D.E.

composición social. *(demografía)* Las características de una población con respecto a sus orígenes nacionales y culturales, afiliación religiosa, lenguaje, ocupación, ingresos, ciudadanía, duración de la residencia y otros importantes factores social-económicos y culturales. —T.D.E.

compra de objetos robados. Véase **recepción.**

compras a plazos. Sistema de crédito al consumidor que permite adquirir la posesión (aunque en algunos casos sin título legal) de un artículo haciendo un pequeño pago inicial y un contrato para los ulteriores pagos periódicos hasta que queda enteramente abonado el precio de venta. Hay infinitas variedades de sistemas de compras a plazos que rivalizan por las facilidades que ofrecen. La práctica de la compra a plazos está tan extendida que ha tenido un efecto profundo en el funcionamiento del sistema económico.—J.W.M'C.

comprensión simpática. Endopatía. Aprehensión directa de la significación de una situación en la medida en que afecta a los demás, unida a cierta comprensión y estimación de los factores afectivos que en la misma se ofrecen. Cf. *conducta simpática, simpatía.*—T.P.F

comprobación. Proceso-situación en el que se demuestra o se confuta la verdad o realidad de una hipótesis, teoría, idea o doctrina. La comprobación escolástica consiste en demostrar la derivación lógica del dogma, o la concordancia con él. La comprobación científica consiste en demostrar determinada proposición (por su autor u otros observadores) mediante la repetición de experimentos u observaciones en condiciones análogas o más perfeccionadas o con experimentos de control paralelos para el aislamiento de los factores específicos diferenciales o tratando de alcanzar descubrimientos análogos con instrumentos o métodos diferentes. Cf. *método experimental, prueba.*—T.D.E.

comprobaciones positivas. Véase **maltusianismo.**

comprobaciones preventivas. Véase **maltusianismo.**

compromiso. Promesa por virtud de la cual se ofrece perseverar en ella o participar en un programa, causa u otra forma de actividad social y que obliga por virtud del código ético o moral. —F.W.K.

compromiso de los liberados bajo palabra. Declaración jurada sobre las condiciones que han de observar los liberados condicionalmente bajo palabra mientras dure su situación. El incumplimiento de dichas condiciones es motivo suficiente para la revocación de tal beneficio y para que el condenado reingrese en la institución penitenciaria de donde fué liberado. [Inglés, *parole contract*].—J.L.G.

Como la liberación *on parole*, de que dimana, es una institución típicamente norteamericana y se funda en la buena fe y en el respeto que merecen las estipulaciones libremente consentidas. Cf. *liberación condicional.*—J.C.

compulsión. *(control social)* Proceso-situación *(q. vid.)* en el que una persona (o grupo) se encuentra forzada, por amenaza o peligro externo, a actuar en contra de lo que fuera antes su interés y voluntad; acto o proceso de coaccionar o compeler de otro modo a una persona recalcitrante o renuente. *(psiquiatría)* Impresión de sentirse impelido, por algún elemento (complejo) interno de la personalidad o por alguna "fuerza" ajena y misteriosa, a realizar actos contra los que se rebela el ego o el super-ego. Cf. *coacción.*—T.D.E.

compulsión social. Véase **coacción social.**

compurgación. Forma de defensa primitiva contra una acusación criminal en la que el acusado trataba de probar su inocencia llevando ante el tribunal un número suficiente de personas que la acreditasen bajo juramento. Generalmente se supone que el sistema del jurado tuvo su origen en este procedimiento.—T.S.

común. Aquello en que participa más de una persona; o aquello que es compartido por todos o la mayor parte de los individuos de un grupo determinado.—T.D.E.

comuna. En la organización social medieval era una entidad política, guilda, corporación o asociación que representaba la creciente influencia de la clase artesano-mercantil y proporcionaba la defensa pública necesaria, el orden interno y otros servicios públicos —lonjas, muelles, etc.—, a un centro comercial o a una comunidad urbana incipiente. En su forma primitiva fué, de ordinario, un grupo puramente personal para el fomento y protección de los intereses comunes del comercio; más tarde se convirtió en una unidad política territorial dotada de una carta de privilegio y llegó a su apogeo en la ciudad "libre".—F.H.H.

Comuna. *(histór.)* Término que se emplea para designar uno de los varios gobiernos insurreccionales de tipo revolucionario radical puestos en el poder por la reacción de las masas. Así, el gobierno que usurpó el poder durante la Revolución Francesa desde 1792 al 1794 y puso en práctica la "Era del Terror" se llama la Comuna o la primera comuna. De ordinario, el término se refiere a la Comuna de París (18 de Marzo al 29 de Mayo de 1871) o sea la segunda comuna. En tanto que la primera fué esencialmente burguesa *(q. vid.)*, la segunda fué esencialmente proletaria *(q. vid.)*, pues abogaba por una política revolucionaria socialista o comunista. El término se aplica también al gobierno establecido por Bela Kun en Hungría y que trató de extender la revolución bolchevique a dicho país.—F.H.H.

comunal. 1. Relativo a, característico de o perteneciente a la comunidad. 2. Referente al matrimonio hipotético de todos los hermanos, hermanas y primos de una determinada edad o generación como grupo promiscuo y que algunos creen que fué el antecedente cultural necesario del sistema clasificatorio de las relaciones.—F.H.H.

comunalismo. 1. Sistema de propiedad de la tierra, abastecimientos u otros objetos que se opone al de la propiedad privada o individual.—G.P.M.

2. Teoría de gobierno basada en un máximo de autonomía para todos los grupos minoritarios locales. Tal como se practicó en la India, el término se refiere: a) a la práctica de asignar cierto número de puestos en las cámaras legislativas de las once provincias británicas a cada grupo religioso importante y b) a la lucha por el poder (en la forma de un mayor número de puestos) a que da origen.—S.C.M.

comunicación. Proceso de poner en común o intercambiar estados subjetivos tales como ideas, sentimientos, creencias, usualmente por medio del lenguaje, aunque también por medio de la representación visual, la imitación y la sugestión. El proceso de la interacción social en los grupos humanos es, en gran medida, un proceso de comunicación, por lo general mediante la palabra articulada o lenguaje. Las formas más rudimentarias de comunicación mediante gritos emotivos, movimientos corporales y otras formas de señales son comunes en los animales infrahumanos; pero, hasta donde nos es dado saber, sólo el hombre posee lenguaje articulado, aun cuando el mismo procede, indiscutiblemente, de los gritos emocionales. Como esta forma superior de comunicación que llamamos lenguaje ha llegado a ser la forma principal de interacción social entre los miembros de los grupos humanos, ella ha permitido al hombre no sólo compartir sus experiencias con los miembros de su grupo, sino registrar y preservar dichas experiencias y su acompañamiento de ideas, sentimientos y creencias. Por consiguiente, los grupos humanos han podido compartir ideas, sentimientos y creencias difundiéndolos entre todos sus miembros y llegar, de este modo, a la similitud de inclinaciones y a las actividades comunes. La comunicación entre los grupos humanos constituye el factor principal de su unidad y continuidad y el vehículo de la cultura. Por consiguiente, no se comete exceso al decir que la comunicación es el verdadero fundamento de la sociedad humana, toda vez que las formas más elevadas de comunicación, particularmente el lenguaje, han permitido a los grupos acumular, transmitirse y conservar la cultura de un grupo. Concretamente, el término se aplica, de ordinario, a los medios de comunicación tales como el correo, el telégrafo, el teléfono y la radio.—C.A.E.

comunicación, mecanismo de. (*fisiología*) Los órganos con que los seres humanos transmiten mensajes a los demás en forma de palabras, gestos y expresiones faciales. (*societal*) Los artefactos mediante los cuales se transmiten los mensajes de un individuo a un público numeroso, incluyendo los efectos de las comunicaciones de un individuo en la estructura social. Ejemplos: charlas, discursos políticos, asambleas municipales, distribución de hojas sueltas, publicación de periódicos, radiodifusiones, etc. Concretando, el sector periodístico dentro de las estructuras sociales de comunicación abarca la información local, la organización de las noticias, las agencias informativas nacionales y mundiales (que operan mediante funcionarios, cables, radio, etc.) y las instalaciones para la impresión, edición y distribución. Todo este sector se integra con los demás sectores del mecanismo de comunicación de la estructura social.—A.M'C.L.

comunidad. 1. Subgrupo que tiene muchas características de la sociedad, pero en pequeña escala y con intereses comunes más amplios y coordinados. Implícitas en el concepto de "comunidad" encontramos un área territorial, un grado considerable de conocimiento y contacto interpersonal y cierta base especial de cohesión que la separa de los grupos vecinos. La comunidad disfruta de una autosuficiencia más limitada que la sociedad, pero dentro de dichos límites existe una asociación más íntima y una simpatía más profunda. En ella puede darse cierto nexo especial de unidad tal como la raza, el origen nacional o la afiliación religiosa. 2. La totalidad de sentimientos y actitudes que ligan a los individuos en un grupo de la naturaleza del descrito bajo el número anterior. Cf. *conceptos ecológicos*.

comunidad, coordinación de la. Véase **coordinación de la comunidad.**

comunidad de aldea. Expresión aplicada a la comunidad agrícola típica de la Europa medieval y que aún subsiste en forma modificada en algunas partes del Oriente. La comunidad de aldea está integrada por las familias y sus viviendas, por las tierras de propiedad privada en forma de lotes que se extienden por diversos sitios y por la propiedad comunal. El conjunto de la zona tiene límites precisos y posee funcionarios e instituciones para su gobierno, pero se trata de una unidad socio-económica más bien que política.—D.S.

comunidad de bienes. Régimen de gananciales. En varios sistemas de derecho civil (como el francés y el español) esta expresión se refiere a la participación común o posesión conjunta de la propiedad entre marido y mujer por razón del matrimonio. La idea es originaria de la Edad Media y no fué recibida por el derecho inglés. La extensión y naturaleza de la propiedad varía en los diferentes sistemas jurídicos. En algunos la comunidad de bienes comprende todos los que poseían los cónyuges antes del matrimonio, así como los adquiridos durante él; en otros la comunidad de bienes sólo comprende los adquiridos por los cónyuges durante el matrimonio. En algunos Estados de la Unión Norteamericana que fueron adquiridos por conquista o compra de Francia y España (especialmente Louisiana, Texas, Arizona, Nuevo México, Nevada, Idaho, California y Washington) predomina este sistema de propiedad matrimonial. Conforme a él, toda la propiedad que adquieren marido y mujer después del matrimonio por su esfuerzo conjunto queda bajo el régimen de comunidad. La administración corresponde al marido y puede extenderse incluso a los bienes parafernales. [Inglés, *community property*].—W.G.

El régimen de gananciales o de comunidad de bienes es establecido en las legislaciones española, francesa y derivadas de ellas sólo con carácter supletorio y para el caso de que los cónyuges no convengan expresamente algún otro sistema, como el de separación.—J.C.

comunidad de prisión. Véase **prisión (comunidad de).**

comunidad, iglesia de. Véase **iglesia de comunidad.**

comunidad moral. El hecho de que cierto número de personas comulguen en determinados valores fundamentales, del que deriva la existencia en ellas de un sentido de orientación y esfuerzo comunes. La comunidad moral puede encontrarse en los grupos pequeños, como la familia, lo mismo que en los de gran tamaño, como la nación.—R.C.A.

comunidad, organización de la. Procedimiento por el cual las personas que viven en un área geográfica determinada erigen centros comunes de interés y de actividad y actúan conjuntamente en los principales aspectos de la vida. Constituye el método fundamental para conseguir la integración de grupos de personas, merced a las adaptaciones recíprocas que tienen éstos que realizar con vistas al logro de propósitos comunes. En un sentido técnico y administrativo, como el empleado por los trabajadores sociales, es un método de coordinar instituciones, organismos, grupos e individuos de una zona para realizar ajustes de tipo colectivo a las necesidades y recursos sociales, para crear y conservar instalaciones y servicios y para integrar las actividades con vistas al bienestar común. Cf. *consejo coordinador.*—M.H.N.

comunidad planificada. Comunidad concebida y organizada con arreglo a cierto plan o ideal, a diferencia de la que se ha desarrollado espontáneamente, sin la ventaja de una organización preconcebida.—N.L.S.

comunidad rural. Area de asociación de presencia mayor que una vecindad, en la que la mayoría de las gentes utilizan la mayoría de los servicios sociales, económicos, docentes, religiosos, etc., necesarios para su vida colectiva y en la que existe un acuerdo general sobre las actitudes y los comportamientos básicos.—E. de S.B.

comunidad rural, organización de la. La organización de la comunidad rural puede considerarse: 1. Como el proceso de desarrollo de las relaciones entre grupos e individuos en las comunidades rurales que habrán de permitirles actuar de consuno para crear y conservar instalaciones y agencias por cuyo medio puedan realizar sus máximos valores en el bienestar común de todos los miembros de la comunidad. 2. Como el estado actual de tales relaciones.—D.S.

comunidad rural-industrial. Comunidad, rural por su tamaño, dominada por una sola industria. Por ejemplo: una aldea textil, un poblado de aserradores, etc.—E. de S.B.

comunidad satélite. Centro subordinado en un área metropolitana o dentro de la zona de influencia de una gran ciudad. Ordinariamente constituye una entidad política distinta.

comunidad, servicios de la. Instalaciones y medios comunes de transporte, recreo o comodidad puestos a disposición de los residentes en un fraccionamiento u otra zona de vecindad y entre los que figuran salones para actos sociales, servicios públicos, automóviles y camiones, almacenes, restaurantes, tiendas, iglesias, lavaderos, parques y terrenos de juego y otros elementos para la enseñanza, el hogar, la sanidad o el bienestar.—S.S.

comunismo. Filosofía social o sistema de organización social basado en el principio de la propiedad pública de los medios materiales de producción y de servicio económico y que en la historia va unido a las doctrinas que se preocupan por formular los procedimientos mediante los cuales puede ser establecido y conservado semejante sistema. En sus fundamentos filosóficos el comunismo es prácticamente idéntico al socialismo (q. vid.). Como el socialismo, deriva gran parte de sus fundamentos y de su formulación teórica de las obras de Carlos Marx y Federico Engels, aun cuando ha insistido de modo especial en ciertos aspectos de programa y de táctica, como lo que se refiere, por ejemplo, a la "dictadura del proletariado". El comunismo difiere del socialismo por su repudiación del reformismo y por su insistencia en que nunca se conseguirá la instauración de un nuevo tipo de sociedad por la aplicación de medidas fragmentarias y de carácter lento. Puede ir hasta el extremo de negar la posibilidad de instaurar una economía colectivizada por medios constitucionales, incluso en los Estados donde existe una democracia política. Por consiguiente, se ve obligado a justificar y a mantener la necesidad de emplear medios enérgicos, que pueden llegar a la violencia, para derrocar el sistema capitalista e instaurar el nuevo orden. La segunda divergencia importante que puede señalarse entre el comunismo y el socialismo se refiere al sistema de remuneración del trabajador. Ambas doctrinas concuerdan en que sólo son válidos los ingresos por trabajo, pero no aquellos que derivan de la propiedad. Pero así como el socialismo admite que esos ingresos se midan por la capacidad personal o por el rendimiento social manifestado por la competencia dentro del sistema colectivo, el ideal comunista consistiría en suprimir incluso este último tipo de competencia. El conocido lema comunista "de cada uno según su capacidad y a cada uno según sus necesidades" se disputa el terreno con la doctrina del salario igual para todos los trabajadores.

Como el socialismo, el comunismo es una doctrina más económica que política. Las ideas de este carácter, que parecen inspirar al comunismo con mucha más fuerza que al socialismo, proceden, probablemente, de la doctrina, ya mencionada, de que el comunismo no puede instaurarse mediante el empleo legal de los métodos políticos ni siquiera en un Estado que cuente con un electorado libre. No hay ningún fundamento, tanto en la teoría como en la práctica política del comunismo, para creer que aspira a la eliminación del gobierno en general o de una forma particular del mismo. Es indudable que los comunistas suscribirían la doctrina de que todo pueblo cuyo gobierno es opresor, tiránico o contrario a la voluntad popular, tiene derecho a derrocarlo por medios violentos si no puede sustituirlo pacíficamente. Pero, en esto, los comunistas no difieren de ninguna de las escuelas que aceptan la justificación circunstancial de la revolución. Los Estados Unidos de América en 1776 y la Unión de Repúblicas Socialistas Soviéticas en 1917 se establecieron de hecho de acuerdo con esta doctrina. Merece tenerse en cuenta a este respecto que el comunismo, en ciertos períodos de su desarrollo al menos, se ha interesado más por la revolución mundial que el socialismo.

La Unión de Repúblicas Socialistas Soviéticas, aun cuando instituída sin duda como resultado de la agitación comunista y con el espíritu comunista, no es en la actualidad una sociedad comunista. Sus propios líderes lo proclaman abiertamente e insisten en que, si bien abrigan una finalidad comunista, se encuentran aún muy lejos de su consecución y se hallan todavía en la fase socialista. Las diferencias considerables en los ingresos, que se ofrecen aun hoy en la Unión Soviética, confirman lo justificado de la anterior aserción. Si se toma en cuenta cómo se resuelven en ella las cuestiones de *status*, nivel de vida y prestigio social, puede afirmarse que la Unión Soviética está muy lejos de ser una sociedad sin clases.

En los Estados Unidos, el comunismo ha encontrado un terreno sin duda difícil. Se ha dado más que nada como filosofía, pero nunca se ha establecido como sistema económico en una escala suficiente para otorgarle peso. Han existido diversos grupos con ese nombre y con pretensiones de ser los representantes auténticos de la doctrina. El partido comunista, en la medida en que un solo grupo puede reclamar para sí una exclusiva,

es muy pequeño numéricamente. Como grupo, probablemente a consecuencia de la enérgica oposición de sus adversarios, tiene un potencial social que no guarda la menor proporción con su fuerza numérica o con el potencial social de sus miembros.

Antes de la relativa fijación del concepto que siguió a la obra de Marx y Engels, el comunismo tuvo, con frecuencia, una significación más vaga, pero más comprensiva. Se consideraba que en tal concepto se incluía la propiedad común, no sólo de los medios materiales de producción, sino de todos los instrumentos materiales, inclusive los bienes de consumo. A causa de las importantes implicaciones que para la propiedad entraña la institución del matrimonio, esta doctrina condujo, frecuentemente, a modificaciones radicales en las costumbre familiares y matrimoniales, que en teoría, al menos, llegaban hasta la comunidad sexual. En esta roca, acaso tanto como en cualquier otra, fué donde finalmente se estrellaron algunas de las primeras tentativas del comunismo utópico. Uno de los precedentes más antiguos de un grupo con marcados rasgos comunistas nos ofrece la iglesia cristiana primitiva, de la que se ha dicho: "Ninguno decía a otro que algo de lo que poseían era suyo propio, sino que todo lo tenían en común".

comunismo sexual. Libertad permisible en las relaciones sexuales dentro de un grupo de hombres y mujeres, fuera de la institución del matrimonio predominante. Cf. *grupos (matrimonio por)*, *pirraru*.—G.P.M.

comunista. El que profesa las doctrinas del comunismo o aboga y trabaja por la instauración del orden comunista. El término puede no tener más precisión que la que tiene la palabra "comunismo". Aparte de la cualidad de miembro de un grupo que se intitula comunista o de la adopción personal de dicho marbete, la aplicación de este término a cualquier individuo puede tener poca precisión o validez científica. El empleo de la palabra como epíteto deshonroso, aunque común, carece de significación precisa.

conato. Véase **tentativa**.

concentración. Proceso por el cual las gentes se reunen en áreas limitadas, con un propósito social como vivir, trabajar, divertirse o combatir.—J.P.E.

concentración ecológica. Densidad de población según su distribución residencial en un área. Un alto grado de concentración indica gran congestión en los barrios de edificios habitados.—W.C.H.

concepción, control de la. Véase **natalidad (control de la)**.

concepción del mundo. Visión coherente de la totalidad del mundo, intuitiva y racional, que abarca la vida, la sociedad y sus instituciones. El mundo, interpretado por una persona o grupo desde la perspectiva de un determinado sistema de valores, y las actitudes y formas de conducta que de ellos derivan. [Alemán, Weltanschauung].—J.H.B.

conceptos ecológicos. Términos tomados, en gran medida, de la ecología vegetal y de la sociología, que adquirieron significaciones diferentes y peculiares cuando se les aplicó en el estudio de la distribución de sus poblaciones e instituciones dentro de un área. Así, el término "sociedad" se refiere a los aspectos reguladores de la vida regional o urbana, en tanto que el de "comunidad" sólo comprende las actividades puramente físicas realizadas por los individuos en su lucha por ocupar un lugar en el espacio. Entre otros conceptos estrictamente ecológicos figuran: orden natural, zonas, gradientes, relaciones bióticas, concentración ecológica, centralización, segregación, invasión, dominación, sucesión.—W.C.H.

conceptos sociológicos. Símbolos verbales característicos que han sido conferidos a las ideas generalizadas abstraídas de la percepción científica de la sociedad.—J.P.E.

concesión. Acción y efecto de conceder, material o figuradamente.

concesión administrativa. Otorgamiento gubernativo a favor de particulares (personas físicas o jurídicas) con fines de apropiación, disfrute o aprovechamiento privado, a expensas del dominio público: de construcción o explotación de obras públicas; de establecimiento o aprovechamiento de servicios públicos propios de la administración, en escala local o general.—J.C.

concesión de tierras. Transferencia jurídica parcial del dominio público sobre la tierra a favor de un individuo o persona jurídica. Las concesiones de tierra suelen utilizarse como un medio de explotar las zonas despobladas del país y de colonizarlas, fomentando la construcción de ferrocarriles, instituciones de enseñanza, edificios públicos, etc.

conciencia. La conciencia como tal no puede ser definida. El "yo", el "alter ego" y el "nosotros" presuponen la conciencia, pero sólo representan componentes o campos de ella. Las descripciones indirectas de la conciencia dependen de las diferentes teorías filosóficas. Según las interpretaciones recientes, debe considerarse a la conciencia como un "proceso de apertura", una "dirección a" algo que trasciende de sí mismo, por oposición a las viejas teorías que concebían a la conciencia como un círculo cerrado. En sociología, este término ha constituido el meollo de diversas controversias: a) el behaviorismo negó su utilidad y trató de reemplazarla con "estímulos" y "respuestas"; pero muchos demás behavioristas se vieron obligados a introducir en sus análisis sociológicos los conceptos de "respuestas reflexivas" y "conducta reflexiva", así como el de los "estímulos sociales" específicos, expresiones que suponen la reintroducción de la conciencia y de la comunicación entre las conciencias; b) diferentes teorías sobre el "espíritu de grupo" y la "con-

ciencia colectiva" niegan que la conciencia quede limitada a los individuos; algunas de ellas llegaron a considerar la "conciencia colectiva" como la única realidad, con la conciencia individual plenamente subordinada a la primera o siendo simplemente una mera repercusión de ella; c) ciertas doctrinas más recientes subrayan la "reciprocidad de perspectivas" entre la conciencia individual y la del grupo y su recíproca inmanencia. Según esta interpretación, los términos mencionados son sólo abstracciones de la misma corriente concreta de la vida psíquica, pero en direcciones diferentes (hacia el "yo", el "alter ego" o el "nosotros"). La significación exacta de los términos sería: interdependencia mental (conciencia individual como orientación hacia el "yo" y el "alter ego") e interpenetración mental (conciencia colectiva como orientación hacia el "nosotros"). El examen de la conciencia como término sociológico es de importancia considerable porque está relacionado con el papel de las pautas culturales, símbolos, valores e ideales en la vida social. Por otra parte, las teorías del "espíritu de grupo" y la "conciencia colectiva" tienden a confundir lo social como hecho y lo social como idea. La concepción más reciente de la "reciprocidad de perspectivas" parece más adecuada para poner de manifiesto el papel exacto de los símbolos, valores e ideas en la realidad social. [Inglés, consciousness].—G.G.

conciencia de clase. Véase **clase (conciencia de)**.

conciencia de la especie. Reconocimiento de las semejanzas de la conducta de otras personas con la del observador más la solidaridad y simpatía que acompaña a tal reconocimiento. Esta conciencia no está limitada a las actividades físicas explícitas, pues entre los seres humanos, por lo menos, se extiende también a los propósitos y motivos y constituye la base de la cooperación y de la competencia. Esta conciencia es la que, según Giddings, convierte en sociedad a la masa gregaria. La conciencia de la especie es subjetiva, o psicológica, en su naturaleza, en tanto que la "conducta plural" es objetiva y externa.—H.E.M.

conciencia de la semejanza. Véase **conciencia de la especie**.

conciencia de raza. Véase **raza (conciencia de)**.

conciencia de sí mismo. 1. Conocimiento de la propia existencia y de sus características, de ordinario en relación con otras gentes y objetos. 2. En la acepción popular, estado de conocimiento afectivo respecto a las valoraciones que los demás hacen de uno mismo; por lo común implica perplejidad.—M.S.

conciencia étnica. Conocimiento de la pertenencia y de la filiación a un "etnos" (q. vid.). Simpatía que tiene su origen en las conexiones, tanto raciales como culturales, con un grupo determinado.

conciencia, foco de. Aquello que dice "yo"

dentro de la personalidad (q. vid.); lo que presta atención; la personalidad como observador y actuante.—II.H.

conciencia moral. El sistema de pensamiento y sentimiento con el cual una persona hace frente a los problemas de conducta; la conciencia es moral en el sentido de que determina lo que es bueno o malo para la persona concreta en una situación determinada, pero no en el sentido de que sea siempre un mero reflejo de las costumbres. [Inglés, *conscience*].—R.C.A.

conciencia pública. Reconocimiento general de las tendencias o movimientos sociales que afectan al grupo entero por encima de las consecuencias que puedan acarrear a sus miembros o unidades. Con respecto al grupo social o público, en el que las necesidades o deseos individuales quedan supeditados a la movilización general que se requiere para la acción y comprensión colectivas, implica libertad de elegir la acción.—M.C.E.

conciencia racial. Véase **raza (conciencia de).**

conciencia social. 1. Percatación de las relaciones sociales que se dan entre individuos. Esta definición elemental se corresponde con la definición científica de la conciencia de sí mismo.
2. Percatación de que las experiencias son comunes a varias personas o compartidas por ellas. Esta definición, muy utilizada por los sociólogos, es mucho más aguda que la anterior. [Inglés, *social consciousness*].—M.S.

conciliación. Uno de los métodos empleados para restablecer los relaciones pacíficas entre patronos y obreros. Cf. *arbitraje industrial.* Cuando las negociaciones entre el patrono y los trabajadores son llevadas enteramente entre las dos partes que intervienen en la controversia o sus representantes y el procedimiento consiste únicamente en discutir y hacerse mutuas concesiones entre las dos, el procedimiento se llama conciliación.—F.D.W.

conciliar. Acción de conducir a las partes que intervienen en una controversia a la aceptación de una determinada propuesta que se ofrece como orientación de la conducta en algún campo de actividad; a diferencia de la mediación, presiones morales sancionan la propuesta del conciliador.—F.W.R.

concubina. Mujer que se convierte en la compañera sexual, socialmente reconocida, de un hombre, que la costumbre o por la ley y que, de ordinario, es llevada a su casa a) en lugar de la mujer legítima o b) además de la mujer o mujeres legítimas. El *status* de la concubina varía en gran medida en las diferentes culturas, pero, por regla general, tiene el derecho de ser mantenida y sus hijos son legítimos, pero ni ella ni sus hijos disfrutan de los derechos hereditarios y puede permitirse o no a los últimos que tomen el nombre del padre. La esposa legítima y sus hijos tienen derecho al nombre y a la herencia.—R.E.B.

concubinato. 1. Costumbre que permite a un hombre tomar una o varias concubinas (q. vid.). Cf. *cicisbeísmo, poliginia.*—G.P.M.
2. Comunidad de vida y relación sexual, estable pero no sancionada por el matrimonio.
3. Unión libremente consentida, estable y de hecho, entre un hombre y una mujer, no sancionada por forma alguna de carácter jurídico. Amasiato. Algunas legislaciones le reconocen determinados efectos jurídicos análogos a los del matrimonio (obligación de prestar alimentos, reconocimiento y asistencia de la prole, sucesión hereditaria, beneficios derivados de los sistemas de previsión social), así como dispensa de trámites y requisitos para la formalización matrimonial. [Inglés, *common-law-marriage*.] Cf. *matrimonio clandestino.*—J.C.

concurso de delitos. Concepto jurídico determinado por los de pluralidad de actos y pluralidad de lesiones, que da lugar a dos modalidades delictivas, según que la diversidad de infracciones haya sido ocasionada por un solo acto delictivo (concurso formal) o por varios de tales actos (concurso material). Las distintas hipótesis del concurso tienen importancia por sus consecuencias en orden a la sanción de los delitos cometidos. Para la sanción del concurso formal prevalece la opinión de que debe imponerse la más grave de las penas correspondientes a los diversos delitos. En el caso del concurso material se han propuesto los criterios de la acumulación material (imposición y cumplimiento sucesivo de todas las penas correspondientes a los varios delitos), la absorción (imposición única de la pena correspondiente al delito más grave) y la acumulación jurídica (imposición de una pena que en todo caso sería menor que la correspondiente según la acumulación material y mayor que la determinada según la absorción).—J.C.

concurso de personas. El concurso o participación de varias personas en la delincuencia crea diversos problemas jurídicos, el más importante de los cuales es la determinación de la responsabilidad y de la consiguiente sanción que corresponde a cada una de ellas. Así, se distingue entre autores, cómplices y encubridores; y en los primeros, entre instigadores e inductores (autores intelectuales) y autores principales (materiales). Según la escuela positiva del derecho penal, el concurso de personas debe considerarse siempre como una circunstancia agravante de la responsabilidad. Cf. *complicidad, encubrimiento.*—J.C.

concusión. Delito consistente en la exacción arbitraria de derechos cometida por funcionario público en beneficio propio y con ocasión del servicio a su cargo. Exacción ilegal.—J.C.

condena. Acción y efecto de condenar. Pronunciamiento o parte dispositiva de la sentencia condenatoria. Expresión de la naturaleza y extensión de la pena impuesta.—J.C.

condena condicional. Institución procesal por virtud de la cual se remite condicionalmente el cumplimiento efectivo de las penas impuestas a los delincuentes primarios por delitos menos graves. Si no reinciden dentro del plazo que al efecto determinan las legislaciones, la condena queda definitivamente remitida. En caso de reincidencia, deben cumplirse sucesivamente la condena anterior y la nueva. [Inglés, *suspended sentence*].—J.C.

condicionado. Se dice que un organismo está condicionado cuando se ha establecido una respuesta condicionada, o, en un sentido más general, cuando se ha fijado o aprendido una reacción a cierta situación.—M.PT.

condicionamiento. 1. Proceso en que se realiza una respuesta condicional. 2. Acción de provocar en el organismo una asociación o aprendizaje; similar a enseñanza.—M.PT.

condicionamiento con ablación cortical. Condicionamiento que tiene lugar después de extirpada la corteza cerebral.—M.S.

condicionamiento negativo. Proceso de adaptación a estímulos desagradables con una tendencia resultante, por parte de un organismo, a inhibir la respuesta asociada con el estímulo desagradable.—M.S.

conducta. 1. Manera de proceder en una situación determinada.—J.P.E.
2. Comportamiento estimado u orientado a la luz de las costumbres, reglas morales o normas y principios éticos o estéticos; comportamiento libre y consciente característico de los seres humanos a diferencia de los demás animales.—T.D.E.

conducta adquirida. Conducta que es el resultado de una modificación de factores, sea por una previa actividad del organismo, sea por el influjo del medio.—M.S.

conducta colectiva. La conducta de un grupo cuando es de tal naturaleza que da la impresión de ser el resultado de una unidad de actitudes, sentimientos y motivaciones. Tipo de conducta congruente con el concepto analógico del grupo como organismo.

conducta congénita. La que resulta de factores que se hallan presentes en el organismo desde su origen.—M.S.

conducta consuetudinaria. Conducta conforme con ciertas pautas tradicionales; modos de acción en armonía con normas arraigadas y aceptadas; observancia habitual de los usos sociales y de las costumbres.—N.L.S.

conducta criminal. Usualmente se considera como equivalente de delito o infracción de la ley penal. Sin embargo, el uso insiste en el carácter delictivo de la conducta, con independencia de que sea o no perseguida por las autoridades. Como tal infracción, consiste en la violación de cualquier código o conjunto de normas: las de la familia, la iglesia, la escuela, el sindicato y diversas asociaciones. Lo que la constituye en criminal propiamente es la posibilidad de su denuncia ante las autoridades del Estado.—W.C.R.

conducta encubierta. Conducta no suscepti-

ble de observación por medio de los sentidos; que sólo puede ser conocida por inferencia de otros actos externos observables.—M.S.

conducta externa. La que puede percibirse por medio de los sentidos.—M.S.

conducta familiar. Actividades de una determinada familia o interacciones, dentro de una familia, de sus diversos miembros, expresadas en la conducta.—E.R.G.

conducta humana. Manera adquirida de actuar un ser humano en una situación determinada, como resultado de su previa asociación con otros hombres. Lo contrario de cualquier actividad innata que es común a otras formas de la vida animal.—J.P.E.

conducta individual. Manera de actuar de un individuo determinado en cierta situación.—J.P.E.

conducta inmoral. Véase **conducta moral.**

conducta moral. Forma de conducta que entraña una consideración o elección entre lo bueno y lo malo a tenor de un sistema de valores o código de moral social, frente al que determinada persona reconoce un deber o tiene un sentimiento de responsabilidad. Hablando en términos generales comprende tanto las formas de conducta aceptables como las inaceptables o inmorales, según las costumbres del grupo, en oposición a las moralmente indiferentes. La frase "conducta inmoral" se interpreta muchas veces como violación de normas que se refieren a la vida sexual.—M.H.N.

conducta natural. Conducta que resulta de factores que estaban presentes en el organismo desde su comienzo.—M.S.

conducta orgánica. Conducta observada por el organismo como un todo.—M.S.

conducta de grupo. Véase **grupo (conducta de).**

conducta ostensible. Conducta externa (q. vid.).

conducta, pauta de. Véase **pauta de conducta.**

conducta pluralista. 1. Semejanzas observables de conducta que se producen, por lo general, entre individuos de la misma localidad. 2. Actividad realizada en nombre del grupo.—B.M.

conducta problemática. Toda conducta que por el grado de su anormalidad requiere el auxilio de una organización social, de un psiquiatra, psicólogo, etc.

conducta, proceso de. Véase **proceso de conducta.**

conducta recíproca. Aquella en que cada uno de los individuos partícipes de una pluralidad corresponde a la conducta de cada uno de los demás. Cf. *acción recíproca.*—M.S.

conducta simbólica. Aquella actividad manifiesta cuya realización suele referirse a una significación distinta de la que se implica en la acción considerada en sí misma.—B.M.

conducta simpática. Expresión vaga con un amplio ámbito de sentidos y matices. Al menos pueden distinguirse seis series de fenómenos distintos, muchos de ellos clasificables en sub-variedades. Adam Smith, por ejemplo, se ocupa con gran detenimiento de una clase de "simpatía" en la que el espectador, a fin de aliviar su propio malestar, inducido por una especie de contagio afectivo, presta auxilio al que sufre. Otros escritores, entre los más preeminentes de los cuales figura Max Scheler, consideraron este fenómeno de transferencia como algo que podemos calificar aquí de mera *1) transpatía.* Evidentemente esto es en gran medida diferente de la solidaridad afectiva experimentada por personas que lloran en común, pongamos por caso, la pérdida del mismo ser querido. Dichas personas experimentan solidariamente no sólo el mismo complejo de valor, sino también la misma disposición afectiva en relación con él; por consiguiente, denominamos aquí su emoción *2) compatía.* Por entero diferente de ésta es también la participación afectiva que aparece cuando A siente el dolor de B como perteneciente a B. La compasión de A se dirige al contenido percibido de este dolor; es decir, la conmiseración de A y el dolor de B son, fenomenológicamente hablando, dos hechos diferentes y no un hecho único como en el caso de la compatía. Siguiendo esta dirección e igualmente las sugerencias idiomáticas contenidas en frases tales como "alegraos con los que se alegran", "sentir por ellos en su dolor", denominamos esta participación emocional *3) propatía.* Hay, naturalmente, otras clases de emoción en las que el yo y el otro son percibidos separadamente; entre ellas se encuentra esa índole de relación afectiva con un personaje que puede ser sentida por el actor que lo representa o por el novelista con respecto a su protagonista, o por el biógrafo en relación con la persona, viva o muerta, cuya vida escribe. Esta reduplicación afectiva se ha expresado algunas veces con las frases "identificarse con su papel", "sentirse vivir la aventura de su héroe", etc. En razón de la importancia de tales capacidades emocionales para el arte de la declamación, para el arte mimético, las clasificamos en la categoría de la *4) mimpatía,* aun cuando reconocemos que actúan en muchas esferas de la "vida real" y no solamente en la escena teatral. Una nueva variedad de conducta simpática puede encontrarse en lo que acaso se designe mejor como introyección emocional o *5) endopatía.* Desarrollada en principio dentro de la teoría estética, se empleó para explicar qué, por ejemplo, el observador puede experimentar placer ante una línea que se curva sinuosamente; la introyección y aprehensión kinestésica de los movimientos es lo que da lugar en la contemplación de la línea producida por ellos a una emoción placentera. A veces, como en los Estados Unidos, el empleo corriente de este término lo saca ya de su contexto estético; se advierte así a los trabajadores sociales que, aunque no necesitan simpatizar con el cliente, deben tratar, empero, de comprenderlo "endopáticamente". Si tenemos en cuenta la serie anterior de definiciones, puede decirse que el trabajador social ha de darse cuenta de que la mimpatía es necesaria para el estudio de un caso, pero que la propatía, la compatía, la transpatía, o la unipatía han de considerarse superfluas en la misión profesional del trabajador social. La mención de la *6) unipatía,* que acabamos de hacer, no debe inducir a confundirla con otras variedades de la conducta simpática porque es por completo distinta. Sin duda, se la puede considerar estrechamente emparentada, en particular, con la transpatía, sobre todo cuando el contagio afectivo se produce en una personalidad sugestionable en grado sumo. La relación hipnótica puede ser el resultado. No obstante, difiere de la transpatía en que, por lo común, va enlazada, por esencia, con verbalizaciones u otras manifestaciones simbólicas. Por ejemplo, los misticismos musulmán y cristiano son de carácter unipático. Naturalmente, hay otros tipos: muchos estados eufóricos y extáticos se basan en la unipatía; aparece claramente en el desarrollo psico-social del niño; el acto sexual transido de amor, con su fenómeno de "fusión afectiva mutua", es unipático.

Cualquier definición de la conducta simpática que no tenga en cuenta estas seis variedades principales, al menos, es insuficiente.—H.B.

conductismo. Behaviorism (q. vid.).

conexión social. Concepto amplio que designa tanto los procesos como las relaciones sociales (q. vid.).—H.B.

"confarreatio." Forma de matrimonio religioso empleada en la Roma antigua, principalmente por los patricios. El *consensus* o consentimiento oficial de contraer matrimonio otorgado por los interesados, que era el acto esencial del matrimonio, se verificaba en la casa de la novia. Seguidamente se conducía a la novia por la noche, en una procesión iluminada con antorchas, a la casa del novio, que la tomaba en brazos para atravesar el dintel. Acto seguido se celebraba la ceremonia de la *confarreatio,* que consistía en la comida por los novios de la torta sagrada hecha con el antiguo grano "far". Este sencillo rito se practicaba en presencia del Pontífice Máximo, jefe del colegio de los sacerdotes, el Flamen Dialis o sacerdote de Júpiter y diez testigos.—W.C.

confederación. Unión de asociaciones autónomas para actuar en cuestiones de interés común y que ocupa un lugar intermedio entre la federación y la alianza.—F.H.H.

confederarse. Acto de unirse en libre alianza política.—F.W.K.

confiabilidad. Estado o cualidad de aquello en que puede confiarse, de aquello que puede esperarse y aceptarse con bastante seguridad, ya sea fenómeno social o conducta individual.—R.E.B.

configuración. Combinación de los diversos rasgos y complejos que integran el sistema de cultura de un área en un momento dado, que depende de la presencia o ausencia de unos u otros elementos culturales y de la manera como los mismos se encuentran unidos, es decir: serie de relaciones recíprocas que entre ellos se traban e interpretación dada a tales hechos por los hombres que ocupan ese territorio; la *Gestalt social*. Este concepto fija la atención sobre las culturas como un todo cuyas partes están entrelazadas de manera que lo que afecta a una de ellas habrá de afectar a las demás. Por consiguiente, se contempla la región de que se trate como una configuración de instituciones, usos, costumbres, tradiciones, medios de transporte que se encuentran dentro de una cierta área geográfica y cuyo carácter es en parte un derivado del carácter de todos los demás. La iglesia, la escuela, las organizaciones políticas, las instituciones económicas, la estructura de la familia, se influyen entre sí recíprocamente; la unidad para el estudio es la configuración. La integración de semejantes configuraciones y su cohesión mayor o menor dependen de la vitalidad y funcionamiento de la cultura; el grado de integración es correlato del funcionamiento más o menos eficaz de la sociedad. Así pues, el concepto de configuración requiere una visión funcional de la sociedad en donde, más que la estructura del orden social, se destaque la acción de los elementos culturales. Puesto que la configuración es un todo funcional compuesto de partes en acción recíproca, una cultura no puede ser comprendida por la mera adición matemática de los elementos que la componen; en la adición queda un residuo constituído por los productos de la citada interacción. Por consiguiente, la configuración posee características que no pueden ser descubiertas por el examen separado de sus distintas partes; en la interacción, éstas desempeñan funciones que no son inherentes en el hecho de su composición. Las configuraciones actúan como conjuntos; para comprenderlas es necesario contemplarlas como tales, es decir, por la síntesis de sus partes más que por el análisis de cada una de ellas.—H.E.M.

configuración plural. Pluralidad de relaciones de asociación existentes entretejidas de tal modo que constituyen una configuración. Esta configuración se manifiesta en expresiones orales u otras mutuamente comprendidas que corresponden a ciertas situaciones relativamente permanentes en distancia social, privadas y/o públicas. Iglesias, Estados, clases, familias, etc., son configuraciones plurales. Estrictamente son plurales los términos de relación. Estructura social, grupo social (en sentido amplio), etc.

configuración social. Véase **configuración**.

configuración típica. Estructura-modelo racional de características típicas de una entidad social o establecida con vistas a ellas. Cf. *tipología constructiva*.—J.H.B.

configuraciones societales. Distribución compuesta de fenómenos sociales y no sociales tales como una cultura universal, una civilización o las divisiones de ellas.—H.A.P.

confinamiento. Pena restrictiva de la libertad que impone al condenado a ella la obligación de residir durante cierto tiempo en un lugar determinado.—J.C.

confinamiento reunido. Sistema de reclusión que caracterizaba a las antiguas cárceles de Europa y América antes de las reformas introducidas en la Walnut Street, prisión de Filadelfia, en 1790. En él se permitía a los presos permanecer reunidos durante el día y durante la noche. Debido a graves abusos, el cambio llevado a efecto en la prisión Walnut Street consistió en aislar a los presos más peligrosos en celdas separadas y en permitir a los demás que pernoctaran en dormitorios colectivos y que trabajaran juntos en talleres comunes. Con posterioridad, se aplicó tal expresión al sistema de Auburn por oposición al de Pensilvania o de aislamiento celular.—J.L.C.

confinamiento solitario. Aislamiento celular. Es la medida más grave de la disciplina carcelaria que actualmente se aplica todavía en la mayor parte de las prisiones norteamericanas. Consiste en colocar al preso en una celda especial con poca luz, con una simple tabla o el suelo para dormir, una ración de pan y agua y, a veces, encadenando al recluso para restringir sus movimientos. En ciertas circunstancias se introducen numerosas variantes para agravar la incomodidad del preso. Así, por ejemplo, se encadenan las muñecas a los barrotes de la puerta a una altura adecuada para que los pies del preso apenas toquen el suelo. Dichas medidas tienden a desaparecer con una mejor comprensión de la disciplina carcelaria.—J.L.C.

confiscación. Antigua pena patrimonial consistente en la expropiación de la totalidad o de una parte de los bienes del condenado. Como consecuencia del movimiento reformador del siglo XVIII fué abolida en el derecho moderno. Hoy sólo subsiste como medida accesoria y limitada a los instrumentos del delito.—J.C.

conflicto. Proceso-situación en el que dos o más seres o grupos humanos tratan activamente de frustrar sus respectivos propósitos, de impedir la satisfacción de sus intereses recíprocos, llegando, incluso, a lesionar o destrozar al adversario. El conflicto tiene su origen en el principio de limitación de un universo finito. Los deseos y los intereses de los seres conscientes se oponen recíprocamente y el egoísmo impele a cada parte a tratar de eliminar a la contraria en la medida necesaria para la satisfacción de sus propios deseos. Por analogía puede ampliarse el término hasta incluir la lucha con objetos inanimados o subhumanos (cf. *lucha por la vida*), pero en su significación sociológica todas las partes que intervienen en ella deben ser seres humanos. Puede darse el conflicto en grados variables de intensidad y gravedad y con referencia a objetos de importancia variable. Puede ser organizado o no organizado, transitorio o permanente, físico, intelectual o espiritual.

conflicto cooperativo. Contienda en que la hostilidad está limitada por la existencia de algunos objetivos comunes deseados mutuamente por los participantes. Cf. *cooperación antagónica.*—P.F.C.

conflicto creador. Pugna espiritual o moral o simple antagonismo entre deseos o aspiraciones al parecer incompatibles que, sin embargo, acaban por armonizarse e integrarse gradualmente, de tal suerte que el resultado final constituye un avance y un logro positivo. Se diferencia así del conflicto puramente negativo o destructor, que nunca puede resolverse, porque los deseos que pugnan en éste no son susceptibles de integración.—A.E.W.

conflicto cultural. Conflicto en el que los miembros de dos grupos en contacto, ambos relativamente homogéneos desde el punto de vista cultural, y en competencia, identifican ciertos elementos culturales propios con la solidaridad y continuidad del *ethos* de su grupo, y en consecuencia consideran peligrosos los rasgos correspondientes de la cultura "enemiga" o "competidora", esforzándose por vencerlos, suprimirlos o eliminarlos. De ordinario se emplea la expresión para abarcar o describir la competencia cultural (*q. vid.*), en la que, sin existir verdadero conflicto, las dos culturas ofrecen como modelos sus propios rasgos, cuya supervivencia depende de la elección que se haga. Se la llama también "conflicto de valores".—T.D.E.

conflicto de clases. 1. Oposición violenta entre grupos de personas; tales grupos pueden estar asociados de una manera más o menos estable y ser reconocidos, públicamente, como diferentes por razón de su educación, privilegios y *status*; el criterio de distinción pueden proporcionarlo las diferencias de experiencia educativa, riqueza, influjo político, ocio, estilo o gusto estético. De ordinario · están divididos en dos bandos o partidos generales y opuestos: conservadores y progresistas. Por constituir históricamente y ante todo una minoría de personas con grandes intereses adquiridos en aquellos recursos de los que no se dispone en cantidad suficiente para la satisfacción de las necesidades públicas, los conservadores se ven, por regla general, impelidos, o están acostumbrados, a restringir el uso de los bienes y servicios disponibles por el arcaico método autocrático de reservarlos para el disfrute de unos pocos. Por otra parte, los progresistas, que históricamente y en general son la mayoría menos favorecida, más desvalida y con menos intereses adquiridos, se han visto impelidos, de ordinario, o se han acostumbrado a tratar de ampliar el uso de los bienes y servicios de que se dispone por los métodos democráticos que tienden a extender su disfrute a la mayoría.—C.J.B.

2. Supuesta oposición inmanente de los intereses de las clases obrera y patronal y luchas a que da lugar. Y, con un sentido más general, *infra*, 3.—R.N.B.

3. Luchas históricas de los grupos económicos más inferiores e impacientes (hayan adquirido o no "conciencia de clase") para liberarse de la dominación o "explotación" por parte de las clases superiores o "privilegiadas", y de estas últimas para mantener su dominio y su posición privilegiada; lucha que se supone ha de continuar hasta que estas últimas sean eliminadas definitivamente.

4. Proceso o situación en los que una clase social (*q. vid.*) trata de lesionar o destrozar a otra.—T.D.E.

conflicto de trabajo. Situación de lucha que se produce entre patronos y grupos de trabajadores en ocasión de defender sus intereses antagónicos.—K.DP.L.

conflicto encubierto. Antes o después del conflicto abierto puede desarrollarse una pugna de actitudes o de oposición sorda (consciente o inconsciente), en ciertas situaciones típicas de inquietud, tregua, conquista, dominación, cautividad, esclavitud, frustración, represión, regulación excesiva o adaptación forzada o involuntaria.—T.D.E.

conflicto primario. Se distingue del conflicto secundario basándose, de una parte, en que el conflicto se produzca dentro de (o entre) "grupos primarios" (*q. vid.*) o miembros de ellos, de forma que el conflicto sea "personal" en su motivación; o, de otra parte, en que el conflicto se produzca dentro de (o entre) "grupos secundarios" (*q. vid.*) o miembros de ellos. —T.D.E.

conflicto psíquico. Proceso en el cual dos o más ideas o deseos opuestos pugnan por el dominio consciente de la conducta individual. —J.P.E.

conflicto racial. Conflicto entre dos grupos raciales diferentes, que tiene su causa fundamental en la conciencia de raza (*q. vid.*). Se trata de un fenómeno raro y sin duda difícil de identifica. debido a que los verdaderos motivos raciales se asocian casi de modo invariable a otros sentimientos de grupo que, en cierta medida, los oscurecen.

conflicto revolucionario. Proceso de oposición relativamente rápido que puede ser definido de diversas maneras: (*políticamente*) cambio total del gobierno de un pueblo, desplazamiento de la soberanía de una clase o grupo a otro, reconstitución del Estado; (*socialmente*) cambio social efectuado por elementos distintos de los que componen la clase gobernante; tendencia hacia la aventura que quebranta la tendencia hacia la permanencia; ruptura de la costra de la costumbre injertando un nuevo ritual social; movimiento social que trata de establecer un nuevo estilo de vida política y social; (*filosóficamente*) total trastrueque de valores; idealismo social que trata de conseguir una nueva dirección del espíritu humano a través de la ruina aportada por la violencia; (*psicológicamente*) cambio radical en las actitudes respecto a la estructura institucional de la sociedad; modo de pensar que exige tanto la destrucción como la reconstrucción; protesta de la sociedad contra la frustración de las motivaciones básicas y de las relaciones institucionales producidas por el rezago cultural. Se pone de manifiesto por el alcance de su proyectada reconstrucción (revolución frente a reforma), por su velocidad (revolución frente a evolución), por la ostensible violencia de sus métodos (revolución frente a parlamentarismo), por su carácter progresivo (revolución frente a "contrarrevolución" o "contraevolución").

conflicto, situación de. Véase **situación de conflicto.**

conflicto social. Especie de oposición social (*q. vid.*) en la que *a)* el objetivo inmediato consiste en el daño que pueda causarse a uno o más de los individuos o grupos opuestos, en su captura o en los perjuicios que puedan producirse a su propiedad o valores culturales o a cualquier cosa de su apego y afecto: supone, pues, ataque y defensa; o bien aquella forma en que *b)* las actividades de una persona o grupo, de modo no deliberado, impiden el funcionamiento o dañan la estructura de otra persona o grupo.—H.H.

conformarse. Hecho de acceder a que la propia conducta se adapte a ciertas reglas o pautas de conducta sin que ello implique estar de acuerdo con las mismas.—N.A.

conformidad. Correspondencia de una conducta o estado a determinadas pautas, normas o reglas reconocidas; sumisión a una norma dominante o modelo relativamente rígido, ya sea cultural o de otro carácter. Política de conformidad, en el control social, significa un sistema de regulaciones y mecanismos evidente o deliberadamente encaminados a llevar a conformidad los disconformes o a mantener en ella a los ya conformes. En el primer caso, dicho en lenguaje estadístico, se trata de traer al modo a las variantes existentes.—T.D.E.

confucianismo. Sistema filosófico y cuasi-religioso fundado por Confucio (Kong Fu Tsem, fechas tradicionales 551-479 A.C.) y considerablemente modificado por sus adeptos posteriores; a la variedad del confucianismo desarrollada bajo la dinastía Sung, principalmente por Chu Hsi (1130-1200) se la distingue, de ordinario, con el nombre de neoconfucianismo. —P.H.F.

congénito. Existente en el nacimiento o que data de él; por ejemplo: deformidad congénita. Este término no debe ser confundido con hereditario, que únicamente debe emplearse para referirse a aquellas cualidades que quedan fijadas en el momento de la concepción. Como el período normal de gestación de los seres humanos es de nueve meses, el niño por nacer tiene un medio prenatal del cual puede adquirir ciertas características; por ejemplo: la sífilis congénita.—F.D.W.

congerie. Aglomeración de rasgos culturales faltos de cohesión lógica o funcional y basados en la mera adyacencia espacial, caracterizada por la heterogeneidad. En la congerie se observa un acopio, no una asociación de unidades; faltan en ella interconexiones causales e interdependencia funcional. Por ello, las unidades de la congerie pueden cambiar sin producir modificaciones en la significación o función de las demás unidades, aun cuando no sin producir cambios en la configuración (*q. vid.*). Se encuentran trabadas por un fundamento que no constituye un principio observable conocido por el observador. El término se emplea también para describir la falta de conexión recíproca, de dependencia o de interdependencia entre las agrupaciones de rasgos de una determinada configuración cultural.—H.E.M.

congestión. 1. De la circulación: embarazo de la circulación necesaria del tráfico de peatones y vehículos, producida por la excesiva densidad de población y los trazados inadecuados de las calles. 2. De terreno: Excesiva densidad de población acompañada de aglomeración y de excesiva proporción de locales cubiertos, que da lugar a falta de luz, aire y espacios libres suficientes.

La congestión de viviendas ha sido dividida en: *1)* área de congestión, que es un trozo de terreno edificado en tal proporción que no queda sino un espacio insuficiente para la luz, el aire y los espacios libres o jardines; y *2)* congestión de habitaciones (aproximadamente más de una persona por habitación en una vivienda), en la que se tienen en cuenta las personas más que los edificios.—T.D.E.

congestión de viviendas. Véase **viviendas (congestión de).**

congestión temporal. Apiñamiento que se produce periódicamente cuando una o más habitaciones de un edificio no son utilizables en invierno por falta de calefacción, o en verano debido a las altas temperaturas, exigua ventilación, etc.—S.S.

congestionado, distrito. Area de ocupación o uso concentrado en gran medida y congestionada de gentes, vehículos o edificios.

congregarse. Acción de reunirse en una multitud, auditorio o asistencia de fieles de una iglesia.—F.H.H.

congresos penitenciarios internacionales. Reuniones científicas de profesores, técnicos e investigadores de diversas naciones en las que se discuten temas de criminología y penología. Se iniciaron en el Congreso de Londres de 1872, convocado por iniciativa norteamericana. Se proyectó celebrarlos cada cinco años. El primero se celebró en Estocolmo en 1878; los siguientes se reunieron en Roma, 1885; San Petersburgo, 1890; París, 1895; Bruselas, 1900; Budapest, 1905; Wáshington, 1910. El proyectado para 1915, en Londres, no se celebró por haber comenzado ya la guerra de 1914-18. El último se reunió en Berlín en 1935.—J.L.G.

conjuro. Fórmula verbal cuya enunciación se cree suficiente para producir, por medios mágicos, un resultado querido. Cf. *encantamiento.* —G.P.M.

conmutación. Sustitución de una pena de mayor severidad por otra menos rigurosa. Sólo puede concederse por determinadas autoridades legalmente capacitadas para ello. Suele ser consecuencia del indulto de la pena más grave y no concederse arbitrariamente, sino previos ciertos dictámenes favorables.—A.E.W. y J.C.

conquista. Movimiento de población esencialmente contrario a la invasión *(q. vid.).* En ésta también se encuentran implicadas dos unidades políticas, pero en el caso de la conquista la iniciativa y la agresión parten de un pueblo de cultura más elevada y, ordinariamente, entran en ella más de un pueblo inferior. La conquista es más una ampliación de la dominación política y de la explotación económica que una transferencia efectiva de población. El resultado final de la conquista es el imperio *(q. vid.).*

conquista de la naturaleza. Expresión que se refiere a los esfuerzos venturosos del hombre civilizado por circunscribir la acción de los factores del medio físico que obstaculizan sus esfuerzos para lograr satisfacciones mediante el trabajo dentro de los límites impuestos por la naturaleza. Por ejemplo: el conocimiento por el hombre de las leyes de la aerodinámica le ha permitido construir aeroplanos y se dice que ha logrado la "conquista" del aire. Gran parte de nuestra cultura nos ofrece una mejor comprensión de tales fuerzas naturales, al extremo de que los efectos de las limitaciones sobre el hombre civilizado son mucho menos directos y alarmantes. Evidentemente, la frase sólo se emplea en sentido figurado.—H.E.M.

consanguíneo. 1. Emparentado por la sangre o consanguinidad *(q. vid.).*—G.P.M.
2. Basado en la relación de sangre. Cf. *grupo consanguíneo.*—E.A.H.

consanguinidad. Relación de sangre; el hecho de descender de un antepasado común (el derecho civil, el canónico y el *common law* calculan el grado de consanguinidad lineal considerando como un grado a cada persona de la línea de descendencia, excluyendo aquella para quien se hace el cómputo). El grado de consanguinidad entre el varón y la hembra es, casi universalmente, un impedimento principal de su derecho a contraer matrimonio.—R.E.B.

consciente. Enterado, sabedor. Cf. *conciencia.*

consejo coordinador. Organización norteamericana formada por representantes de dependencias administrativas, entidades sociales privadas, organizaciones cívicas, instituciones religiosas y educativas y otros grupos y servicios, así como particulares, y que se propone fomentar la cooperación entre ellos, integrar sus esfuerzos y funciones, estudiar las condiciones y recursos, informar de los que afectan al público y asegurar la cooperación popular en la satisfacción de las necesidades locales. Como consejo de comunidad o vecindad, con actividades organizadas en torno a problemas e intereses geográficos y de zona, ofrece cierto grado de organización oficial y está integrado por representantes de muy variados grupos. No obstante, funciona extraoficialmente y viene a ser una coordinación más bien que una agencia funcional. Los consejos de coordinación difieren ampliamente en sus finalidades básicas y en su organización, según que concentren la atención de la comunidad en planes para prevenir o reducir la delincuencia, para promover la protección de los niños y los jóvenes y satisfacer sus necesidades materiales, recreativas, culturales y sociales, para desarrollar el espíritu de ciudadanía y suministrar protección civil, para fomentar la vida familiar o para planear todos los servicios necesarios al bienestar de la comunidad mediante esfuerzos coordinados para hacer de la región un mejor lugar de vida.—M.H.N.

consejo de organismos de la comunidad, consejo de organismos sociales, consejo de bienestar, federación. Sistema federativo norteamericano de organismos de trabajo social en el que figuran, a veces, organismos y programas educativos, industriales, cívicos, de trabajo, negocios, gubernativos y religiosos, para estudiar, planear y fomentar la coordinación y la expansión de los servicios de los organismos públicos y privados de un modo constante, para impedir interferencias en los programas o que se desdeñen problemas sociales y para conseguir la participación inteligente de los ciudadanos. Cf. *consejo coordinador.*—W.P.

consejero de relaciones públicas. Título que se da en Estados Unidos a determinado especialista. Persona especializada en *a)* el análisis de los desajustes de las relaciones públicas, *b)* la localización de las causas probables de tales desajustes en la conducta social del cliente y en los sentimientos y opiniones de los públicos y *c)* aconsejar al cliente sobre las medidas correctivas apropiadas. Esto último requiere técnicas de "cabecera" tan delicadas y complejas como las utilizadas por el psiquiatra en muchos casos. El consejero de relaciones públicas tiene un campo de competencia que interfiere un poco con los del agente de prensa, el analista de la opinión pública, el experto en organización, etc., y requiere de él que sea un técnico social en un amplio sentido, perito en la aplicación de las teorías sociales científicas y en las técnicas de publicidad acreditadas. [Inglés, *public relations counselor*].—A.M'C.L.

"consensus." Decisiones del grupo en las que participan todos sus miembros consciente o racionalmente; sentimiento compartido por todos; el hecho de que un determinado grupo acepte (aproximadamente) la misma definición de una situación particular; conciencia (en los miembros de un grupo) de compartir determinados sentimientos, tradiciones, *ethos*, opiniones, ideas o definiciones de situación. Se manifiesta en la solidaridad (q. vid.) y se simboliza en las representaciones colectivas (q. vid.).—T.D.E.

consentimiento del ofendido. Causa de justificación que, como tal, desprovee a los hechos delictivos de su carácter antijurídico. Su eficacia ha sido muy controvertida y sólo algunos códigos la aceptan. Para que tenga efectos liberatorios de la responsabilidad criminal, el consentimiento ha de ser libre, espontáneo y personal; referirse a bienes o derechos propios y susceptibles de disponer libremente de ellos, y no servir a un fin último delictivo. Entre tales bienes no suelen considerarse la vida propia ni la del feto, y sólo limitadamente lo son la integridad física, la libertad individual, la propiedad y el honor. La esfera típica de validez del consentimiento es la constituida por los derechos patrimoniales.—J.C.

consentimiento, edad de. En sentido vulgar esta expresión se refiere a aquella edad mínima en la cual es legalmente válido el consentimiento prestado por una persona para contraer matrimonio. Sin embargo, este significado no es técnicamente correcto. Más precisamente, edad de consentimiento es la edad mínima a la que una mujer puede consentir en el trato sexual sin que el hombre resulte responsable de estupro. Ese límite de edad es muy variable en las diversas legislaciones; el sentido protector de la infancia tiende a elevarlo.—J.H.E.

conservación. Economía para el futuro y para un empleo más eficaz; se aplica, principalmente, a los recursos naturales y, por extensión, a las materias primas, fuentes de energía, mano de obra, salud, talento, ocio y patrimonio cultural. Empleando una analogía organicista, la conservación es a la eficacia en la economía social lo que el anabolismo es al catabolismo en la economía corporal.—T.D.F.

conservación, propia. Costumbres que promueven o se cree que promueven la perpetuación de la sociedad dentro de determinadas condiciones de vida. Formas institucionales: organizaciones industriales, militares, gubernamentales y religiosas, que actúan como ajustes al medio físico, social y sobrenatural.—A.G.K.

conservador. 1. Persona que se adhiere al *status quo* y se opone a todo lo que no sean modificaciones sin trascendencia, y ello por la razón de que toda cosa nueva tiene probabilidades de ser peor.—R.N.B.
2. Caracterizado por el conservadurismo (q. vid.); prudente, moderado, opuesto o renuente a actuar. Como sustantivo, persona que rinde culto al pasado, que es conservadora, que adopta actitudes conservadoras; "el que cree que nada debe ensayarse por primera vez", "el que no aprende nada y no olvida nada". Una gama de actitudes frente a la deseabilidad del cambio social, la velocidad de un cambio

determinado y los medios y fines del cambio social quedaría expresada de la manera siguiente: radical, liberal, progresista, conservador y reaccionario.—T.D.E.

conservadurismo. Filosofía social o actitud que tiende a oponerse al cambio y se adhiere, apoyándolo, al orden establecido. Se ha reconocido fundamental de la estabilidad social. Se ha reconocido hace mucho tiempo que existe una especie de cooperación antagónica (q. vid.) filosófica entre la estabilidad y el progreso, la permanencia y el cambio. El conservadurismo representa la valoración de lo viejo, lo probado, lo familiar, lo seguro. El liberalismo o radicalismo representa el reconocimiento de la necesidad del movimiento, de la experimentación y la aceptación de lo nuevo y no probado. Sin el conservadurismo no podrían subsistir las instituciones sociales. Con el conservadurismo absoluto las instituciones sociales tienden a osificarse y acaban por declinar y destruirse. En el uso ordinario, el término "conservadurismo" entraña, con frecuencia, la idea de algo que representa un obstáculo al progreso social.

conservar. Preservar o proteger una posesión. La cosa que ha de conservarse puede ser una propiedad tangible o una institución social.—N.A.

consistencia. Característica, en una configuración cultural, de la relación de las partes con el todo. Se describe así a la cultura como un equilibrio de elementos estables y de cambios constantes o reiterados.—H.A.P.

conspiración. Acuerdo o concierto expreso de voluntades para la comisión de un delito. Las legislaciones suelen sancionar la conspiración en cuanto acto preparatorio y en relación con la gravedad del delito proyectado. Sólo cuando éste es de carácter político adquiere a veces la conspiración la categoría de figura delictiva autónoma. Cf. *sociedad conspirativa.*—J.C.

conspiración sediciosa. Véase **sedición.**

constante. Factor de cualquier serie causal que es, se supone que es, inmutable. Se emplea, particularmente, en los análisis estadísticos. Cf. *error constante.*

constitución criminal. Conjunto de los caracteres biológicos de un individuo que constituyen un elemento de predisposición hacia la conducta delictiva. Resultante o síntesis de la influencia recíproca, de la coordinación de tales caracteres. Desechados los principios deterministas que preconizó la escuela positiva en su origen, la constitución criminal es hoy uno de los fundamentos teóricos esenciales de la criminología.—J.C.

constitución social. Sistema formado por los servicios sociales relacionados con las funciones sociales esenciales para conservar la vida normal de la sociedad. La forma o configuración de este sistema es la que toma siempre la actividad individual cuando se trata de llevar a cabo algún proyecto. Las etapas esenciales de esa experiencia, para decirlo en forma breve, son: necesidad, esfuerzo y satisfacción. La construcción de una vivienda puede servir de ejemplo. Todo funcionamiento defectuoso exige una nueva experiencia, es decir, una comprensión nueva y una ampliación de las actividades de la constitución social.

1) La primera fase del proyecto es siempre la de asegurarse los factores físicos básicos para cualquier vida, a saber: sustento y equipo. A partir de ellos se desarrollan las funciones de conservación o profesiones.

2) La segunda fase del proyecto es siempre la de planeación, experimento y ensayo, actividades que dan origen a las funciones reflexivas de información y educación.

3) En la tercera fase de cualquier proyecto, las actividades toman una significación estimativa desde la perspectiva de los valores conseguidos. Actividades estéticas y de recreo.—c.j.b.

construcción mental. El hombre selecciona los datos que organiza tanto en su mundo perceptivo como en su mundo conceptual. En vista de ello, tanto las percepciones puras como los conceptos pueden considerarse como construcciones. Sin embargo, de ordinario, consideramos la construcción como algo semejante al átomo de Bohr o al "hombre racional" del economista, es decir, como una especie de modelo utilizable en la explicación científica de los fenómenos. A veces se suele restringir la idea de "construcción" al modelo construido con arreglo a un plan y con plena conciencia de los medios empleados y del fin para que ha de servir. Probablemente es acertado atenerse a esta significación limitada. Cf. *casos culturales (estudio de), predicción, tipología constructiva, tipología sociológica*.—h.b.

consumación. Perfección de la relación matrimonial mediante el coito.

consumación del delito. Grado del *iter criminis* en que se puede considerar subjetiva y objetivamente cumplida la ejecución del delito. Determina la plenitud de la responsabilidad criminal. No debe confundirse con el agotamiento del delito, vinculado más bien con la imposibilidad de que sigan produciéndose las consecuencias dañinas derivadas de la ejecución.—j.c.

consumación diferida. Continencia ritual (*q. vid.*) por parte de una pareja de recién casados durante el período subsiguiente a su matrimonio.—g.p.m.

consumidor. Persona que disfruta del uso consuntivo de un bien o servicio económico.—e.e.m.

consumidor, bienes del. Véase **bienes de consumo.**

consumo. Empleo consuntivo de bienes y servicios para la satisfacción de las necesidades humanas. Cf. *bienes de consumo, cooperativa de consumo, crédito de consumo*.—e.e.m.

contacto. Fase originaria o elemental del proceso de asociación. Implica un mínimo de relación consciente; puede ser momentáneo o continuado.

contacto categórico. Contacto social en el que los partícipes responden y se adaptan a la categoría en que están incluidos, es decir, a la consideración abstracta del grupo a que pertenecen. Cf. *contacto secundario*.—m.s.

contacto de competencia. Interacción relativamente temporal que entraña rivalidad.—p.f.c.

contacto de cooperación. Interacción relativamente temporal, que entraña un esfuerzo mutuo hacia la consecución de determinado objetivo común.—p.f.c.

contacto de grupo. Contacto interpersonal dentro de un grupo, entre el grupo y la persona o entre grupos como tales.—t.d.e.

contacto directo. Interacción relativamente temporal que implica estrecha relación física.—p.f.c.

contacto indirecto. Comunicación por medio de mensajero u otro tercer partícipe; por medio de aparatos mecánicos o eléctricos.—t.d.e.

contacto individual. Interacción relativamente temporal entre dos o más personas.—p.f.c.

contacto primario. Contacto social en el que los partícipes entran en relaciones íntimas y personales. Tales contactos son los primeros que experimentan los niños en la familia, el grupo de recreo y la vecindad. Cf. *contacto simpático*.—m.s.

contacto racial. Relaciones recíprocas de carácter económico, político o social entre miembros de grupos raciales diferentes.—e.e.m.

contacto secundario. Contacto social en el que los partícipes sólo entran con un aspecto o parte limitada de su personalidad: falta, por tanto, intimidad. Tales contactos pueden producirse en relaciones indirectas. Cf. *contacto categórico*.—m.s.

contacto simbólico. Contacto mediante el empleo de objetos significativos, gestos o instrumentos, incluyendo el lenguaje. La mayor parte del contacto social, aparte de la coacción y el roce físico, es simbólico.—t.d.e.

contacto simpático. Contacto social que se caracteriza por relaciones mutuas de estimación entre los partícipes. Cf. *conducta simpática, contacto primario*.—m.s.

contacto social. Relación de un ser humano con otro por virtud de la cual se inicia cierta forma de interacción o respuesta. Es la exigencia primaria de todos los procesos sociales. El contacto y el aislamiento pueden considerarse como los dos polos de la distancia social (*q. vid.*), aunque ambos pueden variar en el grado de intensidad y apenas pueden darse en forma absoluta.

contacto terciario. Transmisión de influencia sin contacto personal, como, por ejemplo, por medio de la radio o de la prensa; situación en la cual una persona, el receptor, reacciona frente a otra persona, el actor, sin posibilidad de interacción inmediata. El que origina el contacto puede, en un momento posterior, reaccionar frente al receptor si este último emplea medios indirectos similares para establecer contacto, como, por ejemplo, "la correspondencia pneumática", revistas de libros, etc. Cf. *contacto simbólico.*—H.E.M.

contactos de continuidad (histórica). Contactos en los que los estímulos acumulados (*q. vid.*) se reciben del pasado y desde él se trasmiten, contribuyendo a la continuidad de la cultura y de la tradición. Son diferentes de los contactos de movilidad (*q. vid.*) aun cuando se dan situaciones que implican ambas características.—T.D.E.

contactos de movilidad. Contactos debidos al transporte y circulación, de lugar a lugar, de personas o noticias, mensajes y novedades coetáneas. Difieren de los contactos de continuidad (histórica) (*q. vid.*); la costumbre se basa en los contactos de continuidad.—T.D.E.

contagio social. Interacción social en cuya virtud se transmiten de persona a persona determinados impulsos, lo que da como resultado una uniformidad de respuesta. Tiene lugar en situaciones que entrañan novedades o modas y, acaso, pánico o regocijo.—N.A.

contenido social. El conjunto de sentimientos, valores, creencias, tradiciones, actitudes y formas de interacción, nacidos de la experiencia social, que influyen en la conducta, prestándole sentido dentro de una situación, lugar, tiempo o grupo determinados.—J.M.R.

contexto mental. Un universo mental (*q. vid.*); serie conexa de "hechos" y "axiomas" con referencia a los cuales los miembros de un grupo piensan, definen las situaciones, conciben el papel de cada uno y del grupo en su conjunto en tales situaciones y llevan a cabo la comunicación de semejantes pensamientos y actitudes. [Inglés, *frame. of reference*].—T.D.E.

continencia. 1. Acción de contener. Moderación o refrenamiento de las pasiones y afectos del ánimo, que permite al hombre vivir en sobriedad y templanza.

2. Abstinencia del comercio sexual, ya sea por el casado o por el soltero. Frecuentemente se emplea este término para indicar el procedimiento antiguo, sencillo y natural de control de la natalidad. La continencia marital (*q. vid.*) debe ser considerada como una forma de control de la natalidad (*q. vid.*).—N.E.H.

continencia marital. 1. Abstención del comercio sexual en el matrimonio, salvo con fines de procreación.—R.E.B.

2. Renunciamiento al coito por los casados. Costumbre que se desarrolló entre los primitivos cristianos, bajo el influjo del ascetismo, y en virtud de la cual el marido y la mujer se abstenían del comercio carnal considerando dicha abstención como un sacrificio agradable a Dios. Acontecía frecuentemente que sólo la esposa renunciaba a dicho comercio despúes del matrimonio, lo cual, como es natural, producía amargura y despego por parte del otro cónyuge. Estas decisiones unilaterales dieron

lugar a tantas infelicidades que los Padres de la Iglesia estatuyeron que la abstinencia del comercio sexual por parte de los casados, inspirada por el ideal ascético, sólo debería practicarse por mutuo consentimiento. Cf. *control de la natalidad, abstinencia marital.*—W.G.

continencia ritual. Abstención del comercio sexual por parte de los casados por razones mágicas, ceremoniales u otras análogas a éstas. Por ejemplo: durante el embarazo, la lactancia, el luto, o en períodos de crisis económica o social. Cf. *consumación diferida.*—G.P.M.

continuidad social. Término equivalente, en esencia, a cultura (*q. vid.*), pero con un sentido más restringido y concreto. Persistencia de los grupos sociales, de las formas de interacción social, de las costumbres, las tradiciones, las creencias, etc., en un grado que da lugar a que muchos de estos rasgos de la vida social conserven perceptible su identidad a pesar de estar cambiando de continuo.—F.N.H.

contrabando. 1. Fabricación o comercio de mercacías en forma prohibida por la ley.—E.H.S.

2. Figura de delito consistente en la importación o exportación fraudulenta de dinero, bienes o mercancías contraviniendo las prohibiciones, limitaciones o regulaciones legalmente establecidas. Por extensión se suelen comprender también bajo este término la elusión de los impuestos de producción y de consumo, los cultivos prohibidos, la infracción de los monopolios estatales, etc. Su fundamento es siempre de naturaleza económica.—J.C.

contraconcepción. Modificación del coito o interferencia en él con el propósito de evitar la fertilización del óvulo por el espermatozoo.

contractual. Concerniente a los resultados sociales y económicos del contrato como acuerdo libre y deliberado entre dos o más partes: todo lo que se refiere a las condiciones o relaciones que surgen del contrato, como acuerdo deliberado y libre, por oposición a las que derivan de la ley o de la herencia.—F.W.K.

contraselección. Supervivencia de formas sociales, valores o personas inferiores. Sinónimo: selección disgénica. Antónimos: eugenesia, eutanasia, eudemia.—H.A.P.

contraseña. Palabra que sirve de prueba o santo y seña para el reconocimiento y se emplea sin consideración alguna a su significado. [Inglés, *shibbolet*].—L.P.E.

contrasugestión. Sugestión contraria; sugestión en contra. 1. Respuesta opuesta a la sugerida. Esta acepción, que ya es algo rara, confunde la respuesta con el estímulo. 2. Sugestión a una sugestión anterior.—M.S.

contratación colectiva. Derecho y procedimiento de estipulación entre un patrono o un grupo de patronos y los representantes de los obreros organizados en sindicato. La ley para el mejoramiento de la industria nacional, de 16 de junio de 1933, estableció este derecho en Estados Unidos al disponer que "los asalariados tendrán el derecho de organizarse y contratar colectivamente mediante representantes elegidos por ellos". Tal derecho fué definido de un modo más preciso en la ley de 5 de julio de 1935, de la manera siguiente: "Los asalariados tendrán el derecho de autoorganización, el de formar, adherirse o auxiliar a las organizaciones obreras, el de contratar colectivamente mediante representantes elegidos por ellos y el de emprender actividades concertadas cuya finalidad sea la contratación colectiva o cualquier otra ayuda o protección mutua". Esta última ley estableció la Oficina de Relaciones del Trabajo Nacional. La "contratación colectiva" difiere de la representación de los asalariados, o de los llamados sindicatos de empresa, en que es una auto-organización de obreros que, de ordinario, cuenta en su seno con asalariados de más de un establecimiento, en tanto que la representación de asalariados está limitada a los de una empresa. La frase "contratación colectiva" fué empleada por primera vez por Beatriz Webb en sus estudios sobre los sindicatos ingleses.—M.VK.

contratación libre. Relación obrero-patronal que se caracteriza por ser opuesta a las cláusulas de exclusión [closed shop], ya que cualquier persona, sindicalizada o no, puede ocupar un puesto en la empresa. Este sistema se considera en las legislaciones como contrario al sentido social del derecho del trabajo y por ello se está desechando tanto de los principios legislativos cuanto por los acuerdos del contrato colectivo. [Inglés, open shop, open union shop.] —J.W.M'C.

contratación preferente. Tipo de relación obrero-patronal establecido por Louis Brandeis cuando actuó como árbitro en la huelga de trabajadores de la confección de Nueva York en 1913. Bajo un acuerdo de contratación preferente, el patrono que necesite obreros debe aceptar los afiliados al sindicato mientras éste tenga afiliados disponibles; sólo cuando no ocurra así puede contratar libremente. Si es necesario disminuir el número de obreros, el patrono debe despedir primero a los no sindicados. Por tanto, el sindicato goza de un trato preferencial tanto en la contratación como para el despido. [Inglés, preferential shop].—J.W.M'C.

contratación semi-libre. Relación entre patrono y obreros en que el primero puede contratar a quien quiera a condición de que la persona o personas contratadas pertenezcan al sindicato o se afilien a él dentro de un plazo convenido. Es una variante de la contratación colectiva que concede al patrono una libertad mayor para la contratación de sus obreros. [Inglés, union shop.] Cf. cláusula de exclusión.—J.W.M'C.

contrato. Relación entre personas, o entre personas y la sociedad, en la que se da por sentado que existen ciertas obligaciones que constriñen a ambas partes a conformarse a las condiciones del convenio.—N.A.

contrato colectivo. Relación obrero-patronal en la que únicamente los miembros del sindicato con que el patrono ha contratado pueden ser empleados para trabajar en su planta o fábrica. [Inglés, closed shop.] Cf. cláusula de exclusión, contratación colectiva.—J.W.M'C.

contrato matrimonial. Acuerdo formal concertado entre los padres de un joven y de una muchacha antes de los esponsales y relativo a la cuantía de la dote que la muchacha debe aportar al matrimonio y de la propiedad que el pretendiente ha de constituir en favor de su esposa para el caso de su muerte. En la Roma antigua estos contratos se consideraban de máxima importancia y los documentos en que se transcribían se conservaban cuidadosamente. Bajo el influjo de Roma los contratos matrimoniales verbales de la alta Edad Media fueron cediendo lentamente el puesto a los convenios formales escritos. Hasta fines del siglo XVIII fueron usuales los contratos matrimoniales entre las familias pudientes de Europa y de las colonias norteamericanas. Estos contratos no fueron desusados durante el siglo XIX y en la actualidad se conciertan algunas veces entre las personas poseedoras de riqueza.—W.C.

contrato social. Acuerdo o convenio del que derivan obligaciones mutuas y que se celebra por los miembros de un grupo para establecer garantías y privilegios recíprocos, derechos y deberes, facultades y obligaciones, como base del gobierno político común. Puede celebrarse entre un soberano y sus súbditos o entre ciertas personas y su colectividad soberana consideradas como recíprocamente responsables en una democracia (q. vid.). Hoy están desechadas las teorías que postulan un estado de naturaleza o de absoluta libertad individual anterior a todo gobierno y que afirman que éste tiene su origen en un contrato social.—T.D.E.

contravención. 1. Proceso de interacción social equidistante de la competencia y el conflicto y que consiste en una extensa serie de actividades que van desde el mero abstenerse de cooperar hasta la censura, el menosprecio, la frustración, y la traición y connivencia contra otro, pero siempre sin llegar al empleo de la violencia o de las amenazas de violencia.—J.L.G.

2. Término inferior de la clasificación tripartita francesa de los delitos según su gravedad. Por su naturaleza no es fácil establecer diferencia alguna entre la contravención o falta y el delito. Se ha recurrido por eso al criterio de la menor importancia o gravedad de sus efectos y de la levedad de las sanciones a que da lugar. En el derecho francés se consideran como contravenciones las simples infracciones de los reglamentos y ordenanzas de policía. Algunos códigos penales las excluyen del catálogo de sus prohibiciones.—J.C.

control. 1. Freno, inhibición o prohibición; contención, guía, manipulación; influencia, positiva o negativa. La forma verbal "controlar" significa, en castellano, comprobar, reprimir, guiar,

manipular, influenciar, modificar la conducta.
—T.D.E.

2. Proceso por el cual un orden modifica, regula o dirige el funcionamiento de otro orden existente dentro del mismo sistema funcional. —J.P.E.

control cultural. Se emplea con frecuencia como sinónimo de control social. En sentido estricto se refiere específicamente a la regulación de la conducta mediante la imposición de modelos impersonales e institucionalizados y excluye el control ejercido por medio de relaciones interpersonales específicas. También puede significar el control del cambio cultural, como, por ejemplo, en la planeación social. —A.R.L.

control de la concepción. Véase **concepción** (control de la).

control de la natalidad. Véase **natalidad** (control de la).

control de muestras. Véase **muestreo controlado.**

control de sí mismo. Se define como la regulación de la propia conducta mediante un esfuerzo consciente y ordenatorio. Entraña una elección entre varias alternativas de conducta. Aun cuando una persona nunca domina por completo su conducta, ni siquiera temporalmente, es un término útil; y, por regla general, lo que se trata de explicar de esa manera en un conjunto de circunstancias, es, en forma parcial, el resultado, en alguna ocasión anterior, de una influencia o regulación sociales. [Inglés, self-control.] Cf. *voluntad.*—M.S.

control formal. Tipos de control social (q. vid.) que se ejercen por la sociedad a través de formas o manifestaciones muy definidas, tales como las instituciones y el derecho. Dichos controles suelen aparecer incluídos en códigos, usualmente escritos.

control informal. Formas de control social (q. vid.) que se ejercen por medios menos definidos y tangibles; como, por ejemplo, los usos, las costumbres y la opinión pública.

control institucional. Restricción impuesta a la conducta de cierto individuo o grupo y la inducción o coerción de la conducta ajena por las instituciones sociales. Las presiones reguladoras se ejercen mediante diversos órganos de ejecución y procedimientos físicos y psíquicos (cuerpos administrativos, funciones generalizadas, opinión pública, etc.) que dentro de una institución tienden a producir un grado considerable de conformidad con sus códigos y modelos. Todas las instituciones ejercen un control real considerable sobre todas las actividades sociales de los seres humanos. Todas y cada una de las instituciones nos obligan por su influjo a regular nuestras acciones para con los demás, siguiendo una línea trazada por las reglas y prácticas establecidas en ellas. Algunas instituciones (por ejemplo, las de comunicación y las estéticas) controlan únicamente en el sentido de ofrecer medios de expresión ordenados. Pero la mayor parte de ellas (religiosas, económicas, políticas, domésticas y educativas) son, sin duda alguna, medios de regular y uniformar la conducta individual y colectiva y tienen como finalidad el establecimiento e imposición de una conducta socialmente necesaria o, al menos, socialmente aceptable. Ello conduce al orden social y a la conservación del grupo. Cf. *instituciones sociales.*—J.O.H.

control psico-social. Regulación de la conducta de individuos o grupos mediante recursos de carácter psicológico o sociológico, a diferencia de la regulación por la fuerza física o la violencia.—P.H.L.

control racional. Regulación, para fines previstos, calculados y que se afirman racionales, de los medios adecuados y apropiados a ellos.— A.R.L.

control representativo. Regulación de la conducta de los miembros de un grupo por personas de su propia elección. Puede abordarse el símbolo electo del control representativo, y una vez convencido de la rectitud de una propuesta, autorizársele para comunicar su decisión a sus seguidores y defenderla ante ellos. De este modo, una propuesta obtiene aceptación en un grado y con una facilidad imposible de lograr por otros medios más directos. Cf. *control, control cultural, control social.*—A.M'C.L.

control social. Suma total de los procedimientos por medio de los cuales la sociedad u otro grupo dentro de ella consigue que la conducta de sus unidades componentes, individuos o grupos, se conforme a lo que de los mismos se espera. Ofrece dos formas principales: 1) el control coactivo y 2) el control persuasivo. El control coactivo emana del derecho y del Estado y se cumple por medio de la fuerza o su amenaza. Los tipos de conducta a que se refiere pueden agruparse bajo la categoría general "delito". El control persuasivo actúa a través de los diversos organismos e instrumentos que inducen al individuo a proceder con arreglo a las normas, deseos e imperativos del grupo social. Los medios de control social son numerosos y diversos y se basan en las características dinámicas de las unidades controladas. El derecho es el instrumento más concreto, explícito y notorio de control social, pero en manera alguna el más poderoso o amplio. Casi la mayor parte del control social pertenece a la categoría del control persuasivo y se lleva a cabo empleando medios tales como la sugestión, la imitación, el elogio, la censura, la recompensa y el reconocimiento.

control societal. Categoría de control social (q. vid.) que comprende el control ejercido por una sociedad, como un todo, sobre sus miembros, o sobre su propia estructura-función.— T.D.E.

control subhumano. Control social que opera entre animales, especialmente entre animales gregarios.—T.D.E.

control subsocial. Control en el que se compele físicamente a un individuo o grupo sin que se produzca reacción alguna por parte de la víctima. Los marineros a los que se emborracha y embarca contra su voluntad nos ofrecen un ejemplo de control subsocial.—T.D.E.

control tiránico. Situaciones de control social en las que una persona o grupo que ocupa el poder, pero que se ve amenazado en su posesión, emplea todos y cada uno de los medios que considera indispensables para mantener su *status* y posición. Imposición a la sociedad de medios de control social por un cierto grupo de conspiradores. Además de la intensificación de los controles ordinarios, las situaciones de control supersocial despliega otras técnicas más características, tales como las purgas, el reclutamiento forzoso, las inmunidades, la eliminación, la persecución, la inquisición, el terror, el espionaje, los agentes provocadores y los campos de concentración.—T.D.E.

controversia. Forma de debate político entre un orador y su auditorio caracterizado por las interrupciones y preguntas que uno o varios miembros de éste le hacen con el propósito de azorarle o de poner de manifiesto cuestiones o aspectos soslayados o eludidos por aquél. En Inglaterra se la considera una práctica útil y normal de la vida política; las interrupciones fuera del recinto parlamentario se consideran en otros países como una manifestación inconveniente y desatenta e incluso como una forma de impedir la libre difusión de las ideas. [Inglés, *heckling*].—R.N.B.

convalecencia. Forma especial de asistencia que se presta a los enfermos después de dárseles de alta en un hospital u otra institución, hasta su total restablecimiento y reincorporación a la vida social activa. [Inglés, *after care*].—J.C.

convención. (*social*) Práctica general o uso observados, de ordinario, por el grupo social.— W.E.G.

convencional. Conforme a los usos y costumbres del grupo; caracterizado por la conformidad, desprovista de toda crítica, con las actitudes y conducta más comunes de la sociedad.— P.H.F.

convencionalismo. 1. Conformidad con la convención (*q. vid.*). Contrariamente a la moralidad, en el convencionalismo la conexión es mínima entre el uso y cualquier significación que se le atribuya. Cf. *ceremonial*.—T.D.E.

2. Mecanismo empleado en el proceso de acomodación por medio del cual una forma de conducta que, de otro modo, sería inaceptable, puede hacerse aceptable o permisible en determinadas circunstancias. Gradualmente, el uso puede generalizarse y hacerse cosa corriente sin consideración a circunstancias especiales.— W.E.G.

3. Acuerdo tácito para negar o desconocer la existencia de ciertas situaciones, de ordinario aquellas que amenazan la solidaridad social. —M.K.

convenio. (*política*) El acuerdo internacional que constitucionalmente debe ser ratificado por los órganos legislativos se llama tratado. Se reserva la denominación de convenio a los numerosos acuerdos suscritos por el Ejecutivo con potencias extranjeras —en Estados Unidos, más de 1,200— y que no necesitan dicha ratificación. Los convenios comprenden gran diversidad de materias y en ocasiones son sometidos también a la aprobación del Congreso. En Estados Unidos hay una tendencia reciente a sustituir los tratados por meros convenios (con o sin la aprobación del órgano legislativo). Dicha tendencia se funda en la imprecisión del texto constitucional acerca de la materia y ha sido fuertemente combatida por quienes la consideran una peligrosa intromisión del poder ejecutivo y como una violación de la Constitución.—E.M.B.

convergencia. Paralelismo o desarrollo independiente de rasgos similares, ya sean raciales o culturales, en áreas diferentes. Evolución paralela o convergente, como, por ejemplo, la abundancia pilosa de los ainu y caucasianos, o las hachas similares de cobre del Perú y de Egipto.—F.H.H.

convergencia cultural. Véase **paralelismo cultural.**

conversión. 1. (*psicología social*) Aparición, relativamente súbita, de un nuevo papel o carácter en una personalidad; un complejo o actitud que existía en estado latente adquiere preponderancia y el individuo se transforma en una nueva persona. Frecuentemente va asociada con una nueva perspectiva, visión o creencia en un momento de crisis personal o social. El antiguo yo puede quedar disociado, con o sin amnesia o represión, de modo duradero o temporal. Con sus caracteres más típicos se observa en las formas del renacer religioso y en ellas tuvo su origen el término; pero, por extensión, la palabra se aplica también a otras "mutaciones" personales o metamorfosis que son la consecuencia de una conmoción, del uso de una droga, de la enfermedad, la crisis, el matrimonio, el duelo familiar, etc.—T.D.E.

2. a) Proceso de transculturación en el que un individuo adopta, voluntariamente, las pautas y el *ethos* de un grupo extraño. b) Un proceso de ajuste de la personalidad, por el que se aceptan los modelos de conducta vigentes y considerados normales en la colectividad dominante, partiendo de una posición de disconformidad y conducta atípica o de una situación desmoralizada por individuación excesiva.

En uno y otro caso es necesario un período de acondicionamiento. En sus fases iniciales, este acondicionamiento puede adquirirse voluntaria o involuntariamente, no sin frecuencia debido este último al juego de la ambivalencia. Este acondicionamiento entraña un cambio en uno o más de los siguientes aspectos de la cultura (de aquí la transculturación): hábitos admitidos, papeles sociales, estereotipos, pertenencia a un grupo (cualquiera que sea su grado de actividad), fidelidades.—D.E.W.

3. Mecanismo empleado en el proceso de acomodación mediante el cual se abandona una actitud y sistema de valores y se adopta una nueva actitud con su correspondiente complejo de valores haciendo de él el foco de la atención y el centro de la actividad.—W.E.G.

converso. Persona que acepta las creencias, dogmas, doctrinas y prácticas de un determinado sistema de ideas, habiendo sido, anteriormente, adicto a las de un sistema rival.—J.P.E.

conyugal. Perteneciente al matrimonio; relativo a las personas casadas o al estado matrimonial, como, por ejemplo: afecto conyugal o derechos conyugales.—W.G.

cónyuge. Persona casada con otra.—W.G.

cooperación. Toda forma de interacción social (q. vid.) en la que personas o grupos determinados asocian sus actividades o trabajan juntos prestándose ayuda mutua, de un modo más o menos organizado, para el fomento de fines u objetivos comunes y de tal manera que cuanto mayor es el éxito de uno de los partícipes en la interacción, mayor es el éxito del otro o de los otros partícipes; lo contrario es la oposición (q. vid.).—H.H.

cooperación antagónica. Cooperación en la que son suprimidos los antagonismos inevitables en vista de la superior conveniencia, realmente experimentada o prevista, de hacer causa común.—A.G.K.

cooperación competidora. Véase **cooperación antagónica.**

cooperación ecológica. Forma de interacción ecológica en la que dos o más organismos a) incrementan recíprocamente las provisiones limitadas del medio de que uno o todos dependen, o b) disminuyen recíprocamente los peligros del medio que amenazan a uno o a todos.—J.A.Q.

cooperación forzosa. Falsa apariencia de cooperación en la que los propósitos alentados no son compartidos por todos los individuos o grupos cuyas actividades están asociadas, pero en la que uno o más de los individuos o grupos unen sus actividades a las de los otros, más bien para evitar la sanción que en méritos de la actividad misma o de sus resultados directos.—H.H.

cooperación voluntaria. Especie de cooperación en la que los fines que se persiguen son comunes a todos los individuos o grupos cuyas actividades se asocian. En tales condiciones, cuanto mayor es el éxito inmediato o directo de una persona o grupo, mayor es el éxito inmediato y directo de los demás. La cooperación voluntaria es, pues, la antítesis de la oposición (q. vid.).—H.H.

cooperativa. Grupo de personas organizado para conseguir un fin o propósito común. Se encuentra, a menudo, entre los consumidores o productores de bienes allí donde la finalidad consiste en asegurar a todos los miembros del grupo los beneficios económicos obtenidos. Cf. Rochdale (principios de).—J.P.E.

cooperativa agrícola. Organo económico mediante el cual los campesinos se unen para vender sus productos o comprar sus provisiones colectivamente; se caracteriza por la práctica del principio de que cada hombre (miembro) representa un voto, sin consideración al número de acciones que posea, y porque los dividendos se distribuyen en proporción a la importancia de la protección que cada miembro otorga a la asociación.—E. de S.B.

cooperativa de consumo. Procedimiento mediante el cual un número determinado de individuos se organiza para hacer frente a sus necesidades particulares, creando y administrando una empresa que se rige por el principio de que todo miembro sólo tiene derecho a un voto y a una participación en las ganancias proporcionada a sus operaciones como cliente. Cf. Rochdale (principios de).

cooperativa de construcción. 1. Organización no lucrativa de personas que ponen en común sus recursos financieros para comprar un lote de terreno y edificar en él sus casas, las cuales, una vez terminadas, quedan de propiedad de cada uno de los miembros. 2. Organización no lucrativa de personas para la adquisición de la propiedad e, igualmente, para la construcción de viviendas. Los partícipes poseen acciones de fundador equivalentes en valor al de sus respectivas viviendas. Pagan a su asociación, mensualmente, sumas prorrateadas según los costos de conservación, impuestos, seguro, depreciación y amortización, y sólo venden sus participaciones a la asociación o con la aprobación de la misma. 3. Viviendas poseídas y conservadas por una asociación cooperativa. Sus acciones se compran por los ocupantes y no pueden ser vendidas para lucrarse con la venta. El título de propiedad continúa en manos de la asociación, y ésta alquila los edificios a los miembros a fin de hacer frente a todas las cargas, incluyendo la amortización.—S.S.

cooperativa médica. a) Organización no lucrativa, de profanos, sometida a su propia regulación, para proveerse de cuidados médicos a costos moderados a base de un plan de pagos periódicos y anticipados; con médicos a sueldo, un cuerpo central, instalación de un equipo variado, especialistas médicos diversos y un director del personal que tiene a su cargo la vigilancia de los servicios facultativos. b) Forma particular del tipo a) en la que los médicos retienen el control de la organización y en la que los profanos sólo participan mediante sus cuotas, que siguen abonando mientras continúan satisfechos con los servicios médicos recibidos.

cooperativismo. Véase **movimiento cooperativo.**

coordinación. Trabajo en común, de grupos e individuos, de una manera organizada e integrada. Cf. consejo coordinador.—M.H.N.

coordinación de la comunidad. Proceso por el cual las fuerzas, grupos organizados, organismos, instituciones e individuos de una zona quedan integrados y actúan en forma cooperativa para la consecución de objetivos comunes. Cf. *comunidad (organización de la), consejo coordinador.*—M.H.N.

coordinar. Situar conjuntamente cosas de rango u orden similar; organizar actividades, partes o ideas a fin de que integren un cuadro ordenado o una estructura-función.—T.D.E.

cópula. Coito (q. vid.).

coquetería. Artificios verbales y de gesticulación empleados por la hembra para llamar la atención del macho y posiblemente inducirle al galanteo.—F.E.L.

corporación. Entidad o asociación (q. vid.) cuya finalidad predominante es de interés público. —J.H.E.

corporativismo. El Estado corporativo [*il stato corporativo*] del fascismo italiano se basa, en teoría, sobre las corporaciones [*corporazione*] o sindicatos compuestos por los patronos y sus obreros de la industria, la agricultura, el comercio, las finanzas, los transportes, etc. El parlamento [*camera corporativa*] está integrado, principalmente, por representantes de dichas corporaciones, pero se aseguró que sería reemplazado por un consejo de las corporaciones. En el pináculo de la jerarquía fascista se encuentra el gran consejo [*gran consiglio fascista*] y sobre todas las cosas el líder fascista [*duce del fascismo*], que es el jefe del Estado y del gobierno [*capo di stato e del governo*]. Mediante esta forma de Estado, que no llegó a realizarse plenamente, los fascistas se proponían situar los procesos económicos bajo el control del gobierno.—M.PM.

corrección. 1. Acción y efecto de corregir o enmendar lo errado o defectuoso. 2. Sanción consistente en reprender o censurar un delito o falta, generalmente de carácter leve. La corrección tiene a veces el carácter de medida disciplinaria y entonces se aplica conforme a principios jerárquicos para sancionar a los autores de infracciones a los reglamentos.—J.C.

corrección de datos. Inspección de la lista de datos para ver si son exactos, completos, compatibles y uniformemente ordenados. Puede comprender la utilización de clave.—M.PT.

correccional. Establecimiento penitenciario destinado al cumplimiento de las penas de prisión de duración intermedia. Este tipo de establecimientos permite someter a los reclusos a un tratamiento reformador con el fin de conseguir su readaptación social. Cf. *casa de corrección, instituciones correccionales.*—J.C.

correccionalismo. Sistema filosófico-penal para el que el fin de la potestad punitiva es el logro de la mejora o enmienda del delincuente mediante su internamiento en establecimientos adecuados y su sometimiento en ellos a un tratamiento educativo que rectifique o corrija su propensión individual al delito. La formula-

ción sistemática más importante de esta teoría es de inspiración krausista y se debe al filósofo y jurista alemán Carlos David Augusto Röder. —J.C.

correlación. 1. Grado en que el cambio en una variable se acompaña por un cambio correspondiente en otra variable; la relación puede ser directa o inversa. 2. Medición del grado en que elementos o medidas apareadas de dos o más variables experimentan variaciones concomitantes. Cf. *coeficiente de correlación.*

correlación múltiple. Máxima correlación posible entre una variable y cualquier suma ponderada o promedio de otras dos o más variables determinadas.—P.H.F.

correlación parcial. La calculada entre dos variables eliminando el influjo de otra u otras variables.—P.H.F.

correlación social. Comparación precisa, por métodos estadísticos, de dos o más características de determinadas unidades sociales. Por ejemplo: la relación entre los ingresos y la fertilidad.—G.M.F.

correlacionar. Comparar dos o más fenómenos o procesos-situación con el propósito de encontrar las relaciones concomitantes que existen entre los mismos. La práctica estadística reciente ha dado a la expresión un significado especial más restringido basado en una fórmula para calcular los coeficientes de correlación (q. vid.) entre fenómenos mensurables.—T.D.E.

corriente. Movimiento, tendencia o flujo como el discurrir de un río. También se aplica al estado actual de un fenómeno; lo que acaece actualmente considerado como el curso de los acontecimientos.—N.A.

corroboración. Acto, proceso o resultado de corroborar (q. vid.).—T.D.E.

corroborar. Comprobar la verdad de alguna afirmación o predicción, temor o esperanza. Ciertas afirmaciones o epítetos, lemas, etc., que implican o suponen predicciones (ya sean deseables o indeseables) tienden a corroborarse por sí mismos por el hecho de inspirar confianza o temor o de liberar energías (quizá de anularse por el estímulo que ofrecen a actividades compensatorias).—T.D.E.

"corroboree." Danza tribal o ceremonia de los aborígenes tasmanianos y australianos.—E.A.H.

corvea. Obligación de prestar determinados servicios al señor o soberano (*feudalismo*); trabajo forzado, principalmente en obras públicas, impuesto, de ordinario, a los pueblos primitivos por las naciones colonizadoras (*tiempos modernos*).—E.E.M.

cosmovisión. Concepción del mundo (q. vid.).

costumbre. Expresión ordenada de la voluntad social que surge natural y espontáneamente del hábito y el uso activos en cuanto manifestaciones del común consentimiento. De aquí su valor como fuente creadora del derecho. Cf. *mores, usanza, usos sociales, hábito.*—J.C.

costumbre, imitación de la. Véase **imitación de la costumbre.**

costumbres básicas. Definiciones tradicionales de las estructuras sociales fundamentales y de las relaciones humanas que una sociedad determinada considera esenciales para su estabilidad en un momento y lugar determinados. Estas costumbres —y los usos sociales que las acompañan— son de contenido tan amplio que gracias a ellas el individuo adulto se encuentra pertrechado para hacer frente a la mayoría de los problemas que entrañan las relaciones sociales, sin necesidad de recurrir a otros procedimientos más racionales u objetivos. Sólo en momentos críticos de la sociedad fallan esas costumbres y el individuo pierde lo que pudiera llamarse el "instinto" social por ellas alimentado. La perplejidad que aflora en tales momentos pone cabalmente de relieve la fuerza de esa orientación tradicional y lo que ella supone para el individuo obligado ahora a hacer frente por sí solo y sin ayuda a angustiosos problemas sociales. [Inglés, *organizational mores*].—A.M'C.L.

costumbres de perpetuación. Costumbres que fomentan, o se cree que fomentan, la supervivencia societal más allá de las generaciones actuales. Formas institucionales: el matrimonio y la familia, que suponen una adaptación al medio aceptando la condición peculiar de la bisexualidad. [Inglés, *self-perpetuation*].—A.G.K.

covada. Simulación consuetudinaria del parto por el padre, o su confinamiento durante el parto, o su observancia de ciertos tabúes con los que se pretende aumentar el bienestar del niño.—G.P.M.

coyuntura. Combinación de fuerzas o circunstancias de una situación social determinada; en especial, la complicación de circunstancias en una situación crítica o accidental.—F.H.H.

coyuntura mercantil. Condiciones relativas de la oferta y la demanda en los extremos opuestos de una relación comercial.

craneometría. Rama de la osteometría que se ocupa de las mediciones del cráneo. Cf. *capacidad craneana, deformación craneana, índice craneano*.—G.P.M.

creación. Véase **actividad creadora.**

crecimiento. Proceso de desarrollo.—P.F.C.

crecimiento adaptador. Desarrollo que entraña un ajuste del organismo a su medio físico o social.—P.F.C.

crédito de consumo. Crédito que se otorga el consumidor final para la compra de bienes de consumo. En tanto que las cuentas abiertas en los comercios al menudeo han existido desde hace mucho tiempo, las compras a plazos y las facilidades para la compra personal son formas nuevas y a ellas se debe, en gran medida, la enorme expansión del crédito de consumo. El empleo del crédito de consumo es tan importante en las modernas transacciones económicas que no pocos economistas sostienen que los ciclos econmicos se producen, o al menos se agravan, por la superexpansión o manipulación del crédito de consumo. Cf. *bienes de consu-*

mo, cooperativa de consumo.—J.W.M'C.

credo. Afirmación precisa de una creencia. Especialmente característico de los grupos religiosos' occidentales.—L.P.E.

creencia. 1. Aceptación como verdadera de alguna proposición determinada. Tal aceptación es en esencia intelectual aun cuando pueda estar coloreada en gran medida por la emoción. En todo caso, crea en el individuo una actitud mental que puede servir de base a la acción voluntaria. La realidad de la creencia no depende de la verdad intrínseca y objetiva de la proposición particular. Hay falsas creencias y creencias verdaderas. Una creencia puede basarse en una evidencia cierta y efectiva o en un prejuicio, en una intuición o en apariencias engañosas. Por consiguiente, pueden existir creencias científicas, creencias supersticiosas y creencias extravagantes. El carácter de su derivación no afecta a la fuerza de la creencia en sí. Las gentes actúan tan enérgica, resuelta y fanáticamente sobre la base de creencias falsas como de creencias verdaderas. La acción inteligente ha de basarse siempre en la creencia, pero la propia inteligencia puede utilizarse para someter a prueba las creencias y para comprobar la validez de sus fundamentos. 2. Aceptación como verdadera de una proposición que no ha sido ni puede ser probada empleando un método científico.

cremación. Práctica de incinerar los cadáveres como forma de sepelio. Cf. *entierro*.—G.P.M.

cretinismo. Estado físico que aparece en los primeros años de la niñez como consecuencia de detención en el desarrollo, acompañado a menudo de bocio o del funcionamiento defectuoso de la glándula tiroides, que segrega hiodina en cantidad insuficiente. Sus manifestaciones son piel escamosa, cabello quebradizo, estatura enanoide y debilidad mental. Tipo de deficiencia mental producto del hipotiroidismo en la infancia.

criado. Doméstico. Trabajador retribuído que emplea el cabeza de familia para realizar ciertas tareas y prestar servicios personales en la casa, con el mismo fundamento con que son empleados los obreros en otras industrias que aceptan normas uniformes de horario, salarios, condiciones de vida y protección por la legislación social.—A.E.W.

crianza. Todos aquellos elementos del medio social a que están sujetos los individuos, o a los que se sujetan, desde la concepción en adelante, y que afectan a su desarrollo físico, mental o al de su personalidad, a diferencia de naturaleza o herencia.—F.H.H.

crianza de niños. Lactancia o cría de niños por una o varias personas que no son sus padres. [Inglés, *fostering*].—G.P.M.

criar. 1. Mejorar las cualidades hereditarias mediante un apareamiento selectivo. 2. Entrenar en los usos sociales y costumbres sancionados. —F.H.H.

crimen. 1. El más grave de los términos de la clasificación tripartita de los delitos —crímenes, delitos, contravenciones—, con el que se designan las infracciones de mayor relevancia, que son sancionadas con penas graves y para cuyo enjuiciamiento suelen establecerse formas especiales. [Inglés, *felony*.] 2. Sinónimo de delito en general. [Inglés, *crime*.] 3. Calificación de censura o reprobación moral que se aplica a determinados actos y personas (crimen, criminal), sin precisión técnica y con independencia de su consideración jurídico-penal.—J.C.

crimen capital. Se denomina así el delito grave que puede ser sancionado con la pena de muerte, con independencia de que dicha pena sea o no realmente ejecutada. Esta última hipótesis se ofrece siempre que se da a los jurados la opción de imponer las penas de prisión perpetua o de muerte. Por lo general el crimen capital no es graciable. El número de los delitos que pueden considerarse como capitales ha sido considerablemente reducido en los tiempos recientes.—A.E.W.

criminal. Dícese de lo relativo o perteneciente al crimen (q. vid.) en cualquiera de sus acepciones. Cf. *delincuente*.—J.C.

criminal, clínica. La antropología penitenciaria o rama de la antropología criminal (q. vid.) que hace objeto de su estudio el examen criminológico de los delincuentes condenados y recluídos en las prisiones y que ha sido cultivada principalmente por el Dr. Vervaeck, cuenta con algunas aplicaciones prácticas como los anexos psiquiátricos y la clínica criminal. Esta es tanto un servicio penitenciario como un método de investigación y tratamiento aplicable a los reclusos. Se propone, según la fórmula de Lattes, el estudio clínico integral de la personalidad del delincuente. Para ello utiliza todos los componentes del organismo, somáticos y psíquicos, explorándolos en superficie y en profundidad. La clínica criminal, en opinión de Battaglini, Saporito, Mezger y Vervaeck (Congreso de Criminología de Roma, 1938), tiende a establecer el pronóstico de temibilidad y corregibilidad del delincuente partiendo de la concepción bio-sociológica del delito y teniendo en cuenta tanto la acción genérica y específica del medio como las diversas modalidades de la personalidad del delincuente (normalidad, potencial biocriminógeno, inminencia criminal e inmunidad criminal). La eficacia de la clínica criminal requiere el empleo de métodos unitarios y uniformes (fundados en la descomposición analítica y la recomposición sintética de la personalidad, con estudio de todos los factores genealógicos y biográficos, en su orbita y en su actualización, en la órbita somática y en la psíquica, con inclusión de cuantos concurren a deformarla en el acto del delito), la colaboración del juez y el biólogo en todas las fases del proceso penal y el establecimiento de centros de observación y diagnóstico de los detenidos a cargo de personal especializado. La clínica criminal ha sido

ensayada con diversa fortuna en Bélgica (anexos psiquiátricos), Austria (institutos de biología criminal), Alemania (centros de investigación biológico-criminal), España (laboratorios de biología criminal), Argentina y Brasil.—J.C.

criminalidad. Volumen total de infracciones a la ley penal cometidas en un área geográfica, por un grupo de población o por una persona determinada. Cf. *coeficiente de criminalidad, edad de mayor criminalidad*.—T.S.

criminalidad endógena. Expresión que emplean los criminalistas europeos para designar el tipo de delincuencia etiológicamente determinada sobre todo por factores hereditarios y constitucionales (tanto físicos como mentales).—W.C.R.

criminalidad exógena. Expresión que emplean los criminalistas europeos para designar el tipo de delincuencia cuya etiología se basa sobre todo en factores de situación.—W.C.R.

criminalidad femenina. La cometida por mujeres. Hoy no se cree ya que el sexo deba influir sobre la imputabilidad. En cambio sí se trata de precisar las características de la delincuencia femenina y se propugna para ella un tratamiento adecuado a las peculiaridades de la mujer delincuente. La criminalidad femenina es de volumen considerablemente menor que el de la de los varones y muestra tendencias preferentes hacia ciertos delitos (falsedades, aborto infanticidio, injuria y calumnia, hurtos) y hacia especiales formas de delinquir (envenenamiento). Lombroso vió en la prostitución un equivalente femenino del delito. El tratamiento penitenciario de la mujer debe especializarse en consideración a sus peculiaridades físicas y psíquicas.—J.C.

criminalidad, herencia de la. Véase **herencia criminal**.

criminalidad infantil. Véase **delincuencia de menores**.

criminalidad, transformaciones de la. Con fundamento en las investigaciones de estadística criminal (q. vid.) se ha tratado de determinar las líneas generales de evolución de la delincuencia en largos plazos. Así, Niceforo, a principios del siglo XX, creyó poder sentar cuatro de dichas líneas generales que marcarían las transformaciones de la criminalidad (decadencia de antiguas especies de criminalidad y consiguiente auge de otras, características de la sociedad moderna), a saber: de la criminalidad natural a la artificial, de la criminalidad violenta a la fraudulenta, de la criminalidad masculina a la femenina y de la criminalidad adulta a la infantil, todas la cuales parecían confirmadas por la experiencia de la época. Posteriores observaciones, relativas al primer cuarto del siglo XX y confirmadas posteriormente, han permitido a ciertos criminalistas como Ruiz-Funes acusar la regresión de la criminalidad de nuestro tiempo a formas delictivas naturales y violentas, a la vez que el incremento de la criminalidad femenina y de la infantil. Las dos primeras leyes de Niceforo habrían sufrido, pues, una involución y las transformaciones de la criminalidad en la actualidad deberían expresarse así según Ruiz-Funes: de la criminalidad artificial a la natural, de la criminalidad fraudulenta a la violenta, de la criminalidad masculina a la femenina y de la criminalidad adulta a la infantil.—J.C.

crisis. Toda interrupción del curso regular y previsible de los acontecimientos; perturbación del hábito o costumbre que requiere consciente atención por parte del individuo o del grupo a fin de restablecer el equilibrio perturbado o establecer nuevos hábitos y costumbres más adecuados. Las crisis que se presentan reiteradamente y con cierta regularidad en la vida del individuo o del grupo, tales como el nacimiento, la pubertad, el matrimonio, la muerte, los cambios de estación del año, las fases de la luna, etc., se llaman recurrentes. Las crisis que se presentan de manera relativamente infrecuente e irregular, tales como los terremotos, inundaciones, derrotas bélicas, etc., se llaman insólitas.—H.E.J.

crisis insólita. Véase **crisis.**

crisis precipitante. Crisis de gravedad suficiente como para producir una desorganización personal o social de tal naturaleza que reclama una acción social, ya sea para proteger a la sociedad, para rehabilitar a la persona o grupo afectados o para ambas cosas a la vez. Por ejemplo: la pérdida de trabajo, para una persona que ya es afectivamente inestable, puede constituir la crisis precipitante que requiere la intervención social para estabilizar la personalidad y proteger, tanto al individuo afectado como a la sociedad, de las consecuencias de la conducta neurótica o psicopática.—H.E.J.

crisis recurrente. Véase **crisis.**

crisis social. Situación grave de la vida social, cuando el curso de los acontecimientos ha alcanzado un punto en que el cambio es inminente, para bien o para mal, desde la perspectiva del bienestar humano; en esa situación la capacidad de dirección del control social es incierta. Desde el punto de vista del bienestar social el criterio único para juzgar de una crisis es el de sus consecuencias en la unión o desunión mayores del grupo.—C.J.B.

cristalero. Ladrón especializado en robar el contenido de los automóviles, para lo cual fractura o violenta los cristales de los mismos.—J.C.

cristianismo. La religión de la paternidad de Dios y de la hermandad humana tal como fué enseñada por Jesús. Tiene importancia para la sociología, no sólo por haber aumentado, históricamente, la armonía pública y las prácticas de unión social, sino también por haber conseguido en esta evolución cierto reconocimiento de las posibilidades de todo hombre, de su valor intrínseco tanto como de sus derechos sociales. Como ideal de conducta puede considerarse al cristianismo como democracia perfecta si por ella entendemos la cooperación feliz, voluntaria e inteligente en pro del bienestar humano mantenida por una buena voluntad de carácter universal. En su anhelo hacia este ideal, el cristianismo ha desarrollado un enorme complejo de instituciones: iglesias, misiones, escuelas, etc., y ha ejercido un influjo positivo en favor de muchas reformas sociales.—C.J.B.

criterios. Pautas, índices, reglas. Sinónimos: medidas, normas.—H.A.P.

cromosoma. Uno de los cuerpos concretos en que se divide la cromatina de un núcleo celular durante la división mitósica de la célula. Los cromosomas se dan, usualmente, por parejas, son de un tamaño y forma característicos para cada especie y son visibles durante la división celular. Las células del cuerpo humano contienen, cada una, 24 pares. Las células germinales (gametos) contienen normalmente sólo uno de cada par de cromosomas.—F.H.H.

cruzador. Ladrón que se especializa en sustraer artículos en comercios o almacenes, valiéndose de otra persona a quien entrega subrepticiamente las mercancías que se le muestran y aprovechando la aglomeración de clientes.—J.C.

cuadra. Manzana de casas. Area urbana completamente rodeada de vías públicas o de calles y un río, parque, servidumbre de paso ferroviaria u otro límite semejante. Unidad empleada en las mediciones de la propiedad inmueble.—S.S.

cuadro estadístico. Véase **representación tabular.**

cuasi-legales, pautas. Véase **pautas cuasi-legales.**

cuestionario. Impreso o formulario para recoger datos de la población. Usualmente se refiere a los modelos enviados por correo o rellenados por el informante sin la presencia del interrogador. Cf. *cédula.*—M.Pt.

culpa. Elemento anímico o subjetivo del delito que se caracteriza por la voluntariedad inicial de su autor con respecto a actos u omisiones propios que posteriormente, en virtud de un nexo causal racional y previsible, pero no previsto, producen un evento de daño o de peligro extraño a aquella voluntad. Tales son los delitos en cuyo origen se encuentra la negligencia o la inobservancia de reglamentos. Cf. *dolo.* La culpa puede ser también de carácter civil.—J.C.

culpabilidad. Presupuesto de la teoría jurídica del delito, de naturaleza preferentemente psicológica o normativa según las distintas escuelas, que vale tanto como reprochabilidad. Por virtud de él, el sujeto imputable actúa antijurídicamente a pesar de las propias valoraciones jurídicas que le obligan. *In concreto* la culpabilidad puede revestir dos formas: el dolo y la culpa (*q. vid.*).—J.C.

cultivo de azada. Tipo primitivo de agricultura en el que la azada es la herramienta principal.—G.P.M.

cultivo de subsistencia. Véase **agricultor de subsistencia.**

culto. Conjunto de ritos y prácticas religiosas asociados a la adoración o propiciación de una determinada divinidad o grupo de seres sobrenaturales.—G.P.M.

culto a los antepasados. 1. Desarrollo o ampliación del culto a los espíritus (q. vid.) y que consiste en prácticas y observancias rituales asociadas a la adoración o propiciación de los espíritus de los antepasados muertos.—G.P.M.

2. Costumbre de rendir culto a los ancestros, que se encuentra en casi todas las sociedades a medida que salen de la barbarie. En la China, el Japón y la India, tal costumbre ha subsistido hasta los tiempos modernos.—W.G.

culto a los espíritus. El culto (q. vid.), es decir, las prácticas y observancias rituales asociadas con la propiciación o evitación de los espíritus (q. vid.) del muerto. Cf. culto a los antepasados.—G.P.M.

culto a los muertos. Véase **culto a los espíritus.**

culto del héroe. El culto (q. vid.) a los espíritus de los héroes fallecidos.—G.P.M.

cultura. 1. Nombre común para designar todos los tipos de conducta socialmente adquiridos y que se trasmiten con igual carácter por medio de símbolos; por ello es un nombre adecuado para todas las realizaciones características de los grupos humanos; en él se comprenden, no sólo particulares tales como el lenguaje, la construcción de instrumentos, la industria, el arte, la ciencia, el derecho, el gobierno, la moral y la religión, sino también los instrumentos materiales o artefactos en los que se materializan las realizaciones culturales y mediante los cuales surten efecto práctico los aspectos intelectuales de la cultura, como los edificios, instrumentos, máquinas, artificios para la comunicación, objetos de arte, etc. La significación científica del término es, por consiguiente, completamente diferente de su acepción popular. Comprende todo lo que es aprendido mediante la comunicación entre hombres. Abarca toda clase de lenguaje, las tradiciones, las costumbres y las instituciones. Como jamás se ha tenido noticia de un grupo humano que no tuviera lenguaje, tradiciones, costumbres e instituciones, la cultura es la característica distintiva y universal de las sociedades humanas. De aquí su importancia como concepto sociológico.

Indicios de cultura pueden descubrirse en el mundo animal infrahumano. Pero como ningún grupo animal posee lenguaje verbal —el principal vehículo para la difusión y transmisión de la cultura—, su cultura, si es que existe, es insignificante. El origen de la cultura como rasgo humano puede encontrarse en la superior capacidad del hombre para adquirir conocimientos mediante la experiencia y para comunicar lo aprendido por medio de símbolos, el principal de los cuales es el lenguaje. El descubrimiento y la invención forman el contenido del aprendizaje del hombre y la acumulación y transmisión de ellos mediante procesos de enseñanza y aprendizaje da como resultado el desarrollo de la cultura característica de cada grupo humano.

Como la cultura se transmite mediante procesos de enseñanza y aprendizaje, tanto formales como informales, la parte esencial de la cultura se encuentra en las pautas incorporadas a las tradiciones sociales del grupo, es decir, en los conocimientos, ideas, creencias, valores, normas y sentimientos que prevalecen en el mismo. La parte ostensible de la cultura se encuentra en la conducta efectiva del grupo, de ordinario en los usos, costumbres e instituciones. Pero las costumbres y las instituciones son casi siempre expresiones de las ideas, creencias, valores y sentimientos del grupo. La parte esencial de la cultura consiste, al parecer, en determinados juicios de valor en relación con las condiciones de vida. La definición puramente behaviorista de la cultura es, por consiguiente, inadecuada. Una definición completa debe comprender tanto los aspectos objetivos de la cultura como los subjetivos. Prácticamente, la cultura de los grupos humanos se resume en sus tradiciones y costumbres; pero la tradición, como aspecto subjetivo de la cultura, es su núcleo esencial.—C.A.E.

2. En las obras alemanas de sociología se emplea este término como sinónimo de civilización, es decir: sistema concreto de valores para todos los aspectos de la vida que se transmite por la tradición. Sin embargo, algunos escritores alemanes emplean cultura en oposición a civilización. Para ellos la cultura es la estructura espiritual, interna, heredada de la vida nacional o supernacional, intangible y en esencia inmutable, en gran medida derivada del estado agrícola originario, enraizada en la totalidad del pueblo y transmitida por la tradición; la civilización es la sistematización exterior de la vida, en su mayor parte de origen urbano, tangible, progresiva y transmitida por procedimientos técnicos.—J.H.B.

cultura adaptadora. Ajustes culturales a las condiciones materiales de la vida que un grupo ha hecho tomados en conjunto; la totalidad de las maneras como un grupo utiliza, explota y controla sus condiciones materiales; los usos, costumbres e instituciones de un grupo en la medida en que constituyen un acoplamiento a tales condiciones.—H.E.J.

cultura, área de. Véase **área de cultura.**

cultura, base de. Suma total de todos los rasgos culturales vigentes en un determinado tiempo y lugar.—J.P.E.

cultura cazadora. Véase **cultura colectora.**

cultura, centro de. Véase **centro de cultura.**

cultura colectora. Fase inferior de la cultura humana en la que los hombres llevan a cabo sus actividades de mantenimiento sin ningún instrumento, herramienta o artefacto. Para su subsistencia cuentan con lo que la naturaleza les ofrece, del mismo modo que las especies subhumanas. La invención o el descubrimiento de las herramientas y armas fundamentales marca la transición a la cultura cazadora. Cf. *economía colectora.*

cultura, continuidad de la. Esta expresión se emplea en dos acepciones diferentes, aunque conexas, que se confunden con frecuencia: *1)* Estabilidad de la cultura de un pueblo o tribu, con las mejoras o cambios en el proceso de ajuste a las condiciones cambiantes, y perpetuación de semejante conjunto cultural, a través de la familia en particular, por obra de la enseñanza y la tradición. *2)* El continuo total de la cultura, o la entera acumulación mundial de cultura material y no material en el curso de la historia, considerándose los progresos culturales de los diversos pueblos como pasos o contribuciones en una serie interminable. Se está de acuerdo en que algunas fases culturales tienen una continuidad más definida que otras, pero difieren las opiniones sobre qué es lo que contribuye en mayor medida a la corriente central o fundamental de la cultura, sus aspectos psicosociales o los que se refieren a la técnica y a sus conocimientos conexos. La opinión general se inclina en favor de los últimos. Esto permite hacer una exposición de la historia del desarrollo y progreso en función de los inventos mecánicos y de la ciencia.—S.J.

cultura criminal. Conjunto integrado de prácticas e ideas características de un grupo de personas y que son contrarias a la ley penal; el acto delictivo concreto puede apoyarse en ese conjunto cultural y ser parte de él. Semejante cultura criminal se integraría por actos similares ejecutados por otros miembros del grupo y por las racionalizaciones, valoraciones y normas de conducta que los soportan y acompañan; ciertos delitos, como la estafa y el asesinato, se cometen a menudo sin el apoyo de ninguna cultura criminal de tal índole.—E.H.S.

cultura de azada. Véase **cultivo de azada.**

cultura, difusión de la. Proceso por el cual un rasgo, complejo o pauta culturales se extiende, desde su punto de origen, a otros puntos o áreas. Cf. *difusión.*—J.P.E.

cultura, evolución de la. Desarrollo histórico de los sistemas de experiencia humana a que da lugar el cambio gradual de los objetos, conceptos, usos, asociaciones, instrumentos y habilidades con los que los seres humanos dan satisfacción a sus necesidades. La cultura tiene una armazón estable, aunque cambiante, de usos o instituciones esenciales (tales como la vida de hogar, el matrimonio, el intercambio comercial, las formas de gobierno, cultos religiosos y juegos públicos). Cada uno de ellos se desarrolla como expresión consuetudinaria y soporte de una clase esencial de funciones sociales. Semejantes funciones sociales elementales, que dan significación a las instituciones, pueden enumerarse citando las funciones económicas de sostenimiento y equipo, las funciones reflexivas de información y enseñanza, las funciones reguladoras de la conducta de gobierno y las estimativas de la recreación y el arte, siendo todas ellas desarrollo de las formas de acción necesarias que despliegan los hombres en el cuidado de sus intereses y en la realización de sus proyectos. Las fases históricas en la evolución de sus funciones e instituciones se ponen de manifiesto en los cambios de interés y atención sobre ellas en el tiempo, tal como se muestran en el orden arriba indicado: desde las más bajas y primitivas, las actividades económicas, puramente físicas, pasando por las actividades intermedias, reflexivas y reguladoras, hasta las actividades estimativas más elevadas. Estas últimas habrán de esperar, para llegar a su pleno desarrollo, a la adecuada evolución de las primeras. Esto puede observarse en la sucesión histórica de los tipos de cultura humana: *1)* la cultura salvaje o primitiva, *2)* la cultura medieval o feudal, *3)* la cultura moderna o industrial y *4)* la cultura contemporánea, más universal y comprensiva, más democrática.—C.J.B.

cultura material. Aspectos de la cultura que se componen de objetos materiales, bien sean artefactos u otros objetos a los que la cultura (no material) atribuye una significación o valor. La frase se considera contradictoria si se concibe la cultura como algo exclusivamente psíquico (no material); en ese caso no hay otra expresión para denotar aquello a que se refiere dicha frase. Cf. *cultura no material, artefacto.*—T.D.E.

cultura no alfabeta. (*antropología*) Expresión preferible a la de "prealfabeta" o "primitiva", puesto que "prealfabeta" implica evolución lineal, una sucesión preordenada y una situación retardada o detenida; en tanto que "primitiva" supone que este retardo o fijación precedió e impidió un ulterior cambio social siguiendo las directrices de la cultura europea. Las culturas no alfabetas son aún "primitivas" en el sentido de no haber sufrido la menor evolución propia y, por consiguiente, son "antepasados vivientes", es decir, que las tribus no alfabetas viven en la actualidad como vivieron nuestros antepasados prehistóricos.—T.D.E.

cultura no material. Parte de la cultura total que es intangible y no tiene sustancia material. Expresión sinónima de cultura inmaterial. Cf. *cultura material.*—J.P.E.

cultura, pauta universal de. Véase **pauta universal de cultura.**

cultura prealfabeta. Cultura que no adquirió el uso de la escritura. El momento exacto en que los pictogramas se convirtieron en "escritura" es discutible. Cf. *cultura no alfabeta.*—R.E.B.

cultura, préstamo de. Difusión de la cultura (*q. vid.*), especialmente desde el punto de vista del grupo receptor.—G.P.M.

cultura, rasgo de. Véase **rasgo cultural.**

cultura rezagada. Véase **rezago cultural.**

cultura, subárea de. Subdivisión de un área de cultura mayor y que se distingue por la relativa plenitud del desarrollo de un rasgo cultural particular, o por la relativa facilidad con que pudo difundirse semejante rasgo.

cultural. Relativo a la cultura, que tiene su origen en la cultura, afectado por la cultura. Cf. *cultura.*—T.D.E.

culturas, fertilización cruzada o recíproca de. Véase **fecundación de culturas.**

culturas, fusión de. Proceso de unir dos o más culturas en una. Esto implica la retención de algunos rasgos, la modificación de otros y la eliminación de los que son sustituídos. Cf. *asimilación social.*—J.P.E.

curandero. Practicón primitivo en las artes de curar y, de ordinario también, en las artes de la magia, la hechicería y la taumaturgia, frecuentemente con la ayuda de auxiliares sobrenaturales o espíritus familiares; hechicero (q. vid.).—G.P.M.

curva. Véase **representación gráfica.**

curva de crecimiento autocatalítico. Véase **curva logística.**

curva de error. Curva normal o de Gauss, llamada así porque puede demostrarse teóricamente que representa la distribución de la suma de un gran número de errores iguales e independientes; cada uno de dichos errores tanto puede ser positivo como negativo. La experiencia ha demostrado que la distribución de los errores en una variedad de tipos de medición se ajusta, aproximadamente, a dicha curva.—P.H.F.

curva logarítmica. Véase **curva logística.**

curva logística. Curva empleada para describir el progreso normal del crecimiento. La utilizó por primera vez P. F. Verhulst, en 1838, para representar el crecimiento de las poblaciones humanas. Más tarde fué redescubierta y perfeccionada por Raymond Pearl y Lowell Reed, cuyos nombres toma a menudo. Es la curva correspondiente a la ecuación

$$y = \frac{K}{(1+e^{a+bx})},$$ en la que y es la masa

de población en proceso de crecimiento, x el tiempo, y a, b y K constantes. También se la llama curva logarítmica. En química se llama curva de crecimiento autocatalítico.—M.P.

custodia estricta. Sistema de vigilancia constante del recluso, partiendo del supuesto de que no sólo se fugará si se le presenta oportunidad, sino q.e tratará de provocar tal oportunidad.—N.S.H.

custodia máxima. Se llama así el sistema de vigilancia severo que se emplea en el máximo de seguridad —muros elevados, barrotes a prueba de fracturas, numerosos vigilantes, disciplina rígida, etc.— y se destina a los delincuentes más peligrosos. Por ejemplo: Alcatraz entre las instituciones norteamericanas de ese tipo.—J.L.G.

custodia media. Denominación del sistema intermedio de vigilancia de los reclusos en una institución dotada de un tipo de edificio construído y equipado con menos solidez que otros y destinado a albergar a los delincuentes menos recalcitrantes y peligrosos, dándoles más libertad de movimientos y mayor autonomía.—J.L.G.

custodia mínima. Se denomina así el sistema de vigilancia de los reclusos que se practica en instituciones construídas, equipadas y sometidas a la menor sujeción posible, dentro del mantenimiento de dichos reclusos en condiciones de seguridad, y permitiéndoles la mayor libertad posible. Ejemplos de tal institución lo ofrecen algunos campos y granjas, ciertos reformatorios y los dormitorios en que se pernocta bajo palabra dentro de una institución.—J.L.G.

custodia protectora. Detención o vigilancia de las personas esenciales para la prosecución de las investigaciones judiciales o que auxiliaron en la investigación del delito a fin de evitar posibles represalias contra ellas. [Inglés, *protective custody*].—J.W.M'C.

CH

cháchara. Conversación libre, intrascendente y superficial, caracterizada por la abundancia de conceptos y palabras inútiles. Cf. *jive*.

chalán. Intermediario o comerciante que participa en operaciones de compraventa, sobre todo de caballerías u otros ganados, hallándose dotado de especiales cualidades de persuasión que pueden llegar al fraude.

chamán. Curandero del tipo de médium, mago o exorcista de las tribus siberianas que, valiéndose de su especial relación con los espíritus tutelares personales, puede actuar de mediador entre sus semejantes y el mundo invisible de los espíritus; por consiguiente, curandero (q. vid.) primitivo en general, especialmente versado en la posesión por los espíritus.—G.P.M.

chamarilero. Persona que se dedica a la compraventa de objetos viejos.

chambón. Persona poco hábil en el juego u otra actividad y que consigue sus objetivos por mero azar.

chantaje. Forma de extorsión consistente en amenazar a una persona con difamarla públicamente o causarle cualquier otra especie de daño, aprovechando ventajas reales o supuestas, para obtener de ella alguna clase de provecho. Constituye delito.—J.C.

chantajista. Persona que habitualmente ejerce actividades de chantaje.—J.C.

charlatanismo. Ejercicio abusivo de título o profesión, especialmente de la medicina, anunciando o prometiendo determinados resultados a plazo fijo o por medios infalibles o secretos, en contravención de los principios generales que la regulan. Constituye un quebrantamiento de la moral profesional y suele ser sancionado como delito. Cf. *curanderismo, intrusismo*.—J.C.

chismoso. El que, en sus conversaciones, divulga noticias o chismes prolijos, superficiales y a menudo conocidos de todos y no merecedores de crédito; charlatán ocioso. El chisme es el contenido divulgado. Chismorrear, el acto de divulgar dicho contenido.—F.E.L.

chulo. Rufián. Persona que sirve de alcahuete o agente de prostitución y vive del producto de tal actividad. [Inglés, *pimp*].—J.P.S.

D

dactiloscopia. Estudio de las impresiones digitales humanas con fines de identificación. —J.C.

Tiene muchas aplicaciones y se emplea principalmente en la identificación de los delincuentes. Se basa en la hipótesis, nunca desmentida, de que los canales de la epidermis de las yemas de los dedos no sufren alteración desde el nacimiento a la muerte en ninguna persona y en que nunca son iguales las de dos personas. Las huellas digitales dejadas en objetos que se han tocado pueden revelarse esparciendo sobre tales objetos unos polvos adecuados. Entonces es posible su fotografía, registro y clasificación para compararlas con otras huellas archivadas. Cf. *Vucetich.*—A.E.W.

dádiva. Lo que se da graciosamente; don, presente o regalo. Cf. *limosna, subsidio.*—J.C.

danza. Movimiento rítmico, no con finalidades de trabajo, sino como expresión, original y simbólica, de vida. Tiene importancia para la sociología en cuanto contribuye a la formación de la imaginación colectiva y de los sentimientos de grupo.—J.H.B.

daño. Menoscabo, detrimento, perjuicio, dolor, molestia, lesión. Puede ser material o moral. El daño constituye un postulado fundamental de la escuela clásica del derecho penal, que lo utiliza tanto para la tipificación objetiva del delito como para la fundamentación del poder punitivo del Estado. La teoría del daño fué elaborada principalmente por Carrara, el que distinguió entre el daño inmediato (producido por la fuerza física objetiva) y el daño mediato (denunciado por la fuerza física y moral subjetiva), estableció su recíproca relación y sentó las bases para su determinación cuantitativa y cualitativa.—J.C.

daños. Delito contra la propiedad consistente en su destrucción o menoscabo sin desplazamiento o transferencia de su dominio ni ánimo de lucro, pero sí con el propósito de causar un perjuicio (*animus nocendi*) al titular de ella.—J.C.

daños y perjuicios. La destrucción o menoscabo material y moral padecido en la persona o bienes (*damnum emergens*), la ganancia lícita que deja de obtenerse o los gastos que se ocasionan (*lucrum cessans*) y el riesgo asumido (*periculum sortis*), cuando son causados por acción u omisión ajena, constituyen desde el derecho romano un motivo de responsabilidad que crea un título legítimo para obtener la correspondiente indemnización de daños y perjuicios. Dicha responsabilidad reviste de ordinario carácter civil, pero en ocasiones puede ser accesoria de una responsabilidad criminal.—J.C.

datos estadísticos. Grupos de hechos, observaciones o medidas numéricas que sirven de base a los estudios estadísticos.—M.Pt.

datos, validez de los. Véase **validez de los datos.**

deber. Conducta que se espera siga un individuo por virtud de su posición, *status* u ocupación, o por el hecho de ser miembro de ciertos grupos. La expectativa de conformidad con las costumbres.—A.R.L.

débil o defectuoso mental. Débil mental propiamente dicho. Deficiente mental. Con frecuencia se limita específicamente la amplitud del término a aquellas condiciones fronterizas o marginales en que la persona es jurídicamente imputable, pero de inteligencia ligeramente subnormal. El cociente de inteligencia del defectuoso mental se sitúa entre 70 y 79. [Inglés, *mental defective*].—C.F.S. y J.C.

debilidad mental. Deficiencia mental (*q. vid.*). En Inglaterra el término suele aplicarse a los grados de deficiencia mental desde el tipo morón, mientras que en Estados Unidos el concepto se emplea genéricamente, comprendiendo en él todos los grados de deficiencia mental. [Inglés, *feeblemindedness*].—C.F.S.

En esta última acepción, la debilidad mental comprende al idiota y al imbécil (debilidad mental profunda), al morón (debilidad mental ligera) y al débil mental propiamente dicho.

decadencia. Proceso, o resultado del proceso, de descomposición social, por el cual las instituciones, el control social y los valores culturales generales, pierden su fuerza y la sociedad se disuelve en unidades pequeñas. El extremo lógico de la decadencia social puede concebirse como un individualismo por completo hedonista y sensual. Cf. *desorganización social, desmoralización.*—F.N.H.

decadente. En estado de decadencia o de agotamiento. Puede aplicarse a una familia, a una clase social o a gentes carentes de virilidad. El término puede aplicarse también a la filosofía social o económica de un grupo; significa asimismo esterilidad de imaginación. —N.A.

decalvación. Antigua pena infamante consistente en privar al reo totalmente del cabello.—J.C.

decapitación. Forma de ejecución de la pena de muerte consistente en separar materialmente la cabeza del cuerpo del reo mediante un rudo golpe de hacha, espada, guillotina, etc.—J.C.

declaración de derechos. Parte de las constituciones escritas donde tradicionalmente (desde la Revolución francesa) se recogen y codifican de modo general los derechos y garantías de carácter político. Cf. *bill de derechos.*—J.C.

decomiso. Confiscación (q. *vid.*). Pena accesoria consistente en la pérdida de los instrumentos y productos del delito (q. *vid.*), que sólo puede imponerse en perjuicio del delincuente y en beneficio del Estado.—J.C.

decrecimiento. Proceso de disminución, merma o menoscabo en lo físico o en lo moral.—J.C.

decrecimiento natural. Véase **incremento natural.**

defecto de norma. Ausencia de cualquier norma aplicable. Cf. *anomia.*

defecto de personalidad. Véase **personalidad (defecto de).**

defectuoso. Imperfecto. Cf. *débil* o *defectuoso mental.*

defensa. Aspecto de un conflicto social en el que una personalidad o grupo trata de impedir un daño a sí mismo o a sus aliados.—H.H.

defensa, legítima. Véase **legítima defensa.**

defensa, mecanismo de. Artificio psicológico empleado por un niño o por una persona mentalmente inmadura como reacción contra la censura o la crítica. En lugar de reconocer los errores, de aceptar la responsabilidad y de adaptarse, se tiende a descargar la censura sobre otro o, al menos, a formular alguna excusa por lo realizado.—A.E.W.

defensa social. Moderna teoría sobre el fundamento y fin de la potestad punitiva del Estado, y consiguientemente de la pena, adoptada como criterio filosófico por la escuela positiva (q. *vid.*). Según Florian, la defensa social corresponde al sentimiento social de condenación del delito, aplacándolo y aquietándolo; preserva del peligro criminal valiéndose de diversos medios; da satisfacción al perjudicado por el delito, impidiendo así la venganza privada; protege a los ciudadanos en el ámbito de su legítima libertad y preserva al delincuente contra las venganzas personales garantizándolo al mismo tiempo frente a la acción del Estado. El conjunto y coordinación de estos diversos fines mediante la defensa social hace necesario diferenciarla nítidamente de otras doctrinas que en un momento u otro se consideraron básicas del derecho penal, tales como la venganza social, la justicia abstracta, la retribución, la defensa o tutela jurídica, la defensa de clase, etc. Cf. *leyes de defensa social.*—J.C.

defensor público. Individuo u organización que presta un servicio de asistencia jurídica (q. *vid.*) a las personas menesterosas acusadas de haber cometido un delito. Los abogados que tienen a su cargo la defensoría pública o de oficio pueden ser representantes de una organización pública o privada y ofrecer gratuitamente sus servicios o percibir honorarios con cargo a fondos públicos o privados. Debe distinguirse entre el defensor público y el designado por el tribunal en un caso concreto, por la regularidad con que el primero ejerce su menester. En los sistemas más perfectos de defensa pública, como el que existe en el condado de Los Angeles, en California, y en el Estado de Connecticut, el defensor público no ejerce otra actividad y es adecuadamente remunerado por el ejercicio de su función.—N.F.C.

deficiencia. Incapacidad de adaptarse a un tipo uniforme establecido, por falta de ajuste entre las partes esenciales de un todo o por ser éste defectuoso. Sociológicamente, el término se refiere a la incapacidad de una institución o agencia social para desempeñar la función asignada o normal, debido a defectos reconocidos inherentes a la estructura u organización de la institución o agencia. El término se aplica a los individuos cuando se refiere a alguna imperfección física o mental sin alusión concreta a su causa. Se han distinguido grados diversos de deficiencia mental con fines de análisis: por ejemplo, la idiotez, la imbecilidad y el infantilismo.—J.M.R.

deficiencia mental. Idiotez; amencia; subnormalidad mental; defectuosidad mental. Estado de retraso o incompleto desarrollo mental existente desde el nacimiento o los primeros años de la infancia, por razón del cual el individuo es incapaz de hacer frente a las exigencias sociales de su propia sociedad. A los deficientes mentales de los grados más elevados puede serles permitido valerse por sí mismos, pero sólo rodeándolos de excepcional orientación, cuidado y dirección. Los deficientes mentales, en general, se clasifican convencionalmente en tres grados: a) El infantiloide, que tiene un cociente de inteligencia (C.I.) de 50 a 69 o una edad mental (E.M.) de 84 a 143 meses. Este es el tipo capaz de valerse por sí mismo en las condiciones que dejamos expuestas y sus grados más elevados, o casos fronterizos, son difíciles de distinguir por el profano de los individuos mentalmente normales. b) El imbécil, que tiene un C.I. de 25 a 49 o una E.M. que fluctúa entre los 36 y 83 meses. Tal persona es capaz de protegerse por sí misma de peligros elementales, pero no de desempeñar un papel siquiera aproximadamente juicioso en la sociedad. c) El idiota, que tiene un C.I. de menos de 25 o una E.M no mayor de 35 meses. Los idiotas están tan faltos de inteligencia que no pueden vivir sin un cuidado y atención constantes.—C.F.S.

deficiente. Incompleto; falto de algo esencial; lleno de lunares o imperfecto. Sociológicamente indica el fracaso de una institución, organismo o grupo social en el desempeño de una función considerada esencial, debido a un defecto de estructura u organización. Como sustantivo y sin ningún calificativo se emplea casi siempre para indicar una persona deficiente mental. Empleado en este sentido, se refiere, de ordinario, a la incapacidad general proveniente de condiciones existentes en el momento del nacimiento, pero no necesariamente hereditarias. Cf. *deficiencia mental.* —J.M.R.

definición. *1)* Afirmación de identidad de sentido entre dos términos: el término que se define *(definiendum)* y el término definidor *(definiens);* y *2)* proceso por el cual se llega a tal afirmación. El término que ha de ser definido siempre representa un concepto que se refiere a cierta clase (o especie) de objetos singulares, físicos o ideales. El término definidor se compone, de ordinario, *a)* de la designación de una clase más amplia (llamada género) que comprende la especie que ha de ser definida, y *b)* de la enumeración de las diferencias o características específicas que son necesarias y suficientes para distinguir a todos los miembros de esta especie de todos los demás miembros del género.—H.H.

Una definición completa debe comprender una descripción verbal del concepto, de tal naturaleza que permita su identificación inmediata y que suministre también una comprensión adecuada del mismo sin ninguna otra referencia.

definición operativa. Una definición es operativa en la medida en que el definidor incluye entre las diferencias *a)* la especificación de los procedimientos, incluyendo los materiales utilizados, para la identificación u obtención de lo definido, y *b)* el hallazgo de un índice elevado de garantía por lo que respecta a la definición.—S.C.D.

deformación craneana. Modificación artificial de la forma de la cabeza, efectuada en la infancia mediante la aplicación de vendajes apretados, tablillas planas, etc.—G.P.M.

defraudación. Expresión genérica con la que pueden denominarse todos aquellos delitos patrimoniales en los que se obtiene un lucro o aprovechamiento indebido, en perjuicio de tercero, mediante maniobras fraudulentas de muy diversa especie. Se excluye de ellas el apoderamiento de cosa mueble, con violencia física (robo) o moral (extorsión) o sin ellas (hurto). —J.C.

degeneración. Menoscabo en la salud, la normalidad, la eficacia o la viabilidad debido a cambios estructurales patológicos. Durante la intoxicación y la enfermedad, diversos tejidos padecen por causa de desórdenes en la nutrición, la función y la apariencia. En la mayor parte de los tejidos puede remediarse la degeneración hasta cierto punto; en los casos más graves las células mueren. Las filosofías orgánicas de la historia —como la spengleriana o el tipo análogo, médicamente orientado, de Nordau— y las sociologías organicistas, como las de Schaeffle y Ammon, interpretan la creciente complejidad, las tensiones y los múltiples conflictos de una cultura compleja en vías de expansión, con sus tipos diferenciales de evolución, como un proceso irreversible,

catabólico y cuasi-biológico. A veces, las teorías de este tipo sugieren, en realidad, una corrupción ostensible de las reservas biológicas. Evidentemente, este fatalismo pesimista no ofrece ningún punto de apoyo para una interferencia eficaz cualquicra en el proceso social. Como el concepto de degeneración implica una concepción organicista de la sociedad y una patología determinada, ha tenido que ser sustituído por el término desorganización *(q. vid.),* que es más neutral y funcional. En el lenguaje ordinario los pervertidos sexuales y los criminales se consideran siempre como degenerados con su implicación de inadecuación y estigmatización biológicas, aun cuando la mayor parte de las perversiones están condicionadas socialmente.—E.F.

degenerar. Descender a un nivel de organización más bajo, ya sea en la herencia genética, en la configuración de la personalidad o en la estructura social.—P.H.H.

degradación. 1. Pena de carácter militar y canónico consistente en el descenso jerárquico forzoso, que suele aplicarse públicamente y con solemnidad.—J.C.

2. Medida disciplinaria por virtud de la cual se priva a un detenido de las ventajas o privilegios que llegó a alcanzar dentro de la prisión y con la que se sancionan sus infracciones reglamentarias.—J.L.G.

3. En general, todo descenso o pérdida de *status* da lugar a una forma de degradación social. Tal era la razón de ser de las antiguas penas infamantes y tal es el fundamento de la desconsideración que acompaña a ciertos hábitos y formas irregulares de vida.—J.C.

delación. Acusación, denuncia *(q. vid.).*

delator. Denunciante, soplón *(q. vid.).*

deliberación. Interacción en el plano intelectual de la comunicación entre determinado número de personas concentradas en el examen y resolución de problemas; consideración cuidadosa de los datos relacionados, con la elección de una cierta conducta.—F.E.L.

delincuencia. 1. En términos vulgares, carentes de rigor científico, infracción de cualquier obligación social. 2. Término empleado en los tribunales de menores de Estados Unidos para definir los delitos de los menores sometidos a su jurisdicción. En la criminología norteamericana, la distinción, jurídicamente aceptada, entre acto "criminal" y acto "delictivo" va implícita en la teoría de que sobre los jóvenes delincuentes no pesan las mismas consideraciones responsabilistas que se supone actúan sobre los adultos. Jurídica y sociológicamente la distinción estaría fundada en el reconocimiento de la necesidad de un trato diferencial con respecto a los menores delincuentes. Cf. *responsabilidad criminal, delincuencia de menores.*— J.M.R.

3. En términos más precisos y generalmente recibidos, el término delincuencia corresponde a la calidad de delincuente, a la capacidad de

delinquir, y por ende a la infracción de deberes jurídicamente establecidos, que da lugar a la atribución de responsabilidad criminal y es sancionada penalmente. Sinónimo de criminalidad. Sociológica y estadísticamente, también conjunto de delitos, expresados en general o referidos a determinado criterio espacial, temporal o categorial.—J.C.

delincuencia, área de. Véase **área de delincuencia.**

delincuencia asociada. Actividad criminal ejercida en forma colectiva por varias personas vinculadas para tal fin permanentemente o con vistas a la comisión de un delito determinado. Los grados de participación pueden ser análogos para todos los delincuentes o diversificarse según el principio de división del trabajo. Cf. *asociación criminal, delito colectivo, delito organizado.*—J.C.

delincuencia de menores. La constituída por los actos antisociales de los niños o personas menores de edad. Tales actos pueden estar específicamente prohibidos por la ley o ser interpretados legalmente como delitos.—M.A.E.

Aunque formal y objetivamente no exista diferencia alguna entre la delincuencia de los adultos y la de los menores, se admite generalmente que la acción del Estado sobre ambos debe ser de distinto carácter y reposar en distintos fundamentos: en el caso de los adultos, de carácter penal y fundamento responsabilista; en el de los menores, de carácter educativo y fundamento tutelar y protector. Es inexacta y peligrosa, por consiguiente, la expresión "delincuencia de menores", que sólo debe aceptarse a título analógico, ya que cada vez se acentúa más la tendencia a considerar a los menores fuera del derecho penal.—J.C.

delincuencia femenina. Véase **criminalidad femenina.**

delincuente. 1. Persona que ha cometido un delito. Estadísticamente, persona que ha sido condenada por un delito. El intento de separar una categoría especial de delincuentes bajo la denominación de "criminales" y de incluir en ella a las personas responsables de los delitos más graves, que suponen extraordinaria depravación moral, o a las personas animadas por móviles claramente perversos, carece de base científica y sólo puede dar lugar a confusión. [Inglés, *criminal.*]
2. En la penología norteamericana el término suele reservarse para los responsables de delitos menos graves y para los menores delincuentes. En general, la conducta de estos últimos se considera menos dañosa que la análoga del adulto, en razón a la falta de madurez del niño y a las deficientes condiciones ambientales que con tanta frecuencia influyen sobre él. [Inglés, *delinquent*].—M.A.E.

delincuente anómalo. Se llama delincuente anómalo o patológico al que se desvía del tipo mentalmente normal. No hay clasificaciones de los tipos mentalmente anormales generalmente aceptadas. Sin embargo, la siguiente sencilla clasificación se emplea con frecuencia: defectuoso o débil mental, psicótico y psicopático. Este último grupo es el más difícil de definir. Comprende a los delincuentes neuróticos, epilépticos y que se estima poseen una personalidad postencefálica o psicopática. La encefalitis es una enfermedad causada por lesiones en el sistema nervioso central; contribuye al comportamiento letárgico e irritable y retrasa también el aprendizaje. La característica principal de la personalidad psicopática reside en una profunda perturbación de la vida emocional. No hay método uniforme para diagnosticar como psicopática a una personalidad. Una comparación de informes psiquiátricos sobre la psicopatía de los delincuentes muestra radicales diferencias en las conclusiones por lo que respecta a la proporción de delincuentes así caracterizados.—N.F.C.

En conjunto y desde el punto de vista jurídico, la clase de delincuentes anómalos corresponde a la tesis positivista, que ha sido muy discutida, de que junto a la enfermedad mental plena, existe la semi-enfermedad mental; en tal supuesto, así como la primera es reconocida como causa de inimputabilidad, y consiguientemente de irresponsabilidad, para la segunda debería admitirse el concepto de la semirresponsabilidad. Tal opinión desconoce la idea de la unidad psíquica e inescindible de la personalidad. En sus aplicaciones prácticas ofrece la contradicción de someter a los delincuentes anómalos a un tratamiento penitenciario exactamente como el de los normales, pero acompañándolo o haciéndolo seguir de medidas de seguridad especiales (tratamiento médico, suplemento de reclusión, libertad vigilada). Hoy se tiende a comprender en una sola y amplia categoría de delincuentes anómalos o patológicos a todos los que adolecen de alguna anormalidad psíquica, cualquiera que sea, y a someterles a un tratamiento médico adecuado, de carácter no penitenciario y que en caso de incurabilidad garantice su seguridad personal y la de la sociedad.—J.C.

delincuente de levita. Persona de la clase socioeconómica superior que infringe la ley penal en ocasión del ejercicio de actividades económicas o profesionales lícitas; el Estado, cuando reacciona contra los delitos cometidos por dichas personas, lo hace, en general, valiéndose de organismos y autoridades administrativas más bien que judiciales. Un hombre acaudalado que goza de la confianza y forma parte de los bajos fondos no sería un delincuente de levita, porque no tiene buena reputación social. Un hombre de negocios acaudalado y generalmente estimado que comete un crimen pasional tampoco sería un delincuente de levita. Pero sí lo sería el banquero, industrial o comerciante que resulta responsable de un fraude fiscal. [Inglés, *white-collar criminal*].—E.H.S y J.C.

● **delincuente deficiente.** Delincuente que tiene alguna deficiencia en su organismo físico o mental. En términos generales la expresión se refiere a los delincuentes débiles mentales o afectados por cualquier otra deficiencia mental que les incapacita para asumir la responsabilidad de su conducta. Cf. *delincuente anómalo*.—M.A.E.

delincuente habitual. Multirreincidente. Persona que observa un género de vida delictivo al extremo de llegar a constituir un tipo permanente de personalidad criminal. Puede ser o no un delincuente profesional (*q. vid.*), pero por lo menos una parte considerable de su actividad es de carácter criminoso.

Los presupuestos de las legislaciones modernas para la tipificación de esta categoría de delincuentes son la multirreincidencia o la multirreiteración (condición objetiva) y la inclinación persistente al delito, la depravación o el ocio (condición subjetiva). La habitualidad criminal constituye una de las manifestaciones de la peligrosidad y da lugar a la imposición de una pena agravada y/o de ciertas medidas de seguridad (internamiento en establecimientos adecuados), simultánea o sucesivamente. Cf. *delincuente ocasional, reincidencia, reiteración*.—J.C.

delincuente loco. Aquel en que el delito es la manifestación o revelación de su anomalía mental, de su individualidad psíquica anormal. [Inglés, *criminal insane*.] Cf. *loco delincuente*.

La enajenación mental es unánimemente reconocida como causa de inimputabilidad. Pero existen muchos síndromes psiquiátricos que plantean delicados problemas de diagnóstico criminal. Sin embargo, las cuestiones puramente técnicas que suscita esta categoría de delincuentes (diagnóstico, simulación, responsabilidad, tratamiento), hoy pueden resolverse de modo satisfactorio gracias al peritaje médico-psiquiátrico y a la clínica criminal (*q. vid.*).—J.C.

delincuente nato. Concepción del delincuente como individuo que posee características distintivas físicas o psíquicas. [Inglés, *criminal man*]. —M.A.E.

El concepto fué formulado por Lombroso. Se basa en la creencia de que la constitución biológica de ciertas personas les lleva de modo inexorable a la delincuencia. Es sinónimo de criminal congénito o hereditario. [Inglés, *born criminal*].—J.P.S.

La categoría lombrosiana del delincuente nato [*uomo delinquente*] ha sido desechada de la criminología moderna. En su lugar se establece la del delincuente orgánico, fundada en la teoría de la constitución criminal (*q. vid.*).—J.C.

delincuente ocasional. Persona, casi siempre normal aunque de escasa energía volitiva, que delinque por sugestión del ambiente o por un motivo pasajero, sentimental o externo. Se trata de delincuentes primarios, poco o nada peligrosos, generalmente exentos de defectos psíquicos, pero susceptibles de convertirse en habituales. Cf. *delincuente habitual, delincuente pasional, delincuente profesional*.—J.C.

delincuente orgánico. Véase **delincuente nato,** *in fine.*

delincuente pasional. Aquel en que el delito prorrumpe tempestuosamente, como un huracán psíquico, anulando la voluntad e impidiendo la sana y normal percepción de los acontecimientos. A propósito de ellos se ha intentado distinguir entre la emoción (estado agudo) y la pasión (estado crónico). Esta categoría delictiva ofrece gran importancia jurídica por cuanto se refiere a la determinación de su imputabilidad. La delincuencia pasional requiere en todo caso un atento análisis psicológico, del que cabe deducir también variados y diversos juicios en relación con la peligrosidad. El ejemplo más característico y frecuente de delincuencia pasional es el determinado por arrebatos amorosos.—J.C.

delincuente patológico. Véase **delincuente anómalo.**

delincuente profesional. El que participa regularmente, y como en un medio normal de vida, en una cultura criminal perfeccionada y dotada de un cuerpo de aptitudes y conocimientos especializados. El delincuente profesional se diferencia del habitual, que comete delitos de manera regular pero no posee una destreza perfeccionada y especializada, y del ocasional, que no se lanza al delito de manera regular ni posee una aptitud especializada.—E.H.S.

La profesionalidad en el delito es una condición subjetiva que va más allá de la habitualidad, que según Florián constituye, con la reiteración y el convencimiento específico del juez, sus presupuestos. La profesionalidad se deriva de la forma económica y general de vida que llega a constituir el delito. Cf. *delincuente habitual, delincuente ocasional*.—J.C.

delincuente psicopático. Véase **delincuente anómalo.**

delincuentes, clasificación de. Véase **clasificación de delincuentes.**

delincuentes sexuales. Los que atacan la libertad individual de determinación, las buenas costumbres o el sentimiento público en materia sexual, ya sea para satisfacer sus propios impulsos eróticos o con cualquier otro móvil.—J.C.

Los delincuentes sexuales pueden dividirse en dos clases: las personas que cometen actos ilícitos que denotan anomalías físicas o mentales (violación, sodomía, exhibicionismo) y las que cometen actos también prohibidos pero en sí mismos indiferentes desde el punto de vista de la personalidad de su autor (proxenetismo, lenocinio, seducción).—N.F.C.

Mientras que los delincuentes sexuales de la primera clase requieren un tratamiento especial de carácter médico-psiquiátrico, algunas categorías de la segunda clase constituyen personalidades sumamente peligrosas desde el punto de vista social para las que se recomiendan medidas especiales de seguridad.—J.C.

delito. 1. Violación de la ley penal, es decir, infracción al código de conducta que el Estado sanciona de manera especial definiendo los delitos y sus penas mediante sus órganos legislativos, persiguiendo a los delincuentes, imponiéndoles penas y regulando el cumplimiento de éstas por medio de sus propios agentes administrativos. El término delito suele emplearse errónea e imprecisamente para designar toda conducta de índole lesiva para la sociedad, aunque no constituya una infracción de la ley penal. [Inglés, crime].—T.S.

La definición del delito ha constituido siempre uno de los problemas fundamentales del derecho penal. Como uno de tantos reflejos de la lucha de escuelas, los conceptos propuestos se han dividido en dos grupos principales, según su inspiración predominantemente sociológica o jurídica. Desde el punto de vista jurídico-formal las definiciones propuestas pueden reducirse a las de Carmignani: "Acto humano contrario a la ley", y Carrara: "Infracción de la ley del Estado promulgada para proteger la seguridad de los ciudadanos, resultante de un acto externo del hombre, positivo o negativo, moralmente imputable y políticamente dañoso". Tratando de colmar las insuficiencias conceptuales de ese tipo de definiciones, puramente externas, se elaboraron varias nociones jurídico-materiales del delito, que recogen tanto sus elementos formales y objetivos como aquellos de índole psicológica y subjetiva que son indispensables para una formulación precisa del juicio de reprochabilidad implicado en todo delito. Puede servir como ejemplo de dicho tipo de definiciones la de Jiménez de Asúa: "Acto típicamente antijurídico, culpable, sometido a veces a condiciones objetivas de penalidad, imputable a un hombre y sujeto a una sanción penal". Desde el punto de vista sociológico, entre las más importantes definiciones propuestas se cuentan la de Garófalo (delito natural): "Violación de los sentimientos altruístas fundamentales de piedad y probidad, en la medida media en que son poseídos por una sociedad determinada"; la de Ferri: "Acción punible determinada por móviles individuales y antisociales, que perturba las condiciones de vida y contraviene a la moralidad media de un pueblo dado en un momento determinado"; la de Grispigni: "Acción que hace imposible la convivencia y cooperación de los individuos que constituyen una sociedad o la pone en grave peligro", etc.—J.C.

2. Segundo de los términos de la clasificación tripartita de los delitos. Designa infracciones o delitos menos graves y se diferencia de los crímenes o delitos graves [crimes, felonies] y de las faltas o contravenciones [contraventions]. Por su naturaleza no es posible diferenciar los crímenes y los delitos, aunque sí por la alarma social o sentimiento de horror que suscitan unos y otros (mayor o más grave en los primeros). La única norma, empírica, que hay para tal fin es la importancia de la pena que legalmente se les atribuye, así como la jurisdicción y el procedimiento a que se someten. Las infracciones a los reglamentos del tráfico, en principio calificadas como delitos en el derecho angloamericano, se agrupan hoy en una categoría distinta. [Francés, délit; inglés, misdemeanor].—J.W.M'C. y J.C.

delito agotado. Se denomina así al delito consumado o perfecto cuando por virtud de su comisión y de actos posteriores (sean éstos o no delictivos en sí) ya se han producido todos los efectos lesivos implícitos en él y en el ánimo de su autor. El agotamiento del delito es, por consiguiente, incompatible con el arrepentimiento activo. Puede tenérsele en cuenta en la determinación de la penalidad y debe servir para el esclarecimiento de ciertos casos de concurso aparente de delitos.—J.C.

delito capital. Véase **crimen capital.**

delito, causas del. Agentes a quienes se atribuyen o fuerzas que determinan las violaciones a la ley. Las causas del delito nunca han sido aisladas de manera satisfactoria. Cuando se utilizan para explicar el volumen del delito en general o de ciertas clases de delitos, las causas atribuidas a éstos más bien describen los factores de mayor o menor riesgo para los individuos que llegan a ser tratados oficialmente. Cuando se emplean para explicar la conducta de un individuo determinado, tales causas representan el intento de descomponer en factores los casos individuales mediante el análisis cuantitativo ordinario o el diagnóstico clínico. La investigación de las causas del delito o de la conducta delictiva se complica ante la dificultad de aislar el efecto diferencial de los factores de situación sobre las distintas constituciones mentales y físicas. También tropieza con la dificultad de demostrar que tal o cual combinación de factores influye más bien sobre los delincuentes que sobre los no delincuentes o en la conducta no delictiva. Cf. delito (etiología del), etiología criminal, factores causales de la criminalidad.—W.C.R.

delito colectivo. El cometido juntamente por dos o más personas contra un tercero. La delincuencia colectiva se diferencia de la delincuencia asociada, de la asociación para delinquir y de la delincuencia organizada en que la primera es ocasional y por lo general sólo implica la comisión de un delito, mientras que las últimas son predeterminadas, pueden entrañar una conducta permanente y habitual y suponen la existencia de vínculos de asociación más estrechos entre los partícipes. Se diferencia también de otros delitos cometidos en forma colectiva, como la fornicación y el juego, en los que no se lesiona ningún interés individual y directo. Cf. delito organizado.—E.H.S. y J.C.

delito consumado. Véase **consumación del delito.**

delito, cuerpo del. Objeto material del delito. También instrumento que ha servido para su comisión. El cuerpo del delito tiene especial relevancia procesal en cuanto elemento probatorio.—J.C.

delito, diagrama del. Concepto adoptado por algunos criminólogos en el estudio de la distribución ecológica del delito. Designa el perfil de una curva basada en la proporción de delitos en áreas geográficas consecutivas transportadas a lo largo de una línea recta. [Inglés, *crime gradient*].—T.S.

delito, etiología del. Estudio de las causas de la conducta criminal. Permiten hacerlo el método del estudio por casos y el método clínico, procedentes, de ordinario, de la consideración de casos individuales. El aislamiento de un factor relacionado con el delito en general, por métodos estadísticos o de observación, se consideraría como aportación al estudio de las causas generales del delito, más bien que al de su etiología. Cf. *delito (causas del), etiología criminal, factores causales de la criminalidad.*—W.C.R.

delito frustrado. Véase **frustración (2)**.

delito imposible. Se llama así aquel cuya consumación no puede realizarse por inidoneidad (absoluta o relativa) de los medios empleados o del sujeto pasivo. La punibilidad del delito imposible ha sido muy debatida y ha recibido muy diversas soluciones legales. Por lo general suelen sancionarse ciertos casos de delito imposible en razón de la peligrosidad que revelan en su autor.—J.C.

delito, índice del. Véase **índice del delito**.

delito, investigaciones sobre el. *Surveys* o estudios especiales hechos con referencia a la naturaleza y extensión del delito, a la observancia de la ley penal y a la administración de justicia por los tribunales. En Estados Unidos, el Informe de la Comisión Nacional sobre la Observancia y Vigencia de la Ley es el estudio importante que se ha hecho. Entre otros estudios notables pueden citarse los relativos a la delincuencia en los Estados de Missouri y de Illinois.—M.A.E.

delito organizado. El que implica el esfuerzo de colaboración de dos o más delincuentes en el más amplio sentido de la palabra. Pueden darse todos los grados de organización, desde el tipo indefinido y difuso, hasta el más estrictamente institucionalizado a semejanza de cualquier organización de negocios; o desde la organización en la que sólo están complicadas algunas personas, hasta aquella en que están comprometidos centenares de individuos.—A.R.L.

delito, pluralidad de causas del. Opuesta a la concepción monogenética del delito, como la herencia, la debilidad mental, la pobreza, etc., la doctrina de la pluralidad de causas implica la actuación acumulativa de diversos factores en la producción del delito. La eficacia de la concepción de la pluralidad de causas del delito es más evidente en el estudio de los casos individuales que en el estudio del delito en general. La doctrina de la pluralidad de causas puede hacer figurar un factor dominante y dos o tres factores secundarios, o puede simple-

mente incluir la consideración de diversos factores coadyuvantes sin destacar la importancia especial de ninguno de ellos. En la pluralidad de causas hay un límite. En el examen clínico o en el del caso individual, insistir en que hay más de cuatro o cinco factores causales suele indicar que el clínico o investigador ha tenido en cuenta factores no relacionados fundamental o directamente con la génesis de la conducta delictiva. En el estudio de las causas generales del delito mediante estadísticas o con ayuda de la observación general, la inclusión de todas o de casi todas las clases de causas es casi tan contraproducente como la fijación de una sola. No todos los factores pueden incluirse en la pluralidad de causas, a menos que deseemos descubrir algunas conexiones muy remotas y muy indirectas con el delito, que no tienen el menor carácter causal. Muchos de los factores indirectos que se relacionan con el delito por medios eventuales, no sistemáticos, probablemente serán factores de riesgo más bien que factores causales. Cf *delito (causas del), delito (etiología del), etiología criminal.*—W.C.R.

delito político. El que atenta contra el Estado en cuanto personalidad política. Puede adoptar diversas formas que incluso lleguen a desvirtuar aparentemente su carácter, que se revela o manifiesta por el fin propuesto por su autor. Se excluyen de esta categoría de delitos los que atacan la seguridad exterior de la nación (traición, espionaje). Los delitos políticos, por lo general severamente sancionados en los regímenes autoritarios, son objeto de benévola consideración en aquellos otros que se inspiran en principios liberales, en atención a la calidad noble, altruista y evolutiva de los móviles que animan a sus autores. Estos gozan incluso de cierta protección internacional (derecho de asilo, principio de no extradición). Se ha pretendido extender tal consideración privilegiada a los llamados delitos sociales *(q. vid.).*—J.C.

delito, proporción del. Véase **proporción del delito**.

delito putativo. Se llama putativo o imaginario al delito que su agente considera como tal, pero que no se halla legalmente incriminado. No debe confundirse con el delito imposible *(q. vid.)* por inidoneidad del objeto o del medio empleado, ni con el delito provocado por la autoridad, que pueden denunciar la peligrosidad del supuesto autor.—J.C.

delitos, clasificación de los. Según su gravedad, las infracciones criminales suelen ser legalmente divididas conforme a un criterio tripartito o bipartito. El primero clasifica a los delitos en crímenes, delitos y contravenciones; el segundo en delitos y faltas. Siguen la clasificación tripartita el *common law* inglés y los códigos penales norteamericanos, francés y alemán; los códigos italiano, español e hispano-americanos adoptan la clasificación bipartita. El derecho inglés hace objeto a la traición [*treason*] de un tratamiento especial, considerándola como el más grave de todos los delitos. Tanto el derecho inglés como el norteamericano consideran a las infracciones más leves (contravenciones, faltas) como simples violaciones a los reglamentos de policía. En Italia, España y los países hispano-americanos, el término delito comprende tanto a los más graves (crímenes) como a los demás delitos de la clasificación tripartita. Por lo demás, las equivalencias terminológicas son las siguientes: *felony* = *crime* = *Verbreche* = crimen; *misdemeanor* = *délit* = *Vergehe* = *delitto* = delito; *contravention* = *Übertretung* = *contravvenzione* = falta.—N.F.C. y J.C.

delitos conocidos por la policía. Se incluyen bajo esta denominación todos aquellos delitos de cuya comisión tiene noticias la policía o que son objeto de su investigación y persecución. Constituyen la base de un índice estadístico que suele emplearse corrientemente para determinar el volumen y la proporción de la delincuencia en muchos países, entre ellos Estados Unidos. Sus datos no deben identificarse con los de la criminalidad real, que puede ser mucho mayor, particularmente en épocas de anormalidad social, como durante las guerras.—J.P.S. y J.C.

delitos sociales. Denominación impropia bajo la cual se comprenden todos aquellos delitos contra la libertad que dimanan en general del fenómeno social de la lucha de clases y especialmente de las relaciones laborales. Incluso se ha querido comprender en esta categoría aquellos otros delitos, de índole política, que atentan contra la personalidad u organización del Estado, pero que constituyen manifestaciones de la lucha de clases. En atención al carácter evolutivo de este tipo de delincuencia, se ha pretendido beneficiarla con el mismo tratamiento privilegiado que dentro de los principios del liberalismo se aplica a la delincuencia propiamente política.—J.C.

demagogia. Expresión política que alude a toda actitud oportunista ante los problemas con despreocupación consciente por las consecuencias sociales y económicas de las soluciones ofrecidas. La demagogia tiene su fuerte en el lugar común y con frecuencia en la difamación. Presenta programas de reforma social o económica basados en análisis parciales de los problemas y se aprovecha de la inquietud y miseria populares apelando a los prejuicios. —N.A.

demanda de trabajo. Necesidad, reconocida y manifiesta, en que se encuentran los patronos, en un momento determinado, de obreros asalariados. Cf. *mercado de trabajo, mano de obra, oferta de trabajo.*

demencia. Locura, enfermedad mental (q. vid.).

demencia criminal. Véase **delincuente loco.**

democión. Reducción de los derechos y privilegios de una persona por quien tiene autoridad para hacerla. Equivale a una disminución del *status.* Cf. *degradación.*—F.E.L.

democracia. Filosofía o sistema social que sos-

tiene que el individuo, sólo por su calidad de persona humana y sin consideración a sus cualidades, rango, *status* o patrimonio, debe participar en los asuntos de la comunidad y ejercer en ellos la dirección que proporcionalmente le corresponde. En teoría, la democracia pura no toma en consideración ninguna característica individual, ya sea de raza, sexo, edad, religión, ocupación, riqueza, inteligencia, abolengo, etc. Constituye, por tanto, una imposibilidad en la práctica. La democracia pura no se ha dado nunca o tan sólo en períodos muy breves de desintegración social. Desde el punto de vista de la administración y de la vida reales, toda democracia debe ser, por consiguiente, limitada. En la práctica las cuestiones que se plantean consisten en averiguar en qué sectores de la experiencia social puede establecerse y regir el principio democrático y qué limitaciones o atenuaciones hay que imponer en ellos. La política fué, históricamente, el sector en que se inicia la implantación del principio democrático. Y en ella casi de modo intuitivo hubo de reconocerse que eran necesarias ciertas limitaciones. La primera que se estableció fué la de la edad. Ninguna sociedad, por democrática que fuera, pensó jamás en dar participación en las asambleas municipales y voto en las elecciones a los niños de seis meses, ni tampoco a los de diez años. Otras limitaciones muy corrientes fueron el sexo, la propiedad, la profesión, etc. La tendencia general de la evolución social ha ido hacia la abolición o atenuación de las restricciones y limitaciones impuestas a la democracia pura en la esfera política. Por ejemplo, se ha extendido el derecho de voto a las mujeres. Se ha producido también una agitación intensa para extenderla a otros grandes sectores, particularmente al familiar y al económico. Lo mismo ocurre con el de la raza. En la confusión y el ardor de la polémica se pierde de vista con frecuencia la necesidad de reconocer el principio de relatividad.

democracia industrial. Expresión empleada en acepciones diversas para significar: la participación oficial de los trabajadores en la determinación de las condiciones del trabajo, como, por ejemplo, en los contratos colectivos y en los sistemas de representación del elemento obrero; el establecimiento de la industria como un todo en que las relaciones entre propietarios y obreros estén determinadas por el contrato colectivo, la protección gubernativa de la libertad de los obreros para organizarse y tipos mínimos de horas y salarios. Cf. *democracia.*—R.N.B.

democracia política. Gobierno por el pueblo fundado en la participación libre e igual de todos los adultos con derecho de sufragio: designación mayoritaria de las magistraturas o cargos públicos, en la que intervienen todos los ciudadanos con derecho de voto y con *1)* libertad para designar otros candidatos; *2)* derecho a formar partidos políticos y presentar candidatos; 3) libertad para organizar y dirigir campañas electorales, y 4) derecho de las minorías derrotadas a continuar su propaganda. Cf. democracia.—R.N.B.

democracia sindical. Situación interna de un sindicato caracterizada por la aplicación de los principios de la democracia política (q. vid.) y por las garantías adicionales contra la expulsión sin previa audiencia imparcial y contra los distingos para la admisión de los miembros por razón de raza, religión, origen nacional o credo político.—R.N.B.

democrático. Lo concerniente a la democracia (q. vid.) en cualquiera de las acepciones de dicho término; lo concerniente a una persona que simpatiza con la democracia en uno u otro de sus aspectos. Lo opuesto a aristocrático y autocrático.—T.D.E.

demografía. El análisis estadístico y la descripción de los grupos de población con referencia a la distribución, fenómenos vitales, edad, sexo y estado civil, bien en un momento dado o sin consideración temporal.—G.M.F.

demográfico. Relativo o concerniente al pueblo o a la población.—F.H.H.

demonio. Un ser sobrenatural superior; es decir, un ser que no puede ser identificado con el alma (q. vid.) de un ser humano particular; un espíritu (q. vid.) o dios.—G.P.M.

demonismo. Creencia en la existencia de seres espirituales y las prácticas correspondientes de magia (q. vid.), culto u otras formas de ritual (q. vid.) para la dominación o apaciguamiento de tales seres. Los seres espirituales pueden existir en una variedad de formas imaginadas, tales como trasgos, fantasmas, genios, brujas, espíritus vegetales y animales y una multitud de deidades menores que son benéficas o malignas según los casos. Cf. animismo.—E.A.H.

demonología. Estudio sistemático del demonismo (q. vid.).—E.A.H.

demos. Grupo humano identificado por su unidad política o considerado como una unidad política. Un pueblo (q. vid.) considerado desde el punto de vista de su estatuto político.

demótico. Demográfico (q. vid.).

denegación de auxilio. Forma omisiva del delito de abuso de autoridad consistente en rehusar, omitir o retardar injustificadamente la prestación del auxilio requerido para un fin legítimo.—J.C.

denominación. Grupo religioso establecido. La secta después de haber superado su período de lucha.—L.P.E.

densidad. 1. La proporción entre un índice determinado y unidades de espacio. El índice puede consistir en el número de personas o en la cantidad de una característica cualquiera; el espacio puede ser lineal, superficial o cúbico. Una densidad inversa es la proporción de un espacio a un índice, de que puede servir como ejemplo la fachada a la calle por

edificio, la superficie por persona, los metros cúbicos de agua por cabeza, etc.—S.C.D.
2. (demografía) Número de unidades (personas, familias o edificios) por kilómetro cuadrado. Cf. población (densidad de).

denuncia. 1. Aviso verbal o escrito que se dirige a la autoridad competente comunicándole la comisión de un delito o falta. Se diferencia de la querella (q. vid.). 2. Notificación de un descubrimiento del que, por causa de prelación, pueden derivarse efectos jurídicos a favor de quien la hace.—J.C.

denuncia falsa. Imputación falsa de un delito perseguible de oficio, hecha maliciosamente ante autoridad competente. Constituye delito. —J.C.

depauperación. Empobrecimiento. Debilitación material del organismo, enflaquecimiento, extenuación. La depauperación fisiológica de la población puede llegar a constituir un grave problema social.—J.C.

dependencia. Situación en la que una persona, carente de medios para conseguir bienes o servicios económicos esenciales para un nivel de vida mínimo, se ve obligada a solicitar y aceptar asistencia pública o privada. También, una situación legal tal como la dependencia del hijo respecto a sus padres y de la mujer respecto al marido.—E.E.M.

dependencia afectiva. Situación de quien psicológicamente no se basta a sí mismo, viéndose precisado constantemente a contar con otro para hallar consuelo, apoyo e incluso dirección. Persona que no se ha desarrollado afectivamente y que siempre anda buscando a otra que adopte las decisiones en su lugar y la guíe en su camino.—A.E.W.

dependencia de la ancianidad. Situación de dependencia económica respecto a la asistencia pública o privada a consecuencia de las vicisitudes de la vejez: debilidad, falta de empleo, carencia de ahorros, etc.—E.E.M.

dependencia económica. Situación del que recibe como socorro de la comunidad cualquiera de los bienes y servicios que otros miembros de ella obtienen como ingresos de su trabajo o propiedad, o en virtud de su situación privilegiada dentro del orden establecido. En esta acepción, la palabra implica una situación de patología social. También puede utilizarse el término para denotar una relación normal dentro del grupo familiar, como la del niño, que recibe de sus padres bienes y servicios económicos por razón de su edad, o a causa de un aprendizaje profesional prolongado. No debe confundirse esta expresión con la de "dependencia financiera", que denota la situación normal de cualquier trabajador que produce para el uso y no para el intercambio; por ejemplo: el ama de casa o cualquier miembro del grupo familiar, que contribuye con servicios al ingreso real de la familia, pero que no recibe remuneración en dinero. Tal trabajador está en una situación de dependencia financiera, pero no económica.—A.E.W.

dependencia emotiva. Véase **dependencia afectiva.**

dependiente. Persona ligada a un jefe, señor o casa por el deber de prestar ciertos servicios, pero disfrutando de un *status* superior al del esclavo, el siervo o el criado.—G.P.M.

deportación. 1. Pena restrictiva de la libertad que se puede imponer con carácter principal (a delincuentes políticos) o complementario (a delincuentes habituales) y que consiste en la fijación de residencia forzosa en lugares remotos (colonias) durante un tiempo determinado. Inglaterra la aplicó en gran escala a delincuentes peligrosos y reincidentes, incluso con carácter optativo a los condenados a muerte. La deportación inglesa se cumplió en las colonias norteamericanas hasta su independencia y posteriormente en Australia. En Rusia se aplicó con preferencia a los delincuentes políticos y se cumplía en la Siberia en condiciones extremadamente penosas. Francia condenaba a ella a los reincidentes. Por lo general la deportación no va acompañada de encarcelamiento. Suele recomendarse como pena complementaria, perpetua o por tiempo indeterminado, para los delincuentes habituales que son de difícil readaptación a la vida social. Sólo es aplicable por aquellos países que poseen colonias adecuadas a su objeto. [Inglés, *transportation*.] 2. La deportación se aplica también como medida administrativa o de seguridad, por decisión de la autoridad competente, a los extranjeros que infringen las leyes migratorias, que son indeseables por su peligrosidad (conducta inmoral o delictiva), que desarrollan actividades políticas reservadas a los nacionales y llegan a constituir una amenaza o simplemente, en determinadas circunstancias, una carga económica (parasitismo) para el país de su residencia. [Inglés, *deportation*].—J.C.

deportiva, teoría de la justicia. Véase **justicia (teoría deportiva de la).**

depósito de cadáveres. Lugar destinado a la conservación temporal de cadáveres mientras se trata de establecer su identidad personal y de determinar las causas del deceso (mediante la autopsia) y se acuerda su inhumación. De ordinario el depósito de cadáveres es un departamento especial de un hospital o cementerio públicos. [Francés e inglés, *morgue*].—J.C.

depreciación. Pérdida de valor debida a cualquier causa, incluyendo el deterioro y la caída en desuso, tanto económicos como funcionales.

depredación. Pillaje, robo con violencia, devastación.—J.C.

depresión económica. Reducción de la actividad económica por bajo del índice normal. Cf. *ciclo económico.*—H.A.P.

derecha. Véase **ala derecha.**

derecho. 1. Aquello que cualquier unidad social, individuo o grupo, está autorizado para esperar de su medio social, de acuerdo con las normas de dicha sociedad. Filosófica o éticamente suele emplearse el término aplicándolo a los beneficios o privilegios que el individuo o grupo estima que debe recibir de la sociedad o del mundo en general. Sociológicamente, los derechos sólo tienen realidad cuando los garantiza y hace valer algún órgano social. Todos los derechos prácticos los confiere y asegura la sociedad y no tienen existencia más allá de la medida en que hayan de ser protegidos socialmente. 2. En armonía con cualesquiera normas o códigos socialmente aceptados. Conforme a las costumbres (q. vid.). Cf. *jurisprudencia.*

derecho administrativo. El que regula todo lo concerniente a los órganos e institutos de la administración del Estado, a la ordenación de los servicios públicos y a sus relaciones con los individuos o colectividades a quienes atañen tales servicios.—J.C.

derecho canónico. Cuerpo de las leyes eclesiásticas adoptadas por la iglesia cristiana primitiva y reunidas, principalmente, en el *Corpus Juris Canonici* (recopilación del derecho canónico). Estas leyes fueron recopiladas e interpretadas por primera vez en el *Decretum*, compilación del derecho de la Iglesia realizada, probablemente, antes de 1150. En esta importante obra se incluyeron las decretales, o decretos de los papas, que resolvían cuestiones debatidas del derecho eclesiástico. El *Decretum* original comprendía las decretales papales hasta Inocencio II (1130-1143) inclusive. Las decretales de los papas subsiguientes se añadieron más tarde a la obra, durante el papado de Clemente V (1305-1314). En 1852 se publicó una edición oficial del *Corpus Juris Canonici* que es, aun hoy, la fuente positiva del derecho canónico de la Iglesia Católica Romana.—W.C.

derecho civil. El que regula las relaciones privadas de los ciudadanos entre sí, tanto las de carácter personal (capacidad, obligaciones, contratos) como las de carácter real (cosas, derecho de propiedad) e incluso otras de índole típicamente social (familia, derecho de asociación). Por oposición a los derechos especiales (derecho canónico, derecho castrense), se consideran bajo la denominación genérica derecho civil todas las ramas (civil propiamente dicho, penal, mercantil) que integran el derecho común de la generalidad de los ciudadanos del Estado.—J.C.

derecho común. Véase **"common law".**

derecho constitucional o político. El que regula la organización y funcionamiento de las varias ramas e instituciones del poder público tal como se hallan establecidas en la Constitución fundamental del Estado y sus relaciones mutuas y con los ciudadanos.—J.C.

derecho consuetudinario. El constituido por el conjunto de costumbres, no codificadas ni establecidas legislativamente por los órganos estatales competentes, que de modo espontáneo y no litigioso observa la sociedad con el consenso general de la opinión pública. La jurisprudencia de los tribunales puede ser una fuente declaratoria y de reconocimiento del derecho consuetudinario. La concepción de éste, peculiar de la escuela histórica del derecho, ha tenido gran importancia en los países anglosajones y en unión de la idea del derecho natural puede servir de base para comprender la significación y alcance del "common law" (q. vid.).—J.C.

derecho consuetudinario, matrimonio de.
Véase **matrimonio clandestino,** in fine.

derecho de asilo. 1. Protección legal o consuetudinaria, consagrada por un país o institución, en favor de las personas que se refugian en él huyendo de la persecución política, religiosa o racial. 2. En la Edad Media se aplicaba también a los refugios religiosos abiertos a los criminales y deudores y de los cuales no podía sacárseles sin incurrir en sacrilegio.—R.N.B.

En este sentido originaba un verdadero derecho individual cuyo fundamento objetivo era la protección divina.

derecho de paso. 1. Derecho de tránsito. 2. Area sobre la cual existe el derecho de paso.

derecho de refugio en sagrado. Véase **refugio en sagrado.**

derecho de resistencia. El que asiste a cualquier ciudadano para desobedecer y oponerse pasiva y pacíficamente a los mandatos y actos arbitrarios de la autoridad.—J.C.

derecho del menor. Véase **ultimogenitura.**

derecho del sobrino. El avunculato (q. vid.), con especial referencia al derecho del sobrino a heredar o suceder a su tío materno.—G.P.M.

derecho internacional. Sistema de normas que rigen las relaciones entre los Estados, basado en la costumbre y en los tratados. Difiere del derecho nacional (interno) por el modo de su creación y por sus sanciones. Se han instituído tribunales por acuerdo entre las partes, comprendiendo al Tribunal Permanente de Justicia Internacional, que tiene una jurisdicción obligatoria limitada en cuestiones legales sobre aquellos Estados que han accedido a concedérsela. Desde 1939 gran parte de dicha jurisdicción le ha sido retirada.

El sistema legal internacional, por tener que tratar con Estados soberanos, es necesariamente limitado y primitivo. Mientras los Estados insistan, como lo hacen, en mantener sus propios ejércitos, sus aranceles y demás exponentes de su soberanía, es imposible proscribir el empleo de la fuerza por las distintas naciones y sustituirlo por el denominado poder de la comunidad. El esfuerzo por hacer al derecho internacional más coercitivo de lo que permite su materia, ha hecho un gran daño a las relaciones internacionales. El derecho internacional se basa en la costumbre y no es permisible dejar de consentirla y disentir de ella. El dere-

cho internacional debe prevalecer sobre el derecho nacional contradictorio; de otro modo difícilmente podría constituir un sistema legal. Pero la tentativa de "hacerlo cumplir" —excepto como disposición propia— o de "imponer la paz" actúa como una plaga y tiene un efecto perjudicial para el sistema. Destroza aquella confianza y fe que son esenciales para una cooperación efectiva. Los aspectos políticos del Pacto de la Sociedad de Naciones, considerado por muchos como el nuevo derecho internacional, han sido perjudiciales para el respeto al derecho internacional y han separado a las naciones. La naturaleza primitiva del sistema se manifiesta en el hecho de que el único modo de crear un nuevo derecho, mediante tratado, requiere el consentimiento de las naciones que han de quedar obligadas por él.—E.M.B.

El derecho internacional comprende tanto lo relativo a las relaciones, pacíficas o no, entre diversos Estados (derecho internacional público) como a las relaciones jurídicas entre ciudadanos de diferentes Estados (derecho internacional privado). Después de la segunda guerra mundial, la Organización de las Naciones Unidas está dotando actualmente de nuevas características y modalidades al derecho internacional tanto en sus aspectos teóricos como en sus aplicaciones prácticas, incluso por lo que se refiere a la jurisdicción del Tribunal de Justicia Internacional.—J.C.

derecho materno. Fundamento de cierto tipo de organización social que en su forma más extrema o consistente se caracteriza por la residencia matrilocal, la autoridad materna o avuncular y la descendencia, la herencia y la sucesión matrilineal. Cf. derecho paterno, matriarcado.—G.P.M.

derecho mercantil o comercial. El que regula especialmente lo referente a las personas, lugares, instituciones, actos, contratos y relaciones propias del comercio terrestre, marítimo y aéreo.—J.C.

derecho paterno. Fundamento de cierto tipo de organización social que se caracteriza por la residencia patrilocal, la patria potestad (q. vid.) y la descendencia, la herencia y la sucesión patrilineales. Cf. derecho materno, patriarcado.—G.P.M.

derecho penal. En sentido objetivo (jus poenale) es el "conjunto de normas y disposiciones jurídicas que regulan el ejercicio del poder sancionador y preventivo del Estado". En sentido subjetivo (jus puniendi) es la facultad estatal de "establecer el concepto del delito como presupuesto de dicho poder, así como la responsabilidad del sujeto activo, y de asociar a la infracción de la norma una pena o una medida de seguridad". Las nociones expuestas (procedentes de Jiménez de Asúa) suponen una concepción amplia y evolucionada del derecho penal, que abarca tanto el viejo concepto represivo como el preventivo, de inspiración defensista y social, y asimismo cuanto se refiere a las modernas teorías criminológicas de la peligrosidad y de la aplicación de las medidas de seguridad. Cf. *escuela clásica, escuela positiva.*—J.C.

derecho penal internacional. Se comprenden bajo esta imprecisa denominación doctrinal, según los diversos autores: *1)* los llamados delitos internacionales cometidos por unos Estados contra otros Estados o contra colectividades humanas (agresión bélica, genocidio); *2)* la criminalidad internacional cometida por particulares (piratería, trata de esclavos, trata de blancas, destrucción de cables submarinos, comercio de estupefacientes, falsificaciones de moneda); *3)* el conjunto de normas (leyes y tratados) que regulan la asistencia jurídica internacional en la lucha contra la delincuencia y la solución de los casos de conflicto o concurso de varias leyes nacionales. No existiendo una jurisdicción penal internacional, ni sanciones de tal carácter, ni una fuerza coactiva internacional, es todavía muy discutible la existencia de un verdadero derecho penal internacional.—J.C.

derecho político. Véase **derecho constitucional.**

derecho ribereño. Todo derecho perteneciente a una parcela de terreno que linda con una vía de agua junto, dentro o bajo dicha parcela; por ejemplo: los derechos al desagüe natural no obstruído por obstáculos o barreras artificiales, a liberarse de una polución desmedida, al acceso al agua o a la accesión.

derecho social o del trabajo. El que regula especialmente los derechos y deberes dimanados de la relación laboral bajo un principio de protección al trabajador que compense su desigualdad económica con respecto al patrono, así como sus varias incidencias, el ejercicio del derecho de sindicación y todo lo relativo al sistema de seguridad social.—J.C.

derechos naturales. Libertades y franquicias personales cuya justificación es el haber sido establecidas "por la naturaleza" (a veces identificada con la "razón" concebida como reflejo de la naturaleza). Perteneciendo a la "naturaleza" de la humanidad, los derechos naturales fueron considerados innatos, inherentes e inalienables. Una reinterpretación moderna encuentra la justificación de "derechos naturales" semejantes en la "naturaleza" (estructura-función efectiva) de la sociedad y de la cultura. Cf. *derecho, ley natural, libertad.*—T.D.E.

derechos paternos. Véase **patria potestad.**

derechos políticos. Derecho a votar, ocupar cargos públicos, actuar como jurados, etc., así como las garantías jurídicas que en una democracia protegen a todas las personas contra los ataques a las libertades personales (de residencia, desplazamiento, posesión, etc.), bien por parte de los agentes del Estado o de las masas. Tales derechos protegen también en el de defensa, garantizando un juicio legal, e impiden la discriminación por raza, religión o nacionalidad. Forman el *bill* o declaración de derechos *(q. vid.).* También se les denomina derechos civiles.—R.N.B.

derivaciones. Modos de justificación de acciones realizadas o proyectadas; racionalizaciones. Pareto y sus seguidores emplean el término para denominar aquel amplio campo de actividad que el hombre desarrolla para tratar de convencerse a sí mismo y convencer a sus semejantes del carácter lógico o de la "rectitud" de su conducta. En este sistema se establecen cuatro categorías principales de derivaciones: afirmación simple y repetida; invocación de la autoridad; apelaciones a valores tenidos en mucho por la sociedad; manipulaciones puramente verbales. Dichas derivaciones pueden satisfacer la necesidad de explicaciones lógicas, pueden sustituir a la lógica, o pueden eludir la consecuencia lógica. Cf. *residuos.*—H.E.M.

desacato. Delito contra la autoridad consistente en amenazarla o injuriarla de hecho o de palabra, en el ejercicio de sus funciones o con motivo de ellas y con el propósito de menoscabar la dignidad que le es propia. Es delito menos grave que el atentado y más que la simple desobediencia.—J.C.

desafío. Reto dirigido a una persona para provocarla a participar en una riña o duelo *(q. vid.).*—J.C.

desafuero. 1. En general, todo acto contrario a la ley, las buenas costumbres o la sana razón, sobre todo si es de carácter violento. 2. Cualquier hecho que prive de su fuero propio a quien lo tenía o que constituya una infracción de sus inmunidades y prerrogativas especiales. —J.C.

desajuste. Proceso-situación de una persona o grupo enfrentados con una dificultad aún no resuelta, ya sea que la misma se defina como problema por las personas interesadas o sólo por un observador desinteresado. El desajuste no resuelto dentro del ámbito de los recursos de que la persona puede disponer de modo normal se transforma en un ajuste defectuoso *(q. vid.),* que en cuanto se considera que requiere la ayuda exterior se convierte ya en un problema social que puede llevar a la desorganización. [Inglés, *unadjustment.*] Cf. *ajuste defectuoso, patología social.*—T.D.E.

desajuste de la personalidad. Aquellos tipos de relación entre las partes de una personalidad *(q. vid.),* o entre la personalidad y sus ambientes material y social, que tienden a frustrar o perjudicar los intereses superiores de la personalidad y a infringir los requerimientos de los grupos sociales de que dependen los intereses de la personalidad.—H.H.

desajuste personal. Condición o estado en el que el individuo no está en relación armoniosa con una situación social determinada; sólo en su forma extrema puede llamarse patológico; como todas las personas están, a un tiempo mismo, ajustadas y desajustadas en ciertos respectos y en cierta medida a situaciones determinadas, se trata simplemente de un ajuste defectuoso (q. vid.).—w.e.g.

desajuste social. Cualquier tipo de relaciones entre personas, grupos, elementos culturales y complejos culturales (q. vid.) considerado insatisfactorio desde un punto de vista.—h.h.

desaprobación. Interacción en el plano de la comunicación que expresa juicios altamente críticos o condenatorios sobre el punto de vista o la conducta de otro.—f.e.l.

desarreglo mental. Situación en la que la personalidad se encuentra mal adaptada y en tensión física y social-emocional, o solamente esta última, y acaba por desorganizarse, deformarse y perturbarse incluso desintegrándose en una variedad de modos clasificados por los psiquiatras. La posibilidad de que ciertos fenómenos mentales se consideren "normales" y por tanto fuera de todo estigma y desajuste social es una cuestión que depende en gran medida de la definición de la situación de acuerdo con la cultura dominante. Esta también suministra o afecta al contenido de cualquier "ilusión" o fantasía y a la interpretación subjetiva de ella por la persona afectada. Determinadas culturas producen frustraciones y conflictos y, por consiguiente, desórdenes mentales que no se encuentran en otras. Cf. *enfermedad, enfermedad mental, desajuste.*—t.d.e.

desarrollo de la personalidad. Véase **personalidad (desarrollo de la).**

desarrollo excesivo. Crecimiento en tan gran medida que llega a producir desarmonía con el mundo en torno.—l.p.e.

desarrollo, proceso de. Manera de verificarse el desarrollo.—p.f.c.

desarrollo societal. Cambio o proceso que involucra a fuerzas o agentes sociales y no sociales. Ejemplo: el cambio secular, cíclico y evolutivo. Cf. *progreso social.*—h.a.p.

desarrollo urbano. Incremento en superficie o población de un territorio clasificado como urbano.—o.w.

desastre. Acontecimiento local de consecuencias desgraciadas e imputable a determinadas personas o a la voluntad de Dios; situación excepcional que puede requerir medidas también de naturaleza excepcional para hacerle frente. El término suele aplicarse a las catástrofes súbitas, inesperadas, como incendios, inundaciones, tormentas, explosiones, más bien que a situaciones de otro tipo, como las sequías, los pánicos bursátiles o las depresiones.—n.a.

desastre, socorro de. Véase **socorro de desastre.**

desatendido, niño. Véase **niño desatendido.**

desavenencia. Proceso-situación de desacuerdo, conflicto u oposición social. Discordia, contrariedad. Lo contrario de avenencia (q. vid.). —j.c.

descendencia. Norma que rige la filiación en los grupos sociales mediante los lazos de parentesco; se llama "lineal", es decir, "matrilineal" o "patrilineal" (q. vid.) cuando la filia-

ción es con la *sib* (q. vid.) u otro grupo social, bien de la madre o del padre exclusivamente; "bilateral" cuando lo es con ambos igualmente, o con uno u otro indiferentemente; "doble" cuando lo es exclusivamente con un grupo maternal de un tipo y con un grupo paternal de otro.—g.p.m.

descendencia doble. Norma de descendencia (q. vid.) según la cual una persona es filiada a un grupo social por parte de su madre y a otro por parte de su padre, perteneciendo al mismo tiempo, por ejemplo, a la *sib* matrilineal (q. vid.) de su madre y a la *sib* patrilineal de su padre.—g.p.m.

descentralización. Proceso (o situación) de división de algunos de los poderes de una unidad social entre sus diversas partes. Con frecuencia se considera que implica un cambio en la localización geográfica del poder desde un área central a un cierto número de distritos periféricos, pero los desplazamientos geográficos no son sinónimos de desplazamientos en el poder. —m.s.

descentralización urbana. Movimiento de población alejándose de las áreas urbanas densamente pobladas, hacia áreas periféricas. Con menos frecuencia la expresión puede referirse al movimiento hacia afuera de las empresas industriales o comerciales.—e.e.m.

desclasificación. Degradación aportada por una conducta que sólo se considera apropiada para una persona de rango social inferior; violación de las maneras y costumbres del grupo social a que se pertenece y que lleva, como consecuencia, al ostracismo social.—f.h.h.

descuartizamiento. 1. Forma medieval de ejecución de los reos del delito de lesa majestad. Se realizaba de diversas maneras y con frecuencia iba precedida de la tortura para producir al reo los mayores sufrimientos posibles.— j.l.g.

2. Forma de ensañamiento en la ejecución del delito de homicidio que da lugar a la agravación de la pena correspondiente. Puede tener por objeto la simple ocultación del cuerpo del delito.—j.c.

descubrimiento de hechos. Suponiendo que un hecho es un fenómeno que ha sido delimitado mediante observaciones y medidas repetidas y concordantes, el descubrimiento de hechos es la reunión sistemática y precisa de datos sociales, con referencia a ciertos problemas sociales, sistemas o tendencias. Es la primera fase de una *survey* social o de un proyecto de investigación social.—g.m.p.

deseabilidad decreciente. Base de una ley económica que establece que la intensidad del deseo, satisfacción o utilidad de un artículo disminuye en su consumición con cada unidad sucesiva. También se la llama satisfacción decreciente y utilidad decreciente.—e.e.m.

desempleo. Véase **paro forzoso, seguro de cesantía.**

desenvolvimiento propio. Desarrollo equilibrado de la personalidad humana. Este término debe distinguirse, de una parte, del de expresión de sí, que connota diversos grados de libertad de acción, entre ellos el libertinaje; y de otra parte, del término auto-represión, que denota diversos grados de abnegación, entre ellos el ascetismo. El desenvolvimiento propio implica una aceptación de las diversas partes de la personalidad que están mezcladas en un todo equilibrado en el que no domina ninguna de ellas.—F.D.W.

deseo dominante. El que supera a otros deseos y los dirige.—M.S.

deseo individual. El que experimenta un individuo hacia la satisfacción de sus propios apetitos.—M.S.

deseo social. Deseo en el que sólo la imagen de su satisfacción es social, o bien en que tanto el impulso como la imagen son de esa naturaleza. Pueden distinguirse dos formas: a) deseo de un individuo cuya satisfacción sólo es posible en situaciones sociales; b) deseo conjunto de dos o más agentes que sólo puede cumplirse en situaciones sociales.—M.S.

desequilibrio mental. Desarreglo mental (q. vid.).

deserción. 1. El hecho de cesar toda convivencia y relación entre marido y mujer sin divorcio oficial, separación u otra situación establecida de mutuo acuerdo para proveer al sostén de la familia o cuidado de los hijos. Cf. abandono.—J.W.M'C.

2. Delito contra la disciplina militar consistente en el abandono de la bandera propia. Puede revestir diversas formas, de muy distinta gravedad, desde la incomparecencia del recluta cuando es llamado para su incorporación a filas hasta el abandono ostensible y el peligroso desamparo de la línea de combate frente al enemigo.—J.C.

desfalco. Delito consistente en la apropiación ilegal y fraudulenta de dinero o bienes ajenos por la persona a cuya intervención o custodia han sido confiados. El desfalco se distingue del hurto porque en aquél los bienes o efectos objeto de la apropiación se hallaban en poder del autor del delito, constituyendo por consiguiente una forma de abuso de confianza, mientras que en el caso del hurto dichos bienes o efectos nunca estuvieron en la posesión legal del sustractor. Estafa (q. vid.). [Inglés, embezzlement.]—J.M.T.

desfloración. Acto o práctica de privar a una mujer de su virginidad. Puede realizarse en el matrimonio o antes de él, por razones mágicas o ceremoniales, ya por medios mecánicos, ya por el contacto sexual con hombre distinto del marido. Cf. "jus primae noctis", unión ritual.—G.P.M.

"desideratum." Aquello que es deseado (por personas determinadas, en un momento determinado, tal como está definido por una técnica concreta con vistas a la máxima preci-sión). Es cualquier objeto de deseo, frente al cual las respuestas humanas aumentan su importancia, su duración o su proximidad. Desideratum negativo es aquel en que esas respuestas aminoran, al contrario, su significado. [Plural, desiderata].—S.C.D.

desigualdad. Condición de disparidad que tiene su origen en las diferencias individuales de sexo, edad y capacidad psíquicas y en las estratificaciones económico-sociales de clase, casta y rango.—K.DP.L.

desigualdad social. Diferencias de prestigio, dentro de una sociedad homogénea, basadas sobre todo en diferencias de procedencia familiar, convenciones sociales, riqueza, ingresos, influencia política, educación, modales y moral. La posesión de grados diferentes de poder social, privilegios e influencias por las diversas agrupaciones sociales de una sociedad pone de manifiesto la extensión y clases de desigualdad social en ella existente. Estas diferencias en los grados de prestigio social son, en gran medida, transmisibles de padres a hijos mediante las instituciones familiares, por obra de los contactos con otras personas de la misma clase social y por la acción de las instituciones de la propiedad y de la herencia. Las diferencias raciales y religiosas son en principio de otro orden.—W.C.H.

desintegración. Colapso de la unidad de organización; ruptura de la integridad (unidad de estructura-función), de la organización y de la solidaridad, ya se refiera a la persona, el grupo, la institución o la nación; desaparición de la entidad como tal. Fase inmediatamente anterior a la del desmembramiento o disolución.—T.D.E.

desintegración del grupo. Proceso de interacción entre los miembros de un grupo en el que el conflicto o la falta de identificación con el grupo como tal conduce a la debilitación o a la disolución de la unidad y estructura del mismo.—G.L.C.

desintegración social. Fraccionamiento de un grupo en unidades distintas como consecuencia de una ruptura de la organización social o de la pérdida de todo sentimiento de intereses comunes; el estado de hallarse fraccionado.

desintegrar. La acción de dividir algo en sus partes integrantes; sociológicamente, el hecho de perder el sentimiento del "nos" y el sentido de los intereses comunes, separando en consecuencia las unidades regionales que antes habían constituído un solo grupo.

desinterés. Estado de quien se encuentra emotivamente apartado de un problema o situación sometidos a examen. En la actitud de desinterés va implícita una disposición mental objetiva capaz de realizar un análisis imparcial y un examen concienzudo.—N.A.

desistimiento. (crimin.) Interrupción del iter criminis por parte del presunto autor de un delito antes de su perfección objetiva y anímica, es decir, en la etapa de la tentativa. Con respecto a ésta, el desistimiento equivale al arrepentimiento (*q. vid.*) en el delito frustrado o en el consumado. Aunque algunos autores llegan a requerir que el desistimiento sea producido por impulsos nobles, hoy se admite generalmente que basta con que sea voluntario para que produzca efectos liberatorios de la penalidad.—J.C.

desmembración. 1. Separación espacial efectiva, voluntaria, involuntaria o forzada desde el exterior, de uno o más miembros de un grupo. Puede, o no, ser causa de desmoralización (*q. vid.*) y ser causada por ella o por la desintegración (*q. vid.*).—T.D.E.

2. Descuartizamiento (*q. vid.*).—J.C.

desmoralización. Pérdida de la integridad personal o de la moral del grupo, como proceso o como condición; desintegración de una escala habitual de valores, ideas, definiciones de situación o sistema de *status*. Una familia desmoralizada, por ejemplo, puede conservar sus formas socio-legales o encontrarse sus miembros abandonados, desamparados, divorciados o bajo custodia, o estar trastornada por causa de relaciones extramatrimoniales; lo esencial en la pérdida de la moral de un grupo (desmoralización social) consiste en el paso de la solidaridad a un individualismo egoísta. En la desmoralización que afecta el funcionamiento y estructura de una unidad mayor (desmoralización societal) lo que está en peligro es una comunidad entera, institución o nación. Por otra parte, la desmoralización personal implica la pérdida de la integridad, la disociación, el pensamiento irreal, el propio engaño, el temor y la clandestinidad, la deshonestidad progresiva, la inadaptación, la lucha interna y externa, la pérdida fortuita del *status* y del papel social y la ruptura de la personalidad. Se distingue de la delincuencia (*q. vid.*) porque ésta es un proceso-situación que puede o no desmoralizar a la persona. Cf. *costumbres, moral, moral social.*—T.D.E.

desmoralización individual o personal. Véase **desmoralización.**

desmoralización social. Véase **desmoralización.**

desmoralización societal. Véase **desmoralización.**

desmoralizar. Acción de perturbar de modo grave los hábitos, las actitudes o el sistema de valores sociales gracias a los cuales el individuo mantiene una adaptación normal a la vida y expectativas del grupo.—P.H.H.

desnaturalización. 1. Acción y efecto de desnaturalizar o desnaturalizarse. 2. Revocación o anulación de la naturalización (*q. vid.*).

desnaturalizado. Se dice del que incumple los deberes morales impuestos por la naturaleza, en su conducta familiar o social.

desnaturalizar. Variar la forma, propiedades o condiciones de una cosa; desfigurar o desvirtuar un hecho.

desobediencia. Infracción consistente en la negativa declarada o presunta a acatar y cumplir los requerimientos y mandatos dictados por la autoridad y sus agentes en el ejercicio de sus atribuciones o por el superior jerárquico. Según su gravedad puede constituir delito o simple contravención.—J.C.

desocupación. Véase **paro forzoso, seguro de cesantía.**

desorganización. Proceso de desintegración o ruptura de un determinado orden de organización o funcionamiento. También el estado o situación de confusión y funcionamiento defectuoso que acompaña o sigue a la falta o ausencia de una conducta coordinada e integrada. El término se emplea refiriéndose tanto a las personas físicas como a los grupos sociales.

desorganización de la comunidad. Perturbación de las relaciones sociales establecidas en una comunidad.—P.F.C.

desorganización de la familia. Todas las acciones recíprocas o interacciones perturbadoras de las normas que presiden las relaciones conyugales y paterno-filiales. Las normas matrimoniales incluyen, por ejemplo, amor mutuo, adaptación y exclusividad sexual, ausencia relativa de conflictos, sentido de la unidad integrada, libertad de expresión personal en lo que sea compatible con dicha unidad, etc. Puede darse cierta falta de acuerdo sobre la manera de entender la desorganización familiar a causa de la posibilidad de interpretar de modo distinto las normas que regulan las relaciones familiares. Así, un cambio en la familia patriarcal que libera a sus miembros y va acompañado de una pérdida mayor o menor del sentido de la independencia familiar puede interpretarse de modo distinto según sean los valores estimados superiores. Otro motivo de desacuerdo por lo que respecta a la existencia de la desorganización familiar puede presentarse debido a que los índices de las desviaciones de las normas no son seguros o válidos. Sin embargo, subsiste el hecho de que gran parte de la desorganización corriente de la familia entraña una desviación de todas las normas, ya sea en función de la felicidad individual o de la calidad de la relación. El acuerdo por lo que respecta a la diagnosis de la desorganización familiar puede ser, realmente, bastante grande.—M.K.

desorganización económica. Perturbación del sistema establecido para la producción, distribución o consumo de la riqueza.—P.F.C.

desorganización personal. Toda situación de incapacidad o aversión de un individuo a conformarse con los modelos de conducta socialmente aceptables, que, a su vez, conduce a la inadaptación social de dicha persona. En general, la desorganización personal es el resultado de un conflicto entre las actitudes y la conducta de un individuo y los valores del grupo (o sociales). El conflicto puede traducirse en formas de conducta antisocial, por ejemplo, el crimen o la prostitución, o transcurrir en la intimidad del individuo de suerte que una serie de actitudes censure a otra serie de actitudes o a la conducta, lo que puede llevar a un estado de personalidad inestable, a desórdenes mentales y afectivos o al suicidio.—M.A.E.

desorganización rural. Perturbación del sistema establecido de relaciones sociales, económicas o políticas en una comunidad rural.—P.F.C.

desorganización social. Cualquier perturbación, lucha o falta de consenso en el seno de un grupo social o sociedad determinada que afecta a los hábitos sociales dominantes, a las instituciones o a las formas de regulación social, al extremo de hacer imposible, sin intervenciones constantes, el desarrollo de una vida armoniosa. Por virtud del carácter dinámico de la vida y del cambio, la desorganización constituye siempre un concepto relativo, pues en todo momento existe cierta dosis de desorganización social. Por eso es común en sociología no aplicar ese concepto más que cuando las fuerzas desorganizadoras exceden o amenazan a las que contribuyen a la estabilidad social. El concepto es aplicable también a los conflictos de ideas. Estos, a su vez, pueden considerarse como la contrapartida de otras perturbaciones culturales. Dado que los viejos hábitos e instituciones se presentan como nimbados, cualquier cambio social divide a la sociedad en grupos en lucha, a saber, los que creen en la validez del *status* quo y los que porfían por modificar las viejas instituciones para hacer frente a las necesidades actuales. Esta división de la opinión o falta de consenso es, en sí misma, una fuerza desorganizadora, así como síntoma de falta de armonía o de desorganización social.—M.A.E.

desorganizado. Característica de una situación en la que ha sido perturbado un sistema de relaciones previamente establecido. La desorganización puede ser temporal o permanente, parcial o completa.—P.F.C.

desorganizar. Acción de perturbar un sistema establecido de relaciones.—P.F.C.

despilfarro. Uso de un objeto de tal modo que se obtenga de él una satisfacción menor de la que de hecho puede procurar. Destrucción injustificada de cualquier sustancia valiosa. El despilfarro adopta dos formas principales: 1) la destrucción o mal uso de materiales irreemplazables, ya se trate de recursos naturales, de capacidades humanas o de tiempo; y 2) el uso de cualquier bien de consumo de tal modo que se obtenga de él una satisfacción menor de la que es capaz de ofrecer. (Por ejemplo: comer sólo el corazón de una chuleta de cordero y dejar el resto como desperdicios.) En un sistema de precio-y-beneficio, en condiciones en que amenaza o existe una desocupación, esta última forma de despilfarro causa resultados mucho menos graves que la primera y puede tener cierta utilidad paradójica para mantener al sistema en funcionamiento.

despoblación. Reducción considerable de la población por fallecimiento debido a enfermedades o a la guerra, por expulsión o por migración voluntaria.—E.E.M.

despoblado. Lugar donde no hay población ni concurrencia de gentes. En la delincuencia, el despoblado se considera una circunstancia de agravación porque, como la alevosía (q. vid.), disminuye las condiciones de defensa.—J.C.

despotismo. Gobierno político arbitrario, de un solo hombre y sin ninguna regulación que lo limite; de ordinario se aplica al gobierno en manos de hombres que alcanzaron el poder por la violencia y que se mantienen en él porque continúan empleándola. Cf. *dictadura, tiranía.*—R.N.B.

destierro. Pena restrictiva de la libertad que suele aplicarse a delincuentes ocasionales o pasionales y que consiste en la prohibición de residir durante cierto tiempo en un lugar o entre límites determinados.—J.C.

destino, país de. Véase **país de destino.**

desviación de la media. (estadística) Diferencia entre un determinado dato u observación y la media (q. vid.) de toda la serie de observaciones.—M.Pt.

desviación normal (standard). Cierta medida de la dispersión; es igual a la raíz cuadrada de la media de los cuadrados de las desviaciones de las medidas concretas de una serie con respecto a su media.—P.H.F.

desvío. Aumento de la distancia social, enfriamiento de las actitudes afectivas, de ordinario por lo que se refiere a las relaciones de persona a persona o de persona a grupo. Un paso más es el aislamiento (q. vid.) y la desavenencia; otro paso más es la lucha (q. vid.). Se está lastimado, afligido o aturdido, posiblemente resentido, pero no rencoroso, por el desvío.—T.D.E.

detector de mentiras. El detector de mentiras se compone de cierto número de instrumentos combinados en una sola unidad. Con frecuencia se le considera como un aparato poligráfico. Está formado por un cardiógrafo que registra la alteración del pulso, un esfigmógrafo que registra la presión de la sangre, un galvanógrafo que registra el reflejo galvánico y un pneumógrafo que registra los movimientos respiratorios. Todos estos instrumentos permiten registrar los cambios involuntarios que se experimentan en los procesos corporales cuando una persona es interrogada en relación con un delito. La comparación de tales registros con los obtenidos del mismo sujeto al interrogarle durante un período inicial de la prueba en el que no se le hace pregunta alguna relacionada con el delito, permite observar una serie de desviaciones en las lecturas que suministran la base para deducir si ha mentido o no en el segundo interrogatorio. [Inglés, lie detector].—N.F.C.

detención, 1. Acción y efecto de detener o paralizar cualquier movimiento o actividad en curso. 2. Privación de la libertad. Según el carácter y condiciones en que se lleva a efecto puede ser provisional, preventiva, de seguridad, domiciliaria, etc. Cuando tiene lugar en virtud de sentencia, como sanción correspondiente a un delito o falta, constituye una pena que recibe diversos nombres en las legislaciones de acuerdo con su extensión y forma de cumplimiento (arresto, prisión, presidio, reclusión) y tiene lugar en establecimientos especiales.—J.C.

detención, casa de. Véase **casa de detención.**

detención de seguridad. Véase **reclusión de seguridad.**

detención ilegal. Especie del delito de abuso de autoridad consistente en la privación de la libertad personal llevada a cabo por cualquier autoridad, funcionario o agente que carece de facultades para ello o sin observar las condiciones formales prescritas por la ley para el efecto.—J.C.

detención preventiva de menores. Aseguramiento, con fines de custodia, inspección y comparecencia ante el tribunal tutelar de menores y a disposición del mismo, de los niños cuyos casos están pendientes de decisión por dicho tribunal. A tal fin se emplean diferentes tipos de locales entre los que figuran los propios hogares de los niños y casas de huéspedes, cárceles, casas especiales de detención sostenidas por los tribunales de menores y lugares diversos tales como hospitales, asilos o prevenciones de policía, según disponga el tribunal. [Inglés, *juvenile detention*].—A.E.W.

detenido. Preso (q. vid.).

deteriorarse. Acción de decaer en calidad, eficiencia o valor, ya sea que el descaecimiento ocurra en los bienes, en la conducta personal o en las normas sociales.—F.H.H.

deterioro. 1. Falla, interrupción o situación de imperfección que marca una desviación de lo normal en un proceso o estructura. El reconocimiento de un deterioro puede o no implicar la posibilidad de reparación.—N.A.

2. (*viviendas*) Menoscabo en la situación de la propiedad física.

deterioro individual. Proceso de empeoramiento o declinación a partir de una situación anterior considerada como norma; por ejemplo: un grado determinado de salud física o mental, a causa de la conformidad con las costumbres o de un estado de la adaptación social; el estado producido por tal descaecimiento.

deterioro social. Proceso que se verifica dentro de un grupo, comunidad, nación u organización internacional consistente en un empeorar o descaecer respecto a una situación anterior, en cuestiones tales como el bienestar de los miembros, el grado de unidad social y de cooperación, la adhesión a las normas y pautas del grupo. Situación resultante de tal descaecimiento.

deterioro, zona de. Véase **zona de deterioro.**

determinación cultural. Operación y efecto de los factores geográficos, biológicos, psicológicos, económicos, sociales y culturales que influyen en el origen, forma, desarrollo y cambio de la cultura.—N.L.S.

determinación social. Un fenómeno está determinado socialmente cuando puede ser explicado de manera más adecuada en función de las circunstancias sociales antecedentes, es decir, por influencias implicadas en el proceso de intercomunicación, más bien que por causas biológicas, químicas, geográficas o cualesquiera otras de carácter físico o mecánico.—A.R.L.

determinador. Agente o factor en la herencia (va quedando anticuado).—F.H.H.

determinismo económico. Teoría según la cual las "fuerzas" dominantes en la vida y en el cambio sociales son los intereses económicos, comprendiendo en ellos la tierra (recursos naturales), los medios de producción, la propiedad y otras relaciones sociales que intervienen en la producción y distribución de la riqueza. El término es sinónimo de "interpretación económica de la historia". La teoría fué formulada en su forma moderna y puesta en boga por Carlos Marx. En su concepción vulgar insiste en los intereses del productor y de las clases productoras y puede considerarse, cabalmente, como una interpretación de la historia desde el punto de vista de la producción. Los intereses de los consumidores se ignoran prácticamente por los deterministas económicos.—S.E.

devastación. Acción y efecto de devastar. Destrucción especialmente grave por su importancia o extensión, consistente en el arrasamiento de edificios o asolamiento de campos. Cuando es voluntaria puede constituir una circunstancia agravante específica del delito de daños o un tipo agravado del mismo.—J.C.

devolución. Véase **involución.**

diagnosis o diagnóstico social. Determinación de los hechos esenciales que dominan en las dificultades sociales de determinado individuo, a fin de comprender su conducta a la luz de sus relaciones sociales y de formular un plan de tratamiento.—A.E.W.

diagrama. Véase **representación gráfica.**

diagrama del delito. Véase **delito (diagrama del).**

dialecto. Variedad específica de una lengua que ofrece suficientes peculiaridades de pronunciación, gramática y vocabulario para que deba ser considerada como una entidad distinta, aun cuando no lo bastante diferente de otros dialectos para constituir una lengua distinta; de ordinario se refiere este término a dialectos locales que tienen una base geográfica.—P.H.F.

dictadura. Sistema político en el que una persona, o un pequeño grupo de personas, tienen autoridad completa sobre las vidas y personas de todas las demás en un país determinado. Los derechos políticos, entre ellos la libertad de pensamiento, la de prensa, la de reunión y el derecho de petición no existen o están coartados muy severamente; y el pueblo no tiene posibilidad de derrocar a la persona o personas investidas de autoridad si no es por medio de la revolución.—S.C.M.

dictadura del proletariado. Principio marxista del ejercicio del poder del Estado exclusivamente por una minoría que actúa declaradamente en interés de las masas trabajadoras durante un período de transición del capitalismo al socialismo o al comunismo.—R.N.B.

dictamen. Véase **opinión** (3).

difamación. Toda especie injuriosa o calumniosa propalada públicamente contra una persona, ya sea verbal, escrita o por medio de la prensa, con objeto de menoscabar su reputación o para exponerla al ridículo, el desprecio o la burla. [Inglés, *libel*].—J.M.R.

La calumnia es un delito contra el honor consistente en la falsa imputación a una persona, con ánimo de injuriarla o difamarla, de un delito perseguible de oficio. Unense en ella, así, la ofensa y la falsedad. Consecuencia de este último elemento típico es que en el delito de calumnia se admita la prueba del hecho imputado (*exceptio veritatis*) con efectos liberatorios de la responsabilidad. La injuria (*q. vid.*) no comporta el elemento de falsedad, lo que la diferencia de la calumnia, ni los de propalación o publicidad, característicos de la difamación. —J.C.

diferenciación. 1. Variación asociada a la interacción. En el individuo, la adquisición de un papel social; en un grupo, el ajuste interno entre sus miembros. 2. Resultado general del proceso de interacción, que algunos consideran como el más importante. 3. En una clasificación, distinción de características dispares entre objetos que son semejantes en otros aspectos. 4. (*matemáticas*) Operación de obtener la diferencial o el coeficiente diferencial. 5. (*biología*) Cambios progresivos en un organismo.—B.M.

diferenciación social. Proceso por el cual se producen las diferencias sociales de personas y grupos, debidas a la herencia biológica y a las características físicas —consanguíneas o individuales, de edad, sexo y raza—, a las variaciones de profesión, *status* social, formación cultural, rasgos de personalidad adquiridos y aptitudes, y a diferencias en las relaciones sociales y en la composición del grupo. Las diferencias sociales son, al mismo tiempo, fases y productos del proceso de diferenciación.—M.H.N.

diferencias raciales. (*antropología*) Diferencias en los individuos que se consideran comunes, inherentes y características de la raza a la que pertenecieron los antepasados de dichos individuos. Se atribuyen a diferencias en la herencia supuestamente independientes del medio, ya sea fisiográfico o cultural. Con frecuencia se confunden con las diferencias culturales o de nacionalidad, que pueden participar de verdaderas diferencias raciales pero que se deben también a diferencias de cultura. En la definición empírica de las diferencias raciales, los accidentes históricos y la selección cultural desempeñan papeles muy importantes. Cf. *raza*.—T.D.E.

diferencias sociales. Véase **diferenciación social.**

difusión. Diseminación de rasgos culturales por adopción o migración de un área a otra o de un grupo a otro dentro de la misma área.— J.G.L.

difusión de la cultura. Véase **cultura (difusión de la).**

difusionismo. Teoría antropológica que explica el desarrollo cultural preponderantemente en función de la difusión de los rasgos culturales de una cultura a otra. El difusionismo inglés ha puesto de relieve el papel de Egipto como creador de cultura, manteniendo que de su cultura se nutrieron diversas culturas secundarias. La escuela germano-austríaca ha tratado de determinar la difusión de los llamados círculos culturales [*Kulturkreisen*] sobre grandes áreas del mundo primitivo a partir de un número limitado de centros de difusión.—E.A.H.

dimensión societal. Una dimensión societal es la cuantía medida de un fenómeno societal. Puede medirse de una manera primitiva, como existente o no existente, como una dimensión total o nula de dos puntos, I u O, en que la unidad, I, es la naturaleza del fenómeno observado. Expresando el fenómeno en serie ordinal (primero, segundo, tercero, etc.) o en unidades cardinales (1, 2, 3, etc.), se determina la dimensión con mayor precisión. En términos geométricos, una dimensión es un vector, una línea caracterizada por una longitud y una dirección. La expresión se emplea en la sociología dimensional para ordenar los fenómenos societales según un espacio societal *n*-dimensional en el que *n* es el número de fenómenos señalados. En este espacio todas las dimensiones tienen un punto de origen común en cero e irradian de él según longitudes determinadas por la cuantía de cada fenómeno (tal como ha sido observado en una situación registrada) y según ángulos determinados por los coeficientes de intercorrelación de los fenómenos (cuando dichos coeficientes son interpretados como cosenos de ángulos).—S.C.D.

dinámica. Cambio, fuerza, movimiento, interacción; se opone (en las referencias sociales) a estática, que significa fuerzas en reposo o en equilibrio.—H.A.P.

dinámica social. Ciencia o estudio de los impulsos o fuerzas vitales de los seres humanos tal como se articulan en las actividades colectivas de los grupos. Estos impulsos constituyen, en esencia, el sistema de los intereses humanos implícitos en el desempeño de las funciones sociales.

Los intereses humanos, que aparecen como una serie lógica en las fases de cualquier proyecto, constituyen los puntos de referencia naturales y básicos para cualquier clasificación de las funciones, profesiones e instituciones humanas, que son las unidades dinámicas de la organización social; y este sistema básico de impulsos propios de la naturaleza humana es lo que constituye el objeto de estudio de la dinámica social.—C.J.B.

dinámico. Enérgico, vigoroso; que introduce una nueva "fuerza", un factor considerado hasta entonces como extraño e inaplicable a la situación y que ahora exige un nuevo equilibrio. La terminología se ha transferido de modo incorrecto de la física a las ciencias sociales. Tanto la energía estática (latente) como la energía cinética son dinámicas, pero los filósofos sociales han contrapuesto "dinámico" a "estático" en lugar de cinético a estático (*q. vid.*). Mucho se abusa de esta palabra en el lenguaje familiar como epíteto favorable aplicado a toda persona o cosa vigorosa y enérgica.—T.D.E.

dinero. Medio de cambio y común denominador del valor (unidad de cuenta) cuya función es facilitar el intercambio de mercancías y servicios en una economía determinada. El dinero funciona también como una reserva de valor y como un tipo uniforme para los pagos diferidos. El instrumento elegido viene determinado por las condiciones culturales, por la fase de desarrollo de la economía y por los materiales disponibles. Un buen instrumento de cambio moderno habría de ser: generalmente aceptable, reconocible fácilmente, fraccionable con facilidad, homogéneo, portable y duradero. En las sociedades modernas el dinero ha sido sustituído por diversas formas de crédito; por ejemplo: el crédito bancario, el pequeño crédito, el crédito al consumidor, las ventas a plazos, etc. Todas estas formas, lo mismo que el dinero, influyen en la ecuación del cambio y, por consiguiente, en el nivel de precios, en la inflación y la deflación. La moneda en circulación es un tipo de dinero sujeto a la reglamentación pública. Aun cuando nosotros, al pensar en el dinero, nos lo representamos en forma de billetes, moneda acuñada, etc., en las sociedades primitivas sirvieron como dinero muchos objetos heterogéneos (por ejemplo: ganado, conchas de mariscos, pieles, sal, diversos instrumentos), gran parte de los cuales no reunían las características ideales del dinero. Así pues, el dinero puede haber tenido su origen en algún objeto generalmente apreciado por su valor de trueque. Semejantes objetos alcanzaban aceptación general en la cultura que los adoptaba, aunque no siempre fueron divisibles, homogéneos, etc.

Estas circunstancias muestran que los factores culturales e incluso geográficos, así como los puramente económicos, influyen en la elección del instrumento de cambio. En el otro extremo de la escala del tiempo, en la civilización occidental moderna, vemos el influjo de las condiciones culturales cambiantes sobre el sistema monetario en el abandono generalizado, al menos temporalmente, del patrón oro y en la adopción del cambio extranjero controlado por la manipulación gubernativa de los fondos. El desarrollo de la guerra totalitaria ha dado lugar a que el sistema monetario no se emplee tan sólo para facilitar el cambio interna y externamente; el sistema monetario se ha convertido en un instrumento de guerra económica para servir a fines políticos y nacionalistas por completo independientes del bienestar económico en el sentido que en el siglo xix se daba a esta expresión.—N.E.H.

dipsomanía. Tendencia morbosa a abusar en el consumo de bebidas alcohólicas.—J.C.

dirección social. Línea o curso de cambio a que tienden las modificaciones de las actividades humanas. Tendencias del cambio social.—M.C.E.

directiva. Mandato u orden que prescribe el curso que ha de seguir una conducta. Una decisión adoptada por el pueblo en una elección puede ser una directiva si el problema fué planteado con claridad y la voluntad popular se manifestó inequívocamente en la votación. El término tiene una aplicación general más bien que específica. Determina las líneas generales políticas dentro de cuyos límites se pone en práctica un programa.—N.A.

discernimiento. Facultad intelectiva de percibir y declarar la diferencia entre varias cosas, categorías o valores. El discernimiento moral (facultad de distinguir entre lo bueno y lo malo, lo justo y lo injusto, lo permitido y lo prohibido) se ha aplicado como criterio para precisar el juicio de imputabilidad en la delincuencia de los menores. Junto a la inimputabilidad absoluta, presumida *juris et de jure*, de los menores de cierta edad (hasta los 14 años, por ejemplo), las legislaciones solían establecer una inimputabilidad presunta, con presunción *juris tantum*, salvo la prueba del discernimiento, para los comprendidos entre dicha edad y la de la plena imputabilidad (entre 14 y 18 años, por ejemplo). El criterio del discernimiento ha sido muy combatido en razón de las peculiaridades de la psicología infantil y del predominio de los factores ambientales en la criminalidad de los menores. La tendencia actual se inclina a abandonarlo, a establecer un límite cada vez más alto para la minoridad penal y a someter a todos los menores delincuentes a un tratamiento individualizado de carácter médico-pedagógico.—J.C.

disciplina penitenciaria. Conjunto de medidas y disposiciones que puede adoptar la administración penitenciaria para asegurar el buen orden dentro de la prisión y para estimular la buena conducta de los reclusos. Entre tales medidas se cuentan los sistemas graduales o progresivos (con posibilidades de ascenso y degradación) y de bonos de conducta y trabajo, la concesión y negación de determinados privilegios, el aislamiento celular, etc.—J.L.G. y J.C.

disciplina social. Dirección y regulación de la conducta individual por elementos externos al individuo mismo, por la familia, la comunidad o la nación. Cf. *control social.*—A.E.W.

discontinuidad. Con referencia a las secuencias temporales y causales, la desunión entre lo que precede y lo que sigue. Este término, empleado siempre en un sentido relativo (como su contrario: continuidad) y que comprende muchas gradaciones, es muy importante para la sociología. Se emplea en varios sentidos: a) la discontinuidad entre tipos diferentes de sociedades históricas, en cuanto opuesta a las teorías evolucionistas del desarrollo ininterrumpido (continuo); b) la medida de la discontinuidad entre las capas profundas de la realidad social (tales como la base ecológica, las superestructuras organizadas, las pautas, los símbolos, las valoraciones, la mentalidad del grupo, etc.), que se opone a las teorías más o menos armonistas y monistas sobre su continuidad y unidad; c) la medida de la discontinuidad entre los factores sociales y las causas sociales, así como entre las causas y los efectos sociales; d) finalmente, el concepto de "tiempo social" y la medida de la discontinuidad que lo caracteriza.—G.G.

discriminación social. Trato desigual dispensado a grupos que tienen un status en principio igual. La discriminación lleva consigo un elemento de distinción injusta, inmotivada y arbitraria en la imposición de cargas y distribución de favores. La cuestión ardua en la discriminación social no consiste en la diferenciación como tal, sino en la validez general del cánon de admisión en el grupo propio en la forma en que aquél se define por su elemento predominante. Que las diferenciaciones se consideren como discriminatorias o no, depende del reconocimiento o negación de tales gradaciones en una sociedad determinada. Existe, sin duda alguna, discriminación social en la sociedad que reconozca los principios básicos de la igualdad, pero que no los lleve a la práctica en su vida diaria. Tal discrepancia puede obedecer a impostura consciente o a ignorancia, a reacciones afectivas no dominadas o a residuos de prejuicios tradicionales.—S.N.

discurso, conjunto del. Totalidad de conceptos, ideas, sentidos y puntos de vista que forman el acervo de los miembros de un grupo específico. [Inglés, universe of discourse].—J.P.E.

disgénico. Desfavorable para la perpetuación e intensificación de las características biológicas deseables. Lo contrario es "eugénico" (q. vid.). Puede aplicarse el término a las cualidades del plasma germinal o a formas de matrimonio o apareamiento. Cf. tendencia disgénica.

disminución. Véase decrecimiento.

disociación. (psicología) Proceso o estado mental en el que existe aislamiento entre dos o más ideas, recuerdos o complejos, al extremo de que parecen ser independientes unos de otros en el proceso de pensamiento del sujeto. Un complejo disociado es inaccesible al yo consciente ordinario. Puede darse una escisión en la personalidad, que a veces llega hasta la amnesia o a la personalidad múltiple, por la cual, en las conversiones alternativas, el mismo individuo es dos o más personas en momentos diferentes, cada una disociada de la otra.—T.D.E.

disociarse. Acción de retirarse de una asociación o de negarse a entrar en ella, ya sea por odio intenso, ligera antipatía o simple indiferencia.—F.H.H.

disparidad social. Diferencias en conducta o en status social.—A.R.L.

disparo de arma de fuego. Forma de agresión calificada por el medio empleado; consti-

tuye un delito de peligro y en cuanto tal suele sancionarse en las legislaciones positivas con independencia de sus efectos lesivos. Cuando éstos se producen, el criterio más autorizado se inclina a considerar subsumido en el delito de mayor penalidad el que la merecería menor, y no un caso de concurso ideal de delitos.—J.C.

dispensario. En un principio, lugar donde se distribuían medicinas a pacientes que marchaban por su pie; en la actualidad es una institución que organiza el equipo profesional y de especialistas médicos para el diagnóstico, tratamiento y prevención de enfermedades de los enfermos que pueden acudir a ella por sí mismos. Cf. clínica.—E.E.M.

dispersar. Intervenir en el proceso de dispersión (q. vid.).

dispersión. Forma primitiva del movimiento de población por la que pasó la humanidad en las fases iniciales del poblamiento del mundo habitable. Su motivación es esencialmente similar a la de los movimientos de las especies subhumanas. Está regulada, en gran medida, por las condiciones del medio físico y representa, fundamentalmente, un escape casi instintivo a la presión de la población. Es un movimiento más bien de expulsión que de atracción y no tiene destino cierto. Es sumamente gradual, tan lento que los que en él participan no tienen la menor conciencia de que se esté realizando el menor movimiento.

dispersión de posesiones. Esta expresión denota la situación existente cuando la tierra que posee y explota un agricultor se compone de muchas parcelas no contiguas. La dispersión de posesiones predomina en donde se emplea la forma de asentamiento de aldea en la distribución de la población campesina. [Inglés, fragmentation of holdings].—T.L.S.

distancia ecológica. Separación en el espacio entre dos puntos, medida en función de los costos (incluyendo los costos-tiempo) de transporte de una unidad determinada de hombres o materiales siguiendo las rutas disponibles.—J.A.Q.

distancia social. 1. Reserva o contención en la interacción social entre individuos pertenecientes a grupos considerados inferiores y superiores en status. Las diferencias que originan la distancia social pueden ser de raza o nacionalidad, de clase, o de función institucional, como las que existen entre oficial y soldado o maestro y discípulo. Así definida, la distancia social no excluye, de modo necesario, una cierta índole de intimidad circunscrita por las normas que rigen la relación del superior con el inferior. La distancia social debe distinguirse del tono emocional de la relación; no implica necesariamente aversión. El amo y el criado pueden profesarse un afecto recíproco. No obstante, en las relaciones de raza y nacionalidad en particular, la distancia social va acompañada, con frecuencia, por el temor y la hostilidad. Como la reserva en la interacción lleva consigo actitudes de superioridad-inferioridad, a veces se alude a ella como distancia social vertical.

2. Reserva en las interacciones sociales, resultado de diferencias culturales, sin que lleve consigo actitudes de superioridad o inferioridad. Esta se denomina, algunas veces, distancia social horizontal. Las diferencias culturales de que nace pueden ser las de nacionalidad, religión, costumbres, etc. La interacción social puede concebirse como algo que se extiende desde un contacto superficial a la interacción más intensa e íntima. La distancia social horizontal se refiere a los obstáculos mayores o menores a la libre interacción. A diferencia de la vertical, la distancia social horizontal no implica falta de intimidad. No debe identificarse con las actitudes antagónicas, pero de hecho suele ir acompañada por cierta suspicacia u hostilidad.

3. Algunos escritores emplean la expresión "distancia social" para denotar también la reserva en las relaciones interpersonales debida a factores personales y no sólo a factores sociales, como sucede en el caso de dos personas que no simpatizan. En opinión de otros escritores, esta identificación de la distancia social con cualquier impedimento a la comprensión recíproca hace al concepto inútil por demasiado general.—M.K.

distribución de frecuencias. Tabulación de las frecuencias por clases cuando éstas están dispuestas por orden de magnitud. Las frecuencias pueden indicarse por señales de tarja o por números como en una tabla de frecuencias. Debe distinguirse de la distribución histórica.—M.Pt.

distribución por edad. Véase **edad (distribución por).**

distrito carcelario. Para allanar las dificultades que origina el pequeño número de presos de las cárceles de localidades que cuentan con escaso número de habitantes se ha propuesto la agrupación de dichas localidades en unidades mayores formando distritos carcelarios. Se afirma que tal sistema permitiría a la prisión del distrito, común a varias localidades, suministrar mejor albergue y facilidades de trabajo, emplear funcionarios más capacitados y en mayor número, clasificar mejor a los presos dentro de la institución y reducir el costo de sostenimiento por recluso.—J.L.G.

distrito congestionado. Zona de ocupación o uso sumamente concentrados, sea por gentes, vehículos o edificios.

distrito de negocios. Véase **negocios (distrito de).**

distrito metropolitano. El censo norteamericano de 1940 definió el distrito metropolitano diciendo que era un área que comprendía una o más ciudades de 50,000 o más habitantes, juntamente con todas las divisiones administrativas menores, adyacentes y contiguas (por ejemplo: municipios, barriadas) con una densidad media de 150 o más personas por milla cuadrada y con modificaciones accidentales se-

gún las circunstancias locales. La definición de 1930 era análoga, pero sólo se consideraban distritos metropolitanos las áreas con una población aglomerada de 100,000 o más habitantes.—s.s.

distrito segregado. Véase **zona de tolerancia.**

disuadir. Empleo de argumentos, válidos o erróneos, con el propósito de apartar a otra persona de alguna creencia, teoría o línea de conducta. —F.E.L.

disuasión. Acción de imponer inhibiciones a la conducta a través de presiones individuales o de grupo.—A.R.L.

disuasión social. Inhibiciones en la conducta debidas al influjo o a la acción de las presiones del grupo.—A.R.L.

diversificación. Véase **diferenciación, uniformación.**

diversión comercial. Véase **recreo comercial.**

diversión comercializada. Véase **recreo comercial.**

diversión pública. Véase **recreo público.**

división del trabajo. Distribución y diferenciación de las tareas y servicios que han de realizarse en cualquier sociedad entre aquellos que, de hecho, las cumplen. Las necesidades económicas y las sociales del individuo son numerosas en la sociedad moderna. Sólo mediante la especialización con su cortejo, por lo general creciente, de eficacia y reducción de los costos pueden satisfacerse la mayor parte de dichas necesidades. La expresión "división geográfica del trabajo" suele emplearse para indicar los ajustes internacionales por los que regiones diferentes suministran los productos para que están pecualiarmente preparadas.—J.H.E.

división en zonas. (urbanismo) División de la ciudad en áreas o zonas geográficas con restricciones determinadas respecto al carácter de los edificios que han de ser construídos y al uso a que podrán destinarse los edificios actuales y futuros. La división en zonas constituye un plan para dirigir el desarrollo de la ciudad hacia un máximo aprovechamiento del terreno, impide el crecimiento al azar y estabiliza el valor de los terrenos. Aunque la división en zonas se desarrolló por primera vez en Alemania, su mayor empleo vino con la ley inglesa de planificación de ciudades de 1909. Desde 1910 la división en zonas ha sido establecida en casi todas las grandes ciudades de Estados Unidos. —J.W.M'C.

divorcio. Disolución legal de una relación matrimonial oficialmente reconocida. Se propone ofrecer una solución para aquellos casos individuales en que las restricciones matrimoniales, usualmente rígidas, constituyen una carga. La ruptura de los lazos matrimoniales con la aprobación del grupo probablemente es tan antigua como el matrimonio mismo. Aun cuando las costumbres difieren, la mayor parte de los pueblos primitivos han permitido la disolución del matrimonio en ciertas condiciones. Los tipos de divorcio constituyen un exponente del *status* de la mujer. En las familias patriarcales más antiguas el divorcio era relativamente desconocido y los derechos de las mujeres eran muy moderados. La tendencia actual hacia las familias igualitarias ha marchado paralela al desarrollo de la práctica del divorcio. Varían grandemente las razones en que se apoya el divorcio moderno. Las causas legales más comunes son el adulterio, el abandono, los malos tratos, la omisión del apoyo económico y la embriaguez. —J.H.E.

divorcio absoluto. Disolución legal de un matrimonio que permite volverse a casar a uno de los cónyuges del matrimonio disuelto o a ambos. Cf. *separación conyugal.*—E.R.G.

divorcios, coeficiente de. Véase **coeficiente de divorcios.**

divulgación de secretos. Tipo de delito contra la libertad personal consistente en la simple comunicación o en la propalación de hechos, noticias o documentos que deban permanecer reservados por su propio carácter o por la voluntad de su posesor originario, se haya tenido o no conocimiento de ellos legítimamente. —J.C.

doble descendencia. Véase **descendencia doble.**

doble moral. Patrón moral, tácitamente reconocido por las naciones cristianas durante muchos siglos, por cuya virtud las desviaciones del ideal común de castidad se perdonaban en el hombre, mientras que se sancionaban severamente en la mujer.—W.G.

doble muestreo. Véase **muestreo doble.**

doctrina. Principios de una filosofía, de una línea de conducta o de una religión; principios conductores por los que una secta u otro grupo especial regula la conducta de sus miembros. —N.A.

dogma. Doctrina rígidamente formulada y sustentada con firmeza; a menudo se emplea el término con matices denigratorios para designar la doctrina o principios religiosos de otro grupo. Va implícito en este término el supuesto de una ideología aprendida y repetida de memoria sin que se plantee problema alguno respecto a su aplicabilidad.—N.A.

dogmática jurídico-penal. Se llama así la disciplina científica de carácter normativo que se aplica al estudio del derecho penal positivo o vigente conforme a un método deductivo, lógico y sistemático. Ha sido aceptada y cultivada brillantemente por los penalistas que forman la moderna escuela técnico-jurídica.—J.C.

dolicocefalia. Cabeza relativamente estrecha, con índice cefálico (q. vid.) de menos de 77.— G.P.M.

dolmen. Construcción de piedra o megalito de las edades neolítica y del bronce del occidente europeo. Se compone de tres o más bloques colocados verticalmente sobre sus ejes mayores para formar una cámara. Se coloca horizontalmente un bloque plano o laja de roca como cubierta formando así el techo de la cámara. Muchos dólmenes fueron cubiertos, al principio, con un montículo de tierra llamado túmulo. Frecuentemente (acaso siempre) los dólmenes sirvieron de sepulcros.—E.A.H.

dolo. 1. Una de las formas de la culpabilidad, consistente, según Jiménez de Asúa en "la producción de un resultado típicamente antijurídico, con conciencia de que se quebranta el deber, con conocimiento de las circunstancias de hecho y del curso esencial de la relación de causalidad existente entre la manifestación humana y el cambio en el mundo exterior, con voluntad de realizar la acción y con representación del resultado propuesto". El dolo directo, expresado por los conceptos de intención y voluntad, es un supuesto genérico en los sistemas legislativos y sólo puede invalidarse con auxilio de las causas de inimputabilidad y de inculpabilidad. 2. En los contratos o actos jurídicos de cualquier clase, dolo vale tanto como engaño malicioso que vicia el consentimiento ajeno. 3. En general, infracción maliciosa en el cumplimiento de la obligación libremente contraída.—J.C.

doméstico. Trabajador empleado y pagado por el cabeza de familia para que realice determinadas tareas y preste servicios personales en la casa. Los servidores domésticos han trabajado, frecuentemente, durante largas horas, sin reglamentación y sin protección por parte de la legislación social. Se vieron obligados de ordinario a la aceptación de un *status* de inferioridad social en el trabajo como en la comunidad. —A.E.W.

domicilio. Casa. Lugar de habitación o residencia. Lugar en que legalmente se considera establecida una persona para el cumplimiento de sus obligaciones y el ejercicio de sus derechos. —J.C.

dominación. Tipo de interacción social (q. vid.) en el que las estructuras, funcionamiento y designios del dominador determinan los del dominado.—H.H.

dominado. Sometido a control o sujeción.—M.S.

dominante. Posición de superioridad y ascendencia. En las leyes mendelianas, dominante se contrapone a recesivo; en los tipos de personalidad, al dominante se opone el sumiso; en ecología se indica con ese término cierta superioridad de una comunidad sobre otra.—O.W.

dominio. Poder de mando y disposición socialmente establecido, reconocido y compulsivo sobre cualquier objeto, que comprende el derecho a usarlo, destruirlo o transferirlo. Tales derechos pueden ser absolutos o parciales, exclusivos o compartidos, pero siempre son conferidos y limitados socialmente. La relación de dominio está estrechamente relacionada con la institución de la propiedad (q. vid.). [Inglés, *ownership*.]

dominio de sí. Véase **control de sí mismo.**

dominio eminente. Derecho del Estado a apoderarse de la propiedad privada para destinarla al uso público previo pago de una compensación razonable.—F.W.K.

donación. Acto jurídico por virtud del cual una persona (donante) dispone a título gratuito de su propiedad o derechos sobre una cosa, transmitiéndolos a otra persona (donatario) sin obligación alguna por parte de ésta. La donación puede ser pura o condicional, *inter vivos* o *mortis causa*, esponsalicia, piadosa, etc.—J.C.

"donatio." Clase de propiedad matrimonial que se generalizó en el Imperio Romano y fué denominada "donación por matrimonio" [*donatio propter nuptias*]. Consistía en una parte de la propiedad del marido que se reservaba a favor de la esposa para el caso de que aquél muriese o de que se divorciase sin justa causa. La *donatio* permanecía bajo la administración del marido, como el resto de su patrimonio. Sin embargo, si el marido era declarado insolvente, el derecho romano prohibía utilizar la *donatio* para pagar a sus acreedores.—W.G.

donativo. Dádiva (*q. vid.*). Objeto de la donación.—J.C.

dormitorio, ciudad. Tipo de comunidad satélite dedicada principalmente a fines residenciales, en la que la mayoría de los habitantes asalariados se hallan empleados en la ciudad central o en sus suburbios. La participación de los ciudadanos en la vida de la comunidad suele ser incompleta y necesita de los servicios culturales y de otra naturaleza de la ciudad central. [Inglés, *dormitory town*].—S.S.

dotación congénita. Dotación física —más concretamente, capacidad psíquica innata— que se recibe a través de la herencia biológica.—R.E.B.

dote. Pago hecho al novio, con ocasión del matrimonio, por el padre o pariente de la novia, o propiedad que esta última aporta al matrimonio con tal carácter. Cf. *precio de la novia*.

dualismo ético. Predominio de un código moral para regir las relaciones entre los miembros del mismo grupo social y de otro, más indulgente, para regir las relaciones con los extraños. Cf. *doble moral*.—G.P.M.

duelo. 1. Combate con armas entre dos personas. El término puede aplicarse a cualquier combate de esa índole, pero, de manera más singular, a los combates concertados de antemano en los cuales un determinado formalismo regula la conducta de los participantes y de sus cómplices.—E.A.H.

Combate o riña entre dos personas, con armas o sin ellas, precediendo desafío, para vengar ofensas o dilucidar cuestiones de honor. El duelo, de tradición medieval, halla sus antecedentes directos en los juicios de Dios y constituye una supervivencia de las antiguas formas judiciales de la venganza privada. El prestigio y aprobación social de que gozó incluso en los tiempos modernos, se funda en su tradición caballeresca y en la igualdad de medios de ataque y defensa de que disponen los contendientes, la que ha sido objeto de minuciosas reglamentaciones. En la actualidad ha perdido buena parte de su antiguo prestigio al ser considerado delictivo y colocado bajo la sanción de la ley penal.—J.C.

2. Observancia de formas consuetudinarias de conducta para expresar el dolor de los parientes de una persona recientemente fallecida. Por ejemplo: la reclusión, la automutilación, la adopción de una vestimenta característica, la observancia de tabús especiales.—G.P.M.

"dumping." Maniobra discriminatoria que los monopolistas pueden practicar en mercados extranjeros y que consiste en la venta de mercancías a precio inferior al del mercado nacional, con objeto de abatir la competencia y de extender su monopolio a dichos mercados.—J.C.

duopolio. Forma cuasimonopólica en la que sólo dos vendedores absorben el mercado. Como en el caso del monopolio (*q. vid.*), el duopolio elimina la competencia perfecta y da lugar a ciertos problemas económicos muy debatidos, entre ellos el de la fijación del precio.—J.C.

E

ecología. Estudio de las configuraciones espacio-funcionales que en áreas determinadas surgen y cambian mediante procesos de interacción ecológica.—J.A.Q.

Estudio de las relaciones entre los organismos y las regiones en que viven [*habitats*]; específicamente, en antropología, el estudio de la adaptación de las culturas humanas a sus medios geográficos. Cf. *antropogeografía, posición ecológica.*—G.P.M.

ecología humana. Rama de la ciencia que trata de las relaciones recíprocas entre el hombre y el medio; comprende la autecología humana, o estudio de las relaciones recíprocas entre el individuo y su medio; y la sinecología humana, estudio de las relaciones recíprocas entre los grupos y sus medios. Dentro de las ciencias sociales comprende la geografía humana, estudio de las relaciones recíprocas directa entre los individuos (o grupos) y su medio físico, y la ecología interaccional, estudio de las configuraciones espacio-funcionales que en áreas determinadas surgen y cambian mediante procesos de interacción ecológica.—J.A.Q.

ecología social. Rama de la ciencia que trata *a)* de la estructura espacio-funcional de las áreas de habitación humana y *b)* de la distribución espacial de los rasgos o complejos sociales y culturales, fenómenos que surgen y cambian como resultado de procesos de interacción tanto social como ecológica.—J.A.Q.

ecología urbana. Estudio de la distribución espacial de los habitantes y de las instituciones en las ciudades desde un punto de vista natural y evolucionista, sin juicios de valor. Entre sus datos fundamentales figuran: las "áreas naturales", la competencia individual e institucional por un lugar en el espacio, la expansión de las "zonas concéntricas", mapas de parajes [*spot maps*], gradientes, valores y tendencias de la propiedad territorial, grados de concentración, clases de dominación y centralización, segregación de poblaciones, etc. Este tipo de investigaciones ha permitido nuevas interpretaciones del desarrollo y expansión de las ciudades norteamericanas, pero hasta ahora sus resultados son mucho menores en lo que respecta a la comprensión de la decadencia, la descentralización y la dispersión urbanas.—W.C.H.

economía. 1. Estudio de los medios empleados por el hombre para organizar los recursos naturales, los progresos culturales y su propio tra-

bajo, a fin de sostener y fomentar su bienestar material.—E.E.M.

2. Procedimiento de administrar un presupuesto, equilibrar cuentas o ser económico; estructura efectiva de los recursos, ingresos, gastos y distribución en cualquier grupo o situación determinados.—T.D.E.

economía artesanal. La que tiene su principal sostén en los productos del trabajo manual sin auxilio de la energía mecánica.—G.M.F.

economía colectora. Modo de vida basado, principalmente, en la recogida de plantas silvestres alimenticias, a diferencia de la economía cazadora, pescadora, pastoril o agrícola.—G.P.M.

economía de abundancia. Véase **economía de superávit.**

economía de escasez. Véase **economía de penuria.**

economía de goce. Véase **economía de superávit.**

economía de penuria. Economía deficitaria, de escasez o de penuria quiere decir una organización de los recursos sociales en relación con la población en la que la falta de recursos naturales como la tierra, materias primas, energía y clima y la de conocimientos, técnicas, talentos, aptitudes, organización social, o sólo de estos últimos factores, crea una situación en que no se puede sostener un "mínimo de salud y decencia" para toda la población. Se siente la "presión de la población"; es una economía de escasez. En ella, todo hombre que se hace rico lo logra a expensas de la miseria de los demás o del retroceso del grupo. Si la situación se estabiliza, las costumbres, la moralidad, la teología se ven influidas por ella y toman la dirección de la resignación, el consuelo y la sumisión para el pobre. Se ensalza el sacrificio, y el dolor y la miseria se supone que son obra de la voluntad de Dios.—T.D.E.

economía de placer. Véase **economía de superávit.**

economía de superávit. Economía de superávit es aquella en la que existen recursos naturales adecuados y accesibles y técnicas culturales apropiadas para su desarrollo y distribución, de forma que todo el mundo pueda vivir por encima del mínimo de sanidad y decencia y aun muchas personas alcanzar un nivel elevado de comodidades sin necesidad de explotar a los demás. Esta clase de economía social puede convertirse en una "economía de abundancia". Semejante ideal apenas si se ha realizado en gran escala en parte alguna, pero está potencialmente presente. En muchas zonas los recursos son accesibles y lo mismo sucede con las técnicas de la producción; pero los defectos de la organización social y de las técnicas de distribución tienden aún a producir situaciones deficitarias. Incluso en una economía cuya abundancia sea sólo potencial se practican menos las virtudes del ahorro y la restricción y todos buscan con menores inhibiciones los placeres y los lujos materiales. Una economía de superávit es una "economía de goce".—T.D.E.

economía social. Estudio de la estructura de los medios efectivos y deseables para organizar, conservar y utilizar los recursos sociales (inanimados, animados y superorgánicos) empleando como criterios el bienestar orgánico de la comunidad y los niveles de vida normales de los individuos y familias. Organización y utilización efectivas de los recursos sociales en materiales y energía en cualquier *habitat* económico, área, nación o unidad cultural determinados.—T.D.E.

económico. Lo que concierne a la ciencia de la economía o a las actividades de la producción y el consumo. También, frugal, lo que es ahorrativo por naturaleza.—E.E.M.

edad. Véase **grado de edad, pirámide de edad.**

edad de pandilla. Período de la infancia que se caracteriza, sobre todo entre los chicos, por un fuerte desarrollo de las actividades sociales sostenidas con otros de su misma edad y sexo. Esta edad muestra un considerable aumento de interés por los juegos de equipo y una actitud negativa (timidez) hacia los miembros del sexo opuesto.—P.H.F.

Es una edad socialmente peligrosa porque dicho interés puede canalizarse hacia actividades colectivas de índole criminal.—J.C.

edad de consentimiento. Véase **consentimiento (edad de).**

edad de mayor criminalidad. Período de la vida de una persona en el que, a juzgar por las estadísticas criminales, es mayor la propensión a entrar en conflicto con la ley penal. En el caso de delitos graves contra la propiedad (hurto, robo), el período de los 16 a los 20 años parece corresponder a esta categoría. Ligeramente más elevado es el grupo de edad propenso a la delincuencia contra las personas. Los delitos contra el orden público son más comunes en la tercera década de la vida. La desigual calidad de las estadísticas dificulta una afirmación absoluta. En Inglaterra, el porcentaje más elevado de delitos graves parece hallarse en el primer período de la adolescencia. En general, la criminalidad declina después de los veinte años y con mucha rapidez después de los cuarenta.—T.S.

edades, distribución por. 1. Clasificación o composición de una población por la edad de sus miembros. 2. Descripción cuantitativa de la positiva o relativa importancia de las edades específicas o grupos de edad (q. vid.) en el seno de una población. Cf. *pirámide de edad.*—C.V.K.

edad-área, concepto de. Teoría de que la medida en que se difunde un elemento cultural es directamente proporcional a su antigüedad. Es decir, que de dos rasgos culturales (q. vid.) comparables, el más antiguo se difunde más ampliamente.—G.P.M.

edificación. Véase **área edificada, índice de edificación.**

edificio trasero. Construcción separada, situada en el mismo solar que un edificio frontal, pero no unida a él; un edificio trasero puede tener un muro o varios en común con otros edificios traseros. Al edificio trasero puede accederse por un estrecho pasadizo o por las entradas propias del edificio frontal. [Inglés, *rear building*].—S.S.

educación. Proceso de inculcar la cultura a los miembros jóvenes de la sociedad, a los nuevos a veces, por los más viejos. Proceso-institución por el que se transfieren o imponen a la generación ascendente las ideas acumuladas, las normas, el conocimiento y las técnicas de la sociedad. De ordinario, la educación es consciente, intencional y deliberada. Existe, sin embargo, algo que puede llamarse educación inconsciente o incidental; como también se da la educación de los viejos por los jóvenes. La esencia de la educación consiste en inculcar a un individuo el acervo mental de otro.

educación de adultos. La que se ofrece a los que han pasado de la edad escolar, fuera de los planes de estudios regulares de las instituciones educativas públicas y privadas. En Estados Unidos se dió al principio como educación vocacional para los obreros. Después siguieron los llamados cursos de "americanización" en el sistema de la escuela pública, establecidos para ayudar a los extranjeros a satisfacer las exigencias educativas que se requerían para adquirir la ciudadanía. En fecha más reciente se han organizado clases para adultos, por iniciativa pública y privada, para enseñar habilidades, oficios, literatura, arte, política y cuestiones económicas. Hablando en general, no cualquier tipo de educación oficial que concede un grado, expide un certificado u otorga crédito académico, constituye educación de adultos. No obstante, en los países escandinavos la educación de adultos es tan amplia que las escuelas populares [*volkes schule*] se consideran como parte integrante de las instituciones pedagógicas de la nación.—J.W.M'C.

educación de obreros. Enseñanza ofrecida a obreros adultos, después de las horas de trabajo, sobre temas culturales, vocacionales, económicos y políticos. El desarrollo de la enseñanza para obreros comenzó en las primeras décadas del siglo XIX como consecuencia del interés que en favor de la población asalariada mostraron grupos como los metodistas, los cuáqueros, las cooperativas y los sindicatos. En Estados Unidos, la enseñanza para obreros se ha desarrollado lentamente, a causa, en parte, del gran desarrollo de la educación pública gratuita. Los partidos políticos radicales y algunos sindicatos han establecido escuelas para obreros, pero su labor ha sido esporádica y sin coordinación. El plan de estudios ofrecidos en las escuelas para obreros, tanto en Inglaterra como en Estados Unidos, ha dado lugar a muchas polémicas y con frecuencia a conflictos declarados. Algunos deseaban que el plan de estudios fuera estrictamente vocacional; otros preferían que fuera económico y político, llegando al extremo de preconizar la enseñanza de las técnicas de la huelga y de las luchas políticas. Sólo unos pocos han abogado por que el contenido de tal enseñanza fuera puramente cultural. Por lo que a Estados Unidos respecta, hasta ahora no se dibuja ninguna tendencia general. En Inglaterra se ha dado mayor importancia a la instrucción económica y política en los últimos años.— J.W.M'C.

educación profesional. Enseñanza para oficios u ocupaciones concretas, que de ordinario consiste en una combinación de instrucción en clases y adiestramiento práctico trabajando con materiales semejantes a los que se utilizan en la profesión. La educación profesional se distingue del tipo más rudimentario de instrucción práctica denominado adiestramiento manual por su más exacta relación con las exigencias del trabajo. Se desarrolló en gran escala por primera vez en las escuelas secundarias norteamericanas y le prestó impulso la ayuda federal suministrada con arreglo a las disposiciones de la ley Smith-Hughes de 1917. La expresión comprende también algún entrenamiento colectivo y la instrucción fuera de la escuela para tipos especializados de trabajo. Cf. *orientación profesional.*—s.c.m.

educación vocacional. Véase **enseñanza vocacional.**

"ego." Yo. Aquella parte de la personalidad (*q. vid.*) que la mantiene consciente de los hechos reales.—h.h.

egocentricidad. Tendencia del individuo a hacer de sí mismo el centro del universo, en la esperanza de que el mundo gire en torno de su *ego* e ignorando, en gran medida, los derechos y necesidades de los demás.—a.e.w.

egocentrismo. Tendencia del hombre a juzgarlo todo en relación consigo mismo.—p.e.c.

egoísmo. 1. Insistencia de una persona en centrar sus actividades en torno a lo que ella cree ser su propio provecho. No entraña un desprecio completo de los demás porque lleva consigo la preocupación por el bienestar de aquellos cuya felicidad se considera como cosa propia. Sin embargo, lo que otros reclaman como su derecho no se reconoce por el egoísta. 2. Doctrina que sostiene que toda la conducta es explicable en función del interés personal. 3. Estimación excesiva, es decir, exclusiva, de la propia opinión.—b.m.

egoísmo colectivo. Creencia en la superioridad de los intereses que los asociados tienen en común. Se manifiesta tanto en la preferencia exclusiva por lo que afecta a su bienestar como en la actitud desdeñosa para con los extraños. —b.m.

egoísmo nacional. Creencia en la superioridad de las costumbres nacionales que, por lo común, entraña la voluntad de engrandecimiento nacional, incluso a expensas de otras naciones, un engreimiento puntilloso por la historia nacional y una actitud de superioridad con respecto a otras naciones.—b.m.

egoísta. 1. Caracterizado por el egoísmo (*q. vid.*). De ordinario se limita la aplicación de este término a designar la actitud de una persona que utiliza a los demás para su satisfacción personal. 2. Referente a la doctrina del egoísmo y, por consiguiente, lo contrario de altruísta (*q. vid.*).—b.m.

egótico. Lo que se refiere al *ego*; egoísta, pero sin nada denigrante, desde el punto de vista moral, en tal palabra. Debe distinguirse de "egotístico", que lleva una nota de engreimiento no contenida en lo egótico; también debe distinguirse de "egoísta", que, aun cuando menos hostil que egotístico en cuanto epíteto, sugiere la idea de conciencia de sí y de referencia a uno mismo. Un deseo, impulso, etc. egótico se refiere a los placeres personales del cuerpo o de la posición social.—t.d.e.

egotismo colectivo. Satisfacción reconcentrada por la personalidad y los progresos del grupo a que se pertenece, análoga a los sentimientos de un individuo egoísta con respecto a sí mismo. Variante natural del patriotismo (*q. vid.*) aprobada e incluso alabada en muchas sociedades. Por ejemplo: los convencionalismos sociales de Estados Unidos no permiten decir a un ciudadano: "Yo soy el mejor individuo del mundo", pero aprueban la siguiente afirmación: "La nación norteamericana es la mejor nación del mundo; y yo soy norteamericano."

eidolismo. Espiritismo. Conjunto de creencias relativas a las almas separadas del cuerpo o espíritus (*q. vid.*). Es conveniente distinguir esta creencia del animismo (*q. vid.*). Cf. *culto a los espíritus.*—a.g.k.

"eidolon." Espíritu (*q. vid.*).

"élan" vital. Tendencia interna o impulso que conduce al desarrollo evolutivo en direcciones definidas y hacia formas que cambian de manera rotunda. Principio dinámico central de la "evolución creadora" (*q. vid.*).

elección. Determinación consciente de un acto u objeto alternativo; se emplea sin relación a ninguna teoría liberoarbitrista, determinista, etc. En la decisión personal, el individuo estima que su elección no le ha sido impuesta desde fuera por personas ajenas a sus intereses. La elección social puede denominarse mejor selección social deliberada, y por ella un grupo, después de discutir y de llegar a un acuerdo, elige o selecciona, por así decir, sus propios miembros y la política que ha de seguir o norma de conducta.

Cf. *voluntad, libre albedrío (teoría del), selección social.*—T.D.E.

elección múltiple. Véase **opción múltiple.**

electrocución. Sistema de ejecución de la pena capital que ha reemplazado modernamente a la decapitación, la horca, etc.; se basa en la creencia de que es menos doloroso, más seguro y menos expuesto a contratiempos que los antiguos sistemas. Consiste en hacer pasar por el cuerpo del reo, convenientemente asegurado, una corriente eléctrica de alto voltaje que produce su muerte instantánea.—J.L.G.

elemento aleatorio. Elemento inexplicable e imprevisible de la vida. Elemento de azar. El acaso. —A.G.K.

elementos sociales. Las unidades más simples de la conducta humana de que se puede hablar. Por ejemplo: las actitudes, los rasgos culturales o los atributos generales de una determinada clase.—M.C.E.

eliminación. Fisiológicamente, el término se refiere a la separación de residuos del cuerpo y en las relaciones sociales tiene una aplicación análoga; también es aplicable en diversos métodos de investigación.—N.A.

"élite." Aristocracia seleccionada por el nacimiento en tiempos pasados, y por la capacidad para triunfar a expensas de otros, sin reparar en los medios, bajo las condiciones de competencia del capitalismo, o por la situación de lucha en la guerra y en el fascismo; teóricamente puede concebírsela elegida mediante un sistema de pruebas y en méritos de la inteligencia y de las mayores aptitudes y capacidades para servicios de responsabilidad. Una *élite* establecida puede impedir una oposición peligrosa mediante la vigilante selección de los talentos que surgen, reclutando de entre esas personas a las que han de compartir su poder o han de sucederle. Las doctrinas de clase y el etnocentrismo racial sostienen con frecuencia el carácter hereditario de los rasgos que distinguen a la *élite* en cuestión; pero aunque tal cosa fuera cierta, habría que tener en cuenta que tales rasgos no se mostrarían patentes sino en las condiciones adecuadas. —T.D.E.

"élites", circulación de las. Movimiento de los individuos superiores desde una clase inferior a una determinada *élite*, o sea a uno de los grupos superiores de una sociedad que se distinguen por la inteligencia, la agresividad, la sagacidad, la crueldad o alguna otra cualidad o combinación de cualidades. La *élite* imperante, en un cierto momento, puede dominar a la clase superior y a su sociedad mediante el control del poder económico, militar, religioso o electoral. La expresión comprende, pues, tanto el movimiento de los individuos hacia su ingreso en grupos de *élite* como el movimiento de estos grupos al adquirir o perder posiciones de dominación social.—A.M'C.L.

Elmira, reformatorio de. Primer reformatorio para delincuentes jóvenes establecido en los Estados Unidos (1876), que tomó su nombre del lugar de su fundación, en el Estado de Nueva York. Su régimen se concibió originariamente para la reforma de jóvenes delincuentes por medio de la educación profesional y se inspiró en el sistema progresivo o irlandés, en el que un método de calificaciones de trabajo y conducta permitía a los reclusos mejorar su situación, obtener ciertos privilegios en el régimen penitenciario, pasar por sus distintas etapas e incluso obtener anticipadamente la libertad. Los perfeccionamientos introducidos en el sistema de Elmira se deben al primer administrador de dicho establecimiento, Z. R. Brockway. Bajo su dirección se complementó el sistema con la asistencia diaria a la escuela, el adiestramiento profesional, los ejercicios militares y la educación moral. Posteriormente el sistema de reformatorios se ha extendido a ciertos delincuentes adultos.—J.W.M'C.

elogio. Expresión, empleando cualquier procedimiento, de la aprobación de los demás en términos sinceros y adecuados, a diferencia de la adulación, que es insincera y emplea expresiones desmedidas. El elogio fluye de los superiores hacia los subordinados, en tanto que la adulación circula en sentido contrario.—F.E.L.

embargo. Medida precautoria de carácter procesal que consiste en poner a buen recaudo determinados bienes para garantizar con su producto la eficaz responsabilidad debatida judicialmente. El embargo puede ir acompañado de providencias especiales que aseguren la conservación y buena administración de los bienes embargados, y en ciertos casos se resuelve en la liquidación de éstos.—J.C.

emergencia. Lo que acontece cuando, en la combinación de factores conocidos, surge un fenómeno que no era previsible dados solamente los atributos conocidos de los diversos elementos constituyentes. Puede observarse en el campo de la química; de la astronomía *(novae)*; de la física, en determinados puntos críticos; en la concepción de un organismo por la unión de dos células; en las mutaciones de las especies; con las transformaciones y respuestas de los actos finales o perfectivos; en los momentos intuitivos de nuevas configuraciones o en que se realizan descubrimientos e invenciones; en la literatura y en las artes; en la discusión constructiva; en la fertilización recíproca de culturas *(q. vid.)*, y en las crisis y revoluciones. El principio de emergencia es el único que nos explica la posibilidad de que se dé algo nuevo en la multiplicidad espacio-temporal del mundo, no obstante el supuesto de la conservación de la materia y de la energía.—T.D.E.

emigración. Movimiento de población contemplado desde el punto de vista del país de origen *(q. vid.)*; considerado desde el punto de vista del país de destino se denomina inmigración *(q. vid.)*.

emigrante. El que participa en un movimiento de emigración *(q. vid.)*.

eminente, hombre. Véase **hombre eminente.**

emoción. Estado complejo de un individuo en el que ciertas ideas, sentimientos y, de ordinario, expresiones motoras se asocian para producir una situación reconocible como tal por el individuo y con frecuencia por los demás.—J.P.E.

emotivo. Concerniente a la emoción o algo que tiende a suscitar una emoción en un individuo. Inclinado más de lo corriente a experimentar o ser dirigido por las emociones.—J.P.E.

empadronamiento. Acción y efecto de empadronar o registrar con fines estadísticos en el padrón o censo. Cf. *áreas de empadronamiento.*

empalamiento. Antigua forma de imposición de la pena capital que se aplicó en Asiria, Persia y Roma. Consistía en clavar el cuerpo en una estaca o lanza precisamente por debajo del esternón o en arrojar al delincuente desde una altura sobre lanzas o estacas clavadas en tierra. Solía implicar una muerte lenta y dolorosa. [Inglés, *impaling*].—J.L.G.

empatía. Variedad de conducta simpática (*q. vid.*) o en contraste con respecto a ella.—H.B.

empirismo. Teoría según la cual el conocimiento procede únicamente de la experiencia. Aun cuando generalmente aceptado en este amplio sentido y en oposición al intuicionismo, a veces se opone al racionalismo concebido como la ley de la razón y asimismo a la ley de causalidad.—M.Pm.

empleado doméstico. Véase **doméstico.**

empleo doméstico. Véase **servicio doméstico.**

empresa. Unidad productiva o negocio (*q. vid*), característica del sistema capitalista, basada en la libre iniciativa individual y en la obtención y libre disposición de la renta (*q. vid.*). Cf. *organización de empresa.*

empresa agrícola, gran. Véase **agricultura en gran escala.**

emulación. Rivalidad frente a objetivos socialmente aceptables; cambinación de competencia e imitación en la que los competidores más venturosos se emplean deliberadamente por otros como modelos a fin de lograr éxitos socialmente aprobados y las satisfacciones que llevan consigo. Pero en la emulación todos pueden triunfar y, por consiguiente, no interviene en ella la escasez, que es una característica de la competencia (cuyo objetivo no puede ser alcanzado por todos los competidores).—T.D.E.

emulación social. Emulación producida por la acción o la presencia de una o varias personas más.—M.S.

enajenación. 1. Acción y efecto de enajenar. Transmisión o transferencia de la propiedad. 2. Situación de desarreglo o debilidad mental.—F.W.K.

enajenar. 1. Dar lugar al despego o desafecto de otro. 2. Transmitir o tranferir la propiedad.—J.W.M'C.

encabezado. Título o membrete de la columna de un cuadro estadístico; título general colocado en la parte superior de un cuadro y que se refiere a todas las columnas de datos que figu-

ran en el cuerpo del mismo. Cf. *epígrafe de sección, matriz.*—M.Pt.

encantamiento. Fórmula verbal cuyo canto o recitación se cree que posee una eficacia mágica. Cf. *conjuro, hechizo.*—G.P.M.

encomienda. Institución histórica consistente en una concesión de tierra que se otorgaba a los colonos en los países hispano-americanos antes de su independencia y que llevaba anejo el derecho a utilizar la fuerza de trabajo de los aborígenes con la obligación correlativa de evangelizarlos y gobernarlos.—G.P.M.

encubrimiento. Forma de participación criminal consistente en el ocultamiento del delincuente o del objeto del delito, con posterioridad a su ejecución. Algunas legislaciones lo consideran como delito autónomo. Suele reconocerse el parentesco como una excusa absolutoria del encubrimiento.—J.C.

endémico. 1. Se dice de las enfermedades que habitual o generalmente reinan en toda una zona geográfica determinada, afectando de manera continua a una proporción considerable de la población; distínguese de epidémico. 2. Se dice de las plantas y animales nacidos o naturalizados en una comarca o región determinada; lo contrario de exótico.—H.E.J.

endocanibalismo. El canibalismo (*q. vid.*) cuando se practica utilizando miembros del mismo grupo social.—G.P.M.

endogamia. Norma que restringe el matrimonio a los miembros de la misma tribu, aldea, casta u otro grupo social. Cf. *exogamia.*—G.P.M.

endorreproducción. Proceso por el cual un grupo o institución tiende a permanecer estático o retrogresivo por falta de introducción de nuevos elementos biológicos o psicológicos, o nuevas personalidades. [Inglés, *inbreeding*]. Cf. *exorreproducción.*—G.M.F.

enemigo público. Término desprovisto de precisión técnica que se suele emplear vulgarmente para designar a un delincuente peligroso.—N.S.H.

energía, era de la. Economía caracterizada por el extenso y multiforme empleo de la energía físico-material en los procesos productivos. La expresión se emplea, con frecuencia, para designar la era económica que sigue a la guerra mundial 1914-18 y durante la cual la potencia industrial se elevó a una posición dominante, de modo parejo a la ascensión del capital a comienzos de la era capitalista. Una característica importante de la era de la energía, dependiente de manera directa de los perfeccionamientos técnicos en el campo de la electricidad, es el empleo de múltiples unidades de energía, móviles y de reducido volumen. [Inglés, *power age*.]

energía social. Fuerza vital de un grupo junto con todos sus demás recursos disponibles en bienes y cultura.—N.L.S.

enfermedad. Falta de salud; frustración de una función corporal bastante a producir molestia, dolor o incapacidad; asociación de síntomas, condiciones, cambios y diferencias corporales observables, que corresponden a una "entidad clínica" (como la reconoce un diagnosticador). Por abstracción también se denomina enfermedad a una entidad clínica. Alguna parte del cuerpo ha dejado de funcionar en coordinación con las demás partes; puede, o no, existir una lesión "orgánica" (es decir, del conjunto estructural). Por extensión, las deficiencias de la función o integración nerviosa, psíquica y personal se denominan también enfermedades (neurosis) (q. vid.), y han sido clasificadas y analizadas. Cf. *seguro de enfermedad.*—T.D.E.

enfermedad mental. Expresión de origen relativamente reciente que designa un estado de desarreglo, desequilibrio o desorden mental que impide al individuo asumir la responsabilidad de valerse por sí mismo o que hace de él una amenaza positiva para el bienestar y la seguridad de la comunidad. Las enfermedades mentales se clasifican en neurosis y psicosis (q. vid.) de origen orgánico o psicológico. Una clasificación más amplia es tema de controversia. El término locura va cediendo el puesto gradualmente a la expresión enfermedad mental por ser más exacta y socialmente menos denigrante. — J.W.M'C.

enfermera de la sanidad pública. Enfermera graduada y especializada que los organismos de la comunidad, públicos o privados, destinan a la asistencia individual, familiar y de la comunidad. Su servicio comprende la interpretación y aplicación de las normas médicas, sanitarias y sociales de carácter higiénico, profiláctico y educativo, la cooperación a la mejor efectividad de los programas sanitarios adecuados, e incluso la asistencia técnica domiciliaria de los enfermos. [Inglés, *public health nurse.*]

enfermera escolar. Enfermera del servicio público de sanidad destinada a atender a los niños de la escuela de una comunidad o zona rural. Presta servicios higiénicos, profilácticos, sanitarios y educativos adecuados y útiles a la población escolar, según las necesidades individuales apreciadas mediante exámenes médicos periódicos. Su acción se extiende tanto a la escuela como al hogar, comprendiendo en ella al personal escolar, a los niños e incluso a los padres de éstos. [Inglés, *school nurse.*]

enfermera visitadora. Enfermera del servicio público de sanidad cuya función original era únicamente la asistencia domiciliaria de los enfermos; tal función se ha ampliado después hasta comprender otras funciones higiénicas, sanitarias, profilácticas y de consejo conforme a los programas de acción que suelen señalarse con respecto a cada comunidad para mantener y mejorar su *standard* de salubridad. [Inglés, *visiting nurse.*]

enfermo no hospitalizado. Enfermo que puede andar y que recibe asistencia médica en un hospital, clínica o dispensario (q. vid.). Llamado también "enfermo ambulante".—N.A.

enlace. Conexión y coordinación funcional que tiene lugar tanto en la administración pública o privada como en la delincuencia colectiva. [Francés e inglés, *liaison*].—J.M.R.

enlace matrimonial. Matrimonio (q. vid.).

enmienda. Teoría sobre el fundamento y fin de la pena que sostiene que ésta debe tender a impedir la recaída en el delito (prevención especial) mediante la rehabilitación y el mejoramiento personal (de alcance jurídico, intelectual o moral) de su autor. Ha sido sostenida, entre otros autores, por Roeder.—J.C.

ensañamiento. Circunstancia agravante de la responsabilidad criminal consistente en la deliberada e innecesaria agravación de los efectos del delito.—J.C.

ensayo. Prueba preparatoria en la realización de actividades artísticas, dramáticas, musicales o de otro género. [Inglés, *audition.*]

enseñanza. Véase **libertad de enseñanza.**

enseñanza profesional. Véase **educación profesional, orientación profesional.**

enseñanza vocacional. Enseñanza orientada a descubrir, confirmar o afirmar la vocación y capacidad específica del sujeto del aprendizaje mediante actividades, predominantemente manuales, de diversas ramas: industriales, agrícolas, en madera, metal, grabado, economía doméstica y otras. Por el interés que despierta la actividad, por la disposición demostrada y por la rapidez con que se adquieren las destrezas requeridas, se determina y encauza la elección de oficio o profesión del alumno, al mismo tiempo que éste adquiere hábitos de trabajo adecuados. (En sentido más profundo, en algunos sistemas educativos se suele llamar educación vocacional.) Aunque se puede implantar esta enseñanza en otros grados o cursos, por lo común se proporciona en los últimos de la enseñanza primaria elemental y en los de la enseñanza primaria superior, o equivalentes, o en centros especiales con funcionamiento paralelo y no forzosamente articulado con otros ciclos educativos (L. Alaminos). Cf. *guía vocacional.*

ente. El más comprensivo de todos los géneros; clase que comprende todos los objetos de percepción o concepción, reales y posibles, que se consideran susceptibles de definición y clasificación.—H.H.

entendimiento. Acuerdo, avenencia (q. vid.).

entendimiento, área o materia de. La constituida por un conjunto de hechos respecto de los cuales un grupo de individuos se encuentra mutuamente informado o que abarca un modo semejante o afín de pensar o de ver las cosas. —P.F.C.

entidad. Ente. ser. Lo que constituye la esencia o la forma de una cosa. Valor o importancia. Persona jurídica, institución, colectividad, organismo social o asociación considerada en cuanto unidad.—J.C.

entidad social. El más amplio de todos los géneros sociales; clase que comprende a todos los seres y grupos de seres que por su calidad de conscientes han de ser tomados en cuenta en todo intento de predecir o regular su conducta. —H.H.

entierro. Inhumación (q. *vid.*) y también los demás sistemas de deshacerse de un cuerpo muerto, tales como el entierro en canoa, la cremación, la exposición, la momificación, el osario, el entierro en plataforma, el segundo funeral, la torre del silencio, la urna y el funeral acuático.—G.P.M.

entretenimiento. Actividad de ocio seguida regular y seriamente y que tiene valores recreativos y otros también útiles. Interés seguido de manera constante y con un tiempo determinado dedicado a él. Se diferencia de la vocación o de la ocupación normal en que su principal impulso es el interés en la actividad; no se emprende por apetencia de lucro principalmente, ni se continúa por lograr otra recompensa que no sea la misma actividad. Cf. *pasatiempo.*—M.H.N.

entrevista. Véase "interview".

entrevista de solicitud. En el servicio social se denomina así una etapa del procedimiento de asistencia a solicitud de parte, de ordinario la más completa e importante, en la que se examina la demanda de asistencia con el propio interesado.—W.P.

entropía social. Doctrina del ocaso y degeneración social inevitable derivada del campo de la física y, en particular, de la segunda ley de la termodinámica, según la cual la energía del universo, fija y limitada, se disipa, sin que pueda reemplazarse, en dar calor de modo inútil al espacio vacío.—A.J.T.

enumeración, distrito o zona de. (censo) Zona que recorren los enumeradores del censo al confeccionar los decenales. Generalmente se asigna un distrito o zona a cada enumerador. —M.Pt.

enumerador. El que enumera o consigue información de la población, como el enumerador del censo. Cf. *interrogador.*—M.Pt.

epidemia. 1. Se dice de las enfermedades que se extienden rápidamente por una población y atacan a gran número al mismo tiempo, pero durante un período limitado. 2. Se dice también de los fenómenos psicológicos y sociales que se extienden rápidamente por una población; por ejemplo, una epidemia de miedo, una epidemia de suicidios.—H.E.J.
3. Situación de contagio en la que, por contacto, una enfermedad, una idea o una emoción se extiende de persona a persona. El resultado puede ser una situación crítica, como sucede en el caso de una calamidad. Una epidemia social puede entrañar la propagación de un ismo en un período de inquietud que da lugar a la subversión o a perturbaciones de las pautas normales de vida. Si es muy extensa se llama pandemia o plaga.—N.A.

epidemia social. Véase **epidemia** (2).

epidemiología. Ciencia y arte de dominar las epidemias. Comprende el análisis de las posibles vías de invasión —a saber: públicas (leche,

agua, mercados), privadas (contagio directo) o por vehículo (animal, insecto, ser humano)— y la habilitación de medios para obstruir las vías de contagio entre los infectados y no infectados por medio de desinfección, inyecciones, cribados, filtrados, cuarentenas, control de los transportes, saneamiento público, inspección, imposición de sanciones penales, embargo, separación, etc.—T.D.E.

epígrafe de intervalo de clase. El epígrafe de intervalo de clase, o pre-subepígrafe, s^1, se emplea en la sociología dimensional para indicar los intervalos de clase estadísticos, o unidades agrupadas de una variable cuantitativa.—S.C.D.

epígrafe de sección. Título o encabezado que comprende más de una columna en un cuadro estadístico.—M.Pt.

equidad. Concepto jurídico, de fundamento ético, equivalente al de justicia natural, igual e imparcial. De origen romano, vino a templar los excesos que ya denunciaba el antiguo aforismo latino *summum jus, summa injuria,* por oposición al derecho estricto (*summum jus*), y sigue constituyendo el supremo ideal de la justicia humana. En el derecho angloamericano designa también un cuerpo o sistema de normas jurídicas, que asimismo se formó por oposición al derecho estricto, caracterizado por ser objeto de la competencia de una jurisdicción peculiar, por un procedimiento más rápido y flexible, por la sumisión a los precedentes jurisprudenciales y por su supremacía, en caso de conflicto, sobre el *common law* (q. vid.).—J.C.

equilibrio. Estado de reposo relativo que resulta de la igualación de fuerzas; contrapeso o balanceo producido por la oposición recíproca de dos o más fuerzas.—N.L.S.

equilibrio social. Estado de integración sociocultural en el que todas las partes funcionan de modo armonioso. Cf. *normalidad.*—N.L.S.

era de la energía. Véase **energía (era de la).**

erótico. Lo relacionado con el estímulo o satisfacción de la pasión o el interés sexual.—E.R.C.

error. Representación cognoscitiva inexacta de un objeto cierto. Tanto el error de hecho como el de derecho, si es esencial e invencible, constituye una causa de inculpabilidad; si es vencible, excluye la imputabilidad a título de dolo. El *error in objecto* y el error *in persona* no influyen en la culpabilidad; la *aberratio ictus* (alteración imprevista en la acción delictiva que modifica sus efectos), puede influir en la culpabilidad, aunque sin excluirla, según algunos autores. El error por inidoneidad de los medios o del objeto da origen al delito imposible (q. vid.).—J.C.

error compensador. Error que ofrece variaciones o fluctuaciones positivas y negativas y que tiende a anularse en el promedio a la larga. Sinónimo de error de coyuntura, error accidental o error variable.—M.Pt.

error constante. (estadística) Error debido a predisposiciones en la observación, instrumentales o de otro carácter, que persiste en una dirección y que, por consiguiente, no puede eliminarse como el error ocasional. Es sinónimo de error persistente, de error sistemático y de error de predisposición.—M.PT.

error, curva de. Véase **curva de error.**

escala agrícola. Expresión empleada en sociología rural y en economía agraria para indicar la movilidad social vertical entre las clases sociales agrícolas, y de manera más concreta el proceso por el cual un joven campesino comienza como asalariado y pasa sucesivamente por las fases de arrendatario, condueño y propietario gravado con hipoteca hasta llegar, finalmente, a la plena propiedad de la finca.—T.L.S.

escala de actitudes. Serie de índices de actitudes cada una de las cuales ha recibido un valor cuantitativo en relación con el de cada una de las demás. Los índices usuales son proposiciones que se jerarquizan o clasifican con referencia al grado de antagonismo o protagonismo manifestado hacia al objeto pensado. Los índices pueden seleccionarse de forma que el intervalo entre cada dos consecutivos resulte igual al existente entre otros dos consecutivos.—M.S.

escala de graduación. Véase **graduación (escala de).**

escala social. Hipotético patrón de medida sobre el cual se distribuyen las clases sociales otorgando y recibiendo deferencia, rango y precedencia. (Los "Cuatrocientos" gozan de prestigio en la cúspide de la escala; los "Bowery bums", el pueblo bajo de Nueva York, viven en la ciénaga social en su base.) La escala social nunca es idéntica a la económica; comprende valores que exceden con mucho de la posesión, adquisición y dispendio de riquezas.—W.C.H.

escalamiento. Escalo. Circunstancia que agrava o cualifica especialmente los delitos contra la propiedad y que consiste en la superación material de los cercos u obstáculos permanentes puestos en defensa de aquélla. El escalo puede llegar a constituir un allanamiento de morada, y sancionarse como delito autónomo, o tipificar, agravándolas, modalidades especiales de los delitos de hurto y robo. El *common law* lo ligó en un tiempo con los conceptos de fractura, allanamiento de morada, nocturnidad e intención específica de robar. Hoy se le concibe con independencia de las circunstancias expresadas y se ha extendido la idea de allanamiento para comprender en ella tanto la morada como el domicilio mercantil. [Inglés, *scaling*].—J.C.

escalpación. Costumbre de obtener trofeos arrancando a los enemigos la piel del cráneo con su cabellera. Se hallaba muy extendida entre los indios norteamericanos.—G.P.M.

escape, mecanismo de. Véase **mecanismo de escape.**

escarificación. Práctica de cortar la piel, a veces con el fin de hacer correr la sangre o de torturarse a sí mismo, pero más particularmente con objeto de conseguir cicatrices para el adorno personal. Cf. *tatuaje.*—G.P.M.

escasez, economía de. Véase **economía de escasez.**

esclavistas. Término muy empleado en el período de la historia norteamericana anterior a la guerra civil para designar a aquellos grupos e individuos que, en todo el territorio estadounidense, apoyaban activamente la perpetuación de la esclavitud.—K.DP.L.

esclavitud. Propiedad y disposición de la persona y sus servicios por otro individuo.—E.E.M.

esclavitud de grupo. Véase **grupo (esclavitud de).**

esclavitud por deudas. Condición de esclavización, consuetudinaria o convenida recíprocamente, del deudor por el acreedor como forma de liquidar la deuda.—E.E.M.

escrutinio de la opinión pública. Véase **opinión pública (escrutinio de la).**

escuela. 1. Unidad social consagrada específicamente a la enseñanza. De ordinario comprende algún emplazamiento físico, en particular un edificio o edificios, y el personal participante, que se divide en dos categorías: profesores y alumnos. 2. Conjunto de seguidores de un maestro que en sus enseñanzas y escritos tratan de imitarlo y desarrollar y propagar sus doctrinas. Cualquier grupo de pensadores cuyas teorías están de acuerdo y que unen sus esfuerzos para difundir sus doctrinas.

escuela clásica. *(derecho penal)* Denominación que aplicó Ferri con intención peyorativa a las diversas direcciones científicas anteriores al positivismo cuya característica común es el estudio primordial del delito y que se fundan en los principios siguientes: cultivo de un método lógico-abstracto; afirmación de la imputabilidad liberoarbitrista y de la culpabilidad moral; concepción del delito como ente jurídico y concepción de la pena como un castigo o mal infligido al delincuente y como un medio de tutela jurídica. La extrema diversidad teórica de los autores clsicos sólo pudo permitir su agrupación conceptual como escuela por contraste con el positivismo, que asignó fundamentos absolutamente distintos a los principales institutos penales. Entre los más destacados penalistas clásicos se cuentan Bentham (inglés), Feuerbach, Mittermaier, Liszt (alemanes), Pacheco (español), Ortolan, Rossi (franceses), Beccaria, Romagnosi, Filangieri, Impallomeni, Carmignani y, sobre todos, Carrara (italianos). La llamada escuela clásica del derecho penal fué decisivamente influída por la ideología racionalista e ilustrada del siglo XVIII; a ella se debe la creación del moderno derecho penal, la abolición de la antigua arbitrariedad judicial, del tormento y de las penas corporales e infamantes; el establecimiento de un sistema de proporcionalidad y adecuación entre la gravedad de los delitos cometidos y de las penas impuestas, y la consagración jurídica de las garantías y derechos individuales en los campos penal y procesal. Es predominante su influjo sobre las legislaciones de Europa y América.—M.A.E. y J.C.

escuela consolidada o centralizada. En Inglaterra y Estados Unidos se llama así a la escuela que asocia dos o más escuelas de distrito. Con frecuencia la utilizan todos los niños de una comunidad, desde el primer grado hasta la enseñanza secundaria.—E. de S.B.

escuela positiva. (derecho penal) Dirección científica, radicalmente opuesta a la llamada escuela clásica del derecho penal, que parte de la consideración primordial del delincuente y del estudio científico de la causación de la criminalidad. Se funda en los siguientes principios: cultivo del método experimental; afirmación de la responsabilidad social, derivándola del determinismo y de la temibilidad del delincuente; concepción del delito como fenómeno natural y social; concepción de la pena y de las medidas de seguridad como medios de defensa social. Derivada del positivismo filosófico (Comte), causó una profunda crisis en el derecho penal; sus creadores fueron Lombroso, Ferri y Garofalo, a cuya actividad se debe la aparición o el mayor impulso de ciencias penales tan características como la antropología criminal (Lombroso), la sociología criminal (Ferri) y la criminología (Garofalo). Fué duramente combatida y desde la segunda mitad del siglo XIX gozó de un auge extraordinario, influyendo decisivamente en la reforma del derecho penal, sobre todo en el continente europeo y en los países hispano-americanos. Entre sus representantes más destacados deben señalarse también Fioretti y Florian. Como aportaciones definitivas del positivismo penal pueden considerarse la criminología moderna, la teoría de la peligrosidad y la moderna concepción finalista de la pena.—T.S. y J.C.

escuelas andrajosas. Véase **escuelas industriales.**

escuelas industriales. En 1842 se empleó por primera vez la expresión "escuelas andrajosas" [ragged school] o industriales para referirse a las escuelas misioneras establecidas en Clerkenwell, Inglaterra. El nombre atrajo la atención y se hizo popular. En 1844 se formó una Unión de Escuelas Andrajosas bajo la presidencia del séptimo Conde de Shaftsbury. El objeto inicial de dichas escuelas fué suministrar un amplio programa religioso y de formación de la personalidad a los niños desamparados. A medida que se fué extendiendo el movimiento, las escuelas suministraron también alimentos, vestidos y alojamiento a los necesitados. La enseñanza industrial se agregó asimismo, y el movimiento de escuelas andrajosas dió origen a las escuelas industriales de la Gran Bretaña. Cuando la enseñanza se hizo gratuita y obligatoria por la primera ley de enseñanza de 1870, dichas escuelas perdieron importancia, aun cuando muchas de ellas fueron conservadas como organismos sociales suplementarios. Las escuelas andrajosas fueron consideradas, en su tiempo, como instrumentos importantes para la prevención de la delincuencia juvenil.—A.R.L.

esfera de actividad. Porción de un habitat (q. vid.) efectivamente ocupada por un grupo determinado. En esta expresión se atiende preferentemente al espacio geográfico y no a las características del medio. [Inglés, range.]

esfera de influencia. Concepto vago que se emplea en el ámbito de las relaciones internacionales y de la diplomacia, sin significación jurídica; se entiende por esfera de influencia el área geográfica reivindicada por una potencia soberana para que quede bajo su protección o sujeta a su influencia con uno o más fines. Implica por eso la disminución o menoscabo de la soberanía propia de la zona así subordinada.—F.W.K.

esfuerzo antagónico. Actividad que tiende a eliminar o neutralizar otras actividades.—M.C.E.

esfuerzo mutuo. Tentativa, prueba o esfuerzo conjunto o combinado por parte de dos o más personas en la realización de determinado fin.—J.P.E.

espatulimancia. Adivinación (q. vid.) mediante la observación de huesos de animales, especialmente calentando un omóplato y descifrando la significación de las grietas que se producen en él.—G.P.M.

especial, tribunal. Véase **tribunal especial.**

especialista. Individuo o grupo caracterizado por su idoneidad para una determinada actividad o función y por su gran interés por ella. El uso corriente ha restringido el término a los individuos y, en la actualidad, se aplica casi exclusivamente a los miembros de ciertas profesiones, por ejemplo, al médico, al abogado, al ingeniero. El rango del especialista depende casi siempre de cierta instrucción y experiencia concentradas. El aumento de especialistas está en armonía con las tendencias características de la evolución social, que lleva consigo una división del trabajo cada vez mayor.

especialización. División del trabajo, ya sea sobre una base biológica, geográfica, institucional, industrial, profesional u otra. El término implica cierta complejidad de estructura, dos o más partes de un sistema dado que pueden asumir funciones diferentes y también la coordinación de estas funciones en un conjunto viable. Presupone la interdependencia de las partes especializadas. La especialización y la integración de las funciones especializadas así definidas caracterizan las relaciones recíprocas de las instituciones familiares, económicas, educativas, religiosas y políticas; de diferentes comunidades, regiones y países en la medida en que comunican entre sí; de las diversas industrias dentro de una economía; y de las profesiones comprendidas también en una economía. La especialización se encuentra asimismo en otras esferas; y tanto en los grupos u organizaciones más pequeños como en los más grandes. Así, aparecen ejemplos de ella en la esfera de los deportes y del recreo en general, de los cuales existen infinitas variedades; y también en casi todos los juegos en

que intervienen diversos jugadores. De ordinario, el término se aplica por lo común a la
división del trabajo en las profesiones e industrias.—s.e.

espectro. Imagen fantasmal que se representa a
los ojos o en la fantasía. Cf. *espíritu* (2).

espejo del mundo, yo como. Véase **yo como
espejo del mundo.**

espía industrial. Persona empleada por un
patrono para actuar entre los obreros como
informador por lo que respecta a las actividades del sindicato, al descontento y a la agitación. Cf. *cimbel, esquirol*.—r.n.b.

espionaje. 1. Grave delito contra la seguridad de
la nación que consiste en obtener por medios
ilícitos el conocimiento de secretos políticos,
económicos o militares que puedan afectarla,
con el fin de comunicarlos a una potencia
extranjera. Puede cometerse lo mismo en tiempo de guerra que de paz. Para diferenciar el
espionaje de la traición, algunas legislaciones
atribuyen en todo caso aquél al extranjero y
ésta al nacional.—j.c.

2. También se emplea para designar las prácticas de la lucha industrial por las que una parte,
empleando métodos encubiertos, obtiene una
información que otra mantiene en secreto.—
r.n.b.

espiritismo, sesión de. Junta de un grupo,
de ordinario en la oscuridad y rodeada de otras
circunstancias que favorecen las ilusiones y
alucinaciones, con el propósito declarado de
observar fenómenos psíquicos o extra-sensorios.
—m.pt.

espíritu. 1. Alma animadora, o alma desasida
del cuerpo, o ser sobrenatural independiente;
científicamente se prefiere restringir el término, por razones de precisión, a la última de
las tres acepciones, es decir, a la de un ser
espiritual inferior en poder y *status* a un dios,
pero no identificable con un ser humano determinado y que vive una existencia relativamente
independiente como, por ejemplo, un demonio, un genio tutelar, divinidad inferior, etc.
Cf. *demonio.* 2. El alma (*q. vid.*) separada del
cuerpo o el análogo espiritual sobreviviente de
una persona fallecida, ya sea que habite en el
mundo de los espíritus o que se muestre entre
los vivos como aparición.—g.p.m.

3. Principio generador, tendencia general,
esencia o substancia de una cosa o acto.—j.c.

espíritu familiar. Espíritu tutelar (*q. vid.*) o
espíritu maligno o perverso controlado por
un hechicero. Cf. *hechicería*.—g.p.m.

espíritu guardián. Véase **espíritu familiar,
espíritu tutelar.**

espíritu público. Interés por el bienestar de
la comunidad unido a la voluntad de servirla,
de trabajar en bien del interés público (*q.
vid.*).—a.m'c.l.

espíritu social. Actitud personal por la que se
comparte la responsabilidad de las soluciones
dadas a los problemas sociales o la mejora de

las condiciones sociales, basada en el conocimiento de dichas condiciones, de su múltiple
causalidad socioeconómica y en la fe en su
carácter modificable o solucionable. Se distingue del espíritu público, que aun cuando se
refiere al deseo de participar en actividades
cívicas o militares, no tiene en cuenta necesariamente los males o remedios básicos.—t.d.e.

espíritu tutelar. Espíritu protector de un
individuo, adquirido con frecuencia, de manera singular en la América del Norte, mediante el sueño o la visión. Espíritu guardián o
familiar (*q. vid.*).

espíritus, mundo de los. Región en que se
cree moran los espíritus o las almas separadas
de los muertos. Cf. *proyectivismo*.—g.p.m.

espíritus, temor a los. Véase **temor a los
espíritus.**

esponsales. Promesa recíproca de contraer matrimonio estipulada libremente entre hombre
y mujer en forma contractual. De ella pueden
derivarse determinados derechos en caso de incumplimiento. La facultad de concertar los esponsales correspondió a los padres desde la
antigüedad hasta los tiempos modernos y aun
ahora se les sigue reconociendo tal facultad en
los países orientales en que todavía subsisten
formas familiares de carácter patriarcal (Japón,
China, India).—w.g.

esposa. Mujer unida a un hombre en matrimonio legítimo. Mujer casada.—w.g.

esposa por compra. Véase **matrimonio por
compra.**—g.p.m.

esposa por rapto. Véase **matrimonio por
rapto.**—g.p.m.

"esprit-de-corps." Espíritu de cuerpo o de
grupo; moral o lealtad. Actitud de fidelidad
de los miembros de un grupo con respecto a
los demás y con relación al interés del grupo.
—n.a.

esquema de referencia. Contexto mental (*q.
vid.*).

esquirol. Epíteto aplicado al obrero que se
niega a afiliarse al sindicato o que ocupa el
puesto de un obrero en huelga. Todas las
actividades de los obreros no sindicados que
perjudican a la totalidad de los miembros de
un sindicato pueden denominarse *esquirolaje*.
[Inglés, *scab*].—n.a.

esquizofrenia. Literalmente "fraccionamiento
mental". Forma de psicosis caracterizada por
el negativismo y las tendencias hipocondríacas
y disociativas. Este término tiende a reemplazar al de *dementia praecox* en el lenguaje
científico porque pone de relieve el carácter
de la enfermedad más bien que el de la edad
en que comienzan las manifestaciones.—j.m.r.

estabilizar. Establecer y mantener un estado
de equilibrio dinámico entre las fuerzas sociales de una comunidad, un grupo social o una
institución.—f.h.h.

establecimiento. 1. Casa establecida, fundada
o instituída.

2. Establecimiento recreativo, educativo, so-

cial y cívico es la institución pública que sirve a una colonia o vecindario por medio de planes de tal carácter. En Estados Unidos, durante los últimos años se incrementa la tendencia del vecindario a participar en la administración del plan y en la selección y dirección de las actividades del establecimiento, lo que da lugar a una mayor diversidad de las actividades del mismo y a un plan más variado.—w.p.

3. Acción y efecto de establecer o establecerse. Cf. *asentamiento, colonización.*

4. Lugar donde habitualmente se ejerce una profesión, industria o comercio.

establecimiento social. En la sociología norteamericana se denomina así el centro vecinal establecido en los distritos más pobres de las ciudades, financiado en gran medida mediante aportaciones privadas, dotado de personal educativo y cuyos fines son ampliar y mejorar las oportunidades de vida del vecindario y exponer ante toda la comunidad los problemas de las zonas y clases desvalidas. Cf. *establecimiento.* —R.N.B.

estadígrafo. Estadístico (2) (*q. vid.*)

estadista. Persona especialmente versada en el manejo de los asuntos del Estado, en la dirección de la política o en el conocimiento de la ciencia política.—J.C.

estadística. Conjunto de métodos para la reunión, clasificación, análisis, e interpretación de series de datos numéricos; métodos estadísticos.—M.Pt.

estadística criminal. Disciplina científica que estudia la expresión cuantitativa del delito en la vida social; tiene por objeto especial los fenómenos de la criminalidad. Conjunto de datos numéricos tabulados reunidos en los informes oficiales de los organismos a quienes están encomendadas la aprehensión, prevención y tratamiento de los infractores de la ley penal. La unidad de tabulación puede ser el caso, el delincuente o el delito. Una clasificación corriente de las estadísticas criminales diferencia las estadísticas policíacas (las judiciales y penitenciarias. En Estados Unidos la expresión estadística criminal comprende generalmente las diferentes clases; en el continente europeo suele emplearse para designar sólo los cuadros estadísticos de elaboración científica basados en las características del delincuente, considerando aparte las estadísticas policíacas, las judiciales y las emanadas de las instituciones penitenciarias. —T.S. y J.C.

estadística social. Datos cuantitativos referentes a la sociedad humana y a las relaciones sociales, recopilados, analizados y organizados en forma matemática. Cf. *estadística.*

estadística vital. Reunión, presentación, análisis e interpretación de datos numéricos referentes a los seres humanos, especialmente a nacimientos y defunciones. La expresión comprende también los métodos, los principios y la sistematización.—J.H.B.

estadístico. 1. Valor que resume una serie particular de observaciones cuantitativas. Valor calculado partiendo de una muestra para caracterizar el universo de donde ha sido tomada. Por ejemplo: una media. Se emplea en contraste con parámetro, que es el valor probable o verdadero del universo en cuestión.—M.Pt.

2. El que cultiva los métodos estadísticos o maneja datos y valores estadísticos.—J.C.

Estado. Agente, aspecto o institución de la sociedad autorizado y pertrechado para el empleo de la fuerza, es decir, para ejercer un control coercitivo. Esta fuerza puede ser ejercida, como defensa del orden, sobre los propios miembros de la sociedad o contra otras sociedades. La voluntad del Estado es la ley y sus agentes son los que hacen las leyes e imponen su observancia. Estos agentes constituyen el Gobierno. Deben distinguirse cuidadosamente Estado y Gobierno: el primero comprende las tradiciones, los instrumentos políticos tales como las Constituciones y las Declaraciones de Derechos y toda la serie de instituciones y convenciones relacionadas con la aplicación de la fuerza; el segundo es un grupo de individuos a quienes se ha confiado la responsabilidad de llevar a cabo los fines del Estado, otorgándoles la autoridad necesaria.

estado civil. Condición o *status* jurídico de cada persona desde el punto de vista de sus derechos y deberes civiles de carácter individual y familiar.—J.C.

estado de necesidad. Véase **necesidad (estado de).**

estado peligroso. Véase **peligrosidad.**

estafa. Delito consistente en la defraudación de la propiedad ajena, cometida sin violencia, pero sí mediante cualquier ardid o falsedad que induzca a engaño a su titular.—J.C.

estancia. Rancho (1) (*q. vid.*).

estático. Término tomado de la mecánica y que tiene relación con un estado de las relaciones humanas relativamente estabilizado, que cambia imperceptiblemente y que es predecible; opuesto a dinámico: situación de cambio rápido y relativamente imprevisible. La estática es la rama de la mecánica que trata del equilibrio de las fuerzas y cuerpos en reposo. Cf. *dinámico, sociedad estática.*—F.E.L.

estatismo. La política y el proceso consistentes en integrar las funciones económicas y de gobierno de una nación bajo una dirección unificada, pero no necesariamente autocrática. Se basa en la idea de que la buena marcha del Estado —ya sea autocrático, oligárquico o democrático— depende tanto de la integración económica como de la política y, por consiguiente, de una regulación centralizada.—D.E.W.

estatuto. 1. En los países anglosajones, ley formalmente aprobada. Por ejemplo: una ley aprobada por un acto de un cuerpo legislativo.—A.R.L.

2. Ordenación reglamentaria de carácter general a la que se sujeta la gobernación de un

cuerpo cualquiera, incluso una simple asociación privada. Por extensión, cualquier regulación normativa capaz de obligar. 3. Régimen legal que se determina en consideración a la naturaleza de las cosas (real), las personas (personal), los actos (formal) o el territorio (territorial) en que aquéllos radican o éstos tienen lugar. Distínguese de *status* (q. vid.).—J.C.

esteatopigia. Excesivo desarrollo grasoso de las nalgas, característica especial de las mujeres bosquimanas y hotentotes.—G.P.M.

estelionato. Especie del delito de estafa que consiste en obtener un beneficio ilícito mediante la contratación sobre cosas ajenas, sin poseer título legítimo ni hacer entrega de ellas.—J.C.

estereotipado. Convertido en estereotipo. Simplificado en una estructura tipo.—A.M'C.L.

estereotipo. Creencia popular. Imagen o idea aceptada por un grupo, de ordinario enunciada en palabras y cargada de emoción. Concepción simplificada e incluso caricaturizada de un personaje, personalidad, aspecto de la estructura social o programa social que ocupa en nuestras mentes el lugar de imágenes exactas. Lugar común. Cf. *tópico.*—A.M'C.L.

estereotipo institucional. Juicio prejuzgado y en extremo simple acerca de las actividades de una institución y del modo como funciona dentro del control social. Semejante juicio refleja ciertos factores que intervienen en la mentalidad de quien lo hace: *1)* su *status* social; *2)* los subculturas de los grupos a que pertenece; *3)* su relación funcional con la institución en cuestión; *4)* la historia de su relación con dicha institución. Los directores de personal invierten tiempo y esfuerzo considerables en averiguar las opiniones estereotipadas de los empleados de la institución que los tiene a su servicio y en corregirlas de modo favorable a los intereses de la administración. Los términos del anuncio y la propaganda se ocupan de los estereotipos populares acerca de las instituciones que representan. Los líderes obreros se esfuerzan por corregir los estereotipos institucionales de los trabajadores en términos congruentes con las aspiraciones del movimiento obrero.—A.M'C.L.

estereotipo personal. Opinión predispuesta y muy simplificada acerca del modo de ser de una persona. De ordinario se basa: a) en las interpretaciones tradicionales de la apariencia personal (peso, presencia, rasgos, etc.); b) en la murmuración, y c) en el caso de figuras públicas, en informes de los periódicos y otros medios de comunicación de masas.—A.M'C.L.

estereotipo, respuesta. Véase **respuesta estereotipo.**

estéril. Carente de fecundidad. Que manifiesta esterilidad; sinónimo de sin hijos.

esterilidad. Carencia de capacidad fisiológica para participar en la reproducción. Ausencia de fertilidad; sinónimo de infecundidad.

esterilización. Sistema o acto de impedir la propagación, especialmente a los imbéciles congénitos, los locos, los epilépticos y demás individuos que manifiestan graves taras hereditarias, por medio de una operación quirúrgica que impide su reproducción. La operación es ligera en el caso del hombre, pero más grave en el caso de la mujer. Durante los últimos treinta años el público instruido se ha ido dando cuenta gradualmente de lo enormemente costoso que es permitir reproducirse a los ineptos congénitos. No sólo en Estados Unidos, sino en Inglaterra y en Alemania, se han iniciado movimientos en pro de la esterilización de esos desgraciados, con las debidas garantías. Desde 1907 se han aprobado leyes de esterilización en treinta Estados de la Unión norteamericana, por lo menos, aun cuando muchas de ellas no han sido aplicadas. Cf. *salpingectomía, vasectomía.*—W.G.

Como pena corporal que participa del carácter de medida eugénica de seguridad, se ha defendido con reservas la esterilización de ciertos delincuentes congénitos y sexuales. Sin embargo, la incertidumbre de los datos de la herencia y los abusos políticos a que ha dado lugar restringen el crédito de esta medida.—J.C.

estética. Ciencia y filosofía de la belleza.—L.P.E.

estigmas. Características físicas que se cree influyen en la causación de la conducta delictiva. Cf. *anomalías.*—J.P.S.

El concepto, de origen médico, comprende tanto lesiones orgánicas como trastornos funcionales que denotan una constitución anormal y posiblemente hereditaria. Fué aplicado por Lombroso a su teoría del delincuente nato.—J.C.

estimación propia. 1. Consideración del propio interés. Cuando es de intensidad moderada puede denominarse "interés propio esclarecido"; en su forma extrema se convierte en algo del todo egoísta e insocial; antisocial si es necesario. 2. Pundonor, dignidad.—R.E.B.

estimulación de grupo. La de un grupo o acto de estimulación realizado por un grupo.—M.S.

estímulo. Excitación de un receptor sensorial o del sistema nervioso en su conjunto por algún objeto o situación exterior al receptor o sistema. De particular importancia para toda teoría que se ocupa de la acción o función.—M.S.

estímulo no social. Estímulo ejercido por un objeto o situación que no implica relaciones sociales ni conducta social.—M.S.

estímulo predominante. Estímulo que tiene la supremacía sobre todos los estímulos simultáneamente competidores en la dirección de la respuesta del organismo. Cf. *respuesta predominante.*—H.E.J.

estímulo social. 1. Tipo de estímulo al que responden los seres humanos más como miembros de un grupo que como individuos. De estímulos semejantes —en forma de rumores, noticias, catástrofes, etc.— derivan respuestas sociales de una de estas clases: opinión pública, formación de grupos, creación de usos, cambios en la cultura, fenómenos de masa, etc.—A.M'C.L.

2. Estímulo ofrecido por la presencia o la acción de una o más personas.—M.S.

estímulo y respuesta interpsíquicos. Frase psicológica que tiene, prácticamente, el mismo contenido que "interacción social". A medida que ascendemos en la escala social de la vida, las diversas formas de interestímulo y respuesta se hacen más o menos conscientes; ésta es la razón de que pueda decirse que se convierten, cada vez más, en "interacciones psíquicas", aunque, estrictamente, no existe conexión directa entre las psiques de los individuos. Cada psique individual responde a los estímulos de su medio físico y entre tales estímulos se encuentran los símbolos de pensamiento y sentimiento ofrecidos por la voz, los rasgos y los movimientos corporales de los demás individuos. Ante ellos se reacciona y se les interpreta mentalmente; de este modo es posible la comunicación entre los individuos mediante interestímulo y respuesta psíquica.—C.A.E.

estímulos acumulados. Algunos sociólogos behavioristas llaman así a los objetos de cultura materiales y símbolos, acumulados por accidente (en lugares de habitación o en ruinas) o en tumbas, bibliotecas y museos, de suerte que pueden servir de estímulos en momentos posteriores, para investigadores u otros habitantes, aun cuando hayan permanecido ociosos mientras tanto. [Inglés, *stored stimuli*].—T.D.E.

estrago. Delito consistente en la destrucción material y de gran importancia de bienes de cualquier clase causada por medio de incendio, explosión, inundación u otro cualquiera que implique un riesgo general.—J.C.

estrangulación. Privación violenta de la vida por asfixia, interceptando e interrumpiendo la respiración de la víctima mediante la fuerte opresión del cuello. Se utilizó como forma de ejecución de la pena de muerte.—J.C.

estratagema. Acto de eludir un problema o situación con el fin de alcanzar otro objetivo, posiblemente contrario.—N.A.

estratificación social. Disposición de los elementos sociales en capas situadas en diferentes planos. Establecimiento del *status* en una relación cambiante de superioridad e inferioridad.

estratos. Véase **muestreo estratificado.**

estricta, custodia. Véase **custodia estricta.**

estructura. Organización de partes, de relativa permanencia o persistencia, capaz de actuar, como tal, de determinada manera y cuyo tipo se define por las clases de acción que puede emprender.—H.H.

estructura cultural. Disposición o configuración de los rasgos y complejos culturales que integran una cultura determinada en un momento dado. —J.P.E.

estructura de clase. Véase **clase (estructura de).**

estructura-función. Frase compuesta para indicar la inseparabilidad o integridad de la "estructura" y de la "función" en cualquier proceso-situación efectivos dentro del espacio-tiempo.—T.D.E.

estructura plural. Pluralidad de relaciones de asociación que, en su entrelazamiento estrecho, constituyen una configuración o estructura. Su existencia se reconoce por el empleo de expresiones orales o gestos cuyo significado se comprende por todos y que aluden a ciertos estados relativamente permanentes de distancia social, ya sea pública o privada. Las iglesias, los Estados, las clases, las familias, etc., son estructuras plurales. Términos estrechamente emparentados con éste son: plural, estructura social, grupo (en amplio sentido), etc.—H.B.

estructura social. 1. Configuración de la organización interna de cualquier grupo social. Caracteriza la suma total de las relaciones que los miembros del grupo mantienen entre sí y con el grupo mismo. 2. Concepto general aplicable a todos aquellos atributos de los grupos sociales y tipos de cultura gracias a los cuales pueden captarse como todos compuestos o como complejos constituídos por partes interdependientes. En abstracto podemos distinguir dos clases de estructura social: a) la división de los grupos sociales en subgrupos y, finalmente, en miembros individuales o personas que, con frecuencia, difieren unas de otras por su función y *status*; y b) la división de un tipo de cultura, es decir, del cuerpo total de la cultura de una sociedad o grupo, en sus elementos constituyentes tales como usos sociales, costumbres, complejos culturales, instituciones y creencias. Cf. *pauta de acción*.—F.N.H.

estructura tipo. Estructura modelo de carácter racional para una entidad social, y que comprende sus características uniformes. [Inglés, *type pattern*].—J.H.B.

estructural. Lo que tiene naturaleza de estructura o se refiere a ella. Pero en el espacio-tiempo real, lo que es estructural es también funcional: las dos palabras representan aspectos abstractos de una organización total que funciona o, dicho de otra manera, de un funcionamiento organizado. Cf. *estructura-función*.—T.D.E.

estudio de presupuestos familiares. Método científico que consiste en reunir datos (derivados de cuestionarios o de documentos existentes) referentes a los desembolsos del ingreso de una familia en todos los planos de la sociedad. Quien primero perfeccionó este método fué Federico Le Play (economista francés), a mediados del siglo XIX, con el fin de determinar los niveles de vida. Ha sido utilizado ampliamente y perfeccionado, desde entonces, tanto en los Estados Unidos como en otros países.—A.E.W.

estudio piloto. Investigación preliminar de carácter social que precede a otra más completa con la finalidad de probar y perfeccionar la técnica. Sinónimos: pre-survey, survey de ensayo. [Inglés, *pilot study*].—M.Pt.

estupro. Delito sexual que consiste en la cohabitación con mujer libre y honesta, lograda sin violencia pero sí mediante seducción real o presunta.—J.C.

eternalismo. Concepto de la realidad como Ser

inmutable o eterno. En filosofía es la ideología del Ser en oposición a la del Devenir. En sociología y en ética es un término que se emplea por oposición al de temporalismo, que considera el cambio incesante como la verdadera realidad. Desde el punto de vista idealista, eternalismo y temporalismo se concilian y constituyen una síntesis.—J.B.

ética. Estudio de los valores y de sus relaciones con las pautas y planes de acción. Ciertos aspectos de la sociología que tratan de las costumbres, de las fuerzas sociales, del ajuste defectuoso, de la desorganización, de los problemas sociales, de los movimientos de reforma y del progreso social pertenecen al campo de la ética. Cuando el término se emplea solo, sin calificativos tales como "social", se refiere a la filosofía de lo bueno y lo malo.—H.H.

ética cristiana. Concepción de la ética social que acepta como criterio fundamental de valor las enseñanzas de Jesús y de la iglesia cristiana. Cf. *cristianismo.*—H.H.

ética filosófica. Concepción de la ética que, principalmente, busca conceptos y proposiciones satisfactorios desde un punto de vista lógico y sólo se refiere de manera secundaria a los problemas sociales prácticos. Cf. *ética social.*—H.H.

ética social. Punto de vista sobre las cuestiones morales que busca sobre todo una orientación práctica respecto a problemas concretos de la sociedad y que por eso incluye las cuestiones que se plantean en la vida política, en la económica y en la sexual.—H.H.

etiología criminal. Estudio científico de las causas o factores de la delincuencia. Algunos autores la identifican con la criminología. Dada la naturaleza de los factores causales del delito, la etiología debe basarse en los datos de la biología, la psicología y la sociología criminales. Cf. *delito (etiología del), factores causales de la criminalidad.*—J.C.

etiqueta. Rasgo folklórico que actúa, realmente, como una forma de control social, regulando las relaciones exteriores del individuo y del grupo y, por consiguiente, su libertad externa. Estrechamente relacionada con la sociedad organizada de modo jerárquico, la etiqueta se opone al convencionalismo (q. vid.), que controla la libertad interna; también se distingue del convencionalismo por sus normas expresas, que a veces cristalizan en forma escrita.—J.H.B.

étnico. Lo referente al etnos (q. vid.); caracterizado por la unidad de raza y nacionalidad.

etnocentrismo. Actitud afectiva que sostiene que el grupo, la raza o la sociedad a que uno pertenece es superior a otras entidades raciales o culturales. Tal actitud va asociada al desprecio del extranjero y de sus costumbres.—W.E.G.

etnogénico. Lo relacionado con el origen y desarrollo de los grupos étnicos.

etnografía. Rama de la antropología cultural (q. vid.) que se ocupa del estudio descriptivo de las culturas particulares, singularmente de las de

los pueblos primitivos o prealfabetos. Cf. *etnología.*—G.P.M.

etnología. Estudio científico de los grupos étnicos. Antropología cultural (q. vid.) con especial referencia al estudio comparativo de las culturas (q. vid.) de los diversos pueblos existentes o sólo de los recientemente extinguidos. Cf. *arqueología, etnografía.*—G.P.M.

"etnos." Grupo unido e identificado por los lazos y características tanto de raza como de nacionalidad (q. vid.). Se hace uso de diversas palabras que comienzan con esta raíz, con frecuencia en un sentido casi sinónimo de aquellas que se construyen con los términos de "raza", "antropos" e incluso "cultura". De un modo correcto, los términos construidos con esta raíz deberían aplicarse exclusivamente a los grupos en que los lazos raciales y los culturales están tan entrelazados que los miembros del mismo grupo ordinariamente no tienen conciencia de ellos y los extraños no especializados tienden a no hacer la menor distinción entre los mismos. Tales grupos son el producto lógico de la evolución humana en condiciones de aislamiento y separación relativos. Cf. *pueblo.*

"etos." Suma de los rasgos culturales característicos que permiten diferenciar e individualizar a un grupo con respecto a otros.

euforia. Sentimiento general de bienestar y de satisfacción vital.

euforímetro. Procedimiento de "papel y lápiz" para obtener medidas aproximadas de la felicidad (euforia) empleando una escala en la que el 0 representa la línea divisoria entre la felicidad y la desdicha.—H.H.

eugenesia. Ciencia basada en los principios de la herencia humana y cuyo objetivo es el mejoramiento de la raza.—E.R.G.

eugénico. Lo que tiende a mejorar las cualidades hereditarias de los miembros de la sociedad. Puede aplicarse tanto a los elementos físicos como a los modelos de conducta.

eunuco. Individuo del sexo masculino que ha sido castrado.—G.P.M.

eutanasia. Teoría o práctica de la "muerte piadosa", que permite a los médicos o a otras personas socialmente autorizadas suministrar una dosis mortal de medicina a las personas que sufren extraordinariamente, a los enfermos incurables o a los defectuosos de nacimiento sobre los que no cabe esperanza de corrección. En la actualidad esta teoría se opone a la ley y al código moral de los médicos.—S.C.M.

Muerte benéfica, por piedad o compasión. Homicidio perpetrado sobre ancianos o enfermos incurables con la finalidad de ahorrarles graves sufrimientos. Lo practican algunas sociedades primitivas, incluso con carácter ritual. Las leyes penales no reconocen efectos liberatorios de la responsabilidad criminal ni al móvil compasivo del homicida ni al consentimiento de la víctima, aunque sí pueden influir en la consideración jurídica del caso.—J.C.

evaluación. Proceso de averiguación de la importancia relativa o valor de dos o más mercancías o servicios, expresado, por lo general, en función del dinero. Cf. *valor.*—E.E.M.

evento. 1. Acontecimiento imprevisto o de realización incierta o contingente. 2. *(der. penal)* Se llama así la consecuencia de una acción u omisión constitutiva de delito. Dicha consecuencia puede consistir en daño o lesión objetiva y concreta o en un peligro. En ocasiones (delitos materiales) el evento determina la calificación y punibilidad del delito, aunque en otras (delitos formales) es irrelevante a tal fin.—J.C.

evicción. Privación o perturbación sufrida por el comprador en su pacífica posesión de la cosa comprada. La cláusula de evicción impone al vendedor la obligación de defender dicha posesión y de garantizarla mediante el saneamiento *(q. vid.)* cuando la defensa resulta ineficaz. Se opone a la previsión del riesgo correspondiente por el comprador. Cf. *"caveat emptor".*—J.C.

evidencia. Convicción, prueba.

evitación. Evasión o desviación del mal por métodos prácticos, mágicos y religiosos.—J.G.L.

evitación, relación de. Relación especial entre determinados parientes. Por ejemplo, entre un hombre y su suegra. Por virtud de ella cada uno evita el contacto físico o la familiaridad con el otro. Cf. *relación de familiaridad.*—G.P.M.

evolución. Proceso de cambio en el que cada fase subsiguiente tiene conexión con la precedente; crecimiento o desarrollo que entraña continuidad.

evolución acumulativa. Crecimiento, modificación y desarrollo de aspectos asociados y afines de la sociedad cuyos cambios combinados acaban produciendo un efecto general.—M.C.E.

evolución creadora. Cambio social intencionado o planeado en el que el desarrollo particular forma parte de la evolución universal. Cf. *"élan" vital.*—M.C.E.

evolución cultural. Desarrollo de una cultura (o de determinados rasgos culturales) partiendo de formas más sencillas y menos integradas hasta llegar a formas más complejas e integradas mediante un proceso continuo.—R.E.B.

evolución emergente. Cambio biológico (o social) por mutación; aparición de algo enteramente nuevo que surge de combinaciones nuevas y únicas de elementos preexistentes en "momentos-puntos" críticos. Cf. *emergencia.*—T.D.E.

evolución personal. Crecimiento y desarrollo expansivo de la personalidad siguiendo directrices que apuntaran en forma sencilla durante los primeros años de la niñez; la forma que se alcanza es una combinación de características intrínsecas y del influjo de las fuerzas del medio físico y social.—M.C.E.

evolución social. Desarrollo, planeado o no, de la cultura y de las formas de relación o interacción social. Los procesos de la evolución social se consideran más o menos análogos a los de la evolución biológica, es decir, variación, lucha por la existencia, selección y adaptación; pero no son idénticos a ellos. El concepto de evolución difiere del de progreso *(q. vid.),* pues aquél no lleva consigo por necesidad la idea de cambio para mejorar ni siquiera de aumento en complejidad. Por lo general, se sobrentiende que se refiere en particular, pero no de modo exclusivo, a los aspectos y consecuencias de más importancia del cambio social y a aquellos que pueden considerarse acumulativos o irreversibles más bien que recurrentes. Cf. *revolución.*—F.N.H.

evolución universal. Desarrollo general y comprensivo que tiene lugar al mismo tiempo en todos los aspectos de la vida y que incluye a todos los fenómenos, afecten o no a la vida social.—M.C.E.

evolutivo. Que manifiesta tendencias hacia cambios de desarrollo que provienen de condiciones o situaciones previas.—M.C.E.

exacción ilegal. Delito que comete el funcionario público que, aprovechándose de su cargo y con abuso de su función, exige el pago indebido de una contribución de cualquier clase.—J.C.

examen criminológico de los delincuentes. Véase **criminal (clínica).**

excedente social. Aquel margen de energía (potencia vital o acumulación cultural) que existe en un grupo social, o está a disposición del mismo, en exceso sobre la que necesita para subsistir en su nivel de cultura; residuo de energía social poseído por cualquier grupo después de proveer y satisfacer las exigencias de su existencia y supervivencia.—N.L.S.

excluir. Acción de cerrar la puerta a alguien, de eliminar no permitiendo la entrada. Sociológicamente se alude a las fronteras que separan a los miembros del "grupo propio" de los del "grupo ajeno" o extraño. Debe distinguirse de expulsar, echar o eliminar a un antiguo miembro o intruso haciéndolo salir, después de lo cual también queda excluido.—T.D.E.

exclusión. En relación con el movimiento de población *(q. vid.),* prohibición precisa de inmigrar que se impone a determinados grupos o individuos extranjeros. Cf. *cláusula de exclusión.*

exclusión, política de. Mantenimiento de la homogeneidad o integridad de un grupo excluyendo a personas cuya conducta o calidad se considera como una amenaza para su solidaridad. Por extensión, la política de exclusión comprende la expulsión de indeseables por iguales motivos.—T.D.E.

exclusivo. Aplicado a los grupos, significa una cuidadosa restricción del ingreso de miembros, basándose en criterios que se consideran honoríficos; por ejemplo: nacimiento, riqueza, *status,* etc. Exclusividad, snobismo.—A.R.L.

excusas absolutorias. Se denominan así (también causas de impunidad) en la terminología jurídica francesa y española ciertos hechos, determinados por la ley y fundados en consideraciones de utilidad pública, que impiden la atribución de una pena a lo que en otro caso constituiría formal y materialmente un delito. Ejemplos: el arrepentimiento activo, el desistimiento en la tentativa, el parentesco con respecto al encubrimiento y en los casos de delitos patrimoniales. Las excusas absolutorias no deben confundirse con las causas de inimputabilidad, de justificación y de inculpabilidad, que afectan a la naturaleza misma del delito, despojándolo de su carácter.—J.C.

exhibicionismo. 1. Exposición física de partes del cuerpo a la vista de los demás.

2. Fenómeno psicológico caracterizado por la tendencia exagerada a revelar o destacar los rasgos y características peculiares propios en la vida social. En el lenguaje corriente el término suele referirse a la ostentación inconveniente de los rasgos peculiares del sexo. En un sentido general puede constituir simplemente una forma de vanidad extrema.

3. Los actos de exhibicionismo específicamente sexual denotan una forma de aberración sexual y son sancionados en las legislaciones en cuanto ultraje público al pudor.—J.C.

eximentes, circunstancias. En derecho penal se denominan así indiferenciadamente, atendiendo sólo a sus efectos penales, aquellas circunstancias personales o de hecho que producen como consecuencia la exención de responsabilidad y de pena de los autores, cómplices o encubridores del delito. Se comprenden entre ellas tanto causas de inimputabilidad (enajenación mental, trastorno mental transitorio, minoridad, sordomudez, miedo insuperable), como de justificación (legítima defensa, estado de necesidad, acto lícito, cumplimiento de un deber, ejercicio legítimo de un derecho) y de inculpabilidad (error, obediencia debida, no exigibilidad de otra conducta).—J.C.

exogamia. La convención, teoría o práctica de contraer matrimonio fuera del límite de determinados vínculos de relación, localmente definidos: familia, clan o raza, por ejemplo. Entre los indios cuervo la exogamia es norma inviolable: el matrimonio dentro del clan se considera altamente inconveniente.—F.E.L.

exorcismo. Expulsión del cuerpo de espíritus o elementos intrusos que se consideran la causa de la mala conducta o del malestar.—E.A.H.

exorreproducción. 1. Apareamiento fuera de un grupo determinado. 2. Metafóricamente, introducción en un grupo o institución de persona lidades o ideas nuevas que sirven de estímulo para la aparición de nuevas formas de pensamiento y conducta, del mismo modo que la fecundación por cruce desarrolla nuevas características en la reproducción animal y vegetal. La introducción puede ser deliberada o accidental. [Inglés, *outbreeding*.] Cf. *endorreproducción.*—G.M.P.

exótico. Traído de un país extranjero; no originario de un determinado país o región pero aclimatado a ellos.—H.E.J.

expansión del grupo. Agrandamiento de una unidad social, numérica o territorialmente.

expansión social. Ampliación de procedimientos, organización y formas por medio de una penetración en áreas o grupos no incluidos con anterioridad en una cultura o ámbito institucional determinados.—M.C.E.

expectación. Actitud de la sociedad con respecto a la suma total de las conductas individuales exigidas por las costumbres (*q. vid.*) reguladas por cualquier forma de presión social.

expectativa. Posibilidad o probabilidad de que se origine el nacimiento de un derecho o de cualquier otro efecto jurídico al cumplirse cierta condición, acaecer un suceso previsto u ocurrir determinada eventualidad.—J.C.

expectativa de vida. Función convencional de la tabla de vida simbolizada por e_x y que representa la "media de la vida que resta" o cifra media de años de vida que aún restan a personas que llegan a una edad determinada, según ciertos cuadros de porcentajes de mortalidad por edades específicas. Cf. *vida (tabla de).*—C.V.K.

experiencia consciente. Actitudes, intereses u otros datos cualitativos que son cognoscibles por los sentidos, aun cuando no completa o directamente mensurables por medio de escalas o pruebas.—H.A.P.

experiencia sexual. Expresión vaga cuyo empleo fluctúa entre extremos tan distantes que no proporciona base para una definición precisa. Científicamente no se emplea, a menos que su acepción concreta quede esclarecida por el contexto.

experimentación. Véase **actitud experimental, método experimental.**

experto. Persona que posee una habilidad especial. Persona ampliamente informada en un campo de conocimientos determinado o especialmente cualificada para realizar trabajos de tipo especial. Cf. *especialista.*—N.A.

expiación. Teoría sobre el fundamento y fines de la pena, que, en principio, se basa en la creencia de que el delito excitó la cólera de los dioses contra todo el grupo y de que dicha cólera sólo puede ser aplacada dando muerte al delincuente. Posteriormente el término amplió su significación para comprender la proyección de la cólera de la comunidad dirigida contra el transgresor. Empleado en este sentido, el término no es casi sinónimo de retribución.—J.L.G.

La teoría de la expiación se funda en la idea retributiva de la purgación moral mediante el dolor y el sufrimiento. Tiene marcado carácter religioso y fué defendida principalmente por Kohler.—J.C.

explicación. Véase **causación.**

exploración. Estudio preliminar y sin significación de cualquier unidad social, hecho por vía de ensayo, a fin de averiguar los principales elementos que la componen y, en general, para preparar el camino a un examen general sistemático o a alguna investigación detenida sobre uno o más aspectos de la unidad.—G.M.F.

explotación. Utilización para su beneficio propio de un grupo subordinado (asalariados, sexo femenino, raza negra) por un grupo situado en una posición preponderante (patronos, sexo masculino, raza blanca).—K.DP.L.

explotación agrícola autosuficiente. Véase **agricultura familiar, explotación agrícola familiar, granja familiar.**

explotación agrícola en gran escala. Véase **agricultura en gran escala.**

explotación agrícola familiar. La de una granja familiar (q. vid.) cuyo fin principal es atender directamente a las necesidades vitales del agricultor y de su familia y sólo secundariamente proveer el mercado. Cf. *agricultura familiar.* —P.H.L.

explotación social. Véase **explotación.**

exposición. Acción y efecto de exponer o exponerse. Asunción de un riesgo o sometimiento a él. Representación formal y escrita, por lo general dirigida a una autoridad, fundando una demanda o solicitud. Manifestación industrial, artística o científica de carácter público.—J.C.

exposición de cadáveres. Práctica funeraria consistente en depositar los cuerpos de los muertos en lugares desamparados para que sean devorados por animales feroces o consumidos por la acción de los elementos. Cf. *entierro.* —G.P.M.

exposición de infante. Delito contra el estado civil consistente en la colocación de un niño recién nacido fuera de la situación familiar normal con objeto de ocultar su filiación (Soler). La exposición de infante puede crear un grave riesgo para la vida del menor, cuando se lleva a efecto dejándolo en lugar desamparado o poco frecuentado. Tal caso podría constituir una forma de abandono (q. vid.) o incluso de infanticidio (q. vid.), en concurso con la exposición. —J.C.

expresión mimética. Variedad de conducta simpática (q. vid.).—H.B.

expropiación. Ejercicio del derecho de dominio eminente para procurarse un título legítimo a la propiedad privada que se necesita para fines de interés público.—S.S.

expropiación de exceso. La que se practica sobre una superficie mayor de la que realmente se necesita para la mejora pública en cuestión con el propósito de aprovecharse del incremento de valor de los terrenos que es consecuencia de la mejora misma.

extorsión. Delito contra la propiedad consistente en obtener de alguien la entrega de dinero o efectos que lo valgan, mediante intimidación o simulación de autoridad o de orden emanada de ella. Cf. *chantaje.*—J.C.

extradición. Procedimiento por virtud del cual una jurisdicción soberana entrega a otra de igual calidad el individuo que delinquió, con objeto de que sea juzgado en la última o de que cumpla en ella la condena que se le impu-

so. Es activa o pasiva, según se considere desde el punto de vista del Estado que la solicita o del que la concede. La extradición es una institución jurídica fundada en el deber de asistencia entre entidades políticas soberanas y suele regularse por la norma de la reciprocidad. Puede tener lugar entre los Estados miembros dentro del Estado federal o ser internacional. En el primer caso se reglamenta por una ley federal, por leyes locales o por la costumbre. La extradición internacional suele regularse por tratados de tal índole cuyo principal objeto es evitar la impunidad de la delincuencia común; se excluyen de ella los nacionales y los delincuentes políticos, pero no los magnicidas (cláusula de atentado) y se subordina a diversas condiciones (especialidad, no prescripción, etc.). Se ha tratado repetidamente de formular un tratado tipo de extradición que mereciera la aprobación universal, con el fin de acabar con la diversidad que impera en esta materia. El intento se ha logrado en parte con el Tratado de Montevideo de 1889 y el Código Bustamante, aceptados por numerosos países americanos.—J.C.

extranjero. 1. Se denomina así al ciudadano de un país con residencia en otro.—J.W.M'C.

2. Persona que vive en determinada comunidad y que, por consiguiente, acepta, hasta cierto punto, la vida del lugar, pero a la que no se confiere *status* como miembro del grupo "propio" por sus elementos originarios. Individuo que acepta esa ausencia de identificación con el grupo en cuyo seno vive y que por eso se siente libre ante las formas más sutiles de control en él dominantes. La persona que se encuentra en semejante situación se caracteriza por una relativa movilidad mental y física, por la mayor objetividad de sus actitudes y por su libertad para aceptar o rechazar ciertos valores o convencionalismos. Es, en mayor o menor grado, un hombre sin patria, aunque acepte algunos elementos tanto de su propia cultura anterior como de la del lugar de su residencia actual. El extranjero, al mismo tiempo que alcanza una libertad de que no gozan los nativos del grupo en que vive, pierde la de participación que constituye el incuestionable derecho de los nacionales.—H.E.M.

extrañamiento. Antigua pena que solía imponerse con carácter alternativo de la de muerte y que se encuentra tanto en las sociedades tribales como en las civilizadas. Por virtud de ella el reo era excluido de la comunidad civil bajo pena de muerte.—J.L.G.

La moderna pena de extrañamiento es temporal, se reduce a la expulsión del territorio del Estado y se aplica con preferencia a los delincuentes extranjeros.—J.C.

extraño. Véase **extranjero (2).**

extrapolación. Cálculo, partiendo de dos o más valores conocidos de una variable, de cierto valor desconocido que precede o sigue a todos los valores conocidos. Así, por ejemplo, se puede calcular la población de los Estados Unidos en 1960 partiendo de la población conocida en 1940, 1930, 1920, etc.—p.h.f.

extrasocial. Que no comprende relaciones humanas.—p.f.c.

extraterritorialidad. Ficción jurídica que considera extendida la soberanía fuera del territorio nacional (a los buques, aeronaves y embajadas en el extranjero). Principio doctrinal que reconoce validez a la ley penal de cada Estado fuera de los límites de su territorio nacional. Los principales argumentos que se invocan para fundarlo son el principio personal (todo delincuente debe ser juzgado según las leyes de su propia nacionalidad), el principio real (llamado también de protección o defensa y fundado en el mantenimiento del orden público: debe aplicarse en todo delito la ley correspondiente al bien jurídico atacado) y el principio universal (la ley penal de cualquier Estado debe aplicarse a todo delincuente con independencia de su nacionalidad y del lugar en que haya delinquido), si bien este último deja indecisos los casos de conflicto de leyes. Abolido el régimen de capitulaciones (q. vid.) y restringido el derecho de asilo (q. vid.), sólo como excepción al criterio dominante (territorialidad de la ley penal) se admite en algunos casos la extraterritorialidad, tanto de aplicación de la ley extranjera por los tribunales nacionales como para fundar la extradición de quienes han delinquido en el extranjero.—j.c.

extravagancia colectiva. Capricho pasajero o interés por la novedad. Puede referirse a frases de jerga, a tipos de juego, maneras de comportarse, vestidos u otros fenómenos. Las extravagancias colectivas se originan generalmente y se extienden con gran rapidez en las zonas de estímulo intenso. Son fáciles de asociar a los intereses del ocio o del juego. Cf. *moda.*—n.a.

extroversión. Acto de volverse hacia fuera, hacia las cosas exteriores. En la actualidad lo más frecuente es que el término se refiera a aquellos individuos cuyos intereses y preocupaciones espontáneos se encuentran en el mundo que les rodea, en las personas, en los acontecimientos, en la naturaleza física. Tales individuos se llaman extrovertidos. Cf. *introvertido, personalidad extrovertida.*—w.g.

F

fabianismo. Véase **socialismo fabiano.**

fábrica, sistema de. Sistema de manufactura que se caracteriza por el empleo de máquinas movidas por fuerza mecánica, cobijadas bajo un solo techo y de la propiedad del empresario o de otro propietario, que para su funcionamiento emplean obreros asalariados. Este sistema fué el resultado del descubrimiento de nuevas fuentes de energía, de una parte, y del invento de nuevos tipos de maquinaria, de otra. El origen del sistema fabril en Inglaterra, puede situarse, aproximadamente, hacia el año de 1750. —J.W.M'C.

facción. Tipo de grupo de lucha, de carácter partidista, de organización más o menos difusa y de carácter transitorio, que se origina frecuentemente en las comunidades y organizaciones establecidas que pasan por situaciones de lucha intestina.—K.DP.L.

factor. Causa, determinante o condición necesaria de un acontecimiento o cambio. Con menos frecuencia se emplea la palabra para designar un componente o elemento de una situación, con o sin referencia a su significación causal. Las clasificaciones de factores varían según el sistema teórico a que se refieran. De esta suerte, podemos subsumir los factores causales bajo estas tres categorías: cultura, naturaleza originaria o genética y medio fisiográfico; o bajo las diferencias que ofrecen los intereses colectivos específicos (en el sentido de actividades orientadas por un fin o propósito) que se descubren en una situación; o asimismo, bajo ciertas categorías concretas de conducta y experiencia: pensamiento, sentimiento, acción, actitud, propósito. Por añadidura, los factores, como elementos, se ejemplifican por los tipos de interacción, etc., o, en función de las personas, por los papeles que desempeña el individuo, el grupo primario, un público especial o una organización al servicio de un propósito común. Cf. *análisis factorial.* —S.E.

factores causales de la criminalidad. La moderna concepción de la etiología del delito, sistematizada por Di Tullio, ordena los factores causales de éste en la siguiente forma: 1) factores predisponentes: constituciones criminales hipoevolutiva, neuropsicopática, psicopática y mixta; 2) factores realizadores: alcoholismo e intoxicaciones comunes (cocainismo, morfinismo, etc.), tuberculosis y sífilis, traumas físicos y psíquicos, endocrinopatías, ciertas enfermedades infecciosas (encefalitis, tifus, paludismo,

malaria, etc.); 3) factores ocasionales: el ambiente, entendido como la reunión de todas las condiciones sociales, económicas, culturales, higiénicas, físicas, étnicas, religiosas, etc., en las que tiene que vivir el individuo. Los factores predisponentes y realizadores son de carácter individual o endógeno; los factores sociales, de carácter social o exógeno. Cf. *etiología criminal.* —J.C.

"Faida." Especie de guerra privada, originaria del antiguo derecho germánico, que venía a ser la consecuencia del delito. Era una forma generalizada y recíproca de la venganza privada entre las familias, tribus o estirpes enteras del agresor y el agredido. Ha subsistido de hecho hasta tiempos relativamente modernos y todavía muestra supervivencias en algunas sociedades poco evolucionadas.—J.C.

falencia. Quiebra (*q. vid.*).

fallo. Parte dispositiva de la sentencia dictada por un juez o tribunal en un proceso determinado, de carácter civil o criminal. Puede ser absolutorio o condenatorio. [Inglés, *judgment*]. —F.W.K.

falsedad. En sentido específico y a diferencia de las falsificaciones (*q. vid.*), los delitos de falsedad suponen una simulación o alteración de la verdad de los hechos amparada por la concurrencia de garantías formales de autenticidad que aparentemente hacen merecer a aquélla una seguridad y una confianza inadecuadas. El fraude (*q. vid.*) es el elemento psicológico característico de las falsedades, sean o no patrimoniales. Los delitos de falsedad merecen distinta consideración penal según las circunstancias en que se produzcan, las formalidades externas de que se revistan para amparar su supuesta veracidad y la conveniencia política de reforzar la confianza pública o privada en ciertos actos jurídicos. La falsedad puede o no ir acompañada de falsificación. Genéricamente y con cierta impropiedad, se denominan falsedades tanto los delitos de falsificación como los de falsedad propiamente dicha. La falsedad produce también efectos civiles.—J.C.

falsificación. Delito consistente en la imitación, alteración, destrucción o usurpación de los signos formales que protegen, aseguran y garantizan la autenticidad de ciertos objetos, documentos y valores. Los objetos de la falsificación pueden ser muy diversos (firmas, estampillas, sellos, marcas, moneda y valores asimilados, papel sellado, efectos timbrados, documentos públicos, mercantiles y privados) y merecer distinta protección jurídica, dando lugar a varios tipos delictivos. Conforme al criterio de Binding y Soler, debe establecerse una distinción precisa entre los delitos de falsificación (externa, material, fundada en la *imitatio*, alteración formal de la autenticidad) y de falsedad (interna, ideológica, fundada en la *inmutatio*, alteración de la verdad histórica).—J.C.

falta. Contravención (2) (*q. vid.*).

fama. Valoración social, pública u objetiva del honor (*q. vid.*) personal, de cuya protección jurídica derivan los delitos de calumnia y difamación.—J.C.

familia. La institución social básica. Uno o más hombres que viven con una o más mujeres en una relación sexual socialmente sancionada y más o menos permanente, con derechos y obligaciones socialmente reconocidos, juntamente con su prole. Las cuatro formas generales (o tipos), por orden de frecuencia conocida, son: monogamia, poliginia, poliandria y matrimonio por grupos (*q. vid.*). Cf. *hogar.*—R.E.B.

familia, colocación en. Véase **hogar adoptivo.**

familia compuesta. Grupo social que comprende dos o más familias estrictas (*q. vid.*), emparentadas entre sí, que utilizan una vivienda común; familia extensa (*q. vid.*) o poligínica. —G.P.M.

familia, conducta de. Véase **conducta familiar.**

familia de naciones. Metáfora con la que se da a entender que todas las naciones que participan en el juego de las relaciones e intercambios pacíficos, en los campos diplomático, económico y cultural, adquieren gracias a él las características de la familia humana, es decir, sentimientos de interdependencia y mutualidad. La ausencia en materia política de características fundamentales de la familia tales como la paternidad y la dependencia infantil, y la ausencia, en la familia, de soberanía en los niños, descalifican a esta expresión para ser utilizada científicamente.—G.M.F.

familia de plantación. Tipo de familia que se desarrolló durante el período colonial y los primeros tiempos de la vida nacional en las plantaciones norteamericanas del sur. Los hogares de plantación fueron constituidos en la selva virgen por hombres de estirpe inglesa y unidos a Inglaterra por fuertes lazos de afecto. Una feliz asociación de suelo fértil, clima relativamente benigno y valiosos productos naturales tales como el algodón y el tabaco, tendieron a hacer de estos pobladores meridionales, dueños de grandes posesiones, una clase agrícola aristocrática que conservaba muchas de las costumbres y características de sus antepasados ingleses. Siguiendo el curso de los ríos de las Carolinas, Virginia y Maryland, se construyeron encantadoras residencias en medio de enormes extensiones de terreno sembradas de tabaco y algodón. La institución de la esclavitud ayudó a los colonos a fundar estas "casas solariegas" en las que abundaban los elegantes muebles ingleses, y en donde se desarrolló a menudo un modo de vivir afable y cómodo, en absoluto diferente de la vida doméstica, más austera e industriosa, de las colonias del norte, especialmente de las de Nueva Inglaterra. Los colonos del sur no sólo trataron de reproducir las heredades nobiliarias de Inglaterra en sus residencias campestres, sino que conservaron las tradiciones inglesas de la primogenitura y el mayorazgo, según las cuales la casa y las tierras se heredan el hijo primogénito y sus herederos, conservando de ese modo la propiedad indivisa dentro de la familia.—W.G.

Las familias de plantación solían ser naturalmente esclavistas y se vieron gravemente afectadas por la guerra de secesión (1861-1865), que ellas provocaron y mantuvieron en defensa de sus intereses económicos y de casta.—J.C.

familia empadronada. (censo) Desde el punto de vista estadístico se incluye en una sola hoja del censo o padrón a todas las personas (unidas o no por vínculos de parentesco) que viven juntas, en régimen de unidad de economía y vivienda. Comprende, pues, a los servidores, empleados y huéspedes que residen habitualmente bajo el mismo techo.—M.PT.

familia estricta. Grupo social compuesto por los esposos con sus hijos. Cf. *familia compuesta, familia extensa.*—G.P.M.

familia extensa. Grupo social constituido por varias familias emparentadas entre sí, especialmente las integradas por un hombre y sus hijos o por una mujer y sus hijas, y que habitan en una vivienda común de gran tamaño o en un grupo de viviendas más pequeñas.—G.P.M.

familia maternal. Tipo de familia en que la autoridad reside formalmente en la madre, o jefe femenino, con cierto grado de subordinación del varón a los parientes de su mujer. Cf. *matriarcado.*—E.A.H.

familia mixta. Véase **familia extensa.**

familia paternal. Tipo de familia en que la autoridad reside formalmente en el padre, o jefe masculino, con relativa subordinación de la esposa y de la prole. Cf. *patriarcado.*—E.A.H.

familia patriarcal. Tipo de familia gobernado por el padre o, en la Roma antigua, por el jefe varón más viejo: el patriarca. La familia patriarcal, en su forma más tosca, se encuentra en muchas tribus primitivas. Los etnólogos concuerdan en que el desarrollo de la propiedad privada y de las principales funciones de la producción bajo dirección humana han tenido efectos poderosos en el desarrollo y extensión del poder paterno y en la organización paternal de los pueblos. La familia patriarcal se encuentra en los países orientales y en los tiempos antiguos; estuvo firmemente establecida en Palestina, Grecia y Roma. Entre los romanos, este tipo de familia llegó a su manifestación más completa. Integrada por la mujer, los hijos, los nietos y los esclavos, todos bajo la potestad del jefe varón más viejo, la familia patriarcal en Roma fué una unidad religiosa, jurídica y económica que ha sido denominada un Estado *in parvo*. Se mantuvo firmemente unida en el curso de los siglos porque el patriarca estaba investido de todos los derechos religiosos como sacerdote del culto familiar a los antepasados, de todos los derechos legales como única persona independiente reconocida por el derecho y de todos los derechos económicos como único propietario de toda la propiedad familiar, mueble e inmueble. En los pueblos medievales de la Europa occidental se desarrolló una forma modificada de la familia patriarcal que ha perdurado hasta los tiempos modernos. Durante el siglo pasado la ley ha hecho graves incursiones en el campo de la patria potestad, al extremo de que, en la mayoría de los países occidentales, la familia se ha convertido en una organización igualitaria unida por el afecto y en la que los derechos de cada miembro están plenamente protegidos por la ley.—w.g.

familia políginica. Familia extensa (q. vid.).

familia rural. Grupo de personas que, constituyendo una familia, vive en un medio agrícola o en pleno campo. Este tipo de familia se caracteriza, en general, por una edad de matrimonio relativamente prematura, un alto porcentaje de natalidad y una baja proporción de divorcios.—p.f.c.

familiar. Lo relativo a la vida y a las normas de la familia.—p.f.c.

familiaridad. Relación especial de trato o licencia privilegiados permitida entre ciertos parientes. Cf. *evitación (relación de)*.—g.p.m.

faquir. Asceta religioso oriental. Persona que renuncia a toda propiedad, vive de la caridad, se dedica a la contemplación y a la plegaria religiosas y, a veces, realiza "milagros" taumatúrgicos. Cf. *taumaturgia*.—e.a.h.

fariseos. Escuela religiosa judía prominente en la época de los cuatro Evangelios y después, que insistía en la exactitud en materia de ritual, lo que, en el pensamiento social moderno, se ha convertido en el símbolo de las personas y grupos que se aferran al privilegio especial económico y social y sustituyen la justicia social por frases liberales y limosnas.—g.m.f.

"Farm Bureau." Organización norteamericana para el mejoramiento de la agricultura y de la vida rural. El condado es su unidad básica. Los condados están representados en las federaciones de Estado y estas últimas en la "American Farm Bureau Federation". Esta organización fué impulsada al principio por los Servicios de Fomento Agrario y por las Escuelas de Agricultura de los Estados, pero en la actualidad funciona separadamente en muchos Estados. —d.s.

fascismo. Movimiento y principios que sirvieron de fundamento al Estado fascista de Italia. Fascismo significa una ideología y una política internacional que sigue las "doctrinas" y las prácticas de la Italia de Mussolini y en este respecto está estrechamente emparentado con el nacional-socialismo alemán (q. vid.). El término se deriva de la palabra *fasces* (haz de varas con un hacha atada con él), símbolo de la autoridad de los magistrados en la antigua Roma. El fascismo, al adoptar este símbolo, indica su intención de restaurar las glorias del Imperio Romano. El movimiento tuvo su origen en el grupo intervencionista que dirigía el ex-socialista Benito Mussolini poco después del comienzo de la guerra mundial de 1914-18. Se creó oficialmente en marzo de 1919 con el nombre de *fasci di combattimento*. En una atmósfera de desilusión ante los convenios de paz, la depresión económica y la inquietud social, la promesa de acción fulminante del fascismo excitaba a los oficiales del ejército descontentos, a la clase media empobrecida y a los grandes industriales atemorizados ante el bolchevismo. El movimiento se adueñó del poder en la llamada "Marcha sobre Roma" (1922) y después de haber empleado, al principio, la organización parlamentaria y las instituciones establecidas (monarquía, ejército), creó un régimen dictatorial de partido único. Aunque no fundamentado en una teoría de la sociedad meditada y perspicaz, puede considerarse al fascismo como una reacción contra las ideas de la Revolución francesa, contra el racionalismo, el liberalismo y el individualismo. Ha sido influído algo por el sindicalismo moderno y en mucha mayor medida por las ideas nacionalistas, que encontraron terreno fértil en un país de unificación nacional tardía. Aunque el fascismo se jacta de ser una revolución social, apenas si le ha dado vida. Su dinamismo político se puso en evidencia en su estructura militante y en sus aventuras internacionales. Empleó hábilmente el tema de un supuesto "peligro rojo" en la Italia de la postguerra. A diferencia del nacional-socialismo, puede considerársele como un sistema más conservador y menos totalitario y como un gobierno primordialmente personal. El fascismo fué mussolinismo en mayor grado que el nacional-socialismo fué hitlerismo.—s.n.

fase social. Etapa por la que puede pasar una actividad social en su cambio de simple a compuesta.—m.ce.

fatalismo. Característica cultural no material en la que la definición de la situación entraña una actitud de *laissez-aller* con una orientación posible, pero no necesaria, de carácter religioso. Se considera, implícita o explícitamente, que la decisión última en la regulación de los acontecimientos está más allá del esfuerzo, los planes y la voluntad del hombre.—d.e.w.

favorecimiento. Auxilio, complicidad (q. vid.). También puede comprender, en sentido genérico, algunas formas de encubrimiento (q. vid.). —j.c.

favoritismo. Manifestación de especial interés, parcialidad o preferencia hacia un individuo, grupo, idea o práctica cuando se está ante la necesidad de optar entre éste y otros.—j.p.e.

FBI (Federal Bureau of Investigation). Oficina del gobierno federal norteamericano dependiente del Departamento de Justicia, encargada de la investigación de todas las infracciones de las leyes federales (excepto las atribuídas específicamente a otras jurisdicciones) y de otras cuestiones de interés para el gobierno de Estados Unidos. En principio se organizó para que el Departamento de Justicia dispusiera de un personal de investigación propio y permanente. En 1924 fué reorganizado a fondo. El aumento del número de delitos federales ha ampliado el campo de acción del FBI. Al final de la tercera década del corriente siglo tuvo a su cargo la represión de la grave epidemia de chantajes y extorsiones que se generalizó en varios Estados de la Unión. Tiene organizada una de las más completas secciones de identificación del mundo, con enormes ficheros de delincuentes nacionales e internacionales. Durante la segunda guerra mundial, el FBI se encargó también de la vigilancia de los individuos y organizaciones que se consideraban comprometidos en actividades antiamericanas y de los altos funcionarios públicos.—J.W.M'C.

El FBI, en suma, es una organización policíaca secreta, de carácter civil, con funciones de investigación y vigilancia, análoga a Scotland Yard en Inglaterra.—J.C.

fecundación de culturas. Fusión o unificación de características o complejos pertenecientes a culturas fundamentales diferentes para producir nuevas características o complejos no observados en las culturas originales. Así, por ejemplo: el arte chino de la talla, cuando se une al alfabeto fenicio, a la prensa sidrera europea y a otros elementos, dió como resultado el "complejo" de la imprenta, que tanto ha revolucionado la cultura occidental; resultado que no fué posible en ninguna de las tres culturas originales separadamente. Así como en la polinización cruzada de las plantas se obtienen con frecuencia nuevos y al parecer diferentes ejemplares, en la interfertilización de las culturas resultan, de ordinario, nuevos inventos, algunos de los cuales pueden cambiar el curso de la sociedad que los adopta. Se emplea esta idea para fundamentar la teoría de que la mayor parte de los inventos son tan sólo nuevas combinaciones de características ya existentes.—H.E.M.

fecundidad. Capacidad fisiológica para participar en la reproducción.

fecundo. Lo que tiene fecundidad.

fechoría. Cualquier acto prohibido por el código moral. [Inglés, *malfeasance*].—J.M.R.

federación. Véase **consejo de organismos de la comunidad**.

federación de grupos. Véase **grupos (federación de)**.

federada, financiación. Véase **caja o fondo comunal**.

federarse. Formar una federación.

felón. Desleal, traidor. El autor de una felonía

(q. *vid.*) o el que las comete habitualmente.—A.R.L.

felonía. (*general*) Deslealtad, traición, acción moralmente reprobable. (*der. penal*) Primero y más grave de los términos de la clasificación tripartita de los delitos en el derecho angloamericano. Dicha clasificación depende en gran medida del estado de desaprobación pública. en el momento de aprobar la ley sancionadora. Las consecuencias sociales de un delito y la gravedad del mismo en relación con otros apenas guardan relación con su propia naturaleza. [Inglés, *felony*.] Cf. *crimen* (1).—E.H.S. y J.C.

feminismo. Movimiento social que trata de obtener para las mujeres un *status* igual que el de los hombres en las esferas política, económica y otras. Cf. *movimiento feminista*.—M.K.

fenómenos. Unidades básicas, elementos o constantes empleados en los sistemas sociológicos como puntos de partida relativamente estables, observables y objetivos, para el estudio científico de la sociedad. Por ejemplo: la cultura, la familia, el grupo, el proceso, la huelga, el robo, la donación, etc.—H.A.P.

fenómenos humanos. Datos sociológicos diferenciados de los datos no sociales y físicos. Por ejemplo: las actitudes, los valores, los deseos, las opiniones.—H.A.P.

fenómenos morales. Fenómenos relativos a las costumbres o al código moral, es decir, modos de comportamiento vinculados a las ideas sobre el bien y el mal que se consideran vigentes.—A.R.L.

fenómenos repetitivos. Productos de la interacción recíproca; relaciones y procesos sociales tales como la lucha, la competencia y la asimilación.—H.A.P.

fenómenos sociales. Acontecimientos, hechos o sucesos de interés social, susceptibles de descripción y explicación científica. Pueden ser los fenómenos mismos de un determinado problema o aquellos que lo condicionan. Material básico de la ciencia social.—M.C.E.

fenómenos societales. Fenómenos relacionados con la estructura o funcionamiento de la sociedad. Se diferencian de los "fenómenos sociales", que pueden referirse únicamente a individuos o grupos pequeños.

fenómenos sociológicos. Materia básica de la sociología. Datos sociales y societales cuya definición es posible dentro de un esquema categorial.—H.A.P.

fenotipo. Categoría descriptiva que explica la apariencia externa. Cf. *genotipo*.—M.S.

ferino, hombre. Véase **hombre ferino**.

fermentación social. Proceso por el cual, y con el fin de realizar ciertos cambios, se lleva a un grupo o sociedad a un estado de inquietud y de insatisfacción ante determinadas situaciones presentes. De ordinario este proceso se pone en marcha por la instigación y manejos de algún grupo interesado en la producción del cambio.—J.P.E.

fértil. Que demuestra fertilidad.

fertilidad. Fecundidad manifestada de hecho y, por consiguiente, mensurable; prácticamente sinónimo de natalidad.

fertilidad, coeficiente de. Véase **coeficiente de fertilidad.**

fertilidad diferencial. Variaciones en fertilidad de los diferentes elementos de la población; por ejemplo: por residencia rural-urbana, raza, color, religión, profesión, educación y renta. —C.V.K.

fertilización cruzada o recíproca de culturas. Véase **fecundación de culturas.**

fetiche. Objeto —natural o artificial, animado o inanimado— que se cree posee un poder de eficacia sobrenatural de cualquier clase, particularmente si su especial virtud se atribuye a su ocupación o "posesión" por un ser espiritual y que es, por consiguiente, propiciado o empleado con fines mágicos. Cf. *amuleto*, *ídolo.*—G.P.M.

fetichismo. 1. Creencia en la ocupación o "posesión" de cosas, animadas o inanimadas, por espíritus distintos de sus propias almas y que en ellas tienen su morada; o un tipo de religión caracterizado especialmente por el uso o adoración de fetiches (q. vid.) como sucede con muchas religiones del Africa occidental. Cf. *animismo.*—G.P.M.

2. Especie de desviación erótica que consiste en la polarización de las predilecciones de tal índole sobre determinadas cualidades físicas o psíquicas, sobre ciertas partes del cuerpo o sobre singulares objetos que vienen a ser como la representación simbólica del ser amado.—J.C.

feudalismo. Sistema social arraigado con firmeza en la Europa occidental durante los siglos comprendidos entre el x y el xvii. En él la tierra estaba dividida en feudos, grandes o pequeños, cuya posesión se condicionaba a la promesa de fidelidad y de prestación del servicio militar a un señor superior. Los feudos más grandes eran posesión de nobles poderosos que debían servicio militar directamente al rey. En compensación por los servicios armados prestados, el señor superior, a su vez, era responsable ante sus vasallos de la protección de sus tierras y personas. En Inglaterra, por ejemplo, los efectos del feudalismo sobre los derechos de propiedad, la herencia de los patrimonios, el *status* legal y los derechos de tutela de las mujeres fueron profundos, y en todos los casos tendían a aminorar el *status* y a reducir los derechos que habían disfrutado en los tiempos anglosajones anteriores a la invasión normanda.—w.g.

feudo. Tierra poseída por un vasallo con arreglo al sistema feudal a condición de prometer fidelidad y prestar ayuda militar y otros servicios a un señor superior. Durante la Edad Media, toda la Europa occidental estuvo dividida en feudos grandes y pequeños.—w.g.

ficciones. Supuestos sobre los cuales actúan las gentes como si fueran cosas reales. En ciertas condiciones, semejante actividad convalida de hecho la ficción en el sentido de encontrarse

la estructura social edificada realmente sobre tales supuestos y desarrollando de un modo efectivo las condiciones previamente supuestas. Las ficciones personales sirven para racionalizar la propia conducta, dándole a la propia vida una organización más o menos integrada o al menos inteligible, que puede de esa suerte corroborar la ficción. Los mitos colectivos y las ficciones legales pueden desempeñar una función análoga. Las ficciones, como causas sociales, son muy reales. Cf. *creencia.*—T.D.E.

fijación. 1. Detención de un impulso componente de la líbido, o su adhesión a uno primitivo (usualmente de la fase pregenital) del desarrollo psicosexual del individuo; detención de alguna fase de la vida emotiva en un plano infantil. 2. La histeria de fijación es una forma de histeria cuyos síntomas tienen una relación causal con una perturbación orgánica.—J.M.R.

fijación paternal. Adhesión emotiva, anormalmente intensa y persistente, de un hijo al padre o a la madre.—M.Pt.

fila. Renglón (q. vid.).

filantropía. Espíritu de buena voluntad activa hacia el semejante revelado en los esfuerzos hechos para fomentar su bienestar. Cf. *caridad.*—W.P.

filiación. Concepción del evolucionismo filosófico según la cual todos los fenómenos naturales son genéticamente interdependientes, dando origen lo más simple y general a lo más complejo y altamente diferenciado mediante procesos de evolución natural. Así, los fenómenos astronómicos precedieron y generaron a los físicos y a estos siguieron, por su orden, los químicos, los biológicos, los psicológicos y los sociológicos. En consecuencia, las ciencias están filiadas o emparentadas como padre e hijo, y son dependientes unas de otras en un orden que reproduce el de la naturaleza.—F.H.H.

filiar. Establecer la relación de un hijo con un padre, o como rama o miembro de otro grupo u organización.—J.P.E.

filogénico. Relacionado con el origen y preservación del grupo. Cf. *costumbres de perpetuación.*

filosofía social. Interpretación y estimación de los fenómenos de la sociedad desde la perspectiva de valores morales y vitales. No hay duda de que la cuestión de si la filosofía debe concebirse como una crítica de los supuestos y categorías del conocimiento o como una síntesis por construcción lógica de todo el saber científico, se relaciona estrechamente con la Sociología. En la primera acepción, la filosofía guarda relación directa con las cuestiones de metodología sociológica. En la segunda se refiere a la síntesis del conocimiento científico suministrado por las ciencias sociales. Muchos de los problemas de las ciencias sociales no pueden resolverse por métodos sólo científicos. Por ejemplo: el problema de la planeación social en gran escala sólo puede tratarse por el método de la inferencia racional. La mayor parte de los problemas candentes de nuestra época participan de este carácter. Por ejemplo: ¿Ha de orientarse toda planificación social hacia un tipo de sociedad libre y democrática, o en la dirección del fascismo o del comunismo? Estas cuestiones, por entrañar juicios de valor, suponen de modo necesario una filosofía social. Aun cuando siempre debe tenerse a la vista el límite que separa las conclusiones científicas en sentido estricto de las conclusiones filosóficas, el cultivador de la ciencia social no puede formular objeción alguna a una filosofía social que razona partiendo de los hechos de la experiencia humana. Entre los mejores métodos filosóficos de nuestro tiempo se encuentra el realismo crítico, que habrá de prestar gran auxilio a las ciencias sociales.—C.A.E.

fin. Véase **finalidad**.

finalidad. Objetivo o propósito que se pretende alcanzar y para cuya consecución se elabora un programa de actividades y procedimientos.—N.A.

finalidad social. Véase **telesis social**.

financiación federada. Véase **caja comunal**.

fiscal. Funcionario encargado de representar al ministerio público en el procedimiento criminal. Su función es defender los intereses de la sociedad en los procedimientos judiciales de toda clase que sean susceptibles de afectarlos (jurisdicción criminal, salvo los delitos no perseguibles de oficio; jurisdicción civil, en los actos y procedimientos que afectan a menores o incapaces, a la familia o a la administración pública) cuidando del riguroso cumplimiento de las leyes. En el ejercicio de su actividad, el fiscal no siempre es un acusador. Según las distintas formas de organización judicial y el carácter del procedimiento criminal, otros tendrá funciones de mera vigilancia o aseguramiento de éste con ciertas facultades de promoción (procedimiento inquisitivo), o estará provisto legalmente de amplias facultades para ordenar investigaciones, acumular pruebas, expedir mandamientos de prisión, etc. (procedimiento acusatorio) que le permitan ejercer su derecho de acusación con todas las garantías requeridas. Este último es el caso en Estados Unidos. [Inglés, prosecutor].—J.C.

física social. Descripción y análisis de fenómenos sociales como fenómenos naturales o de datos semejantes a los físicos por su accesibilidad a la observación.—H.A.P.

fisiocracia. Escuela de pensamiento social francés del siglo XVIII que afirma la existencia de "un orden fundamental y esencial de la sociedad", que el Estado no puede modificar y al que siempre se ve obligado a dar paso. Los fisiócratas consideraron como un todo real al "orden social espontáneo" y combatieron las teorías contractualistas de la sociedad; simultáneamente se convirtieron en promotores de la sociología ("física social") y en fundadores de la economía política. Pero en este último dominio no mantuvieron sus concepciones sociológicas y se limitaron a atribuir a la naturaleza el

origen exclusivo de la riqueza y a formular la demanda de su época en favor del *laissez faire*, así como a insistir en el predominio necesario de la agricultura sobre la industria. Sus principales representantes son: Quesnay, Le Trosne, Dupont de Nemours, Mercier de la Rivière y, hasta cierto punto, Turgot.—G.C.

fisiognómica. Antigua ciencia que pretendía establecer una correlación entre las cualidades psíquicas y morales del hombre y las somáticas o naturales, especialmente las del rostro. Constituye un precedente, de mero valor histórico, de las modernas investigaciones antropológicas. Cf. *frenología*.—J.C.

fisión. División, ruptura, desintegración, fisura (q. vid.).

fisura. Grieta; mitosis. Fisura de un grupo es la escisión de un grupo en dos distintos.—T.D.E.

flagelación. 1. Acto de azotar con un látigo o vara.

2. Antigua pena corporal de azotes.—J.C. .

3. Práctica religiosa (por ejemplo, de los Flagelantes, siglo XIII) en la cual los devotos se fustigan unos a otros con ascético celo. Rito exorcizador de flagelación como el empleado en los ritos de iniciación de los indios pueblo. —E.A.H.

flagelación, poste de. Especie de picota (q. vid.); poste al que se ataba a los delincuentes responsables de delitos menos graves para infligirles la antigua pena corporal de azotes. La práctica de la flagelación antiguamente estuvo muy extendida en Inglaterra y en las colonias norteamericanas. El Estado norteamericano de Delaware conserva aún la pena de flagelación para ciertos delitos. [Inglés, *whipping post*].—M.A.E.

flagrantes, delitos. Llámanse así aquellos delitos que son descubiertos por los agentes de la autoridad en el momento mismo de su comisión, antes de que se haya interrumpido la conexión activa entre los hechos y su autor. Tal circunstancia permite la facilitación de la prueba y la rápida reunión de sus elementos, dando lugar a especialidades procesales (procedimiento sumario) tendientes a acelerar su enjuiciamiento y sanción.—J.C.

fluctuación cíclica. Forma de cambio recurrente o ciclo; serie completa de acontecimientos dentro de la cual no se produce la recurrencia de partes diversas, siendo las características principales una situación central, señalada por 0, el promedio o lo normal, y posiciones de máxima variación por encima y por debajo de la situación central.—M.S.

fluidez. Término ecológico para designar el movimiento sin cambio de residencia, como sucede con la marea diaria de gentes que van a y regresan de los centros de negocios de una gran ciudad.—C.F.S.

fobia. Temor exagerado, persistente y de ordinario patológico, a un estímulo o situación particular o a una clase de estímulos o situaciones. El término fobia se emplea con frecuencia como sufijo en un sentido vulgar o cuasi-técnico (por ejemplo, rusofobia) y se opone a los sufijos filia o manía.—C.F.S.

foco de atención. Véase **atención (foco de).**

foco de conciencia. Véase **conciencia (foco de).**

"folk sociology." Para determinada dirección norteamericana, constituye una rama de la sociología que se apoya concretamente en el reconocimiento de que el *folk* (el pueblo de vida tradicional) es una base importante de las relaciones sociales. Está estrechamente identificada con el concepto de "región" y subraya las relaciones localizadas de los subgrupos geográfica y culturalmente unificados. Término de difícil traducción. Cf. *pueblo, región, usos sociales.*

folklore. Creencias, mitos, consejas y tradiciones de las clases populares. En síntesis, la llamada sabiduría del pueblo, considerando como tal: *1)* cualquier casta o tribu primitiva, *2)* los miembros más simples y menos educados, o *3)* las masas de cualquier población.—F.E.L.

fomento agrario, servicio de. Servicio de interés público cuya finalidad es la enseñanza y la propaganda entre campesinos adultos, con cargo a los fondos públicos, para ayudarles a perfeccionarse en el trabajo agrícola y doméstico, y en general a la población rural por lo que se refiere a la mejora y enriquecimiento de su vida.—E. de S.B.

fondo. *(estadística)* Véase **tope.**

formal. Referente a la forma, estructura, normas o relaciones que se encuentran en la sociedad, sin tener en cuenta las significaciones que se les atribuyen.—J.P.E.

formalismo. Práctica o doctrina de la estricta sujeción a la forma, estructura, normas o relaciones de la sociedad sin consideración a las significaciones que se les atribuyen.—J.P.E.

formas de asentamiento (formas de). Véase **colonización (formas de).**

fórmula. Regla, ley o principio expresados en forma algebraica o en cualquier otra forma simbólica.—H.A.P.

fornicación. Ayuntamiento o cópula sexual libre y válidamente consentida entre personas no ligadas entre sí por vínculo matrimonial. En la antigüedad toda relación carnal no sancionada por el matrimonio constituía delito. Actualmente, si en la cohabitación no intervienen violencia ni seducción reales o presuntas, si tiene lugar entre personas que han alcanzado la edad de consentir y no están obligadas con otras personas por el deber de fidelidad conyugal y si no se produce con escándalo público, el hecho es considerado como irrelevante para el derecho, con independencia de la consideración moral que merezca.—J.C.

fraccionamiento. Lote de terreno reservado en provecho de una persona o grupo para su inmediata posesión o utilización.—F.W.K.

fragmentación de posesiones. Véase **dispersión de posesiones.**

franquicia. Privilegio o exención especial conferida por la administración pública y de la que están investidos ciertos individuos o corporaciones.—F.W.K.

Por lo general, las franquicias son de orden tributario y pueden comprender el derecho de aprovechamiento gratuito de algún servicio público.—J.C.

franquicia postal. Privilegio concedido a ciertas personas o instituciones, consistente en el franqueo gratuito de la correspondencia.—F.W.K.

fraternidad. Tipo de asociación caracterizado, en general, por un conocimiento relativamente íntimo, fácil comprensión, cooperación familiar y buena voluntad amistosa de las personas asociadas, para fomentar el bienestar mutuo, como es corriente entre hermanos. Históricamente, las asociaciones fraternales han sido y son fuerzas sociales influyentes, que con frecuencia han conseguido mayores derechos y privilegios para los miembros más débiles de la comunidad, aparte de aumentar más o menos el privilegio y poder político para ellas mismas. Se organizan a menudo con rituales secretos, uniformes, ceremonias, símbolos, con algo de formas democráticas de gobierno y no poco de protección contra accidentes, enfermedad, pobreza y muerte en favor de sus miembros.—C.J.B.

fratria. Subdivisión primaria tribal caracterizada de ordinario por la exogamia y por la descendencia unilineal *(q. vid.)*, en especial cuando además se divide en *sibs (q. vid.).* Cf. *mitad.* —G.P.M.

fraude. Engaño. Elemento psicológico característico de numerosos delitos patrimoniales en los que una persona obtiene un beneficio económico sin justa causa en perjuicio de otra, sorprendiendo la buena fe de ésta, abusando de su confianza u ocultando algunas circunstancias y el verdadero propósito de aquélla. Unas veces se usa el término, en sentido amplio, como sinónimo de defraudación *(q. vid.)* y otras como sinónimo de estafa *(q. vid.)*, pero debe distinguirse de ambos. El fraude es incompatible con el empleo de la violencia o fuerza física y es también característico de algunos delitos sexuales.—J.C.

frecuencia. Número de observaciones o mediciones en una clase de una determinada distribución de frecuencias. Magnitud de la clase. La frecuencia celular es el número de casos en una célula. Cf. *distribución de frecuencias.* —M.Pt.

frecuencia de célula. Véase **celda** *(estadística).*

"Fredus." Pago composicional originario del antiguo derecho germánico. Es una institución característica de la época de la venganza pública y estaba formada por aquella parte de la composición que debía pagarse al rudimentario poder público con objeto de recobrar su protección, perdida por la comisión de un delito, y mantener el estado de paz con respecto al autor del mismo y a su estirpe.—J.C.

freno o restricción moral. Expresión maltusiana para indicar el matrimonio tardío (aplazado) acompañado de castidad premarital. En sentido estricto no significa abstención del comercio sexual dentro de la relación marital.—N.E.H.

freno social. Control negativo que se ejerce dentro de un grupo; condición en la que un grupo impone alguna forma de restricción sobre sus miembros; forma de control interno en la que una persona se ve cohibida por las solicitaciones culturales, la consideración de la situación del grupo o las demandas de sus miembros. Se diferencia de la coacción social (q. vid.), en la que el control físico lo imponen las leyes y (de ordinario) el cuidado vigilante.—T.D.E.

frenología. Teoría y práctica basada en la hipótesis de Gall de que los rasgos mentales y, por consiguiente, el carácter humano concuerdan con la forma del cráneo y están localizados en ciertas zonas concretas de él y del cerebro; de importancia para los sociólogos porque fué empleada para la orientación profesional y marital antes de la boga actual de los *tests* y de las correlaciones estadísticas con fines de predicción.—A.J.T.

"Friedengeld." Dinero o precio de la paz, *Fredus* (q. vid.).—J.C.

frustración. 1. *(psicol.)* Tensión emotiva causada por el fracaso en alcanzar un objetivo deseado o en terminar un acto venturosamente. Conflicto interior que se produce como resultado de deseos opuestos o por obstáculos exteriores al logro de los deseos.—J.M.R.

2. *(criminol.)* Modalidad en la ejecución del delito por virtud de la cual la comisión de éste es completa, anímica y objetivamente, desde el punto de vista de su autor, pero el resultado antijurídico y lesivo deja de producirse por mero accidente independiente de la voluntad de aquél. Debe distinguirse de la tentativa, porque en ésta la falta de producción del resultado es atribuible a la incompleta ejecución del delito. Las legislaciones reconocen a la frustración un efecto aminorador de la penalidad.—J.C.

fuero. Especialidad de jurisdicción de que gozan algunas personas en razón de su calidad personal, de su adscripción a un cuerpo o grupo profesional o de las funciones que ejercen. Así se habla del fuero castrense, del fuero eclesiástico, etc. A veces se confunde con los privilegios e inmunidades especiales asignados a tales personas (fuero diplomático, fuero parlamentario) o a comunidades regionales o urbanas (fueros locales). La jurisdicción foral puede incluso ser más severa que la común u ordinaria, pero supone en todo caso limitaciones procesalmente privilegiadas al ejercicio de ésta.—J.C.

fuero eclesiástico. Privilegio medieval que permitía a los miembros de las corporaciones religiosas (y después también a las personas de rango y a todos los que supieran leer o tuvieran tonsura eclesiástica) sustraerse a la competencia de los tribunales comunes en los casos de infracción de la ley y someterse a los jueces y tribunales de la iglesia católica para ser juzgados.—J.P.S.

fuerza apetitiva. Fuerza que depende sobre todo de condiciones orgánicas internas, aun cuando es susceptible de ser influída por estímulos del medio.—M.S.

fuerza mayor. La imprevisible e irresistible que actúa de modo automático sobre la voluntad del agente impulsando o paralizando su acción. Puede proceder o no de la acción de un tercero. Produce efectos liberatorios de la responsabilidad civil y criminal. No debe confundirse con la coacción ni con el caso fortuito (q. vid.).—J.C.

fuerza psíquica. Fuerza que depende, sobre todo, de experiencias conscientes.—M.S.

fuerzas sociales. Todo estímulo o impulso efectivo que conduce a una acción social. Más en concreto, una fuerza social representa el consenso por parte de un número suficiente de miembros de una sociedad para llevar a cabo una acción o cambio social de cierta índole. En plural, se denomina fuerzas sociales a los impulsos básicos típicos o motivos que conducen a los tipos fundamentales de asociación y de grupo. Se los ha determinado de manera diversa, pero prácticamente se sobreentiende siempre que comprenden el hambre, el apetito sexual y otros varios deseos como el de reconocimiento y respuesta, de preferencia favorable, y el de merecer la buena voluntad y la ayuda de los seres sobrenaturales.—T.D.E.

fuerzas societales. Suponiendo que las "fuerzas" sean entidades, las fuerzas societales son aquellas constelaciones o resultantes de fuerzas sociales personales cuando están organizadas o se las contempla como todos configurados que representan el choque de las colectividades con otras composiciones de energías sociales importantes. Ejemplos: la Iglesia Católica, la Masonería, el Comintern, la United States Steel Corporation, la Unión Postal Internacional. Las "fuerzas históricas" son fuerzas societales en dimensión temporal. Por ejemplo: el Renacimiento, la Revolución Industrial. Cf. *fuerzas sociales.*—T.D.E.

fuga. Práctica consistente en que un hombre y una mujer inicien su convivencia marital huyendo juntos sin ceremonia alguna. A veces se realiza como uno de los modos reconocidos de contraer matrimonio; otras, se produce esporádicamente como medio de soslayar las objeciones paternas, los requisitos económicos u otros obstáculos al matrimonio normal. Evasión. [Inglés, *elopement*].—G.P.M.

función. Tipo o tipos de acción de que es notoriamente capaz una estructura (q. vid.).—H.H.

función correlativa. Procedimiento relacionado con otros pero que se diferencia de ellos por lo que su acción tiene de particular y característico. Puede representar una clase dentro de un grupo mayor como los profesores, carpinteros, granjeros o comerciantes. Sus peculiares actividades y sus relaciones con el proceso social más amplio determinan la función correlativa de su clase en la sociedad.—M.C.E.

función social. Serie de actividades realizadas por un grupo organizado de personas de una sociedad en servicio de sus miembros. Las funciones realizadas como servicios organizados por grupos sociales tienden a hacerse más especializadas, interdependientes y eficaces a medida que la sociedad se va tornando más complicada, extensa y orgánicamente unida. Las clases generales de funciones que tienen su origen en las necesidades elementales del individuo son las de mantenimiento físico, instrucción intelectual, regulación moral y apreciación estética.—C.J.B.

funcional. Forma especial de responsabilidad que constituye la acción normal o característica de cualquier parte de la estructura total. La ejecución de esta determinada actividad es lo que distingue la parte del todo o de las demás partes. El valor funcional de una clase o grupo puede determinarse por su aportación específica al proceso general social.—M.C.E.

funcionalismo. Organización social basada en agrupaciones y clasificaciones rígidas, determinadas por actividades, usos o aportaciones específicos.—M.C.E.

funcionario público. Persona que desempeña una función pública permanente, que forma parte del engranaje o sistema administrativo del Estado, en cualquiera de sus demarcaciones territoriales, consagrando al servicio público su actividad profesional mediante remuneración percibida con cargo al erario público.—J.C.

funcionario social. Persona que ocupa un *status* en el cual actúa como instrumento de una acción colectiva, política, ritual o de liderazgo. Ejemplos: rey, presidente, juez, soldado, ciudadano, sacerdote, médico, maestro, estudiante, etc.—A.M'C.L.

fundación, sacrificio de. Véase **sacrificio de fundación.**

funeral. Ritos que preceden y acompañan al sepelio del cadáver de una persona. Cf. *duelo, entierro, ritos de tránsito, segundo funeral.*—G.P.M.

funeral acuático. Práctica inhumatoria que consiste en sumergir el cadáver en el mar u otra corriente de agua o en dejarlo flotar sobre una embarcación. Cf. *entierro.*—G.P.M.

fusión. Unión de grupos o facciones que tienen propósitos relativamente uniformes, pero que se diferencian por lo que respecta a los métodos o a los líderes. La unión puede ser quizá meramente temporal, cuando se está en situaciones críticas y se trata de cuestiones respecto a las cuales cabe encontrar un punto de coincidencia—N.A.

fusión de culturas. Véase **culturas (fusión de).**

fustigación. Antigua pena corporal consistente en propinar al delincuente un número determinado de golpes por medio de azotes. Hoy sólo se aplica limitadamente, como medida disciplinaria y correctiva, en los países anglosajones. Flagelación.—J.C.

futuro, predicción de. Véase **predicción sociológica.**

G

galeras. Barcos, generalmente de guerra, impulsados, parcial o totalmente, por remos, en los tiempos anteriores a la navegación a vela. En las naciones marítimas antiguas los remeros eran mercenarios o, cuando se desarrolló la esclavitud, esclavos y criminales. En la Edad Media las galeras eran tripuladas por delincuentes. En Francia se continuó empleando las galeras hasta 1748.—J.L.G.

Galton-Henry, método de. Sistema de clasificación de las huellas dactilares ideado por Francis Galton en 1891 y perfeccionado por Eduardo R. Henry en 1897. De todos los sistemas, es el más empleado y el único que se utiliza en las naciones de habla inglesa.—T.S.

gameto. Germen sazonado, célula sexual o reproductora; esperma o huevo.—F.H.H.

ganancia. Recompensa social permitida en todo sistema económico a los propietarios de negocios en cuanto tales. Históricamente, la ganancia es una característica distintiva del llamado sistema capitalista. En dicho sistema, los cuatro factores universales e indispensables de una unidad productiva son: la tierra, el trabajo, el capital y la organización o dirección. Cada uno de estos factores es, en cierto modo, objeto de propiedad privada y, en consecuencia, cada propietario tiene derecho, socialmente, a su recompensa especial: renta, salario, interés y sueldo. La unidad productiva, en su conjunto, es también objeto de propiedad privada y, en teoría, se separa por completo de todas y cada una de las demás formas de la propiedad. En el pleno desarrollo del sistema capitalista la forma característica de la propiedad es la sociedad por acciones. Los verdaderos propietarios del negocio son los accionistas ordinarios y las verdaderas ganancias son los dividendos de las acciones ordinarias sin el menor elemento de renta o interés. Cuando la propiedad de un negocio corresponde a un solo individuo, en teoría se le compensa por esa su propiedad con separación de cualquier renta de tierra o interés de capital que pueda también poseer y de otra remuneración por su gerencia u otro trabajo.

gananciales, bienes. Los adquiridos durante el matrimonio por los dos o uno cualquiera de los cónyuges en virtud de título que no los haga privativos del adquirente. A falta de capitulaciones especiales se rigen por el sistema de comunidad (q. vid.).—J.C.

gananciales, régimen de. Véase **comunidad de bienes.**

ganancias, participación en las. Una de las múltiples prácticas adoptadas por los patrones para estabilizar las relaciones obrero-patronales. Consiste en un plan para compartir las ganancias del negocio con los trabajadores fundándose en la teoría de que, trabajarán más intensa y eficazmente y estarán menos dispuestos a cambiar de empresa si se les recompensa en tal forma. La opinión pública se ha dividido radicalmente sobre este proyecto. Los patrones decían que el sistema permitía a los obreros participar de las ganancias sin compartir las pérdidas. Los obreros aseguraban que no tenía contenido ya que la "ganancia" de los obreros probablemente saldría en todo caso de los salarios. Con motivo de la depresión de 1929 el sistema fué abandonado, en general, en los Estados Unidos.—J.W.M'C.

gancho. Término de argot que se emplea en los bajos fondos y en la literatura social que trata de ellos para designar a la persona que busca clientes a una prostituta. Más propiamente, alcahueta, proxeneta, rufián, chulo. También se encuentra este tipo de intermediario en otras varias actividades peligrosas o antisociales, como el juego y el robo. [Inglés, cadet].—N.A.

"gangster." Miembro de una banda u organización de chantaje que apoya sus actividades ilícitas con el empleo de medios intimidatorios e incluso violentos.—A.R.L.

garrote. Instrumento metálico que se utiliza para ejecutar a los condenados a muerte que han de ser ahorcados. Consiste en un aro de hierro que sujeta la garganta del reo contra un poste vertical y en un tornillo que atraviesa dicho aro y produce la estrangulación. También se llama horca.—J.C.

"Gemeinschaft." Palabra alemana que puede traducirse de diversas maneras: como confraternidad, comunidad o sociedad tradicionalista. Un equivalente próximo es sociedad sagrada (q. vid.). Suele oponerse a *Gesellschaft*.—H.B.

gemelos dizigóticos. Dos individuos nacidos al mismo tiempo y derivados de dos huevos distintos. Llamados también dizigóticos, binovulares, fraternales o gemelos ordinarios. Pueden ser del mismo o de diferente sexo. Hay pocos casos en que se sepa que tales gemelos han tenido padres diferentes.—F.H.H.

gemelos idénticos. Nombre popular de los gemelos monozigóticos (q. vid.). Algo inexacto porque tales gemelos no son nunca precisamente iguales en todos los aspectos.—F.H.H.

gemelos monozigóticos. Dos individuos, siempre del mismo sexo, nacidos al mismo tiempo, pero derivados de un huevo mediante la división del zigote o embrión. Llamados también monovulares o uniovulares y, vulgarmente, idénticos o duplicados. Se designan también como monocoriónicos, pero este término se sabe ya que es inaplicable, algunas veces, puesto que estos gemelos pueden tener coriones separados cuando su separación se produce en una fase muy primitiva del desarrollo. Cuando tal separación se inicia en una fase posterior y es incompleta se producen los gemelos siameses o gemelos unidos (monstruos dobles).—F.H.H.

gene. Unidad elemental de la herencia transportada por los cromosomas (q. vid.) o pequeños cuerpos de la célula germinal, de ordinario definidos en número y forma. El gene es invisible para el microscopio de mayor potencia y, por consiguiente, a diferencia del cromosoma, es una unidad hipotética de la herencia. No obstante, su existencia está reconocida universalmente por los biólogos. La importancia funcional de los genes en el desarrollo de los diversos caracteres del individuo es tema de grandes discusiones en la actualidad y hondas discrepancias por lo que respecta a la relación de los genes con los caracteres que determinan. Biólogos y genetistas han descubierto recientemente abundantes pruebas de que cada gene puede afectar a muchos caracteres al mismo tiempo. En efecto, hay motivo para creer que cada gene contribuye a la formación de todas las partes del cuerpo, aun cuando afecta a unas más que a otras. Estas partes son las que se seleccionan por conveniencia en el estudio de la herencia. Una deducción ulterior, basada en un número considerable de pruebas, es la de que el carácter del individuo es el resultado de un equilibrio preciso (o interacción) entre las actividades de los genes. Si se altera el equilibrio queda afectado el resultado final, como en el caso de la determinación del sexo. La teoría del equilibrio en las actividades del gene conduce a la afirmación de que es necesario un medio normal para el mantenimiento de dicho equilibrio y para el resultado final.—W.G.

genealogía. Véase **método genealógico.**

génesis. Origen, generación; Lester F. Ward empleó este término con un significado especial para denotar aspectos de la evolución anteriores al cambio planeado o controlado, que por contraste llama telesis (q. vid.); aparición de algo nuevo por combinación no planeada, síntesis creadora de elementos o factores preexistentes. —T.D.E.

génesis social. Fenómenos de desarrollo y cambio en las relaciones, instituciones o valores sociales.—H.A.P.

genética. Estudio de los orígenes. En biología, estudio de la transmisión por herencia de las características de los organismos. Cf. *cambio genético.*—B.M.

genético. 1. Lo referente a la aparición más originaria que se pueda descubrir y, por ex-

tensión, al desarrollo. 2. Lo que se refiere a un origen común.—B.M.

genio. Hombre en posesión de cualidades que, en ciertas circunstancias, le llevan a la consecución de un éxito superlativo en un campo de especialización; que con sus hazañas demuestra poseer un intelecto brillante o una extraordinaria capacidad inventiva. También, gran talento, como tal. Por estar íntimamente relacionado con la fama y las circunstancias, la ciencia social no considera ya al genio como fenómeno exclusivamente hereditario.—W.C.H.

genocidio. Grave figura de delito contra la humanidad de reciente elaboración en el seno de las Naciones Unidas. Consiste en la destrucción intencional de grupos humanos de orden nacional, racial, religioso o político en razón de su propio carácter. El genocidio puede ser físico, biológico o cultural, y alcanzar no sólo a la destrucción total o parcial, sino incluso a los actos tendientes a impedir el libre y natural desarrollo, biológico y cultural, de los grupos protegidos.—J.C.

genotipo. Categoría con la que explicamos la naturaleza y las causas de las cosas. Cf. *fenotipo.*—M.S.

gens. Una sib (q. vid.) o grupo de linaje exógamo y unilineal, especialmente cuando está caracterizado por la descendencia patrilineal.—G.P.M.

gente. Este término se suele emplear como sinónimo aplicándolo a dos o más personas consideradas distributivamente. De ordinario, el término designa una categoría, una agregación o una colectividad de personas diferenciadas del resto de la comunidad o de la humanidad por uno o más rasgos comunes a aquéllas. El rasgo diferencial puede ser cualquier característica socialmente importante, fisiológica, racial, regional, profesional, política, de posición, etc. Así, se habla de gente de Castilla, gente pelirroja, gente vieja, gente nórdica, gente de la clase alta, gente de la ciudad, gente americana, los profesionales, etc. Como colectividad puede comprender una variedad de razas o naciones. [Inglés, *people.*] Cf. "demos", "etnos", nacionalidad, *pueblo.*—F.H.H.

geofagia. Práctica de comer tierra. La arcilla se come por numerosas gentes miserables en las zonas de arrendamiento de granjas de Alabama y Georgia en Estados Unidos, como alimento sustituto, principalmente para compensar las deficiencias del sistema alimenticio.—W.R.C.

geografía criminal. Distribución geográfica de la criminalidad sobre bases estadísticas, con referencia a uno o varios países.—J.C.

geografía humana. Rama de la ciencia geográfica que trata de las influencias directas y recíprocas que se verifican entre los hombres o grupos de hombres y su medio físico.—J.A.Q.

geomancia. Práctica de la adivinación por medio de la observación de cuerpos terrestres o de figuras, líneas, etc. dibujadas en la tierra.—J.C.

geopolítica. Política que se pretende derivada de las ciencias de la tierra y del estado de sus recursos en relación con la población de una nación. Iniciada en Alemania después de 1920, se consideró como parte de la ideología nacional-socialista.

La palabra acaba (1942) de entrar en el uso corriente. Intimamente asociada a la Geopolítica está la Geoeconomía, que condiciona a la primera y, a su vez, tiene su base científica en la Geografía y en los estudios sobre la población, la economía, la ciencia política y la tecnología. Un nuevo término, Geotecnología, ha sido acuñado para designar todas las artes y ciencias minerales, desde la metalurgia a la cerámica.—M.VK.

George Junior, República de. Institución privada que se fundó en 1891 en Freeville (Estado de Nueva York) para facilitar la solución de los problemas de adaptación de menores difíciles. Aunque sólo el cinco por ciento de su población procede de los tribunales, la mayoría está compuesta por niños difíciles (díscolos, rebeldes) o por menores delincuentes remitidos a ella directamente por las familias o por las agencias sociales correspondientes. Desde los 16 años, los colonos de ambos sexos pueden participar en el gobierno de la república mediante el derecho de sufragio activo y pasivo para constituir los órganos de dirección. Deben administrarse por sí mismos, valiéndose de una moneda representativa especial, y obedecer las normas reglamentarias de la institución, so pena de sufrir las sanciones disciplinarias. El plan, como el de todas las instituciones de esta clase, aspira a fomentar el sentido de responsabilidad social en los menores acogidos a la república y a formar así ciudadanos aptos para la convivencia social. Difieren grandemente las opiniones en relación con el proyecto de extender el sistema al tratamiento general de los delincuentes adultos. Cf. *Bolchevo, repúblicas de menores.*—M.A.E.

gerencia científica. Nombre dado a las nuevas técnicas de organización industrial y de las relaciones obrero-patronales adoptadas por primera vez por Federico Winslow Taylor y por ello denominadas con frecuencia "taylorismo". El plan exige la contratación de los obreros más eficientes que se encuentren, el pago de salarios lo suficientemente elevados para conservar a dichos hombres, la uniformación de las prácticas del trabajo y la planificación detallada de todas las operaciones. Los métodos modernos de producción en gran escala son una consecuencia de las ideas de Taylor. Este concebía su plan como aplicación de las técnicas de la ingeniería a la dirección de una industria.—J.W.M'C.

gerontocracia. Gobierno de los ancianos; fase ancestral en el desarrollo del gobierno en la que los ancianos —cabezas de familia, depósitos naturales de la sabiduría de su tiempo, investidos de poderes mágicos y, por consiguiente, de prestigio— gobiernan a los demás. Por ejemplo, "los ancianos de Israel", a quienes frecuentemente se refiere la Biblia como un cuerpo

distinto. Existen muchas supervivencias de esta usanza hasta nuestra propia época.—F.E.L.

"Gesellschaft." Palabra que se puede traducir de diversas maneras: como compañía ("en mala compañía" o "López y Compañía"), asociación, sociedad o "relaciones mundanas". Un equivalente próximo es sociedad secular (q. vid.). Suele oponerse a *Gemeinschaft.*—H.B.

"Gestalt." Un todo indiviso y articulado compuesto de partes interdependientes. El todo está formado por integración (q. vid.) más bien que por adición de las partes. Cada parte es un miembro del todo y la naturaleza de la parte depende de su pertenencia al todo. Concepción básica de la escuela psicológica llamada de la *Gestalt.* Cf. *configuración.*—M.S.

"Gestalt", movimiento de la. Método de estudio de los fenómenos en el campo de la ciencia social cuya particular aspiración es encontrar en los fenómenos de masa todos coherentes, funcionales y llenos de sentido y percatarse de la conducta de los todos, así como de la de las partes que los constituyen y de las relaciones entre las partes y los todos, y encontrar qué fenómenos de la naturaleza se encuentran en relaciones de causa-efecto, dominadas por leyes de la totalidad más bien que por leyes de las partes. Los promotores del movimiento no pretenden que sea un punto de vista completamente original, y admiten que investigadores de tiempos anteriores, dentro de otros campos científicos especiales, han reconocido la importancia de los todos y que éstos poseen atributos no poseídos por las partes que se componen. Como movimiento dentro de la ciencia social, el método de la *Gestalt* fué iniciado por primera vez en el campo de la psicología hacia 1895 por Carlos von Ehrenfels, en Alemania, y después de cierto tiempo, recibió una nueva dirección de Max Wertheimer y Wolfgang Köhler, hacia 1912. Desde entonces, y particularmente después de la llegada al poder del régimen nazi, el movimiento ha producido en los Estados Unidos una considerable bibliografía técnica relativa a la conducta animal y humana. Sus representantes han descartado el método de la mera secuencia fenoménica y los supuestos de la psicología de las facultades. Ha producido una considerable terminología técnica y matemática y sus propias construcciones científicas. El movimiento representa un sistema conceptual muy fecundo para la observación de relaciones.—F.W.K.

"Gestalt", psicología de la. Véase **psicología de la "Gestalt".**

gesto social. Acto abreviado o representación simbólica de un acto empleado por un agente que comprende su significado y que da por supuesto que los demás lo comprenderán de igual manera y que responderán a él como respondería el agente mismo.—A.R.L.

"ghetto." 1. Lugar extramuros de una ciudad donde los judíos: a) viven voluntariamente, o b) se les obliga a hacerlo por la ley o de otra suerte. 2. Zona natural de la ciudad donde reside una minoría, no necesariamente judía. La vida en estas condiciones ha tenido como consecuencia, al menos para los judíos, un tipo fijo de usos sociales y costumbres, de carácter intrínsecamente urbano, que con el tiempo puede dar lugar a neurosis.—J.H.B.

"Gifta." En el derecho germánico antiguo y durante la primera parte de la Edad Media, en la Europa occidental, la *gifta* fué el acto de entregar [*traditio*] una muchacha a su pretendiente después del compromiso contraído con él en la ruda ceremonia de la *Beweddung* (q. vid). Por este acto se tranfería a la muchacha de la potestad del padre a la del marido. En un principio es probable que la *Gifta* siguiera inmediatamente a la *Beweddung*, o a la entrega al padre del ganado, armas o dinero convenido en pago de la mujer. Pero mucho después, bajo el influjo del Imperio Romano y de la iglesia cristiana, la *Gifta* se fué transformando lentamente en la ceremonia del matrimonio.—W.C.

"gigolo." Cortejador profesional masculino; individuo a quien se paga por acompañar mujeres como pareja en el baile o en otras actividades sociales.

ginecocracia. Véase **matriarcado.**

glabela. La suave prominencia de la frente exactamente entre las cejas.

glandular, teoría. Creencia de que las glándulas endocrinas, que están relacionadas con las emociones y la conducta, pueden ser base de explicación, cuando funcionan anormalmente, de los actos antisociales y delictivos. Los endocrinólogos no están de acuerdo en lo que respecta a la importancia de las glándulas en la determinación de la conducta.—N.F.C.

gobierno. Encarnación personal del Estado. El Estado en acción. Como proceso, el término se refiere al funcionamiento del Estado en todos sus aspectos. Como entidad objetiva, se refiere a los individuos y órganos que tienen la responsabilidad de conducir la acción del Estado. Con frecuencia se confunde el "gobierno" con la "forma de gobierno". Correctamente interpretado, el gobierno puede cambiar sin ningún cambio en la forma de gobierno, como, en general, sucede en la administración de las sociedades democráticas o republicanas en el momento de cada elección periódica. De manera análoga, un gobierno puede, en teoría, ser derrocado "por la fuerza o la violencia" sin cambio en la forma de gobierno u organización del Estado. En caso de revolución, tal derrocamiento puede concebirse como acto que pone al gobierno de hecho en mayor armonía con la forma de gobierno y con el tipo de Estado establecidos y aprobados en una sociedad determinada.

gobierno del hogar. Véase **hogar (gobierno del).**

gobierno invisible. Gobierno es el sistema general soberano de control social de una comunidad, por el cual se obliga a las partes a cooperar en la prestación de los servicios sociales necesarios. En épocas pasadas, los servicios prestados por las diferentes clases o grupos que tenían *status* privilegiado diferente, eran menos uniformes en valores esenciales para el bienestar humano que, por lo general, lo son los servicios públicos en la actualidad, como progresos de la democracia. Generalmente, el gobierno moderno, regular y legalmente establecido, es visible públicamente, en el sentido de ser fácilmente reconocible y observable por la comunidad y, como tal, tiende al progreso, con el avance de la democracia, al dar fuerza de ley a las justas reivindicaciones en pro de la equivalencia de los valores cambiados. El gobierno invisible, por otra parte, tiende a ser un superviviente de la antigua forma general de gobierno por grupos privilegiados e irregulares. Hoy, por regla general, se desconoce a tales grupos. Las bandas criminales, las camarillas, las pandillas políticas y los monopolios asociados funcionan sin ser observados por las masas del pueblo y propenden a exigir de ellas contribuciones indebidas e injustas.—C.J.B.

gracia, derecho de. Facultad arbitraria, generalmente atribuída al jefe del poder ejecutivo, de perdonar al condenado su delito y de extinguir la pena que le fué impuesta. El derecho de gracia comprende todas las formas de clemencia potestativas del ejecutivo: el indulto total o parcial, la conmutación de la pena y la rehabilitación en los derechos civiles, pero no la amnistía (q. vid.). De ordinario es una facultad reconocida en la Constitución, cuyo ejercicio se regula por las normas de procedimiento legislativamente aprobadas. La tendencia actual se muestra contraria a los indultos generales. [Inglés, *pardoning power.*] Cf. *clemencia, indulto, perdón.*—J.L.G. y J.C.

gradación social. Véase **escala social.**

gradiente. Toda serie de magnitudes que varían entre valores altos y bajos por escalones o grados progresivos. En sociología, las gradaciones de la magnitud se refieren, por lo común, a distancias espaciales entre puntos o superficies.—M.S.

gradiente ecológico. 1. Coeficiente de aumento o disminución de una variable ecológica a lo largo de una línea de distancia ecológica. 2. Curva que representa este coeficiente de aumento o disminución.—J.A.Q.

grado de edad. Grupo social en el que, para ser admitido o promovido a partir de él, se tiene en cuenta la edad en gran medida. Dicho grupo ha de estar inserto en una sociedad cuyos miembros, o más comúnmente los miembros masculinos, están organizados en una jerarquía graduada de tales grupos.—G.P.M.

graduación, escala de. Artificio que permite a los individuos llamados calificadores o jueces dar una expresión cuantitativa a sus juicios sobre la magnitud de una variable.—P.H.F.

gradualismo. Táctica que se propone fomentar el cambio social mediante reformas específicas, orientadas todas ellas hacia el objetivo final de crear una sociedad socialista, y que se opone por eso a las tácticas de cambio revolucionarias. En este sentido, evolucionismo.—R.N.B.

grafología. Estudio científico de la escritura manual con el fin de establecer una correlación entre sus características materiales y las condiciones caracterológicas de su autor. Se funda en la consideración de la escritura como un medio de expresión motriz y constituye una interesante aportación al estudio biopsíquico de la personalidad.—J.C.

grafometría. Capítulo de la policía científica que se ocupa del estudio de la escritura manual con fines de confrontación e identificación. Se vale de técnicas mensurativas y comparativas minuciosas. Su aplicación práctica es el peritaje caligráfico.—J.C.

gran escala. Véase **agricultura en gran escala, industria en gran escala.**

granero siempre normal. Fórmula acuñada, entre otros, por Henry E. Wallace, cuando fué secretario de agricultura en el gobierno norteamericano, para designar un programa general de política agrícola que estabilizaría la oferta mediante el control de las superficies sembradas y el almacenamiento, por cuenta del gobierno, de los excedentes obtenidos en los años de cosecha abundante para lanzarlos al mercado y cubrir el consumo en los años de escasez. [Inglés, *ever-normal granary.*]

granja. Hacienda (q. vid.) agrícola, con cultivos de huerta y/o campo y dotada de un caserío donde se recogen la gente de labor, los aperos y el ganado. Una de las actividades económicas de la granja suele ser también la avicultura, la cría de ganado, etc., con carácter accesorio o predominante. [Inglés, *farm.*] Cf. *rancho.*—J.C.

granja complementaria. Granja de jornada parcial o incompleta, cuyo explotador divide su tiempo entre la labranza y ocupaciones no agrícolas, siendo para él estas últimas tan importantes, o más, que la primera.—T.L.S.

granja de jornada parcial o incompleta. Granja complementaria (q. vid.).

granja familiar. Propiedad agrícola de tamaño suficiente para proporcionar empleo al agricultor y a los miembros de su familia, que realizan por sí mismos las funciones de empresario y administrador y todo el trabajo manual necesario, o su mayor parte. A diferencia de la hacienda o granja fabril, tal unidad está administrada menos racionalmente, es más diversificada y autosuficiente y suele cultivarse intensivamente. La explotación de una granja familiar es, en gran medida, "una manera de vivir". Cf. *agricultura familiar.*—T.L.S.

granja-prisión. Tipo de colonias agrícolas para delincuentes condenados que puede ofrecer distintas formas a saber: 1) Granjas o haciendas de propiedad municipal, a las que son destinados los reos de delitos menores condenados a penas cortas de privación de libertad, para librarles del efecto corruptor de las cárceles o prisiones urbanas. 2) Granjas o haciendas que funcionan como instituciones auxiliares de las grandes prisiones, en parte como medio de separar a un grupo especial de delincuentes (primarios, habituales, de procedencia rural) y en parte para suministrar provisiones agrícolas a la intendencia general de la prisión. 3) En Estados Unidos, antiguas granjas o plantaciones del Sur, de propiedad privada, a las cuales eran destinados los condenados conforme al sistema de arriendo (cf. *trabajo carcelario*) con un considerable beneficio para los propietarios de aquéllas. Las granjas de este tipo asumían la responsabilidad de la vigilancia y disciplina de los penados y proveían a su alimentación y alojamiento a causa de su trabajo. Debido a los abusos a que dieron lugar, se las ha abolido en su mayor parte. 4) Establecimientos especiales existentes en la actualidad, creados y administrados directamente por algunos Estados como elemento básico de su sistema penitenciario. Se envía primero a los condenados a un centro receptor, de donde son destinados a las diferentes granjas, tratando de distribuirles entre ellas con arreglo a su clasificación y al tratamiento que deben recibir. Estos tipos de instituciones deben funcionar a base de un tratamiento médico-pedagógico adecuado o de un régimen de trabajo agrícola, industrial-agrícola o artesanal que coopere a la readaptación social de los condenados.—M.A.G. y J.C.

granjas dispersas. Las que se componen de la alquería y sus tierras adyacentes, más o menos aisladas de otras, a diferencia de las comunidades de aldea (q. vid.). Cf. *colonización (formas de).*—D.S.

gregarismo. Tendencia social a buscar la interacción con otros individuos de la misma especie.—E.A.H.

gremio. Véase **guilda.**

grupo. Dos o más personas entre las que existe una pauta establecida de interacción psicológica; se reconoce como una entidad por sus propios miembros y, por regla general, por los demás, en razón del tipo particular de conducta colectiva que representa. Cf. *grupo social.*—D.S.

grupo, aceptación del. Respuesta a cualquier miembro de un grupo por los demás, la que, al mostrar la preferencia que les merece, determina al mismo tiempo su *status* dentro del grupo.—G.L.C.

grupo ajeno. El formado por todas las personas extrañas a un grupo considerado como el nuestro o propio; o un determinado grupo considerado como extraño o de otros. Están implícitas la diferencia y la separación y un cierto grado de aislamiento (q. vid.) que puede producir desvío o desdén, aunque el desvío no es un elemento necesario en las actitudes hacia los grupos ajenos tal como se han definido. Cf. *grupo "nuestro", grupo propio, grupo de "ellos".*—T.D.E.

grupo, asentamiento o colonización de. Véase **asentamiento o colonización de grupo.**

grupo cambiante. Grupo de juego caracterizado por el cambio de sus miembros; característico de los niños de edad pre-escolar que todavía no están suficientemente socializados para formar un grupo estable.—P.H.F.

grupo cerrado. El compuesto por un número limitado de miembros y en el que sólo se admiten ampliaciones si éstas se deciden en su propio seno; los sindicatos, las asociaciones profesionales, las camarillas pueden ser de este tipo. Una característica de tales grupos es su resistencia a las ideas nuevas o a cualquier influencia externa que pueda amenazar las maneras de pensar o las prácticas del grupo. Se aplica también a los grupos organizados para el cultivo de una teoría o doctrina.—N.A.

grupo componente. Todo agregado en el seno de una sociedad natural que en los más de los aspectos, aunque no en muchas, es completo, independiente y capaz, por sí mismo, de mantener su existencia y llevar a cabo una vida social plena.—N.L.S.

grupo compuesto. Asociación de personas en la que la estructura del grupo comprende relaciones, no sólo de los individuos con el grupo como un todo, sino de determinados subgrupos reconocidos como entidades y relacionados con ese todo como tales subgrupos.—G.L.C.

grupo, conducta de. Concepto que comprende las materias de la mayor parte de las ciencias sociales cuando se las considera desde el punto de vista de los fenómenos de masa. La conducta de grupo es una cuestión de experiencia humana corriente y no hay motivo para creer que sea una falacia o ilusión. La conducta de un equipo de foot-ball, por ejemplo, es, ciertamente, algo muy diferente de la conducta de sus miembros individuales. Tal conducta de masa es producto de la mutua adaptación o ajuste de la conducta de los miembros individuales del grupo, al extremo de que el grupo se convierte en una unidad funcional, prácticamente en una máquina humana. La mayor parte de los sociólogos consideran que los grupos sociales y su conducta constituyen la materia principal de la teoría sociológica. Sin embargo, en la medida en que el grupo se constituye por virtud de las interacciones de sus miembros individuales, la interacción social puede, acaso con igual validez, ser considerada como el objeto de la teoría sociológica. En todo caso, la sociología más reciente considera que el origen y desarrollo, la estructura y el funcionamiento de los grupos humanos ofrecen los principales problemas de la ciencia sociológica. Sin embargo, esta concepción difiere muy poco de la más antigua, según la cual la sociología se ocupa del proceso de asociación de los seres humanos. La aparición del grupo, del egoísmo de grupo y de los intereses de grupo es probable que haya tenido cierta influencia en hacer de la conducta

de grupo una concepción central de la teoría sociológica. Más de un centenar de clases de grupos diferentes han sido catalogadas por los sociólogos. Entre los más importantes de dichos grupos, para la comprensión de la conducta de grupo en nuestro mundo humano, se encuentran: los primarios o de presencia, y los secundarios (q. vid.); el grupo "nuestro" y el grupo "de ellos"; así como los grupos voluntarios o asociaciones y los no voluntarios o genéticos. Las comunidades pertenecen a esta última categoría.

La teoría sociológica actual considera la conducta de grupo como un producto, en gran medida, de la cultura o civilización. Una conducta de grupo definida se encuentra en muchos animales inferiores al hombre, probablemente sobre una base puramente instintiva. Toda la conducta de los grupos humanos parece estar dominada por las costumbres y las tradiciones (q. vid.) y estas costumbres y tradiciones son siempre aprendidas. En los tiempos históricos, la conducta de muchas comunidades y de otros grandes grupos ha estado dominada por alguna autoridad que obligaba a la obediencia, tal como el Estado. Los grupos democráticos aspiran a conseguir la unidad y la armonía en su conducta de grupo por medios voluntarios, entre los que figuran la comunicación, la educación y muchas otras formas de regulación que apelan a la inteligencia y a la voluntad de los individuos del grupo.—C.A.E.

grupo consanguíneo. Grupo social definido por la relación de consanguinidad, putativa o ficticia. En el último caso, normas arbitrarias de parentesco pueden excluir del grupo a ciertos parientes consanguíneos reales y, al contrario, incluir en él a personas que no son realmente parientes de sangre (por ejemplo: personas adoptadas). Cf. clan, linaje, mitad, parentesco.—E.A.H.

grupo, contacto de. Véase **contacto de grupo.**

grupo de contacto directo. Grupo social en el que cada uno de sus miembros están en situación de responder de un modo inmediato a los estímulos sensoriales de los demás.—J.P.E.

grupo de edad. Grado de edad (q. vid.).

grupo de "ellos". Grupo ajeno (q. vid.) o distinto de aquel de que el individuo en cuestión forma parte y frente al cual su sentimiento de separación es tan fuerte que al referirse a sus miembros emplea de modo espontáneo y sin percatarse el pronombre en su tercera persona. El término es, justamente, una de las diversas formas de expresar la distinción emotiva entre los propios y los extraños, la simpatía y la antipatía, la cercanía y la lejanía en los afectos. Cf. grupo "nuestro".

grupo de interés. Grupo organizado en torno a cierto interés, deseo o necesidad especial. A diferencia de los grupos locales, los grupos de interés están más especializados y más subordinados a la gestión o acción deliberada.—J.H.K.

grupo de parentesco. 1. Grupo identificado

por la unidad biológica de la ascendencia común. Los miembros de un grupo semejante están relacionados más íntimamente unos con otros por el linaje que con los miembros de otros grupos. Estrictamente considerado, el grupo de parentesco puede ir desde una sola familia a una raza, e incluso hasta la humanidad entera. 2. Forma de organización societal basada en los vínculos de sangre.—P.H.L.

grupo de presencia (o en presencia). El que funciona solamente cuando se encuentra en presencia; una agregación o grupo funcional cuando sus miembros están reunidos. Equivalente al grupo *face-to-face*. Lo contrario del grupo en ausencia.—T.D.E.

grupo de presión. Grupo real o supuesto utilizado por sus líderes para imponer modificaciones en la política de otros grupos o de una organización mayor de que forman parte. Esta presión toma de ordinario la forma de peticiones y propuestas cuyos mantenedores sostienen ser la expresión auténtica de las necesidades y demandas de sus representados. En Estados Unidos valen como ejemplo desde la Asociación Nacional de Fabricantes, el Congreso de las Organizaciones Industriales y la Federación Americana del Trabajo hasta la Iglesia Católica Romana y el Consejo Federal de las Iglesias de Cristo de América, y comprende el Bloque Granjero, la Legión Americana, las Cámaras de Comercio y muchos otros grupos más localizados. Un grupo de presión trata, por lo general, de fomentar cierto aspecto del "interés público general", es decir, de obtener privilegios especiales para sus líderes y miembros.—A.M'C.L.

grupo de vecindad. Asociación, con frecuencia irregular, de personas que viven cerca unas de otras.—W.P.

grupo, desintegración del. Véase **desintegración del grupo.**

grupo diádico. Par o pareja de seres humanos en "sociación" (q. vid.); por lo general, pero no de modo necesario, de carácter asociativo.—H.B.

grupo efímero. Un agregado, o incluso un grupo funcional, que se constituye por un breve período tan sólo, debido a algún estímulo o propósito común del momento.—T.D.E.

grupo en ausencia (o sin presencia). Grupo humano que funciona y puede estar organizado; pero cuyos miembros no se reúnen: tramitan los asuntos por respuesta igual a los estímulos que parten de su directiva central, o mediante contacto indirecto y simbólico. Sin embargo, la mayor parte de tales grupos dependen de contactos de presencia ocasionales con los miembros representativos y de un comité nuclear (ejecutivo) y de un personal, o solamente de este último, entre quienes existen constantes contactos personales o reuniones intermitentes. [Inglés, *group without presence*.] Cf. *grupo secundario*.—T.D.E.

grupo, esclavitud de. Esclavización de un gru-

po humano entero sin referencia a los individuos que lo forman.—E.E.M.

grupo, estimulación de. Véase **estimulación de grupo.**

grupo, expansión del. Véase **expansión del grupo.**

grupo "face-to-face". Equivalente a grupo de presencia (q. vid.).—T.D.E.

grupo, falacia del. El error de lo que pudiera llamarse "animismo social", es decir, de ignorar el hecho de que los "plurales" o pluralidades (q. vid.) existen sólo en el sentido de que los actos sociales de índole propiamente constitutiva tienen una alta probabilidad de repetición. Naturalmente, para ciertos fines es perfectamente permisible hablar de plurales diversos tales como Iglesia o Estado, en un sentido sustantivo, esto es, como nombres a pesar de su carácter básicamente verbal. De lo contrario resultaría un circunloquio o pedantería intolerable.—H.B.

grupo funcional. Grupo social integrado por personas que realizan la misma función o servicio en el orden social.—J.P.E.

grupo genético. Agregado originado, principal o totalmente, gracias a su propio índice de natalidad, como la familia natural de padres e hijos, el clan o un grupo de parentesco mayor.—N.L.S.

grupo horizontal. Grupo social integrado por las personas de la misma capa social.—J.P.E.

grupo, integración del. Véase **integración del grupo.**

grupo, interés de. Véase **interés de grupo.**

grupo intermitente. Grupo funcional cuyos miembros se encuentran en presencia recíproca sólo en forma periódica o esporádica, pero que continúa operando en ausencia, actuando en los intervalos no obstante la ausencia de algunos de ellos.—T.D.E.

grupo íntimo. Grupo (funcional, humano) en el que los contactos y relaciones de persona a persona son en extremo próximos, ya sean de amor o de lucha.—T.D.E.

grupo, juego de. Juego caracterizado por la cooperación social; a veces se le considera como fase intermedia entre el juego paralelo de los niños que no han llegado a la edad escolar y el juego plenamente socializado de los preadolescentes de más edad.—P.H.F.

grupo local. 1. Grupo social integrado por personas que por lo normal residen en la misma localidad y mantienen una asociación de contactos directos. Ejemplos: la pandilla (q. vid.), la aldea y la vecindad. [Inglés, *local group*.] Cf. clan.—G.P.M.

2. Grupo definido, principalmente, por sus límites geográficos o superficiales; por ejemplo, una vecindad, una comunidad rural, aldea, ciudad o región. [Inglés, *locality group*].—D.S.

grupo marginal. Grupo incompletamente asimilado; que ha hecho dejación de su anterior cultura y que todavía no ha logrado plena aceptación en la nueva en cuyo seno vive. Expresión empleada en relación con los grupos inmigrantes en los que se ha producido una mezcla considerable de culturas diferentes, al extremo que las actitudes y valores y las normas de conducta resultantes no son características de ninguna de ellas, ocupando el grupo una especie de *no-man's land* social. Allí donde las características manifiestas hacen fácil la identificación, esta fase del proceso de asimilación puede durar décadas, como sucede con los pueblos orientales y latinos en los Estados Unidos, y tales grupos pueden desarrollar una cultura propia suficientemente integrada con los elementos extraídos de los dos órdenes sociales en cuestión. Cf. *participación condicionada.*—H.E.M.

grupo, mentalidad de. Actitud unificada, o acaso organizada, hacia una cuestión de interés para el grupo o en él dominante. Cf. *psique colectiva.*

grupo minoritario. Subgrupo en el seno de un grupo mayor (de ordinario una sociedad) unido por ciertos lazos especiales que le son peculiares, usualmente la raza o la nacionalidad, pero algunas veces la religión u otras características culturales. Incluso en los tipos corrientes de democracia, la acción del principio del gobierno de mayorías es un obstáculo para que puedan expresarse en proporción a su fuerza numérica. Cf. *representación proporcional.*

grupo, "momento" del. Véase **"momento" del grupo.**

grupo, moralidad de. Véase **moralidad de grupo.**

grupo natural. Expresión un tanto inexacta utilizada recientemente en la terminología del trabajo social para definir una asociación de personas unidas por estrechos lazos de simpatía o amistad y constituída por los propios y espontáneos esfuerzos de sus componentes. En este sentido se diferencia de los grupos formados por organizaciones o individuos ajenos al grupo mismo y de aquellos otros en los cuales intereses distintos al de la amistad personal crean el nexo principal entre los miembros. En este sentido, la expresión grupo natural se usa para definir, en especial, a grupos de adolescentes sin entrañar el fin antisocial unido al término "pandilla" (q. vid.) ni la exclusividad social que implican las palabras *clique* o "camarilla" (q. vid.).—G.L.C.

grupo "nuestro". Toda asociación con la que uno se siente identificado; a la que se pertenece, en cuanto se siente por ella nostalgia en la separación; en cuyos miembros dominan actitudes de lealtad, devoción, simpatía, respeto y cooperación para la misma, así como cierto sentimiento de exclusividad y orgullo. Cuando los miembros se percatan de la presencia de extraños, los miran con indiferencia, repulsión e incluso con hostilidad, Cf. *grupo ajeno, grupo "de ellos".*—F.E.J.

grupo, opinión de. Véase **opinión de grupo.**

grupo organizado. Grupo social (q. vid.) a tal punto organizado que las funciones mediante las cuales alcanza sus fines se encuentran divididas entre sus miembros, que las llevan a cabo individualmente o como miembros de determinados subgrupos.—H.B.

grupo, pensamiento de. Véase **pensamiento colectivo.**

grupo, perpetuación de. Véase **perpetuación de grupo.**

grupo primario. Grupo (funcional, humano) caracterizado por motivos afectivos (como opuestos a los meramente utilitarios), por la presencia directa o el contacto íntimo y (debido a las limitaciones que estos contactos traen consigo) de pequeño volumen; fué llamado "primario" por Cooley porque, según él, la familia, la vecindad y los grupos de juego constituyen los primeros grupos en que (en nuestra cultura) transcurre la socialización del niño, teniendo todos ellos las características mencionadas. Los grupos secundarios vienen en "segundo" lugar en el desarrollo de la vida infantil. Tropezamos, sin embargo, con dificultades porque *a)* la expresión ha llegado a emplearse, principalmente, para designar cualesquiera grupos fundados en la simpatía y la intimidad, incluso aquellos de tardía formación en la vida, y *b)* porque muchos grupos de contacto indirecto mantienen no obstante lazos afectivos. A este respecto, el término "primario", si bien muy arraigado en el uso sociológico, se presta a confusión y quizá pudiera ser sustituído por otra terminología más descriptiva de los rasgos esenciales mencionados, a saber: grupos afectivos o de intimidad, unidos por lazos de simpatía, por oposición a los meramente utilitarios; grupos de contacto directo, que requieren la presencia mutua de sus miembros, por oposición a los de contacto indirecto, donde la misma no es necesaria; grupos originarios, por oposición (en desarrollo cronológico) a los derivados. Cf. *grupo secundario.*—T.D.E.

grupo, proceso de. Actos continuos o serie de actos que tienen su origen y sostén en las interacciones psíquicas de las personas asociadas en un grupo. El proceso de grupo comprende no sólo las interacciones físicas y psicológicas de las personas entre sí, sino también entre las configuraciones que resultan de la interacción de los individuos con el grupo considerado como un todo, como los procesos de control y de pensamiento colectivos.—G.L.C.

grupo propio. Cualquier grupo considerado desde el punto de vista de uno de sus miembros, en oposición a otros grupos que son para él ajenos. Equivalente, prácticamente, a "nuestro" grupo (q. vid.).

grupo secundario. Grupo que por el tipo de contacto que implica y por el grado de su organización formal se distingue u opone al grupo primario (q. vid.). El grupo secundario es de mayor volumen y organización, se encuentra especializado, los contactos que lo constituyen son indirectos y para su unidad y persistencia confía más que el grupo primario en el hecho de su organización. Un ejército, con sus órdenes formales, la jerarquía de sus grados y su rígida disciplina, es un ejemplo de grupo secundario. —F.D.W.

grupo, sentimiento de. Sentimiento de personas asociadas, en oposición al de personas aisladas, manifestado de ordinario en actitudes o en actos. Entraña una conciencia, o conciencia parcial, de los sentimientos de los demás miembros del grupo.—R.E.B.

grupo sin presencia. Véase **grupo en ausencia.**

grupo, situación de. Véase **situación de grupo.**

grupo social. Cierto número de personas entre las que se da una interacción psíquica, gracias a la cual se destacan para sí y para los demás como una entidad. Para que el grupo exista se requiere: un contacto duradero entre determinadas personas, que permita la formación de la interacción necesaria; una conciencia de semejanza o de interés común, que baste para despertar un mínimo de identificación del individuo con el grupo, y una estructura que los miembros reconozcan necesaria para la continuidad del grupo como entidad.—G.L.C.

Expresión algo redundante, puesto que todo grupo debe tener características sociales.

grupo social, trabajo de. Véase **trabajo social de grupos.**

grupo, trabajo de. Función de los trabajadores sociales profesionales al auxiliar a grupos o comunidades para que se amplíen sus oportunidades de vida.—R.N.B.

grupo, tradición de. Véase **tradición de grupo.**

grupo, unidad de. Unidad típica de todo grupo funcional, que es la del conjunto de personas en acción recíproca que lo constituyen y que se reconoce como tal por cada uno de sus miembros. Dependen tanto del propósito común como de la común estructura.—T.D.E.

grupo vertical. Grupo social integrado por personas pertenecientes a dos o más capas sociales. —J.P.E.

grupo, voluntad de. Véase **voluntad colectiva.**

grupocentrismo. Tendencia de un grupo de individuos a considerar todas las experiencias humanas en relación con su propio grupo, por lo general considerándolo como superior a todos los demás.—P.F.C.

grupos, acomodación de. Véase **acomodación de grupos.**

grupos de sangre. Los cuatro tipos de sangre humana determinados por la presencia o la ausencia de dos elementos químicos o aglutinógenos llamados A y B: 1) grupo I u O, que no contiene A ni B, que coagula o aglutina las células de la sangre de los otros tres grupos cuando se mezclan con él, pero sin que las suyas se aglutinen con una mezcla de otros tipos de sangre, y cuyos poseedores son denominados, por consiguiente, "donadores universales" en la

transfusión de sangre; 2) grupo II o A, que contiene A pero no B, aglutina los grupos III y IV y es aglutinado por los grupos I y III; 3) grupo III o B, que contiene B pero no A, aglutina los grupos II y IV y es aglutinado por los grupos I y II; 4) grupo IV o AB que contiene A y B; aun cuando aglutinado por los demás grupos, no aglutina a ninguno de ellos. Sus poseedores, por lo tanto, son denominados "receptores universales" en la transfusión de sangre.

[*Nota:* En los años últimos se han descubierto algunos aglutinógenos, como el denominado Rh, que determinan subdivisiones dentro de los cuatro grupos sanguíneos fundamentales. El Rh es de gran valor en la técnica de las transfusiones de sangre y por ser el agente etiológico de la eritroblastosis fetal.]

Con respecto a estos cuatro tipos, las diversas razas y familias biológicas de la especie humana difieren en porcentajes diferentes con arreglo a los cuales se determinan los tipos. No hay diferencia en la composición de la sangre de los individuos de cada tipo particular, cualquiera que sea su filiación racial. Es decir: en tanto que los nórdicos y los negros difieren en los porcentajes de los diversos tipos de sangre que poseen, un individuo nórdico del tipo A y un negro del tipo A no se diferencian en la química de su sangre.

grupos, federación de. Organización de grupos de personas (usualmente clubes organizados) que cooperan en algún objetivo común. Cf. *organización de la comunidad.*—W.P.

grupos, fusión de. Proceso de anastomosis, mezcla o fusión de dos grupos (funcionales o simples agregados), anteriormente distintos, en uno, organizado o no. Lo contrario de fisura de grupos. Cf. *fisión.*—T.D.E.

grupos, guerra de. Véase **guerra de "tongs".**

grupos, matrimonio por. Forma hipotética de unión marital entre un grupo de hombres y un grupo de mujeres. Cf. *comunismo sexual.*

grupos, muestreo por. Véase **muestreo por grupos.**

guerra. Lucha armada entre masas humanas organizadas que se consideran soberanas políticamente y, desde el punto de vista ético, autorizadas para hacer valer sus derechos por la fuerza; derechos que según ellos no son reconocidos ni respetados por sus adversarios armados.—C.J.B.

Existen dos tipos principales de guerra. El primero es el llamado, de ordinario, "internacional", aunque las partes implicadas pueden no ser verdaderas naciones (q. vid.) en el sentido estricto del término. Son siempre sociedades que actúan a través de la institución del Estado (q. vid.). Algunas de las guerras más grandes de la historia han sido guerras imperiales en las que los ejércitos de un solo beligerante estaban integrados por representantes de muchas nacionalidades y grupos étnicos diferentes. El segundo tipo de guerra es el usualmente denominado "civil", en el que la lucha se libra entre secciones distintas de un mismo cuerpo político. Con frecuencia tales guerras adoptan la forma de rebelión, en cuyo caso la soberanía política de un grupo es más una cuestión de convicción, de aspiración y de teoría que de realidad. La causación, los métodos y las consecuencias de estos dos tipos de guerra es probable que sean por completo diferentes.

guerra de "tongs" (grupos). Lucha violenta entre grupos o *tongs* chinos rivales. Tales grupos o sociedades, existentes en los Estados Unidos, son una transferencia de China donde se basan en el parentesco, el distrito u otras formas de afiliación. Con frecuencia sirven a finalidades útiles para los negocios o el bienestar social. Pero por la rivalidad en los negocios o por los esfuerzos para controlar formas de beneficio ilícito en relación con el vicio, el juego o el tráfico de opio, algunos de los *tongs* se encuentran envueltos en actividades de violencia criminal. Los efectivos de los *tongs* se reclutan, en parte, entre los comerciantes, que se ven obligados a afiliarse a fin de obtener protección contra los *tongs* rivales que tratan de controlar sus negocios. Las guerras de *tongs* continúan. —A.E.W.

guerra santa. Véase **"Jihad"**.

guerrimandear. Corrupción política norteamericana consistente en alterar el mapa político con el propósito de beneficiar intereses de partido; modificar artificial y arbitrariamente la división política del Estado, creando nuevos distritos y cercenando o extendiendo los existentes, con el fin de llevar a cabo manipulaciones electorales interesadas. [Inglés, *gerrymander*].—F.W.K.

guía. Término muy amplio que se refiere a todos los esfuerzos que un individuo o un grupo emplea para dirigir la inteligencia y actividades de otro individuo o grupo hacia la consecución de ciertas finalidades. Cf. guía vocacional.—F.E.L.

guía cifrada de calles. Véase **índice por calles de los cuadernos del censo.**

guía vocacional. Esfuerzos sistemáticos para ayudar cuerdamente a la juventud en la elección de sus ocupaciones. Comprende el consejo a los niños en edad escolar y a las personas mayores para que descubran su propia capacidad, se informen acerca de varios campos de empleo, aseguren una preparación adecuada, obtengan un trabajo conveniente en el campo que escojan, y finalmente realicen sucesivos ajustes con miras a un *status* vocacional y económico satisfactorio. Cf. *enseñanza vocacional.* —A.E.W.

guilda. Históricamente, organización medieval de productores-comerciantes (guilda de comerciantes) o de artesanos asociados con otros de la misma profesión (guilda de artesanos) para protegerse recíprocamente y para establecer una regulación monopólica en sus respectivas esferas. Modernamente, asociación de personas con iguales intereses, por lo general sociales o religiosos más bien que económicos (ejemplo: guilda parroquial).—E.E.M.

guildista, socialismo. Véase **socialismo guildista.**

guillotina. Máquina inventada por el doctor Guillotin, francés, para decapitar a los condenados a la pena de muerte. Hizo desaparecer la inseguridad del hacha del verdugo, toda vez que la hoja se acopla en las ranuras de dos montantes y cae con exactitud sobre el tajo situado debajo.—J.L.G.

H

"habeas corpus." Mandamiento judicial que debe expedirse cuando se solicite de algún tribunal de la jurisdicción ordinaria para examinar la legalidad de la detención de cualquier persona por una autoridad. El derecho de obtener tal mandamiento puede ser suspendido, según la Constitución de los Estados Unidos, sólo en los casos de invasión o sedición, en que los tribunales civiles no pueden funcionar.—R.N.B.

El derecho de *habeas corpus* constituye una importante garantía política, característica de los regímenes democráticos y sólo puede suspenderse, sin desnaturalizarlos, de modo transitorio y en casos de grave emergencia.—J.C.

habilidad. Destreza manual. Capacidad para realizar trabajos especiales. La habilidad es un arte aprendido en la práctica, adquirido o conservado según la capacidad del alumno.—N.A.

habilidad social. Persona competente en determinado sentido, o sea capaz de competir para mantener el *status* y desempeñar el papel social propio (aparte de la mera habilidad profesional). Cf. *competente.*—T.D.E.

habitación. Véase **casa habitación.**

habitación, área de. Sección de la superficie terrestre considerada como lugar de residencia de un grupo humano relativamente estable y organizado: sociedad, tribu o raza.

"habitat." Area apropiada para su ocupación por una especie, grupo o persona. Este término es más concreto en su aplicación que la palabra medio, pues tiene una implicación espacial. El *habitat* puede tener alguna significación asociativa por cuanto se refiere a un área en la que se realizan todas las actividades esenciales de la vida.—N.A.

hábito. Actitud adquirida o tendencia a actuar de una manera determinada que ha llegado a ser, en cierta medida, inconsciente y automática; a veces, la costumbre es considerada como el hábito del grupo.—W.E.G.

habituado. Víctima de una droga o de un hábito perjudicial.

habitual. Característico de formas de respuesta, gradualmente adquiridas, a situaciones repetidas; de acuerdo con el hábito. Las reacciones habituales se provocan con facilidad y son relativamente invariables, casi automáticas y es característico de ellas requerir un mínimo de dirección o atención consciente.—M.PT.

habitual, delincuente. Véase **delincuente habitual.**

habitualidad. (*criminol.*) Proceso-situación de persistencia en el delito que halla su origen en la costumbre adquirida por la repetición y en la aptitud creada por dicho ejercicio repetido. Puede hallarse vinculada con la reincidencia, pero también ser denunciada por el concurso de delitos y aun por el delito singular (continuado, colectivo) constituído por una pluralidad de hechos. Es una de las manifestaciones de la peligrosidad que requieren mayor atención en la sociedad moderna.—J.C.

hacienda. (*agricultura*) Propiedad agrícola compuesta de una o varias extensiones de terreno puestas en producción agrícola bajo una administración, como una sola unidad de explotación, con el fin de llevar adelante una o más empresas agrícolas tales como la producción de cosechas o la cría de animales domésticos.—T.L.S.

hacinamiento. 1. Número de ocupantes por habitación o apartamento, comparados comúnmente con los metros cúbicos de aire y los tipos de luz y ventilación establecidos, que excede del que se considera permisible teniendo en cuenta las exigencias sanitarias mínin.as.—E.E.M.

2. Ocupación de un edificio por un número de personas que excede al fijado para cada habitación. Los tipos usuales son: de una persona a una persona y media, hacinamiento; más de una persona y media, pero menos de dos, superhacinamiento; dos o más personas, superhacinamiento denso. La significación crítica de estas proporciones varía con el tamaño del edificio y con el número de individuos que componen la familia.—S.S.

3. Amontonamiento. Así se habla del hacinamiento de personas, objetos o edificios en cualquier lugar para expresar que lo ocupan tanto desordenadamente como en proporción que excede a la prevista como normal.

hacinamiento en las prisiones. El número óptimo-máximo de reclusos en una prisión se considera generalmente que no debe exceder de quinientos. Sin embargo, la mayor parte de los países de todo el mundo construyen prisiones para un número de presos mucho mayor. Incluso en las prisiones más grandes es frecuente encontrar un exceso de población penal. La superpoblación da lugar a que la clasificación y separación de los presos sea un problema difícil y complica también los problemas de clasificación, disciplina, trabajo, enseñanza y sanidad. El hacinamiento es incompatible con una buena ordenación penitenciaria y con el cumplimiento de los fines de rehabilitación social que debe cumplir la pena de privación de libertad.—N.F.C. y J.C.

hachis. Narcótico obtenido del cáñamo de la India. Puede ser inhalado o fumado a fin de conseguir cierto tipo de exaltación acompañado de la desorganización del sistema nervioso central. El uso del hachis predomina particularmente en el Cercano Oriente.—J.W.M'C.

hampa. Término con el que se designa tanto un género de vida socialmente marginal (la mala vida), caracterizado por la improductividad, el parasitismo en sus más diversas formas y la proclividad criminal, como los grupos sociales mismos, generalmente urbanos, que practican tal género de vida, con sus formas crípticas de lenguaje y su característica degradación biológica y social. Cf. *bajos fondos.*—J.C.

hampón. Miembro del hampa. Pendenciero, pícaro, haragán, miserable. El que vive la mala vida.—J.C.

Hawes-Cooper, ley. Ley norteamericana promulgada el 19 de enero de 1929 y que comenzó a regir cinco años después, por la que se dispuso que todos los artículos fabricados en las prisiones que fueren objeto de comercio interestatal quedasen sujetos en cualquier Estado de la Unión a las mismas leyes, con independencia de que se hubiesen producido o no en dicho Estado. La ley Hawes-Cooper tiende a uniformar los aspectos mercantiles del trabajo penitenciario, sometiéndolo a los sistemas de contrato, precio unitario y contabilidad pública y regulando la competencia.—J.L.G.

hechicería. 1. Ejercicio, como en la adivinación, del poder sobrenatural adquirido con la ayuda de seres espirituales o por medios mágicos; en consecuencia, magia negra o brujería en general. [Inglés, sorcery.] 2. Práctica o arte de influir en el bienestar de los demás, de ordinario en su detrimento, por medios mágicos o con la ayuda de espíritus familiares (q. vid.). [Inglés, witchcraft].—G.P.M.

hechicero. El que influye en el destino de otros o cautiva la voluntad ajena por medio de las artes de la hechicería. Por extensión dícese también de las personas o cosas que por su belleza u otras cualidades excelsas, físicas o morales, se atraen la simpatía y la benevolencia de las gentes. En ambos sentidos, encantador.—J.C.

hechizo. Objeto o manipulación de sentido mágico que se utiliza o ejecuta con fines de hechicería. También, por un proceso analítico, cada una de las cualidades atractivas de una persona, o su conjunto, que la hacen cautivadora, arrebatadora, encantadora para las demás.—J.C.

hecho. Toda cosa de la realidad, demostrada o demostrable.

hecho social. Cualquier hecho identificable que participa de la naturaleza de una relación, proceso o valor social.—J.P.E.

hedonismo. Doctrina de que el deber moral queda cumplido haciendo del placer el bien fundamental.—L.P.E.

hepatoscopia. Adivinación (q. vid.) observando los hígados de animales sacrificados.—G.P.M.

herejía. 1. Opinión no aceptada por la autoridad establecida. Desviación, de ordinario más o menos formalizada, del dogma aceptado.—L.P.E.

2. Antiguo y gravísimo delito, sólo comparable por su entidad al de *maiestatis*, constituido por el desvío de los dogmas de la religión católica para profesar un culto diferente, cometido en cualquiera de las formas descritas, reprobadas y anatematizadas por la iglesia de Roma. Adoptó muy diversas modalidades y fué severamente reprimido. Como delito característicamente religioso, ha sido abolido de las modernas leyes seculares, en las que sólo se incluyen aquellos delitos contra la religión que en su comisión trascienden de la esfera del pensamiento y aun de la actividad puramente privada, y aun éstos sólo en cuanto ataques a la libertad de cultos o perturbaciones del orden público.—J.C.

herencia biológica. Transmisión de los caracteres físicos (incluyendo los psíquicos innatos) de los padres a su prole. El fundamento físico de la herencia reside en el desarrollo de la descendencia partiendo de una o más células derivadas de los organismos de los padres. En la reproducción sexual humana estas células germinales (el huevo y el esperma) se unen después de haber perdido cada una de ellas la mitad de sus cromosomas (q. vid.). Los verdaderos vehículos de los caracteres hereditarios se sostiene que son los genes (q. vid.) invisibles que se encuentran en los cromosomas. La herencia no se muestra nunca completamente en la prole, sino que está siempre modificada por una variación mayor o menor que da como resultado las diferencias individuales. Si la variación es bastante acentuada, puede, finalmente, dar como resultado una nueva especie. Además de los caracteres nuevos que aparecen espontáneamente en un organismo, pueden adquirirse otros por el individuo en contacto con su medio. Por ejemplo: el crecimiento anormal de una parte debido a su empleo continuo, o su atrofia debida al desuso. La teoría de la herencia por la prole de tales caracteres adquiridos no se sostiene ya por la mayor parte de los biólogos. En la actualidad, la importancia relativa de las influencias de la herencia y el medio en la formación del individuo es una cuestión que discuten acaloradamente biólogos, genetistas y sociólogos.—W.G.

herencia criminal. Discutida teoría, que gozó de predicamento antes de que se descubriese el mecanismo biológico de la herencia, que, fundándose en la experiencia de las familias criminales, sostiene que la criminalidad es transmisible por herencia de padres a hijos, etc. Concienzudos investigadores de la génesis de la delincuencia admiten la transmisibilidad por herencia de ciertos rasgos biológicos y psicológicos que, con el concurso de circunstancias sociales propicias, pueden contribuir a la formación del delincuente. Pero el crimen en sí mismo es conducta y en cuanto tal, al igual que sucede con la urbanidad, la grosería, la tacañería o la extravagancia, no puede heredarse. [Inglés, *inheritance of criminality*].—J.L.G.

herencia social. Transmisión de los rasgos culturales establecidos. Aportación hecha a la sociedad actual por la experiencia acumulada y los progresos de generaciones pasadas. Designación vaga e imprecisa del proceso de transmisión o tradición, términos preferibles. Cf. *patrimonio social, transmisión social.*—M.C.E.

hermafrodita. En los seres humanos, individuo raro y anormal que tiene ambos órganos reproductivos, el masculino y el femenino, uno de cuyos grupos de órganos es ordinariamente rudimentario o imperfecto.—R.E.B.

hermandad. 1. Relación de parentesco consanguíneo existente entre hermanos. Por extensión, también cualquier relación de amistad y confianza íntimas comparable a la que naturalmente existe entre hermanos. 2. Forma de relación social voluntaria organizada en grupos locales y basada en la comunidad de creencias, culto, intereses o cualquier otro criterio análogo, o de la combinación de varios de ellos. Cf. *fraternidad.*—J.C.

hermanos. 1. Denominación correspectiva de los hijos de los mismos padres, con independencia de sexo.—G.P.M.

Los hermanos pueden ser carnales o de doble vínculo (con padre y madre comunes) o medio hermanos (con sólo padre o madre comunes). En antropología, para evitar la posible confusión con otras acepciones del término, se prefiere designarlos con la antigua palabra inglesa *sibling*, derivada del concepto de "sib" (*q. vid.*).—J.C.

2. Por extensión, emplean entre sí esta denominación los miembros de una misma comunidad, religiosa o no, para expresar que se reconocen iguales en ascendencia moral, vínculos de vida o profesión de fe.—J.C.

hermano mayor, plan de. Plan para reducir la delincuencia juvenil mediante la cooperación de personas prestigiosas que actúen como "hermanos mayores" de los menores delincuentes. El plan aspira a organizar los recursos económicos y sociales de la comunidad en beneficio de los muchachos que necesitan de la ayuda material y moral de los demás para llegar a ser personas pundonorosas. El servicio se presta en algunos centros norteamericanos, es voluntario por parte de la comunidad, y su eficacia es de muy difícil determinación por la escasez de registros estadísticos.—J.W.M'C.

héroe, culto del. Véase **culto del héroe.**

heroína. Especie de la familia de las opiáceas, hallada en el esfuerzo por encontrar anestésicos que no creasen hábito y que pudieran reemplazar a la morfina. Heroína es el nombre de una marca de fábrica que corresponde a un determinado derivado de la morfina, de forma cristalina y blanca. Es una sustancia que evidentemente crea hábito y ha llegado a ser uno de los narcóticos de uso más generalizado. Pro-

duce una somnolencia tranquila, placentera y vaga.—J.W.M'C.

hetairismo. Sistema de prostitución de la antigua Grecia que comprendía esclavas y mujeres libres. Muchas de estas últimas estaban bien educadas; algunas alcanzaron fama por su saber y cultura y fueron muy solicitadas por hombres preeminentes.—R.E.B.

heterogeneidad. Cualidad característica de una población en que los individuos que pertenecen a ella muestran, marcadamente, rasgos disímiles desde el punto de vista biológico y cultural. Cf. *homogeneidad.* Existe heterogeneidad racial cuando los miembros de un grupo proceden de razas diferentes y son desemejantes en sus rasgos físicos debido a su ascendencia diferente. Cf. *raza.* Existe heterogeneidad étnica cuando los miembros de un grupo provienen de varios grupos étnicos diferentes y cuando mantienen sus rasgos étnicos en el seno de una comunidad mayor. Cf. *étnico.* Aparece la heterogeneidad cultural cuando los miembros de un grupo presentan una diversidad de rasgos culturales. Cf. *cultura.*—B.B.W.

heterogéneo. Caracterizado por la heterogeneidad (*q. vid.*). Las comunidades son heterogéneas cuando están compuestas por dos o más grupos diversos. Los grupos específicos de una comunidad pueden ser, de por sí, racial o culturalmente homogéneos, como, por ejemplo: negro, chino, judío, etc. Cuando un número de individuos cada vez mayor son de ascendencia mezclada, como resultado del cruce de diversas razas, la comunidad tiende a homogeneizarse tanto racial como culturalmente: racialmente, porque los individuos son semejantes como resultado de la mezcla; culturalmente, por la asimilación de rasgos culturales en una nueva configuración cultural.—B.B.W.

heteromancia. Práctica de la adivinación por medio de la observación del vuelo de las aves. —J.C.

híbrido. Primera generación de la prole procedente de padres de especie, variedad o estirpe diferente y que, por consiguiente, difiere en uno o más rasgos hereditarios. Los híbridos humanos comprenden no sólo los mestizos o mulatos verdaderos, sino también los hijos de cualquier pareja que tiene constituciones de genes diferentes. Si los padres difieren en un gene solamente, los hijos serán, no obstante, híbridos por este solo rasgo.—F.H.H.

hidalgo. Hombre de buena familia cuyo vestido, educación, lenguaje, trabajo, hábitos de recreo, maneras y vivienda le colocan aparte de la masa, de las gentes comunes. En un principio, hombre por encima de la clase de labradores acomodados, no noble en estricto sentido pero sí persona con derecho a portar armas; con frecuencia, un segundón, hijo sin título de familia noble.—W.C.H.

hidromancia. Práctica de la adivinación por medio de las señales y observaciones sobre una masa de agua.—J.C.

higiene mental. Ciencia y práctica de la conservación de la salud mental.—w.p.

higiene social. Parte del trabajo social que se ocupa del control de la prostitución y de la eliminación de las enfermedades venéreas.—w.p.

"hinterland." Zonas exteriores a otra central y que las domina. El término entraña las connotaciones de apartamiento, menor congestión y menor sensibilidad a los influjos del cambio. La ciudad o la aldea está asociada con el *hinterland*. Este es la zona de materias primas, del abastecimiento de las cosas indispensables y la que proporciona a la ciudad su esfera de influencia y su mercado.—N.A.

hipnotismo. Véase **sugestión hipnótica.**

historia. Crónica del pasado y disciplina que lo investiga y lo narra de acuerdo con ciertos métodos probados. La historia está en íntima conexión con la sociología, tanto por el contenido como a través de su desarrollo histórico. Junto con la antropología (prehistoria) y el estudio estadístico e interpretativo de los acontecimientos contemporáneos, es una de las mayores fuentes de datos para la sociología. En la evolución de la sociología, su conexión con la historia ha sido muy estrecha. Los primeros sistemas fueron síntesis y estudios de ciertos momentos históricos desde el punto de vista de determinadas filosofías de la historia. Por lo que respecta al método, la historia se diferencia de la sociología por su carácter idiográfico, mientras que el método nomotético es característico de la última. Además, el desistimiento de la sociología de la tendencia hacia generalizaciones históricas ambiciosas y su mayor concentración en estudios empíricos han producido también como resultado una reducción de la antítesis y ha dado lugar, en realidad, a que el método histórico sea una de las técnicas de la investigación sociológica. Por otra parte, la sociología y la historia tienen puntos de contacto, por cuanto ambas se ocupan de los seres humanos y deben tomar en consideración los motivos, intenciones, significados y valores, en oposición al método de un positivismo reductivo que tiende a negar su realidad o significación reduciéndolos a componentes físicos o bioquímicos supuestamente más fundamentales. Ambas disciplinas han de contribuir también con esquemas que sirvan para la aplicación de la conducta que se orienta por la psicología profunda. Finalmente, ambas se centran en los valores para la elección de sus temas, los aspectos de la sociedad pasada o presente cuyo estudio emprenden, porque los interpretan como algo significativo desde el punto de vista de la propia cultura. Por ello, ambas disciplinas, nunca conclusas, hay que volverlas a escribir continuamente a medida que cambian los puntos de vista y las necesidades. Aun cuando ambas son disciplinas científicas con métodos específicos, puede discernirse en ellas una cierta tendencia política: por lo general, la concentración en la historia va unida a una tendencia política conservadora, como

lo fué, en conjunto, la escuela histórica del romanticismo (aun cuando el primitivismo ha sido empleado algunas veces para convalidar un movimiento progresivo), en tanto que la propensión comparativa de la sociología tiende a vincularse a un punto de vista de oposición. —E.F.

historia biográfica. Método de investigación social tendiente a obtener el cuadro de los factores internos y externos que influyen en el desenvolvimiento de una persona mediante una cuidadosa y detallada descripción de todo el proceso o de un considerable período de tiempo del mismo.—c.m.f.

El procedimiento de las *life histories*, de difícil versión terminológica, intenta "captar las reacciones espontáneas de un sujeto ante determinados acontecimientos fundamentales de su vida; es decir, aprehender una experiencia individual en la forma más natural e íntima posible". (J.M.E.) Para ello se vale de la entrevista, pero va más allá del mero interrogatorio, pues exige por parte del investigador una identificación psicológica con el sujeto que, sin embargo, no le impida depurar su información ni discutir los elementos valorativos contenidos en ella. El método plantea además delicados problemas de generalización y cuantificación.—J.C.

historial del caso. Véase **antecedentes del caso.**

hogar. 1. Sede central más esencial y relativamente estable de las relaciones humanas íntimas y directas; generalmente es un lugar acostumbrado, con casa habitable, equipo doméstico y accesorios adaptados a las necesidades de la familia que en ella vive. Es, natural y usualmente, el lugar en que reina una atmósfera social reconfortante y alentadora, una administración cooperativa y el diario cultivo de los intereses y valores humanos más íntimos: los del amor conyugal, las relaciones sexuales, el nacimiento y crianza de los niños, el reconocimiento y aprecio humanos, el mantenimiento económico; es el refugio de las perplejidades y peligros sociales; lugar de reposo, de cuidado de la salud, de distracción y de edificación moral y de adiestramiento general en las cortesías y maneras sociales aprobadas por la comunidad.—c.j.b.

2. Unidad económica y social integrada por todas las personas que viven juntas en un solo lugar habitación, ya sea casa, apartamento, tienda o igloo. A diferencia de la familia (q. vid.), unidad biológica y social que comprende tan sólo a los individuos emparentados por los lazos del matrimonio y de la sangre, el hogar comprende también a los sirvientes, pupilos y huéspedes temporales o permanentes.—A.E.W.

hogar, administración del. Determinación de los objetivos y de los sistemas de la administración del hogar. La administración del hogar es una de las funciones de la relación de marido y mujer y comprende los planes para la delegación de la responsabilidad por la administración y para el trabajo pormenorizado del hogar.—A.E.W.

hogar adoptivo. Hogar de una familia particular en el que son colocados niños huérfanos, abandonados o potencialmente delincuentes, en la creencia de que la custodia institucional es un medio demasiado artificial para el desarrollo social de un niño. A los padres adoptivos se les pagan unos honorarios determinados por sus servicios. Aproximadamente 250,000 niños son cuidados en hogares adoptivos en Estados Unidos. Aun cuando se reconoce la superioridad teórica del hogar adoptivo sobre la custodia institucional, el hogar adoptivo plantea problemas peculiares. La explotación y el maltrato por personas de dudosa idoneidad, en lugar de la actitud paternal, constituye una de las dificultades más graves. [Inglés, *foster home*].—J.W.M'C.

hogar, auxilio al. Véase **auxilio al hogar.**

hogar deshecho. Familia en la que faltan uno o ambos cónyuges.—W.P.

hogar, gobierno del. Dirección y vigilancia detalladas de los procesos que se verifican diariamente en todo hogar normal. A diferencia de la administración del hogar, su gobierno es la realización de los planes de acción determinados conjuntamente por los administradores del hogar.—A.E.W.

hogar, oficina del. Organización norteamericana de campesinas para el mejoramiento de la vida doméstica y rural. Tuvo su origen como departamento de la Oficina Agrícola [Farm Bureau] (q. vid.) y está asociada a su obra.—D.S.

holocausto. Sacrificio en que se quema a la víctima, especialmente cuando se consume totalmente por el fuego; por extensión, sacrificio (q. vid.) general o de gran número de personas.—G.P.M.

hombre. 1. La especie humana en general, a diferencia de los organismos subhumanos. *Homo sapiens.* 2. Adulto masculino miembro de la especie humana. Cf. ser humano.

hombre criminal. Delincuente nato (q. vid.).

hombre de paja. Persona interpuesta, cuya intervención en un acto o negocio es simulada y tiene por objeto encubrir intereses ajenos. El hombre de paja puede ser responsable como encubridor o como cooperador cuando los hechos que motivan su intervención son de carácter delictivo.—J.C.

hombre eminente. Individuo que ha merecido amplio reconocimiento social de su poder, hechos meritorios o posición.—M.S.

hombre ferino. Todo ser humano que ha sido criado en aislamiento social completo por lo que respecta a los demás seres humanos, bien por los animales, bien por contacto indirecto con guardianes humanos.—E.A.H.

hombre marginal. En el más amplio sentido, persona que no es miembro plenamente partícipe de un grupo social. La mayor parte de las personas marginales lo son con respecto a dos

o más grupos, como sucede con los inmigrantes parcialmente asimilados.—M.S.

hombre medicina. Exorcista. Cf. curandero.

hombre primitivo. 1. Expresión empleada para referirse de modo colectivo a los hombres antiguos y prehistóricos. Cualquier hombre o grupo de hombres que vivieron antes de los albores de la historia, es decir, antes de la invención y perfeccionamiento de la escritura. En Europa, África y Asia, los hombres que vivieron durante los períodos eolítico, paleolítico, neolítico y en la edad del bronce. 2. Todo hombre que pertenece a una sociedad de cultura no alfabeta. Desde un punto de vista temporal, esta sociedad y su cultura lo mismo pueden ser contemporáneas que situarse en cualquier momento de la antigüedad. En este sentido se emplea la expresión para designar la condición cultural del hombre no está civilizado. Además de ser no alfabeto (o prealfabeto), el hombre primitivo posee una cultura económica que puede ser agrícola o no agrícola (colectora, de caza y pesca, o pastoral), pero no industrial ni, de ordinario, urbana.—E.A.H.

hombre-tierra. Véase **proporción hombre-tierra.**

homicidio. Delito contra la vida consistente en la muerte de un hombre ilegítima y voluntariamente realizada por otro. El homicidio puede ser calificado por la concurrencia de circunstancias legalmente determinadas, dando lugar a otras figuras delictivas (parricidio, asesinato, infanticidio), de distinta consideración penal pero que en sustancia no son más que variantes de aquél. En el homicidio, simple o calificado, es esencial la imputabilidad a título de dolo. [Francés e inglés, *homicide*].—J.C.

homicidio culposo. El que es imputable a título de culpa; el homicidio involuntario. En el homicidio culposo no existe malicia (o dolo); se comete en ocasión de realizar un hecho lícito (por medios ilícitos) o no, pero no delictivo, por imprudencia, negligencia, impericia o infracción de reglamentos. No debe confundirse con el homicidio simple (voluntario siempre) por muy atenuado que sea por virtud de las circunstancias del caso. [Inglés, *manslaughter*].—J.M.W'C. y J.C.

homicidio preterintencional. El cometido en ocasión de causar voluntariamente a la víctima un daño en su integridad física distinto de la privación de la vida. Algunas legislaciones le denominan muerte. El homicidio preterintencional se diferencia del culposo porque en aquél los hechos son imputables a título de dolo en su origen y en éste no; se diferencia del homicidio simple porque el dolo imputable en éste es genérico o indeterminado, mientras que en el homicidio preterintencional hay dolo específico de dañar pero no de matar, ni siquiera representación de este posible resultado. El homicidio preterintencional, en cuanto tal homicidio, es un caso de delito calificado por el resultado.—J.C.

homínino. Característica de todos los miembros del *genus homo*, su conducta, cualidad, etc., sean o no de la especie *sapiens*, posean o no cultura y sean o no, por consiguiente, humanos *(q. vid.).*—T.D.E.

homogeneidad. Cualidad característica de una población cuando los individuos que la componen ofrecen marcada semejanza de rasgos biológicos o culturales. Existe homogeneidad racial: *1)* cuando los miembros de un grupo proceden de la misma raza o tipo físico, cuando son de estirpe relativamente pura, es decir, cuando ofrecen rasgos físicos semejantes debido a su ascendencia común y a una continuada reproducción sin mezclas; o *2)* cuando los miembros provienen de dos o más grupos disímiles entre los cuales ha existido un continuo cruzamiento. Una población puede ser heterogénea por su origen y conseguir homogeneidad mediante los matrimonios mixtos; es decir: todos los miembros del grupo son en ese caso de ascendencia mezclada y encarnan diversas estirpes en forma similar. La homogeneidad étnica existe cuando los miembros de un grupo tienen el mismo origen étnico y cultural y cuando muestran igual mentalidad y cohesión, debido a su pertenencia a un mismo grupo y a su adhesión a una misma tradición y cultura, o solamente a estas últimas. Cf. *étnico.* La homogeneidad cultural existe cuando los miembros del grupo se caracterizan por la semejanza de cultura *(q. vid.).* Cf. *heterogeneidad.*—B.B.W.

homogéneo. Caracterizado por la homogeneidad *(q. vid.).* Una población es homogénea: *1)* cuando es de estirpe relativamente pura, es decir, cuyos individuos provienen de la misma raza o tipo físico y tienen rasgos físicos y culturales comunes debido a la comunidad de ascendencia, resultado de haberse criado sin mezcla; *2)* cuando, en un principio heterogénea, la población se ha convertido en mezclada por el continuado cruzamiento de diversas estirpes, es decir, cuando los miembros tienen rasgos físicos similares debidos a la ascendencia común surgida del cruzamiento. Cf. *heterogéneo.*—B.B.W.

homosexualidad. Perversión del deseo sexual que hace a las personas del mismo sexo más atractivas que las del opuesto.—E.R.G.

honestidad. Decencia, recato y moderación en las diversas manifestaciones sociales (acciones y palabras) de la persona. En el sentido de moralidad sexual, debe entenderse como "una exigencia de corrección y respeto impuesta por las buenas costumbres en las relaciones sexuales" (Soler) y evitar toda confusión entre la acción simplemente inmoral y la acción delictiva. Así concebida, la honestidad es jurídicamente protegida mediante diversas figuras de delito: adulterio, estupro, violación, prostitución, rapto, etc. Cf. *conducta moral, soborno honesto.*—J.C.

honor. Uno de los valores fundamentales de la persona humana, el relativo a la consideración "integral de una persona en sus relaciones ético-sociales" (Soler). Puede ser considerado subjetiva (valoración propia, autovaloración) u objetivamente (valoración hecha por otros). El honor de la persona, en cuanto valoración social, es protegido por el derecho penal mediante la creación de ciertas figuras de delito como la injuria (ofensa moral del honor, considerado subjetivamente), la difamación (perjuicio causado en la fama, expresión objetiva del honor personal) y la calumnia (caracterizada por la necesidad de probar la falsedad: limitación objetiva de las formas subjetivas del honor).—J.C.

honor, sistema del. Sistema de disciplina carcelaria tendiente a aliviar al preso de la vigilancia y dirección constantes y que hace descansar en él, con un grado limitado de libertad, la responsabilidad de su conducta. Se aplica no sólo a los reclusos que desempeñan puestos de confianza dentro de la institución, sino también a los que realizan ciertos trabajos fuera de ella (encargados de compras, conductores de camiones, etc.) y a los que trabajan en granjas y en campos vinculados a la institución. El sistema es revocable y permite una adaptación gradual a la vida libre.—J.L.G.

honor, tribunal de. Véase **tribunal de honor.**

horca. Sistema de ejecución de la pena de muerte de origen remoto que todavía se utiliza en la actualidad en muchos países. En un principio la muerte se producía por estrangulación, pero actualmente se emplean diversos medios (suspensión violenta del reo colgado por el cuello, corriendo una trampa bajo sus pies o izándole hacia una altura; accionamiento de un mecanismo metálico que le oprime el cuello y produce el mismo efecto) que rompen las vértebras cervicales y causan la muerte, instantánea según se cree. El ahorcamiento o muerte en la horca o a garrote vil se ejecutaba en otros tiempos con publicidad para que cumpliese los fines intimidatorios y de prevención general que se asignaban a la pena de muerte. Actualmente la publicidad de la ejecución es meramente simbólica, pues no asisten a ella más espectadores que algunos testigos y periodistas. También se denomina horca a todo el artefacto que se utiliza en la ejecución y el garrote *(q. vid.)* que la produce.—J.L.G. y J.C.

horda. Grupo social vagamente organizado. El término es de muy dudoso valor científico por cuanto se aplica a grupos que oscilan en tamaño, desde la pequeña banda, como en Australia, a la gran aglomeración de tribus, como en el Asia Central.—G.P.M.

hospicio. Institución para albergar a los pobres sostenidos por las corporaciones públicas de una circunscripción administrativa.—W.P.

hospitalario, servicio social. Sistema que utiliza las funciones de trabajadores sociales especializados en relación con los pacientes de hospital o con los pacientes recién dados de alta, como un complemento del cuidado médico.—E.E.M.

hospitalidad. Norma amistosa, característica de

los árabes y de otros pueblos, según la cual un huésped, sea amigo o extraño, es agasajado y considerado inviolable durante su visita. [Inglés, *guest friendship*].—G.P.M.

hospitalización. Sistema de seguro ofrecido por los hospitales y por las compañías aseguradoras privadas, por virtud del cual se garantiza a una persona el cuidado hospitalario que necesite mediante el pago de una pequeña prima. Los cuidados ofrecidos son limitados en su cuantía y sólo se solicitan para ciertos tipos de dolencias; pueden pagarse al mismo tiempo algunos honorarios incidentales. La participación en los planes está limitada, por lo general, a los miembros de los grupos *bona fide*, tales como los empleados de una firma. Iniciados hacia 1930, el desarrollo de los planes de hospitalización ha sido rápido. También se denomina así el ingreso de un paciente en un hospital.—J.W.M'C.

hostilidades. Se denominan así los actos materiales de un Estado contra otro y susceptibles de ser objetivamente calificados como hostiles por su carácter bélico. El concepto tiene importancia en derecho internacional y encuentra un reflejo en las leyes penales al ser calificados tales actos como delitos contra la seguridad exterior de la nación cuando no son autorizados por las propias autoridades constitucionales y pueden dar lugar a una perturbación en las relaciones normales de amistad con un gobierno extranjero.—J.C.

huelga. Relación obrero-patronal en la que los trabajadores, en grupo, rehusan trabajar hasta que por el patrono se garanticen ciertas condiciones de trabajo. El acto de ir a la huelga no es sinónimo de abandono del trabajo y, con arreglo a la legislación vigente, el obrero disfruta de numerosas garantías contra el despido arbitrario por lanzarse a la huelga o participar en las correspondientes actividades de organización.—J.W.M'C.

El derecho de huelga es una de las modernas y más preciadas conquistas del derecho del trabajo y es minuciosamente reglamentado por las legislaciones. Algunas consideran la huelga como delito cuando con ella se persiguen fines ajenos a las relaciones estrictamente industriales, cuando en su declaración no se observan las formalidades prescritas o cuando da ocasión a la comisión de actos de violencia o de infracciones a la libertad de trabajo. [Inglés, *strike*]. —J.C.

huésped. Individuo que ocupa una habitación alquilada durante un período de permanencia de una semana o mes, por lo menos. Cf. *hospitalidad*. [Inglés, *roomer*.] También el que contrata sus comidas en un lugar determinado pagándolas por un sistema de abono periódico de análoga duración. [Inglés, *boarder*.] Corrientemente el término incluye ambos servicios (alojamiento y manutención). Cf. *casa de huéspedes*.

humanista. Caracterizado por una actitud centrada en los intereses humanos, especialmente en las humanidades académicas.—L.P.E.

humanitario. 1. El que sostiene que el deber moral está subordinado únicamente a las relaciones humanas. 2. Filántropo.—L.P.E.

humano. Término que se emplea de ordinario para comprender a todos los representantes de la especie *homo sapiens* o todas las cualidades que se supone son comunes a la especie entera. Los sociólogos tienden a restringir la palabra al hombre de cultura, es decir, a los hombres que, por lo menos, poseen los elementos esenciales de una cultura (lenguaje, ideas, capacidad para construir y usar instrumentos). El hombre antrópico y el hombre ferino (q. *vid.*) quedarían excluídos de esta definición, así como los idiotas. Cf. *homínino, infrahumano, naturaleza humana*.—T.D.E.

hurto. Delito contra la propiedad consistente en el apoderamiento doloso y fraudulento de cosa mueble de propiedad ajena sin el consentimiento de su legítimo poseedor y con propósito de lucro. Frente al hurto propiamente dicho, algunos autores equiparan el hurto impropio (el del propietario que se apodera de la cosa de su propiedad legítimamente poseída por otro) y el hurto de uso (utilización sin apoderamiento; ej.: sustracción de energía eléctrica), aunque tal opinión es discutida. Las legislaciones suelen admitir distintas formas de hurto calificado cuando en su comisión concurren determinadas circunstancias (calamidad pública, etc.). El parentesco suele aceptarse como excusa absolutoria en los delitos de hurto. No cabe confundir el hurto con el robo, pues a éste le caracteriza el empleo de fuerza en las cosas o de violencia en las personas, circunstancias que lo agravan notablemente. La penalidad del hurto suele graduarse según el valor del objeto del delito. [Inglés, *larceny*].—J.C.

I

iconoclasta. Destructor de imágenes; el que ataca determinadas creencias calificándolas de falsas.—L.P.E.

"id." Parte de la personalidad (q. vid.) que descansa en lo inconsciente y que contiene los deseos e impulsos primitivos y antisociales reprimidos que constituyen la reserva de la líbido. —H.H.

ideacional. 1. Toda expresión de un pensamiento o conducta que indica perfección. 2. Tipo de cultura que exalta los valores espirituales por encima de los materiales e impone restricciones en el uso de estos últimos como medios para realizar un bien espiritual. Este tipo se caracteriza, además, por su atención hacia las cosas que están en perspectiva distante y que son permanentes y fundamentales, y por su interés por la transformación del individuo, con poco o ninguno por la transformación del mundo exterior. La realidad se percibe como la del Ser eterno no sensible y no material. Las necesidades y los fines son, sobre todo, espirituales. La extensión de su satisfacción es la más amplia y su nivel el más alto. El sistema para su cumplimiento o realización consiste en la reducción o eliminación, impuesta por uno mismo, de la mayor parte de las necesidades físicas y en el mayor grado posible. Estas premisas fundamentales son comunes a todas las ramas de la mentalidad de la cultura ideacional.

ideacionalismo activo. Idéntico al ideacionalismo general en sus premisas fundamentales, se esfuerza en la realización de las necesidades y de los fines, no sólo por la reducción de las necesidades corporales de los individuos, sino también mediante la transformación del mundo sensible y, especialmente, del mundo sociocultural, de tal modo que se reforme de acuerdo con la realidad espiritual y los fines postulados como valor supremo. Sus mantenedores no "escapan de este mundo ilusorio" ni lo disuelven por completo, ni tampoco a sus propias almas, en la realidad suprema, sino que se esfuerzan por aproximarlo a Dios para salvar, no sólo sus propias almas, sino las de todos los demás seres humanos.—J.D.

ideacionalismo ascético. Busca el logro de las necesidades y fines por la mayor eliminación y reducción posible de las necesidades materiales, unido a un despego completo por el mundo sensible e incluso por uno mismo, ya que a ambos se los concibe como mera ilusión, como irreales e inexistentes. Todo el mundo sensible e incluso el yo individual se disuelven en la realidad fundamental y suprasensible.

ideal. Situación imaginaria o no existente culturalmente definida; característica o pauta de conducta que sirve de guía u objetivo de la actividad de una persona o grupo.—J.P.E.

ideal de sociedad. Forma de sociedad aprobada sinceramente como digna de logro. Por ejemplo: en opinión de muchos, la democracia, entendida como una unión más perfecta, en la que los servicios o funciones esenciales se organicen y fomenten· mediante la acción de todos, de tal modo que su utilidad y eficacia sean también generales.—C.J.B.

ideal primario. Todo ideal definido por una cultura como esencial para el bienestar del individuo o grupo adherido a dicha cultura. Por lo común se cree que deriva de las relaciones íntimas existentes en la familia.—J.P.E.

ideales morales. Pautas de cooperación humana, corroboradas y deseadas, que facilitan o producen la paz, el orden, la unión y la prosperidad general, mediante el trabajo en cooperación, voluntario e inteligente en pro del bien común. Estas pautas entrañan el reconocimiento por las autoridades de los derechos iguales de todos los ciudadanos a la protección de la ley y a la libertad de comunicación, culto e intercambio dentro de los límites establecidos por el bienestar común; límites establecidos honesta, inteligente y libremente por la mayoría del pueblo mediante sus representantes elegidos. Aun cuando los ideales morales pueden trascender o contradecir la ley civil existente, actúan para proteger y mejorar las leyes de acuerdo con los intereses del bienestar común.—C.J.B.

ideales sociales. Tipos de vida y bienestar sociales establecidos de acuerdo con ciertos conceptos éticos.—C.M.F.

idealismo. Teoría o práctica de juzgar las instituciones y prácticas sociales por su grado de conformidad con cierto ideal o tipo perfecto; tendencia a mostrar descontento por las realizaciones que no logran la perfección.

idealismo social. Actitud concentrada en el bienestar de la humanidad no logrado aún.—L.P.E.

idealista. 1. Expresión de pensamiento o conducta que sugiere la perspectiva de un ideal o su aproximación a él. Anhelar o imaginar un estado de perfección. 2. Tipo de cultura que reconoce tanto valores espirituales como materiales, pero que considera a estos últimos tan sólo como medios para realizar un ideal. Se interesa de igual manera por la transformación del mundo exterior y del hombre, y de las cosas prefiere aquellas que parecen distantes, permanentes y fundamentales.—J.D.

idealización. Proceso de creación de formas imaginarias diferentes de las reales o preferibles a ellas; de ordinario con la expectativa de esforzarse por ellas y la esperanza de conseguirlas al fin o, al menos, de aproximarse a ellas. Establecimiento de nuevas normas (q. vid.). La idealización es un requisito indispensable para un mejoramiento consciente, voluntario y planeado.

idénticos, gemelos. Véase **gemelos idénticos.**

identificación. 1. Proceso por el cual una persona se circunscribe; identidad del yo a diferencia del no-yo. Lo que es aceptado e integrado en su voluntad, es decir, sujeto a su control inmediato y en consonancia con la integridad del resto del yo en el tiempo, es introyectado. La introyección incluye una nueva experiencia en el yo, identificándolo con éste. Lo que es intolerable o está fuera del control del yo se rechaza o elimina: el yo se niega a identificarse con ello aun cuando sea un acto propio del individuo o un sueño o fantasía surgidos de su propio subconsciente. La liberación puede adoptar la forma de excreción, enquistamiento, disociación o lanzamiento de un "demonio". Entre los aspectos especiales de la eliminación (psiquiátrico) figuran las alucinaciones (atribución de realidad a la fantasía) y las ilusiones de persecución (atribución a otras personas de motivos que en realidad tienen su origen en la propia persona). Situarse emocionalmente en el lugar de otro.—T.D.E.

2. Procedimiento por el que se establece la identidad de una persona acusada o sospechosa de delito.—F.W.K.

ideograma. 1. Representación gráfica de un objeto o idea mediante un solo símbolo, a diferencia de la representación por medio de letras, signos silábicos o palabras. 2. Trazado que ofrece un registro directo de los movimientos musculares debidos a cambios en el pensamiento.—M.S.

ideología. Conjunto de ideas, creencias y modos de pensar característicos de un grupo, nación, clase, casta, profesión u ocupación, secta religiosa, partido político, etc. Estas ideologías están condicionadas y determinadas por la situación geográfica y climática, por las actividades habituales y por el medio cultural de sus respectivos grupos. No se excluyen mutuamente de un modo necesario y pueden invadirse recíprocamente. Así, por ejemplo, dos individuos de la misma nacionalidad, pero de diferentes ocupaciones, pueden compartir su ideología nacional, pero diferir en sus respectivas ideologías profesionales.—M.PM.

idiota. Persona imbécil con un desarrollo mental que no excede del normal de un niño de tres años, es decir, con un cociente de inteligencia inferior a 25. El más bajo nivel de inteligencia.

Los pocos del extremo izquierdo de la curva campaniforme. [Inglés, *idiot*.] Cf. *deficiencia mental*.—P.H.L.

ídolo. Imagen o representación de un ser sobrenatural en la que se cree que este último tiene su sede o residencia y ante la cual se llevan a cabo sacrificios u otros actos de adoración. Cf. *fetiche*.—G.P.M.

iglesia. 1. Organización visible de los que creen en un ideal religioso común, dogmáticamente establecido. 2. Edificio en el cual se rinde culto a Cristo y se enseña el cristianismo. 3. Institución que, mediante actos simbólicos y prescripciones éticas, o sólo éstas, se propone mantener constantemente a sus miembros en la convicción de la necesidad de la religión y de su promesa —particularmente, en la iglesia cristiana, la de la redención mediante la gracia y la salvación—; que administra también la vida religiosa de la comunidad y distribuye medios de salud y consuelo. Cf. *asistencia a la iglesia*.—J.H.B.

iglesia de comunidad. Denominación de uno de los diversos tipos de iglesia protestante, la consagrada únicamente al ministerio religioso de una comunidad determinada.—E. de S.B.

iglesia institucional. Iglesia protestante que concede especial importancia a los servicios sociales que presta a sus miembros y a las personas de su vecindad hasta el punto de convertirse esencialmente, en un centro social de la comunidad desprovisto de espíritu sectario. En Estados Unidos, tal tipo de iglesia se encuentra emplazada, de ordinario, en una vecindad que cambia con rapidez, porque sus miembros se trasladan a otra parte por la presión desplazadora que sobre ellos ejercen grupos nuevos de inmigrantes de exiguos ingresos. La antigua comunidad de miembros continúa prestando apoyo y, de vez en cuando, asiste a los servicios regulares, pero las actividades de la iglesia tienden a hacerse más sociales, culturales y recreativas y a realizarse, principalmente, en beneficio de la nueva población.—J.W.M'C.

"igloo." Vivienda esquimal en forma de cúpula, construida con bloques de nieve colocados en filas en espiral.

ignorancia. Desconocimiento o carencia de representación cognoscitiva, general, de una serie de objetos o de un objeto determinado. Según un principio tradicional fundado en razones de utilidad pública, la ignorancia de las leyes no exime de su cumplimiento. Sin embargo, se reconocen excepciones a dicho principio general. Los modernos juristas suelen equipararla al error (q. vid.).—J.C.

igualdad. Semejanza de *status* social, derechos, responsabilidades y oportunidades; principio ideal, realizable en cuanto afecta a la estructura social, pero en pugna con las consecuencias de los principios de libertad y competencia que conducen a la selección, gradación y desigualdad sociales. Existe oportunidad igual para llegar a ser igual. La igualdad es un objetivo de la capilaridad social; la *élite* no está interesada en él.—T.D.E.

igualitarismo. Doctrina que sostiene que todas las llamadas clases sociales contienen, aproximadamente, la misma proporción relativa de genios, talentos, individuos mediocres y deficientes.—F.D.W.

ilegitimidad. Condición de ilegítimo; no concordante con la ley o costumbre vigentes. Se aplica, de ordinario, a la persona cuyos padres no están casados en alguna forma legal.—Q.W.

ilicitud. Cualidad de ilícito, de lo que se encuentra en oposición con las leyes, infringiéndolas. Cf. *antijuricidad.*—J.C.

imaginación científica. Riqueza de recursos en la investigación mostrada en cada fase del método científico; aparece más ampliamente en la "síntesis imaginativa".—H.A.P.

imbécil. Persona mentalmente deficiente, con un cociente de inteligencia de 25 a 49; adulto con una edad mental equivalente a la de un niño de 3 a 7 años.—J.W.M'C.

imbécil moral. Algunos psiquiatras italianos del siglo XIX suponían que ciertas personas sufrían una forma de locura que se denominaba "locura moral" o "imbecilidad moral". Tales individuos estaban faltos del menor sentido moral o social o se les había atrofiado. La imbecibilidad moral podía ir acompañada de aparente salud mental.—N.F.C.

imitación. Toda conducta, consciente o inconsciente, conformada de acuerdo con otra notoriamente análoga, o con ciertos rasgos de ella, de otro ser animado, y que supone una respuesta al modelo cualquiera que sea la forma en que éste llene ese papel, de modo deliberado o accidental, consciente o inconscientemente. Hoy ya no se considera a la imitación como un "instinto". Como capacidad, puede ser puesta en marcha sobre una base ideomotora, sin que exista ninguna motivación central, o sobre la base de un deseo de identificación. En este caso la persona desea ser como su modelo por admiración, o a fin de obtener los resultados o el *status* que el otro ha logrado (imitación racional, imitación de aprendizaje).—T.D.E.

imitación convencional. Copia, más o menos deliberada, de las actividades y normas de conducta del propio grupo de edad o de los contemporáneos.—N.L.S.

imitación de la costumbre. Forma de imitación por la que el individuo se conforma con los usos sociales de su grupo, de modo inconsciente por lo regular, mediante un control de acción persuasiva.

imitación de la moda. Imitación de los modelos por razón del *status*, basada en la identificación con la clase que lo posee superior, en particular por medio de gastos de ostentación en vestidos, accesorios, muebles y adornos personales. Los imitadores forman la moda, que, sin embargo, está siempre desviándose hacia sus iniciadores, algunos de ellos meros empleados en calidad de modelos, pero otros representan-

do ese papel en méritos del prestigio de lo notorio y de la posición. En el otro extremo están los que viven al margen de toda moda y que sin embargo se ven invadidos por ella, les guste poco o mucho, a medida que el mercado se satura de gangas pasadas de moda. El lanzador de la moda de ayer suministra la moda de hoy y el rezago de mañana.—T.D.E.

imitación-sugestión. Imitación, consciente o inconsciente, que es resultado de la sugestión (*q. vid.*).

imitar. Copiar o reproducir el acto de otra persona.—M.S.

imitativa, magia. Véase **magia imitativa.**

impedido. Todo lo que adolece de un defecto físico que reduce su capacidad para el cumplimiento de sus obligaciones personales y sociales a tenor de un modelo socialmente determinado. Como el grado del defecto y la prueba de suficiencia social varían con el individuo y con la sociedad de que se trate, no es posible ofrecer una definición de impedido de validez general. Persona que tiene tal defecto. [Inglés, *handicaped*].—J.W.M'C.

impedir. Obstaculizar o frustrar una actividad. Interrumpir la actividad de una persona o grupo, especialmente por medios no fáciles de eludir, acaso produciendo respuestas desagradables.—N.A.

imperativo social. Norma de conducta de intensa obligatoriedad.—A.R.L.

imperfección. Véase **deficiencia, deficiente.**

imperialismo. Política y práctica nacional de expansión, bien mediante la anexión forzosa de un territorio contiguo, bien mediante la toma de posesión de colonias, dependencias y protectorados extranjeros. El reciente estudio de vastas, inexploradas e inexplotadas regiones estimuló en forma extrema la rivalidad internacional por la obtención de colonias y esferas de influencia como salidas para la exportación del capital excedente y de mercancías de las naciones más intensamente industrializadas. La forma moderna del imperialismo es, por consiguiente, predominantemente económica más bien que política. Comprende la lucha por obtener concesiones, por el control de los mercados coloniales, por los monopolios de materias primas y, algunas veces, por la utilización del trabajo indígena barato. Aranceles proteccionistas y diferenciales, subsidios a las industrias nacionales y otras formas de discriminación económica desempeñan su papel en esta guerra económica que con frecuencia conduce a la guerra militar y naval. Cf. *imperio.*—M.PM.

imperio. Tipo de organización política que comprende un Estado central poderoso y una o (usualmente) más dependencias mantenidas en sujeción. El imperio es el producto lógico y característico de la conquista (*q. vid.*). Típico del imperio es que el Estado central tenga un nivel de cultura más elevado que las provincias, en particular con respecto a su organización económica, militar y política. El *status* de las provincias es claramente inferior con respecto al Estado central y sus sistemas económicos se consideran como tributarios con respecto al de la potencia central. Los sistemas sociales y jurídicos de las dependencias se dejan, con frecuencia, tan intactos como corresponde a su sumisión política y económica. De ordinario, al antiguo personal gobernante se le deja en el poder, integrándolo tan sólo en el sistema imperial. El primer objetivo son los tributos. Un imperio difiere de un sistema colonial (cf. *colonización*) en varios aspectos importantes. En primer término, las colonias son pobladas, de manera efectiva o en principio, por inmigrantes procedentes de la metrópoli, bien como elemento numéricamente preponderante, bien como elemento socialmente dominante. En segundo lugar, aun cuando las colonias se consideran políticamente subordinadas a la metrópoli y su economía suele estar regulada por el criterio de la prosperidad central, no obstante, no se tiene a los colonos como raza inferior, puesto que son un retoño del pueblo metropolitano y están biológicamente relacionados con él. Finalmente, las colonias tienen conferida, de ordinario, una mayor autonomía que las provincias y es característica de ellas la evolución hacia la independencia política práctica.

imposición. Acto de establecer contribuciones sobre los ciudadanos o clases particulares de ciudadanos por la autoridad gubernativa. Sistema de allegar ingresos públicos.—E.E.M.

imposición progresiva. Imposición de contribuciones a tipos ascendentes; mediante ella se detrae de las grandes rentas o propiedades una proporción mayor que la de las pequeñas.—E.E.M.

imposición proporcional. Imposición de contribuciones a un porcentaje fijo, prescindiendo del volumen de la renta o propiedad.—E.E.M.

imposición regresiva. Imposición de contribuciones a tipos descendentes; mediante ella se gravan las rentas o propiedades pequeñas en mayor proporción que las grandes.—E.E.M.

imprudencia. Modalidad de la delincuencia culposa caracterizada por la consciencia y la representación tanto de los actos lícitos iniciales como de la posibilidad del evento dañoso derivable de ellos; aquéllos son voluntarios, pero no éste. A pesar de representarse la posibilidad del evento, el agente persistió en su conducta peligrosa, dando preferencia a sus primeros motivos y alterando así la escala de valores social y jurídicamente establecida. La imprudencia es considerada temeraria cuando va acompañada de la infracción de aquellas normas reglamentarias o de policía que declaran las precauciones socialmente exigidas como de elemental observancia.—J.C.

impuesto electoral. Véase **capitación.**

impuestos. Gravámenes exigidos por la autoridad pública para fines públicos sobre bases específicas, tales como personas (capitación), rentas, herencias, tierras, bienes raíces, importaciones, bienes muebles, etc.—E.E.M.

impulso. 1. Forma de motivación en la que el organismo se ve impelido por factores que se encuentran fuera de su dominio; obrar sin previsión de los fines. [Inglés, *drive*.] Cf. *acción impulsiva.* 2. Tendencia a actuar sin dirección voluntaria o reflexión. Tendencia a la acción no imputable a un estímulo externo. [Inglés, *impulse*].—M.S.

impulso no socializado. El que no se halla condicionado por la experiencia social.—M.S.

impulso predominante. El que tiene un influjo dominante sobre otro cuando se dan las condiciones adecuadas para ambos. A veces, se aplica a los impulsos innatos que se supone controlan el condicionamiento de los motivos y, por consiguiente, la motivación del adulto. —M.S.

impulso social. Término general para toda la amplia variedad de resortes de la acción humana (entre los que figuran los impulsos, las apetencias, los sentimientos, los intereses, las actitudes y los hábitos) que se manifiestan en el curso de la interacción social. Las fuerzas motivadoras (impulsos) tienen orígenes sobremanera complejos que van desde las condiciones heredadas y las necesidades biológicas hasta las que derivan del pensamiento reflexivo, de la experiencia y de la formación cultural de una persona. Cf. *fuerzas sociales.*—M.H.N.

impulso socializado. Impulso que ha sido condicionado por la experiencia social de forma que contribuye a la adaptación social de su poseedor.—M.S.

impunidad, causas de. Aquellas que, sin afectar a la antijuridicidad del acto delictivo ni a la imputabilidad ni a la culpabilidad de su autor, impiden la atribución de la consecuencia penal. El fundamento de la impunidad radica en la utilidad pública (Vidal, Jiménez de Asúa). Tales son el arrepentimiento (en los delitos contra el orden público) y el parentesco (en los delitos patrimoniales).—J.C.

imputabilidad criminal. Relación de causalidad psíquica entre el delito y su autor. Para ser imputable, la persona que realiza el acto debe haberlo llevado a cabo por su propia y libre voluntad, debe ser capaz de discriminar entre el bien y el mal y debe tener la capacidad intelectiva necesaria para prever las malas consecuencias de su acto. La presencia de estas condiciones constituye la imputabilidad, y como consecuencia, la responsabilidad y la punibilidad. Con arreglo a la ley penal, existen causas de inimputabilidad que, a su vez, pueden determinar la irresponsabilidad del delincuente. Tales son: a) *La menor edad.* Con arreglo a los principios clásicos, los niños menores de 7 años se consideran inimputables. Idéntica presunción rige para los niños de 7 a 14 años, salvo la destrucción de tal presunción por la prueba del discernimiento. Desde los 14 años se considera al niño imputable y, por tanto, plenamente responsable de sus actos. Sin embargo, la evolución jurídica tiende a excluir totalmente a los niños del ámbito del derecho penal y a someterlos a la jurisdicción especial, de carácter tutelar, de los tribunales de menores, únicos competentes para conocer de su delincuencia y para tratarles adecuadamente. Por otra parte, el límite de la minoridad se ha ido retrasando en las diversas legislaciones penales desde los 15 a los 21 años. Según este criterio, colocados fuera del derecho penal los menores de edad, para ellos carecerían de sentido las ideas de imputabilidad y responsabilidad. Sin embargo, todavía en muchos Estados norteamericanos los tribunales de menores pueden declinar su jurisdicción en los casos de delitos graves, exponiendo así a los niños al tratamiento responsabilista y a las penalidades que imponen los tribunales criminales ordinarios.—b) *La enajenación mental.* Una segunda causa de inimputabilidad es la fundada en la enajenación mental. Esta se interpreta judicialmente como una carencia de la capacidad psíquica de una persona para formular juicios morales o para percibir las consecuencias dañosas de sus propios actos. Dicha incapacidad es de origen psicopatológico, puede llegar al estado de inconsciencia y a ella se equipara el trastorno mental transitorio. Jiménez de Asúa propone, como fórmula legal de inimputabilidad, "la enajenación y el trastorno mental transitorio, cuando impidan discriminar la naturaleza ética de las acciones o inhibir los impulsos delictivos". La existencia o inexistencia de la enajenación y del trastorno mental transitorio es una cuestión técnica que sólo puede resolverse mediante peritaje en el juicio criminal, y en cuanto materia de hecho su apreciación es de la competencia del jurado. Las personas enajenadas son inimputables y por consiguiente irresponsables; no debe imponérseles sanción alguna, pero sí someterlas a un tratamiento médico adecuado.—c) *La embriaguez.* Sólo la embriaguez plena y fortuita es causa de inimputabilidad, como equiparable al trastorno mental transitorio. Pero aun no concurriendo esas condiciones, debe considerarse como circunstancia atenuante de la responsabilidad y por consiguiente disminuir la penalidad correspondiente al delito. Se exceptúa el caso de la embriaguez preordenada, que es un índice de grave peligrosidad. [Inglés, *criminal responsibility*].—A.E.W. y J.C.

imputación. Manifestación concreta, con relación a un individuo y a un delito determinados, de la relación abstracta de imputabilidad. "Atribución hipotética de un delito concreto a una persona determinada, como obra suya" (Florian). La imputación se manifiesta procesalmente en el ejercicio de la acción penal.—J.C.

inadaptación. 1. En biología, estado de desarmonía entre un organismo y su medio, debido a que posee rasgos, características o estructuras desventajosas para él en las condiciones de vida reinantes; fracaso de un organismo en desarrollar, por variación y selección natural, los rasgos

estructurales adecuados a su medio cambiante. 2. En las ciencias sociales se emplea, a veces, erróneamente, como sinónimo de desajuste, desarreglo, falta de asimilación y otros términos que connotan procesos sociales y culturales diferentes de los puramente biológicos.—H.E.J.

inadaptación personal. Véase **desajuste personal.**

incapacidad civil. Situación legal restrictiva de la capacidad jurídica que impide a quien la sufre el ejercicio genérico de los derechos inherentes a su condición de persona o de algunos de ellos.—J.C.

incapacidad criminal. Falta de capacidad personal para responder como sujeto activo en la relación jurídico-penal, o sea la inimputabilidad criminal (q. vid.), concebida como correlato de la incapacidad civil y como especie de la falta de capacidad jurídica general.—J.C.

incendio. En el *common law*, el incendio voluntario de la casa o dependencias de propiedad o posesión ajena era considerado de carácter perverso y nefando, en cuanto reflejo de la santidad del hogar. Las leyes ampliaron después el concepto de incendio voluntario del *common law* incluyendo en él el de edificios que no constituyen vivienda e incluso el de otras clases de objetos inflamables de propiedad ajena. pronunciando para ellos severas penas.—A.E.W.

El incendio voluntario se considera hoy como un delito de peligro y en cuanto tal es sancionado gravemente por las legislaciones. Sus elementos son la provocación de un fuego que llegue a ser incontrolable por su autor y la efectiva producción de un peligro general para bienes o personas resultante de su propagación. Concurriendo tales elementos, es indiferente la propiedad de lo incendiado y su valor.—J.C.

incentivo. 1. Estímulo extraorgánico que se asocia a uno o más factores intraorgánicos para producir actividad. 2. Estímulo extraorgánico que sirve para dirigir o mantener una conducta motivada.—M.S.

incesto. 1. Comercio sexual entre parientes a quienes está prohibido el matrimonio.—G.P.M.

2. Relación sexual ilícita entre personas ligadas por vínculo de parentesco que constituye impedimento matrimonial no dispensable (padres e hijos, hermanos). Las legislaciones lo consideran como delito autónomo o como circunstancia agravante de los diversos delitos sexuales.—J.C.

incesto dinástico. Práctica, dominante en ciertas familias reales, de contraer matrimonios entre hermano y hermana u otros parientes próximos, en contradicción con los tabúes de incesto observados por la población general.—G.P.M.

inclinación. Movimiento tendencial. Movimiento general en una dirección determinada. El término puede aplicarse a una abstracción o a objetos concretos. Así, puede decirse que existe una tendencia ascendente en el nivel de precios y que existe una tendencia en la población a marchar del campo a la ciudad. Propensión manifiesta. [Inglés, *trend*.]

incoación. (*tor.*) Apertura o iniciación de un procedimiento judicial.—J.C.

inconsciencia. Fórmula en la que se comprenden todas aquellas situaciones de perturbación y de abolición de la conciencia, scan de origen natural (sueño), transitorio (embriaguez, intoxicación, hipnotismo) o morboso (fiebre), pero no permanentes ni siempre patológicas. Aunque la inconsciencia no afecta genéricamente a la imputabilidad, puede considerarse entre las causas de inimputabilidad.—J.C.

incorregibilidad. Conducta ingobernable o incontrolable de un niño o menor que, por lo general, se clasifica como acto constitutivo de delincuencia juvenil y, por consiguiente, justifica que las autoridades hagan del niño que se comporta así un pupilo del tribunal de menores —M.A.E.

incorregibilidad, pronóstico de. Expresión predictiva de origen médico que se emplea en criminología (principalmente por criminólogos alemanes) y en investigaciones de clínica criminal) para designar la desconfianza en el efecto correctivo del tratamiento penitenciario sobre ciertos reclusos y su posible recaída en el delito al ser reintegrados a la vida libre. El pronóstico de incorregibilidad supone un juicio estrechamente emparentado con la categoría del riesgo malo en los estudios sociológicos relativos a la libertad condicional y vigilada. El pronóstico de incorregibilidad puede fundarse en una combinación de factores constitucionales y de situación, pero no siempre es fácil explicarlo causalmente. [Alemán, *Unverbesserlichkeit*. Inglés, *unimprovability*].—W.C.R. y J.C.

incremento natural. Exceso numérico de los nacimientos sobre las defunciones en una población determinada durante un cierto período de tiempo. La situación inversa (exceso de defunciones sobre los nacimientos) constituye un decrecimiento natural, pero con frecuencia se introduce en el material tabular como cantidad negativa (—) bajo el epígrafe general de "incremento natural". El incremento natural difiere del crecimiento total o incremento efectivo en que su cómputo no toma en cuenta las ganancias o pérdidas que causa la migración. Sin embargo, por obra de selecciones de edad, el incremento natural suele estar influído de modo indirecto por la migración. Cf. *coeficiente bruto* y *coeficiente exacto de incremento natural*. —C.V.K.

incremento no ganado. Incremento en el valor de la propiedad debido, sobre todo, al funcionamiento de las fuerzas sociales y económicas más bien que a los esfuerzos o a la iniciativa del propietario.

inculpabilidad. Ausencia de culpabilidad (q. vid.).

inculpabilidad, causas de. Se denominan así aquellas circunstancias o situaciones de hecho que, sin afectar a la capacidad psicológica del sujeto, ni por consiguiente a su imputabilidad, hacen imposible la atribución de responsabilidad personal a título de dolo ni de culpa. Tales son el error y la coacción psicológica. La moderna dogmática jurídico-penal propugna el reconocimiento de una causa genérica de inculpabilidad: la no exigibilidad de otra conducta.—J.C.

indemnización. Compensación o resarcimiento que se debe, en virtud de decisión convencional, arbitral o judicial, por los daños y perjuicios causados con motivo del incumplimiento de una obligación o de la comisión de un delito. Puede tener carácter civil o constituir una pena accesoria. Cf. *daños y perjuicios*.—J.C.

independiente, variable. Véase **variable independiente**.

índice. 1. Catálogo o lista; presentación ordenada y clasificada de ciertos datos cuyo manejo permite obtener un aumento de información. 2. Símbolo numérico de una proporción. Cf. *número índice*.—N.A.

índice cefálico o craneano. Proporción de la anchura máxima de la cabeza o del cráneo a su máxima longitud, medida desde la glabela (q. vid.) hasta el punto más distante del occipucio. Se la determina multiplicando por 100 la anchura y dividiendo por la longitud. Cf. *braquicefalia, dolicocefalia, mesocefalia*.—G.P.M.

índice de actitud. Véase **escala de actitud**.

índice de criminalidad. Proporción numérica de delitos que se emplea como medida indirecta de la delincuencia. La delincuencia total es una cantidad desconocida; la delincuencia registrada sólo comprende una parte de la delincuencia total, la conocida por los órganos administrativos, judiciales y penitenciarios. Se sostiene que en el caso de ciertos tipos de delito, determinadas proporciones de la delincuencia registrada se pueden utilizar para medir, no sólo la eficacia desplegada en la represión de la delincuencia, sino, indirectamente, las tendencias y otros aspectos de la criminalidad total. Los estadísticos no han prestado gran atención a los aspectos teóricos de este problema y, por consiguiente, el concepto es todavía imperfecto.—T.S.

índice de edificación. El que expresa la relación entre la superficie total de un terreno y la del área edificada en el mismo.

índice de reposición o reemplazo. Medida de la tendencia reproductiva de una población con referencia al reemplazo o reposición de la misma. Concretamente, medida derivada de los datos del censo sobre el número de hijos (ejemplo P_{0-5}) y el número de mujeres (ejemplo PF_{20-44}), con relación a la distribución por edad de la correspondiente tabla de vida (L):

$$P_{0-4}/P^F_{20-44}//LO-5/L^F_{20-45}.—F.L.$$

índice facial. Medida de proporción entre la anchura y la longitud de la cara técnicamente definida por la antropología.

índice nasal. Proporción entre la anchura de la

nariz o abertura nasal y su longitud. Se la determina multiplicando la anchura por 100 y dividiendo por la longitud. Cf. *leptorrinia, mesorrinia, platirrinia.*—G.P.M.

índice por calles de los cuadernos del censo. Indice de las calles y casas de una gran ciudad (y a veces de su área adyacente), clasificadas con arreglo a los cuadernos del censo. El índice por calles se utiliza para facilitar el rápido señalamiento de datos con arreglo a los cuadernos del censo.—C.F.S.

índice vital. Proporción de nacimientos y defunciones ideada para suministrar un índice del "vigor biológico" de una población determinada. En la forma imperfecta, pero común

$$\frac{Total\ de\ nacimientos\ anuales \times 100}{Total\ de\ fallecimientos\ anuales}$$

el índice está sujeto a las limitaciones de las proporciones imperfectas de nacimiento y muerte, por lo que respecta a las influencias de la distribución de edades, sexos, etc. Para evitar limitaciones de este carácter, algunas veces se restringen los índices a las mujeres en edad de concebir y se presentan con el detalle de su edad

$$\frac{Nacimientos\ durante\ el\ año,\ de\ mujeres\ 20\text{-}24 \times 100}{Fallecimientos\ durante\ el\ año\ entre\ mujeres\ 20\text{-}24}$$

—C.V.K.

individualidad. Configuración de las características que hacen única a una personalidad (*q. vid.*) para el observador extraño. Cf. *mismidad.*—H.H.

individualidad de la culpa. Principio derivado de la propia naturaleza personal de la culpabilidad (*q. vid.*). Consecuencia del mismo es que deba considerarse con independencia la responsabilidad de los distintos partícipes en un mismo hecho delictivo.—J.C.

individualismo. Actitud, doctrina o sistema de control que subraya la supremacía o importancia de la persona individual o de la personalidad, como medio o como fin y con fundamento egoísta ("cada hombre para sí mismo") o altruista ("la mayor felicidad para el mayor número"). La economía clásica ofreció una síntesis aparentemente aceptable: "El máximo provecho para todos es una consecuencia de la persecución por cada uno de su propio interés." Como ideología, el individualismo está enlazado con las doctrinas del hedonismo, el utilitarismo, el propio interés, la libertad contractual, la libertad de empresa, la libre competencia, la iniciativa individual, el *laissez faire* (*q. vid.*), la libertad de explotación ("individualismo salvaje"); los resultados históricos de la realización de estas doctrinas han conducido a una situación de gran malestar general que los sistemas colectivistas o de conciencia de clase han tratado de

compensar. No debe confundirse con individualidad (*q. vid.*). Cf. *colectivismo.* Como actitud, defiende la independencia individual, no en relación con la tradición o la autoridad como tales, sino ante las motivaciones colectivas que, con frecuencia aunque no siempre, se apoyan en la tradición y la autoridad. Pero el individualismo puede verse también reforzado por su propia tradición y autoritarismo.—T.D.E.

individualismo salvaje. Individualismo extremo. Expresión vulgar que entraña un alto grado de confianza en sí mismo y de autosuficiencia, semejante a la que caracterizó a los pioneros norteamericanos; también entró el estado de un orden social en el que existe un mínimo de control social y de preocupación del grupo por el individuo, al que se deja en completa libertad para lograr cuantas satisfacciones pueda conseguir mediante su propio esfuerzo sin ayudas ni impedimentos. Cf. *laissez-faire.*

individualista. Lo que posee las características de lo individual o del individualismo.—J.P.E.

individualización. Proceso por el cual un ser humano adquiere características que lo diferencian de los demás.—J.P.E.

individualización de la pena. Principio orientador del moderno tratamiento penitenciario, según el cual la pena, si ha de ser eficaz y cumplir sus propios fines correctivos y de readaptación social del delincuente, debe especializarse y adaptarse cuanto sea posible a su personalidad.—J.C.

Para ello la aplicación de la pena debe fundarse en un cuidadoso análisis de los factores correlativos —personalidad y medio— que condujeron a la comisión del delito. Se trata así de establecer una fórmula de adecuación entre la pena y el delincuente que pueda complementar la antigua adecuación de pena y delito. —M.A.E.

individuos. Los seres humanos comprendidos en cualquier agregado social cuando se los considera desde el punto de vista de las características que a cada uno lo hacen diferente de los demás.—J.P.E.

inducción. Instigación (*q vid.*).

indulto. Institución jurídica por virtud de la cual el jefe de una entidad política soberana, ejerciendo el derecho de gracia (*q. vid.*), conforme a las normas constitucionales y legislativas que la regulan, puede liberar a un condenado del cumplimiento total o parcial de la pena impuesta. Por lo general se requiere la propuesta del tribunal sentenciador o de algún otro organismo asesor, judicial o gubernativo. La opinión actual tiende a abolir los indultos generales y a reducirlos a los casos individuales. El indulto no debe confundirse con la amnistía, que es siempre una medida legislativa y de carácter general. Se le ha llamado también gracia. [Inglés, *pardon*].—J.W.M'C. y J.C.

industria en gran escala. Organización de la producción en las condiciones de la sociedad industrial moderna y en empresas de volumen considerable. La expresión "gran escala" fué aplicada a empresas establecidas antes del nacimiento del sistema fabril, por ejemplo, a la construcción de barcos. También se emplea con frecuencia y sin el menor rigor, en la actualidad, para referirse a las enormes combinaciones bajo un solo control, de que son ejemplo los bancos, los seguros, la construcción y empresas similares. Sin embargo, de ordinario se refiere a las explotaciones fabriles y mineras realizadas por medio de maquinaria accionada por fuerza mecánica y en las que se emplean las técnicas de producción adelantadas que exigen el empleo de una mano de obra considerable. Esta trabaja simultáneamente y en proximidad bajo una administración y vigilancia comunes.—K.DP.L.

industrial, prisión. Véase **prisión industrial.**
industriales, escuelas. Véase **escuelas industriales.**
industrialismo. Fase de perfeccionamiento técnico avanzado, logrado por medio de la ciencia aplicada, cuyas características típicas son la producción en gran escala y el empleo de energía mecánica, un amplio mercado, una mano de obra especializada con una intrincada división del trabajo y una urbanización acelerada. El término se emplea algunas veces en el caso de una sociedad en proceso de industrialización, pero no es estrictamente aplicable a menos y hasta que una porción decisiva de la producción total se realice en tales condiciones. Donde el proceso ha ido muy lejos, la mecanización puede extenderse no sólo a la mayor parte de la industria, sino también, en cierto grado, a la agricultura; la producción en gran escala, la especialización y la división del trabajo se proyectan en una amplia escala: los medios de comunicación y de transporte alcanzan su máximo desarrollo; la energía eléctrica, mediante la ejecución de grandes proyectos para su utilización, va desplazando cada vez más las formas anticuadas de la fuerza motriz. Acompañando a los cambios económicos marcha un sistema de cambio complejo en los grupos sociales y en el proceso social.

Característicos de las primeras fases, juntamente con la urbanización, fueron los rápidos incrementos de población y la movilidad de las poblaciones. También se produjeron alteraciones significativas en las costumbres y normas morales que afectan a todos los tipos de grupos primarios y secundarios y se vió cómo estos últimos desempeñaban un papel cada vez más importante. Especialmente característicos fueron los efectos sobre el *status* profesional y las aptitudes de la población obrera, sobre la vida familiar y la situación jurídico-social de las mujeres y sobre las tradiciones y los hábitos en el consumo de bienes. La lucha entre las clases, las razas y otros grupos ha sido observada como un concomitante típico, como también lo ha sido la naturaleza cada vez más compleja del proceso de acomodación.

Históricamente, se ha limitado la aplicación del término industrialismo a la forma capitalista de la organización económica, con ciertas características económicas adicionales comúnmente mencionadas, como son la expansión económica en las regiones atrasadas del mundo, los ciclos económicos, con sus auges, crisis, falta de empleo y desempleo y nuevos tipos de propiedad y control por los intereses industriales y, últimamente, por los financieros. Tal como en la actualidad se emplea, el término no está limitado de ese modo. Con frecuencia se usa como igualmente aplicable al proceso de industrialización dentro de una organización económica socialista. Sin embargo, debido a muchas diferencias características en el desarrollo de diversos rasgos y problemas, en su sentido actual el término se refiere al industrialismo únicamente en su forma capitalista. Cf. *capitalismo, sistema fabril.*—K.DP.L.

industrialización. Proceso de desarrollo tecnológico logrado por el empleo de la ciencia aplicada, y que se caracteriza por la expansión de la producción en masa, por la utilización de la energía mecánica con vistas a un amplio mercado, tanto para bienes de producción como de consumo, y por el empleo de mano de obra especializada dentro de una rigurosa división del trabajo. Este fenómeno marcha paralelo a una urbanización que crece con rapidez.—K.DP.L.

inercia social. Resistencia al cambio social. Continuación de prácticas anticuadas, sin sentido práctico o de hecho nocivas que, cualquiera que sea su arraigo, ya no satisfacen las necesidades presentes. Su persistencia da por resultado el estancamiento a causa de la falta de energía social suficiente para realizar el esfuerzo necesario para producir un cambio.—M.C.E.

inestabilidad social. Situación de desequilibrio entre las diversas unidades de una sociedad. Ausencia entre ellas de formas aceptadas de ajuste o acomodo, lo que da lugar a tensiones y quizá a conflictos en la lucha paralela por el *status* y el poder. La inestabilidad puede ser consecuencia de la destrucción de las funciones o papeles tradicionales de ciertos grupos, que por ello se ven forzados a tomar una nueva posición en la estructura social; puede derivarse de la actuación de grupos que aspiran a la adquisición de funciones o *status* que otros grupos retienen; y puede resultar de la invención o introducción de funciones enteramente nuevas en la cultura de la sociedad de que se trate. Los fenómenos de masa suelen relacionarse con esta situación.—W.C.H.

infamantes, penas. Véase **penas infamantes.**
infancia. Período de la vida humana que comprende desde el nacimiento hasta la adolescencia. Niñez.
infanticidio. Especie del delito de homicidio consistente en la muerte de un niño recién nacido,

153

realizada con actos positivos o negativos por la madre ilegítimamente fecundada, *ex impetu pudoris* o con el fin de evitar inminentes sevicias. Algunas legislaciones extienden el privilegiado tratamiento penal del infanticidio a otros parientes consanguíneos de la madre si en ellos concurren análogos motivos. Los trastornos mentales que a veces causan a la madre las incidencias del parto y otras posteriores a él (fiebre puerperal) pueden determinar también el infanticidio inimputable. Cf. *aborto.*—J.C.

infantiloide. Morón, debil mental *(q. vid.).*

infecundidad. Véase **esterilidad.**

infecundo. Véase **estéril.**

inferioridad constitucional. Subnormalidad de origen orgánico o fisiológico.—M.S.

infibulación. Colocación de un anillo u otro aparato en el órgano genital femenino con el fin de impedir la cópula.—G.P.M.

infidelidad. Incumplimiento de la lealtad debida en la realización de alguna cosa, con perjuicio de tercero. La infidelidad es un elemento típico de los delitos de abuso de confianza y administración fraudulenta *(q. vid.).*—J.C.

infidelidad conyugal. Adulterio *(q. vid.).*

influencia. Término amplio que se aplica a toda forma de dominio o control (subhumano, subsocial, social y suprasocial); pero cuyo uso se reserva por lo común para la que tiene lugar de un modo directo y no regulado entre persona y persona o entre persona y grupo.—T.D.E.

información previa. Relación circunstanciada de los hechos que sirven de base para determinar la participación del presunto acusado en la comisión de un delito. En el procedimiento norteamericano la información es redactada por el fiscal y sometida al juez para que éste determine, basándose en los hechos aducidos, si existe prueba suficiente para ordenar la detención preventiva. Por la ventaja que ofrece su simplicidad y su rapidez, la información va suplantando gradualmente a la acusación del gran jurado. En Inglaterra el gran jurado ha sido ya abolido y reemplazado por la información.—J.W.M'C.

En la práctica judicial latino-americana no existe la acusación por el gran jurado como trámite previo para proceder. La información practicada por la policía (atestado policíaco) o por el ministerio público (concluyendo en la consignación), al igual que la denuncia y la querella, se someten directamente al juez y sirven de base para la incoación del proceso. El juez, por su parte, está facultado para ordenar la detención preventiva con sujeción a determinadas condiciones legales.—J.C.

información uniforme sobre el delito. La comprendida en los boletines estadísticos periódicos que publica la Oficina de Investigación del Departamento de Justicia de Estados Unidos. Dicha publicación contiene los datos recopilados a base de los informes rendidos regularmente y conforme a un plan uniforme por las oficinas de policía de toda la nación. Estos boletines, publicados por primera vez en 1930 a base de experimentos hechos con anterioridad por un comité de la Asociación Internacional de Jefes de Policía, constituyen la mejor fuente de información sobre la criminalidad norteamericana. [Inglés, *uniform crime reports*].—T.S.

La información sistemática y uniforme sobre la delincuencia constituye una aspiración general no lograda. Sólo mediante ella podrán utilizarse los materiales estadísticos de todo el mundo en la investigación criminológica.—J.C.

infrahumano. Literalmente, "por bajo de lo humano"; por consiguiente, perteneciente a una especie de organismos inferiores al humano, o que posee los rasgos, características o cualidades de tal especie.—H.E.J.

ingeniería social. Aplicación de leyes y principios sociológicos comprobados a la realización de objetivos sociales concretos. La ingeniería social difiere de la reforma social *(q. vid.)* en que se ocupa, sobre todo, de la estructura en lugar de la función y se interesa más por la creación de nuevas formas y configuraciones que por poner la conducta en armonía con las normas existentes. Como en el caso de todas las formas de ingeniería, el proyecto de ingeniería social comienza por un problema. El ingeniero, como tal, no determina el problema ni tampoco tiene que juzgarlo desde un punto de vista moral. Su misión es conseguir una solución científica y llevarla a feliz realización. La ingeniería social difiere de otras ramas de la ingeniería en que los materiales con que tiene que habérselas son humanos y no inanimados y en que las fuerzas que utiliza son fuerzas sociales. Cf. *sociología aplicada.*

ingresos agrícolas. Véase **renta agrícola.**

inhabilitación. Pena privativa de derechos que impide su ejercicio, produciendo la correspondiente incapacidad civil, durante un período determinado de tiempo. Puede imponerse como pena principal única o conjuntamente con otras y como pena accesoria. La inhabilitación puede ser general o especial, según los derechos a que afecte. Estos son, en el primer caso, el ejercicio de empleo o función pública, el derecho activo y pasivo de sufragio y el disfrute de derechos pasivos (pensiones, jubilaciones, etc.). La inhabilitación especial sólo priva de los derechos expresamente determinados en cada caso (ejercicio del comercio, profesión, etc.). La pena de inhabilitación, originada en la antigua muerte civil, constituye un residuo de ella; en la actualidad no tiene carácter absoluto ni perpetuo.—J.C.

inhibición. *(psicología, fisiología)* Impulso nervioso que infiere con otro con fuerza suficiente para obstruir su trayectoria o neutralizar su efecto; control de tipo negativo que impide o reprime determinada actitud o conducta y que se percibe como interno al propio sujeto, aunque en realidad se deba a las costumbres, a los tabúes, a la moral, a la religión o a la ley: cuando éstos se aceptan (interiorizan) por el sujeto, el efecto represor es inhibición más bien que prohibición (q. vid.).—T.D.E.

inhibición social. Freno impuesto a la conducta por las normas del grupo.—P.H.L.

inhibitorio. Lo que tiende a inhibir, contener, reprimir o estorbar una función que está ya en actividad.—M.Pt.

inhumación. Práctica funeraria consistente en dar tierra al cadáver, depositándolo en una huesa o sepultura o bajo un túmulo. Cf. entierro.—G.P.M.

iniciación, ritos de. Véase **ritos de iniciación.**

iniciativa. Procedimiento político para presentar una propuesta al pueblo a fin de que la vote; para que tenga lugar se requiere la petición de votantes cualificados, con una disposición que de ordinario se refiere a la oportunidad de que actúe primero el cuerpo legislativo.—R.N.B.

inimputabilidad. Ausencia de imputabilidad (q. vid.).

inimputabilidad, causas de. Denominación general de las causas o circunstancias, de índole personal o subjetiva, que impiden considerar imputable (cf. *imputabilidad*) al autor de un delito y por tanto le eximen de responsabilidad criminal. Se consideran como tales la menor edad, la enfermedad mental y el trastorno mental transitorio (q. vid.).—J.C.

injuria. Delito constituido por cualquier expresión proferida o acción ejecutada por una persona en deshonra, ofensa, descrédito o menosprecio de otra. La injuria es un delito contra el honor que puede revestir forma verbal (palabras injuriosas) o real (acciones injuriosas) y cometerse o no en presencia de la víctima. A diferencia de la calumnia, el carácter delictivo de la injuria no consiente la *exceptio veritatis*, salvo en determinados casos en que predomina el interés público (caso de la injuria a funcionarios). Las circunstancias especiales en que se cometa (publicidad, etc.) determinan la mayor o menor responsabilidad de su autor. En las injurias recíprocas prevalece el criterio favorable a su compensación con efectos liberatorios para ambas partes.—J.C.

inmadurez. Falta de madurez. Fórmula que se aplica a los menores para expresar que su desarrollo psicofísico no es todavía completo y que, por consiguiente, no se les puede considerar como sujetos imputables.—J.C.

inmigración. Movimiento de población entre dos países en la misma área de cultura aproximadamente, abandonando uno relativamente más viejo, más densamente poblado y menos atractivo política, económica o socialmente, para poblar otro relativamente menos poblado, con atractivos determinados en la senda de la oportunidad económica o en la esfera de la libertad política, religiosa y social. La verdadera inmigración es voluntaria por parte de los inmigrantes y, en la mayoría de los casos, financiada con recursos privados, aun cuando a menudo existe

apoyo del Estado o subsidio de alguna índole. La verdadera inmigración cruza siempre una frontera política. El país de destino (q. vid.) puede ser un Estado independiente o una colonia. La inmigración difiere de la emigración en el punto de vista (el país de destino y el país de origen, respectivamente); los individuos que participan en ella son los mismos.

inmigrante. El que participa en un movimiento inmigratorio.

inmoralidad. Condición de lo que se encuentra en oposición con la moral o las buenas costumbres o constituye una infracción de las normas sociales impuestas por ellas. La inmoralidad de los actos humanos constituye el fundamento principal del *jus puniendi*, aunque los círculos protegidos por la moral y el derecho penal no son estrictamente iguales ni coincidentes.—J.C.

inmovilidad social. Situación en que las rigideces de clase social impiden todo ascenso y descenso importantes en la estimación social por parte de las familias en el seno de la sociedad; también, aquella situación en la que las afiliaciones profesionales y de grupo tienden a fijarse por vía de herencia. El feudalismo, estudiado dentro de un determinado momento, ofrece un ejemplo notable. Sin embargo, la tendencia de muchos profesores a encontrar en algunos períodos de la historia humana una intensa movilidad social y en otros apenas ninguna es una manera sin duda exagerada de pensar por dicotomías. Siempre existe cierta movilidad social, pero nunca mucha.—W.C.H.

inmunidad. Prerrogativa o privilegio que, por razón de su cargo o función, exime a determinadas personas de la responsabilidad que pudieran contraer en su ejercicio. La inmunidad es concebida hoy en términos relativos y sólo constituye una especialidad procesal. Tal es el alcance de las diversas manifestaciones de la inmunidad parlamentaria, diplomática y judicial, de la inmunidad de los jefes de Estado y sus ministros, etc.—J.C.

innovación. Introducción de algo nuevo; desviación de la práctica consagrada. Adaptación a una situación cambiante.—N.A.

inquietud. Sentimiento de desasosiego o malestar, consecuencia de desajustes y frustraciones prolongados y diversos, pero sin que se haya producido una crisis aguda ni existan tampoco los medios de análisis, técnicas o recursos para resolver los problemas. Cuando ese estado se difunde se denomina inquietud social (q. vid.), que tiene sus síntomas en la rotación extrema en el trabajo, en los tipos exagerados y maniáticos de recreo, en la alta proporción del suicidio y el divorcio, en las tendencias anárquicas en las artes, etc. Constituye ese estado un terreno fértil para todo lo exótico, para lo revolucionario y para los tipos diversos de conducta mórbida y criminosa.—T.D.E.

inquietud social. Fricción o frustración en las relaciones de los grupos sociales. Si la inquietud es imprecisa puede manifestarse en la confusión y en la expresión incoherente. Si está circunscrita, su expresión depende, dentro de una diversidad de acciones posibles, de la persona o personas que la dirigen. Lo mismo puede formarse así un sindicato que un partido político o un motín.—N.A.

insalubridad. Falta de salubridad e higiene. Cf. *vivienda insalubre.*

inseguridad económica. Incertidumbres que rodean a los medios de subsistencia y que constituyen el cortejo de la moderna organización social industrial. En particular se refiere a la limitada oportunidad de ocupación, a los ingresos exiguos, al paro, a la enfermedad y a la vejez.—K.DP.L.

insignia. Emblema de función, autoridad o jerarquía.—G.P.M.

La ostentación de insignias correspondientes a cargos, grados, títulos u honores que no se poseen es sancionada como una de las formas delictivas de la usurpación.—J.C.

insinuación. Primeras fases, a manera de ensayo e incipientes, de la asociación, que se producen después de haberse establecido un contacto social en una u otra forma. Expresiones sinónimas o análogas son: "dar pie , "establecer relaciones", "romper el hielo", etc. Desde el punto de vista psicológico-social puede decirse que en la insinuación subsiste siempre un sentimiento de titubeo; la asociación incipiente se considera como un experimento más o menos dudoso. Por lo común, uno de los partícipes (la insinuación es un proceso general humano que aparece con más claridad en la pareja) manifiesta una mayor indecisión y se muestra menos deseoso de establecer un contacto más estrecho con el otro. La decisión, consciente o inconsciente, de romper la reserva que los mantiene separados compete a este otro realizando un acto de insinuación o, por así decir, dando pie o haciendo proposiciones. Las excepciones son, sin embargo, bastante numerosas; con frecuencia, la insinuación se produce por ambas partes debido a que el mutuo deseo de realizarla está latente o manifiesto.—H.B.

insociable. Carente del deseo o inclinación de participar en actividades de grupo.

insolvencia. Situación de incapacidad económica para hacer frente a las obligaciones contraídas. La insolvencia puede ser real o simulada y siempre supone un perjuicio de tercero. La insolvencia, en sus diversas formas, constituye un elemento típico del delito de quiebra (q. vid.). —J.C.

inspiración. 1. Supuesta comunicación de ideas o actos a los seres humanos por seres sobrenaturales o divinos. 2. Formulación de ideas o acciones sin la ayuda consciente de los métodos de razonamiento establecidos.—E.A.H.

instigación. Forma accesoria de coparticipación causal en la producción de un resultado, en la que una persona determina directamente a otra a la realización de aquél por medio del consejo, la provocación y la disminución de sus resistencias psicológicas. Se le reconocen efectos jurídicos en la determinación de la responsabilidad criminal.—J.C.

instinto. 1. Propensión innata a satisfacer las necesidades básicas, especialmente las biológicas, que se considera existente en todos los organismos. Esta propensión se supone automática al entrar en actividad, al extremo de que el estímulo no hace otra cosa que dispararla; aquí lo que se subraya es la finalidad, y la deducción que puede hacerse es que los instintos son directores. 2. Tendencia inherente de un organismo a responder a un estímulo de una manera uniforme. Aunque esta reacción puede ser útil, no es necesario su reconocimiento consciente ni el de sus consecuencias favorables. Lo que aquí se acentúa es la actividad de respuesta, y la deducción que puede hacerse es que los instintos son fuerzas impulsoras. *Nota:* El término no tiene una significación precisa y su empleo entraña adaptaciones o combinaciones de estas definiciones.—B.M.

instintivo. Referente a la actividad que se supone asociada a los instintos y que algunas veces se considera motivada por ellos.—B.M.

institución. 1. Configuración de conducta duradera, compleja, integrada y organizada, mediante la que se ejerce el control social y por medio de la cual se satisfacen los deseos y necesidades sociales fundamentales.—H.E.M.

2. Organización de carácter público o semipúblico que supone un cuerpo directivo y, de ordinario, un edificio o establecimiento físico de alguna índole, destinada a servir a algún fin socialmente reconocido y autorizado. A esta categoría corresponden unidades tales como los asilos, universidades, orfelinatos, hospitales, etc.

institución ejecutiva. La que de manera sistemática, ejerce actividades o presta servicios concretos en beneficio de un cierto grupo en un momento determinado, como, por ejemplo, la Y.M.C.A., los Boy Scouts, una biblioteca o una organización de caridad. Las instituciones ejecutivas deben distinguirse de las instituciones reguladoras, más universales, que destacan las normas obligatorias y sirven como modelos o vehículos sociales para la conducta de los seres humanos, generalmente en las relaciones sociales ordinarias como la familia, el Estado o la propiedad.—J.O.H.

institución reparadora. Complejo cultural (q. vid.) en el que el propósito principal es corregir desajustes o lograr ajustes más adecuados y en el que un edificio o sistema de edificios desempeña un papel importante y central. Ejemplos: los hospitales, las prisiones, los asilos para ancianos, los orfelinatos, etc. [Inglés, *remedial institution*).—H.H.

institucional. Lo concerniente a una institución o lo que participa de su naturaleza por su estructura y función, sólo por esta última o bien gracias a otra característica que pueda ser reconocida. De este modo, el término puede aplicarse a una persona o personas, como administrador institucional, personal institucional, o a un rasgo o complejo de cultura, como gobierno institucional, código institucional o edificio institucional.—J.O.H.

instituciones correccionales. Denominación genérica de las cárceles, reformatorios y prisiones en atención al fin preventivo de readaptación social de los reclusos que la criminología moderna atribuye a la pena de prisión. La opinión reconoce actualmente que las instituciones penitenciarias no deben tener sólo una función punitiva, sino más bien una función de custodia y rehabilitación. A medida que las instituciones para delincuentes menores y adultos enriquecen sus programas y perfeccionan sus instalaciones para el tratamiento más eficaz de los reclusos, la función punitiva va cediendo el puesto a la función de custodia y rehabilitación. Por consiguiente, estas instituciones van adquiriendo carácter correccional y abandonando el estrictamente penal. En las instituciones correccionales se debe dar preferencia al tratamiento médico-pedagógico combinado con la readaptación profesional mediante métodos adecuados de aprendizaje y trabajo.—W.C.B.

instituciones primarias. Las de tipo universal, que en alguna forma y grado de desarrollo se encuentran en todas las culturas y que regulan y uniforman la conducta de los miembros de la sociedad con respecto a las necesidades sociales básicas y por doquier presentes, tales como el mantenimiento físico (instituciones económicas), la regulación de la vida sexual, la procreación, mantenimiento e iniciación social de la prole (instituciones domésticas), la adaptación a lo desconocido y a la otra vida (instituciones religiosas).—J.O.H.

instituciones secundarias. Las que realizan funciones sociales menos importantes o derivadas de las instituciones primarias o que las amplían funcionalmente. Instituciones tales como la moral, la educación y la estética pueden considerarse secundarias porque son menos esenciales al mantenimiento y la seguridad del grupo.—J.O.H.

instituciones sociales. Suma total de las pautas, relaciones, procesos e instrumentos materiales estructurados en torno a un interés social de importancia. Toda institución puede comprender tradiciones, costumbres, leyes, funcionarios, convenciones, juntamente con instrumentos físicos como edificios, máquinas, sistemas de comunicación, etc. Las instituciones sociales de reconocimiento más general son la familia, la iglesia o religión, la escuela o enseñanza, el Estado, el sistema económico y aquellos otros elementos menores como el recreo, el arte, etc. Las instituciones son los principales componentes de la cultura.

instrumentos del delito. Aquellos que sirven de medio para la comisión del delito (instrumenta sceleris). Su decomiso es un principio generalmente aceptado. En la denominación no se comprenden los que sólo de modo ocasional han servido al efecto delictivo, pero no se emplearon como tales medios. El decomiso es una medida accesoria de la pena y sólo puede operarse en beneficio del Estado.—J.C.

integración. Proceso social que tiende a armonizar y unificar diversas unidades antagónicas, ya sean elementos de la personalidad, de los individuos, de los grupos o de mayores agregaciones sociales.—A.E.W.

integración del grupo. Proceso de interacción entre los miembros de un grupo que da como resultado la acomodación recíproca y un mayor sentido de su identificación con él. En fecha más reciente, la expresión ha adquirido un significado especial, pues se aplica a un proceso de acomodo en el seno de los grupos pequeños. En este sentido, la integración es como una forma de pensamiento o actividad intelectual colectivos en que, por la aportación de cada uno, se llega a alcanzar un consenso que da al grupo carácter unánime y es el soporte de respuestas semejantes tanto intelectuales como afectivas. Tal integración se contrapone al compromiso o a la subyugación de una minoría por la mayoría.—G.L.C.

integración social. Proceso de coordinación de las diversas clases, grupos étnicos u otros elementos diversos de una sociedad en un todo unificado.—N.L.S.

integralismo. Véase **armonismo.**

integrar. Acción de unir entidades separadas en un todo coherente que es algo distinto de la suma de las partes, como sucede en la fusión de diferentes tribus o Estados en una nación; o asimilación completa de diferentes elementos culturales hasta el punto de producir una cultura homogénea de rasgos mutuamente adaptados. Cf. asimilación social.

inteligencia. Cualidad de un organismo vivo que le permite afrontar y resolver problemas, en particular los nuevos y poco conocidos, por medios adaptados a sus propias necesidades y con un mínimo gasto de esfuerzo, tiempo y energía. Tal como se la interpreta de ordinario, esta cualidad se encuentra generalizada y se cree que reside en la constitución hereditaria del individuo. Se supone que no le afecta el medio, la experiencia o la educación. Se desarrolla normalmente con la edad cronológica del individuo y alcanza un ámbito y eficacia cada vez mayores hasta una cierta edad, acaso los catorce o dieciséis años en los seres humanos. Esto es lo que los psicólogos profesionales han tratado de aislar y graduar en el procedimiento de la prueba de inteligencia. La validez y precisión del concepto no ha sido demostrada todavía por completo, aunque no cabe duda de que los tests o pruebas de inteligencia suministran una medida práctica y eficaz de la capacidad del individuo para funcionar normalmente en su propio medio social.

inteligencia, cociente de. Razón numérica entre la edad mental de una persona multiplicada por 100 (para que el cociente sea un número entero) y su edad cronológica. Ejemplo: si se somete a un niño de diez años a una prueba de inteligencia y obtiene una marca equivalente a la de un niño de diez años, su cociente de inteligencia es 100; si, por otra parte, su marca iguala a la de uno de 8 años, su cociente es 80. El cociente de inteligencia (c.i.) de cualquier persona es sólo una apreciación relativa, en la medida en que deriva de una prueba que bajo el nombre de inteligencia abarca en realidad una serie indefinida de capacidades psíquicas. Se han hecho esfuerzos por eliminar de ella los influjos de la cultura y el aprendizaje, pero todavía influyen de modo inevitable tanto la prueba misma como el grado de capacidad mental demostrado por el individuo. La utilidad del cociente de inteligencia como medida de capacidad sólo puede determinarse a *posteriori*, es decir, teniendo en cuenta los logros alcanzados por las personas que pasaron antes por tales pruebas. Semejantes tablas de experiencia aumentan la probabilidad de una predicción acertada, proyectada sobre el futuro, con respecto a las personas sometidas a prueba.—J.W.M'C.

inteligencia humana. Representa la combinación de ciertos caracteres peculiares del hombre o sea la capacidad de beneficiarse tanto de la experiencia actual como de la del pasado, para ajustarse a las condiciones en que se encuentra o para preparar su adaptación a condiciones previstas como futuras.—M.S.

"intelligentsia." Grupo social de una población interesado por la ciencia, el arte y la vida cultural. A veces se emplea casi en el sentido de una casta con algún matiz peyorativo por su actitud liberal ante los problemas sociales y sus esfuerzos, únicamente teóricos, por lograr su solución. Término acuñado en la literatura rusa.

intención criminal. El elemento psíquico del crimen, concomitante con el acto material. Es el estado psíquico que precede o acompaña al delito. Aunque no susceptible de prueba directa, puede ser derivado, por deducciones legítimas o razonables, de los actos y hechos probados. La intención es un aspecto de la conciencia del acto reprobado que constituye un elemento indispensable del delito. Cf. *"animus"*.—A.E.W.

intencional. Véase **muestreo intencional.**

interacción. Todo proceso en el que la acción de una entidad causa una acción o un cambio en otra distinta.—H.H.

interacción ecológica. Proceso de modificación recíproca, que incluye los aspectos de competencia y cooperación, por el cual los organismos individuales o grupos influyen unos en otros, indirecta o impersonalmente, al hacer uso de alguna fuente limitada de abastecimiento natural con que los otros cuentan.—J.A.Q.

interacción múltiple. Acción de numerosos agentes o fuerzas en las relaciones sociales de los grupos. Cf. *acción colectiva.*—H.A.P.

interacción no social. Acción de agentes y fuerzas infrahumanos y no humanos. Por ejemplo. cualquier acción o causa de acción física, geográfica, biológica o fisiológica.—H.A.P.

interacción recíproca. Relaciones entre los miembros de un grupo que modifican en cierto grado y medida la conducta de todos los demás partícipes. Cf. *análisis factorial.*—H.A.P.

interacción social. Los procesos sociales (q. vid.) analizados desde el punto de vista de los estímulos y reacciones mutuos entre personas y grupos. Las formas principales de la interacción social son: la oposición (comprendiendo en ella la competencia y el conflicto) y la cooperación. La acomodación y la asimilación suelen mencionarse también como formas cooperativas de la interacción, pero es preferible considerarlas como procesos sociales relacionados con el cambio y la adaptación sociales. El aislamiento (q. vid.) puede considerarse como el grado cero de la interacción social.—H.H.

interactuar. Influirse recíprocamente; modificar la conducta mutuamente por el intercambio de estímulos dentro de un grupo.

intercomunicación. Reciprocidad de comunicación. Tenemos, por ejemplo, comunicación con los tiempos antiguos e incluso con los primitivos. Pero la intercomunicación sólo es posible entre los miembros coetáneos de un grupo.—C.A.E.

intercultural. Referente a diferentes culturas; comparativo, en el sentido en que se emplea en etnología (q. vid.).—G.P.M.

interdependencia. Relaciones entre unidades sociales en tiempo, espacio y calidad.—H.A.P.

interdicción. (*general*) Prohibición, incapacitación. (*penología*) Denominación de las penas restrictivas de la ~apacidad jurídica y de la libertad, tales como la del ejercicio de cargo, profesión u oficio o de determinados derechos (inhabilitación), de residencia, etc. La interdicción se presenta unas veces como pena principal y otras como accesoria o como consecuencia de una pena de privación de la libertad.—J.C.

interés. 1. Relación entre una persona y alguna cosa que ella cree satisfará alguno de sus deseos. Deseo objetivado. El objeto de un interés puede ser una cosa material, otra persona, un acto, una experiencia o un estado físico o psíquico. Los actos intencionales y voluntarios de los seres humanos persiguen siempre intereses. 2. Un grupo que está unido por la identidad o semejanza de los intereses de sus componentes individuales. Por ejemplo, los intereses bancarios, los intereses de las carreras de caballos, los intereses de la industria metalúrgica. Cf. *grupo de interés.*

interés creado. Interés económico de un grupo privilegiado por mantener el *status quo.*—S.C.M.

interés de clase. El común de un grupo social originado por la igualdad de *status* económico y por la presencia de iguales problemas.

interés de grupo. Actitud vigilante de la conciencia de los individuos que actúan en grupos sociales organizados para conseguir fines o valores que se alcanzan por el desempeño de las funciones sociales y que se consideran esenciales para la continuación de la vida humana. Unos u otros intereses están siempre presentes en toda iniciación, fomento y logro de proyectos humanos, a través de las fases perennes de necesidad, esfuerzo y satisfacción.—C.J.B.

interés jurídico. El de origen social y que se halla sancionado por el derecho. El ataque a intereses jurídicamente protegidos (legítimos) determina en todo caso la exigencia de responsabilidad, civil o penal según que dichos intereses sean de naturaleza privada o pública.—J.C.

interés público. Bienestar social general. Se dice que las propuestas se hacen en bien del interés público cuando significan realmente, o aparentan serlo, contribuciones al bienestar general y no al beneficio privado de clases, grupos o individuos privilegiados. En la práctica, esta expresión suele emplearse para encubrir la naturaleza egoísta de las propuestas que benefician intereses especiales.—A.M'C.L.

interhumano. Término amplio que comprende las relaciones humanas de toda índole.—C.A.E.

internacional. Lo que se refiere a las condiciones de las relaciones sociales de gran amplitud que aparecen allí donde personas o grupos tienen intereses, inversiones, relaciones de amistad, contactos fraternales y otras conexiones que abarcan dos o más naciones. El término va adquiriendo una importancia cada vez mayor, en la actualidad, a medida que las soberanías nacionales se combinan en más amplios sistemas de control social ante el progreso de la comunicación, el comercio, los viajes, las misiones, la educación y la guerra universales.—C.J.B.

interno. Relativo a los fenómenos que se verifican dentro de un cuerpo o grupo, a las relaciones que se establecen dentro de un grupo o clase, o dentro de un área política o geográfica.—N.A.

interpolación. Cálculo, partiendo de dos o más valores conocidos de una variable, de algún valor desconocido intermedio. Por ejemplo: se puede calcular la población de los Estados Unidos en 1953 partiendo de la población conocida en 1930 y 1940.—P.H.F.

interpretación de las leyes. Esclarecimiento del alcance y sentido de los preceptos legales para asegurar hasta donde sea posible su exacta aplicación a los hechos a que se refieren. La interpretación puede ser auténtica (cuando la hace el propio legislador en función de tal), doctrinal (la realizada por los autores según sus conocimientos científicos) y judicial (a cargo de los órganos jurisdiccionales). Sólo la primera tiene fuerza obligatoria general. En cuanto al método interpretativo, se recomiendan el gramatical, el finalista y el progresivo. El antiguo aforismo romano "favorabilia sunt amplianda, odiosa sunt restringenda", regula los criterios de interpretación en cada caso y materia. De ahí que en derecho penal se deseche generalmente la inter-

pretación extensiva, una de cuyas manifestaciones es la analogía (q. vid.).—J.C.

interpretaciones sociológicas. Análisis e interpretación de los acontecimientos sociales de acuerdo con métodos sociológicos rigurosos y utilizando unidades de investigación y conceptos de carácter sociológico (fuerzas, relaciones, formas y procesos-situación sociales).—T.D.E.

interrogador o investigador. Individuo que obtiene información interrogando a personas o que recoge datos incluidos en un cuestionario.—M.Pt.

interrogador-comprobador. Persona que interroga por segunda vez a los informantes para comprobar la labor del interrogador inicial.—M.Pt.

interrupción. Suspensión o ruptura del curso de sucesión de los acontecimientos o del nexo causal que los determina. En la acción criminal (q. vid.), la interrupción (arrepentimiento, desistimiento) produce efectos jurídicos limitativos de la responsabilidad.—J.C.

intersticial, área. Véase **área intersticial.**

intervalo de clase. Espacio que media entre los límites superiores e inferiores de una clase según determinados datos cuantitativos. Se emplea como sinónimo de clase, intervalo de movilidad, dimensiones de clase, intervalo de grupo. Cf. epígrafe de intervalo de clase.—M.Pt.

intervalos regulares. Véase **muestreo a intervalos regulares.**

"interview." Entrevista. La obtención de información mediante una conversación de naturaleza profesional con un individuo para una investigación determinada o para ayudar al diagnóstico y tratamiento de un problema social.—W.P.

"interview" a petición. Véase **entrevista de solicitud.**

intimación. Advertencia, notificación, declaración, aviso, especialmente cuando proviene de la autoridad y va acompañado de conminación y amenaza del empleo de la fuerza en caso de desobediencia. La intimación suele marcar el límite temporal hasta el cual se reconoce eficacia liberatoria como causa de impunidad al desistimiento de los responsables en los delitos contra el orden público.—J.C.

intimidabilidad. Capacidad o posibilidad de experimentar eficazmente la coacción psicológica de la amenaza penal. Se supone general en la especie humana y constituye una de las bases o fundamentos de la imputabilidad criminal y de la pena.—J.C.

intimidación. Teoría penal que sostiene que el medio más importante para cumplir el fin de prevención general que se atribuye a la pena es aterrorizar a la colectividad con el espectáculo del sufrimiento que ocasiona y con su amplio conocimiento. De aquí la indispensable necesidad de que se dé a la ejecución de la pena la máxima publicidad. La defendieron, entre otros, Gmelin y Filangieri, aunque este último parte siempre en su construcción de la idea del contrato social. Entre los penalistas de la escuela clásica (q. vid.), esta teoría ocupó un destacado lugar. El mismo fundamento intimidativo sirve de apoyo a la teoría de Grolman, discípulo de Feuerbach, el que asigna a la pena un doble fin de prevención general y especial. Este último se cumple por la idea de la segura y efectiva aplicación de la pena, notas que van más allá de la simple amenaza. En todo caso, la índole y severidad de la pena deben ser más que suficientes para prevenir la repetición del delito. [Inglés, *deterrence*].—J.L.G. y J.C.

intimidad. Relación especial de familiaridad privilegiada entre amigos predilectos. Cf. *grupo íntimo*.—G.PM.

intoxicación. Alteración orgánica o funcional producida por la ingestión de sustancias tóxicas, venenosas o excitantes (alcohol, estupefacientes). La intoxicación puede ser voluntaria o involuntaria, crónica o pasajera. En estos dos últimos casos, si no es preordenada, constituye una causa de inimputabilidad (q. vid.) por equiparación a la enfermedad mental o al trastorno mental transitorio.—J.C.

intoxicación multitudinaria. Véase **borrachera de la masa.**

introspección simpática. Proceder de una persona que, por medio de una combinación imaginativa de observaciones de sí misma y de otros, es capaz de comprender y apreciar las experiencias de los demás.—M.S.

introvertido. Persona o grupo concentrados en sí mismos, consagrados a sus propios pensamientos y limitaciones y relativamente indiferentes a sus relaciones y responsabilidades sociales. Cf. *personalidad introvertida*.—G.M.F.

introyección. Véase **identificación** (1).

intrusismo. Ejercicio de alguna actividad, especialmente profesional, sin hallarse legalmente capacitado para ello. La protección jurídica de las actividades profesionales ha dado lugar a que en algunas legislaciones se considere delictivo el intrusismo. Cf. *charlatanismo*.—J.C.

intruso. El que comparte·un *status* económico, profesional, jurídico o social superior al suyo, o ha accedido a él sin derecho. El que detenta sin derecho la posesión de alguna cosa, cualidad o condición.—J.C.

invasión. 1. Movimiento de población en el que participan dos unidades políticas, una relativamente ruda, inferior en cultura, pero vigorosa y agresiva; la otra relativamente superior, arraigada y en posesión de riqueza material y prosperidad. La invasión es un movimiento hostil iniciado por el pueblo de cultura más baja. El movimiento, aunque no tan gradual como el de la dispersión (q. vid.), se produce, sin embargo, de modo tan lento que el pueblo invasor debe estar en condiciones de vivir y continuar su existencia cotidiana sobre la marcha. Históricamente, el pueblo invasor ha sido, de ordinario, una tribu; el grupo entero, o una gran parte de él, se mueve como una unidad, hombres, mujeres, niños y ganado. Suele transcurrir un período de centenares de años entre la iniciación

efectiva del movimiento y la llegada a su destino. 2. Por analogía, término ecológico que designa la entrada en un área de una nueva clase o tipo y el desplazamiento consiguiente de otras clases o tipos. Sin embargo, el proceso puede llevar consigo una amalgama (q. vid.) de los tipos invasores con los tipos residentes.—N.A.

inversión. 1. Desviación de lo esperado o de lo normal. 2. Arrogación del papel del sexo opuesto; homosexualidad.—J.M.R.

investigación previa. (for.) Para que los tribunales puedan decidir con fundamento sobre el más adecuado tratamiento penal que ha de imponerse a un delincuente, algunos Estados norteamericanos exigen que previamente se practique una investigación sobre la personalidad y antecedentes del delincuente y que el juez tenga en cuenta sus datos. Esta investigación sirve también al juez para decidir si cabe conceder al delincuente la libertad vigilada y en qué condiciones. Las investigaciones se realizan por los oficiales de prueba [*probation officers*] adscritos al tribunal. [Inglés, *pre-sentence investigation*].—N.F.C.

Este tipo de investigaciones, relacionadas con el examen médico de los delincuentes y con el estudio de sus antecedentes familiares, escolares, profesionales y sociales, goza cada vez de mayor crédito en cuanto presupuesto necesario de una buena administración de justicia.—J.C.

investigación social. 1. Aplicación a cualquier situación social de procedimientos exactos con el propósito de resolver un problema, comprobar una hipótesis o descubrir nuevos fenómenos o nuevas relaciones entre ellos. Estos procedimientos deben ceñirse con el mayor cuidado a la exigencia científica de que cada uno de sus procesos se lleve a cabo de forma que pueda ser repetido de modo semejante por cualquier investigador posterior que así lo desee. La investigación social difiere de la *survey* (q. vid.) social en que es más intensa y precisa y porque su mayor interés está en el descubrimiento de principios generales. [Inglés, *social research*.] 2. Esta expresión se emplea para denotar todas las formas de pesquisa de situaciones sociales, desde la indagación más a fondo y original hasta las *surveys* más puramente descriptivas y llevadas a cabo sin crítica alguna, pasando por aquellas que combinan la recopilación de datos con algunos estudios originales. [Inglés, *social investigation*].—G.M.F.

investigación sociológica. Investigación dentro de los límites de los métodos científicos reconocidos. Cf. *operacionismo*.—H.A.P.

involución. Término empleado a veces para indicar un proceso que es lo contrario de la evolución en el sentido spenceriano: la involución marcha a partir de una situación más precisa, más coherente, más heterogénea y diferenciada, más compleja, organizada y especializada, hacia una situación menos precisa y coherente, más homogénea e indiferenciada, más simple y menos altamente organizada y especializada. [Inglés, *devolution*].—T.D.E.

irlandés, sistema. Sistema penitenciario ideado por Sir William Crofton y aplicado por él en las prisiones de Irlanda. Se funda en los mismos principios que el sistema progresivo (q. *vid.*), del que no es más que una variante. Su especialidad consiste en establecer un período intermedio, de semilibertad, por el que debían pasar los reclusos antes de su liberación condicional. —J.C.

irredentismo. Movimiento nacional para recobrar territorios anteriormente poseídos (ej.: *Italia irredenta*). Se basa en el principio de la nacionalidad y supone la identificación de la nación con el Estado.—M.PM.

irresponsabilidad. Condición de irresponsable. Imposibilidad jurídica de atribuir a una persona la responsabilidad dimanada de sus actos, de exigirle que responda de ellos y sufra sus consecuencias jurídicas. La irresponsabilidad criminal resulta de la ausencia de cualquiera de los elementos esenciales del concepto de delito (q. *vid.*). Puede derivar de circunstancias personales, estrictamente tales (causas de inimputabilidad) o relacionadas con los hechos (causas de inculpabilidad), de hecho (causas de justificación) o de interés público (causas de impunidad). Judicialmente, la irresponsabilidad se traduce en la absolución del irresponsable, por auto de sobreseimiento o por sentencia absolutoria. Cf. *responsabilidad criminal*.—J.C.

irretroactividad. Principio jurídico que rige en materia de aplicación temporal de las leyes por virtud del cual éstas sólo se aplican a los actos y situaciones sobrevenidos después de ser promulgadas y de comenzar a regir. La irretroactividad es un principio general, pero no absoluto. Cuando la propia ley lo dispone expresamente, tiene efectos retroactivos. Se reconocen iguales efectos a las leyes penales, aunque no lo dispongan expresamente, en cuanto favorezcan al reo.—J.C.

islote cultural. Area cultural local en la que las características culturales que prevalecen son insólitas si se comparan con las de las áreas que la rodean. Tal área se produce, comúnmente, en un territorio rural donde un grupo, con antecedentes culturales que difieren de los de la población que lo rodea, consigue un ajuste a su medio circundante; tal ajuste, relativamente, no sufre el influjo de la cultura de la población que rodea al grupo.—C.E.L.

"iter criminis." Camino, ruta del crimen. Expresión con la que designaban los antiguos criminalistas el desenvolvimiento o curso objetivo del delito, su realización material considerada en conjunto y progresivamente. El análisis del *iter criminis* llevaba a examinar diversos momentos jurídicamente importantes para su tratamiento: intención o mera representación del propósito criminal, exteriorización de dicho propósito, delito putativo, actos preparatorios, tentativa, frustración, consumación y agotamiento (q. *vid.*). La mera intención o propósito criminal, no exteriorizado, queda fuera del ámbito jurídico-penal. La detención de la acción delictiva en cada uno de los momentos o etapas intermedias del *iter criminis* determina distintos efectos jurídicos. La consumación y el agotamiento dan lugar a la plenitud de la responsabilidad criminal objetiva.—J.C.

iteración. Repetición de acciones análogas. La iteración tiene especial relevancia jurídica en el caso del delito continuado (q. *vid.*). Cf. *reiteración*.—J.C.

izquierda. Véase **ala izquierda.**

J

jefatura. Posición de poder considerada en sí misma, prescindiendo del individuo que ocupa la posición. La jefatura puede ser heredada, adquirida mediante el ejercicio de la fuerza o de la astucia, por elección o por promoción.—W.E.G.

jefe. Dirigente o caudillo de una tribu, clan u otro grupo social, especialmente cuando su posición y autoridad están institucionalizados.—G.P.M.

jerarquía de las ciencias. Disposición de las ciencias en una serie ordenada que, en general, tiene como fundamento la complejidad relativa de los datos y la precisión metodológica, o sólo esta última, y el hecho de la dependencia en que están unas de otras; desde Comte y Spencer el orden ha sido, de ordinario, de las ciencias inorgánicas a las orgánicas y a las sociales.—A.J.T.

jerarquía profesional. Orden en que de modo típico se valoran las profesiones en el seno de una sociedad. Los herreros, por ejemplo, son muy estimados en algunas culturas y despreciados en otras. En Estados Unidos el trabajo agrícola asalariado tiene una estimación muy baja. Los basureros y los cavadores ejercen oficios de inferior valoración. Vivir de la renta de propiedades agrarias se ha considerado siempre muy honroso en Inglaterra y otros países, como lo fué en la antigua Roma. Las profesiones de abogado y de maestro de escuela han descendido en rango de modo considerable en Estados Unidos, por ejemplo, debido al aumento excesivo del número de individuos que se dedican a dichas profesiones envileciéndolas por la competencia extrema y por la introducción en ellas de elementos no profesionales y procedentes de medios familiares de clase inferior.—W.C.H.

jerga. La "jerigonza" de cualquier grupo; particularmente, la característica no gramatical y poco común de un grupo inadaptado de la índole de los vagabundos, los gitanos o de una banda. Es rasgo característico de un cierto tipo social.—F.E.L.

jerga criminal. Jerigonza o lenguaje convencional y secreto que emplean los delincuentes entre sí. En general, la jerga de los delincuentes sólo es conocida por los iniciados en ella.—M.A.E.

La jerga se origina en la necesidad de precaverse y defenderse contra el medio hostil en que se vive. Su estudio ofrece interés para el conocimiento de la psicología criminal. Puede considerarse además como un indicio de habitualidad y aun de profesionalidad en el delito.—J.C.

"Jihad." Guerra santa del Islam. Hacerla es una de las obligaciones secundarias del musulmán piadoso. Su finalidad es la expansión de los dominios del Islam: la conversión forzosa de nuevos afiliados a la Fe. La apelación a las armas corresponde hacerla al Califa. Debido, en parte, a que sólo pseudo-califas han ocupado dicho puesto durante siglos enteros y, en parte, a que las tentativas recientes de hacer la guerra santa se han realizado en cumplimiento de obligaciones dimanantes de alianzas con infieles, no se ha librado ninguna jihad en las últimas décadas. La creciente accesibilidad social de las poblaciones árabes y la secularización de su estructura política hacen improbable que pueda declararse otra jihad en el futuro.—D.E.W.

"jive." Charla libre; modismo local corriente en Harlem. Cf. cháchara.—W.R.C.

jornada. 1. Tiempo de duración del trabajo diario de los obreros. 2. Camino que yendo de viaje, se anda o recorre regularmente en un día.

jornalero. Trabajador no calificado cuyo esfuerzo se remunera con un jornal o salario por unidad de tiempo.

jornalero agrícola. Obrero asalariado que se emplea en una explotación agrícola para ayudar en el trabajo de esta clase. Puede pertenecer a la familia o ser extraño a ella y trabajar a sueldo. Puede ser permanente o estacional, de la localidad o migratorio y trabajar jornada completa o parcial. También cualquier persona con experiencia u ocupación usual de esta clase, aun cuando se halle sin empleo o temporalmente esté empleada en otro oficio.—C.E.L.

joven. Persona comprendida entre la adolescencia y la plena madurez. Colectivamente, el término comprende al conjunto humano en edad escolar intermedia y superior. Como límites de edad para los jóvenes se suelen aceptar los 15 y los 25 años, u otros aproximados, pues son muy variables los criterios predominantes al respecto.—S.C.M.

jóvenes delincuentes. El tratamiento de los delincuentes jóvenes ha sido objeto de hondas preocupaciones por parte de los criminólogos de todos los países, que ven en ellos el material humano quizá más interesante y digno de atención, por creerlo susceptible de corrección y enmienda. Es general el esfuerzo por sustraer a tales delincuentes del régimen penitenciario

162

que se impone a los adultos, para evitar que sobre aquéllos ejerza su pernicioso efecto el ejemplo corruptor de los hombres endurecidos en el delito, criminalmente maduros y de problemática enmienda. Tan generosos intentos han corrido suerte diversa: mientras que algunos permanecen en el terreno puramente especulativo, otros han sido acogidos y puestos en práctica por las legislaciones más progresivas. Manifestaciones positivas de la expresada tendencia son la unánime aceptación de sistemas de tratamiento privilegiado para los menores y la extensión cada vez mayor de que se dota a la menor edad retrasando el límite que la separa de la imputabilidad plena y de su consideración jurídica responsabilista. La ciencia norteamericana está seguramente a la cabeza en el movimiento práctico en pro de la salvación de la juventud delincuente. Aparte las repúblicas de menores, el sistema de hermano mayor y otros que tienden a tutelar y readaptar socialmente a los jóvenes, sirve como ejemplo de tal preocupación el tratamiento correctivo que desde 1940 se recomienda y extiende por todo el país. Las dos piezas fundamentales de tal sistema son la autoridad de corrección juvenil y la ley-tipo correspondiente.—J.C.

La autoridad de corrección juvenil [youth correction authority] es el órgano administrativo encargado del tratamiento de los jóvenes delincuentes condenados. Su creación fué acordada por una comisión del Instituto Jurídico Norteamericano (American Law Institute) y su organización y funcionamiento debe ajustarse a la ley-tipo que aprobó dicho Instituto en 1940. La autoridad de corrección juvenil estudia muchas de las propuestas que le someten los cultivadores de la ciencia social y los juristas desde su creación. La ley-tipo ha sido adoptada en 1941, con algunas modificaciones, por el Estado de California.—T.S.

La ley-tipo de la autoridad de corrección juvenil [youth correction authority act] es una ley uniforme que el Instituto Jurídico Norteamericano aprobó en 1940 y propuso para el tratamiento de los delincuentes jóvenes comprendidos entre los 16 y los 21 años, recomendando su adopción a los diversos Estados de la Unión Norteamericana. Con la sola excepción de los casos sancionables con las penas de muerte, prisión perpetua o multa, dicha ley ordena a los jueces que pasen todos los demás casos a la autoridad de corrección juvenil del Estado correspondiente para su estudio, después de lo cual debe seguirse el plan de tratamiento rehabilitador correspondiente. La autoridad de corrección juvenil es un órgano formado por tres personas y tiene facultades para solicitar el asesoramiento de pedagogos, psiquiatras, psicólogos, sociólogos y otros expertos. La autoridad puede disponer que el tratamiento de los jóvenes sometidos a ella se lleve a cabo en las instituciones ya existentes o recomendar la crea-

ción de otras nuevas. Los jóvenes delincuentes declarados incorregibles pueden ser recluídos con carácter permanente. Aquellos otros a quienes se considera susceptibles de corrección mediante el tratamiento determinado al efecto deben continuar bajo la jurisdicción de la autoridad de corrección juvenil y no ser liberados hasta que pueda considerárseles corregidos y a salvo de peligros [safe risks]. Cf. delincuencia de menores, rehabilitación, tribunales de menores.—M.A.E.

judaísmo. Sistema religioso de los hebreos; el término se reserva, en general, para la religión judía desde la caída del reino de Judá (586 A.C.).

juego. Forma de recreo; actividad espontánea, feliz y relativamente libre, en particular de los niños, emprendida por placer y diversión, en contraste con el trabajo, la faena, las tareas domésticas, la asistencia obligatoria a la escuela y otras labores exigidas. Como término genérico prácticamente se le considera sinónimo de recreo (q. vid.).—M.H.N.

juego de grupo. Véase **grupo (juego de).**

juego paralelo. Forma de juego en la que cada individuo se emplea como los demás, en el mismo tipo de actividad, pero sin que entre ellos exista cooperación.—P.H.F.

juez de instrucción. Magistrado cuya función es investigar el delito, reunir las pruebas conducentes a determinar las responsabilidades derivadas de él y determinar provisionalmente si debe proseguirse o no el procedimiento, adoptando las medidas precautorias y asegurativas del caso. Es una institución de origen europeo, típica de los sistemas judiciales de Francia, Italia, España y Alemania, pero que no tiene par en la organización de la justicia norteamericana. Basada ésta en el procedimiento acusatorio, muchas de las funciones inquisitivas propias del juez de instrucción se atribuyen al fiscal. Mientras que en los países europeos el juez de instrucción en ningún caso interviene en la vista y resolución definitiva del proceso penal, tratando de asegurar así la independencia y ecuanimidad de la justicia, en ciertos países hispano-americanos se da al juez una participación controlada en la resolución, estimándole especialmente capacitado, por su conocimiento del caso, para cooperar en ella con eficacia. [Francés, juge d'instruction; italiano, giudice d'istruzione; alemán, Untersuchungsrichter].—T.S. y J.C.

jurado. Tribunal formado por un conjunto de personas de ambos sexos, no versadas en derecho, en número variable según las legislaciones, al que se encomienda legalmente la libre apreciación de la prueba y la decisión sobre la culpabilidad o inculpabilidad del demandado en un juicio criminal (o civil). Los miembros del jurado, a quienes individualmente se les da igual denominación, suelen seleccionarse por sorteo entre los vecinos o electores de la respectiva comunidad local. El jurado es un tribunal de hecho y a su decisión no pueden someterse cuestiones jurídicas. Se supone que los jurados son los pares del demandado o acusado y su intervención procesal tiene por objeto cumplir el principio de que cada uno sea juzgado por sus iguales con el fin de evitar cualquier desviación de la justicia y para que ésta sea un fiel reflejo del sentimiento de la sociedad. En la práctica, el jurado da lugar a ciertas corruptelas, por lo que su competencia suele restringirse a determinados delitos (los que suscitan mayor alarma social, los cometidos por funcionarios públicos, etc.). Tribunal popular. [Inglés, *jury*]. —M.A.E. y J.C.

juramento. Afirmación solemne en que se apela a una autoridad superior, por lo común divina. Por analogía, empleo inconsiderado o profano del nombre o los atributos de la divinidad.

juramento de pobreza. Véase **pobreza (juramento de).**

jurisdicción. Poder o facultad de actuar jurídicamente haciendo cumplir las leyes (jurisdicción administrativa) o aplicándolas en juicio con carácter declarativo (jurisdicción voluntaria) o decisorio (jurisdicción contenciosa). Por extensión, también se denomina así el territorio en el que un gobierno o sus agentes tienen facultades para actuar legalmente.—F.W.K. y J.C.

jurisprudencia. 1. En sentido estricto, arte o técnica cuyo objeto es el estudio sistemático de la interpretación judicial del derecho positivo, con fines predictivos y para facilitar la labor de los abogados, jueces y otros profesionales del derecho. Ante la existencia de hecho de tantas técnicas de interpretación judicial diferentes como sistemas jurídicos concretos y como tipos de sociedad, la jurisprudencia se ha caracterizado, con acierto, como "ingeniería social" (*q. vid.*) en armonía con las coyunturas y necesidades sociales determinadas. Las diferentes tendencias de la jurisprudencia (histórica, filosófica, analítica, normativa, sociológica y realista), son, precisamente, técnicas diferentes de esta ingeniería que sólo pueden justificarse por el análisis de las situaciones concretas en la vida del derecho y de la sociedad.

Por desgracia, toda interpretación de la técnica jurídica manifiesta, en mayor o menor grado, la tendencia a afirmar también como conocimiento teórico independiente del derecho y, de este modo, contribuye a la confusión de la jurisprudencia, como suma de técnicas variables, con disciplinas puramente teóricas como la historia, la filosofía y la sociología del derecho. De este modo se ha producido una engañosa ampliación del término jurisprudencia, que ha llegado a concebirse como un arte, pero también como una ciencia; esta confusión conduce al dogmatismo jurídico.—G.G.

2. La concepción de la jurisprudencia como una de las aplicaciones de la ingeniería social se identifica con la filosofía utilitaria de Bentham y de ahí su abolengo en el derecho angloamericano, de inspiración fundamentalmente pragmá-

tica. Esta misma consideración explica las reservas con que juristas y sociólogos anglosajones acogen todo intento de construcción dogmática del derecho.

En sentido estricto, la jurisprudencia, aunque no propiamente una fuente de creación del derecho ni dotada de rango obligatorio, en cuanto medio de declaración y aplicación del mismo, sí es una fuente de conocimiento del derecho y suministra valiosas enseñanzas sobre su interpretación usual por los tribunales de justicia. Tal concepto, cualquiera que sea la valoración que pueda merecer en el curso de la evolución del derecho, responde a la acepción clásica del término. Éste, en la terminología anglosajona, es también equivalente de las expresiones ciencia del derecho y teoría general del derecho, con los que ya no cabe confundirlo según la terminología jurídica latina.—J.C.

"jus primæ noctis." Derecho de un jefe, señor o sacerdote a cohabitar con la novia en la primera noche de su matrimonio. Cf. *desfloración.* —G.P.M.

jusmaternalismo. Tipo de organización social caracterizado, en su forma más extrema o consecuente, por la residencia matrilocal, la autoridad materna o avuncular y la ascendencia, herencia y sucesión matrilineal. Cf. *juspaternalismo, matriarcado.*—G.P.M.

juspaternalismo. Tipo de organización social caracterizado por la residencia patrilocal, por la autoridad paterna y por la ascendencia, herencia y sucesión patrilineal. Cf. *jusmaternalismo, patriarcado.*—G.P.M.

justicia. Ideal del derecho que se supone debe guiar a los jueces. Aquel objetivo abstracto al que la administración del derecho, en el mejor de los casos, se aproxima.—N.A.

Justicia, Corte Internacional de. Véase **Tribunal Permanente de Justicia Internacional.**

justicia criminal. En sentido lato, la justicia criminal se refiere a la organización, procedimientos, personal y finalidades relacionados con el contenido de la ley penal y con la detención, enjuiciamiento, sentencia y tratamiento de los delincuentes. La administración de la justicia criminal comprende, pues, el código penal, el sistema de policía, la función fiscal, el procedimiento judicial, las instituciones penitenciarias, la condena y la libertad condicionales, el sistema de prueba y la organización de los varios cuerpos de funcionarios encargados de cumplir estas respectivas misiones.—N.F.C.

justicia criminal, mortalidad de la. Investigaciones de carácter estadístico que sirven como guía en el examen de las etapas procesal y administrativa de la justicia criminal. Tales datos sobre las causas criminales y sobre la población penitenciaria permiten apreciar la eficacia mayor o menor de los diversos órganos de la justicia en orden a la extinción de la criminalidad y a la consiguiente superfluidad última de dichos órganos.—N.F.C.

justicia social. Cooperación inteligente del pueblo en la creación de una comunidad unida orgánicamente de forma que cada miembro tenga una oportunidad igual y efectiva para desarrollarse y aprender a vivir de la mejor manera que le permitan sus cualidades innatas. Estas condiciones ideales de justicia mediante la unión social son, en esencia, las de la democracia. De modo breve y sencillo y dentro de los términos prácticos que tienen hoy vigencia general, puede formularse como sigue: *1)* Para todo niño, un alumbramiento normal, un medio sano, comida buena y abundante y educación liberal y adecuada. *2)* Para todo adulto, un trabajo seguro adaptado a su capacidad. *3)* Para toda persona, un ingreso adecuado para mantenerla con eficiencia en la posición de su máximo servicio social. *4)* Para toda persona, la posibilidad de actuar sobre las autoridades de tal manera que éstas otorguen la debida consideración a sus necesidades e ideas. Con la posibilidad de abundancia económica para todos, que va siendo una realidad en algunos países por primera vez en la historia, los mencionados objetivos de la justicia social no parecen ya imposibles.— C.J.B.

justicia, teoría deportiva de la. Esta expresión se aplica a una peculiar manera de concebir el procedimiento contencioso en la administración de justicia criminal. En esta forma procesal, característica del procedimiento criminal de origen anglosajón, la acusación aporta toda clase de pruebas en contra del acusado y la defensa todas las favorables; la función del juez se reduce a actuar a modo de árbitro para cuidar de la corrección del procedimiento, según las normas establecidas por la ley y por la jurisprudencia.—J.L.G.

justificación, causas de. Así se denominan, en la moderna dogmática jurídico-penal, aquellas causas o circunstancias objetivas que desproveen a los actos delictivos de su carácter antijurídico (cf. *antijuricidad*) y por lo tanto eximen a su autor de responsabilidad criminal. La sistemática de las causas de justificación es muy debatida. Entre ellas se encuentran la legítima defensa y el estado de necesidad (q. vid.).—J.C.

juventud. Período de la vida humana que comprende desde la adolescencia hasta la madurez.

juzgado municipal. Se llama así y también "juzgado de paz", "juzgado de policía", "juzgado correccional" y "juzgado menor" en los diversos países el tribunal inferior con jurisdicción de origen en materia civil y criminal. Su competencia se reduce a asuntos de escasa importancia. Puede ser unipersonal o colegiado. En Estados Unidos [*magistrates court*] las personas sospechosas que detiene la policía se consignan a estos juzgados, ante los cuales tiene lugar la audiencia preliminar (q. vid.): examen de pruebas y, por su resultado, convocatoria y comparecencia ante el gran jurado o algún otro tribunal especializado, previo señalamiento de caución con fines de aseguramiento personal. Si el delito es de poca importancia (contravenciones o faltas), el juzgado municipal puede tener facultades para dictar sentencia condenatoria.— J.W.M'C.

Conforme a las leyes españolas de organización judicial, su competencia se reduce al conocimiento de juicios verbales (civiles) y de faltas (criminales) y a la intervención en ciertos actos jurídicos. Se sujetan a un procedimiento breve y sencillo y por su consecuencia dictan sentencia o se inhiben a favor del juzgado de primera instancia (civil) e instrucción (criminal) en caso de incompetencia.—J.C.

K

kakistocracia. Gobierno por los peores; estado de degeneración de las relaciones humanas en que la organización gubernativa está controlada y dirigida por gobernantes que ofrecen toda la gama, desde ignorantes y matones electoreros hasta bandas y camarillas sagaces, pero sin escrúpulos.—F.E.L.

kiokemodingo. Montón de conchas de mariscos y residuos acumulados que revelan el antiguo *habitat* de un pueblo primitivo que empleó los mariscos como alimento corriente. [Inglés, *kitchen midden*].—G.P.M.

"kismet." Hado, destino. Fatalismo de los musulmanes. Es un rasgo de cultura no material en el que la definición de la situación entraña una actitud de *laissez-aller* dentro de una concepción religiosa. Según el credo implícito y expreso, o sólo expreso, las regulaciones más importantes son las divinas, las que no están sujetas al esfuerzo, planeamiento y volición (o sólo esta última) humanos. Es un rasgo congruente tanto con las doctrinas del Islam (*islam* significa "rendición", sumisión a la voluntad de Alá) como con el género de vida —pastoril y agrícola sin aplicación del dominio científico— que caracteriza a la mayor parte de los musulmanes. —D.E.W.

kiva. Cámara de ceremonias, subterránea o semisubterránea, de las aldeas de los indios pueblo, empleada para ciertos fines profanos, pero especialmente para la celebración de ritos religiosos. —G.P.M.

L

laborismo. Término amplio con el que se designan todas las formas de acción, política y económica, de los grupos organizados de asalariados para mejorar su *status* y condiciones o solmente estas últimas.—K.DP.L.

labret. De *labrum*, labio. Clavija de madera u otro ornamento que se lleva en un agujero que perfora el labio.—G.P.M.

"laissez-faire." Doctrina liberal. Insiste en que se dé al individuo el máximo de libertad para orientarse en el sentido de sus intereses personales, en sus relaciones económicas en particular, con un mínimo de intromisión o reglamentación social, sobre todo de carácter oficial o gubernativo. El razonamiento lógico que se ha utilizado para justificar esta teoría puede resumirse en pocas palabras del siguiente modo: "Todo individuo realizará su mejor trabajo allí donde reciba la más alta recompensa. La sociedad dará a un individuo la más alta recompensa por aquello que haga mejor. Por consiguiente, si se da a un individuo la máxima libertad para descubrir de qué modo puede exigir para sí mismo la más alta recompensa, rendirá, de ese modo, el mayor servicio, tanto para él como para la sociedad." Esta doctrina supone, desde luego, la libre competencia y es fundamental en el sistema de la economía clásica y en las pautas sociales que la acompañan.

larítmica. Estudio científico de la población en sus aspectos numérico y cuantitativo, como lo hace la eugenesia (*q. vid.*) en sus aspectos cualitativos.

larítmico. Referente a la larítmica. Relativo a los aspectos cuantitativos o numéricos de la población.

latifundios. Grandes posesiones territoriales explotadas por señores ausentistas con el único fin de la ganancia y con desprecio de todos los demás intereses.—N.S.

latrocinio. Denominación genérica y sin precisión técnica de delitos patrimoniales tales como las defraudaciones, estafas, hurtos, etc.—J.C.

lecanomancia. Práctica adivinatoria mediante la interpretación del ruido que al caer en un recipiente producen piedras preciosas u otros objetos especialmente designados para tal fin. —J.C.

legalidad, principio de. Principio general relativo al ejercicio del *jus puniendi* que constituye en su aplicación una garantía individual de trascendencia política. Su formulación clásica: "nullum crimen nulla poena sine praevia lege poenali", está históricamente vinculada con el derecho romano y con la Carta Magna. Conforme al principio de legalidad de los delitos y las penas, generalmente recibido en el derecho liberal, ningún hecho puede considerarse delictivo si no está definido con tal carácter por una ley anterior a su perpetración, ni ser sancionado con otra pena que la previamente conminada al efecto por dicha ley. La ley es, pues, el presupuesto genérico indispensable del ejercicio de la potestad penal. Ésta debe hallar también judicialmente su fundamento en el principio de la legalidad: "nemo judex sine lege", "nemo damnetur sine legale judicium", "nulla poena sine judicium".—J.C.

legalización. Acción y efecto de legalizar. Procedimiento para revestir de las formas jurídicas prescritas a aquello que nos las poseía. Autentificar. Extender o aplicar las características de la ley a otros campos o esferas que no constituyen su objeto propio.—J.C. y F.W.K.

legalizar. Proceso de conversión en legal de lo que antes no lo era, mediante su adaptación a las normas jurídicas prescritas. Tal conversión produce el reconocimiento por el derecho y permite que los efectos derivados del acto legalizado posean plena eficacia jurídica, según su naturaleza, entre las partes interesadas y frente a terceros. Así, la legitimación por subsiguiente matrimonio de las relaciones sexuales existentes entre un hombre y una mujer capaces de contraerlo; la inscripción de un contrato en el correspondiente registro público o su otorgamiento ante notario; la inscripción de un nacimiento en el registro del estado civil, etc. Relaciones, condiciones y *status* constituyen el campo general de su aplicación.—F.W.K. y J.C.

legislación de trabajo. Cuerpo de leyes y disposiciones para su ejecución que establecen condiciones uniformes de trabajo, de seguridad y de sanidad, que reglamentan estipulaciones del empleo tales como salarios y horas de trabajo o que rigen jurídicamente todos los aspectos de las obligaciones o condiciones que afectan a los empleados en una industria, ocupación o área de jurisdicción gubernativa determinadas.—M.VK.

legislación social. Leyes que tienden a mejorar y proteger la situación económica y social de aquellos grupos de la sociedad que, debido a la edad, al sexo, a la raza, a defectos físicos o mentales o a falta de capacidad económica, no podrían lograr tipos de vida saludables y decorosos. La expresión legislación social procede de un discurso pronunciado por Guillermo I ante el Reichstag en 1881 en el que solicitaba la adopción de una ley de seguros contra accidentes y enfermedades.—J.W.M'C.

legítima defensa. Llámase así la acción y efecto de repeler una agresión antijurídica, actual o inminente, por el atacado o por tercera persona, dirigida contra el agresor y contenida dentro de los límites que determinan la necesidad de dicha repulsa y la proporcionalidad de los medios empleados. Constituye una causa de justificación (q. vid.) generalmente admitida, eximente de la responsabilidad criminal. Se diferencia del estado de necesidad (q. vid.) por la antijuricidad de la agresión inicial, que es su indispensable presupuesto.—J.C.

legitimar. Hacer desaparecer, por procedimientos legales, la situación de ilegitimidad o bastardía.—F.W.K.

lenguaje, teoría solar del. Teoría según la cual la veneración por el Sol estimuló la primera vocalización del hombre asociada con la admiración y el pensamiento; según ella, por tanto, el lenguaje humano va asociado a las reacciones que produjo la observación de los fenómenos solares. Esta teoría monogenética constituyó casi la fase final del chauvinismo turco. Conocida por gunes-dil teoresi (teoría del sol-lengua), sus mantenedores encontraron que el primer sonido emitido por el hombre había sido ah!, sílaba importante del turco. Siguiendo esta línea de razonamiento era fácil demostrar la primacía o al menos las conexiones universales de la lengua turca. El interés por esta propaganda ha disminuido a medida que la nueva República va llegando a madurez y adquiriendo una sensación de seguridad con respecto a la vida intelectual europea.—D.E.W.

leptorrinia. Nariz estrecha, es decir, con un índice nasal (q. vid.) inferior a 47 medido sobre el cráneo, o de menos de 70 medido en vivo. Cf. mesorrinia, platirrinia.—G.P.M.

lesbianismo. Safismo. Relaciones homosexuales entre mujeres (por diversos procedimientos que comprenden el estímulo bucal de los órganos genitales y la utilización de un falo artificial por un miembro de la pareja). El término se deriva de la extraordinaria sexualidad de las mujeres de Lesbos, hacia el año 600 A.C., donde Safo, famosa poetisa de linaje aristocrático, escribió apasionados versos eróticos y, según se cree, se entregó a relaciones eróticas con sus discípulas.—R.E.B.

lesiones. Delito contra la integridad corporal de la persona humana constituído por cualquier daño o detrimento injusto y material que no destruya su vida ni se dirija a tal fin. El daño puede consistir en una mutilación, en una herida material con efusión de sangre, que deje o no huellas, en un dolor físico (heridas, contusiones, etc.) o en una alteración de la salud física (administración de sustancias nocivas, contagio) o mental. Las lesiones se clasifican, según su importancia, en leves y graves, atendiendo a la posibilidad y duración de su curación; su sanción suele proporcionarse a la gravedad, efectos dañinos y perjuicios que cause la lesión; las muy leves se consideran como simples faltas o como delitos no perseguibles sino a instancia de parte.—J.C.

Las lesiones se contraían antiguamente a la mutilación o desfiguración corporal. El common law las solía referir al acto de privar material o funcionalmente a una persona de un miembro esencial para el combate, tal como el brazo o la pierna, pero no la oreja, que se consideraba carente de valor defensivo. Las leyes modernas no establecen distinción alguna en tal sentido. [Inglés, mayhem, wound].—J.M.R.

lesiones deportivas. Las que se producen en el ejercicio o práctica regular de un deporte legalmente autorizado, conforme a los correspondientes reglamentos de juego y por mero accidente. Cumpliéndose tales condiciones, concurre en ellas una causa de justificación (ejercicio legítimo de un derecho) que las hace jurídica y penalmente irreprochables.—J.C.

letal, cámara. Habitación o lugar, dentro de una prisión o adyacente a ella, donde son ejecutados los condenados a muerte.—A.E.W.

La cámara letal se destina especialmente a ciertas formas de ejecución de la última pena, como son la intoxicación por gases y la electrocución. Otras formas de ejecución, bien por su peculiar naturaleza o por tradición, como es el caso de la horca, la decapitación y el fusilamiento, se cumplen en un patio de la prisión o en otro lugar exterior. En todo caso, el problema material de la ejecución de la pena capital no está ya ligado, ni mucho menos subordinado, como en otros tiempos, al de su publicidad. —J.C.

levirato. Norma que establece que un hombre puede, o debe, casarse con la viuda de su hermano mayor o de otro pariente próximo. Cf. sororato.—G.P.M.

"lex talionis." Antigua ley del talión (q. vid.) o de represalia. Su expresión clásica se encuentra en el Antiguo Testamento (Ex. 21:24): "ojo por ojo, diente por diente, mano por mano, pie por pie". La ley del talión se funda en la venganza privada y constituye un progreso sobre ella en cuanto la limita en su extensión y en su índole e impide su exceso.—J.L.G. y J.C.

ley. 1) Postulado de una sucesión ordenada y segura, presumiblemente de carácter causal. Cf. causación. Todas las leyes verdaderas de la naturaleza poseen este carácter. Las leyes naturales son afirmaciones hechas por el hombre acerca de la manera uniforme como acaecen en el mundo de lo fáctico los fenómenos que han sido sometidos a observación. Presuponen un antecedente y una consecuencia. Dichas leyes postulan que si bajo ciertas condiciones se da una determinada serie de factores, puede esperarse fundamentalmente la sucesión de un resultado concreto. No son normativas; por tanto, no contienen mandatos ni prohibiciones. Están más allá de las posibilidades de la acción humana y no tienen significación moral ni relación intrínseca con el bienestar del hombre. Éste puede utilizarlas en su provecho aprendiendo su funcionamiento y haciendo jugar una ley natural contra otra; pero no puede corregirlas ni derogarlas.

2) Voluntad expresa del Estado (q. vid.). En este sentido, la ley no posee carácter necesario, pero sí normativo; contiene un mandato o prohibición emanado de los órganos competentes del Estado y está respaldada por la autoridad y la capacidad coactiva que son características del mismo. La ley es una de las numerosas formas explícitas y concretas del control social, aunque de ningún modo la única ni la más influyente. El cumplimiento o incumplimiento de la ley da origen a ciertas consecuencias jurídicas o sociales, una de las cuales es la sanción (penal o no) que frecuentemente forma parte de la misma ley. En la compleja sociedad moderna todos sus miembros adultos son prácticamente infractores de su sistema legislativo. Cf. *leyes sociales.* [Inglés, *law.*]

ley de pobres. Nombre anticuado que todavía suele aplicarse al cuerpo de leyes que rigen la administración de la asistencia pública. El nombre data de la Inglaterra del siglo XVI y es más conocido en relación con la Ley de Pobres isabelina de 1603, que refundió las numerosas leyes de pobres aprobadas por el Parlamento durante el siglo anterior. Las colonias tomaron el nombre de Inglaterra y se le continuó utilizando para designar diversas leyes referentes al socorro de pobres y de personas desvalidas. Beneficencia pública y asistencia pública son expresiones que van reemplazando gradualmente a la de ley de pobres. En un sentido más amplio, la ley de pobres se considera algo sinónimo del sistema de socorro a los pobres, degradante y falto de pesrspicacia, basado en leyes severas sobre el asentamiento, en los juramentos de pobreza, en tipos de socorro por bajo del salario más ínfimo de un jornalero y en el socorro en especie, [Inglés, *poor law*].—J.W.M'C.

ley de pobres isabelina. Ley aprobada por el Parlamento inglés en 1603 refundiendo y unificando una diversidad de leyes concernientes al socorro de pobres aprobadas durante el siglo anterior. La ley exigía que la comunidad local asumiera la responsabilidad del cuidado de sus pobres, establecía el principio del domicilio e indigencia como pruebas del derecho a la asistencia y decretaba que el socorro sólo podría ser concedido en recompensa por trabajos realizados en los lugares preparados para albergar a los pobres. Los principios de la asistencia pública establecidos por la ley de pobres isabelina rigieron en la administración de socorros de Inglaterra y Estados Unidos durante más de trescientos años.—J.W.M'C.

ley de términos. Ley que rige en las jurisdiccio-

nes anglo-americanas y que especifica los límites precisos de tiempo dentro de los cuales es posible iniciar las diferentes clases de acciones y procedimientos ante los tribunales o ante los órganos gubernativos y, en relación con ellos, las condiciones en que pueden ser proseguidos. Fué aprobada dicha ley para hacer desaparecer la incertidumbre, general en el *common law*, que resultaba de la presunción o ficción legal de que una acción no iniciada dentro de un plazo razonable se presumía abandonada. [Inglés, *statute of limitations*].—F.W.K.

ley natural. Suma total de las secuencias ordenadas y seguras implícitas en la constitución del universo. Todo lo que los seres humanos conocen respecto a la ley natural es el producto de observaciones y comprobaciones minuciosas y científicas. Cuanto exista por encima y más allá de esto, es asunto de creencia (q. vid.). La creencia comprende todas las convicciones referentes a la congruencia de los datos desconocidos con los conocidos y con respecto a la continuación en el futuro de las secuencias y relaciones comprobadas. El conocimiento científico se detiene en el umbral del futuro. Sólo podemos conocer aquello que se ha traslucido. La proyección de este conocimiento en los dominios de las cosas futuras es una cuestión de creencia y fe. Las leyes naturales, o las leyes de la naturaleza en plural, son formulaciones humanas de particularizaciones de la ley natural. Son constancias de la forma en que las cosas suceden uniformemente, según se ha observado. Cf. *ley.*

Nota histórica. En su empleo primitivo, la expresión "ley natural" significó las uniformidades inexorables de la naturaleza dictadas (como en un edicto o ley) por la Naturaleza (más o menos deificada); o (como en el uso católico romano) establecidas por Dios para la ordenación de la naturaleza y, por consiguiente, poseedoras de la sanción divina. La suspensión de la "ley natural" es en este sentido un acto sobrenatural de la exclusiva prerrogativa de la voluntad divina y constituye un milagro.—T.D.E.

ley sociológica. Formulación de relaciones causales científicamente establecidas y de secuencias y continuidad causales; ley social que ha sido demostrada. Cf. *ley, leyes sociales.*—H.A.P.

leyes. Contenidos concretos dentro del amplio campo de la ley, sea natural o humana. Las leyes científicas son formulaciones precisas de verdades generalizadas, de significado causal en particular. Las leyes en sentido jurídico constituyen los elementos de que se componen las recopilaciones legislativas de los distintos Estados y en su sentido usual se entiende por ellas las normas vigentes en un determinado Estado. Estas se dividen en tres categorías principales: 1) leyes generales, que se aplican a todos los ciudadanos o personas, o a todas las personas comprendidas en grupos legalmente definidos o clases; 2) leyes especiales, aprobadas para fines determinados, y 3) leyes particulares, aprobadas en beneficio de individuos determinados. Las leyes científicas se clasifican en: *1)* leyes cuantitativas, que son principios o generalizaciones que explican los aspectos cuantitativos o de medida dentro de un campo de operaciones, y *2)* leyes cualitativas, que son principios o generalizaciones que explican los aspectos cualitativos o no mensurables dentro de un campo de operaciones.—F.W.K.

leyes de colonización o residencia. Véase **residencia (leyes de).**

leyes contra los delincuentes reincidentes y habituales. Véase **reincidentes y habituales (delincuentes).**

leyes de defensa social. Expresión originaria de la Europa continental y divulgada por la escuela positiva de derecho penal, con la que se designan todas aquellas leyes cuya finalidad fundamental es suministrar un tratamiento especial de seguridad a los delincuentes habituales y anormales.—T.S.

Las leyes de defensa social son la aplicación legislativa de las teorías modernas sobre la defensa social y la peligrosidad. Su aplicación se extiende no sólo a ciertas categorías de delincuentes, sino también a las situaciones de peligro sin delito. Sus primeras formulaciones, salvo antiguos precedentes, son los proyectos argentinos de 1924, 1926 y 1928, las leyes belga de 1930 y española de 1933 y el código cubano de 1938. Fundamentalmente las leyes de defensa social contienen la enunciación y tipificación de las situaciones de peligro; la asignación a ellas, según su naturaleza, de medidas de seguridad; la reglamentación de los establecimientos especiales donde deben cumplirse, y una sumaria ordenación procesal que garantice en cada caso la pertinencia de la aplicación de dichas medidas, tanto desde el punto de vista social como del respeto a los derechos individuales. Cf. *defensa social, peligrosidad, medidas de seguridad.*—J.C.

leyes de la naturaleza humana. Véase **naturaleza humana (leyes de la).**

leyes sociales. Formulaciones de uniformidades de conducta social, en condiciones semejantes, cuya validez ha de corroborarse por medio de observaciones repetidas y por diversos métodos lógicos y heurísticos. Los sociólogos de nuestros días desconfían en general de las llamadas leyes sociales o sociológicas, ya que en su mayor parte son simples teorías sin comprobación o a lo sumo principios sociales. Es necesario distinguirlas de los axiomas, como verdades evidentes por sí mismas, que se suponen universales, y de las hipótesis, que, como las teorías y principios, constituyen conjeturas sujetas a prueba acerca de determinadas causas, orígenes y tendencias.—T.D.E.

leyes suntuarias. Leyes cuya finalidad es reglamentar los gastos de las personas en víveres, vestidos y otros bienes de consumo, especialmente los de lujo, restringiendo o prohibiendo el uso de ciertos artículos. Un sistema corriente de regulación son los impuestos.—E.E.M.

libación. Sacrificio *(q. vid.)* de vino o de otra bebida o líquido; ofrenda hecha al beber.—G.P.M.

libelo. Concepto inglés del delito de difamación *(q. vid.),* especialmente matizado en cuanto se basa en la perturbación del orden público y no en la pura consideración del honor o de la fama *(q. vid.).*—J.C.

liberación condicional. Institución penal generalmente admitida por virtud de la cual se restituye la libertad al condenado a una pena de prisión antes de su total cumplimiento, para facilitar su adaptación a la vida social, bajo la condición de observar buena conducta y de someterse a la vigilancia de la autoridad competente. De ordinario dicha vigilancia sólo se prolonga durante el tiempo que restaba al beneficiado por la libertad condicional para terminar de cumplir su condena. Este beneficio se utiliza también como un estímulo para conseguir que los condenados observen un comportamiento regular durante su permanencia en la prisión, pues esa es una de las condiciones para su concesión. La libertad condicional es el último período del sistema penitenciario progresivo *(q. vid.).* [Inglés, *parole.*] Se concede, a propuesta de la autoridad superior del establecimiento penitenciario, por un organismo administrativo especial (Consejo de Liberación Condicional, Parole Board), y el beneficiado por ella debe aceptar y cumplir el correspondiente compromiso [*parole contract*] sometiéndose a las condiciones a que el mismo se contrae. Cf. *compromiso de los liberados condicionalmente.*—J.L.G. y J.C.

liberación condicional, consejo de. Organismo administrativo competente para estudiar las propuestas de liberación condicional *(q. vid.),* para acordar sobre su concesión y su revocación y para vigilar a sus beneficiarios. El consejo se rige en su actuación por las normas legales y reglamentarias correspondientes, tanto para la concesión de la libertad condicional como en el ejercicio de su función de vigilancia temporal. Lo estableció por primera vez Maconochie, el creador del sistema penitenciario irlandés *(q. vid.),* que aplicarlo a los deportados en la isla de Norfolk con el fin de mejorar su disciplina mediante su licenciamiento condicional [*ticket of leave*]. [Inglés. *parole board*].—J.L.G. y J.C.

liberación incondicional o definitiva. Período posterior al de liberación condicional, en el cual el liberado ya no está sometido a ninguna vigilancia ni obligación especial y es nuevamente miembro de la sociedad libre. [Inglés, *post-parole period*].—N.F.C.

liberal. Caracterizado por su liberalismo *(q. vid.).* Interesado por el bienestar general de la humanidad y por la difusión amplia de los valores sociales. Preocupado por poner remedio a los desajustes sociales más bien que por la reorganización ideal de la sociedad.

liberalismo. Actitud social que se caracteriza por su interés en aumentar y difundir al máximo el bienestar humano pero sin pretender cambios de fondo en la estructura social. Conjunto de principios y teorías que en su tolerancia no aceptan limitación por prejuicios tradicionales ni por otras posiciones a *priori*. Como doctrina de tolerancia intelectual, en la formulación de los sistemas económico, político y social detesta todo prejuicio, así como las consideraciones egoístas y otros síntomas de falta de equidad. En un sentido muy concreto el liberalismo es la doctrina de la escuela ortodoxa en economía. Este cuerpo de doctrina un tanto rígido se presenta como una alternativa de moderación frente a las posiciones pragmáticas de los radicales, los conservadores y los reaccionarios. En el espíritu de los intelectuales humanitarios constituye un medio de orientación moral en un mundo que cambia y en extremo confuso y esas personas se esfuerzan por comunicar su ortodoxia a otros grupos e individuos periféricos. En este sentido se utiliza la palabra liberalismo con valor de reclamo para encubrir y dar aspecto respetable a toda tendencia humanitaria y de aspiraciones democráticas. Se califican así de liberales cosas tan distintas como el sindicalismo, el cooperativismo, el comunismo y otras muchas doctrinas.—A.M'C.L.

liberoarbitrismo. Teoría del libre albedrío (*q. vid.*).

libertad. Ausencia de coerción, general o específica. Las libertades políticas comprenden ciertas garantías legales específicas o restricciones a los poderes gubernativos y a sus agentes, que implican la protección de la llamada libertad natural o derechos naturales (*q. vid.*). En general, la libertad personal jurídica nunca es absoluta, pues se halla limitada en interés de la libertad igual de los demás y por el bienestar general y la seguridad pública. Con frecuencia conviene distinguir la libertad en sentido objetivo de la libertad subjetiva; y no confundirlas con la "licencia" o "libertinaje" y el "abuso de la libertad". Los sistemas de libertad son pautas de regulación social en las que se emplean diversas técnicas para permitir e incluso estimular la variación de la moda, de la libre expresión, de la individualidad. la experimentación, etc.—T.D.E.

libertad académica. Fórmula empleada para defender el derecho de los profesores a exponer sus temas sin ingerencia alguna en las aulas o fuera de ellas, y por extensión para exigir protección contra la acción disciplinaria de las autoridades académicas por cualesquiera actividades realizadas como ciudadanos al margen de las instituciones de aquel carácter. Su empleo se limita en realidad a las instituciones de enseñanza universitaria y superior, porque los planes de estudio y la selección de los textos en las escuelas secundarias y elementales suelen ser objeto de reglamentación por parte de las autoridades administrativas.—R.N.B.

libertad bajo palabra. Véase **liberación condicional.**

libertad condicional. Último período de la aplicación de la pena de privación de libertad según el sistema progresivo (*q. vid.*); durante él se permite al penado abandonar el establecimiento penitenciario y reincorporarse a la vida libre, bajo la vigilancia de la autoridad y en determinadas condiciones. No debe confundirse con la libertad provisional (*q. vid.*). Cf. *libertad vigilada, liberación condicional, período de prueba.*—J.C.

libertad de amar. Véase **amor libre.**

libertad de conciencia. Véase **libertad religiosa.**

libertad de enseñanza. Véase **libertad académica.**

libertad de palabra. Principio político fundamental y característico de las democracias, reivindicado en ocasiones como un derecho natural y garantizado constitucionalmente, por virtud del cual los ciudadanos pueden discutir según su arbitrio las cuestiones públicas sin ingerencia alguna por parte del gobierno ni someterse a restricciones impuestas por él. El ejercicio de este derecho está limitado, no obstante, por las leyes penales que sancionan los delitos de calumnia, difamación y escándalo público, la apología del delito y la instigación a delinquir, así como en general por las leyes que protegen la moral y el orden público.—R.N.B.

La libertad de palabra comprende el derecho de proclamar libremente las propias ideas y las creencias y opiniones sobre cuestiones políticas, económicas y sociales. La Constitución norteamericana garantiza este derecho en las enmiendas I y XIV. La Declaración francesa de los derechos del hombre y el ciudadano lo asegura en su artículo 10. Los tribunales norteamericanos interpretan la libertad de palabra como comprensiva no sólo del derecho a opinar, sino también de las garantías constitucionales que son su natural consecuencia práctica (libertad de reunión y de prensa) o su presupuesto (libertad de conciencia), e incluso amparando el derecho a establecer patrullas de vigilancia pacífica, por considerarlas como un medio de comunicación de los obreros en los casos de conflictos de trabajo. Para el mantenimiento de la libertad de expresión es esencial el respeto general del principio de libre discusión, aun tratándose de sentimientos o personas impopulares. [Inglés, *freedom of speech*].—A.M'C.L.

libertad de prensa. Derecho, que se garantiza a los ciudadanos en los países de régimen democrático, de expresar y divulgar sus opiniones en forma impresa. La Constitución norteamericana lo establece con carácter general en las enmiendas I y XIV. De hecho, la libertad de prensa se halla limitada considerablemente por los progresos tecnológicos y por otros cambios que aumentan los costos y restringen el libre acceso a las fuentes de información. Además existen restricciones legales derivadas de la protección de la propiedad intelectual y de la moral y el orden públicos, exactamente como en el caso de la libertad de palabra (q. vid.). Sin perjuicio de la exigencia de las responsabilidades que puedan contraerse en el ejercicio de la libertad de prensa, cuya efectividad se asegura especialmente mediante diversos arbitrios legales basados en el principio de la subsidiaridad, hoy se tiende a ampararla jurídicamente en un ámbito internacional. Gracias a sus poderosos medios de acción, los editores de grandes periódicos, mediante sus asociaciones gremiales, tratan de consolidar jurídicamente el monopolio que de hecho ejercen sobre la libertad de prensa con el fin de mantener su poder y proteger sus intereses. Por otra parte, el correlato de la publicidad que implica la libertad de prensa y de la enorme difusión que ésta ha alcanzado en los tiempos modernos está constituído por las severas regulaciones legales para prevenir los abusos a que puede dar lugar su ejercicio. Estas regulaciones, a su vez, pueden engendrar otros excesos que redunden en menoscabo del principio mismo de la libertad de prensa. Tal es una de las manifestaciones de la situación crítica del liberalismo en la industrializada y compleja sociedad moderna.—A.M'C.L. y J.C.

libertad de reunión. Derecho del pueblo a reunirse pacíficamente, a discutir libremente de cuestiones políticas, económicas y sociales y a dirigir peticiones a las autoridades y poderes constitucionales y administrativas. Como la libertad de palabra, la de reunión está garantizada por las enmiendas I y XIV de la Constitución norteamericana. El ejercicio de este derecho está condicionado por la necesidad de mantener el orden público y por los problemas a que dan lugar en la sociedad moderna la congestión urbana y las tensiones societales. El derecho a reunirse libre y pacíficamente está regulado por leyes especiales de rango constitucional que lo protegen frente a las extralimitaciones del poder público; no libera a quienes lo ejercitan de la responsabilidad que puedan contraer con motivo de él, y en tiempo de guerra suele ser estrictamente limitado. [Inglés, *freedom of assembly*].—A.M'C.L. y J.C.

libertad moral. Capacidad de obrar de acuerdo con las propias motivaciones internas. La "libertad moral", en el sentido de capricho y preferencia, independientemente del proceso-situación en que actúa una persona, no se acepta ya. La libertad moral [*freedom*] suele identificarse, sin rigor mental, con la libertad política [*liberty*]. Es el aspecto positivo interno de la acción independiente. La libertad política es negativa porque significa tan sólo la ausencia de restricción externa. Se puede disfrutar de libertad política pero no de libertad moral, si no se posee voluntad que expresar o se padecen limitaciones e inhibiciones que el individuo considera como parte de su personalidad. Se puede conservar la libertad moral aun cuando se carezca de libertad política.—T.D.E.

libertad provisional. La que facultativamente y bajo ciertos supuestos legales puede conceder el juez a la persona acusada de un delito, mientras se tramita el proceso y en ciertas condiciones (caución, presentación a la autoridad, etc.), cuyo incumplimiento puede determinar su revocación.—J.C.

libertad religiosa. Libertad para adorar a Dios según los dictados de la conciencia y para organizar asociaciones con este fin, sin la supervisión o regulación gubernativas; para expresar en formas de conducta los principios de la creencia religiosa siempre que no lesionen los derechos iguales de los diferentes creyentes ni se traspasen los límites reconocidos de la moralidad social y del orden público, con absoluta separación de las corporaciones religiosas y de las funciones gubernamentales y sin que exista apoyo gubernamental para ningún instituto religioso, ni preferencia entre ellos. Como corolario, el derecho de negar a la divinidad, de oponerse a los conceptos religiosos y de hallarse libre de la coacción del gobierno sobre la conciencia individual o de grupo, basado en una autoridad que se afirme como superior a la ley hecha por el hombre.—R.N.B.

libertad vigilada. Medida de seguridad no detentiva consistente en la sumisión personal a la vigilancia de la autoridad (por medio de funcionarios judiciales especiales) de los sujetos peligrosos, menores o adultos, condenados o absueltos, a quienes se considera proclives a recaer en el delito. Se cumple en régimen de plena libertad, sin más restricciones que la prohibición de cambiar de domicilio o la obligación de participarlo a la autoridad, confiando a ésta la observación del uso que el sometido a ella hace de su libertad, para impedir que recaiga en su conducta delictiva o peligrosa. La libertad vigilada tiende a procurar la adaptación gradual del sujeto a la vida social en cuyo seno se le consiente que permanezca. Puede ir acompañada de providencias especiales que se procura adaptar a las condiciones personales del sujeto. Puede combinarse con la condena y la liberación condicionales (q. vid.), de las que es lógico complemento, y dentro de la tradición jurídica latina es el equivalente de los sistemas de libertad on *parole* y de prueba (q. vid.) del derecho angloamericano.—J.C.

libertades políticas. Conjunto de derechos individuales garantizados a todos los ciudadanos en la sociedad democrática y por virtud de los cuales pueden hablar, escribir, publicar, reunirse y organizarse sin restricciones ni intromisiones del poder público. Se las denomina también "libertades civiles", expresión originaria del sistema institucional inglés, en el que el poder civil predomina sobre el militar y en el que la revisión judicial de todas las detenciones está garantizada por el *habeas corpus*. Ambas designaciones son equivalentes, en los países continentales, de los "derechos del hombre", que comprenden tanto los que, conforme a la terminología angloamericana, se llaman derechos civiles o políticos (q. vid.), como las libertades políticas o civiles propiamente dichas. En Estados Unidos, aun cuando las diez primeras enmiendas constitucionales (el Bill de Derechos, q. vid.) suelen considerarse como la expresión legislativa de las libertades políticas, esta última fórmula sólo se emplea correctamente con referencia a las garantías políticas, no a las garantías procesales.—R.N.B.

libertarismo. 1. En un principio, doctrina teológica y filosófica del libre albedrío. En los tiempos modernos, teoría y defensa de la libertad individual como fin en sí, representada en su máxima plenitud en el mundo occidental por el movimiento en favor de las libertades políticas.—M.Pm.
2. Filosofía moderna de la libertad, especialmente tal como la conciben aquellos para quienes el objetivo de la sociedad es el establecimiento de instituciones que hagan innecesarias las formas de coacción que van unidas al Estado y a la propiedad privada. Término adoptado por muchos grupos de anarquistas para evitar la tergiversación de sus creencias. Se emplea también para designar a los defensores de la libertad política y a aquellos que, en esferas más amplias, postulan los principios de la libertad sin consideración a ningún objetivo final.—R.N.B.

libertinaje ceremonial. Véase **licencia ceremonial.**

libertinaje premarital. Libertad, relativamente ilimitada, en materia sexual, que se reconoce a los solteros en muchas sociedades primitivas.—G.P.M.

líbido. Energía o deseo sexual instintivo que encuentra expresión dinámica en el apego del yo a los objetos externos o a las personas.—J.M.R.

libre albedrío, teoría del. 1. Teoría que sostiene que la marcha del pensamiento o de la acción puede ser dirigida por el propio individuo haciendo caso omiso de influencias externas. 2. Teoría de que la marcha del pensamiento o de la acción puede ser dirigida por el individuo prescindiendo de toda clase de influencias.—M.S.

licencia. Aquella complacencia excesiva en el comer, el beber o la satisfacción sexual que conduce a una incapacidad temporal, e incluso permanente, para la actividad social normal. Se distingue de la orgía (q. vid.) porque no tiene significación social ceremonial o ritual, porque se refiere a la conducta del individuo más bien que a la del grupo y porque es ajena a las costumbres.—F.H.H.

licencia ceremonial. Licencia sexual socialmente sancionada en ocasiones ceremoniales; por ejemplo: en los corroborees (q. vid.), en los ritos agrícolas de fertilidad o en las ceremonias de iniciación. Cf. unión ritual.—G.P.M.

licencia condicional. Documento correlativo del compromiso (q. vid.) de los liberados condicionalmente, que acredita su situación y en el que se hacen constar las condiciones a que debe someterse mientras permanezca en ella. [Inglés, ticket of leave.] Cf. liberación condicional.—J.C.

licencia matrimonial. Permiso o autorización de los padres o tutores que algunas legislaciones requieren para que puedan contraer matrimonio los menores de edad no emancipados.—J.C.

líder. 1. En el sentido más amplio, el que dirige, por ser el iniciador de una conducta social, por dirigir, organizar o regular los esfuerzos de otros, o por el prestigio, poder o posición. El verdadero impulsor de la conducta social.
2. En sentido estricto, la persona que dirige por medios persuasivos y en méritos a la aceptación voluntaria de sus seguidores.—M.S.

liderazgo. 1. Proceso-situación en que una persona (o varias), en méritos de su capacidad real o supuesta para resolver los problemas cotidianos en la vida de un grupo, encuentra seguidores que se hallan bajo su influjo. (En una situación de liderazgo el carácter del séquito es tan importante como el del dirigente.) El liderazgo puede basarse en cualidades personales (aspecto físico, valor, simpatía), en el prestigio que otorga la posesión de ciertos conocimientos y dotes o de posiciones sociales elevadas, o por una combinación de varios de estos elementos. El fenómeno general de la subordinación no se incluye por entero en esta acepción del liderazgo. Se distingue, por ejemplo, de lo que llamamos imposición, en la que el grupo acepta, a la fuerza, un dictador, o en la que, por temor o desventaja estratégica, se somete de mala gana; y también porque los motivos subyacentes en la imposición son más bien egoístas que altruístas o colectivos. Naturalmente, muchas situaciones participan de una motivación compleja. Un dictador puede llamarse "líder", aprovecharse de una situación problemática o de crisis y fingir, con éxito, que ampara un interés colectivo, aun cuando lo que trata de satisfacer son sus deseos de una experiencia nueva, de afán de dominio, de reconocimiento o, incluso, de puro sadismo. Cf. dominación.—T.D.E.
2. Acto de organizar y dirigir los intereses y actividades de un grupo de personas, unidas para algún proyecto o empresa, por una persona que fomenta su cooperación por el hecho de lograr que todas ellas aprueben, más o menos voluntariamente, determinados fines y métodos. Los dos tipos de liderazgo más importantes desde el punto de vista social son el conservador y el progresista. El líder conservador fomenta el interés por el mantenimiento del orden social o del status quo, por lo que se refiere, en general, a la distribución entre los beneficiarios de sus valores y recompensas, aunque también trata de mantener o aumentar la eficacia técnica. El líder progresista, por otra parte, fomenta el interés por el cambio del orden o de la situación sociales, de manera que se distribuyan con mayor amplitud sus beneficios entre aquellos que antes resultaron perjudi-

cados o excluídos, y también se esfuerza por aumentar la eficacia técnica.—C.J.B.

liderazgo indirecto. Liderazgo en el que las influencias del dirigente sobre sus seguidores son transmitidas por otras personas o por medios artificiales.—M.S.

liderazgo recreativo. Dirección, inspección, organización y fomento de juegos y otras actividades recreativas realizadas durante los ratos de ocio. Instrucción y orientación para el mejor empleo del tiempo libre.—M.H.N.

"life history." Historia biográfica (q. vid.).

limosna. Ración de caridad dada generalmente par particulares a los mendigos. La limosna se enaltecía en las tradiciones de la caridad como una bendición para el donante. Cf. subsidio.—N.A.

limosnería. 1. Lugar donde, oficialmente, se distribuyen limosnas. 2. Lugar donde reside el limosnero.—J.M.R.

limosnero. Individuo comisionado o autorizado para distribuir limosnas. Originalmente, el cargo fué instituído por la Iglesia y en otros tiempos desempeñaba una función mucho más importante que en la actualidad.—J.M.R.

linaje. Grupo de parientes, subdivisión por lo común de una sib (q. vid.), que deriva la ascendencia efectiva unilinealmente de un antepasado común. Cf. descendencia, familia extensa.—G.P.M.

linchar. Forma de venganza colectiva consistente en dar muerte al supuesto transgresor, por observancia o inobservancia, de ciertas leyes o costumbres, sin garantía jurídica ni procesal de ninguna clase. Las costumbres protegidas mediante la práctica del linchamiento pueden ser de mero alcance local.—W.R.C.

Las circunstancias tumultuarias en que tiene lugar el linchamiento impiden la actuación del aparato jurídico y policíaco del Estado y algunas veces son provocadas por un sentimiento de desconfianza pública en su eficacia.—N.A.

El origen histórico de la llamada "ley de Lynch" es oscuro y se ha atribuído a Irlanda, Inglaterra y los Estados norteamericanos de Carolina del Sur y Virginia (los dos últimos donde está más extendida). Aunque el linchamiento se vincule con sentimientos informes de justicia o defensa social, la índole de las pasiones colectivas desbordadas que lo provocan y la falta absoluta de garantías sociales e individuales que le es inherente impide considerarlo como una forma de justicia popular. El linchamiento no es otra cosa que un ataque brutal e inconsiderado contra la persona humana, una forma atávica de delincuencia colectiva, una supervivencia vindicatoria impropia de la humanidad civilizada.—J.C.

linchamiento. Acción y efecto de linchar.

línea, muestra de. Véase **muestra de línea.**

lineal, aldea. Véase **aldea lineal.**

lingüística. Rama de la antropología cultural (q. vid.) dedicada al estudio de las lenguas, sus elementos, formas, estructuras, relaciones recíprocas, evolución histórica y principios de desarrollo.—G.P.M.

lisonja. Encomio cortés, cumplido demasiado favorable, incluso elogio exagerado y falso, empleado como medio de atraer la atención y ganarse la buena voluntad. Por regla general es un sistema de ascenso social que emplean los inferiores.—F.E.L.

lista. Cédula (q. vid.).

listas, técnica de. Survey reiterada de los mismos grupos durante un cierto período de tiempo para estudiar los cambios en las situaciones u opiniones. La lista puede ser de individuos, de familias, de direcciones o de otras unidades seleccionadas de la población. [Inglés, panel technique].—M.PT.

lobola. El precio de la novia (q. vid.) entre las tribus bantú sudorientales de Africa.—G.P.M.

localidad. Area geográfica limitada.—P.F.C.

localidad, grupo de. Véase **grupo local.**

localismo. Fenómeno confinado a un área geográfica relativamente limitada o a un pequeño grupo social.—P.F.C.

localización. Lugar que ocupa un objeto o un hecho en relación con otros.—P.F.C.

localizar. 1. Determinar la posición que tiene una persona o un hecho específico en relación con otros. 2. Confinar un fenómeno a un área geográfica relativamente limitada o a un grupo social determinado.—P.F.C.

"lock-out." Relación entre patrono y empleado en la que el primero, durante un conflicto de trabajo, cierra el local de la empresa y se niega a admitir a ningún trabajador mientras no se llegue a un arreglo de la cuestión debatida.—J.W.M'C.

El lock-out se corresponde desde el punto de vista patronal a lo que es la huelga desde el obrero. En cuanto medio coactivo que tiende a obligar a los obreros a aceptar determinadas condiciones de trabajo no estipuladas libremente sino impuestas por el patrono, constituye un atentado a la libertad de determinación y puede ser sancionado como delito.—J.C.

loco delincuente. Jurídicamente, todo delincuente que, por padecer una deficiencia o enfermedad mental permanente, es considerado criminalmente inimputable. La imputabilidad criminal es un elemento esencial del delito y, por consiguiente, ningún demente es responsable de sus actos. [Inglés, insane criminal.] Cf. delincuente loco.—N.F.C.

Se considera que en los locos delincuentes, el delito no es más que un episodio de su anomalía mental.—J.C.

locura. Término anticuado que se usó para designar toda deficiencia o desequilibrio mental. En derecho procesal, donde es de empleo más frecuente, la palabra locura indica una persona incapaz de discernimiento, es decir, de distinguir lo justo de lo injusto, y que, por tanto, es tanto una amenaza para la salud como para la seguridad de la sociedad. En sociología, el término locura ha sido sustituído por otros como enfermedad mental, deficiencia mental, etc., más descriptivos del carácter de la perturbación. La locura (enfermedad mental) puede clasificarse toscamente en neurosis y psicosis (q. vid.), pudiendo ser ambas de origen orgánico o psicológico. [Inglés, *insanity*.] Cf. *enfermedad mental*.—J.W.M'C.

La enfermedad mental es universalmente considerada como causa de inimputabilidad (q. vid.) a efectos jurídico-penales. También produce determinadas consecuencias jurídicas de carácter civil (incapacitación para contratar y para administrar bienes, privación de la patria potestad, etc.) y política (privación del derecho de sufragio activo y pasivo).—J.C.

locura criminal. Fórmula legal del estado de perturbación mental que acompaña o provoca la comisión de un delito e impide a su autor percibir la índole antijurídica de sus actos. La prueba básica de la locura es el discernimiento (q. vid.) o distinción cognoscitiva de lo justo y lo injusto; así, el defecto o debilidad mental y la deficiencia mental en sus varios grados pueden confundirse entre sí y con la enajenación. Una mayor atención a los procesos psíquicos de los delincuentes permitirá lograr una prueba directa de las tradicionales interpretaciones de la locura como medio de defensa en los procesos criminales. [Inglés, *criminal insanity*].—J.W.M'C.

locura moral. Estado psicopatológico que impide o perturba la normal valoración de la conducta desde el punto de vista moral, pero dejando subsistente la capacidad cognoscitiva y volitiva. La locura moral fué una de las hipótesis en que Lombroso trató de establecer su categoría del delincuente nato (q. vid.). Mientras que la escuela clásica la identificaba con el impulso egoísta de perversidad brutal, hoy se la considera como un síntoma morboso que corresponde al conocimiento de la psiquiatría más que al del derecho. [Inglés, *moral insanity*].—J.C.

logística, curva. Véase **curva logarítmica o logística.**

longitud de vida. La duración de la vida característica de una especie determinada, cuando aquélla se termina por los procesos normales de la ancianidad.—C.V.K.

lucro. Ganancia o provecho que se obtiene de alguna cosa o acto. El lucro ilícito, es decir, no fundado en título legítimo, da lugar a nu-

merosos delitos patrimoniales (hurto, robo, estafa, etc.) que sólo pueden considerarse como tales cuando existe o se presume el *animus lucrandi*.—J.C.

lucha. Una de las formas básicas de la interacción social, sinónima de oposición, y que comprende la competencia, la contravención y el conflicto. Esfuerzo por conseguir ventaja para uno mismo midiendo la fuerza propia con la de otro.

lucha de clases. Esfuerzo de una clase del pueblo para conseguir una posición o condiciones de mayor bienestar en la comunidad, con respecto a los derechos, privilegios y oportunidades de sus miembros. Concretamente, lucha entre los capitalistas organizados, en particular los empresarios industriales y administradores, y los obreros organizados. Suma total de actos que se centran en torno a las huelgas, boycots, lockouts, negociaciones y acuerdos sobre el salario horario, grupos de presión y partidos que representan a los trabajadores o a los capitalistas. Guerra político-económica suscitada por el poder de contratar y despedir, casi totalmente no reglamentado, de los propietarios de empresas y por la tentativa de los grupos de obreros, libremente articulada, de circunscribir y limitar dicho poder; en detalle no es comparable con otras formas de inquietud social tales como las rebeliones de esclavos, las insurrecciones de siervos y las revoluciones políticas.—C.J.B. y W.C.H.

lucha por la vida. Competencia biológica entre los organismos para vivir y reproducirse. Implica esfuerzos del organismo para obtener alimentos y abrigo contra las inclemencias de la naturaleza, para dominar y utilizar a otras especies y para competir con otros miembros de la misma especie por los alimentos, abrigo y oportunidad de reproducirse. En sentido estricto, la lucha humana por la existencia se ha limitado, principalmente, a la lucha del hombre primitivo con la naturaleza y con otras especies, a la guerra y a la competencia inconsciente que se traduce en los coeficientes diferenciales de natalidad. La mayor parte de las luchas humanas, más bien que por la existencia, se han librado para alcanzar una vida mejor, seguridad económica, poder y prestigio.

lucha, respuesta de. Véase **respuesta de pugna.**

lucha revolucionaria. Véase **conflicto revolucionario.**

lujuria. La posesión de deseos sexuales anormalmente intensos.—E.R.G.

M

McNaughten, normas de. Se conocen bajo esta denominación las adoptadas por la Cámara de los Lores inglesa para resolver las complicadas cuestiones de interpretación legal que plantea la definición de la locura (*q. vid.*).—J.P.S.

Dados los peculiares sistemas de enjuiciamiento de los tribunales ingleses, las reglas o normas de McNaughten carecen de valor técnico y de fuerza obligatoria, pero gozan entre ellos de gran autoridad. Se originaron en el proceso por homicidio del ministro Sir Robert Peel cometido en 1843 por McNaughten bajo el influjo de una manía persecutoria.—J.C.

machote. Cuestionario. Cf. *cédula*.

maduración. Proceso de desarrollo de una característica por el crecimiento normal o madurez, sin intervención de aprendizaje. Cf. *proceso de maduración*.—M.S.

maduración criminal. Proceso y estado de perfeccionamiento de un delincuente en las técnicas habituales, las actitudes y la ideología de la conducta delictiva. La expresión se funda en el supuesto de que el progreso de la conducta delictiva sigue un patrón uniforme comparable al de la evolución de la edad en el desarrollo fisiológico.—E.H.S.

madurez social. Grado en que las actitudes, la socialización y la estabilidad afectiva de un individuo reflejan, como característica normal del hombre adulto, un estado de adaptación o ajuste a su propio medio.—P.F.H.

maestro visitador. Trabajador social dedicado a prestar auxilio en los problemas de ajuste de conducta de la población escolar. A este fin, los maestros visitadores tratan de lograr el establecimiento de relaciones cooperativas entre el hogar y la escuela para la solución de tales problemas y "visita" a los padres de los niños con objeto de conseguir su ayuda y percatarse de los antecedentes de los menores. [Inglés, *visiting teacher*].—M.A.E.

Mafia. Forma de delincuencia organizada y, por lo general, violenta, que se supone nació en Sicilia como una especie de policía privada de los grandes fundos para proteger a los propietarios durante el período de desorganización subsiguiente a la invasión napoleónica; más tarde se volvió contra los propietarios y se transformó en una organización criminal, secreta e independiente. Su funcionamiento se garantizaba por una serie de pruebas para la admisión en ella y por el juramento de no llevar ante las autoridades legítimas ningún pleito entre sus miembros. La Mafia se introdujo en los Estados Unidos hacia 1860, como consecuencia de la represión que sufría en su país de origen. En Italia ha subsistido, bajo una u otra forma, hasta 1927. Hoy ha venido a ser sinónimo de organización criminal secreta. [Italiano, *Maffia*].—E.H.S. y J.C.

magia. Creencias y prácticas relacionadas con la producción de efectos mediante la coerción de las fuerzas o agentes sobrenaturales. Por ejemplo: mediante la manipulación de fetiches o la celebración de ritos, o poniendo en práctica algún principio místico o asociación de ideas como la de que lo semejante afecta a lo semejante. Se diferencia de la religión por la ausencia o reducción al mínimo del elemento de propiciación, y de la ciencia, derivada de la magia merced a un proceso de refinamiento y corrección, por su carácter en gran medida engañoso; se llama "magia negra" cuando persigue fines privados o siniestros; por extensión, hechicería o brujería (*q. vid.*) en general. Cf. *magia contagiosa, magia imitativa*.—G.P.M.

magia contagiosa. Magia (*q. vid.*) basada en el supuesto de que las cosas que en un tiempo estuvieron en contacto continúan influyéndose recíprocamente después de haber sido separadas, al extremo, por ejemplo, de creer en la posibilidad de causar determinados daños a una persona por la realización de ritos de magia negra sobre los recortes de sus uñas, residuos de su comida, objetos de su propiedad desechados, etc. Cf. *magia imitativa*.—G.P.M.

magia exuvial. Forma de magia contagiosa (*q. vid.*) en la que se manipulan por el mago partes del cuerpo desprendidas de la víctima elegida. Mediante la fijación del hechizo sobre la parte separada, sus efectos recaen sobre la víctima.—E.A.H.

magia imitativa. Magia (*q. vid.*) basada en el supuesto de que las cosas que se asemejan entre sí pueden influirse recíprocamente, al extremo de que, por ejemplo, una persona puede ser herida pinchando una efigie que la represente. Cf. *magia contagiosa*.—G.P.M.

magia negra. Véase **magia**, *in fine*.

mágico. Concerniente o relativo a la magia. Sorprendente.

magnitud. (*estadística*) Dato cuantitativo que resulta del empleo de una escala de medición; agregado obtenido por el recuento o totalización de elementos individuales que son independientes.—M.Pt.

mahometismo. Sistema religioso fundado por Mahoma (571-632 de la Era Cristiana). Sus secuaces lo llaman islamismo.—P.H.F.

"maiestatis." Antigua e indiferenciada expresión de los delitos políticos. De origen romano, primero comprendía en su protección la seguridad del pueblo, y coexistía con la *proditio* (ataques a la seguridad exterior de la ciudad) y la *perduellio* (ataques a su seguridad interior); desde Sila, el *crimen de maiestatis* absorbe a los otros dos delitos y se concibe como ataque a la majestad, a la dignidad, a la grandeza del pueblo y el Estado; desde Augusto se comprenden en este delito toda clase de actos, arbitrariamente definidos, contrarios a la persona y a la autoridad del príncipe. El crimen de lesa majestad, como su análogo en el orden religioso, el de herejía, se sancionó siempre con la mayor severidad (muerte, exilio opcional, interdicción del agua y el fuego, confiscación) y al margen de las garantías procesales ordinarias. La condena se transmitía a los hijos en sus efectos civiles. Los innumerables abusos a que dió lugar no cesaron sino con el movimiento reformador y humanitario del siglo XVIII.—J.C.

mal de ojo. Poder efectivo o supuesto de hacer mal a una persona por el hecho de mirarla. Esta creencia (q. vid.) está muy extendida en grupos que tienen un nivel de cultura bastante elevado, como, por ejemplo, algunos de los pueblos contemporáneos que habitan la cuenca del Mediterráneo. La cualidad del individuo que le confiere ese poder está mal definida, pero en los grupos en que preponderan los ojos negros, dicho poder se atribuye a la mera posesión de ojos azules. En su aplicación general el mal de ojo puede hacerse empleando otros medios que no son la mirada; por ejemplo, un gesto determinado. Donde domina esta creencia, las personas, e incluso los animales, suelen llevar amuletos contra el mal de ojo. Estos amuletos adoptan las formas de cuentas azules, zapatitos de niño, dientes de ajo, etc. También puede utilizarse la expresión para referirse al hechizo mismo, como en la frase "hacerle mal de ojo".

"mala prohibita." Se califican con esta expresión los delitos artificiales, es decir, aquellos actos que se consideran delictivos por su mera prohibición legal. En sí mismos, dichos actos pueden ser moralmente indiferentes. Llegarán a ser buenos o malos, justos o injustos, en la medida en que la legislación considere necesario declararlos tales con el fin de proteger el bienestar de la sociedad. Los delitos financieros y las infracciones señaladas por las ordenanzas de policía son casos típicos de esta naturaleza. Los delitos *mala in se* no adquieren ninguna censura moral adicional al ser declarados tales por la ley, en tanto que los *mala prohibita* adquieren su carácter delictivo por el simple hecho de atribuírselo una ley u ordenanza. Cf. *"malum in se"*.—A.E.W. y J.C.

maldecir. Invocar los poderes sobrenaturales para que descarguen daños y males sobre una persona o cosa. Todo acto o palabra destinado a producir daños sobrenaturales.

maldición condicional. La pronunciada con una atenuación condicional. Es decir, la maldición ha de surtir efecto únicamente a condición de que se produzcan ciertos hechos o circunstancias declarados. Por ejemplo: "Si esto fuera falso, que Dios lo castigue".—E.A.H.

malparto. Término vulgar, no empleado por la medicina, para designar el desprendimiento o expulsión del feto antes de que llegue a ser viable; aborto espontáneo. En el lenguaje vulgar el malparto se distingue del aborto provocado y del parto prematuro. En la terminología médica el término malparto se emplea raramente y se le considera sinónimo de aborto (q. vid.). [Inglés, *miscarriage*].—N.E.H.

maltusianismo. Explicación científica del crecimiento de la población, sus factores, limitaciones y consecuencias, desarrollada por Thomas R. Malthus, pastor y economista inglés. Malthus construyó su sistema sobre dos postulados fundamentales, a saber: que el alimento es necesario y la pasión entre los sexos permanente. Si se admitían estos postulados, aseguraba poder refutar la posibilidad de perfección de la sociedad humana. La esencia de la teoría maltusiana está en que la población tiende a crecer en progresión geométrica, en tanto que no es humanamente posible aumentar la alimentación más que en progresión aritmética. Por consiguiente, la población estará siempre presionando sobre el suministro de alimentos en tal forma que producirá, de modo inevitable, graves males sociales.

La limitación ineludible del crecimiento de la población puede ocurrir de una de estas dos maneras: mediante el incremento del porcentaje de fallecimientos o mediante el decrecimiento del porcentaje de nacimientos. Los factores que actúan en el primer campo se llaman obstáculos positivos; los que actúan en el segundo, factores preventivos. Malthus reconocía que ambos tipos de obstáculos suponían la miseria, pero mantuvo que la miseria de los obstáculos preventivos era mucho menor que la de los positivos. Creía que una sociedad inteligente podría elegir entre estas dos alternativas, pero negó que por esta elección pudiera sustraerse a los males sociales. Hasta donde Malthus se aventuró a aconsejar a los individuos, preconizó que deberían abstenerse del matrimonio hasta que se sintieran seguros de poder proveer a la subsistencia suficiente de los hijos que nacieran. En su sistema no concedió lugar alguno a la limitación voluntaria del número de hijos en el matrimonio, aun cuando no hay duda de que le eran conocidos algunos de los procedimientos anticoncepcionales de su tiempo. Malthus reconoció con claridad el influjo del nivel de vida y de la cultura económica en el volumen efectivo de una población determinada y la sustancia de su teoría puede resumirse en esta afirmación: "La población tiende a aumentar hasta la capacidad de sostenimiento de la tierra, dados determinada fase de las artes y cierto nivel de vida."

"malum in se." Con esta expresión se califican los delitos naturales, es decir, aquellos que lo son en razón de su naturaleza inmanente, los intrínsecamente malos (p. ej.: el asesinato, la violación). Conforme al concepto de Garófalo, son *mala in se* los delitos que ofenden los sentimientos altruistas fundamentales (piedad, probidad, justicia, decoro, etc.) generalmente recibidos por una sociedad y en un momento histórico determinado. Según este criterio, los crímenes, felonías o delitos más graves en los sistemas de clasificación tripartita de los delitos serían *mala in se*, aunque no puede afirmarse de todos los demás que sean *mala prohibita* (q. vid.).—A.E.W. y J.C.

malversación. Delito contra la administración pública que pueden cometer los funcionarios de la misma sustrayendo, consintiendo la sustracción, disponiendo en beneficio propio o ajeno o aplicando a atenciones distintas de las previstas los caudales, bienes o efectos públicos confiados a su custodia, administración o intervención. Peculado.—J.C.

mana. Poder impersonal y sobrenatural, es decir, la fuerza misteriosa, no asociada a seres sobrenaturales individuales, a la que algunos pueblos, especialmente en Oceanía, atribuyen la buena suerte, las cualidades excepcionales en las cosas y personas y la eficacia de la magia. Cf. *alma-substancia*, *animatismo*, *orenda*, *wakanda*.—G.P.M.

mandamiento de prisión. Orden judicial por la cual un tribunal o magistrado solicita de la autoridad administrativa o policíaca la detención de una persona y su reclusión en alguno de los tipos de instituciones de custodia, prisión, reformatorio, hospital de alienados, institución correccional para menores u otro establecimiento de reclusión cualquiera. Debe constar por escrito, ser firmada por la autoridad que la emite con indicación de su carácter y expresar su fundamento y el momento y lugar en que ha de llevarse a cabo la detención. En el caso de un auto de prisión, el decreto ordenando la custodia debe dirigirse al jefe o director de la prisión que ha de recibir a la persona, expresando que está sometida a proceso e indicando el delito que lo motiva y en su caso la clase y duración de la pena que ha de cumplir. La prisión puede ser por período de tiempo determinado o indeterminado, pero estableciendo límites máximo y mínimo. Los mandamientos de prisión pueden ser preventivos o definitivos. En el primer caso, el director de la prisión recibe la orden de custodiar al preso hasta que sea absuelto con arreglo al procedimiento legal correspondiente; en el último, hasta el cumplimiento de la sentencia. Los delincuentes anormales, enajenados mentales, víctimas de psicopatías sexuales y enfermos suelen ser objeto de órdenes de internamiento en establecimientos especiales. Los mandamientos de prisión con destino a reformatorios o escuelas industriales que expiden los tribunales de menores pueden ser por tiempo indeterminado, pero sin exceder de cierto límite de edad. Finalmente, los mandamientos de reclusión con destino a una institución para dementes no criminales o para enfermos de otro tipo se expiden más bien por un tribunal civil que por un tribunal criminal. [Inglés, *conmitment*].—A.E.W. y J.C.

mandato. Cualquier orden o precepto que un superior impone a un inferior. Contrato consensual por virtud del cual una persona (mandante) confiere a otra (mandatario) su representación personal o la gestión en su nombre de uno o varios asuntos.—J.C.

En política, directiva dimanante del pueblo, como sucede en el caso de que una cuestión haya sido decidida en las urnas. El término se emplea también respecto a las relaciones internacionales. Por ejemplo: por acuerdo entre las potencias de primer orden puede asumirse jurisdicción sobre pueblos menores o atrasados. De este modo se forma un área de mandato en una situación de tutela o de supervisión protectora respecto de una potencia principal.—N.A.

manes. Espíritus (q. vid.) o almas de los muertos; también, en la mitología clásica, las divinidades ctónicas.—G.P.M.

maníaco-depresivo. Referente a la psicosis maníaco-depresiva, tipo de desarreglo mental caracterizado por la excitación o depresión.—B.M.

"Manngeld." Precio del hombre. Antigua forma composicional germánica relativa a los casos de homicidio. Cf. *"Wergeld"*.—J.C.

mano de obra. Número total de personas que realmente existen en el mercado de trabajo (q. vid.) en un momento determinado. La definición del censo comprende a los que están trabajando, a los que tienen empleo pero no trabajan temporalmente, a los empleados en obras públicas emprendidas para resolver un paro y a los que buscan trabajo de una manera activa. Excluye a los capaces y deseosos de trabajar, pero que no lo hacen ni se esfuerzan por encontrar empleo. [Inglés, *labor force*.] Cf. *oferta de trabajo*, *reserva de trabajo*.—S.C.M.

mano muerta. 1. Expresión que se emplea comúnmente para significar el control de ciertos negocios por una persona después de su muerte, mediante a) disposiciones testamentarias, o b) estipulaciones de un convenio legal establecido en vida, de duración temporal o perpetua. Como expresión estrictamente jurídica, la mano muerta connota una corporación perpetua por naturaleza. También, por inferencia, el peso acumulado del influjo de los antepasados y predecesores del muerto sobre los vivos. [Inglés, *dead hand*].—R.E.B.

2. Fórmula jurídica que se aplica a los poseedores de ciertos bienes respecto a los cuales está limitado el poder de libre disposición por

alguna de las formas expresadas antes (sub 1). La propiedad de mano muerta no puede ser enajenada y, por consiguiente, el dominio de la misma se halla perpetuamente consolidado a favor de sus propietarios y sucesores legítimos. Tal es el caso de los mayorazgos y de las comunidades y puede serlo también el de las fundaciones. La mano muerta supone una limitación al derecho de propiedad, derivada de la adscripción de ésta a un fin objetivado y transpersonal que puede o no tener alcance e interés social.—J.C.

manufactura. Término empleado algunas veces de modo muy amplio para significar la producción, para la venta, de cualquier artículo, por cualquier sistema, sea a mano o a máquina. Se usó por algunos de los primeros economistas con referencia a la producción artesanal que suponía una división del trabajo simultánea. En la acepción aceptada por lo común, en las condiciones de la moderna sociedad industrial, se refiere al sistema de producción fabril con el empleo de maquinaria movida por energía mecánica y con una división del trabajo compleja.—K.DP.L.

manumisión. Acto de liberar a un esclavo.— G.P.M.

manzana de casas. Véase **cuadra.**

mapa-base. Tipo de mapa que se emplea en la investigación sociológica y que indica ciertos detalles de los medios geográfico y cultural de importancia ecológica, tales como ríos, lagos, cañadas, montañas prominentes y otros accidentes topográficos, ferrocarriles, canales, bulevares, zonas industriales, centros comerciales, terrenos sin dueño, vías públicas muy frecuentadas, parques, escuelas y cementerios. Los mapas de esta clase suministran una base o cañamazo para superponer datos fundamentales u otros facilitando así la localización de problemas específicos, la comprobación de las hipótesis, el análisis de los datos y el descubrimiento de hechos y relaciones ocultos.—C.F.S.

mapas estadísticos. Véase **representación gráfica.**

máquina. Combinación de artificios mecánicos empleada, de ordinario, para la producción de riqueza material. Toda máquina comprende tres partes esenciales, una herramienta y un artefacto para sostenerla, un artefacto para sostener el material que ha de ser trabajado y otro dispositivo para la transmisión y aplicación de la energía a voluntad. La naturaleza y finalidad de la maquinaria son, principalmente, sustituir el trabajo humano, realizando la producción con mayor velocidad, extensión y economía de la que son posibles empleando el trabajo del hombre auxiliado únicamente por herramientas.

marca. Aunque se la ha considerado como pena corporal e infamante, la marca era en realidad un procedimiento burdo de identificación de esclavos, prisioneros de guerra, cautivos y delincuentes. La marca se practicaba imprimiendo a fuego (con hierro candente) determinado signo en alguna parte del cuerpo, visible o no, con profundidad bastante para que dejase una huella permanente en la carne. El procedimiento era, pues, exactamente igual al que se emplea con el ganado. La marca aplicada a los delincuentes solía indicar el delito que motivó su condena empleando para ello la letra inicial. La marca fué abolida como consecuencia de las reformas humanitarias del siglo XVIII. Recientemente se ha defendido su reimplantación con métodos incruentos como sistema de identificación. [Inglés, *brand*].—J.L.G. y J.C.

marca industrial. Distintivo o señal que utiliza cada fabricante para identificar los productos de su industria. La marca viene a ser así un símbolo significativo del valor comercial de los productos señalados con ella y una garantía de autenticidad en cuanto a su origen, calidad y características de fabricación. Las marcas industriales son de uso exclusivo por su propietario legal y en interés de la seguridad del comercio se hallan jurídicamente protegidas mediante registros nacionales, convenios internacionales y preceptos penales que sancionan la usurpación.—J.C.

marginal. Situado en los linderos de un área determinada y relativamente estable, ya sea territorial o de cultura. El término entraña notas de disociación, desajuste y cierto grado o forma de anormalidad. Cf. *área marginal, grupo marginal, hombre marginal, singularidad marginal, utilidad marginal.*

marido. Hombre legalmente casado.—W.C.

mariguana. Planta silvestre de México y del sudoeste de los Estados Unidos. Una vez seca y enrollada en forma de cigarrillo, denominado popularmente "rizador", provoca en quien la fuma una alucinación intensa algo parecida a la del opio.—E.A.H.

"marron." Palabra francesa derivada de la española "cimarrón" (q. vid.) aplicable a los monos y otros animales domésticos que huían a la selva. El empleo del término cimarrones por los negros americanos para referirse a los de las Indias Occidentales constituye, probablemente, una mala pronunciación de marrón. Esta deducción se basa en la costumbre de referirse a los negros de las Indias Occidentales llamándolos "monos" y "cazadores de monos".— W.R.C.

marxismo. Cuerpo de doctrinas revolucionarias creadas por Carlos Marx y Federico Engels, sobre la base de lo que concebían ser la misión histórica de las clases trabajadoras, es decir, la abolición del capitalismo y de los privilegios de clase, y la creación de una sociedad sin clases, liberada del aparato estatal; la transición, sin embargo, exige la dictadura del proletariado (q. vid.), tal como se expone de la manera más sucinta en el *Manifiesto Comunista* (1848). Cf. *comunismo, socialismo.*—R.N.B.

masa, masas. Masa es una especie particular de vínculo social (sociabilidad, socialidad, sociación) caracterizada por el más bajo grado de intensidad y profundidad en la fusión parcial de los espíritus y de la conducta en un "nos-otros". Los grados más intensos y profundos se manifiestan en la "comunidad" y en la "co-munión". La masa representa el más bajo grado de fusión y el más alto grado de tensión. Se confunde, con frecuencia, con "multitud" o con "reunión" e incluso con "rebaño", pues se mueve por simple contagio. A veces el término "masa" se emplea con una significación estadís-tica, por ejemplo: el número de suicidas, de consumidores, de votantes, de suscriptores o lectores de periódicos, etc. Otras veces se en-tiende por el término "masa", o en este caso más bien "masas", una "unión penetrada por el espíritu de negación y destrucción", una "unión de parias" que aparece solamente en los períodos de decadencia de una sociedad y pre-para el camino para un derrocamiento radical del orden establecido. Esta concepción parece arbitraria y manifiesta una valoración implícita negativa, denigrante para la "masa" o "masas", como algo situado muy bajo en la escala de valores. Sociológicamente importante es la dis-tinción entre las masas disgregadas (por ejem-plo: los descontentos, los pobres, los parados, los extranjeros, etc.) y las masas compactas. Normalmente las masas no están congregadas y se transforman en masas compactas en circuns-tancias muy excepcionales. Entre ambas exis-ten, evidentemente, muchas formas intermedias. —G.G.

masa activa. Aquella cuya conducta se dirige, por obra de un líder las más de las veces, hacia cierto objeto —persona, cosa o situación— con el propósito de modificarlo, destrozarlo u hon-rarlo; la **multitud** o muchedumbre *(q. vid.)* revolucionaria o amotinada.—w.e.g.

masa expresiva. Aquella cuyo estado emotivo se fragua por obra de un comportamiento ex-presivo como la danza, el clamor, el llanto, etc.—w.e.g.

masa, fenómenos de. Cualesquiera hechos o acontecimientos observables asociados a un gran número de personas.—j.p.e.

masa, movimiento de. Levantamiento de gran número de gente del común insatisfecha res-pecto a alguna institución o doctrina, y en el que las facultades lógicas y críticas se encuen-tran dominadas por las emociones y existe una tendencia contagiosa a seguir con ceguera a líde-res dogmáticos. En Occidente, los movimientos de masa más extensos han sido religiosos (como las Cruzadas, los despertares lollardo o wesleya-no), políticos (como las revoluciones francesa y soviética) o sociales (como las agitaciones anties-clavistas y antialcohólicas en Estados Unidos). En la India, la expresión se aplica al quebranta-miento por los intocables y los hindúes de casta inferior, como unidades de aldea, de las pres-cripciones de casta tradicionales y a su adhesión al movimiento cristiano.—g.m.f.

masa organizada. Agregado de seres humanos, no necesariamente en proximidad unos de

otros, pero soldado en unidad, transitoria o más o menos permanente, que se caracteriza por la existencia de determinado "rapport" y por man-tener la atención de sus miembros enfocada hacia cierto objeto común.—w.e.g.

masa orgiástica. Aquella que alcanza un má-ximo de expresión afectiva de carácter extático e inspirado. De ordinario adopta la forma del canto y la danza extáticos, aun cuando puede también manifestarse en un comportamiento ritual.—m.pt.

masa partícipe. La "verdadera" masa, en la que la mayor parte de las personas presentes se encuentra en "rapport" y se dan cuenta de que participan en un interés o aventura co-mún; se diferencia del mero agregado porque en éste la atención de las personas no se en-cuentra "polarizada" y su conducta se desarro-lla sobre bases individuales, tal como sucede en el mercado, en una feria o en una encrucija-da de calles congestionadas por la circulación o en el público de un cinematógrafo.—t.d.e.

masa psicológica. Véase **masa organizada.**

masoquismo. Inclinación anormal que hace del dolor o de cierta expresión de crueldad, en mayor o menor grado, un estimulante sexual.—e.r.b.

material, cultura. Véase **cultura material.**

materialismo histórico. Teoría compleja de la historia y de la causación social que entraña una metafísica determinada (y de manera me-nos explícita una teoría del conocimiento). A veces se denomina determinismo económico *(q. vid.).* Esta teoría, que adquirió predicamento gracias al movimiento marxista, del que era la ideología dominante, rechaza todas las explica-ciones idealistas de la historia, de la cultura y del cambio social. Entregada a una franca filosofía antropocéntrica, interpreta la historia como el curso que sigue la adaptación del hom-bre al mundo y a la sociedad que avanza a través de una serie de luchas de clase originadas en las desigualdades económicas fundamentales. Se inclina a una teoría monista de la causación, atribuyendo a los factores económicos y tecno-lógicos la primacía y considerando a las demás organizaciones y estructuras sociales principales como derivadas en cierto modo. Así pues, las instituciones políticas y jurídicas, el arte y las letras, la filosofía y la religión se consideran como efectos secundarios de los procesos y cam-bios económicos fundamentales. Se rechazan todos los absolutos y el conocimiento se con-vierte en una reacción ante el mundo de natura-leza instrumental y adaptadora, con ineludibles imperativos activistas. Esta instrumentaliza-ción del conocimiento proporciona la palanca para la manipulación de la sociedad en la direc-ción de un orden social colectivizado, concebido como la única ordenación equitativa de los asun-tos humanos. Las consecuencias específicamente políticas de esta filosofía social, a saber: la inevitabilidad de la sociedad sin clases mediante un proceso dialéctico inmanente, la desaparición definitiva del Estado, la de la clase media y la predestinación del proletariado, con todas las consecuencias que para la organización pueden deducirse de estos teoremas por los partidos socialistas y comunistas, no están necesariamente enlazadas con la teoría del materialismo histórico y en algunos casos significan desviaciones. A pesar de todo lo que pueda decirse respecto a la validez del materialismo histórico como metafísica y filosofía de la historia o de la sociedad, no cabe negar su gran valor como instrumento heurístico para descubrir la relación funcional de las ramificaciones de una cultura entrelazadas entre sí de modo intrincado. Naturalmente, el conocimiento de esto último y también el de la importancia indudable de los factores económicos siempre ha estado presente en los estudios de antropología y, hasta cierto punto, es un supuesto general de la escuela histórica.—E.F.

maternal e infantil, sanidad. Servicios destinados a la protección, fomento y conservación de la salud física y mental de los niños desde el período prenatal hasta la adolescencia y a sus madres durante todo el ciclo reproductivo.—W.P.

maternoautoritario. Véase **matriautoritario.**

matriarcado. Forma puramente hipotética de organización social primitiva en la que las mujeres dispusieron de la autoridad política y doméstica. Cf. *derecho materno, patriarcado.*—G.P.M.

matriautoritario. Caracterizado por el ejercicio de la autoridad, especialmente en la familia u hogar, por la madre o la abuela materna. Cf. *patriautoritario.*—G.P.M.

matrilineal. Cómputo de la descendencia, herencia o sucesión (q. vid.) exclusiva o preferentemente ,a través de las hembras. Cf. *patrilineal.* —G.P.M.

matrilinear. Véase **matrilineal.**

matrilocal. Concerniente a la residencia, consuetudinaria o preferente por parte de la pareja recién casada, en el hogar de la mujer o de sus parientes. Cf. *matrimonio matrilocal, patrilocal, residencia matrilocal.*—G.P.M.

matrimonial, dirección. En los Estados Unidos se llama así [*marriage counselling*] a un movimiento de reacción, frente a la disolución de la familia, de carácter educativo y terapéutico. Diversos organismos públicos y privados participan de estas actividades, entre las cuales figuran cursos y grupos de discusión en las universidades, escuelas secundarias y centros sociales, y ensayos de tratamiento de casos particulares de desintegración familiar, de que conocen médicos, psiquiatras, trabajadores sociales y sociólogos. Se tienen en cuenta las teorías que sostienen la posibilidad de predecir la felicidad matrimonial y las que subrayan la importancia del papel social de los cónyuges, de su conducta personal y de las relaciones paterno-filiales, así como de que se ofrezca o no una educación

semejante y una adecuada concepción de la vida.—E.F.

matrimonio. 1. Unión en himeneo; unión de hombre y mujer formada por el casamiento.
2. Institución social que constituye la forma reconocida para casarse o fundar una familia. Estado de los casados. Han existido dos formas principales de matrimonio: el monógamo, en el cual un solo varón está unido a una sola hembra, y el polígamo, en el cual existe una pluralidad de maridos (poliandria) (q. vid.) o una pluralidad de mujeres (poliginia) (q. vid.). En muchos pueblos primitivos y en algunos de nuestras antiguas civilizaciones, los matrimonios se concertaban por los padres, en particular por el padre. El matrimonio puede significar una sanción consuetudinaria, legal o religiosa de las disposiciones para fundar una nueva familia. Ha ido acompañado con frecuencia de un intercambio de bienes económicos o de una estipulación para proceder a tal intercambio en un momento posterior. En los países en que predomina la religión cristiana el matrimonio suele celebrarse con la intervención de un oficiante religioso, una vez que las partes han recibido la sanción de la ley civil. Los requisitos legales del matrimonio se establecen con una gran variedad por las leyes de los Estados, regulando la edad, la idoneidad física y mental, el consentimiento paterno, el parentesco, la obtención de licencia y otros factores. Cf. *promesa de matrimonio.* —O.W.

matrimonio a prueba. Todo sistema matrimonial, efectivo o proyectado, ideado para permitir a un hombre y a una mujer vivir juntos en plena intimidad mientras procuran descubrir si son suficientemente compatibles para desear conscientemente que se perpetúe su relación y para permitirles estabilizarla o poner fin a ella sin censura social o pérdida de *status.*

matrimonio clandestino. Unión privada, secular y frecuentemente secreta contraída por un hombre y una mujer sin recurrir a los servicios de la Iglesia o de los funcionarios públicos. Este tipo de matrimonio tuvo su origen en Europa en fecha tan remota como el siglo IX y fué la consecuencia del conflicto entre la iglesia cristiana, que sostenía que el matrimonio era un rito religioso, y la idea arraigada en los pueblos teutónicos y anglosajones de que el matrimonio era un contrato civil. Aun cuando la Iglesia trató constantemente de extender su control sobre el matrimonio, algunos laicos, tanto en el continente europeo como en Inglaterra, porfiaron por practicar una ceremonia privada y algunas veces secreta y clandestina, sin testigos. La dificultad encontrada por la Iglesia en su intento de suprimir estas uniones irregulares se debió en gran medida a su propia defensa de la idea de que si un hombre y una mujer hubiesen contratado con palabras del tiempo presente ("yo te tomo para que seas mi esposa") eran en verdad marido y mujer. En el siglo XII las leyes canónicas relativas al matrimonio establecieron una clara distinción entre matrimonios legales y matrimonios válidos. Las uniones contraídas en la iglesia y bendecidas por el sacerdote eran legales; aquellas en que el hombre y la mujer se consideraban recíprocamente marido y mujer en palabras del tiempo presente (per verba de praesenti), bien ante testigos o secretamente, eran válidas, pero no legales. Debido a que la Iglesia no quería declarar írritos los matrimonios clandestinos e ilegítima la prole de tales matrimonios, estas uniones secretas y seculares se generalizaron desde el siglo XIII al XVI, tanto en el continente europeo como en Inglaterra. Como para los hombres sin honorabilidad era fácil repudiar estas uniones irregulares, con frecuencia se produjeron escándalos públicos como consecuencia de ellas. En el Concilio de Trento, a mediados del siglo XVI, la Iglesia Católica Romana resolvió de plano este intrincado problema. El Concilio decretó que en adelante todos los matrimonios no celebrados en presencia del sacerdote y de dos o tres testigos serían írritos. En Inglaterra, donde el individualismo ha sido siempre muy fuerte, los matrimonios clandestinos se convirtieron en un escándalo público durante los siglos XVI y XVII y contra ellos luchó en vano la iglesia anglicana. Inglaterra no se vió libre de este mal social hasta 1753, fecha en que el Parlamento aprobó la ley Hardwicke. Pero en Estados Unidos el matrimonio clandestino, secular, pero no siempre secreto, subsiste en muchos Estados conforme al "common law".—w.g.

matrimonio con un árbol. Ceremonia, predominante en ciertas partes de la India, que une simbólicamente en matrimonio a un hombre o a una mujer con un árbol; a veces se celebra como parte del ritual matrimonial y otras para permitir a un hermano o hermana más joven casarse antes que otro u otra mayor.—g.p.m.

matrimonio, continencia en el. Véase **continencia marital.**

matrimonio de "common law". Véase **matrimonio clandestino**, in fine.

matrimonio de compañía. Forma propuesta de matrimonio a prueba o provisional, ideada particularmente para los jóvenes que todavía no son capaces de asumir todas las cargas familiares, pero que, no obstante, desean disfrutar de los beneficios de la vida marital. De conformidad con el supuesto, se les instruiría en el manejo de métodos anticoncepcionales y a partir del nacimiento (o posiblemente de la concepción) del primer hijo, quedaría normalizado el matrimonio.

matrimonio en la puerta de la iglesia. En época tan remota como el siglo X, en la Europa occidental, se generalizó la costumbre de que la gifta (q. vid.), o entrega, por su padre, de una muchacha comprometida a su pretendiente, se celebrara en la puerta de la iglesia y en presencia de un sacerdote. El matrimonio se consideraba aún como un asunto secular y privado, basado en el consentimiento de las partes y en la "tradición" o entrega de la novia al hombre. Pero la creciente influencia de la Iglesia sobre el matrimonio se ve claramente en el hecho de que la gifta se celebra ya en la puerta de la iglesia, con la presencia de un sacerdote, en la ceremonia secular, en Inglaterra. Incluso en época tan reciente como el siglo XII, el ritual matrimonial de York mostraba que la parte esencial de la ceremonia del casamiento se celebraba en la puerta de la iglesia. Ante ella se citaba al dotante de la novia; allí el sacerdote preguntaba: "¿Quién da esta mujer a este hombre?" Después de estas formas esenciales del matrimonio, el sacerdote bendecía a la pareja. Sólo entonces penetraba en la iglesia el acompañamiento de los novios para oír la "misa de boda", que era seguida por otra bendición sacerdotal.—w.g.

matrimonio ilegal. Aquel que no puede contraerse conforme a las normas del derecho civil en virtud de impedimentos legítimos de carácter absoluto (matrimonio anterior subsistente, parentesco por consanguinidad entre ascendientes y descendientes y entre hermanos y por afinidad en línea recta). El matrimonio ilegal es nulo de pleno derecho y constituye un delito contra el orden de las familias. Cf. bigamia.—j.c.

matrimonio matrilocal. Tipo de matrimonio de los pueblos primitivos en que el marido tiene su residencia en la de los parientes de la mujer.

matrimonio morganático. El que se celebra entre un hombre de rango y una mujer de posición inferior, quedando excluídos la mujer y su prole del rango y la herencia del marido.—f.w.k.

matrimonio parigual. Forma de matrimonio en la que ambas partes tienen derechos y obligaciones equivalentes. Este tipo de matrimonio sería congruente con la plena emancipación de la mujer y su colocación en un plano social igual al del hombre.

matrimonio patrilocal. Tipo de matrimonio de los pueblos primitivos en que la mujer va a vivir al clan o tribu del marido. El matrimonio patrilocal se encuentra allí donde se ha desarrollado el sistema de parentesco patronímico o paternal. A medida que avanzó la civilización y el poder y prestigio del padre, como combatiente y productor, se generalizó el matrimonio patrilocal. En la antigua sociedad tal costumbre fué universal y se trasmite a través de los tiempos medievales y modernos.—w.g.

matrimonio por cambio. Modo de matrimonio por el cual dos hombres cambian entre sí hermanas o hijas, consiguiendo una mujer, bien para ellos, bien para sus hijos o hermanos.—g.p.m.

matrimonio por compra. Forma matrimonial conforme a la cual un hombre consigue una mujer mediante el pago del precio de la novia (q. vid.) a su padre o parientes, e inversamente, por la que, a veces, una mujer consigue un marido mediante el pago de una dote (q. vid.). —G.P.M.

matrimonio por grupos. Véase **grupos (matrimonio por).**

matrimonio por rapto. Forma de matrimonio por la cual un hombre obtiene una mujer mediante su secuestro, que a veces es verdadero, pero que con más frecuencia es una mera simulación ritual realizada después de haberlo convenido así con sus parientes. Cf. *fuga.*—G.P.M.

matrimonio preferencial. Normas matrimoniales que favorecen o prescriben uniones entre personas emparentadas de cierta manera, por ejemplo, entre primos cruzados (q. vid.). Cf. *levirato, sororato.*—G.P.M.

matripotestal. Véase **matriautoritario.**

matriz. (*estadística*) Título de una fila o renglón horizontal de un cuadro estadístico; frase colocada a la izquierda de un renglón. Debe distinguirse del título o encabezado de columna (q. vid.).—M.Pt.

matriz algebraica. Disposición en rectángulo o tabulación de objetos en renglones y columnas. El grado de la matriz es el número de series que están conjugadas. Una serie de renglones solamente constituye una matriz de primer grado; una serie de renglones conjugadas con una serie de columnas constituye una matriz de segundo grado, en tanto que una tercera serie que hace entrar a cada elemento de una matriz de segundo grado en una formación sagital constituiría una matriz de tercer grado, etc.—S.C.D.

máxima criminalidad, edad de. Véase **edad de máxima criminalidad.**

máxima vigilancia. Véase **custodia máxima.**

mayorazgo. Antigua institución jurídica que vinculaba perpetuamente determinados bienes inmuebles con la familia de su propietario, limitando en consecuencia el poder de disposición *inter vivos* o *mortis causa* en relación con ellos. [Inglés, *homestead*].—J.C.

mayoría. Más de la mitad de un grupo. Este concepto se acepta ampliamente como base de la aministración democrática, política o de cualquier otro carácter. En la práctica puede dar como resultado la subordinación de uno u otro grupo minoritario (q. vid.) y la consiguiente injusticia.

mecanicismo. Teoría que trata de explicar la acción que ejercen sobre el hombre, como organismo biológico, fuerzas externas a él. En este proceso el individuo permanece en un estado pasivo. Una forma de la teoría consiste en el intento de subordinar los fenómenos sociales a categorías derivadas de las ciencias biológicas y físicas. Esto se conoce por el nombre de "analogía mecanicista". Ejemplos de tales nociones analógicas son la masa, la energía, la atracción y repulsión, la ley de menor resistencia, el equilibrio, etc., cuando se aplican a la vida social. —W.E.G.

mecanismo. Estructura o configuración de conducta arraigada gracias a la cual el individuo o el grupo se encuentran preparados y dispuestos para la acción. Entre los ejemplos figuran los reflejos del organismo individual, las actitudes de las personas, y el lenguaje, los usos sociales, los ritos, los mitos y las instituciones del grupo.—W.E.G.

mecanismo de compensación o compensatorio. Sistema o configuración de estructura-función psicofísica por cuya virtud un organismo, persona o grupo, como un todo, responde o se comporta de tal manera que resiste o neutraliza conflictos, dificultades, negligencias y defectos, en un esfuerzo por mantener o ajustar su equilibrio, ecuanimidad e integridad. En cierto sentido la vida entera es una condición-proceso de naturaleza compensatoria que equilibra fuerzas interiores y exteriores. Cf. *mecanismo de defensa, mecanismo de escape.*—T.D.E.

mecanismo de defensa. Sistema o configuración de estructura-función psicofísica por cuya virtud un organismo, persona o grupo, como un todo, responde o se comporta de tal manera que resiste o neutraliza peligros, amenazas, ataques, ofensas, acusaciones, reales o imaginarios, en un esfuerzo por mantener o ajustar su equilibrio, ecuanimidad e integridad. Cf. *mecanismo de escape.*

mecanismo de escape. (*psiquiatría*) Actitud o pauta de conducta mediante la que una persona evita, evade, pospone o intenta escapar de situaciones o problemas desagradables, por distracción, represión, racionalización, disociación o amnesia, bebidas, drogas y huída efectiva.—T.D.E.

mecanización. Substitución, en cualquier proceso productivo, del trabajo humano ayudado de herramientas por maquinaria.

mecenas. Persona que apoya una causa o actividad, colaborador o filántropo que facilita dinero para una actividad u obra, acaso haciendo la donación anónimamente.—N.A.

media. (*estadística*) Suma de cualquier serie de elementos numéricos tales como anotaciones u observaciones, dividida por el número de elementos de la serie. Esta es la media aritmética y es el tipo de promedio más empleado. Cf. *desviación de la media, mediana, modo.*—M.Pt.

media vigilancia. Véase **custodia media.**

mediación. Acto o proceso de intercesión o intervención aplicado usualmente al arreglo de una diferencia; la interposición de una persona u órgano entre otros dos para armonizarlos o reconciliarlos sin el empleo de sanciones directas o indirectas.—F.W.K.

mediador. El que media o interviene para lograr que sea resuelta pacíficamente una discrepancia. —J.C.

mediana. (*estadística*) Promedio que representa el punto de una escala de distribución por bajo y por encima del cual caen la mitad de los casos; punto medio de una distribución de frecuencias.—M.Pt.

medicina, ejercicio ilegal de la. En interés

de la salubridad pública y como garantía y protección de los intereses particulares, el ejercicio de la medicina u otra profesión sanitaria sin ajustarse a las disposiciones reglamentarias correspondientes se considera ilícito y suele ser sancionado como delito por los códigos penales u otras leyes especiales. Cf. *intrusismo*.—J.C.

medicina legal. Disciplina científica auxiliar constituída por el conjunto de conocimientos médicos de aplicación a los fines del proceso penal: valoración y prueba de ciertos delitos, problemas de determinación de la imputabilidad, etc.—J.C.

medicina socializada. Expresión amplia que indica un nuevo interés por la práctica moderna de la medicina; insistencia sobre nuevas formas de la práctica médica ideadas para lograr un tratamiento científico moderno para todo el mundo, haciendo caso omiso de sus ingresos o capacidad de pago, y para hacerlo sistemáticamente y aparte de la benevolencia de los médicos privados y de los gobiernos locales. Por consiguiente, la medicina socializada interfiere, hasta cierto punto, la organización y la obra del movimiento de sanidad pública (*q. vid.*). En sentido lato, la medicina socializada comprende a la medicina del Estado; en un sentido más estricto y exacto, la excluye. Como es posible que la medicina socializada resulte ser un tipo de transición de organización social, su forma es un poco difusa. Alguna de sus características más "radicales" son las diversas formas de organización de grupo que prestan servicio gratuito aparte de los prestados por los médicos privados y por el Estado; lo más frecuente es que vaya asociada al pago previo parcial, de ordinario sobre una base de seguro subsidiado por el gobierno, para que alcance el auxilio a los grupos de ingresos más bajos. Algunas de sus características más moderadas (es decir, más aproximadamente tradicionales) son la práctica de grupo, los planes para el pago total por adelantado (es decir, sin subsidio) de los gastos médicos extraordinarios y urgentes, los planes de hospitales de "la cruz azul", etc. Cf. *cooperativa médica*.—N.E.H.

medidas de seguridad. Providencias aseguradoras de carácter preventivo aplicables, con fines de mejoramiento individual y de readaptación social, a las personas que se encuentran en estado peligroso. Cf. *peligrosidad*. No tienen carácter penal y su aplicación es independiente de que se haya delinquido o no y de que el sometido a ellas sea o no imputable. Constituyen una aportación de la escuela positiva (*q. vid.*) a la moderna criminología. Son medidas de defensa social de carácter administrativo, pero deben ser objeto en su aplicación de las mismas garantías que acompañan al proceso penal. Entre ellas se encuentran: el internamiento (en colonias agrícolas, casas de trabajo, establecimientos de curación y custodia, manicomios y reformatorios judiciales), la libertad vigilada, la interdicción de residencia, la prohibición de frecuentar determinados establecimientos, la expulsión del extranjero, etc. En las medidas de seguridad predominan los fines personales de aseguramiento, curación y reeducación.—J.C.

mediero. Aparcero (*q. vid.*) que se distribuye el producto de la cosecha por mitad con el propietario de la tierra.—J.C.

medio. Campo de estímulo e interacción reales de cualquier unidad de materia viva. Dentro de la célula, cada molécula rodea a las demás; dentro de un tejido, cada célula rodea a las restantes células; dentro de un órgano, cada tejido rodea a los otros; dentro de un organismo, cada órgano rodea y estimula a los demás y es, a su vez, estimulado por ellos. Dentro de la "psique", cada unidad psíquica actúa en un campo de estímulo (o inhibición, estímulo "negativo") desde otras zonas de tensión neural y glandular. El medio del individuo se clasifica en fisiográfico, bionómico, económico, cultural (material y no material, institucional y simbólico) y personal-social. En un grupo, toda persona es parte del medio personal-social de cada una de las demás. El grupo considerado en su conjunto, como sucede con el individuo, está también rodeado por otros grupos. El medio puede definirse asimismo como el campo de adaptación de cualquier organismo vivo, desde la molécula a las Naciones Unidas. Como tal, se confunde con la idea ecológica del *habitat* (*q. vid.*). La concepción del planeta, del sistema solar y del universo como el medio o *habitat* de la humanidad (profetizada en la poesía religiosa) pudiera resultar una visión (*Gestalt*) revolucionaria si se la aceptara como ideología activa.—T.D.E.

medio de cambio. Artículo o mercancía libremente aceptado a cambio de otras mercancías y que constituye un tipo uniforme convencional por el que se miden los valores relativos de las cosas; dinero (*q. vid.*) (en su más amplio sentido).—G.P.M.

medio geográfico. Conjunto de fenómenos naturales que afectan al origen o desarrollo de la vida física o social, como clima, temperatura, estaciones, influencia del sol, cantidad de lluvia, inundaciones, sequías, suelo, minerales, topografía, formaciones de tierra o agua, altitud, latitud y longitud. Aforismos, discusiones y polémicas, desde los tiempos de Aristóteles hasta el momento actual, han tratado de concretar la importancia del medio geográfico, en especial la importancia relativa de la herencia y del medio geográfico. Los conocimientos recientes sobre los mecanismos de la herencia muestran que algunos factores del medio geográfico cooperan y otros perjudican o impiden el desarrollo de algunas características hereditarias. Muchos escritores han tratado de demostrar la importancia del medio geográfico al influenciar o determinar la actividad social.—O.W.

medio social. La sociedad considerada como el emplazamiento de las actividades vitales del individuo. El análogo humano del *habitat* (*q.*

vid.) físico. Suma total de instituciones, formas, configuraciones y procesos sociales que afectan de modo directo al *socius* (q. *vid.*).

mejorador. Aliviador, reparador, curativo, que contribuye al mejoramiento; *(trabajo social)* aplicado a las medidas o tratamientos considerados necesarios para elevar una situación personal o social a tipos de vida aceptados o a la normalidad social (q. *vid.*), alcáncense o no realmente dichos planos.—T.D.E.

mejorar. Enmendar o hacer más tolerables, por ejemplo, las condiciones de vida del aparcero o del habitante de un tugurio. (Término relativo que, hablando con precisión, puede aplicarse correctamente a cualquier situación o condición susceptible de ser corregida, pero que, en realidad, se refiere sobre todo a situaciones o condiciones que están evidentemente necesitadas de un mejoramiento según la opinión de la generalidad.) [Inglés, *ameliorate.*] Análogo de paliar y diferente de remediar. —R.E.B.

mejoras. Gastos útiles y reproductivos que quien tiene algún derecho de dominio sobre la propiedad ajena hace en beneficio de ella y que producen determinados efectos legales (restitución, compensación, etc.).—J.C.

meliorismo. Programa y filosofía de acción en donde se trata de evitar los extremos del pesimismo y el optimismo. Reconoce los hechos reales de la situación y con sus planes sólo pretende hacer frente a las exigencias de una mejora parcial.—B.B.W.

meliorista. Terapéutico y realista; basado en una teoría de reforma gradual. Cf. *meliorismo.*— B.B.W.

menchevique. Derivado de *menshinstvo* (que significa minoría), se relaciona con el segundo congreso del partido social-demócrata ruso que se celebró en Bruselas y en Londres en 1903, donde el grupo en cuestión quedó en minoría en las elecciones del comité central. En realidad los mencheviques integraban, numéricamente, la mayoría de los afiliados socialistas en la Rusia prerrevolucionaria. Representaban el ala moderada del Partido Obrero, que patrocinaba las ideas de un socialismo evolutivo, las técnicas democráticas y la colaboración con los partidos de la clase media. La victoria definitiva del bolchevismo tuvo como consecuencia la eliminación de los mencheviques de Rusia. Cf. *bolchevique.*—S.N.

mendacidad. Hábito o costumbre de mentir. Contrario de veracidad. La protección jurídica que se dispensa a la verdad es una de las bases de la seguridad en las relaciones sociales. Se refleja en la sanción como delitos de las falsedades (documentales, testimoniales, etc.), simulaciones (fraude, estafa) y otros engaños, tanto en la esfera de las relaciones patrimoniales como en la de las relaciones sexuales, etc.—J.C.

mendeliano. Referente a Mendel o a sus leyes de la herencia; de modo más concreto, lo relativo a los procesos de la transmisión hereditaria

realizada por los cromosomas. Cf. *proporción mendeliana.*—F.H.H.

mendicante. Perceptor de limosnas.—J.M.R.

mendicidad. Estado y situación de mendigo. Acción de mendigar, pedir limosna o solicitar el favor ajeno con insistencia y humillación. Es una manifestación de desajuste social. Como correlato de la asistencia social organizada en las modernas sociedades para atender a las personas económicamente desvalidas, suele prohibirse el ejercicio de la mendicidad. So capa de mendicidad pueden encubrirse actividades socialmente peligrosas. En consecuencia, cabe considerar el ejercicio de la mendicidad como un índice de peligrosidad que dé lugar a la imposición coercitiva por el poder público de determinadas medidas de seguridad legalmente previstas para conseguir la readaptación social del mendigo.

La mendicidad puede ejercerse también en nombre e interés colectivo, como una manifestación de los votos religiosos de humildad y pobreza (órdenes mendicantes) o por espíritu de solidaridad y asistencia fraternal, para redistribuir después entre los menesterosos el producto obtenido de su ejercicio. A estas formas de mendicidad no son aplicables los conceptos anteriormente expuestos.—J.C.

mendigo. El que de modo habitual solicita dinero u otras cosas de personas o instituciones no obligadas socialmente a su mantenimiento, sin ofrecerles nada equivalente en compensación. [Inglés, *beggar.*]

Mendicante, pordiosero, persona que solicita dinero de los transeúntes, que habitualmente pide limosna como una forma de promover la beneficencia privada en provecho de los menesterosos. [Inglés, *panhandler.*] Cf. *mendicidad.*—N.A.

menor, derecho del. Véase **ultimogenitura.**

menor edad. Concepto biológico impreciso del que derivan efectos diversos de orden jurídico y administrativo. Biológicamente es de menor edad la persona que todavía no ha alcanzado su madurez orgánica y la plenitud de su desarrollo. Jurídicamente la minoría se determina con referencia a las distintas edades en las cuales fijan las leyes la plenitud de la capacidad civil y política y de la responsabilidad criminal. Las leyes administrativas pueden establecer asimismo otros topes de edad en relación con los cuales cesen o comiencen a producirse determinados efectos. En general la menor edad da lugar a un tratamiento tutelar del Estado sobre los niños, es causa de excepción o limitación en la capacidad jurídica en sus distintas manifestaciones y da lugar al nacimiento de jurisdicciones especiales de carácter protector. Con el mismo fundamento tuitivo se extienden los beneficios de la menor edad a los adultos anormales. Cf. *tribunales de menores.*—J.C.

menores delincuentes. Véase **tribunales de menores.**

"mens rea." Todo crimen se compone de dos

elementos, el externo (acto u omisión criminal) y el interno (elemento mental o "intención criminal"). Éste último es la *mens rea*. La *mens rea* es el estado particular de la psique que acompaña al acto externo concreto considerado criminal y lo determina. Por consiguiente, la *mens rea* o elemento psíquico será diferente en cada crimen. Así, en el delito de receptación, la *mens rea* es el conocimiento de que tales objetos son de ilícita procedencia; en el asesinato, la *mens rea* es la premeditación; en el hurto, la intención de robar, etc. Cf. *"animus".*—N.F.C.

mentalidad de clase. Véase **clase (mentalidad de).**

mentalidad de grupo. Véase **grupo (mentalidad de).**

mentalidad de motín. Véase **motín (mentalidad de).**

mentalidad de multitud. Estado psíquico de los miembros de una multitud que ha llegado a un alto grado de excitación emotiva y se encuentra empeñada en una acción no razonada o impulsiva.

mentalidad democrática. Conjunto de actitudes, ideas y creencias en cuestiones de interés social compartidas por los miembros de una sociedad en la que existe igualdad de oportunidad y de derechos y en la que no domina una clase privilegiada. Por consiguiente, sólo puede desarrollarse en una sociedad sin clases.—M.PM.

mentalidad semejante. Semejanza de contenido psíquico y/o de procesos psíquicos por parte de dos o más personas. [Inglés, *like-mindedness*].—M.S.

mentalidad social. Espíritu social (*q. vid.*).

mercado de trabajo. Expresión general que sirve para designar aquella esfera de relaciones económicas en la cual los patronos buscan obreros y éstos colocación. En algunos respectos, el mercado de trabajo, al igual que el mercado de mercancías, está regulado por las leyes de la oferta y la demanda. Existen en este mercado, como en el de mercancías, diversas influencias interferentes, de carácter social, económico o político, que pueden condicionar la disponibilidad de los trabajadores haciendo caso omiso de la demanda de trabajo. Las disposiciones de los contratos colectivos entre sindicatos y patronos pueden excluir clases enteras de obreros. El mercado de trabajo se fracciona en muchos mercados menores debido a las clasificaciones de los obreros, a los tipos de ocupación y a la disponibilidad tanto de los obreros como de las colocaciones. Para las clases de trabajo que exigen poca capacitación el mercado puede ser más limitado en superficie que para oficios cualificados solicitados sólo de manera ocasional e intermitente o respecto a los cuales la demanda puede ser de ámbito nacional.—N.A.

En el empleo corriente de la expresión, sólo las personas que constituyen la fuerza de trabajo se dice que participan en el mercado de trabajo. De los estudiantes y otras personas que no han formado parte de la fuerza de trabajo se dice que "han entrado en el mercado de trabajo" cuando comienzan a trabajar o a buscar colocación.—S.C.M.

mercancías robadas. Véase **receptación, receptador.**

mercantil, coyuntura. Véase **coyuntura mercantil.**

mesaticefalia. Véase **mesocefalia.**

mesías. En el Cristianismo, el Ungido, es decir, Cristo. Todo líder religioso fundador de un culto revolucionario que promete a sus adeptos una vida nueva y mejor en el presente o en el futuro.—E.A.H.

mesocefalia. Cabeza de anchura media, con un índice cefálico (*q. vid.*) que fluctúa entre 77 y 82. Cf. *braquicefalia, dolicocefalia.*—G.P.M.

mesognatismo. Posesión de un perfil facial intermedio, es decir, un ángulo de perfil facial que fluctúa entre 80° y 85°. Cf. *ortognatismo, prognatismo.*—G.P.M.

mesorrinia. Nariz de anchura media, es decir, índice nasal (*q. vid.*) que fluctúa entre 47 y 51 medido sobre el cráneo, o entre 70 y 85 medido sobre la cabeza viva. Cf. *leptorrinia, platirrinia.*—G.P.M.

mestizo. Persona de sangre mezclada; especialmente en Hispano-América, el vástago de un europeo y de una india americana.—G.P.M.

meta social. Fin, objetivo, proyecto o plan propuesto, deseado o perseguido por el esfuerzo colectivo.—N.L.S.

metabolismo. Conjunto de los intercambios de materia y energía que tienen lugar entre los organismos vivos y su medio exterior y estado de equilibrio que de ellos resulta entre los procesos de asimilación (anabólicos) y desintegración (catabólicos).

metabolismo social. Equilibrio entre la absorción de la materia prima, la conservación de la energía y el resultado (producción, eficiencia) en la economía social. La fase "catabólica", sin embargo, no es destructora, salvo por sí misma, y, por consiguiente, no debe considerarse equivalente a la desorganización social; de modo análogo, el proceso de organización tampoco puede considerarse de modo exclusivo como "anabólico": la organización puede consumir energía pero asimismo crearla dentro de una relación normal y equilibrada. Cf. *anabolismo social, catabolismo social.*—T.D.E.

metamorfosis. Transformación de una cosa en otra. Cambio o variación en la forma, funciones o género de vida, que se produce en un momento crítico (*q. vid.*).—J.C.

metempsicosis. Transmigración de las almas; reencarnación (*q. vid.*).

metaposcopia. Práctica de la adivinación mediante la interpretación de los rasgos faciales. Cf. *fisiognómica.*—J.C.

método comparativo. Véase **casos culturales (estudio de), tipología constructiva.**

método conceptual. Método de estudio de una ciencia que concede interés primordial al esclarecimiento de sus conceptos básicos, empleándolos después como "instrumentos" para un análisis ulterior y para la organización, aplicación e interpretación de sus materiales. Al lado de éste se dan otros métodos, como el histórico o el que comienza por el análisis de un problema. Todos contribuyen a su manera al conocimiento científico.

método del artista. Para el artista, su obra es, en el fondo, la expresión de un conflicto entre su mundo interior y el externo. Trabajando con arreglo a ciertas tradiciones de producción, creará, de ordinario de modo inconsciente, su propio estilo. En su obra de arte puede dar testimonio de su comprensión de la vida y de sus convicciones morales. Sin embargo, aquella comprensión no se convertirá en ciencia, ni la expresión de su convicción se hará religiosa. Tanto la ciencia como la religión son válidas tan sólo dentro de sus propios sistemas, y la obra de arte, aunque a veces pueda ser instrumental, no es indispensable para la misión científica o religiosa. El artista es independiente de todo sistema particular de valores.—J.H.B.

método experimental. Rama de la inducción que trata de confirmar o desechar alguna conclusión provisional mediante observaciones o demostraciones repetidas.—H.A.P.

método genealógico. Método que se emplea en el trabajo de campo antropológico y consiste en obtener *pedigrees*, ordenarlos en cuadros genealógicos y organizar la información recogida a fin de construir, inductivamente, el sistema de organización social, el modo de computar la descendencia y la herencia. etc.—G.P.M.

método objetivo. Actitud respecto a una situación en la que las evaluaciones culturales o de grupo y el interés o prejuicio personal están ausentes o de tal modo dominados que sus efectos se reducen al mínimo. Se da un enfoque objetivo, en la medida en que se aminoran las tensiones personales que producen una observación o interpretación tendenciosa o se las reconoce de modo franco disociándolas del proceso de investigación. [Inglés, *objective approach*].—T.D.E.

método subjetivo. Actitud frente a una situación en la que se tolera que las estimaciones o valoraciones culturales, de grupo o personales, influyan de algún modo sobre la observación y el juicio; actitud admisible en nuestra civilización cuando se adopta por un practicón, poeta o artista, o en las apreciaciones de la vida cotidiana, pero que se considera incompatible con un riguroso método científico. [Inglés, *subjective approach*].—T.D.E.

métodos mnemotécnicos. Los que se emplean en la investigación (psiquiátrica, social, etc.) para excitar la memoria del sujeto de la investigación. Sustancialmente dichos métodos son el de recuerdo espontáneo [*unaided-recall technique*], en el que no se facilita al informante indicio alguno que le ayude a recordar una situación determinada, y el de recuerdo provocado [*aided-recall technique*], en el que se facilita o ayuda al informante presentándole una relación de casos o ejemplos de los que debe señalar los que le conciernen, o mediante un interrogatorio adecuado. El primero de estos métodos se emplea mucho en la investigación de mercados y en el análisis de los auditorios radiofónicos. En este último caso, por ejemplo, se preguntaría al informante: "¿Qué programa de radio escuchó usted ayer?" (recuerdo espontáneo), o bien se le invitaría a señalar dicho programa en una lista de todos los que se radiodifundían en el momento en cuestión (recuerdo provocado).—M.Pt.

métodos sociológicos. En general, por lo que respecta a la investigación, los métodos sociológicos son en esencia los mismos que se ofrecen en cualquier otra rama de la ciencia. Consisten en: *1)* prestar atención a algo que se muestra como un rasgo todavía no bien definido de la situación social o que la perturba, y que como tal incita la averiguación; *2)* construir una hipótesis acerca de su naturaleza, es decir, buscar su identificación situándola en su posición funcional en el plano de experiencias más familiares, lo que significa la atribución de distintos caracteres por vía de ensayo; *3)* semejante intento de fijación del significado depende en su validez de la amplitud de la investigación y experimentación realizadas (la reunión de los datos acerca de fenómenos que se sabe están relacionados con el medio de que se trata, con el fin de obtener alguna luz respecto a su carácter o sentido); *4)* el resultado es una definición más exacta y una clasificación tanto del hecho de que se trata como de la vida de la comunidad en la que se inserta.—C.J.B.

metronímico. Derivado del nombre personal o de familia de la madre u otro pariente matrilineal. Cf. *patronímico*.

metronímico o del nombre de la madre, sistema. Forma de organización social de las tribus primitivas en la que el parentesco se hace derivar solamente de las madres. En algunas tribus, como las de los malayos, la relación del padre con sus hijos se ignoraba por completo. En el sistema matrilocal, en el que el marido va a vivir con los parientes de su mujer, no sólo el parentesco sino también la propiedad se transmitían a través de las mujeres. Entre los indios pueblo del sudoeste de Estados Unidos es donde quizá ha alcanzado este sistema su más plena expresión. En esta tribu el parentesco y la propiedad se transmiten por la línea femenina, propietaria del hogar y de todos los bienes de la casa. Si surge alguna dificultad entre el marido y los parientes de su mujer, éstos pueden expulsarlo de la casa y obligarle a regresar a la de su madre, que es, en realidad, la suya.

metrópoli. Ciudad grande y principal, rodeada por lo regular de comunidades urbanas contiguas o cercanas que dependen más o menos, económica y socialmente, de la metrópoli. Cf.

área *metropolitana, distrito metropolitano.*—
E.E.M.

migración. Forma de movimiento de población
que en el curso de la evolución cultural sigue
a la dispersión (*q. vid.*). Los que participan en
ella, además de una cultura económica y de
una inteligencia avanzadas, poseen ya los conocimientos geográficos suficientes para saber lo
que hacen. El movimiento obedece a un plan,
a un propósito y a una voluntad reflexiva. Se
produce con la rapidez que permiten los medios
de transporte. En general, la migración se produce en la época histórica y ofrece cuatro formas principales y características: la invasión, la
conquista, la colonización y la inmigración (*q.
vid.*).

migración interior. Movimiento de población
dentro del territorio principal de una unidad
política. Debe distinguirse del movimiento hacia las colonias de la metrópoli. Cf. *colonización, inmigración.*

migrante. El que participa en un movimiento
migratorio. Cf. *migración.*

"milieu." Ambiente, medio (*q. vid.*). Tal es su
significado en francés. Carece de traducción
exacta en inglés.—W.C.H.

Más específicamente se emplea para denotar
el ambiente criminal, del hampa o de los bajos
fondos.—J.C.

"millet." Comunidad sagrada (no local), vecinal-
mente accesible y socialmente aislada que disfruta, en la mayor parte de los aspectos de su
vida, de autonomía en su organización y regulación de naturaleza casi teocrática, no obstante
encontrarse dentro del territorio de un Estado
dominante. Los ejemplos más característicos han
sido las diversas comunidades cristianas existentes en el Imperio Otomano (1299-1922); cada
una constituía una *ecclesia* con sus propias tendencias sectarias y en ellas el patriarca era, al
mismo tiempo, gobernante secular y los miembros de la jerarquía solían desempeñar funciones
civiles. Semejante organización se veía con simpatía por los sultanes porque la ley, administrada por ellos, con la colaboración de los eclesiásticos musulmanes, tenía carácter sacro para el
Islam y sus fieles.—D.E.W.

mimesis. Imitación y remedo de una persona,
su modo de hablar, sus gestos, ademanes o
actitudes. Cf. *expresión mimética, respuesta
mimética.*

minería. Extracción de la tierra de materiales
no reemplazables. No sólo comprende la extracción de sólidos como el carbón, el cobre, el
granito, etc., sino también la de líquidos, como
el petróleo, y el gas. El proceso de la minería
agota verdaderamente la tierra y, de ordinario,
da como resultado la disminución de los recursos
naturales, porque dichos materiales raramente
son recuperables después de su consumo definitivo.

minifundios. Pequeñas propiedades agrícolas. Cf.
latifundios.

mínima vigilancia. Véase **custodia mínima.**

minoría. Menos de la mitad de cualquier grupo.
En la práctica, el término se aplica por lo
común a las subdivisiones de una sociedad integradas por un número tan pequeño de miembros que sólo disfrutan de un potencial social
(*q. vid.*) limitado. Cf. *grupo minoritario.*

mir. Asamblea o "consejo" de aldea de la antigua
comunidad rusa. Algunas veces, aunque en rigor
de modo incorrecto, se emplea para designar a
la aldea de la antigua Rusia considerada como
una comunidad.—N.L.S.

miseria. Escasez extrema de algo, de alimentos
en particular, presente en gran escala en una
sociedad terminada.—R.E.B.

misionero. Extranjero sagrado vocado a la conversión (*q. vid.*) de individuos no pertenecientes a su grupo ni a su propia fe, haciéndolos
fieles de su iglesia.—D.E.W.

misiones. Organizaciones encargadas de la actividad de los misioneros (*q. vid.*); instituciones
de las organizaciones religiosas de una u otra
denominación cuya acción consiste en lograr
conversiones.—D.E.W.

mismidad. Originalidad subjetiva que da a cada
personalidad (*q. vid.*) su propio foco de conciencia y su punto de vista para la observación
y la acción; peculiaridad de la experiencia
íntima de cada personalidad. [Inglés, *selfhood.*]
Cf. *individualidad.*—H.H.

mitad. Una fratria o gran sib (*q. vid.*) allí donde
la tribu está dividida originalmente en esos dos
grupos semejantes. Cf. *organización dual.*—
G.P.M.

mítico. Referente a una creencia, persona u objeto cuya existencia no está demostrada. Derivado del mito o de la leyenda.—E.A.H.

mitigación de la pena. Reducción de la severidad de la pena legalmente asignada al responsable de la comisión de un delito en razón a
ciertos aspectos personales especiales del caso
o de las circunstancias que concurren en él.
Cf. *atenuación, atenuantes (circunstancias).*—
N.F.C.

mito. Relato tradicional de significado religioso;
en particular, una narración de las acciones de
seres sobrenaturales o una explicación ficticia,
en forma narrativa, del origen de los ritos religiosos, de los usos sociales o de los fenómenos
naturales.—G.P.M.

mitología. Conjunto de mitos (*q. vid.*) de una
cultura determinada, o estudio científico de los
mitos en general. Cf. *folklore.*—G.P.M.

mixigenación. Mezcla de estirpes raciales diferentes mediante la hibridación física. Es el
proceso primario de la amalgama (*q. vid.*). En
el uso corriente, la expresión tiene un sentido
algo peyorativo. Es probable que esto se deba
a dos factores: primero, a la confusión de la
sílaba "mix" (de una raíz latina que significa
"mezclar") con una forma análoga que significa error o mal; y segundo, a la creencia
generalizada, pero no demostrada, de que toda
mezcla de razas que exceda de ciertos límites
circunscritos es desfavorable. La verdad cientí-

fica respecto a los efectos socialmente importantes de la mixigenación no ha quedado establecida todavía.

mixtificada, muestra. Véase **muestra mixtificada.**

mnemotecnia. Arte o método que, mediante ciertas reglas, procura aumentar las facultades y alcance de la memoria e incluso formar una memoria artificial. Cf. *métodos mnemotécnicos.*

moda. 1. Variaciones continuas, relativamente efímeras y socialmente aprobadas, en el vestido, el mobiliario, la música, el arte, las maneras de hablar y en otros aspectos de la cultura. De ordinario estas variaciones comprenden detalles de una forma más permanente prescrita por la costumbre o la convención.

Los cambios de la moda no se fundan en ninguna superioridad utilitaria o artística de lo nuevo sobre lo viejo. Aunque el fenómeno de la moda, en su conjunto, desempeña ciertas funciones, sus contenidos particulares son culturalmente indiferentes. Es la novedad más bien que la tradición lo que recomienda una moda. Debido a la insignificancia funcional de una moda, acomodarse a ella tiene como motivación, en gran medida, el prestigio que se deriva del mero hecho de aceptar sus dictados. El hábito y el prestigio de que está nimbada la moda corriente afectan al gusto del público, al extremo de que se la sigue también porque parece bella y conveniente.

Las costumbres y los convencionalismos son más duraderos que la moda y las primeras se relacionan del modo más íntimo con la manera de vivir y la cultura general del grupo. Las extravagancias colectivas son más superficiales y efímeras. La frecuencia de los cambios hace que la sumisión a la moda sea más consciente que la sumisión a las costumbres.

2. Cualquier forma cultural relativamente efímera, por ejemplo, una doctrina filosófica, un estilo artístico que logra prestigio, aunque intrínsecamente importante, es objeto de imitación superficial por algunas gentes en virtud del prestigio que se deriva de la conformidad. Cf. *imitación de la moda.*—M.K.

3. *(estadística)* Modo (2) *(q. vid.).*

modal. Referente a un modo o al modo.—T.D.E.

modalidad. En una determinada población estadística, grupo-tipo o categoría de fenómenos y con respecto a los grados de un rasgo, tendencia a ser distribuídos de tal manera que se desvíen del modo *(q. vid.).*—T.D.E.

modelación de la conducta. Proceso psico-social en virtud del cual se conforma la conducta de modo definido con arreglo a los modelos a que responde la persona. En su forma más sencilla la modelación de la conducta consiste en la adquisición de modos sencillos, sea un gesto o una manera de expresarse. En sus aspectos complicados implica la adquisición progresiva de capacidades, actitudes y concepciones de vida como las que pueden tener un solda-

do, una enfermera, un tonto de circo o un político. Se supone que la modelación de la conducta se produce en asociación. Es algo más que aprendizaje, imitación y sugestión, aun cuando implica todas estas cosas en mayor o menor medida. En su plano más complicado es un desarrollo de la personalidad, mediante la experiencia y la asociación, que afecta a los hábitos, actitudes y valoraciones. En este plano produce tipos sociales.—W.C.R.

modelo moral. Aquello que las costumbres, la autoridad, la tradición o el consentimiento general establecen como un modo o ejemplo de vida; nivel, grado, criterio o ideal de conducta preciso, por el cual se juzgan las actitudes, los hábitos y los actos sociales. Modo elevado de vida considerado esencial para el bienestar humano y deseable para la pureza personal.—M.H.N.

modificación recíproca. Cambio que se produce cuando los organismos, procesos o cosas tropiezan unos con otros y cada uno de ellos se altera en el proceso. La intercomunicación simbólica entraña una modificación recíproca de las partes que en ella intervienen.—A.R.L.

modificar. Alterar o cambiar; el término se emplea con más frecuencia con relación a un cambio menor o que lleva consigo cierto compromiso.—N.A.

modo. 1. Forma variable que puede recibir o no un ser sin que por ello se cambie o destruya su esencia.

2. *(estadística)* Promedio definido como el valor de un registro o medida que más veces se presenta en una distribución de frecuencias.—M.Pt.

"modus operandi." Sistema para identificar al autor de un delito examinando el procedimiento que empleó en su comisión. Se basa en la teoría de que todo delincuente profesional tiene su técnica delictiva peculiar. Fué ideado por el mayor Atcherley de Yorkshire, en Inglaterra. Es un sistema de policía científica complementario del dactiloscópico.—J.L.G.

momento crítico. El decisivo en una crisis; o (por analogía con los puntos críticos de la física o de la penetración visual) momento histórico en el que la definición nueva o revolucionaria de una situación cultural se percibe como la revelación de "nuevos cielos y tierras" y se produce una metamorfosis o transmutación social. La desorganización o disolución pueden también seguir al momento crítico.—T.D.E.

"momento" del grupo. Fuerza ejercida sobre los miembros de un grupo. La fuerza acumulativa del cuerpo entero, que tiende a mantener todo lo que se mueve en una dirección general y a vencer el retardo temporal de las partes o los esfuerzos para cambiar la dirección del interés.—M.C.E.

momificación. Práctica de conservar los cuerpos muertos, especialmente mediante el embalsama-

mongrel
moralidad de clase

miento, la disecación y el fajado con vendas.
Cf. *entierro.*—G.P.M.

mongrel. Planta o animal de casta mezclada. Es
un término vulgar, no científico y, por consiguiente, no tiene un sentido preciso. Suele
emplearse, a veces despectivamente, para designar personas o grupos de ascendencia racial
mezclada.—F.H.H.

monoandria. Forma de matrimonio en la que
un hombre está unido, de ordinario, a una sola
mujer en un cierto momento, aun cuando no
por necesidad de manera permanente o con exclusión de la poliginia (*q. vid.*) en casos particulares. Cf. *matrimonio, monogamia.*—G.P.M.

monocracia. Literalmente, gobierno por un solo
individuo; estado o condición de los asuntos
humanos en el que la organización gubernativa
está bajo el control de un solo individuo; autoridad indivisa. Cf. *autocracia.*—F.E.L.

monocultivo. Cultivo de un solo fruto u otro
producto exportable con exclusión de otros.—
G.P.M.

monogamia. Forma de matrimonio, socialmente
aprobada e institucionalizada, en la que un
hombre está unido a una mujer con exclusión,
en principio, de toda pluralidad de esposas. Cf.
monoandria, poliandria, poliginia.—G.P.M.

monopodial. Véase **simpodial.**

monopolio. 1. Posesión sin competencia de cualquier objeto o acceso al mismo. El monopolio
puede ser parcial o completo, temporal o permanente. El grado del monopolio varía en
razón inversa de la competencia (*q. vid.*). El
monopolio de hecho es siempre tolerado socialmente y puede estar aprobado o garantizado con
ese carácter. El empleo más corriente del término se refiere a los recursos naturales u otros
materiales o funciones económicos.

2. Empresa en la que el elemento competencia está total o parcialmente eliminado. Este
control exclusivo se ha desarrollado de manera
especial en el campo de la economía (control
o posesión exclusivos de una mercancía o servicio que lleva consigo la facultad de establecer
su precio o la extensión de su uso). Aun cuando los elementos del control monopólico fueron
también corriente en la sociedad medieval
(gremios artesanales, etc.), no se desarrolló plenamente en la teoría y en la práctica hasta fines
del siglo XIX; se le identifica muchas veces con
la etapa más reciente de la evolución económica,
es decir, con el capitalismo de un Estado monopolista. El totalitarismo, en la forma en que lo
practican las dictaduras modernas, representa un
"tipo ideal" del monopolio político, por su
completa supresión de toda acción competidora
independiente y su exclusivo control del poder
y de los privilegios, organización y masas del
Estado.—S.N.

monopólico. Perteneciente o relativo al monopolio.

monopsonio. Denominación especial del monopolio relativo a la compra de servicios de tra-

bajo o a otros factores distintos de la venta
de mercancías.—J.C.

monozigótico. Que resulta de un solo zigote
(*q. vid.*) Cf. *gemelos monozigóticos.*

moral. 1. Temple de ánimo con que un grupo
o sociedad lleva a cabo su tarea. Así se habla de
la moral de guerra, de la moral de un equipo,
de tropas desmoralizadas.—J.M.E.

2. Relativo a la moralidad, a la rectitud y a
la injusticia, al bien y al mal. Acorde con el
código moral (*q. vid.*) dominante. Cf. *arquetipo
moral, comunidad moral, conducta moral, fenómenos morales, freno moral, imbécil moral,
rezago moral.*

moral cristiana. Concepción de la moral social
que acepta como criterio fundamental de valor
las enseñanzas de Jesús y de la iglesia cristiana.
—H.H.

moral, doble. Véase **doble moral.**

"moral holiday." Expresión muy frecuente en
los Estados Unidos para indicar aquellas ocasiones en que individuos normales y cumpli-
dores de la ley incurren, no obstante, en determinadas transgresiones. La víspera del día de
año nuevo, la de la elección presidencial, las
convenciones nacionales de las diferentes fra-
ternidades, etc., son ocasiones de ese tipo.
Determinadas tensiones pueden resolverse en
ellas en forma de alboroto, asalto y destrucción
de la propiedad. Se prevé la ocurrencia de tales
desmanes en dichas ocasiones y de ordinario
tanto el fiscal como la policía se muestran in-
dulgentes con respecto a ellos. Sólo algunos de
dichos delitos son perseguidos. En español podría decirse "tregua moral".—N.F.C.

moral social. En la sociología de lengua inglesa
(en la norteamericana en particular) suele emplearse este término para referirse a las costumbres que han alcanzado una sanción supra-
rracional (teológica, ideológica, etc.) o que se
considera que forman parte del código moral
(*folkways, mores*). [Inglés, *morals*].—T.D.E.

moral, ideales de. Véase **ideales morales.**

moralidad. Esencia del código moral (*q. vid.*) y
conformidad con él. De modo concreto, la moralidad, por lo que respecta a los miembros de
una sociedad determinada, sólo puede definirse
en función del código moral de dicha sociedad.
No existe una moralidad universal salvo en la
medida en que ciertos *specimens* de conducta
se incluyen en los códigos morales de todas las
sociedades. Hay que hacer una distinción tajante
entre moralidad y ética (*q. vid.*), que es el
estudio filosófico de los fundamentos de la conducta buena y mala y es, por esencia, suprasocial. Los arquetipos éticos son cosa de convicción individual, aun cuando influidos por el
medio cultural y derivados de él en gran medida. Los mandatos éticos pueden exigir, con
frecuencia, a determinados individuos que in-
frinjan el código moral, es decir, que practi-
quen la inmoralidad. Cf. *costumbres.*

moralidad de clase. 1. Ideas morales de una
clase social. Los miembros de la misma tratan

190

de inculcar los principios morales en su propia conciencia y de imponérselos recíprocamente y a sus hijos. Se distingue de las normas de conducta moral o de las costumbres a que prestan su adhesión los miembros de la clase por necesidad u oportunismo. 2. Grado de adhesión de los miembros de una clase, o del conjunto de ellas, al código moral general de la sociedad de que forman parte. Virtud de clase. Se define, de ordinario, en relación con las diversas clases de la sociedad, desde el punto de vista de alguien en el seno de una clase, como, por ejemplo, en las doctrinas criminológicas inspiradas en la idea de clase.—A.M'C.L.

moralidad de grupo. 1. Ideales morales especiales de un vecindario, grupo profesional, religioso, político o de otro carácter. Algunas veces cristalizan en códigos de moral, articulados, precisos e impresos. En este sentido, la moralidad de grupo contiene un fuerte elemento de racionalización de las prácticas usuales que él considera necesarias y convenientes, de sus procedimientos y de su *status* social. Cf. *moralidad de clase* (1). 2. Grado de adhesión de los miembros de un grupo al código moral general de la sociedad de la cual forman parte. Cf. *moralidad de clase* (2).—A.M'C.L.

morbidez. Condición malsana o morbosa; enfermedad o desorden; preponderancia o importancia de la enfermedad en una población en un momento determinado; porcentaje o incidencia de la enfermedad según lo indica la frecuencia de los ataques o el número de casos nuevos de una enfermedad particular por unidad de tiempo y población.—C.V.K.

mordaza. Aparato que cubre la boca de una persona para impedirle hablar o que se oigan sus palabras o lamentos. Está construido de tal forma que se adapta a la cabeza y queda convenientemente asegurado. Antiguamente se utilizó como pena simbólica de índole talional que se aplicaba a los maldicientes ordinarios. [Inglés, brank].—J.L.G.

"mores." Costumbres. Usos sociales que por asentimiento general se consideran favorables para el bienestar de la sociedad. Por ejemplo: tener una sola mujer. Costumbres elementales. Su infracción se sanciona de modo más solemne y severo que en el caso de los usos sociales; hasta puede llegar a serlo por el derecho.—A.G.K.

morético. Forma adjetivada de *mos* (plural, *mores*), costumbre. Se emplea para evitar la confusión que ocasiona la utilización del adjetivo "moral" tanto en sentido ético como en su acepción sociológica behaviorista.—A.M'C.L.

morganático, matrimonio. Véase **matrimonio morganático.**

morón. Persona de mentalidad deficiente cuyo cociente de inteligencia oscila entre 50 y 69 y que tiene una edad mental de 7 a 12 años. El morón ocupa el lugar más próximo a la normalidad en la clasificación de la deficiencia mental. Por esta razón, son las personas más difíciles entre todas las de inteligencia subnor-

mal, pues su fácil adaptabilidad social les permite escapar a toda observación, pero bajo la influencia de condiciones sociales desfavorables son incapaces de asumir la responsabilidad de sus propios actos, causando así dificultades insólitas y graves problemas.—J.W.M'C.

mortalidad. Calidad de mortal; número de muertos o porcentaje de fallecimientos en una población determinada. Cf. *coeficiente de mortalidad.*—C.V.K.

mortalidad de la justicia criminal. Véase **justicia criminal (mortalidad de la).**

mortalidad infantil. Fallecimiento de niños menores de un año. Porcentaje de mortalidad infantil: número de fallecimientos de niños menores de un año durante un año por cada 1,000 nacimientos viables durante dicho año. —C.V.K.

mortificación. Elemento subjetivo de menoscabo o agravio moral en el sentimiento del honor, típico del delito de injuria (q. *vid.*), y que en ciertas condiciones (buena fama y reputación, etc.) es valorado socialmente, dando lugar a la consiguiente protección jurídico-penal. Dado su peculiar carácter, la mortificación puede causarse con independencia de las circunstancias externas (publicidad, falsedad, etc.) que caracterizan a otros delitos contra el honor como la calumnia y la difamación (q. *vid.*).—J.C.

"mos." Singular de *mores* (q. *vid.*).

mostrencos, bienes. Los que, por carecer de dueño conocido, se aplican al Estado.—J.C.

motín. 1. Multitud activa frente a un objetivo común; de ordinario violenta; a menudo ha pasado antes por una situación de desorientación e intranquilidad o ha estado sometida a una cortina de sugestión y a ciertos estímulos "galvanizadores" o "polarizadores" de símbolos, o a la presión demagógica. Cf. *multitud.*— T.D.E.

2. Delito consistente en la concurrencia o reunión de muchas personas en un mismo lugar para una acción común ilícita, que ofrece el aspecto de un movimiento poderoso.—J.C.

motín, mentalidad de. Alto grado de tensión emocional que mueve a los individuos de una multitud haciéndoles adoptar una conducta colectiva irresponsable y agresiva.—J.M.R.

motivación. Proceso de iniciación de una acción consciente y voluntaria. Cf. *motivo.*

motivar. Acción de proporcionar un estímulo adecuado para inducir a una acción deliberada y voluntaria. Cf. *motivo.*

motivo. 1. Impulso, o combinación de impulsos, adecuado para inducir a una acción consciente y voluntaria. Un motivo es, de ordinario, un compuesto de sentimientos, apetitos, inclinaciones y acaso impulsos instintivos. Se objetiva como un interés y, a menos que se vea impedido por obstáculos internos o externos, conduce a una acción en persecución de dicho interés.

2. La consideración de los motivos determinantes de la conducta delictiva puede ejercer notable influjo en la determinación de la res-

ponsabilidad criminal. En tal sentido destacó su importancia la escuela positiva, valorándolos moral y socialmente. Dentro de la dogmática jurídico-penal cabe considerar al motivo como uno de los elementos de la culpabilidad.—J.C.

movilidad de la población. Véase **población (movilidad de la).**

movilidad del trabajo. Cambios de posición dentro de la población trabajadora. Los tipos más comunes de tal movimiento son: el cambio geográfico o migración y el cambio de empleo o movilidad horizontal. El cambio en posición de clase del pueblo trabajador, o movilidad vertical, puede producirse también. La migración y la movilidad horizontal se consideran movimientos muy característicos de la sociedad industrial moderna; la movilidad vertical aparece claramente, hasta cierto punto, allí donde existen sistemas de clases abiertas.— K.DP.L.

movilidad ecológica. a) capacidad, b) volumen o c) velocidad de cambio en la posición ecológica.—J.A.Q.

movilidad física. Véase **población (movilidad de la).**

movilidad horizontal. 1. Movimiento de los individuos y grupos de una posición social a otra dentro del mismo estrato social, como, por ejemplo, un cambio de profesión pasando de la albañilería a la pintura de edificios. 2. Difusión de rasgos culturales: objetos materiales, costumbres, valores, de región a región, de grupo a grupo dentro del mismo estrato social, como, por ejemplo, la difusión de una moda de Hollywood de la clase media de California a otras regiones.—M.K.

movilidad mental. Expresión empleada para designar los aspectos sociológico-sociales del cambio social. Los miembros de una sociedad que cambia rápidamente están en movilidad mental de diversas maneras y en diversos grados a diferencia de los miembros, mentalmente inmóviles, de una sociedad que cambia lentamente o que permanece estacionaria. Obsérvese, sin embargo, que es perfectamente posible para una personalidad estar inmóvil en un sector y en movilidad en otro.—H.B.

movilidad profesional. 1. Cambio de una profesión a otra. 2. Cambio de una ocupación a otra del que resulta una modificación en el número y variedad de las interacciones sociales. —M.S.

movilidad social. Movimiento de personas de un grupo social a otro. Los cambios en las afiliaciones religiosas o políticas suelen considerarse como movilidad social. Los cambios en status social se denominan verticales. Los matrimonios inter-raciales llevan a menudo a los contrayentes y a su prole en una dirección oblicua, a una situación de semi-casta. El concepto de movilidad social no tiene que ver teóricamente con la movilidad física de una población.—W.C.H.

movilidad territorial. Véase **población (movilidad de la).**

movilidad vertical. 1. Movimiento de individuos o grupos enteros de un estrato social a otro, ascendiendo o descendiendo. La escala de que se trate puede ser la de la clase social en su integridad o la de sus componentes, como son las jerarquías profesionales, económicas o de educación. El empobrecimiento de una familia acomodada, la promoción de un empleado al rango de gerente, la elevación o el descenso de clases enteras en las revoluciones son buenos ejemplos de la movilidad vertical. 2. Difusión de cualquier rasgo cultural, invención, saber, costumbre o valor, ascendiendo o descendiendo por los estratos sociales. La pirámide de que se trate puede ser económica, profesional, educativa o cualquier otra relacionada con la escala del status social.—M.K.

movimiento agrario. Acción colectiva difusa para el establecimiento de nuevos precios que tiendan a mejorar la agricultura considerada como industria y como medio de vida.—D.S.

movimiento cooperativo. a) Desarrollo muy extendido de sociedades conocidas con el nombre de cooperativas (cooperativas de consumo, de producción, de servicios, uniones de crédito), que funcionan en muchos países desde hace varias décadas, que se inspiran en un principio no lucrativo, y adoptan sus acuerdos por votación y animadas de un espíritu de ayuda mutua.

b) Forma particularizada que se refiere a las cooperativas de consumo. Mantienen con calor el principio de que cada hombre (miembro) representa un voto, el sistema del reparto de los beneficios entre los patrocinadores y el valor de un programa educativo que tenga por fin el fomento del espíritu mutualista y democrático en todos los aspectos de la vida.

movimiento de opinión. Véase **opinión (movimiento de).**

movimiento de población. Véase **población (movimiento de).**

movimiento feminista. Movimiento social que tuvo su origen en la primera mitad del siglo XIX, dirigido por mujeres, para conseguir para sí mismas un status social y legal más elevado y mayores derechos de propiedad de los que disfrutaban. Aun cuando en Inglaterra se produjo, contemporáneamente, una situación de lucha en la que participaron hombres y mujeres, el movimiento adoptó una forma más organizada en Estados Unidos. Las opiniones democráticas reinantes en aquel momento habían conseguido ya una mayor libertad y oportunidad para los niños en la familia norteamericana; pero el estado de subordinación de la mujer no experimentó el menor cambio. No sólo perdía una mujer su independencia personal al casarse, sino que también perdía su personalidad legal independiente y la administración personal de su propiedad mientras duraba el matrimonio. Esta denegación de la personalidad legal y de los derechos de propiedad de las mujeres fué el motivo primario del movimiento en pro de los derechos de la mujer en Norteamérica. La demanda, entonces en boga, de emancipación política recibió su principal impulso del deseo de liberar a las mujeres casadas de su dependencia económica y de su subordinación legal. Iniciado en la década de 1840-50, el movimiento feminista fué dirigido por un grupo de mujeres capaces y entusiastas como Lucy Stone Blackwell, Elizabeth Cady Stanton y otras. A pesar de la gradual revisión de las leyes sobre relaciones familiares de los diversos Estados, después de la guerra civil, la lucha para liberar a las mujeres de las injusticias del *common law* inglés a fines del siglo xix seguía sin haber conseguido un triunfo completo.—w.g.

movimiento medio. Método de igualación para mostrar la tendencia en una serie de particulares numéricos. Consiste en reemplazar dichos particulares por una sucesión de promedios cada uno de los cuales se basa en un número fijo de particulares adyacentes que se sobreponen a aquellos que contribuyen a formar el promedio neto.—m.pt.

movimiento social. Acción o agitación concertada, con algún grado de continuidad, de un grupo que, plena o vagamente organizado, está unido por aspiraciones más o menos concretas, sigue un plan trazado y se dirige a un cambio de las formas e instituciones de la sociedad existente (o bien se trata de un contraataque en defensa de esas instituciones).—s.n.

muchedumbre. Agregado transitorio de seres humanos en un lugar determinado, en virtud de convocatoria o por respuesta espontánea a estímulos semejantes; en forma más concreta, tipo de agregado humano en el que sus elementos se dan cuenta de que poseen un interés afectivo común, teniendo su atención concentrada en esa dirección; se encuentran en "rapport" (q. vid.) o influjo psíquico mutuo y tienden a reforzar su conducta de modo recíproco, de suerte que el complejo psíquico que constituye el mencionado interés domina en cada uno de los miembros, relajando o inhibiendo transitoriamente el dominio "racional" y ordinario de la personalidad. De esa manera, la muchedumbre se convierte en una presa fácil para la sugestión y es capaz, en consecuencia, de formas histéricas y tumultuarias de comportamiento. Cf. *masa, multitud.*—t.d.e.

muchedumbre. opinión de. Véase **opinión de multitud.**

muerte. Homicidio preterintencional (q. vid.).

muerte civil. Antigua pena privativa de derechos hoy en desuso, que equivalía a la exclusión del condenado de la sociedad civil, con carácter absoluto y perpetuo, despojándole de su condición personal y negando eficacia jurídica a sus actos de cualquier clase. Constituía

una ficción jurídica aberrante y daba lugar a incontables abusos que redundaban en perjuicio de terceros.—j.c.

muerte negra. Véase **peste negra o europea.**

muertos. Véase **culto a los muertos, puerta de los muertos.**

muestra adecuada. Muestra que contiene suficientes casos para suministrar la exactitud requerida para el fin que se persigue; muestra suficientemente amplia para tener un error de selección dentro de límites determinados. No es necesariamente una muestra imparcial o representativa.—m.pt.

muestra de línea. Muestra obtenida seleccionando casos que se encuentran en líneas determinadas de un papel rayado. Procedimiento de muestreo (q. vid.) que se empleó en Estados Unidos en el censo decenal de 1940.—m.pt.

muestra mixtificada. Muestra no representativa del universo del cual se supone que es un verdadero corte en sección.—m.pt.

muestreo. (estadística) Proceso o sistema de sacar un número finito de individuos, casos u observaciones de un universo determinado. Parte seleccionada de un grupo total con fines de investigación. Procedimientos de survey que se relacionan con la selección de la muestra, la colección o información de casos de muestra y la manipulación estadística de los hallazgos de manera que proporcionen un grupo representativo. —Cf. seguridad del muestreo.—m.pt.

muestreo a intervalos regulares. Selección de casos de muestra en puntos igualmente espaciados de una lista u otro catálogo del universo en cuestión. Por ejemplo: cada diez partidas o conceptos de una lista.—m.pt.

muestreo al azar. Procedimiento de elegir muestras en el que cada individuo o elemento del universo en cuestión tiene asegurada una probabilidad igual e independiente de ser incluido. Se llama también muestreo simple y selección al azar. Debe distinguirse del muestreo negligente, asistemático, accidental u oportunista porque para conseguir una elección al azar se requiere un plan minucioso y un procedimiento sistemático.—m.pt.

muestreo controlado. Sistema de muestreo en el que se ejerce cierto control sobre la elección de los casos de muestra a fin de lograr la representación deseada de los diversos grupos o categorías de elementos de la población. La muestra puede ser controlada a fin de obtener un número fijo de casos por cada estrato sin consideración al número de unidades del estrato o puede ser controlada para lograr una representación proporcional.—m.pt.

muestreo doble. Empleo de dos o más sistemas de selección de muestras en diferentes momentos de una investigación. Por ejemplo: puede emplearse la selección al azar en una survey sumaria de una población y de la muestra tomada al azar puede seleccionarse una muestra estratificada más pequeña para una investigación que consuma más tiempo. Se llama también muestreo mixto.—M.Pt.

muestreo estratificado. Selección de muestras dividiendo primero la población en clases o estratos y después sacando una muestra de cada estrato. La selección puede ser proporcional o no para cada estrato. Las muestras no proporcionales suelen ser ponderadas para lograr el efecto de una muestra representativa del universo en cuestión.—M.Pt.

muestreo intencional. Selección de una porción de la población que tiene el mismo promedio u otras medidas que el universo en cuestión con respecto a una o más características que son ya materia de conocimiento estadístico. Por ejemplo: para tomar muestras de la población de un Estado con objeto de estudiar los ingresos pueden elegirse diversos municipios que tienen el mismo promedio de edad que la población del Estado. Se supone, pues, que los ingresos medios o cualquier otra variable investigada que tiene relación con la edad, serán los mismos en los municipios que en el Estado.—M.Pt.

muestreo mixto. Muestreo doble (q. vid.).

muestreo no proporcional. Procedimiento de selección de muestras en que el número de casos sacados de cada uno de los diversos estratos del universo en cuestión no guarda relación con el número de unidades del estrato.—M.Pt.

muestreo por grupos. Selección de una muestra de población agrupando primero las unidades de investigación en grupos o compartimientos contiguos, numerándolos después y sacando una muestra de ellos. Dentro de los grupos o compartimientos elegidos puede comprenderse en la muestra la población entera. Si se selecciona únicamente una porción de cada grupo o compartimiento, se aplica la expresión "muestras de segmentos de grupos o compartimientos".—M.Pt.

muestreo proporcional. Selección de una muestra en la que todos los elementos importantes están representados en la misma proporción en que aparecen en el universo en cuestión.—M.Pt.

mujer. En general, mitad femenina de la humanidad. Concretamente, ser humano adulto del sexo femenino.

mulato. Vástago de padres de los cuales uno es blanco y otro negro. Técnica y jurídicamente, todos los negros que no son totalmente de sangre negra y cuya apariencia física indica una mezcla con personas blancas. Comprende, pues, los cuarterones y ochavones. Se habla vulgarmente de mulatos oscuros, claros y muy claros. —W.R.C.

multa. Pena pecuniaria que consiste en la obligación de pagar una cantidad de dinero. La multa puede ser satisfecha de una vez o a plazos y sustituída por la prestación de trabajo o por corta reclusión. No debe confundirse con medidas de carácter civil como la indemnización o el resarcimiento.—J.C.

multitud. Masa, muchedumbre (q. vid.).

múltiple causación del crimen. Véase **delito** (pluralidad de causas del).

multitud, sugestión de la. Véase **sugestión de masa.**

multitudes, errar de. Movimiento, sin rumbo cierto y determinado, de las gentes que forman una multitud acéfala y que denota un estado de confusión por falta de líderes. [Inglés, *milling*].—N.A.

mundo mental. La totalidad de los conceptos, ideas, designios y puntos de vista que son compartidos por los miembros de un grupo determinado. [Inglés, *universe of discourse*].—J.P.E.

municipalidad. Comunidad urbana como unidad política creada por la autoridad del Estado, provista de un tipo específico de gobierno y administración local que, generalmente, varía en alcance y función según el volumen de la población.—E.E.M.

municipio. 1. Municipalidad. 2. Area geográfica de delimitación territorial a la que se extiende la autoridad administrativa de un ayuntamiento. El criterio de delimitación es diverso en los distintos países y puede fundarse en consideraciones históricas, económicas, puramente geográficas, etc. Cf. *aldea, pueblo.*—J.C.

mutación biológica. Tal como se emplea esta expresión en la actualidad, variación súbita del vástago con respecto a sus padres por lo que se refiere a una cierta característica importante o a varias de ellas. Esta acepción, que de Vries empleó por primera vez, debe distinguirse de su primitivo uso en el sentido de una variación gradual en la que las nuevas características del vástago sólo llegan a desarrollarse del todo en el curso de varias generaciones. El acaecimiento de las mutaciones y la transmisión hereditaria de las nuevas características que así aparecen, en ciertas condiciones, son hechos perfectamente demostrados de la biología y de la genética. Acaso no esté tan firmemente establecida la teoría de que la mutación ha sido un factor importante en la evolución de las especies existentes y de aquellas otras ya extinguidas en la actualidad.—W.G.

mutación social. Por analogía con la mutación biológica se denomina así la metamorfosis súbita o nueva conformación de la estructura social que se produce, de ordinario, como base de una crisis a través de una conducta que resuelve los conflictos o bien precipita un nuevo ciclo de conflicto, crisis y mutación. Si la desorganización social (q. vid.) y la desintegración (q. vid.) societal crearon ya las condiciones para la reorganización de los viejos elementos, la nueva estructura que aparece constituye una mutación social.—T.D.E.

mutilación. 1. Antigua pena corporal consistente en la amputación de algún miembro del delincuente. Por su carácter talional simbólico, se prefería para la amputación el miembro relacionado con la comisión del delito (la lengua en los casos de perjurio y calumnia, la mano en

los de robo, la castración en los de delito sexual). Otras veces predominaba en ella el carácter infamante, y entonces el miembro am-
putado no guardaba relación alguna con el
delito cometido, pero señalaba ostensiblemente
y a perpetuidad al delincuente (por ejemplo,
mediante el desorejamiento o la ceguera). [In-
glés, *maiming, mutilation*.] Cf. *lesiones*.—J.L.G.
y J.C.

2. Delito militar consistente en causarse a sí
mismo o hacerse causar por otra persona lesiones que produzcan incapacidad para el servicio
activo de las armas.—J.C.

mutua comprensión, área de. Véase **área
de entendimiento.**

mutualismo. En su acepción económica estricta,
movimiento cooperativo para formar sociedades
de ayuda mutua en la industria, agricultura,
seguros, banca, etc. En sentido lato, reconocimiento de la interdependencia recíproca y de
la tendencia a la ayuda mutua manifiestas en
cualquier forma de colectivismo, y de manera
más particular, como sostienen los anarquistas
filosóficos, rasgo innato del mundo orgánico.
Cf. *movimiento cooperativo*.—M.Pt.

mutuo. 1. Lo que es ofrecido, emprendido o
compartido igual y recíprocamente por cada uno
de los miembros del grupo.—J.P.E.

2. Contrato real y bilateral en virtud del cual
una persona entrega a otra una cantidad, susceptible de ser medida o contada, de una cosa
fungible para su uso y consumo, y quien la
recibe se obliga a devolver otro tanto de la misma especie, con o sin interés.—J.C.

N

nacimiento. En los estudios e informes demográficos, un niño nacido. Los nacimientos son de dos categorías: vivos, que muestran signos de vida después de nacidos, o muertos, sin vida cuando el alumbramiento ha terminado.—F.H.H.

nacimiento prematuro. Desprendimiento o expulsión del feto después de haber adquirido éste viabilidad independiente (es decir, después de 26 a 28 semanas), pero antes de haber terminado la gestación normal.—N.E.H.

natalicio, ritos de. Véase **ritos de natalicio.**

nación. Nacionalidad que ha logrado llegar a la fase final de unificación representada por una estructura política propia y por su asentamiento en un territorio. Puede existir una nacionalidad (q. vid.) sin autonomía política, y un Estado sin armonía de nacionalidad. La nación auténtica es, probablemente, el grupo humano de gran tamaño más estable y coherente que ha producido hasta ahora la evolución social.

nacionalidad. Grupo humano unido por vínculos especiales de homogeneidad cultural. Una nacionalidad auténtica está animada por la conciencia de lo semejante y tiene una similaridad fundamental en sus costumbres (q. vid.). No es necesario que haya, y se da pocas veces, uniformidad en todos los rasgos culturales; pero debe existir conformidad o, al menos, simpatía y cooperación en relación con cierto número de instituciones fundamentales como el lenguaje, la religión, el vestido y el adorno, las formas de recreo, el código moral, el sistema político, la organización familiar y las ideas éticas. La esencia de la nacionalidad es el sentimiento del "nos" (q. vid.). Los miembros de una nacionalidad sienten que entre ellos hay un nexo de simpatía diferente de la que experimentan hacia los miembros de otra. Desean compartir una vida común. Este deseo puede no ser consciente, pero en la medida en que existe sirve para dar realidad a la nacionalidad. Las unidades componentes de una nacionalidad determinada pueden hallarse dispersas en diversas unidades políticas. El ejemplo más claro de esta situación nos lo ofrece en nuestra época el pueblo judío. Por otra parte, una unidad política perfectamente consolidada puede comprender diversas nacionalidades (ejemplo: Suiza) y lo que prácticamente constituye una sola nacionalidad puede dividirse en dos o más unidades políticas (ejemplo: Canadá y Estados Unidos). En otras palabras, la unificación política no es un elemento esencial de la nacionalidad. Cf. nación. El término nacionalidad puede emplear-se con relación al grupo mismo o al complejo cultural que le une. Cf. demos, etnos.

nacionalidad, sentimiento de. Véase **sentimiento de nacionalidad.**

nacionalismo. Insistencia en las realidades y lazos de la nacionalidad. Todo principio o doctrina que considera la nacionalidad —o, en la práctica, la nación— como el fundamento de la acción del grupo.

nacionalización. 1. Asimilación nacional. Proceso de sustitución de los rasgos de una nacionalidad por los de otra. Es el proceso por el que pasa un emigrante a quien moldean los influjos de su nuevo medio social. Puede ser parcial o total. Cuando es total, las respuestas del extranjero a los estímulos sociales dejan de manifestar todo vestigio de su origen nacional, y su conducta como individuo llega a ser la que hubiera manifestado de haber nacido dentro del país de adopción. Evidentemente, la nacionalización completa es muy raro que se alcance de modo cabal por un inmigrante que cambia de residencia después de su infancia o de los primeros años de su adolescencia. Cf. americanización, asimilación social.

2. Las formas modernas de socialización de instituciones y servicios económicos de interés público o de gran importancia por su volumen o por su relación con los fines políticos del Estado, también suelen comprenderse bajo el término nacionalización.—J.C.

nacional-socialismo. Teoría y práctica de la dictadura hitleriana. El propio nombre indica una hábil combinación de dos poderosas tendencias dinámicas de la sociedad moderna: nacionalismo y socialismo. También sugiere la deliberada ambigüedad del movimiento y su eficaz apelación a los grupos sociales y fuerzas ideológicas más divergentes, hecho que hacía difícil, si no imposible, atribuir al nacional-socialismo una significación exacta y concluyente. El nacional-socialismo fué calificado sucesivamente como instrumento personal del gobierno por un solo hombre, instaurado por Hitler; como instrumento sumiso del capitalismo en su agonía; como arma eficiente contra el bolchevismo; como revolución de los estratos de la sociedad más gravemente afectados por la crisis, desarraigados por la guerra, la inflación y la depresión económica; como movimiento militante de un pueblo soberbio que desea vengar su derrota y reanudar su ataque para la conquista del mundo, no lograda anteriormente. Cada una de estas interpretaciones y muchas otras pueden servir de indicación de un aspecto importante de la dictadura de que tratamos y en las diferentes etapas de su evolución dichas fórmulas caracterizan, quizá, a las fuerzas impulsoras más esenciales del movimiento. Con probabilidad, el análisis que más se aproxima a una definición amplia es el que considera al nacional-socialismo como un anhelo desenfrenado de poder que siempre estuvo dispuesto a emplear cualquier elemento de inquietud, interna e internacional, que pudiera alimentar la dinámica continua de una revolución permanente.

Cuatro características destacan en el nacional-socialismo: primera, su totalitarismo, pues abarca a todos los grupos sociales y todas las esferas de actividad; segunda, su carácter cuasi-democrático, manifestado en su liderazgo demagógico, en su "legal" advenimiento al poder, en su utilización de la maquinaria democrática, en su constante demanda del aplauso popular (propaganda); tercera, su estructura institucional, que garantizaba el funcionamiento cotidiano del complejo cuerpo político y su bien montada organización del partido; finalmente, el nacional-socialismo era un gobierno para la guerra. Esta belicosidad calaba a todos los órganos, actividades y actitudes del Tercer Reich y dictaba de modo exclusivo su conducta en las relaciones exteriores. La beligerancia y la expansión formaban parte de su esencia. La estrategia en los asuntos internacionales fué puesta a prueba con éxito dentro de la nación y luego no se hizo sino aplicarla a esferas de actividades más amplias (ejemplo: el trato reservado a las minorías, la quinta columna, la guerra psicológica). El Reich de Hitler nunca hubiera podido ser apaciguado e incluso la paz de su "Nuevo Orden" significaba una perpetuación del gobierno de una casta guerrera (basada en el mito de la supremacía de la raza superior).—s.n.

narcoanálisis. Discutido método terapéutico consistente en producir un estado de narcosis mediante la inyección de determinadas sustancias químicas para provocar la confesión no espontánea del paciente y su sucesiva curación por procedimientos de heterosugestión. Ha sido aplicado durante la segunda guerra mundial para el tratamiento rápido y en masa de ciertas psicosis. Su utilización como medio probatorio carece de eficacia jurídica.—j.c.

nariz. Véase **índice nasal.**

natalidad. Cantidad de nacimientos ocurridos en un grupo en correlación con la mortalidad; porcentaje de natalidad es sinónimo de tanto por ciento de nacimientos. Cf. *coeficiente de natalidad.*

natalidad, control de la. Conducta cuya finalidad es impedir la concepción como resultado del coito o de una relación social en la que el coito es normal y sancionado, específicamente del matrimonio. El término comprende también la contra-concepción y la abstinencia o continencia marital (*q. vid.*). No comprende el celibato (*q. vid.*), el matrimonio diferido ni los obstáculos preventivos que fueron aprobados por Malthus y contra los cuales el precursor del movimiento de control de la natalidad, el neomaltusianismo, fué una reacción directa cuando no una rebelión.

La expresión control de la natalidad es inapropiada teóricamente y desafortunada en la práctica; inapropiada porque insiste en la natalidad y no en la fertilización y desafortunada porque da pie al ignorante y deliberadamente falso supuesto de que en ella se incluye el aborto (*q. vid.*) al cual es diametralmente opuesta en el espíritu y en la práctica. Sin embargo, la expresión ha tomado carta de naturaleza en el uso corriente y por el momento no parece probable que se la deseche.

natimuerto. Feto viable que no da señales de vida después del alumbramiento. Los partos muertos se distinguen de los abortos en que éstos representan pérdidas de vida fetal antes de que el feto haya llegado a la fase de viabilidad (capacidad de vivir fuera del útero). Aunque no existe acuerdo general con respecto a la extensión del periodo de la útero-gestación requerido para la viabilidad, de ordinario se considera que es de unas 26 semanas. [Inglés, *stillbirth.*] Cf. *aborto, nacimiento prematuro.*— c.v.k.

natural. Lo referente a la naturaleza. Característica de los objetos que no han sido modificados o afectados por la aplicación de la inteligencia humana. Lo contrario de lo natural es lo artificial. Todas las características y funciones del organismo humano que no están bajo el control del intelecto o que no fueron modificadas en el pasado por aplicación de la inteligencia humana, son naturales. En el concepto de natural no se encierra, por tanto, juicio alguno de valor. Las significaciones cualitativas que por costumbre se asocian a la palabra antinatural son desafortunadas. La palabra artificial, aunque incorrecta, está menos expuesta a interpretaciones erróneas.

naturaleza. Lo que existe o existiría sin la intervención de la inteligencia humana. La simple antítesis de hombre y naturaleza es defectuosa. Hay mucho en el hombre que pertenece a la naturaleza y mucho de lo que es exterior al hombre ha sido modificado por la aplicación de su inteligencia y, por consiguiente, no es ya de modo estricto parte de la naturaleza. La insistencia que se pone en la inteligencia humana es, sin duda, arbitraria y artificial, pero está de acuerdo con la costumbre, con el sentido común y con la utilidad sociológica. Ningún otro animal emplea su inteligencia para modificar la faz del globo en grado importante, sino que más bien su inteligencia es una parte de la estructura total y del equilibrio de la naturaleza.

naturaleza, conquista de la. Véase **conquista de la naturaleza.**

naturaleza humana. Carácter general de la humanidad en cualquier época determinada, especialmente con respecto a la motivación de la conducta. Es el producto de modificaciones culturales acumulativas de los instintos, capacidades e impulsos básicos biológicos.

naturaleza humana, leyes de la. Sucesiones y coordinaciones regulares observadas en la conducta de los hombres cuando se organizan para llevar a cabo algún objetivo que redunda en el desarrollo y enriquecimiento de la personalidad humana. Semejantes uniformidades siguen un orden necesario dado por la sucesión de necesidad, esfuerzo y satisfacción y se manifiestan en las instituciones humanas del modo siguiente: *1)* la esfera y funciones del mantenimiento físico; *2)* la esfera y funciones de la investigación reflexiva; *3)* la esfera y funciones del control colectivo; *4)* la esfera y funciones de la apreciación estética. En este orden parecen haberse desarrollado históricamente las distintas clases de funciones sociales según muestra el tiempo a ellas dedicado, la eficacia de su funcionamiento y el interés y atención públicos que han merecido.—C.J.B.

naturaleza original. Dotación hereditaria del hombre, a diferencia de lo que luego deriva de su educación y de su medio. Es el nuevo organismo con su serie única de potencialidades, creado cuando el huevo y el esperma humanos se encuentran en la fertilización.—F.D.W.

naturalización. Procedimiento jurídico-administrativo de sustituir una ciudadanía legal por otra. Estrictamente es un proceso formal que no implica de modo necesario, aunque pueda darse, cambio alguno en las actitudes o lealtad del individuo. Se refiere a un Estado determinado con respecto al cual el extranjero, mediante este procedimiento, se convierte en ciudadano.

nazismo. Véase **nacional-socialismo.**

necesidad. Ausencia o falta de lo necesario; por consiguiente, miseria, pobreza. En economía, las necesidades son los bienes o servicios buscados por el hombre que sobrepasan a las necesidades absolutas de la vida o del mantenimiento eficiente.—E.E.M.

necesidad decreciente. Véase **deseabilidad decreciente.**

necesidad, estado de. Situación de conflicto o colisión entre intereses jurídicamente protegidos, determinante de un peligro actual, en la que para salvar el propio resulta inevitable sacrificar el ajeno. Constituye una causa de justificación *(q. vid.)* y por consiguiente exime de responsabilidad criminal al que delinque hallándose en tal situación. No debe confundirse con la legítima defensa *(q. vid.).*—J.C.

necesitado. Obligado por las circunstancias a recibir auxilio de otra persona o de un grupo u organismo; o *(sustantivo)* persona dependiente hasta ese grado. En nuestra civilización, los niños y ancianos están necesitados normales por lo que respecta al auxilio de sus respectivas familias. Las leyes y los códigos morales exigen que se preste apoyo a los necesitados normales. Si

alguna vez los "subsidios familiares" y los seguros de vejez proporcionan apoyo del Estado sin consideración a la pobreza, tales perceptores habrán de considerarse también como "normalmente" necesitados. La palabra necesitado se emplea, sin embargo, en general *(trabajo social)* para significar un *status* de necesidad anormal que recibe parte del auxilio, o todo él, de fuentes diferentes de las "normales", privadas o públicas, en efectivo o en especie, o como socorro "domiciliario".—T.D.E.

necrodulia. Culto a los muertos *(q. vid.).*

necrofilia. Perversión sexual consistente en satisfacer el impulso erótico con cadáveres.

necrofobia. Sentimiento de terror respecto de los muertos.

necromancia. Adivinación *(q. vid.)* por la comunicación con los espíritus de los muertos; de aquí hechicería *(q. vid.)* en general.—G.P.M.

negativismo. 1. Hábito de reaccionar de manera contraria al mando o a la sugerencia; de ordinario va asociado con una actitud de resistencia emotiva frente a las personas que ejercen autoridad, o con la antipatía.—T.D.E.

2. El negativismo puede llegar a erigirse en una actitud ideológica o doctrinal contra la autoridad misma en cuanto principio o en algunas de sus aplicaciones jurídicas o políticas. En tal sentido es como una derivación o manifestación del anarquismo *(q. vid.).* Cf. *nihilismo.*—J.C.

negligencia. Modalidad de la delincuencia culposa caracterizada por la imprevisión, inconsciencia o falta de representación del posible evento dañoso derivable de los propios actos iniciales. Estos son voluntarios y conscientes, pero no lo es, ni aun en el terreno de la posibilidad, su consecuencia lesiva. [Inglés, *negligence.*] Cf. *culpa, imprudencia.*—J.C.

La negligencia puede imputarse también al perjudicado [*contributory negligence*] que no observó la precaución ordinaria o razonable para precaverse frente a actos lícitos ajenos de los que podía derivarse un evento dañoso imprevisible por su parte. En tal sentido puede invocarse como medio de defensa frente a la pretensión del resarcimiento del daño, tanto en acciones civiles como criminales.—J.M.R. y J.C.

negocio. Ocupación activa consagrada a la gestión de actividades de mantenimiento. En la práctica es frecuente distinguirla tanto de las profesiones como de la actividad financiera. Supone la propiedad y la gerencia, o sólo ésta, por lo que aparece en agudo contraste con la aportación hecha por el trabajo o con la participación pasiva del terrateniente o simple capitalista. Más concretamente, un negocio es una unidad productiva organizada con arreglo a una pauta cualquiera típica, vigente en una determinada cultura o a tenor de lo que sus costumbres permitan.

negocios, distrito de. Zona de una ciudad o pueblo dedicada a fines comerciales, claramente limitada y definida por leyes que regulan su uso y demarcación.

negro de hombre blanco. Persona visiblemente negra o negroide que se capta la simpatía y buena disposición de los blancos para obtener lo que él considera ventajoso. Los intelectuales negros los suelen calificar con el epíteto de "tío Tom", aludiendo a su actitud servicial y humilde. [Inglés, *white man's negro*].—w.r.c.

En cierto modo, este tipo de negro es el término correspondiente, en una relación de reciprocidad lógica, del *ofay* (q. vid.).

negro malo. Se denomina así al negro que no se ajusta a la idea que tiene la comunidad sobre el "lugar del negro" o situación que debe ocupar en ella. Tal actitud supone en el llamado negro malo un desdén característico hacia las penalidades que sancionan las correspondientes infracciones. Es un concepto muy extendido en Estados Unidos y que varía de contenido según las regiones.—w.r.c.

negro voluntario. Se dice en los Estados Unidos de la persona que por definición legal es negro, pero que por su apariencia física puede pasar por miembro del grupo racial blanco. Con frecuencia se alude a este tipo denominándolo "negro de elección". [Inglés, *volunteer negro*]. —w.r.c.

neolombrosianos. Criminalistas que destacan los estados psico-patológicos como factores causales de la delincuencia.—j.p.s.

El término alude a una especie de supervivencia de las doctrinas de Lombroso y hoy se reduce su alcance a los partidarios de las modernas teorías constitucionalistas.—j.c.

neomaltusianismo. Literalmente maltusianismo de nuevo cuño, es decir, doctrina social que sostiene que la limitación de la población es deseable para prevenir la miseria y los bajos niveles de vida. Difiere del maltusianismo en la apreciación de cuáles sean los mejores medios para lograr el control de la población; control de la natalidad con preferencia al "freno moral" (es decir, matrimonio diferido acompañado de castidad premarital). El término fué empleado por primera vez en holandés por el Dr. S. Van Houten hacia 1870 y comenzó a usarse en Inglaterra hacia 1885. Entre 1860 y 1880 se utilizó algunas veces el término maltusianismo en la acepción de neomaltusianismo. En los Estados Unidos su empleo no fué tan común como en Inglaterra (donde llegó a ser un movimiento organizado de reforma social). En Gran Bretaña, hacia 1920, el movimiento de control de la natalidad (q. vid.) comenzó por diferenciarse del movimiento social en pro del neomaltusianismo, al acentuar ante todo los aspectos sanitarios más bien que la prevención de la miseria.—n.e.h.

neonatal. Característico de o relativo a los niños recién nacidos.

nepotismo. Favoritismo con los propios familiares sin la debida consideración a sus merecimientos; favoritismo de familia. Empleado de modo especial para significar el favoritismo que consiste en situar a los parientes próximos en posiciones para las que pueden ser o no aptos. —o.w.

neurosis. Desarreglo funcional del sistema nervioso; enfermedad psicogénica del sistema nervioso en la que no se puede señalar ninguna lesión concreta.—j.m.r.

neurótico. Caracterizado por un desarreglo del sistema nervioso, relativamente leve, que tiene su origen en causas psíquicas o en una conducta extraviada o anormal, así considerada desde el punto de vista de las normas de un grupo social particular.—j.m.r.

neutralidad. Situación jurídica asignada por el derecho internacional a los Estados que permanecen fuera de la guerra. Encarna un complejo de derechos y deberes que es el resultado de una transacción entre las reivindicaciones contrapuestas de beligerantes y neutrales a lo largo de 300 años de evolución. En 1911, Sir Thomas Barclay consideró la creación del *status* de neutralidad como el máximo progreso hasta entonces logrado por el derecho internacional. En los últimos años se ha dibujado una tendencia a despreciar, ridiculizar y atacar al *status* de neutralidad en interés de una supuesta "seguridad colectiva", en apoyo de la cual todos los Estados, teóricamente, deben unirse contra el "agresor" y, de este modo, preservar la paz, siquiera sea en teoría. Las objeciones a esta doctrina se basan en la tesis de que las naciones nunca se ponen de acuerdo sobre el hecho de la "agresión", ya que el que se encuentra en situación desfavorable es siempre el "agresor"; porque, además, la decisión habría de basarse en prejuicios o intereses políticos más bien que en hechos evidentes, y porque la coalición daría origen a una contra-alianza y así, necesariamente, conduciría a la guerra. Esto es lo que ha ocurrido. Pero la idea de la "seguridad colectiva" persiste aún. Hace poco ha comenzado a emplearse el término "no beligerancia" por los neutrales, aunque no es un término jurídico ni autorizado por el derecho. Parece concebido bien *a)* para justificar que un país neutral se separe de las obligaciones de la neutralidad sin incurrir en las sanciones de la guerra, bien *b)* para permitir a determinados neutrales calificar como no beligerantes a ciertos países que en realidad sí lo son y proporcionarles así facilidades de carácter no neutral en sus puertos. Esta interpretación traslada la cuestión del campo del derecho al de la política. La consecuencia de estas innovaciones no puede calcularse todavía.—e.m.b.

nexo mutuo. Vínculo, alianza o fuerza que mantiene en relaciones recíprocas a dos o más personas o grupos.—j.p.e.

nexo social. Conexión interna que eslabona individuos y grupos por obra de la dependencia social, la mutua comprensión o el común origen.—m.c.e.

nihilismo. Término que Turguenef, en su novela

Padres e hijos (1862), aplicó por primera vez a una teoría de acción revolucionaria muy difundida en aquel tiempo y, en realidad, hasta la caída del régimen zarista. Dicha teoría ofrecía mayor acuerdo sobre los aspectos negativos que sobre los positivos; propugnaba la destrucción inmediata, por medio del asesinato y el incendio, de todas las instituciones sociales y económicas existentes y de sus representantes personales, antes de todo intento de reconstrucción, sobre la que las opiniones variaban en extremo, excepto en la necesidad de establecer un gobierno parlamentario. El movimiento fué individualista y careció de dirección central, componiéndose de pequeños grupos de individuos dispuestos a una acción terrorista. Muchos nihilistas fueron intelectuales que compartían las ideas de los escritores socialistas y anarquistas; en sus programas fueron, por lo general, muy moderados si se los compara con las exigencias revolucionarias de 1917. Los aspectos más generales y positivos de la teoría, no las directivas prácticas del terrorismo, son las que se han conservado en las otras acepciones del término. En sentido más amplio, el nihilismo significa la repudiación radical y la desvaloración plena de los ideales y creencias de una cultura o clase. Por ejemplo: la difamación totalitaria de la democracia o el repudio comunista de la civilización burguesa. Por último, en su sentido más lato el nihilismo representa la relativización completa de todos los valores y su interpretación como simples ideologías o racionalizaciones.—E.F.

ninfomanía. Estado o condición de las mujeres que experimentan un deseo sexual muy intenso. —B.M.

niñez. Infancia *(q. vid.)*.

niño. Persona inmadura. Propiamente comprende la vida humana desde el nacimiento hasta la adolescencia. En las ciencias sociales se equiparan las expresiones niñez y menor edad *(q. vid.)*.

niño abandonado. Se denomina así al que es desamparado por sus progenitores, tutor o persona a quien legalmente incumben los deberes de asistencia y educación. El abandono comprende la falta de asistencia material, económica y moral en cualquiera de sus posibles formas. El abandono total o parcial de los niños por alguno de sus padres, como la simple desatención, constituye uno de los más poderosos factores de la delincuencia infantil. Cf. *niño desatendido.*—W.P. y J.C.

niño, asistencia del. Véase **bienestar infantil.**

niño desatendido. Se denomina así al niño que no recibe de sus padres o tutores el cuidado, la educación y la enseñanza correspondientes a lo que de él cabe esperar desde un punto de vista social según su *status*. La negligencia en la educación infantil puede dar lugar no sólo a fenómenos de frustración sino incluso de ajuste defectuoso y de proclividad criminal. Por ello

las legislaciones tienden a asegurar rigurosamente el cumplimiento de los deberes educativos paternos, considerándolos como una función de interés social.—J.C.

nirvana. En el budismo, logro de la plena separación entre el espíritu y el cuerpo, conseguido por una observancia tan estricta de los preceptos religiosos supremos que toda la conciencia personal queda absorbida en la fuerza divina del universo. Representa el momento supremo en la huída de lo mundanal cuando aún se está en vida.—E.A.H.

nivel de pobreza. Véase **pobreza (nivel de).**

nivel de renta. Véase **renta (nivel de).**

nivel de subsistencia. Nivel de vida que comprende tan sólo el mínimo de alimentos, vestido y albergue necesario para no perecer.—E.E.M.

nivel de vida. Consumo efectivo de un grupo de personas expresado en promedios de las cantidades y calidades de bienes y servicios consumidos por unidad de tiempo, por lo general un año, y por unidad típica del grupo, por lo común una familia. La precisión en la interpretación requiere una distinción tajante entre este concepto y el de tipo de vida *(q. vid.)*. Esta última expresión se aplica en estricto sentido a un ideal o fin objetivo cuya existencia es, fundamentalmente, ideal y que, por tanto, no se presta con facilidad a una medición precisa.

nivel profesional. Tipo de actividades definidas por la capacidad que requieren o, en algunos casos, en relación con la función realizada. Por ejemplo: niveles cualificados, semi-cualificados y no cualificados.—G.L.C.

nivel social. Estrato en la jerarquía de las clases sociales. El nivel social de una familia viene indicado por la posición estratigráfica de su clase. Por eso, si una familia se traslada de una localidad a otra, encontrará su puesto dentro de la nueva comunidad en un nivel semejante al que antes ocupaba.—W.C.H.

"nigoya." Costumbre existente en la India y según la cual un hombre sin hijos puede elegir un substituto para obtener un hijo y heredero de su mujer.—G.P.M.

no alfabeto. Relativo a un pueblo o cultura sin alfabeto, es decir, sin lenguaje escrito. Se prefiere a los términos "primitivo" y "prealfabeto" *(q. vid.)* porque no implica fijación en un plano prehistórico ni sucesión predeterminada del desarrollo o "progreso" de las culturas. No debe confundirse con analfabeto o iletrado porque estos términos se refieren a las personas que no saben leer y escribir o que no poseen cierto nivel de cultura, pero viven en el seno de una cultura con lenguaje escrito. Cf. *cultura no alfabeta.*—T.D.E.

no beligerancia. Véase **neutralidad** *(in fine)*.

no exigibilidad de otra conducta. Causa genérica y supralegal de inculpabilidad propuesta por la moderna dogmática jurídico-penal, especialmente por Freudenthal y Mezger, según la cual quedaría exento del juicio de reproche en términos jurídicos la conducta subjetiva de una persona en diversas hipótesis de conflicto no previstas taxativamente en la ley penal. La apreciación de esta causa de inculpabilidad es de delicada índole, aunque según Jiménez de Asúa deba aplicarse con amplio criterio, sobre todo en los casos de culpa; quedaría en buena parte dentro de la esfera del arbitrio judicial y permitiría resolver en términos de equidad los conflictos judiciales que a veces se plantean entre la justicia y la ley.—J.C.

no conformista. Persona que no puede o no quiere ajustarse a los convencionalismos corrientes e incluso a las costumbres más importantes de la vida social. Concretamente, el término se aplica a ciertas corporaciones religiosas separadas de la iglesia oficial.—A.E.W.

no cooperador. Persona que no puede o no quiere trabajar en forma de equipo o unirse a otras en uno u otro tipo de acción colectiva. De modo especial el término puede aplicarse a una técnica ideada por Gandhi para manifestar desaprobación, particularmente de la política del gobierno británico antes de la independencia de la India. Cf. *respuesta no cooperadora.*—A.E.W.

no material, cultura. Véase **cultura no material.**

no matrimonial. Extramatrimonial. Cf. *unión libre (in fine).*

no socializado. Falto de los rasgos necesarios para un ajuste eficaz a la vida del grupo y para participar en ella. Cf. *impulso no socializado.*

nobleza. Parte de una población que recibe —por relaciones hereditarias en su conjunto— distinción especial, rango y privilegio. Recientemente, los historiadores y sociólogos han dejado de insistir en el aspecto de prerrogativa regia en el reclutamiento de la nobleza. Este aspecto es extraño a la naturaleza de una nobleza auténtica deseosa de que la mano real no intervenga en su propio reclutamiento. En la actualidad se ha puesto de relieve que, de ordinario, los reyes surgieron de los propios nobles, que como tales eran consecuencia de situaciones sociales que precedieron en varios siglos a la realeza. En contra de lo creído por lo común, la nobleza de Europa no fué una creación caprichosa de los reyes, formada por ellos con los hombres del pueblo que les habían prestado "servicio personal". En general, sus miembros más antiguos eran nobles en la vida romana y germánica, y sus adiciones posteriores provenían de personas de elevada posición, ya en gran medida hereditaria, en las funciones públicas y en la economía. Cf. *aristocracia.*—W.C.H.

nocturnidad. Circunstancia objetiva que agrava la consideración jurídico-penal de ciertos delitos, en cuanto tiende a aminorar las defensas contra el mismo y a asegurar su ejecución.—J.C.

nomadismo. Movimiento habitual o tradicional de los pueblos en consonancia con sus necesidades de subsistencia. En las culturas de pastoreo tenían que producirse trashumancias estacionales para seguir los abastecimientos de herbajes, pero hubo también desplazamientos cíclicos cuando sobrevenía un largo período de sequía. Es una cuestión discutida la de si existen vestigios latentes de nomadismo en algunos tipos actuales de desplazamiento. Movimiento de las familias que emigran al norte o al sur para trabajar en labores agrícolas estacionales. No hay que confundirlo con la verdadera migración (*q. vid.*).—N.A.

nomadismo estacional. Modo de vida seminómada en el que un pueblo cambia su residencia según las estaciones del año, de un lugar a otro pero sin salir de su propio territorio. Por ejemplo: para beneficiarse de diferentes tipos de recolección, de la caza, de la pesca o de terrenos de pasto a medida que van estando sucesivamente disponibles o siendo productivos.—G.P.M.

nomadismo primitivo. Modo de vida en el que la banda primitiva cambia de lugar su habitación. Semejante nomadismo es de ordinario un movimiento entre determinados lugares fijos o tradicionales en los que se acampa temporalmente dentro de un territorio considerado propio de la banda. Los movimientos son estacionales y de acuerdo con las variaciones de las oportunidades para obtener alimentos.—E.A.H.

nombre. Expresión verbal que se asigna a las personas, a los objetos o a sus calidades con fines de denominación, apelación, conocimiento e identificación. El nombre goza de protección jurídica, que se manifiesta positiva (defensa del nombre propio contra su uso indebido) y negativamente (prohibición de usar nombre falso o supuesto) y da lugar a diversas figuras de delito.—J.C.

"non bis in idem." Principio de unidad conforme al cual ningún delito concreto debe ser sancionado sino una sola vez.—J.C.

norma. Patrón o criterio para juzgar el carácter o conducta de un individuo o cualquier forma o función societal. Cualquier aspecto singular de un sistema social que funciona sin rozamientos. Cf. *normalidad.*

norma social. Cualquier modo o condicionamiento de conducta socialmente sancionada.—M.K.

normal. 1. Congruente con la estructura y funcionamiento totales de un sistema cualquiera. Toda unidad de un sistema social es normal cuando sus características o condición son tales que favorecen el funcionamiento eficaz del sistema tomado en su conjunto. Una sociedad normal es cosa que no existe, salvo en el sentido de que se la considere como parte de algún sistema multisocial. 2. Promedio, consuetudinario, usual. Empleado en este sentido, el término no entraña significaciones cualitativas. Así puede decirse porcentaje normal de tifoidea, paro normal, mortalidad infantil normal.

normalidad. 1. Conformidad con una norma. Característica de cualquier parte de un sistema que conduce a un funcionamiento en su conjunto eficaz y sin roces. Aplicada a cualquier caso particular, la normalidad es un concepto estrictamente relativo. Un rasgo social particular como la compra de la mujer, la *patria potestas* o un contrato de trabajo individual puede ser normal en una sociedad y anormal en otra. Por consiguiente, la normalidad está libre, por completo, de toda implicación moral de carácter intrínseco o abstracto. Es una cuestión de congruencia de una parte con el todo. 2. Conformidad con la situación media o usual.

normalizar. Acción de poner algo en armonía con una norma aceptada. Conseguir el funcionamiento sin fricciones con respecto a cualquier sistema social determinado.

normas de trabajo. Normas cambiantes que regulan los tipos de salario, las horas de trabajo, la seguridad social, las condiciones de trabajo de mujeres y niños, etc., que se han establecido por acuerdo entre los obreros y las empresas o por la acción del gobierno. Como manifestaciones del control social en las relaciones económicas, significan la solución de conflictos entre el patrono y los grupos obreros por acción autónoma y por intervención del Estado.— K.DP.L.

normas sociológicas. Criterios aceptables desde el punto de vista lógico o índices de relaciones sociales tales como coeficientes, ciclos y tendencias.—H.P.F.

"nos", sentimiento del. Véase **sentimiento del "nos".**

noticia. Información sobre un acontecimiento que los reporteros y directores de periódicos o de radiodifusoras consideran de suficiente y potencial interés para justificar su publicación por medio de comunicación de masas. Como los lectores y radioescuchas no pueden hacer que sus censuras se perciban en detalle, las tradiciones periodísticas desempeñan un papel apreciable en la definición de las orientaciones publicitarias. Entre los valores de la noticia figuran: *1)* la oportunidad, *2)* la proximidad, *3)* la importancia, *4)* el interés humano, *5)* lo insólito, *6)* el conflicto, *7)* la incertidumbre, y *8)* los elementos místicos. Las reglas de la selección de noticias dependen del carácter de sus agentes en sus distintas funciones o papeles, como centros de anuncio, instituciones económicas, servicios públicos constitucionalmente protegidos por el Estado en los países democráticos, agencias de colocación, y medios de control político, económico e incluso religioso.— A.M'C.L.

novatada. Broma, incomodidad o vejamen que los miembros veteranos de una comunidad (estudiantes, soldados, reclusos, etc.) causan, a modo de rito de iniciación, a los de nuevo ingreso o novatos, que carecen de la experiencia y el prestigio de los primeros. La novatada se funda en la autoridad de la costumbre, puede llegar a ser más o menos pesada y en vano luchan contra ella las autoridades corporativas correspondientes.—J.C.

novia por fotografía. La que se elige sin conocimiento personal, valiéndose sólo de los sistemas de correspondencia. Esta práctica estuvo en boga en un tiempo entre los japoneses establecidos en Estados Unidos que buscaban esposa entre las mujeres del Japón. Sobre la base de tales negociaciones se hicieron arreglos para la emigración de las novias comprometidas. [Inglés, *picture-bride*].—N.A.

novia, precio de la. Véase **precio de la novia.**

noviazgo. Generalmente asociación de un hombre y una mujer solteros que han experimentado una atracción recíproca; camaradería que revela la fuerza de la atracción que cada uno siente hacia el otro. En los países de cultura occidental es el sistema corriente y admitido de ligarse a un futuro consorte.—E.R.G.

núcleo social. Foco o unidad central que en el seno de la sociedad contiene los gérmenes de ideas, procedimientos u órdenes sociales nuevos. La expresión se aplica, a veces, a una organización o institución particular. Así, se dice que la familia es el núcleo de la sociedad.—M.C.E.

nudismo. Tipo de culto e interés compartidos por personas que, por razones de salud, estéticas o de otra índole, se reunen en grupos para asociarse en desnudez y que, algunas veces, hacen de la desnudez el objeto de su asociación. El nudismo no sólo tiene su literatura, sino su código, sus líderes y sus lugares de reunión.— N.A.

"nuestro" grupo. Véase **grupo "nuestro".**

nuevo pobre. Término que designa a gran número de personas de una población caídas en la pobreza por primera vez a causa de la desocupación generalizada que se produce durante las depresiones económicas prolongadas.—K.DP.L.

nuevo rico. Persona "recién enriquecida" que emplea su riqueza de modo ostentoso con el fin de obtener el reconocimiento y respeto de todos los que reverencian a los poseedores de fortunas. También puede gastarla en atraer la atención de los aristócratas cuya fortuna está en decadencia y que, algunas veces, se ven forzados a transigir en sus principios exclusivistas en aras de un beneficio material inmediato. La riqueza excesiva se despliega como sustituto de otros merecimientos que de ordinario se requieren para lograr y mantener una posición social elevada.—W.C.H.

"nullum crimen nulla poena sine praevia lege poenali." Véase **legalidad (principio de).**

número índice. De una serie de números, aquel que expresa los cambios relativos de una variable o grupo de variables, de tiempo en tiempo o de lugar en lugar. Un índice simple que muestra las fluctuaciones de una sola variable (por ejemplo: el precio del hierro en lingotes) es más correcto llamarlo relativo o porcentaje relativo. Por antonomasia, la expresión suele referirse al número índice compuesto que se emplea para expresar las fluctuaciones de magnitud de grupos de fenómenos (por ejemplo: precios al por menor en su conjunto, actividad económica, costo de la vida, ocupación, etc.). Los elementos que entran en el número índice compuesto pueden ser "brutos" (dando lugar al índice simple) o "ponderados", de acuerdo con los números que expresan las cantidades producidas o consumidas. El valor del número índice en el punto de referencia elegido como base (de ordinario un año determinado o un grupo de años) se considera como 100. Los números índices se suelen expresar en porcentajes de los valores del período base, pero pueden ser meros agregados.—M.PT.

número típico. Número por el que muestran preferencia los miembros de una sociedad, de tal modo que se reitera o aparece de nuevo en diversas circunstancias o contextos; por ejemplo, en la agrupación de figuras en la mitología y en la repetición de elementos en los cuentos populares y en las ceremonias.—G.P.M.

nupcias. Bodas (q. vid.).

nutrición defectuosa. En un principio, término general empleado, principalmente, para designar los casos de inanición aguda o los efectos de una enfermedad, pero más tarde se ha precisado como una entidad clínica de ámbito mucho más amplio, que no sólo comprende la exigüidad de peso en relación con la altura y la edad (este último factor ha sido desechado en gran medida por la experiencia reciente), sino los síntomas específicos de indiferencia, actitud cabizbaja, ligamentos flácidos, palidez, cuencas de los ojos hundidos, omóplatos salientes. No limitada a las clases más pobres, tiene relación con una multitud de factores afectivos y de carácter, familiares, sociales y ecológicos. En sentido lato, el término comprende no sólo la desnutrición general, sino la supernutrición, los casos de perturbación glandular y otras nutriciones defectuosas específicas tales como las deficiencias vitamínicas y minerales, incluyendo las enfermedades que de ellas resultan.—T.D.E.

O

obediencia debida. Causa de inculpabilidad por virtud de la cual queda exento de reproche jurídico a título de dolo o culpa, por sus actos formalmente delictivos, el que los ejecuta en virtud de orden superior de apariencia legal, dada dentro de su competencia por el superior, y previa una relación de dependencia jerárquica entre el que manda y el que obedece.—J.C.

objetivación. Acto o proceso de objetivar una idea o concepto, en especial el de dar existencia objetiva a las ilusiones o engaños de la mente.—F.H.H.

objetivar. Dar existencia externa a ideas o conceptos, en particular cuando éstos son ilusorios o engañosos.—F.H.H.

objetividad. Capacidad para desprenderse de situaciones en las que se está implicado personalmente y para examinar los hechos basándose en la prueba. y la razón y no en el prejuicio y la emoción, sin predisposiciones o prejuicios, en su verdadero marco. Cf. *método objetivo.*— A.E.W.

obligatoriedad. Principio característico de las leyes de carácter penal por virtud del cual es general e inexcusable la observancia de las normas jurídicas que ellas presuponen, fin que se garantiza mediante la conminación penal.—J.C.

obras públicas. Las que son de interés general, responden a necesidades eventuales o permanentes y se destinan al uso público. Las obras públicas son realizadas por cuenta de la administración en cualquiera de sus grados, conforme a los planes aprobados por la misma y con cargo al erario público (según los presupuestos ordinarios o según presupuestos especiales). Comprenden construcciones de muy diversos tipos: carreteras, edificios, sistemas de abastecimiento de aguas y drenaje, aeropuertos e instalaciones para el servicio de los mismos, puertos marítimos y fluviales, muelles, canales, etc., por lo general de gran volumen. Dentro del concepto de obras públicas se incluyen también las accesorias de reparación y mejora y las de mero ornato. No cabe confundir las obras y los servicios públicos. Sin embargo, las estructuras administrativas de conservación y funcionamiento de aquéllas constituyen servicios públicos. [Inglés, *public works*].—N.A. y J.C.

obrero. Trabajador (q. vid.).

obscenidad. 1. Todo lo que se considera por la opinión, la ley o las autoridades públicas como ofensivo a la pureza espiritual, a la moral o al gusto público. Se aplica a la conducta personal, al vestido, al lenguaje, a las obras de arte, a la literatura y al teatro para comprender todo lo que se considera obsceno, lujurioso, lascivo, sucio, indecente o repugnante.—F.H.H.

2. Impudicia, torpeza moral; especialmente con referencia a los sentimientos de pudor y moral sexual. Es un elemento característico de todos aquellos delitos sexuales en que la *ratio puniendi* no está constituída por la violencia o el fraude (seducción).—J.C.

observación. El cuidado proporcionado por las instituciones a las personas socialmente incapaces que necesitan una estrecha vigilancia o requieren asistencia personal para realizar las funciones elementales humanas. [Inglés, *custodial care*].—J.W.M'C.

observador-partícipe. Investigador que contempla los fenómenos sociales desde dentro y desde fuera; por ejemplo: el hombre que estudia los problemas del trabajo alistándose como obrero en las minas, fábricas y campos; el criminólogo que duerme en las cárceles y prisiones; el estratega que levanta sus mapas y cartas y va a las líneas del frente para hacer observaciones directas de las armas, de la moral de las tropas y de las operaciones.—W.C.H.

obsolescencia. Condición de lo que es viejo y anticuado y, por ello, se encuentra en desuso. El proceso de envejecimiento puede ser susceptible de medición, como sucede con el empleo de pertrechos y maquinaria, pudiendo adoptarse medidas para su reemplazo cuando se ve menoscabada la eficiencia de los mismos hasta el punto de disminuir los beneficios. El término puede aplicarse de varias maneras a los fenómenos sociales.—N.A.

obstáculos positivos. Véase **maltusianismo.**

obstáculos preventivos. Véase **maltusianismo.**

ocio. Tiempo que queda libre después de haber sido atendidas las necesidades prácticas de la vida. Las concepciones del ocio varían desde la puramente aritmética del tiempo dedicado al trabajo, al sueño y a otras necesidades, substraído de las 24 horas —lo que da el tiempo sobrante—, a la noción general de ocio como tiempo que se emplea en lo que uno quiere. [Inglés. *leisure*].—M.H.N.

oclocracia. Gobierno por el populacho o la multitud; estado de cosas en que la autoridad suprema descansa en la masa del pueblo y la organización gubernativa está controlada por ella, entendiéndose por populacho las gentes del común y excluyendo a todos los individuos distinguidos por su rango, ministerio, educación o profesión. Teóricamente, esto puede considerarse como una aproximación a la democracia; en la práctica, sin embargo, no es más que chusmocracia.—F.E.L.

ocultación. Encubrimiento (q. vid.). Puede referirse a las personas responsables de un delito o a los efectos materiales de éste.—J.C.

ocultismo. Creencia en lo sobrenatural; doctrinas y prácticas místicas basadas en dicha creencia. Cf. magia, religión.—E.A.H.

ocupación. Forma de actividad en la que, por remuneración y de manera regular, se emplea un individuo.—J.H.E.

ocupación, derecho de. El que deriva de la posesión u ocupación de hecho de un terreno, sin título legal o contractual, durante largo tiempo y pacíficamente consentida. [Inglés, squatter's right].—s.s.
    El derecho de ocupación es jurídicamente admitido como un medio constitutivo de la propiedad.—J.C.

ochavón. Persona que se supone tiene un octavo de negro y siete octavos de sangre blanca. Término empleado raramente por los negros.—W.R.C.

odalisca. Mujer perteneciente a un harén y que tiene un status servil o marital inferior.

"ofay." Palabra cuya raíz significa "unión" y con la que suele designarse en la sociología norteamericana a la persona blanca aficionada a relacionarse con negros. El término tiene diversas variantes: fay, "viejo fay" u old-fay, los dos últimos de connotación especialmente familiar.—W.R.C.

oferta de trabajo. Suma total de obreros disponibles en el mercado de trabajo en cualquier momento. Al examinar la oferta de trabajo la atención se dirige al carácter heterogéneo de los obreros. Deben ser considerados desde el punto de vista de la edad, el sexo, la raza, la capacidad y de otras características diferenciales. Cada demanda de trabajo exige obreros del tipo requerido por la clase de trabajo. Puede darse una oferta amplia general unida a cierta escasez de capacidades concretas o a una situación en que la misma distribución de los obreros las haga inaccesibles. La oferta de trabajo puede aumentar a medida que la demanda y los alicientes atraen al mercado a obreros marginales (artesanos, trabajadores domiciliarios, etc.). Condiciones contrarias pueden disminuirla. Cf. demanda de trabajo, mano de obra, mercado de trabajo.—N.A.

oficial de prueba. Funcionario judicial especialmente encargado de proponer la sumisión de los delincuentes al sistema de prueba (q. vid.), de vigilar la conducta de los beneficiarios del mismo, de obtener acerca de ellos la necesaria información previa y de proponer en su caso la revocación del beneficio. [Inglés, probation officer].—R.N.B.

ofrenda votiva. Sacrificio hecho en cumplimiento de un voto.—G.P.M.

oligarquía. Gobierno de una minoría; forma de gobierno en la que el poder supremo se ha confiado en unos pocos miembros de la sociedad o ha sido usurpado por ellos: ancianos, camarilla militar, grupo revolucionario, etc.—F.E.L.

oligopolio. Especie de competencia imperfecta en que el número de vendedores que concurren a un mercado es superior a dos, pero no lo bastante grande para eliminar su respectiva influencia en la fijación del precio. Cf. duopolio, monopolio.—J.C.

omisión. Abstención. Modalidad delictiva en que se incurre adoptando una actitud pasiva ante los preceptos positivos de la ley (delitos de simple omisión), o ante hechos externos con el fin de conseguir la realización de un resultado antijurídico y querido que implica la infracción de preceptos penales negativos (delitos de comisión por omisión). Mientras que el simple no hacer, se produzca o no un resultado, constituye autónomamente la infracción en los delitos de omisión, ésta no es más que un medio en los de comisión por omisión.—J.C.

omisión de deberes. Forma omisiva del delito de abuso de autoridad referible a la conducta de los funcionarios públicos que dolosamente dejaren de cumplir o retardaren el cumplimiento de sus obligaciones propias desatendiendo los requerimientos recibidos al efecto.—J.C.

onicomancia. Práctica de la adivinación interpretando las señales y huellas que quedan en las uñas del interesado después de untarlas con ciertas sustancias (aceite, etc.) especialmente designadas para ello.—J.C.

oniromancia. Práctica adivinatoria mediante la interpretación de los sueños.—J.C.

onomancia. Práctica adivinatoria que toma como base el nombre de la persona a quien se refiere la predicción.—J.C.

ontogénico. Relacionado con el origen y conservación del individuo. Cf. propia conservación.

opción local. Plan norteamericano para el control de bebidas alcohólicas conforme al cual cada Estado decide por sí mismo abolir o restringir la manufactura y la venta de licores embriagantes.—J.W.M'C.
    La expresión es aplicable a todos aquellos sistemas de reglamentación administrativa en los que no existe un criterio establecido por el poder central y las actividades a que se refieren quedan bajo la exclusiva competencia de las entidades locales (departamentos, provincias o municipios).—J.C.

opción múltiple. Sistema 1) para examinar estudiantes y 2) para orientar la investigación de actitudes y opiniones, en el que el estudiante o la persona sujeta a investigación tienen que seleccionar la respuesta correcta de una lista de tres o más respuestas propuestas o posibles.—F.E.L.

operacionismo. Filosofía de la ciencia que trata de reducir toda afirmación de verdad a predicciones comprobables de la forma a) o de la forma b), de la manera siguiente: a) Si un observador específicamente determinado hace una observación específicamente determinada, existe la probabilidad P de que el mismo observador, u otro específicamente determinado, pueda hacer una segunda observación específicamente determinada en condiciones específicamente determinadas; o *b*) si un operador específicamente determinado lleva a cabo una operación específicamente determinada, existe la probabilidad. P^1 de que, ya sea él u otro observador específicamente determinado, pueda hacer una observación específicamente determinada. Frecuentemente se confunde, con error, el operacionismo con el positivismo o con el behaviorismo (*q. vid.*).—H.H.

opinión. 1. Juicio considerado como verdadero, al que se ha llegado, en cierta medida, por procesos intelectuales, aunque no de modo necesario con la prueba requerida para tenerlo por evidente. 2. Parecer o apreciación sobre una cuestión o particular determinados: por ejemplo, con respecto a la pertinencia de una política. 3. Afirmación de un individuo considerado experto con respecto a un problema.—B.M.

opinión colectiva. Tipo de opinión pública en el que en un grupo, organización o público determinados, se reconoce la existencia de cierto consenso, proclamándosele como la opinión del grupo en su conjunto. Es término de uso no frecuente.

opinión de grupo. Reacciones verbales de los miembros de un grupo frente a un acontecimiento-estímulo determinado. Tales reacciones son productos de cultura de la sociedad de que forma parte el grupo y de su propia subcultura, de acontecimientos pertinentes recordados, de las tensiones sociales ordinarias manifiestas a los miembros del grupo y de la estructura social correspondiente. Cf. *opinión pública, opinión de multitud.*—A.M'C.L.

opinión de multitud. Reacciones verbales de los miembros de una multitud frente a un acontecimiento-estímulo. Tales reacciones logran un grado más elevado de unanimidad en una multitud que en los grupos que no han llegado a un grado semejante de aislamiento y fusión psíquica. Los miembros de una multitud únicamente expresan las opiniones de que se trata con referencia a acontecimientos-estímulos que se encuentran en el área de interés que llevó a sus miembros a la situación de multitud. Las opiniones de la multitud se sitúan de modo típico en un plano algo más emocional e histérico que las del público corriente.—A.M'C.L.

opinión, movimiento de. Intento de influir sobre la opinión pública o invocando una supuesta opinión pública, principalmente por parte de la prensa, al "tomar partido" en un asunto determinado u ocuparse de él en sus editoriales con objeto de exagerar o disminuir su importancia. Cuando se trata de crímenes más o menos resonantes, el movimiento de opinión tiende a prejuzgarlos dando una impresión general tendenciosa en favor o en contra del acusado para que se refleje en las actuaciones judiciales (sugestionando al jurado o presionando al juez o tribunal). [Inglés, *trial by newspaper*.] El movimiento de opinión puede ser también espontáneo y reflejar una auténtica opinión colectiva existente y formada en relación con una cuestión dada. Cf. *opinión pública.*—M.A.E. y J.C.

opinión pública. Actitud de una porción importante de una población con respecto a una determinada proposición, que se apoya en un mínimo de pruebas reales y que supone cierto grado de reflexión, análisis y razonamiento. Es un producto parcialmente intelectual, a diferencia del sentimiento público (*q. vid.*), que es, en esencia, cuestión de emoción y puede existir y existe sin la menor base real adecuada. De un modo característico los propagandistas dan la impresión de que tratan de modificar la opinión pública cuando, en realidad, apelan al sentimiento público y tratan de utilizarlo. Cf. *prejuicio.*

opinión pública, escrutinio de la. Examen de la opinión o actitud del público. Cálculos preelectorales de la intención de los votantes por medio de una muestra del electorado empleada para prever el resultado de la elección. [En Estados Unidos, donde nace la expresión: *public opinion poll*].—M.PT.

opio. Droga narcótica producida por el zumo gomoso de una especie de adormidera. En el uso comercial el opio aparece, de ordinario, en la forma de uno de sus derivados; los más importantes son la morfina, la heroína y la codeína. El invento de la jeringa hipodérmica, en el siglo XIX, estimuló en gran manera el uso como narcóticos de los derivados del opio. El efecto de esta droga, cualquiera que sea la forma en que se tome, es la depresión de los centros nerviosos más importantes y la producción de un estado psíquico de calma beatífica conocido con el nombre de euforia (*q. vid.*).—J.W.M'C.

oponerse. Actuar en oposición o de manera que se produzca oposición.—F.H.H.

oposición. Gasto de energía contra un objeto que se mueve en una dirección contraria; resistencia a las ideas o esfuerzos de otra persona o grupo, o esfuerzos, a su vez, para impedirlos o eliminarlos, sin que esto implique de modo necesario actitudes iracundas o propósitos de destrozar o lesionar al adversario. Se sostiene con frecuencia, por aquellos que glorifican la lucha, que el conflicto es universal en toda la naturaleza y que incluso sirve para concatenar los sistemas y para hacer posible el movimiento; que el conflicto es, por consiguiente, inevitable o una bendición e incluso un medio indispensable de progreso. Tal doctrina no acierta a distinguir entre la mera oposición, para la cual el argumento sería válido, y el conflicto (*q. vid.*), dominado por el odio o el deseo de perjudicar al enemigo.—T.D.E.

oposición social. Especie de interacción social en que personas o grupos tratan de alcanzar determinado objetivo, pero en condiciones tales que cuanto mayor sea el éxito inmediato o directo de una persona o grupo, tanto menor será el éxito inmediato o directo de los otros. La oposición social comprende la competencia y el conflicto (q. vid.). Es lo contrario de la cooperación (q. vid.).—H.H.

óptimo de población. Véase **población (óptimo de).**

oráculo. 1. En las religiones clásicas, lugar donde se rendía culto a alguna divinidad y donde podían hacerse preguntas al dios siendo transmitidas las respuestas por el sacerdote o sacerdotes a su servicio. 2. Dios o sacerdote dotado de capacidad mística o sobrenatural para dar respuestas crípticas a las preguntas de los fieles.—E.A.H.

ordalía. Prueba de resistencia, valor y fortaleza empleada en las sociedades de desarrollo científico limitado para demostrar la inocencia o culpabilidad de un acusado. La ordalía perduró como característica común del procedimiento judicial, en Europa, hasta el siglo XIII. Las formas ordinarias de la ordalía eran el fuego, el combate y el agua. El hecho de escapar de la muerte o de heridas se consideraba como prueba de inocencia.

orden moral. Elemento de orden de una sociedad que deriva de la orientación común de sus miembros hacia necesidades y valores fundamentales en que todos participan. Este orden puede oponerse al orden legal, al orden económico, etc.—R.C.A.

orden social. En general el concepto se refiere a la totalidad de las relaciones humanas y a la cultura de cualquier área o tiempo determinados; constelación de instituciones sociales. En sentido crítico se refiere a cierta cualidad, a saber, al funcionamiento sin roces, en el seno de una sociedad, de la acción recíproca de los individuos, que por eso encarna valores de eficacia, coherencia lógica, belleza y moralidad; es una situación pareja a la de la salud en el individuo. No es lo mismo que paz, porque la lucha puede ser ordenada; no es lo mismo que organización, porque la organización lleva consigo cierta complejidad que no se encuentra necesariamente en el orden.—F.E.L.

orden superior. Véase **obediencia debida.**

"orenda." Concepto iroqués del poder o la fuerza mágica impersonal y sobrenatural. Cf. *mana.* —G.P.M.

organicismo. Véase **analogía organicista, conducta orgánica, organismo social, sociedad orgánica.**

orgánico. Referente a un organismo.—M.S.

organismo. Ser viviente, compuesto de partes, capaz de conservar la existencia como sistema unitario y de actuar de manera coordinada en relación con el medio.—M.S.

organismo social. Por analogía con el organismo biológico, cualquier forma de organización social o sociedad.—M.S.

organización. Proceso que diferencia una parte de otra en un sentido funcional y que, al mismo tiempo, crea un complejo integrado de relaciones funcionales dentro del todo.—J.P.E.

organización criminal. Estructura formada por el conjunto de relaciones establecidas entre personas y grupos que hace posible la comisión del delito y facilita la elusión de las sanciones legales correspondientes. Esta estructura puede ser imprecisa, irregular y descentralizada. También se entiende por organización criminal cualquier grupo de personas que se dedican sistemáticamente, como unidad colectiva, a la comisión de delitos.—A.R.L.

organización de empresa. Conjunto de las formas sistemáticas de cooperación humana para la producción y el intercambio de bienes económicos. Tal como se ha desarrollado en la actualidad en los países que disponen de los sistemas industriales más avanzados, es el sistema de actividades económicas organizado por dirigentes interesados en gestionar la transformación de las materias primas de la tierra, por procedimientos modernos y eficientes, convirtiéndolas en productos acabados para uso de quienes pueden pagarlos a un precio que cubra los costos de producción y deje una ganancia a los productores. Hoy, en este sistema, los factores de la producción son, en gran medida y principalmente, de propiedad privada y la atención está centrada en la producción y en el aseguramiento de la ganancia. Las principales características o partes funcionales actuales del sistema de empresa son: 1) ganancias para los propietarios, 2) salarios para los trabajadores, 3) sueldos para los empleados, 4) inversión financiera especializada, 5) auxilio legal y protección gubernativa, 6) servicios bancarios, 7) sistemas de contabilidad, 8) seguros, 9) laboratorios experimentales, 10) procedimientos mecánicos, 11) compras especializadas, 12) producción especializada, 13) publicidad especializada, 14) venta especializada y 15) utilización de órganos gubernamentales especializados y con frecuencia "invisibles" para conseguir favores secretos. [Inglés, *business organization*].—C.J.B.

organización de la caridad, sociedad de. Véase **sociedad de organización de la caridad.**

organización de la comunidad. Véase **comunidad (organización de la).**

organización dual. La de una tribu en dos subdivisiones o mitades (q. vid.) principales.—G.P.M.

organización económica. Véase **organización de empresa.**

organización industrial. Configuración de cultura que se caracteriza por el empleo abundante de la máquina, por la producción en masa y por la utilización de fuerzas distintas de las humanas. El sistema tiende a reproducirse por sí mismo como, en forma típica, ocurre en el capitalismo.

organización social. Articulación de una sociedad en subgrupos que comprenden, en particular, a los que se basan en la edad, el sexo, el parentesco, la profesión, la residencia, la propiedad, el privilegio, la autoridad y el *status*.—G.P.M.

organización social rural. Arte de planear las relaciones sociales en el medio rural mediante el empleo de los métodos de la ciencia; tecnología que utiliza diversas ciencias y disciplinas para el mejoramiento práctico del bienestar rural, aunque se basa, sobre todo, en la aplicación de la sociología y de la psicología social.—D.S.

organizado, delito. Véase **delito organizado.**

órgano social. Grupo especializado que dentro de una sociedad lleva a cabo una función concreta como exigencia de un sistema social complicado.—M.C.E.

org.'a. Festival o ceremonial caracterizado por una relajación pasajera de los tabúes y frenos consuetudinarios y, consiguientemente, por exceso de cantos, danzas y satisfacción de los apetitos. Con frecuencia es un acto mágico-religioso en honor de una divinidad, como sucedía en las orgías dionisíacas y en las bacanales; en los pueblos primitivos en particular suele ser una ocasión para la relajación de los tabúes sexuales. Cf. *masa orgiástica*.—F.H.H.

orientación. 1. Colocación de una cosa, especialmente de un edificio, templo o cadáver en la sepultura, con relación precisa a los puntos cardinales.—G.P.M.

2. Determinación de la posición de una cosa con respecto a los puntos cardinales.

3. Por extensión, formación de un criterio u opinión sobre algún problema según alguna pauta determinada. Más general e imprecisamente, información.—J.C.

orientación infantil. Actividad de ciertas personas especializadas en higiene mental que tiene por objeto el cuidado de los niños que por su conducta difícil exigen para su tratamiento una preparación extensa en trabajo social, psicología, psiquiatría y pedagogía.—W.P.

orientación profesional. Esfuerzos sistemáticos para ayudar a los jóvenes a elegir cuerdamente sus profesiones. Comprende el consejo a los niños en edad de recibir enseñanza secundaria y a personas de más edad para descubrir sus capacidades personales, obtener información sobre diversas esferas de empleo, conseguir la preparación adecuada, obtener un empleo apropiado en la esfera de su elección y, finalmente, hacer ajustes sucesivos con vistas a un *status* profesional y económico satisfactorio.—A.E.W.

orientación social. 1. Dirección general del pensamiento y del esfuerzo de un grupo social tal ~como la determinan sus valores sociales dominantes o sus ideas acerca del bienestar del grupo. Así pues, la orientación social de una sociedad movida por los ideales del individualismo democrático difiere de la que dirige a una sociedad dominada por los ideales socialistas, comunistas o fascistas; la de una orden religiosa de la de una cámara de comercio, etc.—F.H.H.

2. Dirección hábil del individuo por quienes ejercen autoridad, comprendiendo la familia, la escuela y otras instituciones sociales, con el fin de que todo miembro de la sociedad pueda desarrollar sus posibilidades, aprenda a dirigirse por sí mismo y contribuya a la tarea común con el máximo de sus posibilidades.—A.E.W.

origen, país de. Véase **país de origen.**

origen social. Comienzo, en la sociedad humana, de un rasgo cultural o pauta de conducta, simbólica o manifiesta, como la creencia en un ser sobrenatural o el establecimiento del "derecho" de propiedad privada.—R.E.B.

orígenes sociales. Formas primeras o más primitivas de los fenómenos sociales a las que pueden referirse todas las actividades y factores actuales de igual naturaleza.—H.A.P.

ornitomancia. Práctica adivinatoria que se vale de la interpretación del vuelo y canto de las aves.—J.C.

ortognatismo. Posesión de una mandíbula relativamente retraída y de cara perpendicular, es decir, de un ángulo de perfil facial de 85º o más. Cf. *mesognatismo, prognatismo*.—G.P.M.

orto-primos. Primos paralelos (*q. vid.*) en la misma línea de descendencia, es decir, los hijos del hermano del padre en el sistema de descendencia patrilineal o los hijos de la hermana de la madre en el sistema de descendencia matrilineal.—G.P.M.

osario. Lugar donde se depositan los huesos de los muertos.—G.P.M.

oscurantismo. Actitud o política adversa a la transmisión y difusión del conocimiento, especialmente entre las masas.—T.D.E.

osificación social. Endurecimiento de la tradición, costumbre u otras pautas vigentes de la conducta social, al punto de impedir su cambio, aun cuando ya no se ajusten a las necesidades sociales que las crearon.—R.E.B.

ostracismo. Históricamente, el ostracismo fué una sanción que se aplicó con amplitud en la antigua Grecia como medida para separar temporalmente de la comunidad (mediante el destierro hasta por 10 años) a los perturbadores de la paz y el buen orden políticos. Quizá no tuvo carácter penal ni supuso nunca la degradación social. Los condenados al ostracismo conservaban su *status* social y político y al regresar a la patria, ya cumplido el ostracismo, se incorporaban a la vida de la ciudad con la plenitud de sus derechos. Por analogía, puede decirse que hoy subsiste el ostracismo sólo como una manifestación de hecho de la censura o reprobación social por la conducta anterior de algunos de sus miembros. Carece de expresión legislativa y en ningún sentido afecta a la condición jurídica de quienes lo padecen. Se refleja en una actitud de distanciamiento y frialdad por parte de la comunidad. Tal es, por ejemplo, la actitud general en muchas sociedades frente a los licenciados de presidio y a los delincuentes en libertad condicional.—J.C.

P

paciente hospitalizado. Persona recibida en un hospital o institución similar, por lo general para ser objeto de tratamientos y cuidados médicos temporales.—E.E.M.

"padrone." Jefe o patrono que emplea el sistema *padrone* (q. *vid.*).

"padrone", sistema. Tipo de organización económica en el que un individuo controla un corto grupo de obreros, por lo común jóvenes y con frecuencia niños, con el trabajo de los cuales tiene un pequeño negocio. Históricamente el sistema se desarrolló en ciertos pueblos mediterráneos, especialmente griegos e italianos, y los inmigrantes de dicha procedencia lo introdujeron en Estados Unidos, donde hubo un momento en que alcanzó gran desarrollo. Las características del sistema son: el dominio casi completo del *padrone* sobre los obreros, comprendiendo el alojamiento en común, y una vigilancia rigurosa de las actividades profesionales. El sistema es singularmente apropiado a ciertas profesiones como la de limpiabotas. Tiene muchas semejanzas con el primitivo sistema de aprendizaje.

padrón. Censo (q. *vid.*).

país de destino. País al que se dirige una corriente migratoria.

país de origen. País del que procede una corriente migratoria.

paliativo. Remedio para el dolor, temporal, superficial, no curativo porque no ataca las causas. Un paliativo detiene, o al menos hace más lento, el curso de empeoramiento del cliente; la situación no empeora con la rapidez que sucedería si no se emprendiera ningún tratamiento o si se hubiesen intentado remedios contraproducentes; pero al tratamiento no se eleva al plano estrictamente curativo.—T.D.E.

pandemia. Véase **epidemia** (3).

pandilla. Banda (q. *vid.*). Aplícase especialmente a las bandas de niños y adolescentes.—J.C.

pandilla, edad de. Véase **edad de pandilla.**

pandillero, pandillista. El que forma parte de pandillas o bandas de juego formadas por niños o adultos.—J.C.

pánico. Estado de alarma y confusión, como en el caso de una multitud que, sorprendida por un peligro, pierde el dominio de sí misma. Se aplica típicamente a una situación de desastre en el mercado de dinero cuando bajan los valores. Puede dar lugar a aglomeraciones en las ventanillas de los bancos, al atesoramiento y a la migración.—N.A.

panóptico. Forma circular de la arquitectura penitenciaria, ideada por Bentham y ampliamente aplicada después, que permite vigilar con la máxima eficacia y el menor número de personas, desde una torre central, todas las celdas y galerías de cada planta de la prisión. El principio ha sido aceptado en parte y adaptado a las necesidades del régimen penitenciario, dando lugar a las construcciones semicirculares o en abanico.—J.C.

papel. Función o conducta esperada de un individuo en el seno de un grupo, definida, de ordinario, por el grupo o la cultura. [Francés e inglés, *rôle*.].—J.P.E.

papús. Niño pequeño entre los indios norteamericanos. [Inglés, *papoose*].—G.P.M.

parafernales, bienes. Los que la mujer aporta al matrimonio, aparte de la dote, y los que durante él adquiere individualmente a título lucrativo (herencia, donación).—J.C.

paralelismo cultural. Desarrollo independiente de rasgos culturales semejantes en regiones diferentes.—J.G.L.

parámetro. Véase **estadístico** (1).

paranoia. Forma de psicosis caracterizada por ilusiones persistentes y sistemáticas, por lo común de grandeza o persecutorias y, algunas veces, por alucinaciones.—J.M.R. y B.M.

parasitismo social. Tipo de simbiosis (q. *vid.*) humana por la que, como en el parasitismo vegetal o animal, una persona o grupo vive a expensas de otra persona o grupo, sin la correspondiente aportación a su "huésped" o a la comunidad. Este concepto comprende a los delincuentes, defectuosos, explotadores, perceptores de ingresos privilegiados, chantajistas que emplean la violencia, mujeres ociosas y al rico haragán, pero no a los dependientes (q. *vid.*) normales. Cf. **clase** *ociosa.*—T.D.E.

parásito. Individuo que vive, en todo o en parte, a expensas de los demás o de la comunidad en general, empleando el fraude, el favoritismo, el atractivo sexual, la simulación o el pretexto. —F.H.H.

parásito social. Persona que vive de la sociedad sin hacer nada. El concepto comprende desde el "rico ocioso" en un extremo al mendigo en el otro. Lleva siempre consigo el carácter de una deuda social en la medida en que el individuo en cuestión no compensa de modo debido a la sociedad por los bienes y servicios que de ella recibe.—F.D.W.

parcialidad. Tendencia condicionada en favor y apoyo de un cierto punto de vista o conclusión, a pesar de la ausencia de prueba adecuada e incluso de cualquier índole de prueba; disposición a rechazar toda prueba que está en contradicción con una convicción preconcebida. Con frecuencia se emplea como sinónimo de prejuicio.—F.E.L.

pareja delincuente. Especie de delincuencia asociada que se caracteriza por la participación de dos sujetos activos estrechamente vinculados en la acción criminal. La pareja puede ser homosexual o heterosexual y estar asociada en ambos casos por relaciones eróticas o no; el vínculo erótico, por su parte, cuando existe, puede influir o no en la determinación de las actividades criminales de la pareja (caso de ciertos crímenes pasionales). Según Sighele la pareja criminal puede denunciar una influencia psicológica de tipo sugestivo, dando lugar a que uno de sus partícipes asuma el papel de íncubo y el otro el de súcubo. Este análisis puede determinar un desigual tratamiento jurídico de los problemas de la responsabilidad, según las circunstancias en cada caso, y debe determinar un tratamiento penitenciario asimismo diferente. —J.C.

parentela. Grupo de parientes cercanos fundado en la descendencia bilateral (q. vid.).—G.P.M.

parentesco. Relación entre dos o más personas basada en una ascendencia común reconocida. Cf. *parientes.*—E.A.H.

parentesco, grupo de. Véase **grupo de parentesco.**

parentesco, sistema de. Véase **sistema de parentesco.**

parentesco totémico. Vínculo de sangre real o supuesto existente entre los diversos miembros de una *sib* que tienen un totem común.—J.G.L.

paria. Miembro de una casta o clase baja o despreciada; un proscrito.—G.P.M.

paridad agrícola, precios paritarios, ingreso paritario. El término "paridad", en el sentido en que se emplea en los proyectos y en la legislación agraria, se refiere a los *precios*, que proporcionarán a cada producto agrícola una capacidad adquisitiva unitaria, en relación con los artículos que compran los agricultores, con los intereses que pagan y con los impuestos, equivalente a la capacidad adquisitiva de tales productos en el período base adoptado (agosto de 1909 a julio de 1914); y también a los *ingresos*, que rendirán a los agricultores por su trabajo un ingreso neto *per capita* que guarda la misma relación con el de los no agricultores que la que prevalecía durante el período base adoptado.

El sistema agrícola paritario tiene por objeto ayudar a la agricultura a conllevar la crisis sufrida por esta esencial rama de la producción, ajustando los desequilibrios que ocasiona, lo que se consigue mediante un régimen complementario de subsidios y compras oficiales y en definitiva supone el control oficial de la producción y el mercado agrícolas. Ha sido establecido y desarrollado con resultados satisfactorios sobre todo en Estados Unidos.—J.C.

paridad social. Igualdad de *status.*—A.R.L.

parientes. Personas vinculadas por la sangre. Sin embargo, el reconocimiento del vínculo de sangre está determinado, con frecuencia, por prescripción cultural, al extremo de que personas pertenecientes a ciertas categorías de vinculación son consideradas como parientes, en tanto que otros parientes no son reconocidos como tales de un modo dogmático. Cf. *sistema clasificatorio, sistemas de relación, sistema de parentesco.*—E.A.H.

paro forzoso. Desocupación. Separación involuntaria o forzosa de un trabajo remunerador por parte de un miembro de la clase trabajadora normal, durante el tiempo de trabajo normal, con salarios normales y en condiciones de trabajo normales. El concepto de normalidad, que puede o no estar definido legalmente, es central en el concepto de la desocupación. "La clase trabajadora normal", tal como se emplea en esta definición, se aplica de ordinario a los asalariados o, por extensión, a los empleados a sueldo. Raramente se aplica a los profesionales o a los hombres de negocios. La precisión de la definición adquiere importancia mediante la conexión de este *status* con pautas sociales diversas tales como la legislación de seguros sociales, las ventajas sindicales, etc. Cuando no se define legalmente, debe tomarse en cuenta la expectativa normal dominante en una sociedad determinada. Por ejemplo, el término "parado" no se podría aplicar lógicamente a un niño de tres años o a un octogenario postrado en el lecho, porque ni el uno ni el otro son miembros de la clase trabajadora normal. Por otra parte, no sería lícito negar la condición de parado a un obrero competente porque se niegue a aceptar un trabajo por diez centavos al día o teniendo que trabajar una jornada de dieciséis horas, o en condiciones de trabajo intolerables. El concepto de "tiempo de trabajo normal" ofrece graves dificultades, ya que puede ser definido desde el punto de vista del trabajador o desde el de la industria. Es evidente que cuando se trata del negocio montado sobre la recogida de hielo natural no puede esperarse que emplee obreros salvo en invierno, ni tampoco la industria de la recolección del lúpulo por más de unas cuantas semanas durante el verano. Por otra parte, desde el punto de vista del trabajador, el "tiempo de trabajo normal" debe ser lo suficientemente largo para proveer a una subsistencia (q. vid.) decorosa para el trabajador y sus familiares durante un año. Al conflicto de intereses manifestado en esta situación puede atribuirse en buena parte la desorganización y los ajustes defectuosos que se ofrecen en el sistema capitalista. [Inglés, unemployment.]

parque de recreos. Area o lugar con instalaciones para actividades de juego vigiladas y para la organización y fomento de programas de re-

creo. [Inglés, *play ground*.] Cf. área *recreativa*.
—M.H.N.

parricidio. Especie del delito de homicidio cualificada por el vínculo de parentesco consanguíneo o afín existente entre el autor y la víctima. Dicha circunstancia cualificativa ampara a los ascendientes (parricidio propio) y a los descendientes, conyuge y hermanos (parricidio impropio), englobando así bajo el mismo tipo delictivo otros como los de conyugicidio y fratricidio. Suelen equipararse a estos efectos las formas legítimas y naturales del parentesco. El parricidio es siempre más severamente sancionado que el homicidio simple.—J.C.

parroquia mayor. Agrupación territorial de dos o más iglesias protestantes y sus ministros para servir a toda la población de una zona con más eficacia que si se mantuviesen en parroquias separadas.—E. de S.B.

parte. Persona que interviene en una transacción legal o en una acción o procedimiento legal.—F.W.K.

partera. Comadrona. Mujer que practica el arte de asistir a las mujeres en los partos. Muchas parteras no están legalmente capacitadas para tal ejercicio. Los Estados modernos exigen en la actualidad un período más o menos largo de adiestramiento para esta delicada actividad.—W.C.

participación. Entrada en alguna situación social definida identificándose con ella por medio de la comunicación o de la actividad común.—J.H.K.

participación condicionada. Acceso incompleto a la cultura de una región por un grupo subordinado, dependiendo el grado del mismo del papel asignado a los grupos parcialmente excluidos y aceptado por ellos. Así, los negros y algunos otros grupos étnicos se ven privados de una participación plena en la cultura norteamericana. El grado de exclusión está limitado por el *status* concedido a tales grupos, por la reacción frente al mismo por parte del grupo subordinado y por las actitudes adoptadas en consecuencia tanto por el grupo dominante como por el subordinado; estos elementos constituyen un proceso condicionante que afecta a ambos grupos. Los factores básicos en función de los cuales se verifica este proceso condicionante parecen ser la facilidad de identificación, por sus diferencias biológicas o culturales, de los miembros del grupo subordinado y las tradiciones que definen el papel que corresponde a los miembros de cada grupo. Los grupos que participan de manera condicionada pueden poseer o no rasgos de cultura propia con los que completar su participación parcial; los negros, no; otros grupos étnicos, sí. Cf. *grupo marginal*.—H.E.M.

participación criminal. Denominación genérica de las diversas formas de colaboración en la comisión de un delito. Además del autor principal, material, directo o inmediato, pueden ser partícipes en la acción criminal los coautores, cooperadores inmediatos, instigadores, auxiliadores, cómplices, denominaciones que corresponden a las varias formas y modalidades que puede adoptar la participación. Los principios generales de la participación son la unidad o identidad del tipo delictivo, el comienzo de ejecución por hechos exteriores, la antijuricidad objetiva de la acción y la coincidencia de la culpabilidad individual de los partícipes. De estos principios se deriva la intransmisibilidad de las circunstancias personales (causas de inimputabilidad, causas de inculpabilidad y excusas absolutorias) que puedan influir en la determinación de la responsabilidad de los partícipes.—J.C.

participación social. El hecho de que determinados seres conscientes toman parte en la interacción social. El concepto se refiere, de ordinario, a la participación humana consciente. Puede referirse a los grupos utilitarios o a los grupos de simpatía y afectivos. En estos últimos existe una identificación más completa de la personalidad con el grupo debida a los sentimientos compartidos de afección y lealtad, responsabilidad mancomunada, sentimiento, tradición y amistad personal.—T.D.E.

partícipe. El que toma parte, el que desempeña un papel, el miembro activo de un grupo funcional (por lo común un grupo de presencia); (de un grupo) que muestra una participación activa por medio de sus miembros; (de una conducta) referente a un papel activo dentro de un grupo funcional. Como sustantivo, persona consciente que toma parte o desempeña un papel en la vida de un grupo funcional.—T.D.E.

partil. Nombre genérico de los porcentiles, deciles, quintiles, cuartiles, terciles, etc. Un partil es la cuantía de una característica distribuidora (p. ej.: la abscisa o eje de las *X*) que corresponde a cierta fracción de la población distribuída (es decir, el área o frecuencia acumulada partiendo del límite inferior de la distribución). Así, el primer cuartil, Q_1, es aquella cuantía de la característica por bajo de la cual aparece el 25 por 100 de la población; y el segundo cuartil, Q_2 que es también la mediana, es aquella cuantía de la característica que divide a la población en dos mitades iguales.—S.C.D.

parto prematuro. Véase **nacimiento prematuro.**

parvifundios. Minifundios (q. vid.).

pasatiempo. Actividad de ocio a la que se consagra un tiempo considerable, pero de un modo irregular. A veces se le sigue con entusiasmo y tesón, pero estos momentos van seguidos por períodos de falta de interés. Gran número de actividades son susceptibles de convertirse en pasatiempos. Ello depende del interés y goce que proporcionen. [Inglés, *hobby*, típicamente anglosajón.] Cf. *entretenimiento*.—M.H.N.

pasión. Movimiento violento, persistente y arrollador del alma. Vivo y desordenado sentimiento del ánimo. Se ha tratado de diferenciarla de la emoción (estado agudo de la alteración o perturbación sentimental) por su carácter crónico. Las pasiones son ambivalentes, lo que impide una valoración uniforme de ellas en orden a la imputabilidad. Se las vincula en cambio a la teoría de los motivos para considerarlas, según los casos, como circunstancias agravantes (pasiones innobles) o atenuantes (pasiones nobles) de la responsabilidad. También deben ser consideradas desde el punto de vista de la peligrosidad (q. vid.). Cf. *delincuentes pasionales.*—J.C.

pastoril. Referente a los pueblos pastores o a su modo de vida típicamente nómada. Cf. *nomadismo.*—G.P.M.

"paterfamilias." Jefe paternal de la familia en la antigua Roma. Ejercía un poder casi ilimitado sobre su esposa, hijos y nietos así como sobre sus esclavos. La fuerte unidad de la familia romana se preservó durante siglos porque el *paterfamilias* estaba investido de todos los derechos religiosos, como sacerdote del culto a los antepasados de la familia; de todos los derechos legales, como única persona de la familia reconocida por el derecho romano, y de todos los derechos económicos, como único propietario de los bienes familiares, muebles e inmuebles. Hasta el primer siglo del Imperio no comenzaron a limitarse las facultades del *paterfamilias* por el derecho romano.—w.g.

paternalismo. Forma de dominación y protección que se asemeja a la ejercida por el padre sobre el niño pequeño. Hay paternalismo político, industrial, etc.—R.E.B.

paternidad. Estado de la persona que ha engendrado o procreado hijos.—R.E.B.

paternidad voluntaria. Expresión que sustituye con frecuencia a la de control o regulación de la natalidad porque con ella se acentúan con más vigor sus aspectos positivos frente a los puramente negativos. Es decir, la regulación consciente de la paternidad a la luz de las condiciones sanitarias y el *status* económico de los padres y del deseo de espaciar el nacimiento de los niños en el caso en que se piense tener más de uno. Es sinónimo de paternidad regulada. [Inglés, *voluntary parenthood*].—E.D.W.

paternoautoritario. Véase **patriautoritario.**

"pathos." Halo de invulnerabilidad intelectual con el que rodeamos una noción, costumbre, idea, símbolo, institución o funcionario que nos son queridos. Aura sentimental que se desarrolla en torno a tales elementos y los protege contra la crítica o examen objetivo.—A.M'C.L.

patología. *a)* Ciencia que trata de las causas, evolución y efectos de la enfermedad. *b)* Situación misma de enfermedad o anormalidad. Cf. *patología social.*—O.W.

patología social. 1. Estudio de la desorganización o desajuste sociales, en el que se examina la significación, extensión, causas, resultados y tratamiento de los factores que impiden o reducen el ajuste social; tales factores son: pobreza, paro, vejez, mala salud, idiotez, locura, delito, divorcio, prostitución y tensiones familiares.—O.W.

2. Situación mórbida o anormal.

patológico. Enfermo. *(medicina)* Diátesis patológica: tendencia a la enfermedad que suele creerse hereditaria. *(psicología criminal)* Mentira patológica: falsificación desproporcionada con respecto a los fines deseados. *(psicología)* Conducta tenaz de carácter mórbido y antinatural no definida de otro modo. *(sociología)* Manifestaciones o condiciones sociales indeseables que amenazan el bienestar social. De ordinario se refiere a aquellas condiciones socialmente indeseables y a aquellas tendencias que, por analogía, pueden considerarse como enfermedades sociales, como pobreza anormal, crimen, delincuencia en general, vicio, etc.—J.M.R.

patológico, delincuente. Véase **delincuente patológico.**

patria potestad. Expresión de origen romano que indica el poder del padre sobre los miembros de su familia *(familia)*, comprendiendo a los esclavos. Este poder se reconoció de modo expreso por la ley de las Doce Tablas (450 A.C.) y fué casi absoluto; abarcaba la vida y la muerte. Sólo en un aspecto estaba limitado el poder del *paterfamilias* sobre sus hijos: había de convocar un consejo de familia de los miembros adultos de su gens (o "gran familia") antes de condenar a muerte o a la esclavitud a un hijo. El hijo permanecía bajo la patria potestad mientras vivía su padre. Incluso después de su matrimonio, el hijo estaba bajo la potestad paterna y de igual modo lo estaba su descendencia. Ningún varón bajo potestad, aun cuando desempeñara funciones públicas elevadas, podía disponer de su propiedad o de sus ganancias; tampoco podía otorgar testamento mientras su padre viviera. Sólo cuando el Imperio quedó firmemente establecido dió el derecho romano los primeros pasos para limitar la *patria potestas.* Cf. *familia patriarcal.*—w.g.

La autoridad legal de los padres sobre sus hijos no emancipados, era concebida en el derecho romano en términos absolutos y exclusivos a favor del *paterfamilias.* Los derechos del padre sobre las personas y la propiedad de los miembros de su familia eran casi omnímodos en la antigüedad. La moderna evolución social y jurídica ha permitido a la mujer casada conquistar un *status* de igualdad con respecto a su marido, el derecho a controlar por sí su persona, propiedad e ingresos y el de ejercer también su autoridad sobre los hijos. Éstos, a su vez, son protegidos por el Estado contra los castigos crueles y contra la negativa del padre a darles alimentos y enseñanza. [Inglés, *paternal rights*]. —w.g. y J.C.

patriarcado. 1. Tipo de organización social caracterizado por la descendencia, herencia y sucesión patrilineal, por la residencia patrilocal, por la autoridad paterna y por la subordinación legal de las mujeres y de los hijos. Cf. *familia*

patriarcal, matriarcado, patria potestad, sociedad patriarcal. 2. Dominio, autoridad, provincia, función o residencia de un patriarca.

patriautoritario. Caracterizado por el ejercicio de la autoridad del padre y del abuelo paterno, especialmente en la familia u hogar. Cf. matriautoritario.

patrilineal. Que computa la descendencia, herencia y sucesión exclusiva o preferentemente a través de los varones. Cf. matrilineal.—G.P.M.

patrilinear. Patrilineal (q. vid.).

patrilocal. Relativo o perteneciente a la residencia, consuetudinaria o preferente por parte de la pareja recién casada, en el hogar del varón o de sus parientes. Cf. matrilocal, matrimonio patrilocal, residencia patrilocal.

patrimonio. Masa o conjunto formado por todos los bienes y derechos propios de una persona, con independencia del título de adquisición. El patrimonio forma una unidad económica y en ocasiones jurídica y goza de la protección del derecho mediante la definición y sanción de los llamados delitos patrimoniales: hurto, robo, apropiación indebida, estafa, administración fraudulenta, daños, etc.—J.C.

patrimonio inembargable. El constituído por aquellos bienes que forman el mínimo reconocido como indispensable para la subsistencia de la vida humana. Suelen incluirse en tal consideración los muebles de uso familiar y las herramientas o instrumentos del trabajo. Dicho patrimonio no puede afectarse como garantía al cumplimiento de obligaciones ni ser objeto de embargo (q. vid.). El fundamento de la protección jurídica privilegiada del patrimonio inembargable es característicamente social y radica en la necesidad de tutelar los intereses domésticos y de permitir el libre desenvolvimiento del hombre por medio del trabajo.—J.C.

patrimonio social. Conjunto de costumbres, usos, hábitos, maneras de pensar y progresos culturales que constituye el legado de las pasadas generaciones. Expresión incorrecta. Cf. herencia social.—N.L.S.

patriotismo. Amor a la patria, devoción a su suelo y a sus tradiciones, a su defensa e integridad. El origen etimológico muestra que el patriotismo se basa en las experiencias de los años formativos de la niñez y juventud y sobre la adhesión elemental al suelo y al medio inmediatos. Despierta arraigadas emociones, aun cuando pueden ser menos racionales e incluso menos conscientes que el patriota que las reacciones de un nacionalista. Fenómeno de todos los períodos históricos, el patriotismo ha sido empleado con frecuencia en la era del nacionalismo y del imperialismo como fuerza inspiradora y como justificación de la dinámica política y de la expansión nacional. Aunque en esencia presupone el debido respeto al territorio y tradiciones de otro pueblo, el patriotismo puede conectarse fácilmente con el mito de la misión del propio país y justificar así la subyugación de otro pueblo y el odio al extranjero y a sus modos de vida. Cf. egotismo colectivo.—S.N.

patripotestal. Véase **patriautoritario.**

patrón. 1. Lo que es consuetudinario, usual y supuesto dentro de un orden de cosas determinado. 2. Medida o criterio (modelo) por el cual se juzga la realidad. Tal modelo puede no tener existencia real. Se lucha por conseguirlo, pero puede no lograrse nunca. Su existencia puede ser cuestión de idealización (q. vid.). [Inglés, standard.]

patrón social. Véase **pauta social.**

patrón universal de cultura. Véase **pauta universal de cultura.**

patronato, asistencia de. La constituída por el conjunto de servicios (ayuda social y económica, consejos personales) que las asociaciones de patronato suelen prestar a los liberados después del cumplimiento de condenas, a los obreros sin trabajo y a otras personas desvalidas, transitoriamente, para facilitar su adaptación social. Estas formas de asistencia nacieron como producto de la iniciativa privada, en forma de obras pías, y en su origen fueron manifestaciones del sentimiento piadoso y caritativo. Hoy tienden a institucionalizarse bajo el control directo o indirecto del Estado; así, el patronato postcarcelario se vincula ya en Norteamérica al trabajo social por casos y al probation system, y las otras formas de asistencia de patronato se comprenden en muchos países bajo los diversos sistemas de previsión y seguridad social. [Inglés, after care].—J.C.

patronato postcarcelario, asociaciones de. Organizaciones privadas cuya finalidad es ayudar a los presos liberados con informaciones para encontrar trabajo, suministrándoles albergue provisional mientras buscan trabajo, aconsejándoles e incluso facilitándoles dinero o crédito; todo ello para favorecer su readaptación social. —J.L.G.

patrones técnicos. Véase **pautas técnicas.**

patronímico. Que deriva del nombre personal de la familia del padre o de otro pariente patrilineal. Cf. metronímico.—G.P.M.

patrono. Defensor o protector. Empresario que contrata la prestación del trabajo de otras personas mediante remuneración, conservando su dirección o jefatura. Abogado.—J.C.

patrono, responsabilidad del. Véase **riesgo patronal.**

patrulla. Grupo reducido de policías cuyo deber ordinario es vigilar una sección determinada.

Grupo formado por un número reducido de personas que realizan una actividad común de observación, vigilancia o auxilio en desplazamiento desde su base (patrulla volante) o apostadas en un lugar determinado. Piquete (q. vid.). La patrulla constituye una unidad militar.—J.C.

patrullas del vicio. Se llama así en Estados Unidos a los destacamentos policíacos especiales encargados de descubrir y clausurar los centros donde se practican la prostitución y los juegos prohibidos. Las patrullas del vicio desarrollan en sus campañas una actividad particularmente intensa, rápida y eficaz. [Inglés, *vice squad*].—W.C.R.

pauperismo. Estado de dependencia económica respecto de fuentes diferentes de las que se consideran normales por las costumbres de una sociedad determinada. De ordinario, las fuentes de auxilio son las autoridades públicas de cualquier índole.

pauperización. Proceso de reducción del interés y de la capacidad de un individuo o comunidad para valerse por sí mismo.—W.P.

pauta adquirida. Manera de comportarse aprendida, en contraposición con la respuesta instintiva al estímulo; pauta adquirida mediante la transmisión social y no por herencia biológica. —R.E.B.

pauta conceptual. Disposición, forma u organización de los conceptos que han sido abstraídos de un campo determinado de la ciencia.—J.P.E.

pauta cultural. Disposición o configuración de aquellos rasgos y complejos culturales que forman una cultura particular en una época determinada.—J.P.E.

pauta de acción. Ordenación de acciones sociales (q. vid.) en el espacio y/o el tiempo sociales; por consiguiente, puede presentar aspectos tanto estáticos como dinámicos. Los procesos sociales son pautas de acción en las que lo característico es el aspecto dinámico; las estructuras o pluralidades sociales son también pautas de acción en las que predomina su carácter estático. Que una pauta de acción "exista" en un momento o lugar determinado es tan sólo una cuestión de mayor o menor probabilidad.—H.B.

pauta de conducta. 1. Serie de actividades ostensibles relativamente uniformes; regularidad de conducta observable. Aunque pueden darse variaciones dentro de la serie, al extremo de que la pauta de conducta difiere del estereotipo, sólo existe cuando los actos, distintos desde otros puntos de vista, están organizados en relación recíproca. 2. Tipo de conducta que sirve como modelo.—B.M.

pauta de vida. Carrera o papel social contemplados a lo largo del tiempo, bien por una persona que valora su propia vida, bien por un observador extraño, en los que se observa como si fuera "entelequia" dominante cierto plan coherente, alguna sucesión ordenada o cierto tipo de evolución de un carácter.—T.D.E.

pauta social. 1. Grado modal, mínimo o máximo, o modelo al cual un grupo determinado espera que sus miembros conformen su conducta, vestido, alimentación, vivienda, etc., en aspectos particulares, considerados conducentes al mantenimiento de los valores sociales (q. vid.). Los patrones tradicionales forman parte de las costumbres. Otros patrones pueden establecerse a la luz de los conocimientos científicos ordinarios. Cf. *expectativa*.—T.D.E.

2. Cualquier fragmento de actividades sociales mutuamente referidas que se repiten con frecuencia: tres comidas por día, rezos familiares cada mañana; o una trama coherente de tales actividades. Supone la coordinación y sincronización de las acciones de dos o más individuos partícipes; la coordinación y sincronización pueden producirse inconscientemente o ser planeadas.—F.E.L.

pauta universal de cultura. Elementos humanos comunes en las pautas culturales; semejanza de disposición de los complejos culturales observables en todas las culturas conocidas; clasificación de las actividades y complejos culturales aplicable al análisis de todas las culturas humanas conocidas. Llamado erróneamente, algunas veces, "pauta de cultura universal".—T.D.E.

pautas cuasi-legales. Las que se encuentran en campos relacionados con el derecho y que se fundan en pautas legales o semejantes a ellas; la expresión se aplica en especial a las pautas o formas procesales de los órganos administrativos.—P.W.K.

pautas simbólicas. Pautas unidas a ciertos valores e ideas que simbolizan mediante expresiones sensibles. Las pautas simbólicas desempeñan un papel decisivo en la religión, la moralidad, el derecho, la educación y otras formas de regulación social. Las pautas simbólicas culturales suponen la intervención en la vida social de significaciones e ideales de los que son sus intermediarios los símbolos adaptados a las situaciones sociales concretas.—G.G.

pautas técnicas. Las pautas técnicas son imágenes cristalizadas de conducta colectiva cuyo ascendiente se funda tan sólo en la repetición y en la rutina habitual. Los principales ejemplos son las pautas de la producción en la vida económica. En algunos tipos de sociedad (por ejemplo, la primitiva) las pautas simbólico-culturales ejercen una fuerte influencia sobre las pautas técnicas; también se producen algunas formas intermedias por interpenetración de ambas.— G.G.

peculado. Forma histórica y agravada del hurto (*furtum publicæ pecuniæ*) especialmente cualificada por la calidad del objeto del delito y por la condición de su autor. Malversación (q. vid.).—J.C.

peligro cierto y actual. Frase que adoptó la Suprema Corte de Estados Unidos durante la guerra mundial de 1914-18 para señalar el grado de probabilidad de que se llevasen a cabo actos ilegales como consecuencia del ejercicio de los derechos individuales; se empleó como justificación de la constitucionalidad de las ordenanzas de tiempo de guerra en que se establecían penas contra ciertas manifestaciones a pesar de la evidente prohibición de la enmienda I de la Constitución. [Inglés, *clear and present danger*].—R.N.B.

El concepto está tomado de la regulación legal del estado de necesidad (q. vid.) y constituye una forma de defensa del Estado en casos de grave emergencia. Se trata de una manifestación del llamado derecho de necesidad, que se halla en plena elaboración científica.—J.C.

peligrosidad. (*criminol.*) Proceso-situación que, desde el punto de vista social, permite deducir un juicio de temibilidad aplicable a una persona determinada y racionalmente fundado en su conducta y relaciones. Estado peligroso. La conducta (asocial o antisocial) ha de señalar un antagonismo o discordancia con las pautas sociales vigentes. Específicamente, para merecer una consideración jurídica y un tratamiento adecuado en nombre del derecho de defensa social, la peligrosidad ha de basarse en un juicio de probabilidad y denunciar cierta proclividad criminal o antisocial. "El peligro es, sobre todo, la situación de una persona y los modos de ser y actuar sucesivos que es verosímil deducir de ella en función de los cambios probables que hayan de influir sobre sus condiciones de vida"; "esa probabilidad se determina por las disposiciones y tendencias y más genéricamente por la personalidad, por el pasado criminal, que revela las vivencias criminógenas de esa personalidad, por los contactos del sujeto con un medio circundante concreto, que de manera casi inminente puede desencadenar en él reacciones criminales, y por cualquier conducta de oposición social, que constituya en la vida del sujeto una manera de ser permanente y un modo de actuar constante" (Ruiz-Funes). Los índices de peligrosidad generalmente reconocidos son: multirreincidencia, habitualidad, enfermedad, debilidad mental, mendicidad, alcoholismo, toxicomanías, psicopatías sexuales, vagancia, lenocinio, matonismo, delincuencia y prostitución de menores, etc. La relación entre la peligrosidad y la delincuencia ofrece dos aspectos: por una parte, el delito anterior puede o no considerarse, según los casos, como un índice de peligrosidad, y ésta puede no ser revelada por delito alguno anterior (de aquí la clasificación de la peligrosidad en predelictual y postdelictual, de gran trascendencia legislativa); por otra parte, la conducta peligrosa puede denunciar una tendencia delictiva o simplemente antisocial. La teoría de la peligrosidad, elaborada principalmente a partir de la escuela positiva (q. vid.), se dirige a un fin de prevención y halla su fundamento en el derecho de la sociedad a defenderse a sí misma y asegurar su propia conservación (derecho de defensa), y en .el deber de proteger y enmendar a sus miembros minusvalentes (derecho de protección).—J.C.

pena. Sufrimiento, castigo. Consecuencia jurídica del delito que las leyes atribuyen como una amenaza y que mediante el proceso se impone efectivamente a los responsables del mismo. Sustancialmente consiste en la privación o restricción de alguno de los derechos inherentes a la personalidad humana. Ya constituya un fin en sí, fundado en la represión, en la retribución o en la restauración del orden jurídico, como pretenden quienes profesan y defienden alguna de las llamadas teorías absolutas, ya sea un medio dirigido a la consecución de otros fines (prevención, corrección o enmienda, defensa social), como propugnan los partidarios de las teorías relativas, la pena es un mal que debe y se hace recaer sobre el delincuente como efecto y consecuencia de su conducta antisocial. Al sentido amplio que se da a esta institución en el derecho moderno corresponde mejor el término "sanción", preferido desde el positivismo. Según sean los bienes jurídicos afectados por ellas, las penas pueden ser la capital o de muerte, corporales, infamantes, privativas de la libertad, restrictivas de derechos, pecuniarias, etc., y según la forma y título de su imposición, principales, accesorias, progresivas, indeterminadas, etc. El concepto, con mayor o menor propiedad, se ha extendido a campos extraños al del derecho penal propiamente dicho, tales como el derecho disciplinario y administrativo y el de las relaciones privadas propias del derecho civil y mercantil, dando lugar a instituciones afines que a veces se designan con el mismo término (sanción disciplinaria, cláusula penal). En el ámbito del moderno derecho penal, con las penas coexisten las medidas de seguridad (q. vid.), que responden a presupuestos completamente distintos en cuanto a sus fundamentos, naturaleza y finalidades.—J.C.

pena capital. Pena de muerte, última pena, la más grave que se ha impuesto y ha podido imponerse por la comisión de un delito. El código de Napoleón la definió como la simple privación de la vida, aboliendo por este hecho los suplicios de todas clases, crueldades corporales y ceremonias infamantes de que era usualmente acompañada. Desde la época de la Ilustración, la pena de muerte ha sido duramente combatida por penalistas de todas las escuelas, que han demostrado su ineficacia como medida intimidativa, su falta de ejemplaridad y su incompatibilidad con cualquier sistema penal que se inspire en fines de reforma; contra ella se han invocado también argumentos humanitarios y se ha argüido el inconveniente de su definitiva irreparabilidad. La corriente abolicionista parece haberse invertido en los últimos años, pero no por la fuerza de razonamientos científicos sino por la presión de hechos y movimientos políticos que hallaron su reflejo en las legislaciones penales. El descrédito de la pena de muerte se revela por su abolición en numerosos países, por la disminución del repertorio de delitos que motivan su aplicación (a fines del siglo XVIII, en Inglaterra, 240 delitos; actualmente, en Estados Unidos, sólo 3: asesinato, traición y secuestro interestatal) y por la rareza de su imposición efectiva en los países que todavía la mantienen. Seis Estados de la Unión Norteamericana la han abolido; otros nueve la abolieron pero la han restablecido después. La gran mayoría de las entidades políticas de México la han suprimido también, como asimismo muchos otros países de América (Argentina,

Brasil, Colombia, Costa Rica, República Dominicana, Ecuador, Panamá, Paraguay, Perú, Puerto Rico, El Salvador, Uruguay y Venezuela) y Europa (Italia, U.R.S.S.). En circunstancias de emergencia y en los códigos militares se admite ampliamente la aplicación de la pena de muerte.—J.W.M'C. y J.C.

Los sistemas de ejecución de la pena de muerte han sido muy diversos en la historia, desde la lapidación, el *culeum*, el despeñamiento, el descuartizamiento, etc., de las sociedades primitivas, hasta el ahorcamiento, la guillotina, el fusilamiento y la moderna electrocución. En Estados Unidos los métodos más practicados son la electrocución y el ahorcamiento. En el Estado de Nevada se ejecuta mediante un gas letal. Los principales delitos que se sancionan con la pena capital son el asesinato premeditado, la traición y, en algunas jurisdicciones, la violación, el robo con escalo y el robo a mano armada. Cf. *delito capital.*—N.F.C. y J.C.

pena de muerte. Pena capital (q. vid.).

pena, fin de la. Véase **pena.**

pena, individualización de la. Véase **individualización de la pena.**

pena mitigación de la. Véase **atenuación, mitigación de la pena.**

pena talional. Véase **talión.**

penado. Dícese de toda persona recluída en una prisión de cualquier clase en virtud de sentencia firme que la condene a una pena de privación de libertad.

penas corporales. Antigua clasificación de las penas en las que se comprendían todas aquellas que suponían un menoscabo de la integridad física del condenado (mutilaciones) o alguna forma de dolor o sufrimiento físico (fustigación, flagelación). En su origen tuvieron un fundamento retributivo (cf. *talión, talión simbólico*), que luego vino a ser aflictivo. Hoy son generalmente reprobadas y están abolidas en casi todas las legislaciones. Sin embargo, en Inglaterra y en algunos Estados norteamericanos todavía se aplican en forma de flagelación y con ciertas limitaciones (sólo a varones adultos, bajo vigilancia médica, etc.) La esterilización, defendida modernamente y aplicada también en ciertos Estados de la Unión Norteamericana y con notorio abuso en la Alemania nacional-socialista, puede ·considerarse como pena corporal, aunque, por su propia naturaleza y fines, más bien debe agruparse entre las medidas de seguridad (q. vid.).—J.C.

penas cortas de prisión. Se llaman así las que fluctúan entre unos días y unos meses y que se imponen a reos de delitos leves, y pueden ser alternativas de la multa. Las sentencias cortas se cumplen, de ordinario, en las cárceles municipales y de condado, salvo en aquellas pocas localidades donde existen instituciones especiales para los reos de delitos menores.—A.E.W.

Las penas cortas de prisión han sido objeto de fundadas críticas por su efecto corruptor y por la imposibilidad de someter a los condenados a ellas a un tratamiento readaptador.—J.C.

penas infamantes. Clasificación bajo la que se comprendían las antiguas penas, hoy en desuso, que producían infamia pública, es decir, deshonor y menoscabo en la pública consideración de quienes las sufrían, y en ello hacían recaer su peculiar naturaleza. Hasta fines del siglo XVIII se aplicaron con gran profusión y diversidad de formas y en su esencia consistían en la exhibición del condenado al vituperio público. Una pena infamante pura era la exposición en la picota no acompañada de mutilaciones corporales ni de restricciones de derechos políticos o civiles. No deben confundirse estas penas con los efectos infamantes anejos a otras, antiguas o modernas.—J.C.

El concepto se ha extendido a considerar como infamantes las penas impuestas en razón de aquellos delitos graves que la sociedad, en un momento dado, estima infames. En Estados Unidos la Suprema Corte ha declarado que la muerte y la reclusión con trabajos forzados, especialmente por traición o delito grave, son penas infamantes. La pena de inhabilitación para el desempeño de cargos públicos es también generalmente considerada como infamante.—J.L.G.

penas paralelas. Denominación correspectiva de las penas que, siendo de igual naturaleza y duración, sólo se diferencian por el régimen de su cumplimiento. Tal es el caso de la prisión y la reclusión. La diferencia entre los establecimientos donde deben cumplirse y entre la severidad del tratamiento a que se ajustan se hace corresponder a la índole de los motivos determinantes de los delitos a que respectivamente se aplican.—J.C.

penetración simpática. Comprensión simpática (q. vid.).—J.P.E.

penitenciaría. Nombre que en un principio se dió a las prisiones que no tenían por objeto el castigo, sino la reforma del preso. Más tarde, cuando el encarcelamiento llegó a ser considerado principalmente como medida correccional, el término "penitenciaría" vino a ser sinónimo de "prisión".—J.L.G.

Se reserva todavía esta denominación para designar los establecimientos penitenciarios destinados al cumplimiento de largas penas de prisión, los cuales suelen adoptar determinadas características especiales, tanto de carácter estructural como en su organización y funcionamiento.—J.C.

penitenciaria, colonia. Véase **colonia penitenciaria.**

penología. Campo de la sociología aplicada que se ocupa de la teoría y métodos de sancionar el delito. Como rama especial de conocimiento, la penología va desapareciendo poco a poco absorbida por el campo general de la criminología (q. vid.).—J.W.M'C.

Ciencia de la pena. Su objeto propio de estudio está constituído por las funciones que debe cumplir la pena y por los medios de utilizarla. Cf. *derecho penal.*—J.C.

pensamiento colectivo. Pensamiento combinado de dos o más individuos en el que además se supone que el pensamiento del grupo es diferente del pensamiento de cada uno de los individuos partícipes y de la suma de los pensamientos de todos ellos. Concepto muy discutido. Cf. *psique colectiva.*—M.S.

pensamiento de clase. Conjunto de ideas, valores, actitudes y conceptos que es peculiar a los miembros de un determinado estrato social.—J.P.E.

pensamiento de grupo. Véase **pensamiento colectivo.**

pensamiento social. La totalidad del pensamiento del hombre acerca de sus relaciones con sus semejantes y de sus obligaciones para con ellos. El pensamiento social más primitivo tiene ese carácter en el sentido más literal de la frase, pues fué el producto del pensar de todos, del saber acumulado en la asociación humana, tal como se incorpora en los mitos, en la leyenda y en los proverbios. A partir de la filosofía griega el pensamiento social es cada vez más el producto consciente de la reflexión crítica de pensadores individuales. Su madurez lo ha convertido en ciencia, sobre todo desde que se ha dispuesto de métodos de prueba y corroboración.—H.E.J.

Pensilvania, sistema de. Se denomina así (también celular y filadélfico) el sistema penitenciario que se implantó en la prisión de Pensilvania Oriental cuando fué inaugurada en 1829. Se caracterizaba por el aislmaiento celular diurno y nocturno del recluso, sin contacto con ningún ser humano, salvo el visitador y el capellán, y por el trabajo en la celda, que pretendía tanto ocupar al preso como impedirle la cavilación excesiva y en su extremo la pérdida de la razón. Se creía que mediante este sistema se evitaba que el recluso causase o sufriese la corrupción moral de sus compañeros de encarcelamiento y que también se impedía su reconocimiento por los demás después de su excarcelación. Este sistema se propagó a la mayor parte de los países europeos, pero ya ha desaparecido por completo del sistema penitenciario norteamericano.—J.L.G.

El sistema filadélfico fué el primer intento considerable de reforma penitenciaria después del estudio de las prisiones europeas por Howard. Se inspiró en el propósito de poner fin al régimen de promiscuidad, hacinamiento y holgazanería en que hasta entonces permanecían los reclusos y, por consiguiente, a las epidemias y a la corrupción moral que se desarrollaban entre ellos. Benjamín Franklin fué el principal divulgador de tales ideas y los cuáqueros hicieron posible su aplicación práctica. El fracaso del sistema se deriva de las psicopatías que desarrolla en los reclusos el prolongado y absoluto aislamiento.—J.C.

penuria, economía de. Véase **economía de penuria.**

peón. Jornalero (q. vid.).

peonaje. Conjunto de peones o jornaleros que trabajan en una obra o en una explotación agrícola.

percepción social. Percepción de objetos, cualidades, relaciones o acontecimientos sociales.—M.S.

pérdida del alma. Teoría primitiva sobre la enfermedad que atribuye el mal a la separación del alma (q. vid.) y el cuerpo, por ejemplo, como resultado de seducción mágica o sobrenatural.—G.P.M.

perdón del ofendido. Modo de extinción de la acción penal y de la pena aplicable en los llamados delitos privados o que sólo son perseguibles a virtud de querella. El perdón es una renuncia a la acción penal si se otorga antes de la sentencia y una remisión de la pena después. Puede ser judicial y extrajudicial, expreso y tácito.—J.C.

perdón judicial. Facultad arbitraria de remisión de la pena que algunas legislaciones modernas conceden al juez o tribunal, aplicable en casos de delitos leves y faltas como uno de los medios recomendados en lugar de las penas cortas de prisión. En su aplicación, el perdón judicial suele ir acompañado de una admonición o represión privada. Tiende a evitar los riesgos del contagio criminal a los delincuentes jóvenes y primarios. No debe confundirse con las varias manifestaciones del derecho de gracia (q. vid.). —J.C.

"perduellio." Antiguo y grave delito romano, que en ocasiones se equiparó al crimen de *maiestatis* y que constituye el antecedente del moderno tipo de traición.—J.C.

periodicidad, método de la. Véase **período seguro.**

periodismo. Véase **comunicación (mecanismo de)** (*societal*).

período estéril. Período seguro (q. vid.).

período seguro. Uno o más grupos de días del ciclo menstrual de la hembra humana dentro de los cuales es incapaz, o se la considera incapaz, de concebir. Período de esterilidad en el que confían algunos como medida de control de la natalidad. La determinación exacta de los días está aún pendiente de controversia médica. En el caso de una mujer determinada es imposible, por ningún método sencillo y seguro, determinar la fecha de la ovulación y, por consiguiente, calcular los días estériles. Para la mayor parte de las mujeres con un ciclo normal de 28 días, el período seguro se aproxima a los días del 1 al 8 y del 21 al 28 contando desde el comienzo de la menstruación. Posiblemente los días que preceden al comienzo previsto de la próxima menstruación son más seguros que los primeros ocho días.—N.E.H.

perito. 1. Hombre especialmente experimentado y competente en alguna ciencia o arte. Experto, técnico, especialista (q. vid.). Los peritos se consideran entre los más valiosos auxiliares de la administración de justicia, dada la importancia que en muchas ocasiones adquieren para el proceso las ciencias o disciplinas especiales, no jurídicas, de su conocimiento, y en relación con las cuales se solicita su testimonio. El testimonio o dictamen de peritos (peritaje) es generalmente reconocido como un medio de prueba. La confianza en él se refuerza jurídicamente mediante la creación de especiales figuras de delito que comprenden a los peritos renuentes o desobedientes, así como la falsedad y la prevaricación cometidas con ocasión de su dicho. 2. Tercero procesal llamado al juicio para suministrar esclarecimientos o informes sobre hechos cuya interpretación requiere especiales conocimientos de cualquier clase (científicos, artísticos, industriales, etc.). Los peritos son considerados como auxiliares en la administración de justicia, y su función suele revestir la mayor importancia en cuanto medio probatorio.—J.C.

perjuicio. Lesión, daño, menoscabo (q. vid.).

perjurio. Quebrantamiento de juramento; juramento falso. Figura de delito que reviste gran importancia en algunas legislaciones (sobre todo en los países anglosajones) y cuyo fundamento radica en la conveniencia de proteger la veracidad y credibilidad del testimonio humano. —J.C.

perpetuación. 1. Continuación sin cambios específicos (cf. perpetuar); por ejemplo: la continuación de una población con decrecimiento en su número. 2. Creación de las condiciones que tienden a producir tal continuación.—F.L.

perpetuación, costumbres de. Véase **costumbres de perpetuación.**

perpetuación de grupo. Continuación de una población considerada como parte de un agregado mayor.—F.L.

perpetuar. Hacer continuar sin cambios tales como los que se suponen implícitamente o se afirman de manera explícita como condiciones específicas.—F.L.

persona. 1. Individuo humano que desempeña un papel social en la vida del grupo de acuerdo con la cultura o culturas en que ha sido condicionado. La naturaleza humana encarnada en un individuo.—W.C.H.
2. Jurídicamente, ser humano, individual o colectivo, capaz de derechos y obligaciones. —J.C.

personal. 1. De o perteneciente a la persona (q. vid.). Las relaciones personales, por ejemplo, son contactos íntimos y familiares entre seres humanos. Las relaciones impersonales son ceremoniosas y jerárquicas o reservadas. Cf. adaptación personal, ascendiente personal, desorganización personal, evolución personal, inadaptación personal.—W.C.H.

personal, política de. Expresión empleada en sociología, economía y psicología aplicadas, más o menos sinónima de relaciones de trabajo o dirección de empleo y que con frecuencia comprende la acción en favor del bienestar de los trabajadores; se refiere más bien al elemento personal de la producción que al material, destacando cuanto se refiere a las relaciones humanas; comprende la ocupación, clasificación, adiestramiento, ascensos, traslados, tipos de salarios, sistemas de bonos, despidos, sanidad, recreo y también, en ocasiones, las relaciones públicas y el arbitraje. La expresión no entró en el uso corriente hasta 1930; pero su contenido proviene de los primitivos patronos progresistas ingleses como Roberto Owen y ha sido estimulado por Taylor y otros defensores de la llamada "gerencia científica" (q. vid.); durante la guerra mundial de 1914-18 fué empleada en el ejército norteamericano y en la producción civil. [Inglés, personnel work].—A.J.T.

personalidad. 1. Organización dinámica de ideas, actitudes y hábitos que está montada sobre el cimiento de los mecanismos psico-físicos, biológicamente heredados, de un organismo y sobre las pautas culturales (q. vid.), socialmente transmitidas, y que comprende todas las adaptaciones de los motivos, deseos y propósitos de este individuo a las exigencias y potencialidades de sus medios social y subsocial. La personalidad comprende: a) el foco de la conciencia; b) el área preconsciente de la experiencia sensoriomotora y de los recuerdos, ideas, deseos, actitudes y propósitos no reprimidos; c) lo inconsciente, incluyendo los recuerdos, ideas, deseos y actitudes reprimidos, y d) las formas de conducta susceptibles tanto de observación como de influjo por parte de otros. Cf. conciencia, conciencia (foco de), ego, personalidad dilatada, id, individualidad, yo.—H.H.
2. Capacidad jurídica de obrar.—J.C.

personalidad, defecto de. Rasgo o combinación de rasgos de la personalidad que constantemente perjudican a uno mismo y a los demás, pero respecto a los cuales no se tiene perspicacia o carácter para corregirlos.—A.E.W.

personalidad, desarrollo de la. Desarrollo gradual y equilibrado de todos los aspectos de una personalidad humana, incluyendo el físico, el mental, el afectivo y el social. Cf. realización de sí mismo.—A.E.W.

personalidad dilatada. El organismo físico de un individuo, más las pertenencias, seres queridos, organizaciones sociales, ideas, hábitos, destrezas, recuerdos y propósitos frente a los cuales el individuo responde de modo semejante a como lo hace respecto de su propio cuerpo. Las antipatías de un individuo consisten en los objetos, personas, ideas, hábitos, recuerdos y posibles acontecimientos futuros, frente a los cuales responde de modo semejante a como lo hace frente al dolor físico. Estas antipatías son lo opuesto, o negativo, de la personalidad dilatada.—H.H.

personalidad, estereotipo de. Véase **estereotipo personal.**

personalidad extrovertida. Aquella en la que su atención e intereses se dirigen, en lo principal, hacia los fenómenos externos y socialmente perceptibles. Debido a que hay pocas personas que sean extrovertidas de modo total, no hay ninguna justificación para hablar de un tipo de personalidad extrovertida. Cf. *personalidad introvertida*.—M.S.

personalidad ideal. La que corresponde a un tipo de superioridad o perfección deseado.—M.S.

personalidad introvertida. Aquella en la que su atención e intereses se dirigen hacia su yo o propia vida psíquica. Aun cuando la personalidad introvertida mórbida es más común que la personalidad completamente extrovertida, apenas está justificado hablar de un tipo de personalidad introvertida. Cf. *personalidad extrovertida*.—M.S.

personalidad simbólica. 1. Carácter representativo. 2. Estereotipo personal que se ha convertido en el símbolo de un gobierno, movimiento, tribu, asociación, tipo de pensamiento, música o arte.—A.M'C.L.

personalidad-tipo. 1. Ejemplo simplificado de personalidad elegido para caracterizar a un grupo de personalidades semejantes que se encuentra con alguna frecuencia en la sociedad. Se ha ido formando una rica terminología en relación con los tipos de personalidad; por ejemplo: pícnico, asténico, atlético y displástico; extrovertido e introvertido; anal, optimista oral, pesimista oral; prepotente y sumiso; etc. En la práctica ordinaria psicológica y sociológica los conceptos categóricos de personalidad-tipo se sustituyen por caracterizaciones basadas en *1)* la dotación fisiológica y *2)* las situaciones-tipo de las biografías individuales dentro de determinadas culturas y con relación a *status* determinados también dentro de ellas.—A.M'C.L.

personificación. Atribución de condición personal (vitalidad, acción o cualidad humana) a lo que no la posee (seres irracionales, cosas inanimadas o abstractas). Asunción o atribución (que puede tener carácter jurídico) de una representación personal. Es una manifestación del proceso de identificación. Cf. *proyección*.—J.C.

persuasión. Empleo de argumentos, verdaderos o falsos, con el propósito de conseguir que otros individuos adopten ciertas creencias, teorías o líneas de conducta.—F.E.L.

perversidad. Suma maldad o depravación. Tradicionalmente se ha considerado la perversidad brutal en la delincuencia como una circunstancia agravante. Bajo ella se han comprendido las acciones delictivas carentes de motivo o cometidas con un motivo fútil o desproporcionado. El impulso de perversidad es hoy objeto de una más exacta interpretación psicopatológica, que debe influir congruentemente en su consideración jurídica.—J.C.

perversiones sexuales. Véase **delincuentes sexuales, sodomía.**

perversiones sexuales en las prisiones.

Véase **prisiones (perversiones sexuales en las).**

pervertido. Vuelto contra su función adecuada; *(moral)* lo que es contra natura, bestial, etc.; *(psiquiatría)* patológico o anormal; *(trabajo social)* tan incompetente o negligente como para frustrar cualquier objetivo de mejora y hacer que una situación sea peor de lo que hubiera sido si la agencia no hubiese ensayado el tratamiento; por ejemplo, la mayoría de las cárceles, prisiones, reformatorios, algunos asilos, orfelinatos y granjas para niños, hospitales y agencias de socorros improvisados. Cf. *paliativo, terapéutico*.—T.D.E.

peste negra o europea. Violenta epidemia de peste bubónica, tal vez coincidente con una epidemia neumónica, que apareció en la Europa sudoriental en 1346 y alcanzó Inglaterra en 1348. Fué de efectos fatales especialmente entre las clases menesterosas, y se calcula que exterminó del 30 al 50 por ciento de la población inglesa, con porcentajes variables desde 0 a 75 en las diferentes regiones. Algunos autores creen que aceleró la decadencia de la servidumbre, perturbó en gran medida la balanza de salarios y precios y provocó la insurrección campesina de 1381, pero estas apreciaciones son discutidas. Es indudable que dió lugar a los Estatutos de Trabajadores de 1350. [Inglés, *The Black Death*].—F.H.H.

peyote. Especie de cactus pequeños, o la enérgica droga que hacen, cociéndolo, los indios de México y el Oeste de los Estados Unidos, que es muy usada con fines medicinales, ceremoniales y religiosos.—G.P.M.

pícnico. Tipo de cuerpo humano rechoncho, macizo, con miembros cortos. Uno de los tres tipos de importancia cuando se trata de establecer una relación constante entre los tipos humanos físicos y psicológicos. Cf. *asténico, atlético*.—J.M.R.

picota. Pilar de granito o caliza, característico atributo de la justicia señorial, situado en el centro o sitio más concurrido de la población, donde antiguamente se ejecutaban la pena de muerte y las corporales e infamantes, así como la exposición del reo o de sus despojos, todo ello con publicidad. La picota, semejante al *pilori* (q. vid.), es originaria del antiguo reino de Castilla y se extendió durante el régimen colonial por los países hispano-americanos.—J.C.

pictografía. Representación de un objeto, acción o idea mediante una pintura o símbolo que los sugiere o imita.—G.P.M.

pictograma. Serie completa de pictografías (q. vid.) que relatan una historia completa o refieren un acontecimiento más o menos complejo. Cf. *representación gráfica*.—E.A.H.

piedras de cocción. Véase **cocción con piedras.**

"pilori." Antigua pena infamante francesa que consistía en exponer al condenado a ella sobre un artefacto rodante de madera instalado en un sitio público sobre una elevada plataforma. El delincuente era encadenado directamente al *pilori* o colocado en un cepo (*q. vid.*). En el *pilori*, el delincuente era objeto de la befa y el escarnio públicos.—J.L.G.

piquete. 1. Persona o grupo que, participando en un conflicto obrero-patronal, trata de cerrar el paso a la salida o a la entrada de los locales del antiguo patrono. El piquete puede recurrir a diversas tácticas activas en la medida en que las permita la ley, pero su finalidad es perjudicar al patrono transgresor en su economía y en su reputación.—N.A.
2. Se llama piquete de ejecución a la pequeña unidad militar, generalmente compuesta de cuatro, ocho o doce hombres al mando de un oficial, a la que se confía el fusilamiento de los reos condenados a muerte.—J.C.

piquetes pacíficos. Véase **libertad de palabra.**

piragua. 1. Originalmente canoa ahuecada en un solo tronco. 2. En la vida de los exploradores norteamericanos, cueva excavada en una loma terrosa.—G.P.M.

pirámide de edad. Expresión gráfica de la composición por edad-sexo de una población. Se la llama así en razón a su forma característica. En su estructura, la pirámide de edad está integrada por una línea vertical central de origen, a partir de la cual se extiende una escala horizontal, hacia la izquierda para los varones y hacia la derecha para las mujeres. Basándose en el número de cada grupo de edad-sexo se trazan líneas de longitud adecuada paralelas a las escalas horizontales, colocándolas en orden ascendente a medida que aumenta la edad. Cuando se emplean porcentajes en lugar de las cifras efectivas, cada grupo de edad-sexo se expresa en el porcentaje de la población total y no en el porcentaje del total de cada sexo.—C.V.K.

piratería. Delito contra la libertad y seguridad de la navegación, que históricamente alcanzó gran importancia y que consiste en la realización de actos depredatorios graves cometidos en alta mar contra una embarcación, su tripulación o su cargamento.—J.C.

piromancia. Práctica adivinatoria que se vale de la observación e interpretación del color, chasquido y forma de la llama.—J.C.

"pirrauru." Pariente del sexo contrario, en ciertas tribus australianas, perteneciente a la clase matrimonial (*q. vid.*) de la que puede tomarse esposa, con el que están permitidas las relaciones sexuales bajo la forma dominante de comunismo sexual (*q. vid.*).—G.P.M.

plaga. Véase **epidemia (3).**

plagio. Delito contra la libertad consistente en apoderarse, llevarse o seducir a un adulto o a un niño, sustrayéndolo de su casa o de su país, en detenerlo o en mantenerlo en servidumbre contra su voluntad. [Inglés, *kidnap*.] Cf. *rapto, secuestro.*—F.W.K.

planeación. Véase **planificación.**

planeación agrícola. Véase **planificación agrícola.**

planeación económica. Gobierno y control de la vida económica del pueblo con arreglo a ciertos métodos establecidos de antemano a fin de conseguir determinados objetivos. La planeación económica general comenzó en Rusia, en 1928, con la instauración del primer plan quinquenal. En Alemania, el régimen nacional-socialista adoptó la planeación económica modificada a fin de conseguir el rearme necesario para proseguir su política de conquista. Las exigencias de la guerra mundial de 1939-45 impusieron la planeación económica a todas las naciones combatientes. La planeación económica tiene estos cuatro requisitos: la definición de los objetivos que se persiguen, la estimación de la índole y cantidad de mercancías necesarias para conseguir dichos objetivos, la ordenación de las fuerzas productivas necesarias (capital, mano de obra y materiales), y cierto sistema u organización para la asignación y control de los bienes necesarios a la producción y el consumo. El problema fundamental de la planeación económica, tal como se le concibe en los Estados Unidos, consiste en hacer compatibles sus exigencias con las de la libertad económica y política del individuo.—J.W.M'C.

planeación regional. Planeación social basada, en particular, en el concepto de región. Tipo localizado de planeación que considera a la región como una unidad social importante por sí y susceptible de delimitación. Trata de integrar la vida de una región particular con respecto a determinados valores, sin que tal cosa suponga aislamiento o antagonismo entre ella y la sociedad mayor.—H.W.O.

planificación. Determinación de los fines y disposición de los medios necesarios para su realización, que supone una configuración sistemática de actividades consideradas posibles dentro de un determinado orden social. Toda planificación consiste en la disposición de una cooperación de las partes o miembros en una unión funcional, en un esfuerzo para conseguir el pleno rendimiento que las partes pueden suministrar en un proyecto deseable para el bienestar humano. Por consiguiente, la planificación es siempre el segundo paso en la forma proyectista de la experiencia humana, que tiene cuatro fases: *1)* la necesidad sentida; *2)* la interpretación reflexiva; *3)* el control social, y *4)* la apreciación estética.—C.J.B.

planificación agrícola. Sistema de organización para el análisis y ajuste de los problemas agrícolas estatales y locales, patrocinado en Estados Unidos por el Consejo de Economía Agrícola y el Servicio de Extensión Agrícola en la esperanza de que llegue a ser autónomo en las distintas demarcaciones territoriales del país. Se basa en una red de comités locales y estatales, estos últimos de carácter federativo. Los problemas que en primer lugar aborda el sistema son los del empleo de la tierra; los demás (tales como trabajo agrícola, impuestos, créditos, sanidad, vivienda y educación) siguen en el orden determinado por las conveniencias locales. Se, inició hacia 1938 y en su origen se le denominaba planificación del empleo de la tierra. —C.E.L.

planificación social. Proceso —investigación, examen, acuerdo— por el se proyecta un orden para la sociedad; supone un gran número de personas puestas de acuerdo respecto a lo que puede hacerse en materia de relaciones humanas. Preparación de un plan para cualquier corporación u organización.—F.E.L.

Las implicaciones socialistas de este concepto han dado lugar a que se afirme la incompatibilidad entre la planeación social y el sistema capitalista, determinando en consecuencia la oposición por parte de los defensores a ultranza del capitalismo individualista. Cf. *idealización, ingeniería social.*

planificación urbana o de ciudades. Dirección y regulación por el gobierno de la forma y empleo de la propiedad inmueble pública y privada con arreglo a un plan de conjunto para el mejoramiento físico de la comunidad. En la planificación de ciudades se incluye la demolición de viejos edificios, la distribución de zonas y la construcción, proyectada de antemano, de grandes arterias o calzadas diagonales, parques, centros de diversión y edificios públicos. Por lo que respecta a las ciudades mayores, su planeación, para ser eficaz, debe coordinarse con la planeación regional. Los primeros ensayos de planificación de ciudades se hicieron en Europa durante el siglo XVIII. A comienzos de dicho siglo, Suecia tenía una ley reglamentando la edificación en las ciudades, y París fué sometida a un plan de desarrollo en 1790. La legislación más amplia sobre este particular apareció en la ley sobre edificación y planeación de ciudades aprobada por el Parlamento inglés en 1909. —J.W.M'C.

plantación. Expresión empleada principalmente para designar una unidad agrícola de gran escala dedicada al monocultivo (producción de algodón, café, azúcar o arroz). También se da este nombre a las grandes unidades agrarias, intensamente racionalizadas, de los países coloniales o semi-coloniales, que se destinan a la producción de cosechas por lo general de productos tropicales.—T.L.S.

plantación, ciclo de la. Expresión derivada de la teoría de las fluctuaciones cíclicas de los fenómenos sociales. La plantación, según ella, y tal como ocurre en otras instituciones sociales, sigue una pauta de cambio más o menos precisa, mostrando en su primera fase una explotación de la tierra y de la mano de obra en proporción creciente, seguida por un largo período, relativamente estable, después del cual la forma de plantación deja paso a alguna otra forma de economía agrícola. Sin embargo, durante el llamado período estable pueden verse muchas pruebas de equilibrio inestable, como la lucha

entre plantadores y obreros agrícolas, la explotación antieconómica de la tierra, las formas de trabajo cambiantes (p. ej.: trabajo asalariado frente a la participación en las cosechas), afectadas todas por fuerzas sociales y económicas de gran amplitud como son el estado de los mercados nacional y mundial con respecto a los productos de la economía de plantación y los cambios tecnológicos que afectan al cultivo y a la recolección de las cosechas. Las grandes disparidades que se encuentran en una sociedad industrial entre los salarios y los tipos de vida de la plantación y los del trabajo industrial constituyen un factor dinámico, como asimismo lo es la llamada "hambre de tierra" de la población agrícola. Todo esto trae consigo, sin duda, un tránsito del sistema de plantación a formas de propiedad de menor tamaño. Pero la teoría es imprecisa en muchos puntos.— K.DP.L.

plantación, familia de. Véase **familia de plantación.**

plantación, sistema de. En la acepción norteamericana, el complejo agrícola del Sur, caracterizado en especial por el latifundio, el monocultivo y el empleo de mano de obra barata —la esclavitud del negro en los tiempos anteriores a la guerra civil y la aparcería en época posterior [*sharecropping*]—. El sistema en su conjunto favorece la formación de relaciones de clase y casta. Cf. *colonización*—K.DP.L.

plasma germinal. Tipo especial de células que tienen la capacidad, y la función biológica, de transmitir los rasgos hereditarios de una generación a la siguiente. Estas células tienen una existencia independiente y un ciclo de vida peculiar; en cierto aspecto puede considerarse que el cuerpo es, simplemente, su huésped o su vehículo. Sin embargo, tienen la notable capacidad, al llegar a la fase adecuada de la continuidad biológica, de fraccionarse en dos partes, una de las cuales subsiste como plasma germinal y la otra se convierte en plasma corporal o somatoplasma (q. vid.) con los caracteres típicos que ellas mismas determinan. Cf. *herencia biológica, cromosoma, gene.*

plasticidad. Cualidad de la naturaleza humana que permite la modificación de las formas de conducta por su condicionamiento temprano y por el influjo de los factores culturales del medio.—F.D.W.

platirrinia. Nariz ancha. Cuando el índice nasal está determinado sobre un cráneo, expresa la relación entre la anchura de la abertura nasal en su punto más ancho y su longitud expresada en la distancia desde la juntura del punto medio de los huesos nasales y el hueso frontal superior (nasión) al borde inferior de la abertura nasal. Si la anchura es mayor del 51 por 100 de la longitud, la nariz es platirrina. En los individuos vivos la anchura de la nariz es la distancia entre los dos puntos más apartados de las aletas carnosas. La longitud se mide desde el nasión a la juntura del séptum con el labio superior. Si la anchura así medida es mayor del 84 por 100 de la longitud, la nariz es platirrina.—E.A.H.

platónico, amor. Véase **amor platónico.**

plebiscito. Sistema empleado con frecuencia en los tratados de paz y por el cual los habitantes de un territorio determinado pueden decidir, por votación, cuál haya de ser su adscripción política, ya sea a su antiguo Estado o a otro vecino o anexionador. Ofrece numerosos ejemplos el Tratado de Versalles, en el que se ofreció esta oportunidad al Sarre, la Silesia y otros territorios que rodeaban a Alemania. Algunos escritores objetan este sistema y sostienen que con él se oculta una anexión disfrazada; pero si se realiza decorosamente no hay razón para que no sea justo. Como suele emplearse en momentos de tensión política, requiere un minucioso planeamiento y la inspección por autoridades independientes e imparciales.—E.M.B.

plegaria. Petición solemne a un ser sobrenatural que suele acompañarse de algún sacrificio (q. vid.).—G.P.M.

plural. Categoría sociológica norteamericana referente a las personas. Todo número de seres humanos que pase de uno y que se caractericen por poseer en común, al menos, una determinada cualidad o atributo. [Inglés, *plurel*].—s.c.D.

pluralidad social. Estructura social (q. vid.). Cf. *pauta de acción.*

pluralismo. Concepción que sostiene la existencia de una multitud de principios esenciales, dominios y formas de realidad irreductibles y equivalentes. El pluralismo supone discontinuidad. El término contrario es monismo. Cf. *conducta pluralista.*—G.G.

pluralismo filosófico. Concepción que sostiene la existencia de una multiplicidad de totalidades, de ideas, de valores y de escalas estimativas irreducibles entre sí y equivalentes, así como la de las experiencias en que se captan. El pluralismo congruente se opone no sólo al monismo, sino también al racionalismo y está enlazado con el empirismo radical. Puede sostenerse el pluralismo filosófico sin que esto suponga de modo necesario una posición de pluralismo sociológico, jurídico o político (q. vid.). Por otra parte, el pluralismo jurídico y el político presuponen el pluralismo filosófico.—G.G.

pluralismo jurídico. Concepción que afirma la existencia de muchos órdenes de derecho antagónicos y equivalentes dentro del mismo sistema jurídico. El pluralismo jurídico insiste en que los grupos y las asociaciones tienen capacidad para producir por sí mismos relaciones jurídicas autónomas, así como también reitera la imposibilidad de establecer a *priori* una primacía del orden legal del Estado sobre otros órdenes jurídicos concurrentes. La relación entre los distintos órdenes jurídicos depende, según esta teoría, de coyunturas variables tanto sociales como jurídicas.—G.G.

pluralismo político. Concepción que propone la reorganización del Estado mediante una serie de instituciones que garanticen su limitación efec-

tiva, por ejemplo, mediante algunas otras organizaciones independientes (cf. *socialismo guildista, sindicalismo*) que sirven de frenos. El pluralismo político es teleológico y práctico. No es necesaria consecuencia de los pluralismos jurídico y sociológico, que son puramente teóricos y descriptivos, y admite diferentes aplicaciones prácticas según las circunstancias.—G.G.

pluralismo sociológico. Cierta tendencia, dentro de la sociología contemporánea, que afirma: a) una multiplicidad irreductible de las formas de sociabilidad dentro de cada grupo particular; b) una multitud irreductible de grupos particulares en cada tipo de sociedad concreta, y c) una diversidad irreductible de tipos de sociedades concretas. El pluralismo ve en la realidad social un "microcosmos" de relaciones, grupos y tipos sociales irreductibles. Se opone a toda simplificación extrema en sociología e insiste en la imposibilidad de la evolución unilineal, así como en la imposibilidad de una jerarquía de formas sociales universalmente válida que varíe con cada coyuntura social. El pluralismo jurídico es precisamente un aspecto del pluralismo sociológico; por el contrario, el pluralismo político sólo es una posible, pero no necesaria, consecuencia de él en su aplicación a la situación actual.—G.G.

plutocracia. Gobierno por los ricos; forma de gobierno en la que el poder supremo reside en hombres muy ricos o en las clases ricas; gobierno por los ricos por la sola razón de su riqueza. Cabe referirlo también al grupo que controla a la gente rica.—F.E.L.

población. Agregado de individuos definido con referencia a su localización espacial, al *status* político, a la ascendencia o a otras condiciones específicas, a) en un momento determinado o b) en un continuo temporal. Cf. *índice de reposición, reposición de población.*—F.L.

población agrícola. La formada por todas las personas que viven en el campo, sin consideración a su ocupación. La población agrícola suele subdividirse, según la localización de las propiedades, en población agrícola rural y población agrícola urbana.—C.E.L.

población, cambio de. 1. Aumento o disminución del número de individuos de una población durante un período determinado; puede ser: total, cuando se incluyen los efectos de la migración, o natural, cuando no se les toma en cuenta. 2. Cambio en la distribución de las características de los individuos que comprende una población, en especial los que resultan del cambio de población tal como se ha definido en la anterior acepción.—F.L.

población, densidad de. Número de individuos de una población en relación a la extensión (densidad bruta) o a factores específicos que afectan al desarrollo económico (densidad económica).—F.L.

población equilibrada. Población que es, por el momento, estacionaria en volumen, con un porcentaje de nacimientos igual al de defunciones y una inmigración igual a la emigración. Tal situación puede ser temporal o incluso momentánea, por lo cual no debe confundirse el concepto con el de población estabilizada (q. vid.).

población estabilizada. Población que, cuantitativamente, ha sido puesta en conformidad con algún valor social importante. Una población estabilizada puede crecer o disminuir con tal de que no se altere su relación con dicho valor. Por ejemplo: una población estabilizada en el óptimo crecerá o disminuirá según los cambios en los factores que afectan al óptimo, pero no en forma excesiva en ninguna dirección. No debe confundirse este concepto con el de población equilibrada (q. vid.).

población estable. 1. (hipotética) Población distribuída de tal modo por edad y sexo que si suponemos la continuación de los coeficientes de fertilidad por edades, de la proporción de sexos al nacer y de los coeficientes de mortalidad por edad y sexo, tal como se encuentran dados en ese momento, permanecerán constantes sus coeficientes brutos de incremento natural, los de mortalidad y nacimiento, así como su distribución por edades y sexo. Nota: Una población estable hipotética puede ser una población creciente, decreciente o estacionaria. 2. (efectiva) Población en condiciones que se aproximan a las de una población estable hipotética. Nota: La expresión, cuando se aplica a una población concreta, se restringe (a menos que se diga otra cosa) a las poblaciones con un coeficiente intrínseco de incremento natural próximo a cero. —F.L.

población estacionaria. 1. (hipotética) Población con una proporción de incremento natural igual a cero, es decir, una población de tablas de vida. 2. (efectiva) Población estable (2) (q. vid.). 3. (transitoria) Población que no aumenta ni disminuye en un momento determinado, sin consideración a la estructura y tendencia intrínseca. Cf. población equilibrada.—F.L.

población, movilidad de la. Acto de cambiar de posición en el espacio; también la capacidad de hacerlo. Pueden distinguirse dos tipos generales: la movilidad física y la movilidad social. La movilidad física (llamada a veces movilidad territorial) se refiere al movimiento de unidades de población en el espacio físico. Aun cuando los movimientos verticales, como los del número de personas que abandonan el territorio por aeroplano, pueden ser significativos para algunos propósitos, por lo general se otorga mayor importancia sociológica a los movimientos de la población sobre la tierra y la superficie del agua.

La movilidad social se refiere al cambio de posición en el espacio social, es decir, al cambio en el sistema de relaciones con respecto a otros hombres y a las instituciones. En teoría, la movilidad social puede producirse en cualquier dirección, pero tipológicamente, las direcciones de mayor importancia sociológica son la vertical y la horizontal. Se dice que los movimientos sociales son verticales cuando la unidad movida cambia de posición en los estratos o planos sociales hacia arriba o hacia abajo. Se dice que los movimientos sociales son horizontales cuando la unidad movida cambia de una posición a otra en el mismo plano o estrato social. Cf. movilidad social.—C.E.L.

población, movimiento de. Desplazamiento de grupos humanos de un lugar geográfico a otro. El número de personas implicadas, necesario para situar cualquier cambio determinado dentro de esta categoría, es indeterminado, pero debe ser siempre de suficiente volumen para que constituya un genuino fenómeno de grupo. Puede ser intersocietal o intrasocietal, así como temporal o permanente. Los dos tipos básicos de movimiento de población son la dispersión y la migración (q. vid.).

población, óptimo de. Población cuyo volumen es el más apropiado para el logro y mantenimiento de determinado objetivo social. Se han sugerido diversos criterios como base para computar el óptimo de población. El más aceptado y usado es el tipo de vida (q. vid.). El óptimo de población de cualquier sociedad dada es una cantidad que varía en relación con todos los factores que integran una determinada estructura social.

población, presión de la. Fuerza que brota del incremento numérico de una población cuando pasa del óptimo y da lugar al problema de la superpoblación (q. vid.).

población rural. 1. (estadística) La que vive en zonas rurales y por ello se diferencia de la población urbana, que vive en zonas urbanas. Las zonas rurales y urbanas pueden diferenciarse de varias maneras, pero en la práctica estadística, el factor que con más frecuencia se emplea para distinguir a la población rural de la urbana es el tamaño del núcleo de población. La expresión comprende a la población que vive en territorio no dependiente de una corporación municipal y también a la de aquellos lugares dotados de municipio que no alcanzan el volumen mínimo asignado a las ciudades. Desde 1910, la cifra de 2,500 habitantes, por ejemplo, es el límite inferior de las ciudades generalmente aceptado en Estados Unidos. Toda la población de lugares más pequeños se ha clasificado como rural.—C.E.L.

2. (censo) El censo en Estados Unidos define así a la de lugares de menos de 2,500 habitantes y gobernados como municipios, y a los residentes en campo abierto o en territorio sin municipio.—J.H.K.

3. (agricultura) Se llama población rural o campesina a la formada por todas las personas que viven en explotaciones agrícolas situadas en territorio rural, prescindiendo de su ocupación. Las personas que viven en propiedades agrícolas situadas dentro de los límites jurisdiccionales de una ciudad se clasifican como población semirural. Se excluye de la población rural o cam-

pesina a los trabajadores agrícolas que no viven en las fincas donde trabajan.—C.E.L.

población rural no agrícola. La forman todas las personas que viven en el campo pero no en las mismas propiedades agrícolas en que trabajan. Se incluyen en ella todas las personas que viven en aldeas con ayuntamiento y a las que viven en campo abierto, en trechos de terreno no definibles como propiedades agrícolas. Comprende a la mayor parte de los trabajadores agrícolas.—C.E.L.

población, tendencia de. Véase **tendencia de población.**

pobre nuevo. Véase **nuevo pobre.**

pobres, ley de. Véase **ley de pobres, ley de pobres isabelina.**

pobres, socorro de. Véase **socorro de pobres.**

pobreza. Situación en que se encuentra el que es (relativamente) pobre; más concretamente, situación en que el nivel de vida de una persona o familia determinada, o de un grupo dado, se encuentra por bajo del tipo de vida de la comunidad que se tome como base de referencia; falta de bienes y servicios que es bastante grave para producir la miseria cuando no son suministrados por medios distintos de las fuentes de ingreso que se consideran normales en la cultura de que se trate. Debe distinguirse entre pobreza, dependencia y pauperismo (q. vid.). La pobreza fundamental es la debida a falta de ingresos pecuniarios y suficientemente grave para impedir la compra, al precio corriente, de mercancías y servicios necesarios para mantener el nivel de bienestar y decencia aceptado por la comunidad como tipo de vida mínimo. La pobreza accesoria es la debida a la ignorancia, a la incompetencia, al abandono o a otras circunstancias que impiden el empleo del ingreso pecuniario de forma que produzca un ingreso efectivo adecuado para el sostenimiento de la persona o grupo considerados en p por encima del tipo de bienestar y decencia mínimo de la comunidad. Cf. *salarios reales.*—T.D.E.

pobreza, juramento de. El que, en los sistemas norteamericanos de beneficencia, debe prestar todo solicitante de la asistencia pública asegurando carecer totalmente de medios de subsistencia para sí y para su familia. El juramento se utiliza como un medio de poseer un título jurídico contra quienes obtienen indebidamente socorros alegando falsos pretextos. La tendencia general, más progresiva, se inclina a considerar el juramento de pobreza como algo indebida e injustamente humillante para las personas que se ven constreñidas por la necesidad a solicitar la asistencia pública y procura que se derogue mediante su eliminación de las leyes de beneficencia. [Inglés, pauper oath].—J.W.M'C.

pobreza, nivel de. Situación en que el individuo o la familia no pueden allegar lo necesario en alimentos, vestidos y vivienda para una existencia independiente.—E.E.M.

poder. Capacidad o autoridad para dominar a los hombres, refrenarlos y controlarlos, obtener su obediencia, coartar su libertad y encauzar su actividad en direcciones determinadas. Puede resultar del carisma personal que incita a obedecer al genio en un líder singular, de la tradición, del carácter sacrosanto de una institución o de la aceptación racional; o de un monopolio de riqueza o de fuerza militar. Todo orden social es un sistema de relaciones de poder con supraordinación y subordinación jerárquicas y de competencia y de cooperación reglamentadas. El poder del Estado es mayor que el de todas las demás asociaciones e individuos que se encuentran en el área territorial de que se trate, por su control del sistema legal y porque posee la organización más poderosa y eficaz. El Estado tiene el monopolio del poder legal y aspira también al reconocimiento de la autoridad moral de sus principios. La fuerza militar es un ingrediente indispensable del poder político. En la democracia, el poder político es la resultante de la lucha de los partidos y de las organizaciones políticas. En realidad, el poder reside, principalmente, en una minoría de líderes que dominan el parlamento y otras organizaciones y que de esa suerte dirigen las reacciones políticas ante las presiones económicas importantes.—E.F.

poder social. Uno cualquiera de los varios tipos de fuerza, energía o potencia que derivan de las relaciones sociales y del funcionamiento mismo de la estructura social. Puede considerarse como "flúido" en el sentido de que constituye algo que los individuos y grupos, en sus esfuerzos por imponerse y ejercer presión sobre los demás, no sólo ponen en actividad sino que canalizan y dirigen hacia determinados objetivos. Su empleo es más fácil cuando está ya cristalizado en la forma de grupos de presión, fuerzas militares, dinero, prestigio, *status* y sanciones sociales. Los dirigentes pueden poner en juego y conseguir el control del poder social mediante la manipulación de símbolos, por la propaganda y por el empleo adecuado de las organizaciones ya existentes de varios tipos, políticas, económicas y religiosas. Hay *status* determinados que constituyen puntos focales del poder social. Por ejemplo: el médico, el sacerdote, el caudillo, el líder local, el diputado o senador, el banquero, el general, el profesor, el campeón deportivo, la actriz, el orador, el periodista, el hombre de ciencia. La consecución de tales *status* es un aspecto importante de la lucha por el poder. A medida que cambian las circunstancias en la sociedad, ciertos individuos agresivos se apoderan de esos puntos de concentración del poder, los fortalecen y aun transforman sus características para hacer frente a nuevas necesidades. Los dictadores integran de modo sistemático en sus estructuras de poder los *status* y las formaciones sociales que pueden serles útiles y tratan de socavar y destruir los elementos no asimilables. Cf. *poder, potencial social.*—A.M'C.L.

pogromo. Matanza o asesinato en gran escala producido de modo espontáneo o bien incitado y organizado por un gobierno o clase dirigente contra un grupo de personas inermes y debido al odio o a prejuicios populares. Se refiere en especial a las matanzas en gran escala de judíos en la Rusia zarista que, de vez en cuando, se organizaban o provocaban por la clase gobernante.—N.L.S.

polaridad social. Fuerzas de cualquier agregado social antagónicas por naturaleza y que tienden, en su oposición, a mantener en equilibrio al agregado; así sucede con la tensión entre los grandes partidos políticos, entre los intereses agrícolas e industriales y entre la juventud y la vejez.—G.M.F.

polarización. *De una multitud:* Proceso-situación observado en las muchedumbres (*q. vid.*) cuando la atención de todos o la mayor parte de sus miembros se concentra en una persona, símbolo, sonido o idea. Se trata de una metáfora sociológica tomada de la física del magnetismo. *De la opinión pública o de una situación de enajenación:* Proceso-situación en el que ideas, intereses y antagonismos opuestos y rivales, dentro de la total situación de un grupo, llegan a enfrentarse con nitidez, pudiéndose observar, en consecuencia, dos modos, subgrupos o puntos de coincidencia antagónicos.— T.D.E.

poliandria. Forma de matrimonio en la que una mujer puede estar unida con dos o más maridos reconocidos al mismo tiempo. Cf. *cicisbeísmo, monogamia, poligamia, poliginia.*—G.P.M.

poliandria adélfica. Véase **poliandria fraternal.**

poliandria fraternal. Tipo de poliandria (*q. vid.*) en el que los maridos de una mujer son, con preferencia, hermanos.—G.P.M.

policía. 1. Función consistente en el mantenimiento del buen orden y cuidado material y moral que se guarda en las ciudades y repúblicas, fundamentalmente mediante la observancia de sus leyes y reglamentos.—J.C.

2. Conjunto de agentes del Estado que asumen la obligación de mantener el imperio de la ley y el orden entre sus conciudadanos. —J.M.R.

policía científica. Se denomina policía científica o policía judicial la disciplina complementaria o auxiliar del derecho y el procedimiento penal que trata de ajustar a principios científicos la actividad de los diversos órganos del Estado tendiente a la prevención de la delincuencia, a su descubrimiento y al establecimiento de los elementos probatorios esenciales a los fines del proceso. Criminalística (*q. vid.*). La ciencia de la policía aspira a abandonar los viejos y desacreditados métodos empíricos y coactivos y a utilizar en sus investigaciones métodos antropológicos, psicológicos y sociológicos con la mayor eficacia y objetividad científica posibles.—J.C.

policía femenina. La constituída por mujeres y que actúa en grandes centros urbanos. De ordinario son mujeres de buena educación, de inteligencia superior y de experiencia en el trabajo social. El primer núcleo de policía femenina se creó en 1905 en Portland (Estados Unidos) con motivo de la Exposición Lewis and Clark. Su función principal consiste en vigilar los salones de baile, seguir la pista de las muchachas descarriadas y controlar la prostitución. En Estados Unidos hay ya más de 200 ciudades que han incorporado a la mujer en sus fuerzas policíacas.—J.W.M'C.

policía, liquidaciones de. El número de delitos "liquidados mediante detención" indica el número de delitos respecto a los cuales alguno de los delincuentes ha sido aprehendido y consignado a las autoridades judiciales. Las liquidaciones de policía, consideradas en sí mismas, sin información adicional respecto al subsiguiente resultado procesal, pueden ser erróneas.—N.F.C.

En las estadísticas policíacas, estas liquidaciones significan tanto como el "haber" contable y sólo expresan el número de investigaciones en que interviene la policía y que han quedado terminadas con resultado positivo desde el punto de vista del servicio policíaco, pero nada dicen acerca de la administración de justicia ni de la efectividad de la lucha contra la delincuencia. Sus datos son, pues, meramente administrativos y ofrecen escasa importancia criminológica.—J.C.

policía local. Fuerza de policía organizada y dirigida por el gobierno de una entidad local (municipio, Estado federado). En Estados Unidos, hasta fines del siglo XIX todas las fuerzas de policía estuvieron bajo la jurisdicción de los municipios. Después, a fin de abolir las grandes fuerzas de policía privada que sostenían poderosas empresas industriales, el Estado de Pensilvania estableció la primera policía estatal. Desde entonces, veintisiete Estados han establecido fuerzas de policía de esta clase, aunque no dotadas de las mismas facultades. En algunos Estados, su policía es simplemente un cuerpo de vigilantes de carreteras que sólo pueden intervenir en las infracciones a los reglamentos del tráfico; en otros pueden hacerlo con ocasión de cualquier delito que se cometa en la vía pública, y en otros, finalmente, las facultades de la policía estatal se extienden a cualquier delito cometido en territorio que no esté inmediatamente bajo la jurisdicción de una fuerza de policía municipal competente.— J.W.M'C.

poligamia. Forma de matrimonio en la que una persona de uno u otro sexo está unida a más de un cónyuge; comprende la poliandria y la poliginia (*q. vid.*) con la cual se la suele confundir erróneamente. En las sociedades monogámicas se considera como delito.—G.P.M.

poliginia. Forma de matrimonio en la que un hombre puede estar unido simultáneamente a dos o más mujeres reconocidas. Cf. *concubinato, monoandria, monogamia, poliandria, poligamia.* —G.P.M.

poliginia sororal. Tipo de poliginia (*q. vid.*) en el que las mujeres de un hombre son, con preferencia, hermanas. Cf. *poliandria fraternal, sororato.*—G.P.M.

política. Teoría, arte y práctica del gobierno. Cf. *acción política, democracia política, pluralismo político, refugiado político.*

política criminal. Según el antiguo concepto de Thomsen, ciencia de la lucha contra el delito, utilizando y coordinando para tal fin todos aquellos medios de que puede disponer el Estado (jurídico-penales, jurídicos no penales y no jurídicos). Conjunto de principios fundados en la investigación científica del delito y de la eficacia de la pena, por medio de los cuales se lucha contra el crimen valiéndose tanto de los medios penales (pena) como de los de carácter asegurativo (medidas de seguridad) (Jiménez de Asúa). Conforme a la tesis de Liszt, la política criminal debe excluir del campo de su atención el estudio jurídico del delito (derecho penal) y el de la supresión o reducción de sus factores sociales (política social), reduciendo su objeto propio a la lucha contra el delito mediante la acción individual sobre el delincuente. La política criminal investigaría, así, el fundamento jurídico y el fin de la potestad punitiva del Estado y el origen y las características del delito, desde un punto de vista criminológico; y comprendería en sí a la penología. Hoy se reduce el sentido de la política criminal a proporcionar una crítica científica de la legislación criminal vigente y un criterio orientador de *lege ferenda.*—J.C.

política de exclusión. Véase **exclusión (política de).**

política industrial. Aspiraciones de grupo referentes a la marcha de la industria. La expresión suele aplicarse a las manifestaciines de las organizaciones industriales, empresas y líderes, respecto a cuestiones industriales del momento; también a las aspiraciones declaradas y reglas de procedimiento establecidas por las leyes y por los funcionarios y departamentos del gobierno; igualmente a los programas de los partidos políticos. Algunas veces se emplea en un sentido sociológico más amplio para referirse a cualesquiera aspiraciones y programas para el futuro, referentes a la organización y control industrial, ya se deban a las empresas, a los obreros o a otros grupos.—K.DP.L.

política social. Actitud consecuente respecto a la orientación del control social, ya sea en relación con sus objetivos o con sus métodos. Esta actitud puede ser explícita y declararse así incluso por los que mantienen esa política. Hay casos en que tal actitud explícita no encarna con firmeza en la realidad, por lo que es una mera ostentación, o puede también ocurrir que se la realice en la práctica sin declaración alguna por parte de los que gobiernan, con lo que se convierte en tarea del observador señalar y denominar sus características. Como ejemplos importantes de políticas sociales pueden señalarse las siguientes (y sus contrarias): la centralización, el colectivismo, la regeneración, la exclusión, el

oscurantismo (*q. vid.*), la diversificación, la recompensa y la reacción.—T.D.E.

ponderación. (*estadística*) Asignación de coeficientes a diversos elementos de acuerdo con su valor supuesto o calculado. Cf. *coeficiente de ponderación.*—M.Pt.

populacho. Denominación peyorativa con la que se designan los sectores inferiores del pueblo o plebe.—J.C.

posesión. 1. Acción y efecto de poseer efectivamente una cosa como propia o conservándola para su propietario, pero ejerciendo sobre ella actos de dominio. La posesión de buena fe, pacífica y constante puede llegar a ser un título constitutivo de la propiedad. 2. Apoderamiento interno del espíritu del hombre por otro ajeno.—J.C.

posesiones, dispersión o fragmentación de. Véase **dispersión de posesiones.**

posibilismo. Teoría, expuesta por Vidal de la Blache y Febvre, que sostiene que las condiciones geográficas hacen posible, pero no determinan, la cultura de una región; por ello se opone al determinismo geográfico. El hombre, por consiguiente, es un factor geográfico vital que introduce y conserva plantas y animales en regiones donde no podrían producirse dadas las condiciones naturales; y que, con frecuencia, fracasa en la utilización de los factores del medio al parecer favorables. En dicha teoría, los rasgos de cultura no material son tan importantes como las condiciones geográficas en la producción de la configuración existente, al extremo de que los factores históricos son esenciales para la comprensión de la explotación de la región. De esto se sigue que los "recursos naturales" de una región dependerán tanto de la cultura no material del momento y lugar como de la naturaleza de las condiciones geográficas.—H.E.M.

posición dominante. Lugar de mayor honor o autoridad en una jerarquía social.—P.H.L.

posición ecológica. 1. Relación espacial de un objeto dentro de un área esquemáticamente dada que implica tanto a) una distancia ecológica como b) la dirección desde el punto marcado, siguiendo las rutas de transporte disponibles. 2. Relación de dominación-subordinación de una unidad ecológica con respecto a un punto marcado dentro de una unidad ecológica funcionalmente integrada. 3. Lugar que ocupa una unidad ecológica o una clase de unidades dentro de una cadena ecológica funcional.—J.A.Q.

posición espacial. Término ecológico que indica localización, o localización en relación con otros objetos, acaso dentro de una determinada estructura.—N.A.

positivismo. Sistema filosófico creado por Augusto Comte, que empleó esta palabra para indicar la última y más elevada fase del conocimiento. La consideraba, en efecto, como el término de una evolución que tuvo su origen en el conocimiento teológico o fabulatorio primitivo, y que, a través de una fase intermedia metafísica o abstracta, llega, por último, a la positiva o científica. Teoría que abandona definitivamente toda busca de causas primeras y limita el conocimiento a las leyes de los fenómenos por considerarlo el único asequible y útil. El positivismo reduce todo el conocimiento a la ciencia natural y todos los métodos científicos a los métodos objetivos de observación y clasificación de fenómenos, tal como éstos se captan en la experiencia en sus relaciones invariables de coexistencia, sucesión y semejanza. Estas relaciones constantes constituyen las leyes de los fenómenos.— N.L.S.

positivismo penal. Véase **escuela positiva.**

poste de flagelación. Véase **flagelación (poste de).**

poste totémico. Poste tallado, con imágenes de los animales o pájaros de que toman su carácter las ceremonias y mitos totémicos. La talla totémica representa una especie de símbolo nobiliario o escudo de armas relacionado con la experiencia totémica.—J.G.L.

potencial social. Capacidad de influir en la acción o el cambio sociales. Difiere en gran medida de individuo a individuo, pero no falta por completo en ninguno, por humilde o insignificante que sea.

potencial social, diferencia de. Variación entre los individuos por lo que respecta a su capacidad de influir en el cambio social o de dirigir la acción social.

potencialidad social. Véase **potencial social.**

"potlatch." Ceremonia característica de los indios de la costa norteamericana del Pacífico, en la que la propiedad se regala o distribuye con largueza a fin de adquirir o mantener un determinado *status* social.—G.P.M.

prealfabeto. Característico de una tribu que no ha adquirido todavía un lenguaje escrito. El término es preferible a primitivo (q. vid.) excepto cuando se hace referencia a pueblos prehistóricos; pero es menos correcto que analfabeto (q. vid.) que no implica inferioridad ni una sucesión lineal fija de evolución cultural. Cf. cultura prealfabeta, no alfabeto.—T.D.E.

preanimismo. Teoría según la cual el elemento original y básico de la religión es el animatismo y no el animismo (q. vid.).—G.P.M.

precifrado, cédula o cuestionario. (estadística) Formulario con símbolos cifrados impresos para permitir al interrogador o informante que registre directamente la información en los términos que se emplean en la tabulación. Los datos del cuestionario se cifran sobre el terreno con preferencia a la oficina.—M.Pt.

precio. Cantidad de dinero por la que se cambia una mercancía o servicio; medida del valor expresada en dinero.—E.E.M.

precio de la novia. Pago hecho, para posesionarse de la mujer, por el novio o su deudo al padre u otro pariente de la novia. Raras veces se considera el precio de la novia como un precio de compra efectivo. Por el contrario, sus funciones corrientes son estabilizar la unión y compensar a los parientes de la novia por la pérdida de sus servicios.—G.P.M.

precio de la sangre. Cantidad de dinero u objetos que en la composición se pagaba como rescate de la venganza de sangre (q. vid.) durante las épocas primitivas o en las organizaciones de tal carácter en que predomina la venganza privada como única forma o sistema de administración de la justicia. Cf. también composición, "Wergeld".—G.P.M. y J.C.

precipitante, crisis. Véase **crisis precipitante.**

predecibilidad. Grado de probabilidad en que un fenómeno es susceptible de predicción. Esta cualidad reside en la regularidad o uniformidad de la ocurrencia o de la conexión causal; pero también vale para aquellas estimaciones científicas o estadísticas de acontecimientos futuros o tendencias sociales en que ciertas condiciones variables se consideran constantes o se supone que operan de manera determinada.—F.H.H.

predicción. Acto o proceso de predecir, con mayor o menor probabilidad, el resultado de un acontecimiento o serie de acontecimientos por inferencia obtenida de un análisis científico, sobre todo estadístico, de acontecimientos conocidos. Dada la multiplicidad de las condiciones causales que afectan a los acontecimientos sociales, la predicción en el campo sociológico es menos precisa que en las ciencias físicas. Además, dada la amplia variación de intensidad de los factores causales conocidos y la presencia de factores causales desconocidos, la predicción suele hacerse en el supuesto de que ciertos factores importantes y conocidos continúen actuando de una manera determinada. Cf. *ley natural, previsión, profecía.*—F.H.H.

predicción condicional. Véase **predicción sociológica.**

predicción de futuro. Véase **predicción sociológica.**

predicción efectiva. Véase **predicción sociológica.**

predicción hipotética. Véase **predicción sociológica.**

predicción retrospectiva. Véase **predicción sociológica.**

predicción sociológica. Reina gran confusión a propósito de lo que ha de entenderse por predicción sociológica; el error más común es el de que tal predicción equivale a profecía, adivinación o presagio. Sin embargo, en su acepción estricta se refiere tan sólo a un "decir de antemano" lo que se da en ciertas formas de repetición.

Predecir la repetición de fenómenos es, en cierto sentido, controlarla siempre que sea posible restablecer o reconstruir las condiciones en que se produjeron las repeticiones anteriores. El científico puede no tener el menor interés en causar una repetición efectiva; puede darse por satisfecho con decir que "siempre y cuando" ciertos factores se combinan de cierta manera, los resultados son predecibles. Esta es la *predicción condicional*. La prueba máxima es experimental, pero cuando se ha realizado un número de experimentos suficiente para reducir a la insignificancia lo aleatorio —y puede bastar un pequeño número en ciertas circunstancias— el científico ha conseguido todo el control que pretendía: "Siempre que tal cosa se haga, las consecuencias —dentro de un pequeño ámbito de variación— serán éstas."

Además, el científico puede lograr la predicción que persigue incluso cuando no puede restablecer las condiciones de la repetición anterior, es decir, cuando es impracticable o imposible un experimento efectivo. Puede, en otras palabras, lograr la predicción hipotética mediante el reconocimiento y ampliación mental de tal reconstrucción o mediante esa ampliación tan sólo. Ejemplo: Los astrónomos pueden decir, como resultado del estudio de ciertos aspectos del firmamento durante un largo período, que el tiempo, la masa y el movimiento están en ciertas relaciones recíprocas determinadas. Por consiguiente, pueden asegurar que si la masa de la Luna se alterara en una determinada cuantía, su órbita y su ciclo cambiarían también en proporciones determinadas. Ahora bien, esto de que "si la masa de la Luna se alterara" no es más que una predicción hipotética de fenómenos que no han sido hasta ahora observados específicamente, basada en las repeticiones anteriormente observadas de fenómenos conexos.

Las variedades de la predicción hasta ahora examinadas, la hipotética y la efectiva, suponen una orientación hacia el futuro, tanto con respecto al acto predictivo mismo como con respecto a los fenómenos predichos. De otro modo: hemos tratado de esclarecer los supuestos de la *predicción efectiva de futuro* y de la *predicción hipotética de futuro*. Sin embargo, sólo en el acto predictivo se necesita que exista una referencia de futuro; no es necesario que la repetición de los fenómenos que se examinan se verifique en el futuro.

Ejemplo adecuado: Los paleontólogos, basándose en una prueba fragmentaria, reconstruyen con frecuencia animales cuya especie se extinguió en remotísimas épocas y, después, se arriesgan a hacer afirmaciones de este tipo: "Cuando se descubra un esqueleto completo se verá que nuestra reconstrucción ha sido exacta en lo esencial." Esta es una *predicción retrospectiva* porque el esqueleto que, en definitiva, habrá de suministrar plena validez a la investigación se encuentra bajo estratos depositados hace miles de años. La única referencia esencial al futuro está en el "se verá" que es ingrediente inseparable del acto predictivo. No existe predicción efectiva de futuro; las casas proveedoras que abastecen nuestros laboratorios no crían todavía dinosaurios para el mercado. No existe predicción hipotética de futuro, pues ninguna especie animal viviente conocida hasta ahora está evolucionando en la dirección del dinosaurio. La predicción es hipotética del mismo modo que es hipotética la "alteración de la masa de la Luna". Finalmente, insistamos, la predicción es retrospectiva porque el acontecimiento que ha de suministrar la validez es de presumir que haya ocurrido ya; sólo la corroboración se encuentra en el futuro y sólo a ella se refiere la orientación hacia el futuro implicada en el "decir de antemano" o "predicción". Todo lo demás es pretérito.

La astronomía, la geología, la paleontología, la zoología, la arqueología, la botánica, la filolología, la etnología, la sociología y varias otras ciencias emplean en gran medida la predicción retrospectiva. Y aun se emplearía, sin duda, mucho más si no fuera por la confusión reinante entre la lógica y la psicología de la predicción.

Lógicamente, no existe la más mínima diferencia entre la predicción de futuro y la predicción retrospectiva. Psicológicamente, la predicción retrospectiva puede abrir la puerta a interferencias en la prueba, a la vana ilusión, a la racionalización y a otras dificultades. Cuando el acontecimiento a que se aplican las técnica predictivas ha ocurrido ya, se ofrece la tentación de reconstruir las repeticiones primeras y las interrelaciones funcionales de tal modo que la solución resulte inevitable. Lo que puede saberse respecto a la interdependencia de las personalidades, procesos y estructuras sociales aplicando los procedimientos adecuados —especialmente la tipología constructiva (*q. vid.*)— a la labor de la predicción retrospectiva puede, en definitiva, ser de mucha utilidad cuando el objetivo es la predicción de futuro.—H.B.

predominante. Que tiene tendencia a adquirir prioridad. Cf. *estímulo predominante, impulso predominante, reflejo predominante, salario predominante*.—M.S.

preferencia. Véase **contratación preferente, sindicato preferente.**

prejuicio. Actitud, de ordinario afectiva, adquirida antes de toda prueba y experiencia adecuadas. Se basa en combinaciones cambiantes de sugestión, imitación, creencia y experiencia limitada y puede ser favorable o desfavorable. Ningún prejuicio específico es innato, aun cuando todos los individuos poseen genéticamente la capacidad de formar prejuicios. Los prejuicios concretos son formas de simpatía o antipatía y pueden tener como objeto individuos, grupos, razas, nacionalidades (o los rasgos particulares de cualesquiera de éstos), o ideas, pautas sociales e instituciones. En resumen, el ámbito del prejuicio es tan dilatado como el de la actitud.

prejuicio de clase. Actitudes discriminatorias dirigidas en forma incondicionada contra personas de otra clase (*q. vid.*), especialmente con respecto a sus ideas y conducta. También —con respecto a las clases sociales— desprecio de las clases superiores hacia las inferiores y actitudes airadas y vengativas de las inferiores hacia las que se encuentran por encima de ellas. Toda condenación consciente de una clase por otra. Las actitudes de prejuicio constituyen una forma de la distancia social (*q. vid.*). La intolerancia y la discriminación religiosa son de un orden semejante, pero no deben confundirse con el prejuicio de clase.—w.c.h.

prejuicio racial. Actitud adversa hacia un individuo o grupo fundada en rasgos o características que son, o se cree con error que lo son, de origen racial, pero sin ninguna base adecuada en los hechos o en el conocimiento personal. Forma corriente de respuesta estereotipada (*q. vid.*). Debe distinguirse cuidadosamente de la antipatía racial (*q. vid.*).

preliminar, audiencia. Institución procesal norteamericana establecida a título de garantía personal de índole procesal y fundada en el cumplimiento de la enmienda v del Bill de Derechos de la Constitución, según la cual nadie puede ser perseguido por "crimen infame", es decir, por delito grave, sin una acusación o denuncia. En consecuencia, las personas acusadas en tales términos no pueden ser detenidas hasta que se han adoptado medidas para la celebración de la audiencia judicial preliminar. Tal audiencia se propone determinar a) si el delito grave objeto de la acusación ha sido realmente cometido, y b) si la persona acusada está implicada de algún modo en su comisión. Si el juez que preside la audiencia preliminar cree que han quedado probados ambos extremos expide un mandamiento de prisión preventiva contra el acusado o acuerda dejarle en libertad bajo caución, hasta que entra en acción el gran jurado. La audiencia preliminar no es un juicio propiamente dicho, sino un acto procesal previo de cuyo resultado depende la convocatoria del gran jurado y en el que en tanto que éste se reúne y resuelve, se decide cuál ha de ser la situación del acusado en orden a su aseguramiento personal. El gran jurado, por su parte, puede acordar el procesamiento del acusado o el sobreseimiento de la causa. En la audiencia preliminar, el acusado puede aportar prueba en su favor, participar en la de cargo y valerse de un abogado. Debe advertírsele por el juez que no necesita hacer declaración alguna y que cuanto diga puede ser utilizado contra él en el juicio subsiguiente. El acusado puede también renunciar a sus derechos a la audiencia preliminar y esperar simplemente a que actúe el gran jurado. [Inglés, *preliminary hearing*].— N.F.C.

premeditación. Circunstancia de agravación de la responsabilidad criminal caracterizada por el transcurso de un lapso de tiempo entre la resolución criminal y la ejecución del delito (factor cronológico), durante el cual el delincuente reflexiona y persiste en su resolución (factor moral) y con toda calma y frialdad de ánimo (factor psicológico) prepara dicha ejecución. La premeditación adquiere en ciertos delitos la relevancia de circunstancia cualificativa, llegando a constituir especies nuevas (ej.: asesinato). —J.C.

prensa, agente de. Especialista en colocar o inspirar noticias, información gráfica y asuntos de publicidad en los periódicos, revistas, programas de radio, etc., en interés de un cliente. Su trabajo puede adoptar la forma de creación y montaje de espectáculos y acontecimientos sociales, de tal manera que los medios de comunicación de masas puedan llevar información y otras noticias de ellos; de este modo puede lograr que alguna característica, actividad o servicio de su cliente llegue en forma espectacular a conocimiento de un gran público. El cliente puede ser una iglesia, una asociación industrial, un sindicato, un colegio, un servicio público de propiedad particular, un debutante, un miembro del Congreso, un partido político o el presidente de un banco. La expresión procede, al parecer, del campo de las diversiones comerciales, especialmente del "agente de prensa" enviado por delante de un circo ambulante, de una compañía teatral o de una exposición. En tanto que este prototipo dirige, frecuentemente, los anuncios pagados, así como la llamada "publicidad gratuita", el agente de prensa moderno en campos no relacionados con las diversiones, no tiene más contacto que el de consejero con las noticias pagadas.—A.M'C.L.

prescripción. Institución jurídica por virtud de la cual se reconocen determinados efectos al simple transcurso del tiempo. En derecho civil la prescripción puede ser extintiva y adquisitiva, según que los efectos reconocidos consistan en consolidar una situación negativa o positiva; en el primer caso la prescripción implica la decadencia de determinados derechos por su no ejercicio; en el segundo, en cambio, el ejercicio pacífico y constante de ciertos derechos puede llegar a crearles el título que les faltaba en su origen. La prescripción penal es una aplicación de la prescripción extintiva. Por virtud de ella el transcurso de un espacio de tiempo legalmente predeterminado sin que sea interrumpido por algún acto de jurisdicción impide que posteriormente pueda ejercitarse la acción penal (prescripción del delito) y el transcurso del tiempo prefijado desde que se dictó sentencia condenatoria sin que haya comenzado a cumplirse impide su cumplimiento posterior (prescripción de la pena). La prescripción, tanto civil como penal, puede interrumpirse por diversos medios legales.—J.C.

presión de la población. Véase **población (presión de la).**

presión, grupo de. Véase **grupo de presión.**

presión social. Conjunto de los influjos que se vuelcan sobre los individuos y los grupos con el propósito de modificar su conducta para conseguir ciertos objetivos claramente definidos. Con un sentido más concreto se entiende que es la forma de opinión pública cuyo peso se hace valer con frecuencia ante los funcionarios públicos o los cuerpos legislativos para llevar a cabo determinadas acciones respecto a problemas sociales concretos.—A.E.W.

preso. Persona detenida, en régimen de custodia, de seguridad o de prisión, preventivamente o a título penal. El trato que se da a los presos difiere y está en concordancia con su situación procesal. Una persona acusada de haber cometido un delito y detenida para que comparezca en juicio, en tanto que no es condenada, debe suponerse inocente y tiene derecho a un trato considerado. Las personas juzgadas y condenadas por delito son aisladas por el poder público, a título penal, del resto de la sociedad, y sometidas a un régimen penitenciario de rehabilitación. [Inglés, *prisoner*].—J.W.M'C.

preso de confianza. Designación de los reclusos que, por mostrarse dignos de confianza, sirven como mensajeros o en otras funciones auxiliares dentro de la institución penal o a quienes se confían diversas comisiones fuera del recinto de la prisión. Se les hace prometer por su honor que no escaparán y se les conceden diversos privilegios, bajo la conminación de perder los abonos de tiempo y otras ventajas si faltan a su promesa. [Inglés, *trusty*].—J.L.G.

prestaciones a los trabajadores. Derecho y sistema de pago a los empleados y suministro de cuidados médicos u hospitalarios a los obreros víctimas de accidentes del trabajo o enfermedades profesionales, predeterminada a base de lesión específica y pagada con cargo a un fondo constituido conforme a los principios del seguro. [Inglés, *workmen's compensation*].—M.VK.

prestigio. Posición o *status* de un individuo en la estimación pública, consecuencia del reconocimiento social de su valor.—N.A.

presunción. Lo que por ministerio de la ley debe tenerse como verdadero. Las presunciones jurídicas o verdades legales pueden ser sustancialmente de dos clases: *juris et de jure* o de hecho y de derecho, de carácter absoluto e imperativo, contra las cuales no prevalece prueba alguna que pretenda invalidarlas; y *juris tantum* o de solo derecho, que se reputan expresión de la verdad salvo prueba en contrario.—J.C.

presupuestos familiares. Relaciones periódicas de los ingresos y gastos, efectivos o en proyecto, de una familia que tienen por fin orientarla en sus planes así como servir de guía en otras actividades. Estas relaciones tienen hoy importancia, no sólo para ayudar a individuos y familias a planear y normalizar sus propias actividades, sino también para uso de los trabajadores sociales, economistas, líderes políticos y otras autoridades en el desempeño de sus funciones. A medida que aumenta la preocupación democrática ante las cambiantes perspectivas y planes de las masas populares, estas relaciones de presupuestos familiares adquieren, por su valor de ejemplo, una importancia cada vez mayor para un progreso ordenado. Muestran las diferentes condiciones de *status* de las diversas clases según el volumen relativo de sus ingresos; y las proporciones de los gastos por lo que respecta a las diferentes clases de bienes reflejan los hábitos, el estado de salud, la educación, los privilegios sociales y los tipos de ocupación y de cultura. Los gastos de las familias más pobres y menos privilegiadas corresponden en mayores proporciones a la satisfacción de las necesidades físicas y los de las más ricas y más privilegiadas corresponden, en sus proporciones mayores, a la educación y a la satisfacción de necesidades recreativas y estéticas. Cf. *estudio de presupuestos familiares.*—C.J.B.

pretendiente. El que pretende, pide, demanda o solicita.

preterintencionalidad. Literalmente, más allá o que excede de la intención. Cualidad distintiva de aquellos delitos en que de la acción u omisión que los constituye deriva un resultado distinto o más grave del previsto y querido por su autor. En tal hipótesis se plantea un conflicto, en orden a la calificación de los hechos y a la determinación de la consiguiente responsabilidad, de difícil resolución dentro de los términos de la teoría de la culpabilidad. Suele resolverse doctrinalmente creando formas de culpabilidad especiales y distintas de las tradicionales (dolo preterintencional, mixtura de dolo y culpa) o soslayándolo mediante su planteamiento en terreno distinto al de la culpabilidad (delitos calificados por el resultado). —J.C.

pretorianismo. Situación en que se encuentra una sociedad cuando una minoría, como la guardia pretoriana en la Roma antigua, por la fuerza, el fraude, la venalidad u otra presión ilícita, adquiere y ejerce el dominio efectivo de su política y de otras actividades, aunque en apariencia sigan en pie las autoridades oficiales.—G.M.F.

prevaricación. Delito contra la administración de justicia consistente en dictar a sabiendas resolución injusta o no ajustada a derecho en asunto de su competencia. El alcance de este delito afecta tanto a los jueces unipersonales como a los componentes de tribunal colegiado, a los jurados o jueces de hecho como a los árbitros y amigables componedores.—J.C.

prevención. Una de las finalidades comúnmente asignadas a la potestad punitiva del Estado y a la pena misma por las llamadas teorías relativas. La pena es un medio dirigido a prevenir, a evitar la comisión de delitos. La prevención se cumple o actúa de dos maneras: mediante la amenaza o conminación dirigida a la sociedad en su conjunto e implícita en la pena en cuanto supone un mal, una privación o restricción de derechos (prevención general), y dotando de motivos psicológicos y sociales que le impidan reincidir en la conducta delictiva a cada uno de los delincuentes a quienes se ha impuesto una pena y que la han sufrido (prevención especial). La prevención se contrapone en el terreno teórico a los conceptos de represión, retribución, etc., peculiares de las teorías absolutas.—J.C.

preventivo. (*economía social y trabajo social*) Término que comprende las medidas y agencias que, antecediendo a los desajustes sociales amenazantes, obstaculizan el desarrollo de graves situaciones sociales. Por extensión puede emplearse la palabra en forma demasiado lata para designar las medidas de mejora, terapéuticas o incluso paliativas (q. vid.) en la medida en que evitan que las situaciones lleguen a ser tan graves como pudieran haber sido; pero, en forma estricta, la palabra debe reservarse para las medidas y agencias que mantienen a las personas normales en situación normal o que rectifican las condiciones de la comunidad que se consideran malas porque amenazan la normalidad de las personas o familias o las normas de la comunidad. Cf. normalidad, paliativo, terapéutico.—T.D.E.

previsibilidad. Elemento característico de la culpa (q. vid.) que consiste en la posibilidad de prever los resultados dañosos de la acción, no previstos efectivamente en el caso de que se trate. Se constituye así la negligencia (q. vid.). Los casos de culpa consciente o culpa con previsión, limítrofes con el dolo (q. vid.), son de muy discutida entidad jurídica.—J.C.

previsión. Visión imaginativa de un futuro posible. La vivacidad de tal imaginación puede actuar como una amenaza o como una promesa, ejerciendo así un control personal o social. Debe distinguirse de la predicción (q. vid.), que en sentido estricto significa descripción más que visión del futuro y se refiere, por una parte, a la supuesta "profecía" y, por otra, a los pronósticos estadísticos basados en la proyección de determinadas tendencias, o a las predicciones científicas basadas en formulaciones acerca del comportamiento uniforme de ciertos fenómenos sometidos a observación controlada (tanto los unos como los otras suponen muchas constantes en determinadas condiciones).—T.D.E.

previsión del riesgo. En el contrato de compraventa, los riesgos (vicio oculto, perturbación en la pacífica posesión) pueden ser previstos y asumidos por el comprador, mediante la cláusula caveat emptor (q. vid.), o garantizados por el vendedor, mediante las cláusulas de evicción y saneamiento (q. vid.).—J.C.

primario. Véase **contacto primario, grupo primario, ideal primario.**

primitivo. Referente a los comienzos de la cultura humana; a una situación que se supone semejante a la de los antepasados prehistóricos del hombre europeo; no desarrollado, detenido en el desarrollo cultural. El empleo de la palabra para designar a pueblos y culturas de base cultural exigua puede conducir a interpretaciones erróneas; por ejemplo: que nuestros antepasados tenían una cultura análoga, que las culturas de tales tribus han permanecido siempre en su situación actual, que se encuentran estancadas, o que, con el tiempo, se hubieran desarrollado o habrán de desarrollarse siguiendo una línea evolutiva semejante a la nuestra.—T.D.E.

primogenitura. Derecho exclusivo o preferencia del hijo mayor en materia de herencia (q. vid.). Cf. últimogenitura.—G.P.M.

primos cruzados. Primos que son hijos de un hermano y una hermana. En algunos pueblos primitivos se permitió a los primos cruzados casarse entre sí, en tanto que a los primos paralelos (hijos de dos hermanos o de dos hermanas) les estaba prohibido. Cf. primos paralelos.—O.W.

primos paralelos. Los hijos de un hermano o hermana del padre del mismo sexo; es decir, los hijos de un hermano del padre en relación con los de éste o los hijos de una hermana de la madre con respecto a los de ésta. Cf. ortoprimos, primos cruzados.—G.P.M.

principio compensatorio. (física) Teoría de que la acción y la reacción son iguales y opuestas. (biología) Teoría de que la materia viva mantiene el equilibrio por su capacidad de neutralizar las conmociones y esfuerzos violentos a que la somete su medio y por la de mantener el equilibrio de las energías —metabolismo (q. vid.)— dentro del organismo. (psicología) Teoría de que las tensiones afectivas provocan, por causa de su raíz orgánica, reacciones de esta naturaleza, que llevan a recuperar el reposo normal y el equilibrio personal estable.—T.D.E.

principios. Declaraciones generalizadas y abreviadas de directivas de acción o de hechos; cuando en la vida social se habla de principios referidos a valores o directivas de acción, se entiende que significan el acuerdo o consenso de determinado número de autoridades competentes; en la terminología sociológica valen como las explicaciones inductivas de las leyes sociológicas. Ejemplo: el principio de la población en la teoría maltusiana es la selección natural. Cf. ley.—H.A.P.

principios de Rochdale. Véase **Rochdale (principios de).**

principios descriptivos. Generalizaciones relativas a la interacción humana no aceptables como explicaciones científicas por no ser completas en la medida necesaria, pero que son útiles como guía para ulterior estudio. Ejemplos: el principio de los cuatro deseos, el del rezago cultural, el de las posibilidades limitadas.—H.A.P.

principios explicativos. Un principio es una explicación debidamente probada. Con el empleo del adjetivo, al parecer redundante, se trata de dar a entender la existencia de otras explicaciones rivales o complementarias de los estudios geográficos, biológicos, psicológicos y culturales cuyos principios es de presumir que expliquen los mismos tipos de interacción humana, pero que no son aceptables como científicos por no haber sido probados. Ejemplo: "la cultura en la que ha nacido un hombre hace de él un ser a su imagen y semejanza".—H.A.P.

principios sociológicos. Explicaciones de relaciones sociales científicamente demostradas.—H.A.P.

principios universales. Generalizaciones básicas y fundamentales que se utilizan para explicar la interacción y la cultura humanas; teorías generales. Ejemplo: los principios de la continuidad, la evolución, la teoría faseológica del desarrollo social, la interpretación materialista de la historia; el de la difusión; el del behaviorismo; el de los ciclos orgánicos y sociales.—H.A.P.

prioridad. Orden de preferencia en que se encuentran las personas o los intereses en relación unos con otros. En la administración de la asistencia pública indica el orden en que se colocan las personas o familias para recibir los auxilios públicos. En el racionamiento de materiales esenciales para la guerra se refiere al orden en que se aceptan las demandas de tales materiales. —N.A.

prisión. Establecimiento destinado al cumplimiento de la pena de privación de libertad de duración intermedia por delincuentes adultos. La cárcel se diferencia de la prisión por el carácter local de aquélla y por la corta duración de las penas que en ella se cumplen. La prisión debe diferenciarse también de los establecimientos para delincuentes menores y de los destinados a la detención preventiva y provisional de testigos, sospechosos y procesados.—J.W.M'C.

prisión agrícola. Véase **granja-prisión.**

prisión, comunidad de. Estructura, relaciones y procesos sociales a que da lugar la vida en la prisión. La índole de las relaciones del personal, de los reclusos y unos con otros; la estratificación por clases, la vida de grupo irregular, el liderazgo y los usos sociales en la sociedad penitenciaria, el papel que juegan la murmuración y la opinión pública como medios de control social; los procesos que producen la institucionalización del personal y la característica adaptación de los reclusos, son aspectos que quedan comprendidos en la expresión. Cf. *Bolchevo.*—N.S.H.

prisión, disciplina en la. Véase **disciplina penitenciaria.**

prisión industrial. Expresión, de uso más común en Europa, con la que se designa aquellos establecimientos en los que los reclusos consagran sus actividades a la producción de artículos útiles y en las que se pone un interés mínimo en su adiestramiento profesional o de cualquier otra clase que tienda a prepararlos para la vida libre en sociedad. La población de las prisiones industriales se suele reclutar entre delincuentes profesionales, habituales e incorregibles para quienes se consideran inútiles los métodos de reformatorio. En un principio se destinaban a ellas los condenados a trabajos forzados, diferenciándolos así de los sentenciados a simple prisión.—J.L.G.

prisionero. Persona mantenida en cautiverio, como consecuencia de una situación bélica, por el enemigo y con carácter de tal. El trato que debe darse a los prisioneros de guerra ha sido determinado por convenios internacionales. [Inglés, *prisoner*].—J.W.M'C.

prisiones, congresos internacionales de. Véase **congresos penitenciarios internacionales.**

prisiones, hacinamiento en las. Véase **hacinamiento en las prisiones.**

prisiones, perversiones sexuales en las. Conducta sexual anómala, como la homosexualidad y el lesbianismo, que se origina en la situación anormal de los hombres y mujeres sometidos a un prolongado régimen de reclusión y de convivencia con individuos de su mismo sexo.—N.F.C.

prisiones receptoras. Centros receptores de condenados a donde se les envía para su destino a la prisión particular o instalaciones penitenciarias más apropiadas en cada caso. Algunos sistemas penitenciarios establecen prisiones autónomas de recepción; otros disponen de centros o instalaciones de recepción en las grandes prisiones. Se da por supuesto que un centro de recepción facilita la clasificación penitenciaria y la prescripción del régimen de vigilancia, trabajo y educación más adecuado y conveniente para cada condenado. Mientras los reclusos permanecen en el centro de recepción, se les proporciona el cuidado médico (preventivo y correctivo) necesario, se les interroga sobre sus antecedentes sociales y penales, se les examina psicológicamente y se les identifica.—W.C.R.

privilegio. Ventaja basada en un decreto especial o en una legislación diferenciadora e inasequible para otros en iguales condiciones; ventaja injusta sancionada por la ley o basada en la fuerza, la explotación o el fraude. De ordinario se emplea como un epíteto hostil aplicado cuando se utilizan los privilegios para apoyar la explotación o dominación en beneficio propio o para usurpar mayor poder y privilegio. Entre las bases del privilegio figuran el sexo, la edad, la destreza, la proeza, el nacimiento, la raza, el *status*, la posición, la propiedad y la riqueza.—T.D.E.

probabilidad. Característica de un suceso del que hay buenas razones para creer que se verificará o sucederá. Se expresa a veces como la proporción entre el número de maneras igualmente probables como puede suceder un acontecimiento particular y el número total de ocurrencias posible.—M.Pt.

problema. Situación considerada como difícil de resolver, de ser dominada o arreglada; situación no resuelta. Existen varios tipos de problemas: normales y anormales, personales y sociales. Un problema es puramente personal y normal en la medida en que se le afronta utilizando los recursos personales usuales en cuanto a medios, inteligencia y contactos.—T.D.E.

problema de conducta. Véase **conducta problemática.**

problema rural, área de. Area en que la combinación de la población, los recursos naturales y el desarrollo cultural peculiar de la misma no ha logrado crear un nivel de vida y un grado de seguridad económica congruente con los tipos mínimos de la sociedad a que pertenece. Tal área se ve en la necesidad de solicitar, periódica o continuamente, la asistencia pública para mantener a su población, y puede ser estimulada a ello por la sociedad mayor de que forma parte. Debido a la falta de adecuación entre los recursos y la población, el área está crónicamente en el margen económico o cerca de él, si bien las vicisitudes del ciclo económico tienden alternativamente a suavizar y a acentuar las dificultades para el ajuste.—C.E.L.

problema social. Una situación que exige remedio. Puede tener su origen 1) en las condiciones de la sociedad o del medio social, o ser de tal naturaleza que 2) su remedio sólo pueda conseguirse mediante la aplicación de fuerzas e instrumentos sociales. Con frecuencia se combinan las dos clases y muestran características comunes. En la primera categoría se comprenden ciertos defectos, desajustes y faltas de adecuación de los individuos, familias o pequeños grupos, captables de modo directo en alguna parte del medio humano y que no existirían en una sociedad ideal, aun cuando las unidades individuales de que se trata fueran como son. Ejemplos de esta categoría son muchos tipos de desocupación, enfermedad, miseria, vicio, etc. Pertenecen a la segunda categoría los defectos y desajustes que provienen de la estructura social misma o de su funcionamiento y que los individuos o grupos pequeños no pueden corregir por sus propias fuerzas. Ejemplos de esto son la guerra, la desocupación cíclica, la corrupción política, etc. Las medidas en el caso primero se incluyen en las actividades de reforma social; las del segundo, en cambio, corresponden sobre todo a lo que se llama ingeniería social (q. vid.). La tendencia de la teoría y la práctica sociológica moderna es considerar como sociales una proporción cada vez mayor de los problemas de la vida individual, es decir, reconocer el influjo del medio humano sobre el desarrollo y la experiencia de todos los individuos, haciendo caso omiso de su constitución y cualidades genéticas. Esta tendencia reconoce también la complejidad e interdependencia crecientes de la vida social moderna, con una imposibilidad paralela para el individuo, por muy grande que sea su potencial social (q. vid.), de proveer por sí solo a sus propias necesidades y bienestar.

problemas de trabajo. Relaciones y condiciones que afectan a la clase trabajadora de la sociedad industrial moderna. En términos generales la expresión alcanza a casi todos los aspectos de la esfera del trabajo, comprendiendo cuestiones tales como las organizaciones obreras y patronales, pasadas y presentes, el contacto colectivo, las huelgas y *lock-outs,* el *status* legal del trabajo, la legislación protectora y de seguridad social, los problemas de grupos especiales tales como las mujeres, los niños y las minorías raciales, los tipos de vida, el arbitraje obligatorio y voluntario, trabajo y gobierno y muchas otras. En sentido estricto cabe establecer diferencias entre problemas, políticas y prácticas en la esfera real del trabajo y problemas, historia y doctrina del trabajo en el campo de la teoría, pero de ordinario la expresión se emplea en su forma más libre.—K.DP.L.

problemas sociológicos. Círculos de cuestiones no resueltas en el dominio de la ciencia sociológica. Hipótesis injustificadas y teorías sin comprobación. Todo conjunto de fenómenos sociológicos cuya observación, análisis e interpretación sea incompleta ofrece problemas a una ulterior consideración científica. Asimismo plantea un problema que ha de ser resuelto, una laguna cualquiera en el ámbito total de las generalizaciones sociológicas. Deben distinguirse con rigor de los llamados "problemas sociales" (q. vid.).

proceso. Todo cambio en el que un observador pueda ver una propiedad o dirección definida susceptible de recibir un nombre (por ejemplo: gravitación, refracción, ósmosis, capilaridad, mitosis, metamorfosis, tropismos, asociación, sucesión, evolución, institucionalización, etc.).—T.D.E.

proceso de aprendizaje. Aprendizaje social. Proceso por virtud del cual se verifican los cambios culturales y el desarrollo cultural en los grupos humanos; nombre psicológico que se da también a los procesos llamados de transmisión y difusión de la cultura. Los animales aprenden mediante la exploración sensorial y muscular de los objetos. El método principal de aprendizaje del hombre parece ser la adquisición de los conocimientos de otros miembros de su grupo mediante alguna forma de comunicación, especialmente el lenguaje hablado. Todas las costumbres y tradiciones de los grupos humanos se aprenden de este modo y constituyen la mayor parte de todo lo que es aprendido por los seres humanos. En otras palabras, los seres humanos aprenden no tanto por la ejecución misma de algo, o incluso por experiencia propia, como por comunicación e imaginación sociales. Como el saber se acumula de modo necesario en los grupos humanos y queda almacenado en el lenguaje en sus diversas formas, llega a ser la base de la tradición y de la costumbre y, por consiguiente, de la vida social entera de la humanidad. También se convierte en la base del progreso social y explica cómo es posible el avance en los grupos humanos. El aprendizaje social, que sólo se encuentra en un grado insignificante en los animales inferiores al hombre, es en la humanidad el factor principal de su vida social y cultural. Mediante él se hace posible a los grandes grupos humanos beneficiarse de la experiencia, los inventos y descubrimientos de un solo individuo.—C.A.E.

Psicológicamente, comprende el condicionamiento, la formación de nuevas series de respuestas motoras complejamente coordinadas, la modelación del carácter, la fijación de elementos en la memoria y la adquisición de capacidad para responder adecuadamente a una situación. En general se sobreentiende que el funcionamiento del organismo se verifica más rápida, fácil y correctamente con repeticiones sucesivas.

Según la escuela psicológica de la *Gestalt*, se limita al proceso de captar una situación, captación a la que no aporta nada la repetición y que puede producirse sin previa experiencia de la situación.—M.S.

proceso de conducta. Sucesión de actividades que se realizan cuando un individuo responde a ciertos estímulos en una situación determinada.—J.P.E.

proceso de desarrollo. Véase **desarrollo (proceso de).**

proceso de grupo. Véase **grupo (proceso de).**

proceso de maduración. Proceso por el cual un individuo logra su adaptación social dominando su tendencia a conducirse de una manera delictiva o irregular.—M.A.E.

proceso institucional. Toda operación o suceso causado por una institución o referente a ella. La expresión tiene las siguientes connotaciones específicas: *1)* los procedimientos u operaciones en acción, el cambio sufrido a medida que una función o relación social surge o se desarrolla como una institución; *2)* la acción de una institución mientras realiza su función social específica, públicamente reconocida; y estos dos significados más generales: *3)* el curso total de las instituciones (cf. *ciclos institucionales*); *4)* el conjunto, más o menos completo, de los procesos especiales que caracterizan la vida de la mayor parte de las instituciones (aparición, desarrollo, lucha, competencia, persistencia, desorganización, reorganización).—J.O.H.

proceso-situación. Frase en la que, con el uso del guión, quiere aludirse al carácter inseparable, en la realidad, de aspectos de experiencia relativamente estables, u observados en un momento (estructura, forma, situación, *Gestalt*, producto), y los cambios (función, proceso) que ocurren incluso en el momento en que se hace la observación. Prácticamente, todo "proceso social" puede considerarse como proceso-situación.—T.D.E.

proceso social. Cualquier cambio o interacción social en la que un observador es capaz de destacar, clasificándola, una cualidad o dirección al parecer constante; clase de los cambios e interacciones sociales en la que, por abstracción, es posible observar, denominándolo, un rasgo común (por ejemplo: imitación, transculturación, conflicto, estratificación, dominación). Ningún proceso social es bueno o malo *in se*, sino en relación con la situación en que se produce, estimada desde la perspectiva de determinados valores o normas subjetivos. Debe observarse que los procesos sociales, como todos los demás procesos, consisten en cambios de estructura (q. *vid.*) y que la estructura social, como cualquier otra, es permanente sólo de un modo relativo. También debe notarse que, las más de las veces, los términos que se refieren al proceso social se emplean también para designar las situaciones en que el proceso se produjo y se está produ-

ciendo, abstraídas en un momento dado de la multiplicidad espacio-temporal; algo así como una instantánea o una detención insólita en una película cinematográfica. Todo proceso social tiene cuatro o cinco formas posibles: *1)* intrapersonal, cuando la interacción se realiza entre los yos o complejos de una personalidad; *2)* de persona a persona; *3)* de grupo a persona; *4)* de grupo a grupo. Cf. *pauta de acción, proceso-situación, estructura-función.*—T.D.E.

proceso societal. Todo proceso social (q. *vid.*) en el que los cambios observados implican la estructura-función de una sociedad como un todo.—T.D.E.

proceso teleológico. Sucesión uniforme de actos dirigidos a un fin o los medios con que se persigue o consigue algún objeto deseado, ideal, programa, proyecto o finalidad.—N.L.S.

procreación. Participación en el proceso biológico de la reproducción.

proditorio. Alevoso, traicionero. Se dice de todo acto dañino o perjudicial para los intereses de una persona (especialmente si es delictivo), inesperado para ésta por la forma de ocultamiento moral con que se había disimulado. La prodición, por tanto, constituye una circunstancia agravante de tal relevancia que puede ser cualificativa de especiales figuras del delito. —Cf. *alevosía.*—J.C.

producción. Suma total de los procesos que integran la fase creadora del mantenimiento de la sociedad por sí misma. Extracción de materias primas de la tierra y su transformación, mediante la aplicación del trabajo, el capital y la organización, en formas útiles al hombre, ya como bienes de producción (q. *vid.*), ya como bienes de consumo (q. *vid.*), éstos como objetivo final, y además el transporte de tales bienes a los lugares en que han de ser utilizados. Las actividades comerciales constituyen una parte de la producción. Puede estimarse también que el término comprende la prestación de servicios económicos.

producto colectivo. Toda realización o resultado que deriva de una conducta colectiva (q. *vid.*) o del esfuerzo conjunto de un grupo en un plano cualquiera de coordinación, organización o cooperación. En sentido estricto quedan excluídos de esta expresión los resultados debidos simplemente a respuestas análogas a estímulos semejantes, como la destrucción producida por una manada o un pánico bursátil. El producto colectivo implica una colectividad humana (q. *vid.*).—T.D.E.

producto social. Producto colectivo; modo de ser de un proceso-situación social cualquiera en un momento determinado; o resultados materiales de una unidad determinada de interacción social o económica, ya sea deliberada o no.—T.D.E.

productos del delito. Objetos o efectos materiales que resultan de la comisión del delito (*producta sceleris*). Como en el caso de los instrumentos del delito (q. *vid.*), es principio generalmente admitido su decomiso. Limitan este principio el de inmediatez, que reduce el decomiso a los productos directos del delito, y el derecho del perjudicado a que se le reintegre en su legítima propiedad.—J.C.

proesclavistas. Véase **esclavistas.**

profano. Persona sin preparación técnica o sin competencia para una profesión determinada como, por ejemplo, una ciencia, la medicina o el ministerio eclesiástico. En su empleo corriente el término lleva consigo un matiz de superficialidad y pasividad; pero la participación del incompetente o profano en un campo de interés especializado no tiene, por necesidad, esas características. En algunos tipos de análisis social se necesita un término amplio que aplicar a los participantes no profesionales en todos los campos comprendidos en el sistema de especialización que prevalece. El término "profano" es el más idóneo para este fin. Según esta definición, los términos profano y especialista (en su más amplio sentido) son correlativos y contrarios.—S.E.

profecía. Actividad de los profetas (q. vid.) religiosos, que encontramos en diversas tradiciones religiosas, en particular en las de Israel, y que ejerce grados diversos de influencia social. En sus manifestaciones primitivas se asemeja mucho a la práctica de los augures, extáticos, magos y agoreros y cuenta con diversas manipulaciones mágicas para la solución de problemas concretos y para la predicción del futuro.—E.F.

profesión. 1. Actividad permanente que sirve de medio de vida y que determina el ingreso en un grupo profesional determinado.—E.F.

2. Ocupación o vocación. De manera más concreta, tipo particular caracterizado por un poder social considerable y por un elevado *status* social, por ejemplo, la medicina, la abogacía, el sacerdocio, la enseñanza universitaria, la ingeniería, etc. y por un grado notable de institucionalización. Se caracteriza asimismo por un alto grado de capacidad técnica que supone una preparación especializada, por lo general en instituciones reconocidas de enseñanza, por la existencia de reglamentación y licencias de carácter oficial, por un fuerte sentimiento del honor de clase y de solidaridad manifestado en las asociaciones profesionales establecidas para asegurar el monopolio del servicio, así como por los códigos de moral que prescriben la responsabilidad de la profesión frente a la colectividad a que sirve. Con el transcurso del tiempo y el cambio de usos sociales varía el *status* diferencial de las diversas profesiones; además aparecen de continuo otras nuevas, por completo o como resultado de las variaciones de *status* de las ya existentes, para hacer frente a las necesidades crecientes de técnicos y especialistas en una sociedad compleja.—E.F.

3. Adscripción voluntaria, solemne y perpetua al orden sacerdotal o a una orden religiosa con aceptación de los votos propios de aquél o de éstas. También se denomina así la declara-

ción de una fe, creencia o ideología determinadas, de carácter ostensible y acompañada del propósito de perseverar voluntariamente en ella.—J.C.

profesional. Individuo que ejerce una profesión (q. vid.) o es miembro de un grupo profesional.—E.F.

profesional, delincuente. Véase **delincuente profesional.**

profesional, nivel. Véase **nivel profesional.**

profeta. El que habla por inspiración de otro, en particular de Dios. Adivino. Individuo que predice acontecimientos futuros.—L.P.E.

profilaxis social. Prevención y vigilancia frente a las fuerzas sociales negativas y frente al deterioro social.—M.C.E.

prognatismo. Posesión de una mandíbula relativamente saliente y un perfil de cara oblicuo, es decir, un ángulo de perfil facial menor de 80 grados. Cf. *mesognatismo*, *ortognatismo*.—G.P.M.

progresismo. Fuerza que en el campo de la política refleja la actitud del liberalismo (q. vid.), confundida por lo común con programas de acción inmediata.—R.N.B.

progresivo. Relacionado con cualquier acto deliberado o con cualquier acontecimiento que, desde cierto punto de vista, indica progreso o lo fomenta. Cf. *progreso*.—J.O.H.

progresivo, sistema. Sistema penitenciario moderno que se aplicó por primera vez a la servidumbre penal inglesa por el capitán Maconochie en Bòtany Bay (Australia). Se funda en una combinación de los sistemas de Pensilvania y Auburn (q. vid.) y en la introducción de la libertad condicional, todo ello regulado en forma gradual, proporcionada a la conducta del recluso y según principios de individualización y *self-control* que en cierto modo ponen en manos del propio recluso su destino penal. El preso debía pasar sucesivamente por un período de aislamiento celular absoluto, diurno y nocturno (como en el sistema filadélfico); por un período de aislamiento celular nocturno y trabajo diurno en comunidad y régimen de silencio (como en el sistema auburniano) y por un tercer período de libertad condicional. Estos períodos son susceptibles de división en grados y de reducirse en cuanto a su duración. El ascenso de unos a otros grados, la reducción del tiempo de permanencia en ellos, como la degradación y la prolongación temporal y la obtención del permiso de liberación condicional [*ticket of leave*] son regulables por el propio recluso, cuya buena conducta, laboriosidad e interés educativo se retribuyen por medio de un sistema de bonos o puntos que se traducen en las aludidas ventajas y privilegios. Las últimas fases del sistema progresivo deben cumplirse en establecimientos especiales, con vigilancia mínima, en los que se prepare al recluso con las posibles garantías para la libertad condicional y para su feliz incorporación a la sociedad. Con unos u otras modalidades, muchos regímenes carcelarios actuales han adoptado los períodos y principios generales del sistema progresivo, especialmente la obtención de privilegios, el ascenso a puestos de confianza y la clasificación por grados de vigilancia (máxima, media y mínima). Esta última no requiere de modo necesario que los reclusos pasen por todos sus grados, bastando su clasificación al ingresar en el establecimiento penitenciario; dicha clasificación es rectificable durante el cumplimiento de la condena según lo requiera la conducta del recluso, tanto para agravar como para atenuar su vigilancia.—w.c.r. y j.c.

progreso. 1. Movimiento en dirección de un fin u objetivo reconocido y deseado.

2. Avance hacia un objetivo deseado. Aun cuando, por regla general, se emplea dicho término en el sentido de mejoramiento moral de la sociedad, puede ser utilizado para indicar el logro de un propósito con independencia de que haya sido beneficioso o no para un sujeto determinado.—m.c.f.

progreso individual. Cambio, movimiento o desarrollo de un individuo hacia una meta u objetivo predeterminado. Este objetivo puede ser determinado por el individuo, por otros o conjuntamente.—j.p.e.

progreso social. Cambio o movimiento social en la dirección de algún objetivo reconocido y aprobado. Actividades finalistas de la sociedad cuando están bien concebidas y se las organiza de modo eficaz. Un cambio completo, aun cuando sea de carácter evolutivo, no implica necesariamente progreso. Tampoco puede decirse que hay progreso cuando se señala tan sólo que la sociedad se mueve hacia adelante o hacia atrás. Como la sociedad es una estructura compleja cuyas diferentes partes pueden moverse a velocidades diferentes (cf. *rezago cultural*) e incluso en direcciones distintas, el progreso social no afecta por igual, de modo necesario, a toda la sociedad en un momento determinado. El progreso puede estimarse desde la perspectiva de uno cualquiera de los intereses sociales. Cuando se habla del progreso social en general se supone o debe suponerse la existencia de valores asimismo generales de carácter fundamental o que se aceptan como indudables por la sociedad en cuestión.

El problema de cuál es el bien sumo pertenece a la filosofía y asimismo la cuestión fundamental acerca de lo que constituye progreso o mejoramiento concreto. En un sentido relativo existe sin duda progreso si juzgamos los criterios y valores ordinarios del sentido común. Por ejemplo: la prolongación de la vida humana no ha sido, de ordinario, discutida como prueba de progreso. Sin embargo, incluso en tales casos hay que admitir que los valores subjetivos de los seres humanos desempeñan un papel en la determinación de lo que se acepta como progreso.

Casi todos los sociólogos sostienen que el progreso social debe definirse en función del domi-

nio: dominio sobre la naturaleza física, de una parte, y dominio sobre la naturaleza humana y las relaciones humanas, de otra. Casi todo el contenido de la cultura no consiste en otra cosa que en esas relaciones de dominio. Y en el avance de la cultura está la única mejora de las relaciones humanas que el hombre conoce con alguna evidencia. La posibilidad de un progreso general depende de la respuesta que demos a la cuestión de si la humanidad en su conjunto es capaz de un alto nivel de cultura. El concepto de progreso y la posibilidad de lograrlo son propiamente temas de la filosofía social. Cf. *idealización*.

prohibición. 1. Tentativa de abolir por medio de la ley la fabricación, venta o consumo de bebidas alcohólicas. En los Estados Unidos tal prohibición fué el objetivo que perseguía el movimiento de temperancia durante el siglo xix y primeros años del xx y que fué alcanzado por etapas graduales que culminaron en la aprobación en 1920 de la enmienda xviii de la Constitución de los Estados Unidos. Después de trece años de coacción ineficaz, dicha enmienda fué derogada en 1933. 2. Sociológicamente, la prohibición puede ser definida como un conflicto cultural, o serie de conflictos culturales, entre las áreas urbanas y las rurales, entre extranjeros y naturales del país, entre obreros y sus patronos y entre ciertas sectas protestantes evangélicas en oposición a otros grupos que, o no son religiosos, o no comparten las costumbres de dichas sectas.—a.e.w.

proletariado. Estrato social definido que se caracteriza a) por la conciencia de su existencia como cuerpo social, b) por su capacidad para promover agitaciones a fin de obtener concesiones bajo la amenaza de crear inquietud social, c) por su *status* social de hombres libres pero de situación insegura por carecer de propiedad, y que forman la "masa" sobre la cual se eleva la jerarquía de las clases. Cf. *dictadura del proletariado.*—w.c.h.

proletario. Miembro del proletariado.

promedio. Artificio que se emplea para representar lo más exactamente posible en una sola unidad simbólica la ocurrencia y distribución de un rasgo o carácter de una serie de unidades. Cf. *media, mediana, modo.*

promesa. Aseveración auténtica per *verba de futuro* de la voluntad de conceder una cosa, otorgar un acto jurídico u observar determinada conducta, de conformidad con las pautas establecidas. También se llama así el contrato preparatorio en el que consta la promesa y al acto solemne en que es otorgada.—j.c.

promesa de matrimonio. Obligarse solemnemente por uno mismo o (en el caso de los padres) por otro a contraer matrimonio; celebrar los esponsales.

promiscuidad. 1. Convivencia heterogénea e indiferenciada de seres o cosas.—j.c.

2. La aceptación del comercio sexual sin establecer distingos o normas de selección.—e.r.g.

Los fenómenos de contagio, sugestión e imitación hacen altamente nocivas la promiscuidad sexual, la promiscuidad de habitación y la promiscuidad penitenciaria.—J.C.

promiscuidad penitenciaria. Véase **hacinamiento en las prisiones.**

promulgación. Acto formal y solemne de publicación de una ley u otra disposición generalmente obligatoria del cual suele depender su vigencia. En términos estrictos, la promulgación es la declaración de obligatoriedad, y en tal sentido se diferencia del acto de publicación.—J.C.

pronóstico de incorregibilidad. Véase **incorregibilidad (pronóstico de).**

pronósticos. Predicciones de acontecimientos futuros por extrapolación o ampliando las tendencias estadísticas con arreglo a su dirección probable y dentro de los límites del error probable. Cf. *predicción, predicción sociológica, tendencia.*—H.A.P.

propagación. 1. Multiplicar por generación. 2. Difundir o diseminar algo, una idea por ejemplo.—R.E.B.

propagación social. Diseminación o difusión de persona a persona de ideas, ideales, actitudes y prácticas.—M.C.E.

propaganda. Presentación al público de hechos, reales o supuestos, argumentos y opiniones organizados de tal modo que induzcan a conclusiones favorables para los intereses o puntos de vista de quienes los han presentado.—R.N.B.

A fin de que tales esfuerzos puedan tener el máximo efecto, suele ser importante que las fuentes de las declaraciones no aparezcan definidas. Como la propaganda es tendenciosa por esencia, si sus orígenes fueran conocidos existiría la posibilidad y la tendencia a desestimar las declaraciones en razón de las actitudes e intereses conocidos de los patrocinadores. Los propagandistas hábiles hacen que su material aparezca como noticias auténticas o como comentarios editoriales "no inspirados", programas recreativos o piezas de entretenimiento. La propaganda no precisa, necesariamente, ser mendaz; tampoco es esencial a ella que sus patrocinadores sean gentes faltas de honradez o animadas por móviles egoístas o antisociales. La característica de la propaganda es el esfuerzo para hacer que las afirmaciones tendenciosas, parciales e interesadas aparezcan como declaraciones absolutamente objetivas y reales.

propalación. Acción y efecto de propalar o divulgar, dando mayor o menor publicidad a lo que debe mantenerse oculto o discretamente reservado. Es un elemento esencial de ciertos delitos como la difamación (q. vid.).—J.C.

propensión. Desviación en una dirección; estimaciones estadísticas que tienden a situarse sistemáticamente de un lado del verdadero valor. Actitud o proceder prejuzgados. Cf. *inclinación, tendencia.*—M.Pt.

propensión al arresto. Riesgo diferencial de las varias categorías de delincuentes de verse sometidos a la acción de la justicia. En la sociedad norteamericana, los negros están más expuestos que los blancos a ser detenidos. En las sociedades con un riguroso sistema de clases, los delincuentes de las clases inferiores son más propensos a ser detenidos que aquellos otros de condición influyente. Asimismo la policía se comporta diferencialmente según las personas. Las mujeres son menos propensas al arresto por causa de delito. [Inglés, *liability to arrest*].—W.C.R.

propia conservación. Véase **conservación (propia).**

propia estimación. Véase **estimación propia.**

propiciar. Empleo de dádivas, ofrendas, incluyendo hasta sacrificios humanos, plegarias o ceremonias, tenidas por agradables para las deidades que el hombre cree que habitan en la morada de los dioses, como técnica para tratar con ellas de modo eficaz. A fin de conseguir la ayuda de los espíritus y de las divinidades y para esquivar el mal que pueden hacerle, el hombre inventó medios de complacerlos. La evitación de otros actos determinados que se consideran desagradables para ellos entró por mucho en la creación del tabú (q. vid.).—F.D.W.

propiedad. Todo derecho o interés valioso considerado, primordialmente, como fuente o elemento de riqueza. Cosa respecto de la cual una persona tiene un título legal de posesión, especialmente tierra o edificios, pero también mercancías, dinero y derechos intangibles. Derecho a la posesión exclusiva de un objeto, que lleva consigo el de disponer o disfrutar de él. [Inglés, *property*; no debe confundirse con *ownership, dominio*.] Cf. *dominio.*

propiedad agrícola. Véase **granja, hacienda, plantación, rancho.**

propiedad agrícola de auto-consumo. Véase **agricultura familiar, explotación agrícola familiar, granja familiar.**

propiedad comunal. La que se atribuye a una comunidad local y se destina al uso o aprovechamiento común, no exclusivo, por todos y cada uno de los integrantes de la misma. Tal es el caso de los bienes concejiles y de propios que constituyen el patrimonio municipal (pastizales, corrientes de aguas, etc.). Cf. *comunalismo.*—J.C.

propina. Gratificación dada por un cliente a un trabajador de una industria de servicio; se convierte en práctica social importante cuando se la considera como parte acostumbrada de la remuneración del trabajador, que ha de tenerse en cuenta en todas las decisiones relacionadas con la determinación de un salario justo o ser computada en la fijación de los derechos del seguro social.—M.VK.

propio, grupo. Véase **grupo propio.**

proporción. Relación entre dos magnitudes semejantes expresada por el cociente de su división; con frecuencia, método conveniente para expresar los hechos en las ciencias sociales. Por ejemplo: la proporción entre varones y hembras en una población.—P.H.F.

proporción de sexos. Véase **sexos (distribución por).**

proporción hombre-tierra. Proporción o relación que existe entre el número de seres humanos y la tierra (capacidad de sostenimiento), tal como se ofrece en un momento dado y en un área geográfica determinada. La proporción se modifica 1) por las fuerzas naturales, sequía, carestía, epidemia, cambio de clima y fenómenos análogos, y 2) por la aplicación de las fuerzas humanas en forma de técnicas y procedimientos productivos puestos en práctica sobre la tierra o esfera natural y por el control del número de individuos mediante prácticas tales como el infanticidio, el aborto, el celibato, la limitación voluntaria y el control de la natalidad, inducidas por la presión de la población sobre los recursos o por el deseo de mantener determinados niveles de vida.—E.E.M.

proporción mendeliana. Proporción de combinaciones casuales de los genes, o factores hereditarios, en la prolificación de las plantas y animales cruzados. Tales proporciones pueden ser genotípicas, es decir, transportadas en el plasma germinal, o fenotípicas, manifiestas en el somatoplasma. En el lenguaje vulgar esta expresión se refiere frecuentemente a la proporción genotípica de 1:2:1 y a la proporción fenotípica de 3:1 en la prole de los monohíbridos. En otras palabras, en el caso típico la probabilidad estadística es que tres cuartos de la prole de tales híbridos manifestará en sus cuerpos la forma dominante del rasgo y un cuarto manifestará la forma recesiva; sin embargo, en sus plasmas germinales un cuarto transportará solamente los genes de la forma dominante del rasgo y un cuarto únicamente los de la forma recesiva, en tanto que la mitad restante transportará, como sus progenitores, los genes de ambas formas del rasgo. Cf. *fenotipo, genotipo*.—F.H.H.

proporcional, imposición. Véase **imposición proporcional.**

proporcional, muestreo. Véase **muestreo proporcional.**

proporcionalismo. Véase **representación proporcional.**

prostitución. Venta de servicios sexuales, generalmente por parte de mujeres. Aunque raros, también se dan casos de prostitución varonil. Los servicios prestados por las prostitutas son diversos y fluctúan desde el coito normal hasta perversiones muy particulares. De ordinario la prostitución es una transacción entre desconocidos y, en este sentido, constituye una promiscuidad comercializada o tráfico de vicio. La prostituta puede actuar como solicitante independiente, estar a disposición previa llamada, o ser accesible en una casa de prostitución o burdel, junto con otras compañeras. En algunos países orientales la prostitución se encuentra institucionalizada. En los países occidentales está tolerada como parte del sistema de policía

o tiene una situación ilegal que perdura debido a la tolerancia ante el incumplimiento de la ley.—W.C.R.

protectorado. Tribu, nación u otra unidad política en la que el gobierno interior se ejerce por autoridades propias, sean hereditarias o de otro tipo, en tanto que las relaciones exteriores y la protección militar externa están en las manos de una potencia más poderosa en calidad de protectora.—G.M.F.

protesta. 1. Exteriorización de la disconformidad con un hecho o situación. Produce efectos jurídicos. 2. Promesa (*q. vid.*).—J.C.

protestantismo. Movimiento religioso que se inició en el seno de la Cristiandad en los primeros años del siglo XVI bajo la inspiración de Lutero, Calvino, Zwinglio y Knox y dió origen a las muchas denominaciones e iglesias llamadas reformadas, evangélicas e iglesias de Estado. Constituyó ante todo un esfuerzo por sustituir la autoridad de la Iglesia Romana de la de la Biblia y por afirmar la autonomía del creyente, prescindiendo de la mediación sacerdotal. En otro aspecto fué una fase de la lucha política que acompañó a la disolución del Sacro Imperio y a la reivindicación de los derechos de las clases no aristocráticas contra el sistema feudal.—G.M.F.

protesto. Acto mercantil consistente en la reclamación, auténtica y bajo la fe pública, del pago de un documento cambiario, ejercido precisamente por el tenedor del documento o en su nombre, en la fecha de su vencimiento y dirigido contra el librado. El protesto con resultado negativo es considerado dentro del derecho mercantil como un acto preparatorio esencial para que el documento cambiario no se perjudique y para que conserve su ejecutoriedad.—J.C.

protocracia. Sistema social y político teórico en el que la autoridad y el poder se ejercen por los ciudadanos más competentes, cualquiera que sea su *status* social, a diferencia, de una parte, de la sociedad dominada por una aristocracia o monarquía hereditaria, y de otra, de la democracia gobernada por un conglomerado de individuos competentes e incompetentes.—G.M.F.

protoplasma social. Elementos, todavía informes, de la sociedad que contienen el germen de las ideas, el desarrollo y la organización sociales.—M.C.E.

provincia. Dependencia característica de un imperio (*q. vid.*), diferente de la colonia (*q. vid.*) por el grado y carácter de la subordinación política y por la preponderancia de la población nativa, tanto numéricamente como en el aspecto de la configuración social local. Se aplica también esta denominación a cierta división político-administrativa dentro del Estado unitario.

provincialismo. Estado mental retrasado, rural o de tierra adentro. Contrario de cosmopolitismo. Un provincialismo es una expresión de opinión o de conducta que refleja un trasfondo de experiencia aislada. Puede ser característico tanto de los habitantes de una ciudad como de las gentes rurales.—N.A.

provisión social. (*economía social*) Proceso-situación económico-social por el que se proporciona a todas las personas y familias, por conductos públicos o cooperativos, algunos de los elementos necesarios para la vida; por ejemplo: la limpieza de calles, la protección contra incendios, el suministro de agua, la enseñanza, las bibliotecas, los terrenos de juego, los parques. El costo de los bienes y servicios suministrados socialmente puede ser pagado proporcionalmente por los usuarios o cubrirse por medio de impuestos.—T.D.E.

provocación. Circunstancia atenuante de la responsabilidad criminal, de fundamento psicológico, que alcanza al que delinque bajo el impulso de la ira o el intenso dolor determinado por un acto ajeno grave e injusto.—J.C.

proxenetismo. Delito contra las buenas costumbres consistente en el fomento de la prostitución mediante la administración, regencia o sostenimiento de un burdel donde se ejerce o por cualesquiera otros actos de favorecimiento (tercería) de la prostitución ajena.—J.C.

proyección. Localización en el mundo exterior (objetivo, real) de una experiencia que es subjetiva en su origen. (*psiquiatría*) Imputación a un objeto o a otra persona, como reales, de cualidades, sentimientos o actitudes imaginadas por el sujeto. Los acontecimientos pueden corroborar las proyecciones de la última índole; sólo son "patológicas" cuando las aprecia así un observador que advierte discrepancias entre una "psicosis" y el consenso de los juicios de los demás que se encuentran en la "misma" situación. Un temor puede conducir a una proyección de odio, es decir, a una imputación de motivos de odio a otra persona o grupo. La personificación, el animatismo y el animismo (*q. vid.*) son otros tantos ejemplos de proyección. En un sentido más lato, la proyección es lo contrario de la introyección y ambas son aspectos del proceso de identificación; toda experiencia nueva o recordada, o bien es incorporada al yo (introyectada, identificada con), o bien es expelida por el yo como algo que no forma parte de él (proyectada, identificada por), e imputada a orígenes "exteriores", naturales o sobrenaturales, reales o irreales. Así se mantiene por el yo una resistencia compensatoria en la frontera de la integridad contra lo incontrolable o lo intolerable.—T.D.E.

Atribución a los demás de procesos mentales reprimidos de uno mismo.—M.K.

proyectivismo. Concepción de la vida ultraterrena por analogía con la terrenal.—A.G.K.

proyectivo. Relativo a la tendencia a atribuir a los demás nuestros impulsos y actitudes inconscientes.—P.H.F.

proyecto. Empresa social de carácter experimental ideada para esclarecer problemas concretos.—G.M.F.

proyecto articulado de calles. (*urbanismo*) Se denomina así el que comprende el trazado y construcción de calles y aceras de modo que desempeñen funciones determinadas tales como tráfico ordenado, tráfico local, vías de servicio, aceras para los peatones, etc., del que resultan costos más bajos de pavimentación y servicios, que proporciona aislamiento a las zonas residenciales y que desembaraza de los incidentes del tráfico.—S.S.

proyectos, método de. (*educación*) Sistema de enseñanza en que los alumnos reciben (o seleccionan y establecen por sí mismos) un proyecto u objetivo para su realización, descomponiéndolo en una serie de situaciones-problema que deben ser resueltas en el curso de la terminación del proyecto. En el proceso de la solución van implicados los procedimientos de aprendizaje. (*penología*) Si el tratamiento correccional se considera y lleva a la práctica como un proceso reeducativo, son aplicables los principios del método de proyectos en relación con los procesos-situación de la delincuencia: libertad vigilada, sentencia indeterminada, aprendizaje en la prisión, libertad bajo palabra.—T.D.E.

prueba. 1. Demostración de cualquier proposición, de tal suerte que toda persona mentalmente capaz de comprenderla debe aceptar la conclusión. Examen para determinar la exactitud de las conclusiones a que se ha llegado en la investigación sociológica. [Inglés, *proof.*] 2. Conjunto de medios procesales (confesión, testigos, documentos, peritajes) que conducen a la averiguación de la verdad de los hechos controvertidos judicialmente. [Inglés, *evidence*].—J.C.

prueba de adultos. Reciente aplicación del sistema de prueba (*q. vid.*) consistente en la sumisión de los delincuentes adultos a la vigilancia de trabajadores sociales especializados, tendiente a lograr su rehabilitación social, previo el sobreseimiento provisional del procedimiento judicial y la consiguiente suspensión del trámite de sentencia. [Inglés, *adult probation.*]

prueba de aptitud. Método de estimación de la capacidad actual como medio de calcular las posibilidades futuras del sometido a la prueba en un curso de entrenamiento o estudio determinados. Todo cálculo basado en prueba semejante ha de limitarse de modo necesario a una apreciación de probabilidades. Por ejemplo: prueba de aptitud escolar, pruebas de aptitud para oficios calificados, ocupaciones burocráticas, puestos administrativos, profesiones liberales y carreras artísticas. [Inglés, *aptitude test*].—F.D.W.

prueba, matrimonio a. Véase **matrimonio a prueba.**

prueba, oficial de. Véase **oficial de prueba.**

prueba, sistema de. Privilegio especial que se concede a los delincuentes primarios condenados a una pena de privación de libertad y en quienes concurren determinadas circunstancias favorables, por virtud del cual se suspende la ejecución de la sentencia mientras observen buena conducta y se sometan a la vigilancia de la autoridad competente. El sistema de prueba requiere la colocación del condenado bajo la vigilancia de un funcionario especializado, el oficial de prueba [*probation officer*], a quien corresponde proponer su aplicación y ejercer una vigilancia tuitiva sobre sus beneficiarios. Sólo en los grandes centros urbanos existen tales funcionarios; en defecto de ellos, cumplen sus funciones los jueces ordinarios.—M.A.E.

El *probation system*, originario de Boston, en Massachusetts, donde fué establecido por primera vez en 1869, es en el derecho angloamericano el equivalente de la condena condicional (*q. vid.*) europea. En un principio, el sistema de prueba suspendía no ya la ejecución de la sentencia, sino la sentencia misma, mediante el sobreseimiento provisional, y sólo cuando el oficial de prueba proponía su revocación se proseguía el procedimiento judicial hasta dictar sentencia.—J.C.

El sistema de prueba se emplea también en las instituciones educativas y de otras clases para designar una forma de disciplina o vigilancia sobre los estudiantes u otros individuos que no obtienen las califícaciones mínimas prescritas o que infringen los reglamentos.—R.N.B.

psicoanálisis. Escuela psicológica especializada en el tratamiento clínico de los individuos de tendencias neuróticas. Se basa en la teoría de que muchos de nuestros deseos, en especial los referentes al sexo, han sido objeto de una represión subconsciente en los primeros años de nuestra vida y por eso pueden ser tratados sacándolos a luz mediante ciertos métodos, como la libre asociación y el análisis de los sueños.—S.C.M.

psicología. Conocimiento sistemático de los fenómenos psíquicos. Comprende el estudio de la sensación, la percepción, la imaginación, la memoria, el pensamiento, el juicio, la conducta voluntaria, el yo, las creencias, actitudes, deseos, etc. La psicología se ocupa también de las relaciones entre los fenómenos psíquicos y no psíquicos.—M.S.

psicología colectiva. Parte de la psicología social que se ocupa de la conducta colectiva (*q. vid.*).—M.S.

psicología criminal. Parte de la psicología general que hace objeto de su estudio al individuo delincuente. Dentro del sistema de las ciencias de la criminalidad se ha concebido como una parte de la antropología criminal (*q. vid.*), aunque tiende a adquirir importancia propia. La psicología criminal es un capítulo fundamental de la criminología (*q. vid.*) y sus investigaciones están estrechamente vinculadas con importantes cuestiones de derecho penal.—J.C.

psicología de la "Gestalt." Escuela psicológica cuyo concepto más importante es el de *Gestalt*. La estructura o *Gestalt* se considera como aquella unidad de observación o estudio que no puede ser dividida. Todo proceso consciente es una estructura o configuración. Se afirma que todos los conceptos más importantes de la psicología tradicional son aptos para una reelaboración que los articule en el nuevo sistema de psicología. La teoría del campo psíquico, que domina en la psicología topológica, es un derivado de la teoría de la estructura o *Gestalt*.—M.S.

psicología judicial. Disciplina auxiliar del derecho penal y del derecho procesal penal cuyo objeto es el estudio psicológico de las diversas personas que participan de alguna forma en las actividades judiciales: jueces, funcionarios auxiliares de la administración de justicia, testigos, peritos, etc. La psicología judicial aspira a comprender dentro de sí a la psicología criminal (*q. vid.*), aunque esta última reviste más destacada importancia. Se la denomina también psicología forense.—J.C.

psicología social. Estudio científico de los procesos psíquicos del hombre considerado como *socius* o ser social. La distinción entre psicología social y cualquier otra psicología es en esencia abstracta y académica, ya que resulta imposible estudiar algún ser humano completamente separado de toda relación social.

psiconeurosis. Enfermedad mental en que parecen predominar factores funcionales que no tienen base orgánica conocida. Así definido, el término es casi sinónimo de neurosis. La psiconeurosis y la neurosis, tal como por lo común se definen, no son del todo diferentes de la psicosis.—M.S.

psicopatía. 1. Toda enfermedad mental específica de tipo menos grave. Algunas veces se la emplea como sinónimo de psicosis leve. Definido de este modo, el término es de escaso valor. 2. Inestabilidad emotiva grave sin ostensible trastorno mental. Las funciones psíquicas permanecen intactas, pero la capacidad para el ajuste social suele encontrarse menoscabada por la inestabilidad emotiva. Se prefiere esta definición.—M.S.

psicopático. Relativo o perteneciente a las psicopatías.

psicopatología. Estudio de las anomalías psíquicas. No debe confundirse con la psiquiatría. Sus aplicaciones al delincuente tienen gran importancia para la psicología criminal y para el derecho penal.—J.C.

psicosis. 1. Enfermedad mental relativamente grave que implica una pérdida o desorden en los procesos mentales. Así definido, el término es impreciso, vago y tiene poco valor. 2. Todo estado psíquico específico, experiencia consciente o situación psíquica en un momento dado.—M.S.

psicosis carcelaria. Conjunto de actitudes características de algunos reclusos debidas a la rigidez del sistema disciplinario de muchas prisiones. Sus características pueden ser reacciones de apatía y entorpecimiento o de rebeldía y violencia. En las prisiones de todo el mundo se han observado desviaciones extremas de estas clases. Cuanto más largo es el período de reclusión, más marcadas son estas reacciones. Hay escasas oportunidades para la iniciativa, la atmósfera de la prisión es sofocante y monótono el programa diario. Los reclusos ven debilitada su voluntad y la compensan por medio de ensueños y fantasías o por una conducta marcadamente agresiva que, a veces, se manifiesta destrozando todo lo que hay a su alcance. Este tipo de estupor o de actitud agresiva ha sido denominado "psicosis penitenciaria". La expresión carece de sentido preciso y científico.— N.F.C.

psico-social. Lo que está constituido en parte por fenómenos psíquicos y en parte por fenómenos sociales.—M.S.

psicótico. Relativo o perteneciente a las psicosis.

psique colectiva. Concepto que emplean muchos sociólogos para expresar la unidad psíquica de los grupos sociales o la vida psíquica colectiva de un grupo humano. La expresión es muy antigua, pero recibió una acepción concreta por obra del profesor Emilio Durkheim y de su escuela. El profesor Durkheim sostuvo que del mismo modo que las sensaciones y percepciones de la psique individual se combinan en conceptos y representaciones individuales, así las ideas y sentimientos de los individuos en el grupo social llegan a combinarse en lo que él llamó "representaciones colectivas" (q. vid.). Estas representaciones pueden ser las ideas, las opiniones, las creencias o los sentimientos dominantes en el grupo social. Durkheim sostuvo que dichas representaciones siguen siendo psíquicas, aunque objetivas para el individuo. En lugar de estar construidas por la psique individual, lo están por las psiques de los miembros de un grupo de interacción. Así pues, existe una mentalidad colectiva, aunque no un cerebro social. La mayor parte de los sociólogos se inclinan a rechazar la expresión "mentalidad colectiva" por considerarla poco feliz y susceptible de conducir a conclusiones erróneas. Dicen que Durkheim se limitó a describir la cultura en su aspecto subjetivo y psíquico. Aun cuando reconocen la realidad de las ideas y valores en circulación dentro de un grupo, así como el hecho de que su conducta está orientada por ellos, preferirían algún otro concepto para designar este proceso. [Inglés, *social mind*].—C.A.E.

psique social. Suma total de las reacciones, racionales o irracionales, de dos o más personas frente a un solo fenómeno o serie de fenómenos. [Inglés, *collective mind*].—J.H.B.

psiquiatría. Rama de la medicina que se ocupa del estudio y tratamiento de las enfermedades mentales.—S.C.M.

psiquiatría forense. Disciplina auxiliar del derecho penal que estudia las enfermedades mentales del delincuente. Constituye una parte aplicada de la psiquiatría general y sus conclusiones son fundamentales en una buena administración de justicia. Aunque ha sido considerada como una parte de la medicina legal, tiende

a adquirir autonomía por su relevante importancia.—J.C.

psiquiátrico, trabajo social. Véase **trabajo social psiquiátrico.**

psíquica, fuerza. Véase **fuerza psíquica.**

pubertad. Período de la vida en el que la persona alcanza la madurez biológica necesaria para la reproducción. Cf. *ritos de pubertad*.—E.A.H.

publicación. Acción de llevar al conocimiento general algún hecho o disposición. La de leyes y disposiciones legales se entiende hecha por su mera inserción en los periódicos oficiales destinados a tal efecto. Otras formas de publicación como la fijación de bandos, la voz pública, etc., se aplican en casos de urgencia o en sociedades de estructura sencilla.—J.C.

publicación de la sentencia. Sanción accesoria que suele acompañar a la pena principal en los delitos de difamación con carácter de reparación debida a la parte agraviada.—J.C.

publicidad. Datos puestos a disposición del conocimiento general, dados a la circulación pública. Difusión de información por medio de cualquiera de los medios de comunicación existentes. En las sociedades más sencillas o en los vecindarios actuales esos medios con el chismorreo, los pregones públicos, etc. En las sociedades mayores y más complejas también comprenden los periódicos, las estaciones de radiodifusión, las carteleras, etc. Estos últimos vehículos de información pueden ser utilizados por los interesados de modo gratuito algunas veces y las más mediante pago. Cf. *noticia, prensa (agente de)*.—A.M'C.L.

publicidad e interpretación en el trabajo social. Proceso de informar al público —contribuyentes y clientes— respecto a las finalidades y programas de los organismos de trabajo social.—W.P.

publicista. 1. Escritor u otro tipo de experto en cuestiones públicas, con referencia especial a la política nacional e internacional en sus situaciones y teorías. 2. Agente de prensa. 3. Especialista en relaciones públicas.—A.M'C.L.

público. 1. Sujeto a examen por desconocidos, por gentes que no pertenecen al círculo de la intimidad; opuesto a privado. 2. Un público: grupo que comprende individuos ajenos al círculo de la familia íntima. Área social de comunicación que puede ser definida por cualesquiera de los intereses comunes que dan lugar a la formación de grupos; en cuestiones ajenas a tales intereses comunes no se necesita lograr la unidad de sentimiento u opinión. Por consiguiente, en muchos respectos un público es un área social de interacción. 3. El público: concepción variable que se refiere al pueblo en general o al pueblo que vive en algún área geográfica. Reclamo corriente en la lucha política y económica y en la competencia. Cf. *clase, grupo*.—A.M'C.L.

pueblo. Compuesto societal producto de los procesos asociativos integrados en el emplazamiento cultural y superficial. Corazón de la sociedad.

Constante societal universal en un mundo de variables históricas. Hay varias acepciones de este concepto.

1) El pueblo como soporte de la cultura. Aun cuando el pueblo [inglés, *folk*] connota la idea de gente [inglés, *people*], los dos términos no son en manera alguna sinónimos. La gente constituye la población en términos de unidades mensurables. Por otra parte, el pueblo representa la esencia compuesta de las interacciones mentales y culturales más próximas al plano asociativo primario. El pueblo, en cualquier momento y en cualquier lugar, equivale al producto y proceso de la gente en las interacciones asociativas individuales y en las interacciones entre su medio regional y físico y su desarrollo cultural. Así pues, como soporte de la cultura, el pueblo representa un término general que se aplica al modo de la gente, en cualquier área y momento dados, que condiciona y determina la cultura del pueblo en aquel momento. En la historia de la cultura y de la civilización son abundantes los ejemplos que reflejan situaciones en las que, en una sola gran civilización, fué posible observar diferentes pueblos societales dentro de la sociedad principal. Tal es, evidentemente, el caso en grandes sociedades compuestas, como las de la India, Rusia y los pueblos de la Europa central. Lo mismo sucedió antiguamente en el sur de los Estados Unidos, donde existió un cuádruple modelo de pueblo societal: las capas superiores de la aristocracia de plantación, las capas superiores del sur central blanco, la capa esclava del pueblo negro y la capa inferior de los blancos desheredados.

2) El pueblo como un sustitutivo de la raza. Esta acepción de pueblo como compuesto societal producto de los procesos asociativos en equilibrio con el medio regional, físico y cultural hace de él la designación correcta de una entidad frecuentemente llamada con impropiedad "raza" *(q. vid.)*. Ilustrativo de ello sería emplear la expresión "lucha de pueblos" en contraste con la *Rassenkampf* o lucha de razas, de la que hizo Gumplowicz la fuerza elemental del desarrollo societal. Esta definición de pueblo es lo suficientemente amplia para explicar la fuerza y la dinámica de la Alemania de Hitler, en la que la ideología de la pureza de la raza y de la super-raza realmente se refiere al pueblo. La lucha entre Japón y China es una lucha de sociedad-pueblo, no de raza.

3) El pueblo universal, no primitivo solamente. Un valor fundamental de este concepto general de pueblo reside en su divorcio del puro concepto etnológico y de la interpretación popular que hizo del pueblo sinónimo de sociedad primitiva o solamente rudimentaria. Esta acepción más amplia es, sin embargo, exacta cuando se aplica a las culturas más primitivas. La acepción restringida puede, no obstante, aplicarse en las esferas literaria y técnica

refiriéndose al folklore, a los cantos populares y cosas análogas, e igualmente para distinguir la cultura escrita y no escrita.

4) El pueblo en oposición al Estado. Esta acepción del pueblo y de la sociedad de pueblo tiene importancia, además, en la definición de la sociedad de Estado y de las expresiones correspondientes, "usos estatales" y "usos técnicos" *(q. vid.)*, que están en oposición con los usos sociales orgánicos y costumbres anteriormente aceptados. Así pues, la sociedad de Estado y los usos de Estado llevan consigo, fundamentalmente, procedimientos coercitivos y de organización que se oponen a los procedimientos del grupo primario, voluntarios e irregulares. La sociedad de Estado como entidad organizadora, aun cuando se refiere principalmente a la soberanía política y al desarrollo del control social por el gobierno, se manifiesta también en otro control organizador, tal como el católico de las encíclicas, el procedimiento formal de control de cualquier otra iglesia y el de las diversas organizaciones institucionales cuyo modo de proceder es principalmente organizador. Un desarrollo máximo de los usos de Estado se manifiesta en las tendencias actuales hacia las instituciones totalitarias como algo completamente coercitivo de las instituciones individuales y voluntaristas, ayudadas y pertrechadas por la ambición y potencia de la ciencia y de la tecnología modernas. Esto llega a ser la sociedad de Estado, de lujo, por oposición a la sociedad de pueblo.

5) Cultura popular por oposición a civilización. Este concepto de pueblo también suministra fundamentos para hacer una distinción mensurable entre la sociedad de pueblo como cultura y la civilización como cultura especializada de la sociedad político-urbano-tecnológica. Es decir, la cultura representa los procesos totales, productos y progresos del pueblo en todos los aspectos de su vida y desarrollo, en tanto que la civilización representa una sección transversal especial y avanzada de la cultura en los más elevados soportes del progreso tecnológico y organizador. Cf. *costumbres*, *usos sociales.* —H.W.O.

pueblo. Tipo de comunidad urbana constituido por cualquier aldea grande o pequeña ciudad que suele calificarse sociológicamente por su población (de 500 a 2,500 habitantes en la sociología rural norteamericana) y jurídicamente por su administración municipal con ayuntamiento. [Inglés, *town*].—J.C.

"pueblo." Gran vivienda comunal de techos planos de los indios sedentarios de Arizona y Nuevo México construída de piedra o adobe en varios pisos o terrazas y en la que se entra subiendo por una escalera y descendiendo por un escotillón practicado en el techo; también se llama así la aldea formada por tales edificios.—G.P.M.

pueblo cultural. Los hombres civilizados. Expresión que se emplea en oposición a la anticientífica de "pueblo natural" (q. vid.). Traducción literal de la palabra alemana *Kulturvolk*. La expresión es incorrecta.—E.A.H.

pueblo natural. Tribus primitivas, analfabetas, no civilizadas. Se emplea en oposición a "pueblo cultural" (q. vid.). Traducción literal del término alemán *Naturvolk*. La distinción entre pueblo natural y pueblo cultural es, sin embargo, falsa. La expresión no ha sido aceptada por la antropología social moderna.—E.A.H.

pueblo societal. Plano básico, elemental y definitivo de toda sociedad espontánea. Cf. *"folk sociology"*, *sociedad pueblo-regional*.—H.W.O.

puerta de los muertos. Abertura especial hecha en el muro de un edificio por la que se saca un cadáver, de ordinario por la creencia de que si se emplea la puerta común, el espíritu (q. vid.) del muerto podría encontrar el camino para su regreso e importunar a los habitantes de la casa. Después del traslado del cadáver, la puerta de los muertos se vuelve a murar.—G.P.M.

pugna, respuesta de. Véase **respuesta de pugna.**

purificación. Proceso de reducción de algo a su propia entidad y condición, mediante la depuración real o simbólica de los elementos accesorios que lo han desnaturalizado o pervertido. Cf. *catarsis*.—J.C.

purificación, ritos de. Véase **ritos de purificación.**

puritanismo. Doctrinas, ideas o prácticas de los puritanos. Adhesión a unas normas de conducta más estrictas que las vigentes de ordinario; se refiere en particular a los placeres y a la vida religiosa y moral.—O.W.

Q

quebrantamiento de condena. Delito contra la administración de justicia consistente en la violación, ruptura o incumplimiento de una sentencia condenatoria, cometida por la persona afectada por ella. En el caso de las penas de privación de libertad, el quebrantamiento de condena se denomina también evasión de preso, única forma en que es sancionado por algunas legislaciones.—J.C.

queja, recurso de. El que las partes interponen ante un tribunal o autoridad superior contra la negativa o resistencia del inferior a cumplir determinado trámite legal o a admitir un recurso ordinario.—J.C.

quema de barbechos. Tipo de agricultura alternativa en el que la tierra que se destina al nuevo cultivo es rozada periódicamente mediante desbroces y quemas, en tanto que los campos anteriormente cultivados se dejan incultos o en barbecho para que recobren su maleza natural. [Inglés, *brand tillage*].—G.P.M.

querella criminal. Institución procesal de carácter penal consistente en el ejercicio de la correspondiente acción judicial por la parte agraviada o perjudicada por la comisión de un delito, instando la apertura y continuación del procedimiento por sus trámites legales y la definitiva condena de la persona responsable. El ejercicio de la acción privada por medio de la querella llega a constituir una condición necesaria para la persecución de los impropiamente llamados delitos privados (estupro, violación, rapto, adulterio, injuria, calumnia). En cuanto a estos delitos, el desistimiento de la acción, forma de perdón implícito, extingue la acción penal; para algunos de ellos (violación, rapto), la querella tiene simple efecto desencadenante, como la denuncia (q. vid.), sin que sea condición de su enjuiciamiento la formalización y mantenimiento de la instancia.—J.C.

querer individual. Fuerza de voluntad (volitiva) de que dispone un individuo para la satisfacción de sus deseos individuales (afectivos). [Inglés, *individual wish*].—M.S.

querida, querido. La mujer respecto del hombre y el hombre respecto de la mujer con quienes se mantienen habitualmente relaciones amorosas extramatrimoniales, situación que en el primer caso puede ir acompañada o no del sostenimiento económico por el hombre. [Inglés, *mistress*.] Cf. *concubina*.—W.G.

quiebra. Situación de suspensión de sus operaciones normales en que puede recaer un comerciante que se manifiesta incapaz de atender al pago corriente de las obligaciones contraídas y cuyo pasivo es notablemente superior a su activo. La quiebra no fraudulenta ni culpable sólo produce efectos mercantiles.—J.C.

quiebra culpable. Delito constituido sobre los mismos presupuestos que la quiebra fraudulenta —cometido por un comerciante, previa declaración de quiebra, fraude o perjuicio de los acreedores—, pero en el que la situación de insolvencia es efectiva y ha sido causada por una conducta imprudente y culposa por parte del quebrado. En la quiebra culpable la situación de insolvencia puede haber sido causada, p. ej., por gastos excesivos, especulaciones temerarias, juego, abandono, es decir, por cualquier acto de negligencia o imprudencia.—J.C.

quiebra fraudulenta. Delito cuyo sujeto activo sólo puede ser un comerciante declarado en situación de quiebra con arreglo a las leyes mercantiles, y consistente en haber provocado o aprovechado dicha situación en fraude de la masa de sus acreedores simulando o suponiendo deudas, pérdidas, enajenaciones o gastos inexistentes de cualquier clase, sustrayendo u ocultando alguna parte de sus bienes, concediendo arbitrariamente ventajas a alguno de sus acreedores, etc. Constituye el más grave de los tipos de quiebra. Se funda en la necesidad de proteger y revestir de las debidas garantías el ejercicio del comercio y consiguientemente la economía pública.—J.C.

quiromancia. Práctica adivinatoria o predictiva que se vale de la observación e interpretación de las rayas o líneas de las manos.—J.C.

R

rabonear. Hacer rabona. Hacer novillos. Tipo de conducta infantil irregular consistente en faltar a la escuela sin motivo que lo justifique; ausencia habitual e injustificada de la escuela. Es una de las formas de la conducta infantil que constituye un importante factor de la posible inclinación de los menores a la delincuencia. En tal sentido es asimilable a la vagancia (*q. vid.*) y suele estar ligado a la formación de pandillas, por lo que suele ser considerado como un índice de peligrosidad (*q. vid.*) infantil. [Inglés, *truancy*].—F.W.K., M.A.E. y J.C.

racial. Perteneciente o relativo a la raza (*q. vid.*). Cf. *antipatía racial, conflicto racial, diferencias raciales, prejuicio racial, racismo, relaciones raciales, sentimiento de raza.*

racialismo. Véase **racismo.**

racional, selección. Véase **selección racional.**

racionalización. Atribución de razones socialmente aceptables a la conducta propia cuando la declaración de las verdaderas razones daría lugar a una aprobación social más reducida o a la desaprobación. Con frecuencia se trata de un proceso subconsciente al que se abandona el individuo para no tener que reconocer los defectos propios.—S.C.M.

racismo. Filosofía o doctrina que tiende a destacar las características raciales, reales o supuestas, y a apoyarse en ellas como motivos de acción del grupo frente a los demás. Este término no puede tener más exactitud o validez científica que el término raza (*q. vid.*) dentro de un contexto determinado. Como denominación de una filosofía o programa carece de precisión.

radicación. Acción y efecto de radicar o de radicarse, de establecer o establecerse. Establecimiento, larga permanencia, práctica y duración de un uso, costumbre, etc.

radical. Etimológicamente, lo referente a las raíces de las cosas. En su aplicación sociológica el término se aplica, en general, a las personas que creen en la eficacia de las medidas drásticas para conseguir el mejoramiento de las condiciones sociales y, en particular, a los que creen que deben efectuarse cambios sustanciales en la estructura política y económica de la sociedad y abogan por ellos. La palabra no tiene una connotación precisa y se emplea con frecuencia en sentido peyorativo, para designar a cualquier individuo o grupo cuyas opiniones están un poco más a la "izquierda" que las del que habla.

radicalismo. Punto de vista que preconiza un cambio social a fondo en los aspectos fundamentales de la sociedad. Derivado de *radix,* raíz;

de aquí que se diga: "yendo a la raíz del problema". En política se emplea correctamente el término refiriéndose a escuelas de pensamiento como el socialismo y el comunismo, que abogan por un cambio en la base clasista de la sociedad. Con frecuencia se aplica con error a los grupos políticos extremistas de la derecha cuyas aspiraciones son, más bien, conservar las relaciones básicas ya existentes en nuestra sociedad.—S.C.M.

radio. Medio técnico de comunicación; transmisión y recepción de señales y programas mediante contacto eléctrico con la tierra o por ondas atmosféricas. Más concretamente, instrumento para la recepción de programas difundidos por el aire, conocido por el nombre de receptor. La radio llegó a ser una característica cultural importante cuando el sonido —música, voz humana y otros efectos sonoros— se añadió a las señales telegráficas.—M.H.N.

radiodifundir. Transmitir por radio un programa destinado a ser recogido por el público. Música, noticias y entretenimientos son los tres aspectos de un programa radiodifundido.—M.H.N.

radiodifusión. Diseminación de noticias y otras actividades por medio de la radio. La radiodifusión organizada se refiere a la producción y transmisión de programas por estaciones de servicio regular para el consumo del público. Una estación de radio es el lugar donde tienen su origen los progrmas de radio y desde el cual se transmiten por el aire.—M.H.N.

rama. Linaje (*q. vid.*).

rancho. 1. Establecimiento agrícola destinado al pasto y cría de caballos, ganado vacuno u ovejas; especialmente, los edificios ocupados por los propietarios y empleados, así como los establos, corrales, etc.; también la colectividad de personas que viven en la finca.—C.E.L.

2. En los países latino-americanos, granja, hacienda (*q. vid.*).

rango. *Status* o posición dentro de un grupo en relación con el grado de prestigio u honor o con los derechos y privilegios de que se disfruta en comparación con el prestigio, poder, derechos y privilegios de otros miembros del mismo grupo.

rapiña. Especie del delito de robo caracterizada por la concurrencia del apoderamiento de cosa ajena con el ejercicio de violencias físicas sobre las personas.—J.C.

"rapport." 1. Condición para la mutua correspondencia entre dos o más personas, de tal índole que cada una de ellas es capaz de responder inmediata y simpáticamente, y con ostensible espontaneidad, a cada una de las demás. 2. Relación entre el hipnotizador y la persona hipnotizada durante la hipnosis, caracterizada por la aparente insensibilidad de la persona hipnotizada a todos los estímulos procedentes de fuentes distintas del hipnotizador.—M.S.

rapto. En general, apoderamiento y substracción de un ser humano con violencia o engaño; secuestro. En el uso más extendido, delito consistente en substraer y retener a una mujer contra su voluntad, valiéndose de la fuerza, la intimidación o el engaño, con propósitos deshonestos o de forzarla a contraer matrimonio. [Inglés, *abduction.*] Cf. *plagio, secuestro,*—W.G.

También puede ser una forma matrimonial reconocida. Cf. *matrimonio por rapto.*

raqueterismo. Peligrosa forma de extorsión y chantaje *(q. vid.)* de origen norteamericano y típica de la sociedad moderna, que se caracteriza por su eficaz y extensa organización.—J.C.

Conducta delictiva consistente en la exigencia de dinero a un gran número de personas, durante ciertos períodos de tiempo, mediante amenazas de violencia personal, daños en la propiedad o de impedir el funcionamiento de servicios esenciales. De ordinario, un *racketeer* está rodeado de una organización criminal efectiva dispuesta a cumplir su voluntad, pero él mismo puede mantener una apariencia de estricta respetabilidad. Iniciado en el contrabando de bebidas alcohólicas, el raqueterismo ha llegado a dominar muchas industrias y profesiones, tanto lícitas como ilícitas. Puede desarrollarse en plano local, estatal o nacional. [Inglés, *racketeering.*]—J.W.M'C.

rasgo. Elemento independiente de una estructura, bien sea de una personalidad individual, bien de una sociedad, cultura o proceso. *(biología)* Característica física heredable como una unidad, determinada por un "gene" en los cromosomas, según las normas "mendelianas" de la herencia. *(psicología)* Forma de conducta persistente o actitud en la personalidad o en el carácter a la que se ha asignado un nombre en nuestra cultura (como jovialidad, reserva, confiabilidad, cobardía). *(antropología)* Unidad de cultura, material o no material, susceptible de difusión y acumulación independientes (como un método para encender fuego, un elemento decorativo, un nombre de dios, un metal raro). Un complejo cultural transmitido como una unidad sería también, según esta definición, un rasgo cultural; pero un complejo cultural *(q. vid.)* es una configuración de rasgos y un complejo así transmitido (por ejemplo, el culto al peyote o al ajedrez) raramente se llama un rasgo a este respecto. La difusión del rasgo nuclear de un complejo lleva consigo, de ordinario, al complejo mismo. Cf. *complejo.*—T.D.E.

rasgo cultural. Unidad funcional más simple en que se divide una cultura cuando se trata de analizarla. Ha de reconocerse a esta unidad

como a una entidad abstracta o concreta dentro de la cultura total.—J.P.E.

rasgo dominante. Caracteres de gene del plasma germinal que aparecen en la estructura somática del vástago a diferencia de los caracteres recesivos que no aparecen en ella. Por ejemplo: si en el cruce de un blanco puro con un negro puro es dominante la línea negra, toda la descendencia, en la primera generación, será de color negro.—P.H.L.

rasgos, complejo de. Véase **complejo de rasgos.**

raza. Subdivisión biológica basada en la semejanza de linaje y en el consiguiente parentesco físico. Variedad de una especie. La raza ideal es un grupo de organismos descendientes todos de un solo antepasado, o pareja de antepasados, sin la introducción de ningún plasma germinal extraño durante la serie entera de generaciones. Llevada a su extremo, según esta definición toda familia particular es una raza. Este concepto, a pesar de constituir una reducción al absurdo, es útil porque formula una noción de raza precisa y práctica en su aplicación a los seres humanos. Aceptando la teoría general de la evolución, la masa entera de la humanidad es una raza, —la raza humana— que desciende, no probablemente de una sola pareja cualquiera de individuos, sino de un pequeño grupo de criaturas cuya evolución había ido lo suficientemente lejos, siguiendo ciertas directrices, para justificar el título de hombres. Esta raza original, por un largo proceso de dispersión, quedó localizada en áreas extensas y separadas de la superficie terrestre. De este modo quedaron constituidas las razas básicas de la humanidad, subdivididas, de ordinario, en tres o cinco categorías.

La cuestión de si esta subdivisión primaria en grupos localizados se realizó después de que una rama particular del reino animal hubiese evolucionado lo bastante para que sus individuos fueran llamados hombres, o antes, está latente en la controversia referente al origen monogenético o poligenético de la especie humana. Si el tronco primitivo prehumano se dividió en dos, tres o más subdivisiones cuando todavía estaba tan poco especificado que no podía ser llamado humano, entonces puede decirse que la especie humana ha tenido un número correspondiente de orígenes distintos. Si, por el contrario, la evolución biológica hubo avanzado hasta el punto que la humanidad existía de una manera definida antes de que se verificara esta separación primaria, entonces la teoría monogenética conserva su validez. El problema, aunque de gran interés teórico, no tiene particular relación con las cuestiones modernas.

Si, después de esta separación original, cada uno de tales grupos básicos hubo de permanecer completamente aislado y segregado de todos los demás de suerte que no se produjera ningún intercambio de plasma germinal, entonces todos los descendientes contemporáneos de cada uno de estos grupos constituiría una raza pura en este plano primario. Pero en realidad, cada uno de dichos grupos básicos pasó por una subdivisión y una nueva localización semejantes. Es más, si cada uno de estos grupos subdivididos se hubiera reproducido únicamente dentro de sí mismo, se habrían creado otras razas puras en un plano más bajo. El concepto abstracto de raza, como entidad biológica, es, por consiguiente, perfectamente sencillo. La esencia de la raza la constituyen la estrechez de parentesco y la unidad de progenitores a través de una continuidad estrictamente biológica. El desarrollo de cualquier raza particular en su área de caracterización *(q. vid.)*, que implica factores de adaptación al medio físico, reproducción sin mezcla y la posible selección sexual, ha dado lugar a que en cada uno de tales grupos se desarrollen rasgos físicos característicos y hereditarios. Estos rasgos se han llegado a considerar como criterios de distinción racial y elementos de identificación de la raza. Como es imposible descubrir siempre la verdadera ascendencia de cualquier individuo humano más allá de unas cuantas generaciones, no puede determinarse genealógicamente la verdadera filiación racial del mismo. Por consiguiente, se ha seguido la práctica de determinar la filiación racial mediante el examen de los rasgos del individuo y de asignarlo a un grupo racial determinado basándose en dichos rasgos. Como resultado de este procedimiento ha surgido la noción vulgar de que un individuo pertenece a una raza determinada porque tiene ciertos rasgos. La verdad es, antes al contrario, que tiene tales rasgos porque pertenece a cierta raza. Una ilustración de este principio, y del correspondiente sofisma, se encuentra en el caso del llamado idiota mongoloide. Basándose únicamente en los rasgos, semejante individuo puede ser asignado fácilmente a la raza mongólica. Los hechos de su ascendencia muestran claramente que es un ejemplar anómalo, cualquiera que sea la raza a que sus padres pertenezcan.

En el concepto de raza han surgido nuevas confusiones del hecho de que los grupos humanos aislados desarrollan rasgos culturales peculiares juntamente con sus rasgos biológicos característicos. A los ojos de los exploradores primitivos y de los viajeros inexpertos no son fácilmente distinguibles estos dos tipos de rasgos. En consecuencia, acontece que una gran variedad de características culturales se enuncian en términos raciales. El ejemplo más notorio, probablemente, es el lenguaje. La forma desarrollada de esta tendencia se manifiesta en el uso corriente del término raza aplicándolo a cualquier grupo de gentes que ha tenido una continuidad histórica algo extensa, acompañada de localización geográfica y de integración social, política y económica. Esta interpretación incorrecta se halla en el fondo de innumerables sofismas raciales y confusiones de hechos. Probablemente el ejemplo sobresaliente y único es la exaltación de la raza aria. No existe cosa alguna a la que pueda llamarse raza aria; ario es, estrictamente, una designación cultural. Cf. *antipatía racial, conflicto racial, diferencias raciales, etnos, nacionalidad, prejuicio racial, relaciones raciales, sentimiento de raza.*

raza, conciencia de. Conciencia o conocimiento de que se pertenece a determinado grupo racial y de su diferenciación frente a otros grupos. Se une de ordinario a sentimientos de superioridad y a intereses raciales.

raza suicida. Tendencia en un grupo o clase a dejar de tener los hijos suficientes para mantener su propio número. Expresión aplicada concretamente por el presidente Teodoro Roosevelt a los miembros de las llamadas clases superiores, o grupos étnicos, que voluntariamente se privaban de tener hijos o reducían su número a uno o dos.—F.D.W.

razas, mezcla de. La fusión de razas que tiene lugar en la prole nacida de las relaciones sexuales entre personas de grupos raciales diferentes. Cf. *amalgama.*—E.E.M.

razón. Proporción *(q. vid.).*

reacción. 1. Respuesta típica, uniforme, esencialmente automática o espontánea a un estímulo (de ordinario exterior). 2. Acción de un cuerpo calculada para contrapesar o neutralizar la acción realizada por otro. En las relaciones sociales, actitud y actividad, o sólo esta última, que trata de oponerse al cambio y restablecer o mantener el *status quo.* Cf. *reaccionario.*

reacción circular. 1. En psicología, proceso en el que la última acción de una serie actúa como estímulo para la repetición de todo el proceso. 2. En sociología, forma de acción social en la que los actos ostensibles de uno o más organismos estimulan a otros cuyas respuestas se convierten, a su vez, en estímulos adicionales para ulteriores actos de los primeros agentes. Los actos pueden ser de cualquier índole.—M.S.

reacción social. Respuesta de un agente social al estímulo de otro o al de algún objeto inanimado de significación social.—M.S.

reaccionario. Persona, movimiento, sentimiento o época que trata de contrarrestar o anular las fuerzas y tendencias progresivas de un período, favoreciendo así el retorno a un orden fenecido. En este sentido lo reaccionario expresa una actitud negativa si se compara con las tendencias progresivas; valoración que puede o no ajustarse a sus cualificaciones objetivas. Períodos concretos de la historia moderna (como las décadas que siguieron al período de la Revolución Francesa, y el desarrollo prusiano comprendido entre los años de 1850 y 1858) han solido denominarse períodos de reacción. Cf. *liberal, radical.*—S.N.

realidad. La existencia en general. La esencia frente a la apariencia y el cambio. La actualidad frente a la posibilidad y a la potencialidad. Todo cuanto es o existe de alguna manera con independencia del sujeto y hallándose determinado por las notas de espacialidad, temporalidad y actualidad (en el sentido de actuar, obrar y estar sometido a mutua interacción). Entre los objetos reales se comprenden los físicos (externamente perceptibles) y los psíquicos (internamente perceptibles e inespaciales, pero referentes a un sujeto corpóreo); de ellos se diferencian los objetos ideales, los metafísicos y los valores.—J.C.

realidad social. Contenido básico de la sociología. Antítesis: el nominalismo.—H.A.P.

realismo. Teoría filosófica que sostiene que los objetos del conocimiento humano existen realmente, o sea lo contrario del nominalismo y del idealismo subjetivo. En la ciencia, en la literatura y en los movimientos sociales se opone a idealismo, a subjetivismo y a romanticismo, pretendiendo ser una representación de los hechos o de los fenómenos tal como éstos son realmente.—M.PM.

realización de sí mismo. Desarrollo ponderado de la personalidad humana. Este término debe contraponerse por una parte con "expresión de sí mismo", que supone varios grados de inconveniencia, incluso el libertinaje, y por otra parte con la "represión de sí mismo", que da lugar a varios grados de autonegación, incluso el ascetismo. La realización de sí mismo implica una aceptación de las varias partes de la personalidad, que se confunden en un conjunto ponderado en el que ninguna de ellas domina.—F.D.W.

realización social. Proceso (o resultado) de llevarse a feliz término un proyecto por un cierto número de individuos que actúan de consuno.—M.S.

rebaño. En el mundo animal, grupo de animales (concretamente ciertos grandes mamíferos) que tienen la tendencia a moverse de un punto a otro como una unidad. En el mundo social humano, grupo de personas movidas por deseos comunes y caracterizadas por la ausencia o relativa flojedad de rasgos de regulación racional.—E.A.H.

rebelión. Grave delito contra la seguridad interior del Estado consistente en el alzamiento en armas contra la vigencia de la Constitución política, para derrocar a alguno de los poderes públicos o al gobierno legítimo, desconociendo su autoridad. El derecho norteamericano desconoce el delito autónomo de rebelión y lo incluye ya bajo el tipo de traición [treason] (los actos de ejecución), ya bajo el de la sedición [sedition] (actos de apología, excitación y conspiración).—J.C.

recapitulación. Conclusión sumaria; examen sucinto de los elementos esenciales de una exposición. Puede designar también la reunión de fuerzas para un esfuerzo final.—N.A.

recepción, centros de. Véase **prisiones receptoras.**

receptación. Figura de delito que consiste en guardar, esconder, comprar, vender o recibir en prenda o en cambio, habitualmente o no, efectos substraídos. Unas legislaciones la sancio-

nan en cuanto forma de encubrimiento y otras como delito autónomo contra la propiedad. En Estados Unidos sólo es considerada como delito cuando el repectador [fence] persigue un lucro comercial distinto del propio servicio.—J.C.

receptador. El que oculta o encubre delincuentes o cosas que son objeto de delito. El que compra mercancías a sabiendas de su ilícita procedencia o comercia con ellas. Si tal actividad se ejerce con ánimo de lucro, su autor es criminalmente responsable como encubridor. [Inglés, receiver of stolen goods].—A.R.L. y J.C.

recesivo. Que tiende a retirarse o retroceder; que no logra llegar a expresión. En biología se denomina así a un rasgo hereditario que no aparece en la prole debido a que ha sido inhibido por un rasgo contrapuesto dominante heredado del otro progenitor.—H.E.J.

reciprocidad. 1. En sociología, la acción y reacción mutuas entre personas que participan en relaciones sociales; estado de interacción social en el que el acto o movimiento de una persona provoca un acto o movimiento correspondiente en alguna otra persona o personas. 2. En derecho, igualdad de privilegios entre Estados o ciudadanos de gobiernos diferentes en la forma establecida por un tratado o por otro acuerdo legal.—H.E.J. 3. El empleo del mismo término de parentesco entre dos parientes de categorías diferentes, especialmente si pertenecen a generaciones distintas.—G.P.M.

Cf. acción recíproca, conducta recíproca, interacción recíproca, modificación recíproca.

reclamo. Llámase así lo que atrae, invita o convida, dirigiendo y reteniendo la atención en el sentido o dirección previstos. Constituye un artificio o método fundamental de la propaganda (q. vid.).—J.C.

reclusión. Retiro o encierro voluntario o forzado. Pena privativa de la libertad, de carácter temporal (de hecho no existen ya las penas perpetuas), que debe cumplirse en determinada clase de establecimientos adecuados a tal fin y con estricta sujeción a los reglamentos penitenciarios correspondientes. La reclusión es pena paralela de la prisión, de la que sólo se diferencia por la índole de los establecimientos donde debe cumplirse y por el régimen a que han de someterse los condenados a ella, por lo común menos severo que el de la prisión. La reclusión se concibe también como providencia administrativa —y en tal concepto es aplicable a enfermos peligrosos (reclusión manicomial)— y como medida de seguridad (cf. reclusión de seguridad) para ciertas categorías de personas en estado de peligro (cf. peligrosidad), debiendo cumplirse en ambos casos en establecimientos especiales y según un tratamiento a propósito.—J.C.

reclusión de seguridad. Basándose en una política de defensa o protección social, algunos países han tratado de mantener en custodia durante un período indefinido a los deficientes, habituales o probables delincuentes que habrían sido liberados si se tratara de delincuentes ordinarios. Tal estancia prolongada en prisión se consigue, en parte, demorando la concesión de la libertad condicional o denegándola. También se logra aplicando las disposiciones legales relativas a los reincidentes, que les imponen un suplemento de pena. En algunos países la reclusión de seguridad aplicada a los delincuentes habituales o anormales se establece, como una medida de seguridad, en las leyes de defensa social. [Inglés, *protective detention*].—w.c.r. y j.c.

recluso. El que se halla en reclusión. Preso (q. vid.).

reconstrucción social. Reorganización de la sociedad en su conjunto o en cierta parte concreta.—H.A.P.

reconvención. Acción procesal que el demandado ejercita contra el demandante al contestar a la demanda formulada por éste contra él. Por virtud de ella, las dos partes asumen igual función judicial en el proceso.—J.C.

recreativo, liderazgo. Véase **liderazgo recreativo.**

recreo. Cualquier actividad realizada durante los ratos de ocio, ya sea individual o colectiva, percibida como libre y placentera y que tiene en sí misma su propio estímulo, no en ninguna necesidad imperiosa ni tampoco en cualquier tipo de recompensa. Entre los recreos figuran los juegos, las representaciones teatrales, los deportes, el atletismo, el reposo, los pasatiempos, ciertas diversiones, formas de arte, distracciones y entretenimientos. Una actividad recreativa puede emprenderse durante cualquier período de edad del individuo y la actividad particular se determina por el elemento tiempo, la condición y actitud de la persona y la situación del medio. Una persona realiza una actividad recreativa porque decide hacerlo así sin más apremio que los impulsos interiores de interés, entusiasmo, atención absorbente, placer y satisfacción de los propio deseos. Originariamente, el recreo significó una forma más deliberada de actividad recreadora emprendida, principalmente por adultos, después de un esfuerzo. Cf. juego.—M.H.N.

recreo, centro de. Lugar en que se suministran juegos, diversiones y otras actividades de ocio.—M.H.N.

recreo comercial. Actividad placentera o diversión proporcionada a espectadores y organizada con un fin lucrativo. Una empresa comercial recreativa es una organización con fines de lucro para suministrar actividades agradables o diversiones o pra comerciar con artículos que se necesitan en los ocios. La diversión comercial tiene relación con un entretenimiento relativamente pasivo suministrado a espectadores, a diferencia del recreo activo.—M.H.N.

recreo cultural. Tipo de ocio en que se participa por placer y que encarna un grado elevado de refinamiento y excelencia, como el arte, la música, el drama y la danza artística o popular. En sentido amplio, todas las formas de distrac-

ción establecidas son rasgos o patrones culturales.—M.H.N.

recreo, fomento del. Serie de esfuerzos colectivos cuya finalidad es suministrar a gran número de personas actividades saludables y placenteras durante los ratos de ocio. De ordinario, un movimiento de este tipo tiene su causa en una situación social insatisfactoria, se realiza por fases o etapas y se mueve hacia objetivos o fines comunes más o menos claramente definidos.—M.H.N.

recreo público. Provisión por el gobierno de instalaciones, dirección y programas de actividades recreativas. Terrenos de juego, parques, playas, lugares de descanso, etc., financiados con fondos procedentes de impuestos.—M.H.N.

recreo social. Actividad de ocio que proporciona oportunidades para el contacto social y la sociabilidad. Ejemplos: tertulias, bailes de sociedad, comidas y juegos sociales.—M.H.N.

recreos comunales. Servicios y actividades organizados en beneficio de la población de una región; particularmente, públicos (o sea, sostenidos mediante impuestos) y semi-públicos (financiados con fondos privados y para el uso público), entre los que figuran representaciones teatrales, juegos, deportes, atletismo, diversiones y ciertas formas de arte, a diferencia de las diversiones financiadas comercialmente o de las actividades con que se llenan las horas libres de un modo extraoficial y privado.—M.H.N.

recuerdo espontáneo. Véase **métodos mnemotécnicos.**

recuerdo provocado. Véase **métodos mnemotécnicos.**

recursos naturales. Materias primas no explotadas y energías o aspectos de la naturaleza no utilizados, en su estado original. Cf. conservación.—T.D.E.

recursos sociales. Todas las personas u organizaciones que pueden ser de algún auxilio para un individuo o para un órgano de trabajo social en la resolución de determinados problemas.—W.P.

recusación. Declaración de impedimentos legales que permite tachar a las personas —juez, actuario, peritos, etc.— que deben intervenir en un procedimiento judicial, civil o criminal.—J.C.

reeducación profesional. Programa de rehabilitación de personas con defectos físicos y anomalías que les impiden obtener un empleo beneficioso. Aun cuando la mayor parte de los Estados de la Unión Norteamericana han adoptado algunas medidas para el entrenamiento profesional en sus leyes referentes al cuidado de los ciegos y algunos han dictado disposiciones para los impedidos físicamente, la rehabilitación profesional no llegó a generalizarse en todo el país hasta la aprobación de la ley Sheppard Towner en 1920. En cumplimiento de dicha ley el gobierno federal concedió subsidios a los Estados que establecieron un plan de rehabilitación profesional. Muchos Estados comprenden ya la rehabilitación profesional como alternativa de los beneficios a largo plazo con sujeción a las leyes de compensación a los trabajadores. Tal cosa ha sido posible por la extensión de los subsidios federales mediante la legislación de seguridad social aprobada en el período de 1936 a 1939.—J.W.M'C.

reemplazo. Véase **índice de reposición, reposición.**

reencarnación. Traslado del alma de una persona muerta a otro cuerpo, humano o animal. Cf. *transmigración.*—G.P.M.

referencia, esquema de. Véase **esquema de referencia.**

referencia recíproca. Referencia cruzada. Expresión de uso general en los trabajos de catalogación o de registro de información. Al registrar un particular se llama la atención hacia los particulares conexos en los que puede encontrarse la información pertinente. [Inglés, *cross-reference*].—N.A.

referéndum. Voto del pueblo sobre una ley o enmienda constitucional aprobada por la legislatura de un Estado; en las ciudades, sobre una ordenanza o enmienda a la carta. Por analogía, en las organizaciones privadas, voto de los miembros sobre una proposición sometida a su decisión por la junta directiva o los funcionarios ejecutivos elegidos.—R.N.B.

reflejo. Forma de respuesta congénita, involuntaria y rèlativamente invariable de un grupo muscular determinado. Ejemplos: el reflejo del párpado (palpebral), del tendón de la rótula (patelar o rotular), etc.—M.PT.

reflejo condicionado. Respuesta condicionada. Configuración de conducta simple y automática que se diferencia de las configuraciones congénitas denominadas respuestas o reflejos incondicionados. El proceso de aprendizaje tiene lugar merced a la sustitución de un estímulo biológicamente adecuado por otro que no lo es en tal aspecto. En las experiencias famosas de Pavlov, el flujo de saliva en la boca de un perro cuando se le vierte agua sobre la piel o se le hace una punción con una aguja eléctrica constituye un reflejo o respuesta condicionado por el experimentador cuando ha conseguido asociar dichos estímulos con la presencia de la comida.—P.H.L.

reflejo predominante o prepotente. Cierta coordinación de reflejos, tales como arranque, retractación, rechazo, pugna, hambre, zona sensitiva y reacciones sexuales, presentes en el nacimiento o que implican una maduración ulterior de receptores y efectores. Son de máxima importancia para la supervivencia y bienestar tanto del individuo como de la especie. Suministran las fuentes innatas de la conducta humana y determinan la subsiguiente adquisición de conocimientos y destrezas mediante el proceso de condicionamiento. El concepto ha sido perfeccionado por los psicólogos como una alternativa de la antigua idea de instinto, que en su opinión subrayaba demasiado el determinismo de la conducta humana por obra de factores bioló-

gicos heredados y no llegó a un reconocimiento adecuado del papel del aprendizaje y de la experiencia social en la explicación de las actividades individuales y sociales.—H.E.J.

reforma. Mejora en un rasgo social particular, más bien en el aspecto funcional que en la estructura. Los movimientos de reforma, estrictamente así llamados, aspiran a aliviar la miseria y a corregir los desajustes sin intentar modificar la estructura básica de la sociedad.

reforma social. El movimiento general, o cualquier resultado concreto del mismo, que trata de eliminar o mitigar los males derivados del funcionamiento defectuoso del sistema social o de cualquier parte de él. En su concepto y alcance la reforma social ocupa un lugar intermedio entre el trabajo social y la ingeniería social (*q. vid.*). Se eleva por encima y más allá del simple paliativo de las penalidades del individuo y de la familia, pero no aspira a realizar los cambios radicales en la estructura social que supone la ingeniería social. El movimiento de reforma social responde de cerca a las ideas de progreso que caracterizaron al pensamiento del siglo XIX en la cultura de Occidente. Aceptaba la estructura social tal como existía y sólo se esforzaba por corregir los males a que daba lugar su funcionamiento. Ha habido numerosos movimientos de reforma; por ejemplo: la ampliación del electorado, la protección de los elementos más débiles de la sociedad y la lucha contra el vicio.

reformatorios, sistema de. Moderno sistema penitenciario de origen norteamericano que tuvo su primera aplicación en el Reformatorio de Elmira (Estado de Nueva York), fundado en 1877 bajo la dirección del Dr. Brockway. Se destinó en un principio a la rehabilitación de delincuentes menores, pero se ha extendido a los delincuentes primarios de 16 a 30 años (menores y adultos jóvenes). El sistema de reformatorios combina la sentencia indeterminada, el tratamiento correccional y la libertad condicional y atiende al tratamiento integral de los reclusos (régimen alimenticio, educación física y moral, asistencia médica y psicológica y educación profesional). Las características del sistema de reformatorios se han extendido o tienden a extenderse generalmente a todas las prisiones modernas. Sin embargo, a diferencia de éstas, sigue siendo característica de los reformatorios su población penitenciaria, formada por delincuentes jóvenes y primarios.

Corrientemente y sin un gran rigor terminológico, suele llamarse a los reformatorios "prisiones para jóvenes" [*junior prisons*]. También se denominan reformatorios las instituciones penitenciarias para mujeres, sin atender a su edad, a su reincidencia ni al régimen a que se sujetan.—M.A.E y J.C.

reformismo. Defensa del cambio social por medio de mejoras graduales y fragmentarias, de tal naturaleza que conserven y fortifiquen el *status quo.*—K.DP.L.

refugiado político. Persona que trata de conseguir asilo en un país extranjero después de huir de la persecución política en su país natal.— R.N.B.

refugio. Véase **ciudad de asilo o de refugio.**

refugio, casa de. Véase **casa de refugio.**

regeneración. *(teología)* Renacimiento espiritual, conversión, tránsito a un nuevo foco dentro de la personalidad. *(control social)* En la llamada "telesis" social, a una política (o técnica) de "reforma estructural" se contrapone la política (o técnica) de "regeneración"; esta última tiene por supuesto que sólo de los caracteres o "corazones" de los partícipes en un sistema depende su funcionamiento eficaz, mientras que la primera cree que todo depende de los estímulos y de las causas estructurales que suministran las constituciones, las leyes, las organizaciones, los sistemas, etc.—T.D.E.

regimentación. Sistema de organización basado en la disciplina y en el adoctrinamiento, que quizá persiga de modo consciente la uniformidad de conducta y la esterilidad del pensamiento. Aunque ésta pueda no ser la finalidad perseguida de hecho, toda regimentación puede desembocar en ella, muy en particular en los sistemas escolares demasiado uniformados y extensos.—N.A.

región. Medida de la diferenciación espacial y cultural de la sociedad humana, perfilada por medio de unidades científicas obtenidas por la observación de semejanzas y diferencias. La región es, en esencia, una medida de homogeneidad como unidad compuesta capaz de ser destacada dentro de una determinada sociedad total. Suministra algo así como un laboratorio de naturaleza territorial en el que entran todos los factores que interesan, históricos, evolutivos y espaciales, y que sin embargo es lo bastante pequeño para permitir una investigación a fondo. La naturaleza y rasgos específicos de una región se determinan por la naturaleza de los índices de homogeneidad que se utilicen. La región puede caracterizarse por ciertos atributos fundamentales, en la forma que sigue: Comenzando por el factor elemental del espacio, la región es, naturalmente, ante todo, un área, una unidad geográfica con límites y linderos. No obstante, en segundo lugar, la región difiere de la mera localidad o área geográfica pura en que está caracterizada no tanto por líneas fronterizas y límites efectivos como por su flexibilidad de límites, por su extensión a partir de un centro y por trechos de terreno o zonas marginales que separan un área de otra. El tercer atributo de la región es algún grado de homogeneidad en cierto número de características. La naturaleza definitiva de la región y los aspectos de su homogeneidad se determinan por el cuarto atributo de la misma, a saber: algún aspecto o aspectos estructurales o funcionales que tienen en la región una posición dominante. No obstante, debe existir un límite a la multiplicidad de las regiones y así, en general, debe considerarse como

quinto atributo la homogeneidad relativa, compuesta, del mayor número de factores respecto al mayor número de propósitos que se tengan a la vista, con el fin de que la región pueda ser una unidad práctica y operante, susceptible tanto de definición como de utilización. Por consiguiente, el sexto atributo de la región es que debe constituir una unidad dentro de un todo integrado o totalidad. Inherente a la región, como opuesta a la mera localidad o a la sección aislada, es la presencia de una unidad ante la que sólo puede existir como parte. El séptimo atributo se encuentra en la naturaleza orgánica de la región. Una región tiene unidad orgánica no sólo en su paisaje natural, sino por su evolución cultural, en la que la tierra y el pueblo se encuentran culturalmente condicionados por el tiempo y por las relaciones espaciales. La región del sociólogo se diferencia de lo que ordinariamente se considera como región natural, determinada por factores geológicos, climáticos y geográficos.—H.W.O.

regionalismo. Estudio de las sociedades regionales como unidades componentes y constituyentes de la sociedad total y dentro luego de los programas de equilibrio regional y de los procesos de interacción. Esta aplicación del regionalismo puede hacerse con igual precisión científica a una sociedad total nacional o continental con sus regiones delimitadas y la síntesis de sus culturas en la sociedad total integrada o a la sociedad mundial, y a los programas para una planeación regional del mundo. Por consiguiente, regionalismo es por esencia lo contrario de localismo, separatismo, provincialismo y seccionalismo. Más concretamente, el regionalismo es un instrumento tanto para la investigación como para la planificación y suministra el mejor laboratorio para el estudio de la sociedad en su emplazamiento histórico y espacial. Como ciencia de la región, no sólo proporciona estudios empíricos a fondo, sino análisis de los procesos regionales, interregionales e intrarregionales, capaces de ser sintetizados en sólida teoría. Como metodología, el regionalismo, a través de su consideración cultural y estadística de la realidad, es capaz de ofrecer principios amplios de riguroso carácter científico que pueden servir para la coordinación de las distintas ciencias sociales y para la orientación de un trabajo en común de éstas y las naturales. Se ha definido alguna vez al regionalismo como ecología mundial en la que se comprenden, en sus principios y métodos, los factores totales del tiempo, de las relaciones espaciales y de la estructura cultural. Cf. *región, sociedad pueblo-regional, sociología popular.*—H.W.O.

registro domiciliario. Visita de inspección que las autoridades judiciales o policíacas deben llevar a efecto con fines de investigación.—J.C.

reglamento administrativo. Orden emanada de una autoridad administrativa del gobierno dictada conforme a una ley de delegación de facultades generales o limitadas en la administración para desarollar, cumplir, modificar o ampliar las disposiciones de la ley de referencia. El reglamento tiene rango legislativo y los tribunales pueden imponer su cumplimiento; puede ser recurrido ante los tribunales por exceso o desviación de poder (*ultra vires*). Estas órdenes administrativas van siendo cada vez más importantes en materias tales como la sanidad pública, la inmigración, el bienestar público, el seguro social y la reglamentación de empresas que comprenden las ramas más importantes de la administración y el gobierno públicos.—J.W.M'C.

Materialmente no existen grandes diferencias por razón de contenido entre la ley y el reglamento, salvo el carácter subordinado o secundario de éste; pero una y otro presentan importantes diferencias tanto por su origen como por su forma. El reglamento puede establecer delitos autónomos para la infracción de sus disposiciones como medio de reforzar su carácter obligatorio. Aunque así no sea, la simple infracción de reglamentos en concurrencia con un evento dañoso puede valorarse para calificar como temeraria la imprudencia y agravar la responsabilidad culposa.—J.C.

regresión. Proceso-situación de retroceso con respecto a cierta dirección, norma o valor que se considera como "progreso". (*psiquiatría*) Proceso psíquico en el que una persona retrocede a pautas de conducta características de los primeros años de la vida.—T.D.E.

regresión social. Retroceso en relación con los niveles ya alcanzados en cualquier escala de valores sociales, o con respecto a algún objetivo, norma o criterio aceptado por un grupo; lo contrario de progreso social (*q. vid.*).—T.D.E.

regresivo. Que tiende a retrogradar, que realiza un esfuerzo contra los valores y tendencias considerados progresivos; (*psiquiatría*) sintomático del retorno a pautas de conducta de los primeros períodos de la vida, o que tiende a facilitarlo.—T.D.E.

rehabilitación. 1. Proceso o técnica que se dirige a reeducar y orientar de nuevo las actitudes y motivaciones del delincuente de modo que su conducta armonice con la ley y acepte por su propia voluntad las normas sociales y las restricciones legales.—M.A.E.

2. Institución procesal por virtud de la cual la misma autoridad u órgano jurisdiccional que pronunció la condena penal y consiguiente decadencia en sus derechos de una persona determinada, como consecuencia de hechos sobrevenidos y por medio del procedimiento legalmente previsto, la declara digna de readquirir y apta para ejercitar los derechos perdidos, con anulación de la sentencia anterior y declaración de inocencia según los casos, restituyéndola en su disfrute y en su plena capacidad jurídica. La rehabilitación, concebida en otro tiempo como una manifestación de la gracia (*q. vid.*) a cargo del poder soberano, se entiende hoy como un acto de justicia debida y propio de la compe-

tencia de los órganos jurisdiccionales. Es el único medio conocido de reparar los errores judiciales, durante la vida o después de la muerte de sus víctimas, y puede acompañarse de providencias compensatorias (indemnización, etc.). —J.C.

rehabilitar. Restituir una persona o cosa a su estado o condición original. Por ejemplo: un área de tugurios a amplia zona residencial; un tullido a persona útil económica o socialmente.—E.F.M.

rehén. Persona entregada por una potencia o grupo a otro, a modo de prenda o garantía del cumplimiento de un contrato o promesa. Persona detenida por otra o por un grupo para asegurarse coactivamente del cumplimiento ajeno de una exigencia. El término rehén suele referirse más bien al prisionero tomado a discreción por alguno de los beligerantes para procurarse determinadas ventajas sobre el otro. El apoderamiento no consentido de rehenes constituye el delito de secuestro (*q. vid.*). Su entrega voluntaria suele practicarse en algunas culturas primitivas o no evolucionadas. Como institución bélica es una forma odiosa del derecho de la guerra. [Francés, *otage;* inglés, *hostage*].—J.M.R. y J.C.

reincidencia. 1. Repetición o reaparición de la conducta delictiva [Inglés, *recidivism*].—M.A.E.

2. Recaída en los antiguos hábitos delictivos después de una supuesta adaptación social satisfactoria. [Inglés, *relapse*].—M.A.E.

3. En términos generales, recaída en el delito. Su apreciación legal requiere que entre el delito anterior y el nuevamente cometido haya sido judicialmente perseguido aquél y haya recaído en él sentencia firme, sin que sea necesario el cumplimiento de la condena. La reincidencia puede ser propia o específica e impropia o genérica —reiteración (*q. vid.*)—; la primera exige la identidad de clase o género entre los dos delitos que dan lugar a su apreciación. Cuando existen más de dos delitos, se está en el caso de la pluri o multirreincidencia, quizá de la habitualidad. La reincidencia puede considerarse como un motivo de agravación de la pena y también como un índice de peligrosidad; en este último caso motiva la sujeción del reincidente a medidas especiales de seguridad. —J.C.

reincidentes y habituales, delincuentes. En muchos países se aplican modernamente leyes especiales que establecen penas agravadas o suplementos de pena para los delincuentes habituales o reincidentes. La aplicación de la penalidad agravada puede ser permisiva o preceptiva. La ley contra los delincuentes habituales se invoca después de la condena por un segundo, tercero o cuarto delito. Los defensores de tales leyes creen que la agravada severidad de la penalidad eliminará o reducirá considerablemente los delitos graves. Cf. *Baumes (leyes de)*. —N.F.C.

La multirreincidencia y la habitualidad son

manifestaciones de la peligrosidad criminal y contra ellas se establecen previsiones en los códigos penales modernos y en las leyes de defensa social. Tales previsiones (suplementò penal, reclusión indeterminada en instituciones especiales, etc.) tienen el carácter de medidas de seguridad más bien que de penas.—J.C.

reintegración. Acto de reproducir una pauta de conducta adquirida inconscientemente en el proceso de interacción; suele confundirse con la imitación. Ejemplos: la adquisición de un acento peculiar, de cierto amaneramiento o idea; mucho del llamado plagio acaso no sea más que reintegración. Cf. *imitación.*—W.E.G.

reiteración. Reincidencia impropia o genérica. Recaída en el delito concebida en términos generales, sin que sea necesaria la identidad de género o clase entre el delito anterior y el nuevamente cometido. Al igual que la reincidencia (q. vid.), la reiteración es considerada como circunstancia agravante de la penalidad en cuanto denota una mayor peligrosidad en el delincuente; puede dar lugar también a la imposición de medidas especiales de seguridad.—J.C.

relación. Toda conexión entre dos o más individuos, dos colectividades, o entre un individuo y una colectividad. Esa conexión puede ser asociadora o disociadora, directa o indirecta, inmediata o remota, real o imaginaria.—F.H.H.

relación de ama-criada. Véase **ama-criada (relación de).**

relación de amo-criado. Véase **amo-criado (relación de).**

relación de evitación. Véase **evitación (relación de).**

relación de familiaridad. Véase **familiaridad.**

relación funcional. Relación parcial o totalmente necesaria entre dos variables y de tal naturaleza que la alteración de una de ellas se acompaña de una alteración correspondiente de la otra. La variable dependiente o alterada se dice que es función de la variable independiente o modificadora.—M.Pt.

relación obrero-patronal. Ultima fase de la evolución de las relaciones de trabajo a la que, hoy, se esfuerza por adaptarse la industria moderna. Habiendo atravesado por la fase de relación de esclavo-propietario, después por la del señor-siervo, seguida por la de amo-criado o ama-criada, tanto los patronos como los obreros van siendo educados, actualmente, para que acepten un tipo de relación más parecido a la de los negocios, más limitado y más democrático.—A.E.W.

relación, sistema de. Véase **sistema de parentesco.**

relación social. Pauta formal de la conducta social, es decir, de la interacción entre personas y pluralidades, o sólo entre estas últimas, en las que las posiciones espaciadas son más ostensibles que las secuencias temporales y el reposo más visible que el movimiento. La relación so-cial es un aspecto de lo gráfico, de lo estructural, de la configuración morfológica.—H.B.

relaciones de trabajo. Proceso de conflicto y acuerdo que se manifiesta de un modo continuo en la interacción del patrono y los grupos obreros.—K.DP.L.

relaciones domésticas. Véase **tribunal de relaciones domésticas.**

relaciones industriales. Organización y práctica de contactos entre los trabajadores y la gerencia de una empresa industrial o de una industria, o en todas las industrias de una comunidad o nación.—M.VK.

relaciones paternales. Relación entre madre e hijo o entre padre e hijo. Es una parte de la constelación de relaciones familiares, en la que se incluye asimismo la conyugal y la fraternal. Entre los problemas que plantea esta relación figuran los de la disciplina, formación e instrucción del niño en el hogar. También existe la necesidad de comprensión, afecto y seguridad afectiva tanto por parte de los padres como de los hijos.—F.D.W.

relaciones públicas. 1. Relaciones de un individuo, asociación, gobierno o corporación con el público que debe tomar en consideración en la realización de sus funciones sociales. Este público puede comprender votantes, clientes, empleados, empleados potenciales, empleados que cesaron, accionistas, miembros de grupos de presión antagónicos, vecinos, etc. 2. Cuerpo de teoría y técnica utilizado para ajustar las relaciones de un sujeto con su público. Estas teorías y técnicas representan aplicaciones de sociología, psicología social, economía y ciencia política, así como habilidades especiales de periodistas, artistas, expertos en organización, anunciadores, etc., a los problemas concretos implicados en este campo de actividad.—A.M'C.L.

relaciones raciales. Contactos culturales entre individuos de razas diferentes, con grados distintos de conflicto y prejuicio y a menudo de relación de supraordinación-subordinación. Se ofrecen asimismo en esos contactos los procesos de tolerancia, acomodación y posible asimilación. —R.E.B.

relatividad. Estado o condición de interdependencia o dependencia recíproca; precisión probable de una tendencia o ley que se formula dentro de ciertos límites.—H.A.P.

relegación. Antigua pena restrictiva de la libertad consistente en imponer al condenado a ella la permanencia en un determinado territorio, con prohibición de desplazarse de sus límites. También se denomina confinamiento. Cuando la relegación debe cumplirse en territorios remotos o colonias de ultramar, por lo general insalubres o de difíciles condiciones de habitabilidad, se denomina deportación. La relegación no implica necesariamente un régimen de privación de libertad, pues puede cohonestarse con la libertad vigilada. Suele aplicarse especialmente a los delincuentes reincidentes y habituales.—J.C.

religión. Institución social creada en torno a la idea de uno o varios seres sobrenaturales y de su relación con los seres humanos. En toda cultura esta idea se formaliza y adquiere una configuración social. A esa configuración es a la que se llama "la religión" de un determinado grupo. Toda auténtica religión lleva consigo estos tres aspectos principales: *1)* Una concepción acerca de la naturaleza y carácter de la divinidad. *2)* Una serie de doctrinas sobre los deberes y obligaciones recíprocos entre la divinidad y la humanidad. *3)* Una serie de normas de conducta ideadas para conformar la vida y la voluntad de Dios y para asegurar al creyente la aprobación de su conciencia y cualesquiera recompensas o liberación de penalidades, en este mundo o en el otro, incluídas en las doctrinas de esa fe. Como en el nexo religioso los seres superiores son por esencia sobrenaturales, la totalidad de la religión se encuentra por necesidad fuera del ámbito de la ciencia y es materia de creencia *(q. vid.).* Debido a este hecho ha existido, y aún subsiste, una noción muy generalizada de que la religión y la ciencia son en esencia incompatibles o de que la relación entre ellas ha de ser de conflicto. Esta noción tiende a desaparecer a medida que cobra evidencia la verdad de que tanto la ciencia como la religión tienen sus límites y de que sus respectivos dominios son distintos y no se superponen. Cf. *magia, superstición.*

religión comparada. Rama de la antropología cultural *(q. vid.)* que se ocupa del estudio y la comparación de los diversos sistemas religiosos de la humanidad.— G.P.M.

remisión. Perdón *(q. vid.).*

remuneración. Como concepto general sociológico, cuantía de bienes y servicios valiosos que una sociedad permite recibir a cualquiera de sus unidades constituyentes en pago de su participación en el total proceso social. Por ejemplo: los salarios son la remuneración de los obreros, la renta la remuneración del propietario de tierras, el interés la remuneración del capitalista, los sueldos la remuneración de los gerentes y empleados y los beneficios la remuneración de los propietarios de las empresas. Más concretamente, pago o donativo especial en reconocimiento de algún servicio excepcional.

renglón. Elemento horizontal del cuadro estadístico.

renta. 1. Pago por el uso de cualquier bien cuya propiedad es indiscutible. 2. Más concretamente, pago por el uso y ocupación de un inmueble, comprendiendo la tierra y los edificios o mejoras. 3. En el análisis económico, el dinero que se paga periódicamente por el uso de la tierra como factor de una unidad productiva o negocio *(q. vid.).*

renta agrícola. *(economía)* La obtenida de las operaciones agrícolas realizadas en la hacienda. La suma de los ingresos por ventas y la valoración del inventario vivo y muerto obtenido de la hacienda (alimento y combustible, etc.) representa su renta bruta. Una vez deducidos los gastos (pagos en dinero, disminución en el inventario y depreciación), el resto constituye la renta agrícola neta.—C.E.L.

renta comercial. Véase **renta.**

renta, nivel de. Plano de vida que cualquier individuo o familia puede disfrutar basado en sus ganancias u otras fuentes de renta. El término comprende lo siguiente: *a)* el nivel que significa la mera subsistencia; *b)* el nivel que supone lo necesario para llevar una vida sana y decorosa; *c)* el nivel en donde ya se ofrecen ciertas comodidades, y *d)* el nivel que permite el lujo.—A.E.W.

renta pura. Véase **renta.**

rentas, huelga de. Movimiento colectivo de un grupo de arrendatarios que se niegan a pagar las rentas hasta que se corrijan los abusos alegados o se reduzcan las rentas excesivas.—S.S.

rentero. Arrendador. Colono que posee en arrendamiento una explotación agrícola, por la que paga a su propietario un rento anual en efectivo. Distínguese del aparcero *(q. vid.),* que sólo viene obligado a entregar al propietario de la tierra una parte de la cosecha.—J.C.

rentista. Persona que vive principalmente de sus rentas, sin realizar un esfuerzo personal productivo.—J.C.

rento. Prestación anual que el arrendador de la tierra paga a su propietario a cambio del derecho a poseerla, trabajarla y explotarla.—J.C.

reorganización individual. Establecimiento de una nueva serie de valores en la vida de un individuo.—P.F.C.

reorganización social. Establecimiento de un nuevo sistema de relaciones o valores en un grupo social o sociedad, sobre todo después de un período de desorganización o de cambio social rápido.—P.F.C.

reorganizar. Establecer un nuevo sistema de relaciones o valores, en particular después de un período de desorganización o de cambio rápido.—P.F.C.

reparación del daño. Véase **resarcimiento del daño.**

reparación pecuniaria. Imposición judicial al condenado como responsable de un delito de la obligación de efectuar una determinada prestación en dinero que no se atribuye al Estado, sino a la víctima del delito, en consonancia con el perjuicio sufrido. Así, en algunas jurisdicciones norteamericanas, la condición para aplicar el sistema de prueba es que el delincuente efectúe determinados pagos periódicos a la víctima del delito para resarcirle del perjuicio personal o patrimonial sufrido.—N.F.C.

Concebida así, es una especie de pena privada dirigida a satisfacer moralmente al perjudicado por el delito y que, en cierto modo, constituye una supervivencia del sistema composicional del antiguo derecho, y tiende a desaparecer. Como pena accesoria se confunde con el resarcimiento del daño *(q. vid.),* por el que va siendo sustituída, y se reduce a un simple efecto o consecuencia civil de la condena penal.—J.C.

reparador. Véase **terapéutico.**

reparadora, institución. Véase **institución reparadora.**

repetición. Véase **fenómenos repetitivos.**

reposición o reemplazo de población. Tendencia a continuar existiendo igual número de individuos en las generaciones sucesivas, definida con referencia a los nacimientos o al número de adultos en los grupos de edad capaces de reproducción. Cf. *índice de reposición o reemplazo.*—F.L.

represión. Pena consistente en la severa amonestación dirigida al reo en su presencia por la correspondiente autoridad judicial manifestando la desaprobación de sus actos y conminándolo para que no persista en su conducta ilícita. Es una de las penas más leves que pueden imponerse por razón de delito. La represión puede ser pública o privada: en el primer caso se lleva a efecto en audiencia solemne del juzgado o tribunal que la impone y a puerta abierta; en el segundo, en audiencia privada, a puerta cerrada y sin publicidad. La represión es una de las medidas que se proponen como sustitutivos de las penas cortas de prisión (q. vid.).—J.C.

represalia. Con fundamento en la *lex talionis* (q. vid.) y en el antiguo derecho de venganza, el derecho internacional moderno ha aceptado la institución de la represalia, correlativa de la reciprocidad (q. vid.), como manera de corresponder o replicar un Estado a los actos de otro. Dichos actos pueden ser de carácter bélico, comercial e incluso no interrumpir las relaciones de amistad, pero siempre crean un estado de tensión internacional.—J.M.R. y J.C.

representación. Acción y efecto de representar, reemplazar o sustituir a otra persona haciendo las veces de ella. Los actos del representante tienen la eficacia que se les haya conferido según los términos del mandato de representación y dentro de ellos obligan al representado. La representación constituye un derecho que se manifiesta tanto en la esfera de las relaciones privadas, civiles o mercantiles, como en la de las relaciones públicas. En este último aspecto es un supuesto técnico necesario en el ejercicio de la política democrática dentro de la compleja sociedad moderna.—J.C.

representación colectiva. Traducción literal de la fórmula *représentation collective* (Durkheim). Sin embargo, la expresión francesa se traduce mejor por "símbolo públicamente inteligible". Esta expresión se opone a "acontecimiento comprendido privadamente", *représentation individuelle.* "Lo comunicable en cuanto contrario a lo inefable" es otra manera de expresarlo. Lo comunicable es "social" o "colectivo" porque adquiere su comunicabilidad mediante un proceso de interacción entre dos o más personas. Sobre todo, una representación colectiva no es simplemente algo semejante a una bandera que,

según se supone, "representa" a una "colectividad".—H.B.

representación gráfica. Método de representación estadística en el que los datos se ofrecen ingeniosa y expresivamente comparados por medio de diversos artificios gráficos o diagramas. Estos son de varios tipos: curvas o diagramas lineales, gráficas de barras, diagramas de área, diagramas circulares, diagramas de volumen, mapas estadísticos, pictogramas, etc.—J.C.

representación proporcional. Sistema electoral en el que los candidatos son designados de entre los que figuran en las diversas listas o grupos en proporción al número de sufragios que éstos obtienen, y que por lo tanto asegura la representación en la misma medida a los grupos mayoritarios y a los minoritarios, con tal de que estos últimos alcancen cierto volumen mínimo de votos.—J.C.

representación simbólica. Representación colectiva (q. vid.). Cf. *ritual, símbolo, tópico.*

representación tabular. Método de representación estadística en el que los datos se ofrecen cómoda y visiblemente recogidos en forma de tablas o cuadros compuestos en esencia de renglones y columnas, ya sin arreglar, como fuente de información detallada (cuadros generales o de referencia), ya elaborados de manera que resalten los datos y las relaciones de mayor interés (cuadros de texto o de resumen).—J.C.

representativo. En las estadísticas sociológicas, muestra de cualquier agregado social que es lo suficientemente amplia y diversificada para comprender todas las características principales de los individuos que componen ese agregado, en las mismas proporciones, aproximadamente, en que se encuentran en él.—G.M.F.

represión. Acción de contener, refrenar o moderar. El fin de la política criminal, del derecho penal y de sus diversas instituciones es la represión de la delincuencia o la lucha contra ella. Ese fin es aceptado genéricamente por las diversas escuelas de pensamiento, cualquiera que sea su discrepancia en orden a la fundamentación del mismo. Sin embargo, la idea de represión implica un matiz que la contrapone fundamentalmente a la de prevención desde el punto de vista de la política criminal. Sin perjuicio de aceptar el principio de que se previene reprimiendo, subsiste la diferencia que asocia la represión a la delincuencia ya existente y manifiesta, mientras que la prevención considera con preferencia el propósito de evitar y contener la criminalidad latente o potencial antes de que se manifieste en sus efectos lesivos, de luchar contra ella en sus mismos orígenes procurando de modo más efectivo un mejoramiento general de la sociedad en este aspecto.—J.C.

represión psicológica. Incapacidad o negativa a responder de la manera que de ordinario provocan ciertos estímulos. También, supresión de recuerdos de acontecimientos desagradables cuya evocación es dolorosa o produce vergüenza. El temor a la desaprobación social produce con frecuencia la inhibición (represión) del recuerdo o de la acción y esto degenera a veces en fobias, inquietudes e ilusiones. La represión es una tentativa de ajuste, deficiente pero muy común, que constituye por sí una fuente de tensiones. La represión está relacionada en gran medida con las funciones excretivas y sexuales del cuerpo humano.—w.c.h.

represión social. Eliminación o prevención, por obra del esfuerzo colectivo, de las formas de conducta consideradas divergentes.—a.r.l.

reprochabilidad. Cualidad o condición de reprochable, reconvenible o censurable. Posibilidad de formular un juicio moral de imputación y reproche o censura en relación con determinada conducta, poniendo sus efectos dañosos a cargo del titular de la misma. Constituye según algunos autores la esencia y fundamento de la culpabilidad.—j.c.

reproducción. Véase **coeficiente bruto** y **coeficiente neto de reproducción.**

repúblicas de menores. Instituciones escolares del tipo reformatorio, de carácter privado, para la asistencia y tratamiento de menores difíciles, díscolos y rebeldes. Son colonias infantiles inspiradas en los principios de autonomía, adaptación gradual a los aspectos económicos y sociales de la vida en comunidad y asociación en pie de igualdad de muchachos y muchachas, sean o no delincuentes. Las repúblicas de menores tuvieron como modelo la norteamericana "George Junior", del Estado de Nueva York, y a su imagen se han extendido a otros Estados. La eficacia de este tipo de escuela no está demostrada todavía de un modo concluyente. [Inglés, *junior republics.*] Cf. *Bolchevò.*—j.w.m'c.

resarcimiento del daño. Indemnización o compensación, valorable en dinero, de un perjuicio físico, patrimonial o moral. Da lugar a una obligación de carácter civil que puede establecerse convencional y judicialmente. Cabe considerar también el resarcimiento como una consecuencia civil de la condena penal, declarada judicialmente en favor del perjudicado por el delito, o como una pena accesoria o principal. En este último sentido tiende a sustituir a la reparación pecuniaria (q. vid.) y es recomendada como un sustitutivo eficaz de las penas cortas de prisión.—j.c.

rescate. Precio que se solicita o se satisface por recobrar lo que, legítima o ilegítimamente, pasó a ajena mano. La distinción expresada de lugar a que el precio de rescate sea debido en el primer caso y no en el segundo. Específicamente se denomina rescate al que se pagaba por la redención de cautivos y prisioneros de guerra, y también al que exigen los plagiarios.—j.c.

resentimiento antisocial. Resentimiento arraigadb contra la sociedad en general o contra las normas sociales en particular y que, a su vez, puede conducir a una conducta delictiva como "reacción de resentido".—m.a.e.

reserva de dominio, pacto de. Convenio temporal por virtud del cual la entrega de la cosa en operaciones de compraventa con pago diferido o aplazado no supone la transmisión del título de dominio correspondiente ni la consiguiente consolidación del derecho de propiedad en favor del comprador. Estos efectos se hacen depender del cumplimiento de una condición suspensiva (el completo pago); el vendedor conserva mientras tanto el derecho de propiedad y el comprador asume la obligación de devolver la cosa comprada en caso de no satisfacer puntualmente el pago en la forma convenida.—j.c.

reserva de trabajo. Volumen total de las personas que constituyen la mano de obra (q. vid.) como miembros potenciales aunque no efectivos de la misma. Comprende a las personas de 14 años o más que no trabajan ni tratan de hacerlo, pero que aceptarían una tarea remunerada por un corto espacio de tiempo (por ejemplo, un mes). Conforme a esta definición se ha calculado la reserva de trabajo en Estados Unidos en 7.6 millones de trabajadores a jornada entera y 5.7 millones a media jornada (1942). Alrededor de las cuatro quintas partes de la expresada reserva de trabajo a jornada entera se compone de amas de casa, siguiéndolas en importancia los estudiantes. Forman el resto del grupo los que son físicamente incapaces y los que se consideran a sí mismos demasiado viejos para tratar de trabajar en las condiciones ordinarias.—s.c.m.

residencia. 1. Norma por la que se rige la localización del hogar de los individuos casados. Es "matrilocal" (q. vid.) si, normalmente, el marido va a vivir con su mujer o los parientes de ella, y "patrilocal" (q. vid.) si, por costumbre, la mujer se incorpora al hogar de su marido. Cf. *descendencia.*—g.p.m.

2. Período durante el cual se requiere que un individuo o familia habite en un Estado o municipio para tener opción a los beneficios y derechos que conceden sus leyes (por ejemplo, la asistencia pública). Cf. *domicilio, vecindad.*—w.p.

residencia, leyes de. Se denominan leyes de residencia las leyes locales de Estados Unidos que establecen el tiempo de residencia en la comunidad que ha de transcurrir antes de que una persona tenga derecho a la asistencia pública. Las leyes de residencia son un residuo de las leyes de pobres de la vieja Inglaterra, particularmente de la ley de pobres isabelina de 1603, de la cual se derivaron en un principio la mayor parte de las leyes de beneficencia. Al hacer a la localidad responsable del sostenimiento de sus propios pobres fué necesario definir quiénes tenían derecho a esta ayuda. La exigencia de un período mínimo de residencia fué ideada para suprimir un grupo creciente de mendigos ambulantes, que era fomentado por la donación generosa de limosnas por parte de las iglesias y monasterios durante la Edad Media. En la actualidad, las leyes de residencia de Estados

Unidos varían grandemente. Algunos Estados exigen una residencia mínima de un año, en tanto que otros exigen no menos de siete. Muchas de las leyes contienen hasta los más mínimos detalles indicando cómo deben aplicarse a las diversas categorías de beneficiarios. [Inglés, *laws of settlement*].—J.W.M'C.

residencia matrilocal. 1. Práctica de los pueblos primitivos en que la pareja de recién casados establecía su residencia con los padres de la mujer o cerca de ellos. Semejante localización puede ser por toda la duración del matrimonio o limitarse a un período concreto inmediatamente posterior a él. Puede alternar con la residencia patrilocal en consonancia con ciclos anuales establecidos u otros períodos. La residencia matrilocal tiende a predominar en las culturas caracterizadas por la economía hortícola.—E.A.H.

2. La residencia matrilocal es costumbre que se encuentra en varias islas situadas entre Asia y Australia y entre los indios pueblo e iroqueses de Norteamérica. Suele hallarse entre gentes que tienen el sistema maternal de parentesco. En algunos pueblos la residencia matrilocal alterna, durante ciertos períodos, con la residencia patrilocal.—O.W.

residencia patrilocal. Se refiere a la residencia acostumbrada o preferida por parte de los recién casados en el hogar del marido o de sus parientes.—G.P.M.

residuos. Término popularizado por Pareto y sus discípulos para indicar las manifestaciones de los sentimientos básicos de que nace la motivación humana. En el sistema paretiano existen seis categorías básicas de tales factores motivadores: el instinto combinatorio, la persistencia de agregados o conservadurismo, el deseo de manifestar sentimientos, el impulso de sociabilidad, la necesidad de preservar la integridad del individuo contra las exigencias de la sociedad, y el deseo de expresión sexual. Este concepto participa de la naturaleza de la líbido freudiana, de la memoria racial explicada por Jung y otros, de los instintos, de las apetencias básicas y universales. En cada caso se pretende postular algún impulso o serie de impulsos fundamentales en función de los cuales puede explicarse el resto de la actividad. Cf. *derivaciones.*—H.E.M.

resistencia. Delito contra el orden público consistente en asumir frente a la autoridad en el ejercicio de sus funciones una actitud de oposición persistente, reiterada y violenta en forma tal que implique desprestigio manifiesto para aquélla. En la escala de los delitos contra la autoridad y sus agentes, la resistencia reviste mayor gravedad que la desobediencia y menor que el atentado, del que sólo se diferencia por las circunstancias de lugar, tiempo y modo en que tiene efecto.—J.C.

resistencia pasiva. Negativa serena a ser influido por órdenes o por la fuerza física. La no cooperación pacífica tiene una significación semejante pero algo más restringida.—M.S.

resolución judicial. Término genérico con el que se designan los medios procesales (sentencia, auto) de que se vale un juez o tribunal para terminar el procedimiento. En el proceso penal, el contenido de la resolución judicial puede ser el sobreseimiento, la inhibición, la absolución o la condena. En este último caso puede imponer una pena (si se afirma la responsabilidad criminal del reo) o una medida de seguridad y, en la primera hipótesis, ser o no suspendida condicionalmente. [Inglés, *disposition*].—J.C. y J.L.G.

responsabilidad. Capacidad de responder de los propios actos y de sus consecuencias. El término implica cierto grado de comprensión de la naturaleza y consecuencias de un acto y la deliberada o voluntaria realización del mismo. Por consiguiente, no puede atribuirse responsabilidad al loco o al menor; tampoco cabe hacer responsable a quien fué forzado a hacer algo contra su voluntad. [Inglés, *responsibility*].—A.R.L.

responsabilidad civil. Situación en la que una persona puede ser considerada responsable, jurídica y económicamente, por daño, pérdida o negligencia no excusables resultantes del incumplimiento de obligaciones civiles o de la comisión de delitos de daño. La responsabilidad civil *ex delicto* es accesoria de la responsabilidad criminal (q. vid.) pero puede subsistir autónomamente como una forma de responsabilidad objetiva (q. vid.) aun en casos en que la primera sea declarada inexistente. Del mismo orden objetivo es la responsabilidad civil que puede exigirse solidaria y subsidiariamente en consideración a los daños ocasionados por menores, representantes, animales, etc. La responsabilidad civil se concreta en la obligación de indemnizar los daños causados. [Inglés, *financial accountability*.] Cf. *indemnización, resarcimiento del daño.*—T.D.E. y J.C.

responsabilidad criminal. Situación subjetiva del individuo que resulta de la concurrencia de las condiciones o requisitos de la imputabilidad en un caso determinado sin que intervengan causas legítimas de inimputabilidad o de impunidad. Así como la imputabilidad es el aspecto psicológico de la vinculación causal entre el delincuente y el delito, la responsabilidad es el aspecto social y jurídico de la propia vinculación. La imputabilidad es, pues, presupuesto necesario de la responsabilidad, con la cual suelen confundirla algunos autores. La responsabilidad penal se traduce en la declaración jurídica contenida en la sentencia y en la atribución de la pena consiguiente.—J.C.

responsabilidad objetiva o sin culpa. Situación en la que un individuo, aun no siendo criminalmente responsable (cf. *responsabilidad criminal*) ni culpable (cf. *culpabilidad*), puede ser considerado como autor voluntario de un acto lesivo para otros. En tal caso la sociedad debe tratarle, mediante medidas legales, de tal modo que se reduzca la posibilidad de que recai-

**responsabilidad patronal
retractación**

ga o persista en su conducta. [Inglés, *criminal accountability*.] Cf. *responsabilidad*.—T.D.E.

Tal es el fundamento social y jurídico que permite al Estado adoptar medidas de seguridad (*q. vid.*) en relación con ciertas categorías de personas en estado peligroso (enfermos, etc.). —J.C.

responsabilidad patronal. Véase **riesgo patronal.**

responsabilidad social. Véase **responsabilidad.**

respuesta colectiva. 1. Respuesta de una pluralidad de personas en la que participa y a la que contribuye cada una de ellas. 2. Respuesta de una pluralidad de personas bajo el influjo de un estado emotivo en el que participa y al que contribuye cada una de ellas. Tales respuestas dependen, de ordinario, de la proximidad de presencia de gran número de personas y se producen con más frecuencia en períodos de cambio e inquietud social.—M.S.

respuesta condicionada. Véase **reflejo condicionado.**

respuesta cooperadora. Actividad emprendida por varios individuos respondiendo conjuntamente a un estímulo común.—P.F.C.

respuesta de pugna. Respuesta espontánea a estímulos que embarazan la libertad de movimiento, y que suele caracterizarse por una excitación fuerte y general y por la ausencia de coordinación muscular hábil.—M.S.

respuesta emotiva. Respuesta acompañada de sensaciones y percepciones y por expresiones motoras de excitación o sólo por estas últimas. La excitación, unida a una actividad fisiológica intensificada, parece interferir con procesos mentales diferenciadores y con hábitos motores complejos.—M.S.

respuesta estereotipada. Respuesta configurada por una definición de la situación o por un concepto del papel social que ya se hallaban establecidos en la mente de quien responde.—T.D.E.

respuesta estereotipo. Respuesta en forma de palabras o actos que, por las creencias populares de un grupo o sociedad, se ofrecen a un estímulo determinado. Se diferencia de las respuestas determinadas por factores no culturales, de situación y psicológicos.—A.M'C.L.

respuesta mimética. 1. Respuesta por medio de la cual un organismo se apropia alguna característica de otro a fin de escapar a un peligro o de alcanzar un objetivo. 2. Respuesta por la cual un organismo reproduce la acción de otro que sirve de estímulo. Cf. *imitación*.—M.S.

respuesta no cooperadora. Respuesta que no contribuye al logro de un objetivo deseado conjuntamente por dos o más agentes sociales. —M.S.

respuesta predominante. Respuesta que se impone a todas las demás en competencia cuando los estímulos adecuados a todas ellas se encuentran presentes de modo simultáneo. Así, en el experimento de Sherrington con un perro

descerebrado, los reflejos que mantienen la posición extendida de los miembros, la respuesta típica de la pata que se produce al rascar el lomo y la respuesta de retracción al estímulo de un pinchazo permanecieron intactas. Pero cuando todos estos estímulos fueron aplicados juntos, la respuesta de retracción inhibió a las demás y controló el movimiento del miembro. En este caso, la retracción es la respuesta predominante y el pinchazo el estímulo predominante.—H.E.J.

respuesta social. Respuesta de un agente social al estímulo de otro agente social o al de algún objeto inanimado provisto de significación social.—M.S.

restitución. Reintegración o devolución, voluntaria o compulsiva, de una cosa a su anterior poseedor. Puede ser un pronunciamiento civil o una pena accesoria. Es compatible con la indemnización de perjuicios, y en caso de resultar imposible llevarla a efecto por destrucción, pérdida o menoscabo, se sustituye por la indemnización de daños.—J.C.

restricción moral. Freno moral (*q. vid.*).

restricción social. Control negativo ejercido en el seno de un grupo; situación en la que el grupo limita de alguna forma la conducta de sus miembros; forma de control interno en la que una persona se inhibe o limita a sí misma ante requerimientos de la cultura, por su apreciación de la situación del grupo o por la conciencia de los deberes que le impone ser miembro de él. Se distingue de la coacción social (*q. vid.*), en la cual la violencia física impuesta por la ley se da como última amenaza. —T.D.E.

retención. Capacidad del sistema nervioso para recibir impresiones y para conservar lo aprendido.—N.A.

retención indebida. Especie del delito de abuso de confianza consistente en negar la restitución o en no restituir oportunamente lo recibido para un uso determinado, bajo un título no traslaticio de dominio, sino que deje subsistente la obligación de devolver, causando con ello perjuicio a persona determinada.—J.C.

retirada. Método anticoncepcional. Cf. "*coitus interruptus*". [Inglés, *withdrawal*.]

retiro. Grado de aislamiento deseado, que no implica incomunicación con la sociedad, el grupo o la familia. Puede relacionarse con la oportunidad de un individuo o familia de encontrarse solos en momentos en que es indispensable estarlo. [Inglés, *privacy*].—N.A.

reto. Provocación o invitación al duelo (*q. vid.*) realizada por uno de los posibles contendientes. El término desafío es aplicable tanto a la provocación como al duelo mismo. Puede considerarse como punible en cuanto acto de instigación a delinquir y en cuanto manifestación externa del propósito de hacerlo o tentativa de duelo.—J.C.

retractación. Expresa revocación de lo dicho anteriormente. Aplicada a los delitos contra el honor (injuria, calumnia, difamación), la retractación puede valorarse como una excusa absolutoria, para lo cual suele exigirse que sea hecha con publicidad, y antes de determinado momento procesal (hasta en la ocasión de contestar la querella). Se trata de un caso de arrepentimiento activo (q. vid.).—J.C.

retrato hablado. Método antropológico de identificación personal consistente en la descripción sistemática de las características más importantes del rostro —frente, nariz, orejas, etc.— con sujeción a gradaciones y estereotipos generales previamente establecidos.—J.C.

retribución. Teoría sobre el fundamento y fin de la pena que afirma la necesidad de compensar el mal causado por el delito, tanto con respecto a su víctima como con relación a la sociedad. Esta teoría se basa en el supuesto de que el delito altera el equilibrio del universo social, que sólo puede restablecerse infligiendo al delincuente un castigo adecuado. Aristóteles fué quien primero formuló la ley de lo que él llamaba "justicia correctiva". La teoría retribucionista asume dos formas: moral y jurídica. Según la primera, el delito es una violación del orden moral y la pena debe ser una especie de compensación o retribución moral. El más ilustre representante de esta posición absoluta fué Kant; también la profesó Mamiani. La retribución jurídica considera al delito como un hecho contrario al derecho vigente; la pena viene a ser una derivación dialéctica de la idea del derecho, por medio de la cual se efectúa la debida compensación y el consiguiente restablecimiento del orden jurídico. Hegel fué el egregio representante de esta dirección ideológica, compartida por muchos juristas (Maggiore, Mayer, etc.). Cf. talión.—J.L.G. y J.C.

retroactividad. Capacidad de actuar válidamente sobre el tiempo pasado. En orden a la eficacia obligatoria de las leyes, el principio de retroactividad sería la posibilidad de que una ley se aplicase a hechos acaecidos o situaciones creadas con anterioridad a su promulgación, es decir, la eficacia de la ley ex post facto. Se admite generalmente que el ámbito temporal de aplicación de la ley debe estar determinado por el principio contrario, de la irretroactividad (q. vid.). En cuanto a las leyes penales, sin embargo, se consiente la excepción favorable a la retroactividad de la ley más benigna.—J.C.

retrospección, Véase **predicción sociológica.**

reuniones sociales eclesiásticas. Las de carácter amistoso organizadas por una confesión religiosa para sus miembros, asistentes y amigos, regularmente con el propósito de combinar la grata relación social con el fomento y proselitismo de dicha confesión y a menudo también para allegar dinero u otras aportaciones que se destinan a fines religiosos o benéficos. [Inglés, church social.]

revelación de secretos. Comunicación o propalación de aquello de que se tiene conocimiento en virtud de la confianza ajena o por

razón de actividades profesionales. Cuando excede los límites de una prudente discreción puede constituir la simple infracción de las normas de la moral privada o de la profesional (cf. secreto profesional), no perseguible criminalmente, o un delito contra la libertad y la seguridad individuales, e incluso, cuando se halla calificada por la índole del secreto, dar lugar a otras formas delictivas de mayor gravedad (espionaje, traición). La violación y la revelación de secretos pueden ser actos autónomos e independientes o hallarse vinculados por una relación de medio a fin.—J.C.

reversión. 1. El supuesto fenómeno biológico del atavismo; la afloración, en una progenie aparentemente "pura", varias generaciones después de una sola mezcla de razas, de un individuo acusadamente semejante a la raza opuesta en la mezcla original. Los antropólogos no han podido comprobarla. [Inglés, throwback].—T.D.E.

2. Restitución o devolución legal de bienes a favor del señor, de la Corona o del Estado ocasionada por haber muerto el propietario sin dejar herederos o en concepto de penalidad legal (convencional o administrativa) por alguna falta o contravención cometida por el propietario. [Inglés, escheat].—R.N.B.

revocación. Acto jurídico por virtud del cual se anula o casa otro acto jurídico precedente. Una manifestación del principio general de la revocación es la acción pauliana, cuyo ejercicio puede permitir la restitución a la masa patrimonial de los bienes sustraídos de ella en fraude de acreedores por los responsables de determinados delitos (alzamiento de bienes, quiebra fraudulenta).—J.C.

revolución. Cambio súbito, arrollador, en la estructura societal o en algún rasgo importante de ella. Forma de cambio social que se distingue por su alcance y velocidad. Puede ir o no acompañada de violencia y desorganización temporal. Cuando se verifican cambios de igual magnitud en forma gradual y sin lucha o violencia excepcionales, ello es, de ordinario, una expresión de la evolución social. Lo esencial en la revolución es el cambio brusco, no el levantamiento violento que con frecuencia la acompaña. En efecto, existe justificación plena de la teoría que sostiene que la verdadera revolución, como fenómeno social, se inicia mucho antes de que aparezcan sus manifestaciones violentas y que prácticamente queda realizada antes de que se produzcan tales manifestaciones. La violencia es, simplemente, la prueba manifiesta de que el cambio ha ocurrido.

revolución comercial. Expansión súbita y general de las relaciones comerciales que acompañó y estuvo íntimamente asociada a la revolución industrial (q. vid.). Sus características principales fueron: creación del mercado mundial, aumento de la velocidad y facilidad del transporte, desarrollo de las finanzas internacionales, acrecida importancia y complejidad de las relaciones de la política comercial internacional, etc.

Revolución Industrial. Expresión con que se designa el complejo de cambios que precedieron al industrialismo moderno. Se aplica, especialmente, al período de cambio clásico de fines del siglo XVIII y comienzos del XIX, en Inglaterra; momento en el cual las innovaciones tecnológicas modificaron completamente el proceso productivo y dieron lugar a la transformación de la industria haciéndola pasar del modo de producción que empleaba el trabajo a domicilio y el pequeño taller, al sistema de fábrica. Los cambios que con más frecuencia se citan son aquellos que se produjeron en la industria textil, en la que una sucesión de inventos, en particular la máquina para hilar, el telar de agua y el telar mecánico, transformaron la producción. Igualmente importantes fueron los progresos en la producción del hierro. Se han hecho resaltar los cambios producidos en la fuerza motriz, primero con la aplicación de la energía hidráulica, y posteriormente, en los primeros años del siglo XIX, con la aplicación del vapor, que al perfeccionarse revolucionó a su vez el sistema de transportes por mar y tierra, con la consiguiente expansión del comercio y de la industria. La simultánea división del trabajo y la aceleración de la mecanización en la producción simbolizaron en todas partes los cambios industriales de este período multiplicando la eficacia productiva como consecuencia. Los numerosos cambios sociales y económicos que van asociados a estas primeras etapas del industrialismo pueden considerarse como características de la revolución industrial. Cf. *industrialismo.* Algunos economistas hablan de la "segunda revolución industrial" al referirse a los cambios que se han operado en los últimos años del siglo XIX y primeros del XX, caracterizados por el desarrollo de la energía eléctrica y el empleo de metales más ligeros, juntamente con los avanzados perfeccionamientos de la mecanización industrial. —K.DP.L.

revolución social. Cambio brusco de un orden social, en particular en su jerarquía de las clases. Una revolución social es una transformación radical de las constelaciones de poder, prestigio y privilegio de una sociedad, en la que se desaloja casi por completo del dominio a los que eran hasta ese instante las capas superiores. —W.C.H.

revolución vital. Cambio notorio en la reproducción humana, históricamente observable, en virtud del cual ha sido posible producir una población determinada, sea creciente, estacionaria o decreciente, mediante coeficientes de natalidad y mortalidad bajos, en vez de los coeficientes altos, que representaban las condiciones vitales históricamente dominantes. La característica esencial del cambio es la mayor economía alcanzada en la reproducción humana, debida a los recientes progresos en materia sanitaria y en la medicina preventiva. —N.E.H.

rezago cultural. Retraso en la velocidad de cambio de alguna parte de un complejo cultural; falta de sincronización que produce desajuste. [Inglés, *cultural lag*]. —M.K.

rezago moral. Situación que se produce cuando formas nuevas e importantes de conducta, en el campo de la alta finanza por ejemplo, no se acompañan de modo inmediato por una valoración moral pública y común de las mismas. La expresión tiene como supuesto la exigencia de esos juicios morales. [Inglés, *moral lag*]. —A.R.L.

rezago social. Fracaso de las instituciones y actitudes sociales en su mantenimiento a nivel del desarrollo técnico con el cual se entrelazan. Desajustes producidos por una falta de sincronización. [Inglés, *social lag*]. —M.K.

ribera. Véase **derecho ribereño.**

rico ocioso. Persona que ha amasado una fortuna, sea por herencia o por sus propios esfuerzos, y que vive de sus propiedades acumuladas sin ocupación regular o sin hacer nuevos esfuerzos en interés del bienestar común. —A.E.W.

ridiculizar. Exagerar humorista, crítica e incluso cáusticamente ciertas características de los demás, como venganza o con el propósito de estimular su 'desaparición. No es fácil distinguir este concepto de los de mofa, burla, befa, parodia, remedo, ironía, sátira, etc. —F.E.L.

riesgo de detención. Véase **propensión al arresto.**

riesgo patronal. Responsabilidad patronal. Fórmula jurídica con la que se designa la atribución de responsabilidad al patrono por el accidente ocurrido al obrero. Esta responsabilidad constituyó el objeto de una acción judicial en la que la carga de la prueba correspondía al obrero, el cual debía ofrecer pruebas en apoyo de la demanda de indemnización que dirigía contra el patrono. La expresión quedó anticuada cuando las prestaciones a los trabajadores hicieron desaparecer la necesidad de probar la negligencia y establecieron el derecho del trabajador lesionado a reclamar la indemnización correspondiente conforme al sistema de seguro legalmente establecido. [Inglés, *employer's liability*.] Cf. *prestaciones a los trabajadores.* —M.VK.

La evolución del antiguo al nuevo sistema se marcó por la intervención de las empresas aseguradoras, que asumieron el riesgo patronal mediante el contrato de seguro. El nuevo sistema ofrece las ventajas de objetivar el riesgo y garantizar el derecho del trabajador. —J.C.

riesgo, previsión del. Véase **previsión del riesgo.**

riña. Delito contra la vida y la integridad corporal consistente en el acometimiento confuso, recíproco y tumultuario de varias personas. La riña plantea problemas de individualización de la responsabilidad cuando en ella se producen homicidios o lesiones y no es posible probar quién los cometió. En tal caso suele imponerse el principio de la responsabilidad solidaria de todos los autores de lesiones o de todos los partícipes en la riña, aunque atenuando la penalidad que correspondería en caso de responsabilidad individual.—J.C.

riqueza. 1. En relación con la propia conservación, son riqueza los objetos materiales, externos a su cuerpo, que poseen los seres humanos. La cualidad del valor (q. vid.), pero no necesariamente la utilidad (q. vid.), va implícita en el concepto de riqueza, en el supuesto de que nada es poseído a menos que tenga valor. La fuente de toda riqueza es la tierra (q. vid.) y los procesos de creación de riqueza se comprenden en el término general "producción" (q. vid.). Los fenómenos que surgen en relación con la creación y distribución de la riqueza constituyen la materia de la ciencia social especial llamada economía. La riqueza es de dos tipos principales, bienes de producción y bienes de consumo (q. vid.). 2. Posesiones materiales de importancia considerable. Riquezas. Abundancia. Grandes acumulaciones de objetos valiosos. [Inglés, *wealth*.]

riqueza de la novia. Véase **precio de la novia.**

ritmo. Regularidad previsible en la repetición de cualquier índole de fenómenos de la vida o del pensamiento.—J.H.B.

ritmo social. Cualquier sucesión de pensamientos, sentimientos y actos de grupos, idénticos o muy semejantes, que se ofrece en forma periódica. El vals con su triple compás, la pauta de tres comidas al día, el comportamiento rutinario en la iglesia o en los ritos de las logias y los ciclos económicos —en la medida en que son verdaderos ciclos— pueden tomarse como ejemplos.—F.E.L.

rito. Acto o serie de actos formales o convencionales de carácter mágico o religioso. Cf. *ceremonial.*—G.P.M.

rito social. Modelo de conducta designado por la ley, la costumbre o la religión como la forma correcta. Cf. *ritual.*—O.W.

ritos de iniciación. Ceremonias, por lo común de carácter sobrenatural, que acompañan a la admisión, bien al *status* de pubertad (cf. *ritos de pubertad*), bien en una sociedad secreta, grado de edad, secta u otra asociación.—G.P.M.

ritos de natalicio. Ceremonias realizadas por las tribus salvajes y pueblos antiguos con motivo del nacimiento de un hijo. Pretenden purificar tanto a la madre como al hijo de las impurezas del alumbramiento, proteger al niño contra los espíritus malos y darle fuerza y energía. El rito de purificación ha subsistido hasta los tiempos modernos.—W.G.

ritos de pubertad. Ceremonias de adolescencia, para muchachos o muchachas, o para ambos sexos, que señalan su transición al estado adulto o de matrimonialidad y que, con frecuencia, implican reclusión, tabús alimenticios, pruebas físicas, instrucción moral e investidura con cierto signo visible del nuevo estado. Cf. *ritos de iniciación, ritos de tránsito.*—G.P.M.

ritos de purificación. Los realizados en muchas tribus primitivas con la finalidad de purificar tanto a la madre como al niño de la "impureza" del alumbramiento. En los pueblos primitivos se halla muy difundido el horror, el miedo a la preñez y al alumbramiento, fenómenos que no comprenden. Se considera con frecuencia a la mujer embarazada como algo anormal y como fuente potencial de males para la comunidad. Por consiguiente, está sujeta a ciertos tabús y no es raro que se la obligue a vivir en una choza separada de la de su familia. A veces, después del alumbramiento, tanto la madre como el niño son sometidos a cuarentena, mientras se celebran ceremonias de purificación. Es muy corriente que se corte el cordón umbilical con sujeción a ritos consuetudinarios ideados para ahuyentar el mal. Cf. *ritos de natalicio.*—W.G.

ritos de tránsito. Ceremonias que se agrupan en torno a las grandes crisis de la vida o períodos de transición de un estado a otro, especialmente el nacimiento, la pubertad, el matrimonio y la muerte.—G.P.M.

ritos nupciales. Ceremonias más o menos oficiales por las que un hombre y una mujer entran en relación matrimonial. Incluso en las sociedades bárbaras se observaban ciertos ritos elementales al entregar una mujer a un hombre para que fuera su esposa. Entre los hebreos, griegos y romanos de la antigüedad era usual que el padre diera a la muchacha en matrimonio ante una reunión de amigos de la familia. Una vez que el padre había entregado a su hija al novio, una alegre procesión escoltaba a la novia hasta la casa de su marido. Esta procesión nupcial era un detalle importante del rito en todas las sociedades antiguas. Durante la Edad Media la iglesia cristiana logró aumentar en gran medida su dominio sobre el matrimonio y sobre el ritual nupcial.—W.G.

ritual. Forma de comportarse prescrita por costumbre, ley, norma o reglamento. En muchos pueblos primitivos se cree que el ritual es particularmente agradable a los dioses y se castigan las desviaciones del aceptado como vigente. El ritual se considera de particular importancia en ciertas actividades religiosas, políticas, asociativas o de simple convivencia: en la admisión de nuevos miembros, en el bautismo, en la iniciación, en la toma de posesión de un cargo, en la presentación de alguien a otras personas o a un grupo. Se encuentra en las danzas ceremoniales, en las fiestas, sacrificios, entierros y muchas otras formas de actividades. El ritual puede referirse a la lista de ceremonias que rigen en las mismas. Puede comprender plegarias, testimonios, erguirse, inclinarse, arrodillarse, entrecruzar las manos, andar, cantar, llevar una cruz, bastón de mando u otra insignia, etc.—O.W.

ritual, continencia. Véase **continencia ritual.**

ritual del matrimonio. Véase **ritos nupciales.**

ritual, unión. Véase **unión ritual.**

ritualismo. Sistema o procedimiento que pone en práctica un ritual; uso u observancia de un ritual. Iglesias, logias, organizaciones militares y muchos otros grupos formalmente organizados siguen una forma de conducta prescrita denominada ritualismo.—o.w.

rivalidad. Competencia personalizada, pero sujeta a reglas (costumbres, código, etc.), para impedir, o al menos mitigar, la lucha.—t.d.e.

robo. Delito contra la propiedad consistente en el apoderamiento de cosa mueble ajena, llevado a cabo con ánimo de lucro y empleando violencia o intimidación en las personas o fuerza en las cosas. El robo no es más que una figura de hurto (q. vid.) calificada por la índole de los medios empleados en su ejecución. Es típica de las legislaciones hispano-americanas la equiparación legal de la violencia sobre las personas y sobre las cosas para tipificar un delito autónomo, pues otros sistemas construyen figuras separadas con esos dos elementos calificadores. [Inglés, robbery].—j.c.

El robo puede adoptar formas complejas y agravadas, que lleguen a constituir delitos autónomos. Así, el robo con allanamiento de morada o escalo y nocturnidad (q. vid.) constituye una figura especial en el derecho norteamericano [burglary].—j.w.m'c.

Rochdale, principios de. Serie de ocho principios o normas de procedimiento para organizar una asociación cooperativa de consumidores basada en las reglas y objetivos ideados por los veintiocho fundadores de la Rochdale Society of Equitable Pioneers, en Rochdale, Inglaterra, en 1844. Estos principios han sido formulados con algunas variaciones, pero en lo sustancial son los siguientes: 1) ingreso libre y voluntario en la sociedad; 2) cada miembro, un voto; 3) tipo de interés limitado sobre el capital sin ningún beneficio especulativo; 4) negocios hechos a base únicamente de pago al contado; 5) precios del mercado; 6) amortización de la aportación inicial; 7) neutralidad política y religiosa, y 8) enseñanza y expansión continuas.

romanticismo. Predominio de la espontaneidad, de la sensibilidad, de la pasión o de la imaginación en el genio o temperamento; actitud o doctrina que exalta el sentimiento y el élan más bien que la forma en los campos de la estética

y de la ética y considera el impulso como algo que se justifica por su propia expresión. Por consiguiente, sus tendencias son individualistas, pluralistas, incluso anárquicas, más bien que hacia la solidaridad, el orden o la estabilidad. En su sentido popular se refiere más bien a la erótica trovadoresca y a manifestaciones similares.—t.d.e.

rotación de trabajadores. Cambio de personal en una fuerza de trabajo determinada (por establecimientos o industrias), medido comúnmente mediante el cálculo de las separaciones y los reemplazos. Así como se considera normal un cierto volumen de cambio, un volumen excepcional se estima sintomático de desajustes en la situación económica y social relativa a la movilidad del trabajo (q. vid.) y susceptible de afectarla. [Inglés, labor turnover].—k.dp.l.

rufianismo. Forma de inmoral parasitismo consistente en vivir explotando a una prostituta o a expensas de las ganancias obtenidas por ella. Puede ir acompañado o no de actividades de favorecimiento e incluso de instigación al ejercicio de la prostitución. Se sancione o no como delito, es indudable indicio de peligrosidad (q. vid.) y en cuanto tal es objeto de represión social. La actividad del rufián está muy próxima de la del gigolo (q. vid.).—j.c.

ruina. Pérdida grande de los bienes de fortuna. Puede determinar la quiebra (q. vid.), culpable o no.—j.ċ.

rural. Perteneciente o relativo al campo. Cf. desorganización rural, familia rural, organización social rural, población rural, sociología rural, vida rural (fomento de la).

rural, área de problema. Véase **problema rural (área de).**

ruralidad. Grado en el que una comunidad o área se aproxima a un estado o condición plenamente rural.—e. de s.b.

ruralización. Proceso por el cual las actitudes y prácticas rurales se transfieren a la conducta urbana.—e. de s.b.

rurbanización. Interacción de lo rural y lo urbano; proceso intermedio de aproximación.—j.h.k.

rurbano. Contracción de rural y urbano ideada para designar las relaciones de comunidad entre el campo y la aldea o pequeña ciudad.—j.h.k.

S

sabotaje. Cualquier acto de obstrucción al proceso industrial, de ordinario secreto o encubierto, cometido por individuos o grupos de obreros para apoyar un interés privado, para obligar a dar satisfacción a las quejas y demandas de los obreros (sabotaje industrial) o, en tiempo de guerra, para servir a los fines de una potencia extranjera (sabotaje político). También se aplica el término con propiedad, pero no comúnmente, a la limitación de la producción por parte de los trabajadores, o a la destrucción de los productos para mantener los precios u obligar al gobierno 'a que haga concesiones. El término tuvo su origen en Francia y aludía, con diversos matices, al lento y desmañado andar de los obreros calzados con zuecos de madera (*sabots*) o a su conocida práctica de obstruir la maquinaria para llamar la atención sobre sus reclamaciones. El sabotaje adoptó ciertas formas de obstrucción, no sólo causando desperfectos en la propiedad, sino montando guardia en los locales de trabajo (hecho conocido en Escocia, y ampliamente en todas partes, por *ca'canny*), difundiendo falsos rumores o haciendo, públicamente, revelaciones nada favorables sobre la calidad de las mercancías (sabotaje clamoroso) y haciendo aumentar los costos mediante el empleo de materiales de alto precio.—R.N.B.

El sabotaje puede llegar a constituir diversas figuras delictivas (daños, atentados a la libertad de trabajo, revelación de secretos, traición) o ser tipificado como un delito autónomo contra la economía.—J.C.

"sacra privata." Conjunto de ritos y sacrificios del culto familiar en la Roma antigua. En estas ceremonias, celebradas en adoración a Vesta, diosa del hogar, de los lares, espíritus de los antepasados, y de los penates, que bendecían la abundancia de la familia, el padre actuaba de sacerdote, asistido por su esposa e hijos, interviniendo estos últimos con carácter de *camilli* y *camillae* o acólitos. Algunos escritores han sugerido que la razón de que se permitiese a los muchachos romanos llevar la cinta de púrpura sobre la *toga praetexta* (toga de la mocedad), privilegio limitado a los sacerdotes y magistrados, era porque participaban activamente en el culto familiar.—W.G.

"sacra publica." Ceremonias que se celebraban en la Roma primitiva en el día llamado *Liberalia* —el dieciséis de marzo— después de que el muchacho romano había cambiado la toga de la mocedad por la *toga virilis*, que simbolizaba su llegada a la virilidad. El día comenzaba con el culto a los dioses domésticos en el altar familiar, sobre el cual depositaba el muchacho sus juguetes favoritos y su *bulla* o amuleto contra los maleficios, que había llevado al cuello desde el día en que se le ponía nombre. Después seguía una ceremonia solemne celebrada en el foro público. Rodeado de sus parientes y amigos, el joven patricio era conducido al foro y después al Capitolio, donde se ofrecían sacrificios a los dioses nacionales de Roma.—W.G.

sacrificio. Acto de oblación o de dedicación a un ser sobrenatural o a un uso sagrado que, de ordinario, lleva consigo la destrucción del objeto ofrecido. Por ejemplo: sacrificio sangriento, sacrificio de fundación, sacrificio funerario, holocausto, sacrificio humano, libación, plegaria, víctima propiciatoria, sacrificio sustitutivo, ofrenda votiva.—G.P.M.

sacrificio de fundación. Sacrificio hecho al poner los cimientos de un edificio u otra construcción, de una víctima humana en particular, a fin de proporcionar a la construcción un espíritu protector o guardián.—G.P.M.

sacrificio humano. Sacrificio de un ser humano. Cf. *sacrificio de fundación, séquito sepulcral*, "suttee".—G.P.M.

sacrificio sangriento. Sacrificio de sangre, en especial mediante su derramamiento.—G.P.M.

sacrificio sustitutivo. Sacrificio que se ofrece en lugar de otro. Por ejemplo: de un animal en lugar de una víctima humana.—G.P.M.

"sachem." Jefe supremo de una tribu o federación de indios de Nueva Inglaterra; por extensión, cualquier jefe tribal de los indios del nordeste de Estados Unidos.—G.P.M.

sadismo. Ejercicio anormal e injustificable de la fuerza por parte de una persona o grupo con el fin de torturar, ultrajar u oprimir ferozmente a otras personas, unido por lo común a cierta perversión sexual.—G.M.F.

safismo. Lesbianismo (q. vid.).

salario. Precio pagado por los propietarios de empresas por las prestaciones de trabajo humano libre (no esclavo).—E.E.M.

salario mínimo. Salario básico, establecido por la ley, por acuerdo sindical o por la acción de un patrono, para obreros de cierta clase o para zonas determinadas y que por tanto no puede ser disminuido. En las propuestas legislativas recientes, el concepto de salario "mínimo" suele reemplazarse por el de salario "justo".—M.VK.

salario móvil. El de carácter variable cuyo monto efectivo se hace depender de las oscilaciones de los índices del costo de la vida. Se funda en la conveniencia de adaptar la retribución pecuniaria del trabjo a su capacidad adquisitiva y de mantener la uniformidad de los salarios reales (q. vid.).—J.C.

salario predominante. El que se paga a la mayoría de los obreros por una clase específica de trabajo y en una comunidad determinada.

salario sindical. Tipo de remuneración establecido por un sindicato y aplicable en todas las empresas que han aceptado relaciones de trabajo sobre la base de un contrato colectivo. —M.VK.

salario-tipo. Determinación de los salarios por unidad de tiempo o de trabajo; por ejemplo, por hora, por día, por pieza, etc.—E.E.M.

salario vital. Tipo de remuneración por el trabajo que basta para obtener lo necesario para vivir.—M.VK.

salarios, escala de. Serie de tipos de salario aplicables a una profesión o grupo de profesiones y a un lugar de trabajo determinado o a un área entera de trabajo.—M.VK.

salarios nominales. Expresión de los salarios, en dinero por lo general, sin referencia a su capacidad adquisitiva.—E.E.M.

salarios reales. Cantidades y calidades de las mercancías o servicios que los salarios en dinero permitirán adquirir durante un período de tiempo.—E.E.M.

salpingectomía. Operación quirúrgica en la que se secciona la trompa de Falopio para impedir el paso del huevo al útero. Se practica como tratamiento o prevención de ciertas enfermedades y, especialmente, como forma de esterilización.—O.W.

salteador de caminos. Ladrón que comete sus fechorías asaltando a los viajeros que transitan los caminos, para aprovechar la circunstancia del despoblado. Suele ser objeto de una sanción agravada en los sistemas legislativos.—J.C.

salud. En cuanto normal desenvolvimiento de las funciones psicológicas y biológicas humanas, la salud es objeto de la protección del derecho. Los delitos de lesiones, daños, contagio, etc. no tienen otro objeto social. Dicha protección jurídica alcanza no sólo a la salud individual de las personas, sino también a la salubridad pública o de la comunidad social, amparada mediante delitos de peligro que sancionan la contaminación de bebidas y alimentos, la infracción de los reglamentos de higiene, etc. En sentido más amplio, dentro del concepto de protección de la salud moral de los individuos o de la sociedad, también puede comprenderse la incriminación como delitos de los actos de corrupción, ultraje al pudor, escándalo público, etc.—J.C.

saludo. Forma de acoger o despedir.—G.P.M.

saludador. Curandero (q. vid.).

salvoconducto. Garantía de seguridad o protección que se otorga a un mensajero o a otra persona y que le permite transitar sin contratiempo por un territorio hostil o zona de guerra. Cf. acceso pacífico.—G.P.M.

San Miguel, Hospicio de. Antigua institución penal con la que se vincula el origen de la celda y de los sistemas penitenciarios modernos. Fué edificada en Roma, en el siglo XVI, bajo el pontificado de Clemente XI. Tenía carácter correccional, se destinaba a alojar a jóvenes delincuentes durante su reforma y se inspiraba en un severo régimen enteramente análogo al que después caracterizó al sistema de Auburn. Su disposición arquitectónica anuncia ya muchas de las prisiones y reformatorios modernos, pues concede importancia a las subdivisiones celulares.—J.W.M'C. y J.C.

San Pablo, proyecto de. Denominación generalmente aceptada del proyecto patrocinado por la Sección de Trabajo Infantil (Children's Bureau) del Departamento del Trabajo de Estados Unidos con el fin de coordinar en San Pablo a las diversas agencias sociales para poner de manifiesto las posibilidades de que dispone la organización social en orden a la prevención de la delincuencia, al descubrimiento de la misma en sus fases iniciales y al desarrollo de sistemas eficaces de tratamiento de los diferentes tipos de individuos y conductas. El proyecto ha sido dirigido por un organismo especial para el bienestar infantil dotado de personal y financiado por la Sección de Trabajo Infantil.—M.A.E.

sanción. 1. Permiso o aprobación social de un acto o forma de conducta determinados.

2. Disposición legal o reglamentaria para imponer la observancia de un imperativo legal o social y, consiguientemente, la penalidad por la violación de tal imperativo.

3. Por un proceso de inversión peculiar, no insólito en la historia del lenguaje, prohibición o proscripción. En este último sentido es en el que el término ha adquirido gran boga en los años recientes, sobre todo en relación con los acuerdos internacionales y con el sistema de coacción que figuraba en la organización de la Sociedad de Naciones. En el empleo contemporáneo, la frase "aplicar sanciones" significa, de ordinario, aplicar restricciones, prohibiciones o penalidades.

4. Acto solemne por el que la autoridad constitucional competente aprueba y confirma una ley. Por extensión, cualquier forma de asenso o aprobación con que se ratifica la validez de algún acto, uso o costumbre.—J.C.

sanción administrativa. La de carácter penal que constituye la consecuencia jurídica de una infracción a las normas de carácter administrativo o reglamentario. Aunque generalmente de índole pecuniaria (multas), las sanciones administrativas pueden comprender también las restricciones de derechos (inhabilitaciones) e incluso cortas penas de privación de libertad (arrestos). Se ha llegado a tratar como administrativas todas las sanciones contravencionales (Ferri).—J.C.

sanción penal. Conminación establecida por la ley, norma o precepto para el caso de su infracción. La sanción es en este sentido sinónimo de pena y de cláusula penal. Por no llevar implícita connotación alguna de carácter retributivo o aflictivo, suele preferirse en la moderna terminología jurídico-penal, para la cual la sanción es simplemente algo que sigue o acompaña como su consecuencia jurídica al hecho antijurídico previsto por la norma.—J.C.

sanción social. Cualquier amenaza de pena o promesa de recompensa establecida por un grupo con el fin de conseguir de sus miembros una conducta conforme a sus normas o leyes. La sanción jurídica es una forma de sanción social; por eso quizá puede emplearse, por oposición, la última frase para indicar las sanciones de grupo no jurídicas. Cf. *sanción.*—T.D.E.

sancionado. 1. Aprobado o permitido socialmente. 2. Sujeto a restricciones, prohibiciones o penas sociales, singularmente legales o contractuales.

saneamiento. 1. Dotación de condiciones de salubridad a los terrenos o edificios desprovistos de ellas. 2. Obligación jurídica de garantizar, asegurar e indemnizar, asumida por el vendedor con respecto al comprador que hubiese sufrido perjuicios por vicios ocultos o defectos de la cosa comprada, que fuese perturbado en su específica posesión o despojado de ella. El saneamiento suele extenderse a la evicción (*q. vid.*) y se opone a la previsión del riesgo correspondiente por el comprador o "*caveat emptor*" (*q. vid.*).—J.C.

saneamiento de barrios infectos. Solución del problema que plantea la necesidad de mejora social en las zonas de tugurios o barrios infectos. Se compone de dos etapas: la de eliminación, que consiste en la destrucción o demolición de todas las edificaciones existentes en el barrio, y la de mejora propiamente dicha, construyendo en el mismo lugar nuevas viviendas o destinándola a usos más convenientes.

sangre, grupos de. Véase **grupos de sangre.**

sangre, sacrificio de. Véase **sacrificio sangriento.**

sangre, venganza de la. Véase **venganza de la sangre.**

sanidad pública. Expresión utilizada para designar: *1)* el estado sanitario de las masas de una población; *2)* un tipo de organización social, o *3)* un movimiento de reforma social dentro de la profesión médica. Así, solemos hablar del nivel cada vez más satisfactorio de nuestra sanidad pública revelado por un descenso del coeficiente de mortalidad por lo que respecta a ciertas enfermedades. El estado o situación de la sanidad pública suele medirse por las cifras de mortandad, por los coeficientes de enfermedad y por la extensión y calidad de las medidas

sanitarias y preventivas que protegen la salud de las masas. Las tendencias de los coeficientes suelen ser indicio de alteraciones en el estado o situación de la salud pública y sugieren la adopción de las medidas administrativas necesarias o una mayor atención a las medidas ya establecidas. La sanidad pública como forma de organización social es algo distinto de la medicina privada de índole tradicional. Interesada, inicialmente, en el dominio de las enfermedades infecciosas (sobre las cuales la labor de los médicos privados estaba organizada en forma inadecuada), sus campos se han ido extendiendo gradualmente hasta llegar a comprender un extenso programa de prevención. Aun cuando la medicina privada influye naturalmente en la salud del público en general, la sanidad pública como organización social se centra, principalmente, en los órganos públicos, locales o estatales —en cierta medida existe una organización internacional—, complementada también por la investigación, la educación popular y la ayuda económica de las fundaciones de beneficencia privada. En cuanto movimiento social, el de sanidad pública aspira, como la medicina socializada (*q. vid.*), a hacer desaparecer las lagunas que dejan las imperfecciones de la medicina privada tal como funciona dentro de la estructura del capitalismo moderno. Por ejemplo: los médicos privados de nuestros días dedican una parte muy pequeña de su tiempo a actividades colectivas consagradas a la prevención de la enfermedad y de sus causas. La mayor parte de su labor se limita a las relaciones directas y personales con sus pacientes; y acaso la curación recibe infinitamente más atención que la prevención; por el contrario, en la medicina de la sanidad pública sucede exactamente lo contrario. Actúa, principalmente, por medio de grupos y en interés de los mismos, es pública y no privada, y hace hincapié en las medidas preventivas a largo plazo. Por consiguiente, en el fondo no se halla en pugna con la medicina privada; más bien debiera considerársela como complementaria, como algo que colma un vacío socialmente deplorable. Sólo allí donde se interfieren las áreas de función pueden producirse conflictos.—N.E.H.

santuario. Lugar donde se conservan objetos sagrados, se hacen ofrendas y se reza.—G.P.M.

satélite, comunidad. Véase **comunidad satélite.**

"satiagraha." Campañas de desobediencia civil o resistencia pacífica [*ahimsa*] tal como las practicó Gandhi en la India. El término significa, al pie de la letra, "insistencia en la verdad". Comprende la desobediencia a las leyes injustas y la negativa a pagar impuestos o a comprar en las tiendas de quienes son considerados opresores. Puede llegar a incluir la negativa absoluta a comerciar con los agresores vendiéndoles alimentos u otros artículos necesarios, las huelgas generales, etc. Técnicamente excluye todo acto de agresión material contra el enemigo.—s.c.m.

sátira. Una mezcla, difícil de analizar, de humor y crítica, que se aplica con fines correctivos a las debilidades y defectos humanos. No se propone, desde luego, la corrección de las enfermedades sociales principales como, por ejemplo, los crímenes, las depresiones y la guerra. —f.e.l.

satisfacción. Apaciguamiento de los deseos, exigencias y necesidades de las partes constitutivas de una sociedad determinada.—j.h.b.

satisfacción individual. Aceptación de la jerarquía de valores de su sociedad por un individuo y conformidad con ella.—j.h.b.

satisfacción propia. Satisfacción de las necesidades intelectuales y afectivas del individuo. El logro de *status* y el reconocimiento por el grupo. Las actividades que surgen a este respecto tienen que ver con las costumbres y pueden interpretarse muy bien con un concepto como el de "vanidad" de Sumner. [Inglés, *self-gratification*.]

satisfacción social. 1. Capacidad de una sociedad determinada, a través de su sola organización, de llevar a la mayoría de sus miembros, o grupos de miembros, a la aceptación y reconocimiento de los principios y valores que la informen. 2. Estado psíquico producido por el cumplimiento de los deseos, exigencias, necesidades y ambiciones de los grupos y masas mediante una eficaz división del trabajo, que reduzca y suavice las actividades e ideas revolucionarias.—j.h.b.

saturación criminal, ley de. Teoría sustentada por el penalista italiano Ferri y consistente en la afirmación sustancial de que cada sociedad tiene el número de delincuentes que las condiciones particulares de ella producen. "Así como en un volumen determinado de agua, a una temperatura dada, sólo se disuelve una cantidad fija de una sustancia química, ni un átomo más ni menos, de igual modo en cierto medio social y en condiciones individuales y físicas determinadas, sólo se perpetran un número fijo de delitos, ni uno más ni menos."—j.l.g.

De la ley de saturación criminal, fundada en rigurosas observaciones estadísticas, dedujo Ferri las dos conclusiones siguientes: *1)* no es exacto afirmar la regularidad mecánica de la delincuencia, demasiado exagerada desde Quetelet; *2)* la pena no es ni mucho menos, el remedio más eficaz en la lucha contra el delito. —j.c.

sección. Cada una de las partes o grupos en que se divide o considera dividido un todo continuo o un conjunto de cosas o personas. La sección se divide a su vez en subsecciones. Cf. *clase matrimonial.*

secreto. Véase **sociedad secreta.**

secreto profesional. Conocimiento de hechos o circunstancias relativos a otra persona que ha sido confiado a título de reserva o discreción y sólo en méritos de la actividad profesional que ejerce quien recibe la confidencia. Es norma general de moral profesional el estricto mantenimiento de esta clase de secretos, como lo es en general responder a la confianza ajena guardando el secreto comunicado. El secreto profesional no requiere la expresa declaración de voluntad de quien lo confía en cuanto al carácter reservado, pues se presume en el ejercicio de las actividades profesionales, debiendo quedar a la discreción de quien recibe la comunicación la manera de valorarla. Jurídicamente es reconocido y amparado el secreto profesional admitiéndolo como excusa válida del testimonio y del deber de denunciar en cuanto se refiere al ejercicio de su actividad profesional por sacerdotes, médicos, abogados, etc.—j.c.

secta. Grupo religioso caracterizado por la exclusividad (a diferencia de los grupos de propaganda y fervor evangélico), la inmovilidad mental relativa y la inquebrantable adhesión a las fórmulas de su credo. Por lo normal es un grupo minoritario y con frecuencia se organiza para la lucha o, al menos, para una acomodación llena de mejoras a la sociedad en que se encuentra. Dicho acomodo es una defensa contra la asimilación a los patrones del grupo ajeno. Aun cuando la organización de una secta sea política en la forma, es teocrática en su concepción y definición.—d.e.w.

sectario. Miembro de una secta. Referente a una secta.

sectarismo. Conducta característica de los miembros de una secta.—h.b.

secuencia. Sucesión de acontecimientos, ya sea causal o accidental esta relación de sucesión. —h.a.p.

secuestro. 1. Delito contra la libertad consistente en el apoderamiento y retención de una persona, contra su voluntad, valiéndose de violencia, intimidación o engaño, con algún propósito nocivo, de extorsión o para forzar su voluntad. Cf. *plagio, rapto.* 2. El secuestro puede no referirse a personas, sino a bienes, y en tal caso ser legal (embargo) o ilícito (retención indebida).—j.c.

secuestro de bienes. Medida precautoria de carácter procesal que consiste en poner a buen recaudo determinados bienes para asegurar su eficacia probatoria en un caso judicial. No debe confundirse con el decomiso ni con el embargo (q. vid.), aunque constituye también una restricción (en este caso transitoria) al derecho de propiedad.—j.c.

secular, ciclo. Véase **ciclo secular.**

secular, sociedad. Véase **sociedad secular.**

secularización. Proceso por el cual una estructura social aislada, sagrada, se transforma en otra abierta, accesible y no sagrada. Por lo general es un proceso del todo consciente que depende del liderazgo de individuos liberados (pero no desintegrados). Tal proceso supone cierta movilidad mental por lo que respecta a los partícipes, así como determinada acentuación de la racionalidad, del análisis y de la planeación. Suele acompañarse de planes y programas opuestos definidamente a los estereotipos e instituciones de la religión y de lo sobrenatural. La secularización puede ser segmentaria; por ejemplo: la vida política de una nación puede secularizarse sin efectos directos sobre la fe individual ni sobre la actividad eclesiástica o sectaria.—D.E.W.

secundario, contacto. Véase **contacto secundario.**

secundario, grupo. Véase **grupo secundario.**

sedición. Delito contra el orden público consistente en el alzamiento tumultuario para impedir a los legítimos poderes o autoridades de cualquier orden el ejercicio de sus facultades y atribuciones propias, con motivo de dicho ejercicio, para suspender o paralizar alguno de los servicios públicos o para sustraer de su jurisdicción una parte de sus funciones o de su territorio.—J.C.

El derecho norteamericano considera bajo esta misma denominación [*sedition*] tanto la apología de la rebelión y la excitación a ella, empleando o procurando el empleo de medios ilícitos tendientes a derrocar el gobierno constituído, como la excitación a la violación de la ley con el propósito de alterar el orden o la disciplina y quebrantar así la autoridad del gobierno. La conspiración o simple acuerdo concertado entre dos o más personas para actuar de consuno con fines sediciosos [*seditious conspiracy*] también es punible.—R.N.B.

seducción. Elemento fraudulento o engañoso característico de ciertos delitos sexuales, como el estupro (q. vid.). También se denomina así la simple fornicación, es decir, el comercio sexual libremente consentido entre personas adultas, sin violencia ni fraude reales o presuntos, sin escándalo público y sin que implique la infracción de deberes especiales de ninguna clase. En este último sentido y aunque fué gravemente sancionado en el derecho histórico, la seducción no constituye hoy delito alguno.—J.C.

segregación. 1. Acto, proceso o estado de segregar. Puede ser consecuencia de la ley (escuelas para negros), de la costumbre social (fronteras de clase usuales en una sociedad democrática, castas de una sociedad estratificada), de actitudes sociales pasajeras (ciertos casos de ostracismo social) o del empleo de la fuerza en caso de necesidad urgente (campos de concentración y zonas restringidas en tiempo de guerra). Las fronteras de segregación, en una sociedad democrática, se basan en el *status* económico, en el nacimiento, en la educación y en otros signos de respetabilidad.—F.H.H.

2. Separación o apartamiento. En derecho penitenciario se usa como sinónimo de aislamiento celular.—J.C.

segregar. Separar o poner aparte una o más categorías de la población, ya sea con una finalidad social consciente, ya mediante la acción selectiva inconsciente de influencias personales y culturales.—F.H.H.

segundo asentamiento, área de. Véase **área de segundo asentamiento.**

segundo funeral. Ceremonia celebrada algún tiempo después del primer sepelio del cadáver en la cual se exhuman los huesos del muerto o se les dispone, entierra o guarda en una forma diferente, por ejemplo, en un osario (q. vid.). Cf. *entierro.*—G.P.M.

seguridad. Situación de encontrarse a salvo, con defensas contra el azar. Normalmente se emplea este concepto refiriéndose a condiciones económicas. La seguridad social implica la certeza de haberse liberado de los peligros de la miseria, la vejez y el paro sin compensación, etc.—N.A.

seguridad colectiva. Plan para estabilizar las relaciones internacionales mediante tratados multilaterales que garanticen la integridad territorial de los signatarios, por la fuerza de las armas si fuere necesario, contra la agresión de otras naciones. En los días en que la segunda guerra mundial era inminente, Francia y Rusia apremiaron a Inglaterra y a Estados Unidos para que participaran con ellas en un plan de seguridad colectiva de la naturaleza indicada, pero tal plan fué rechazado porque no se compadecía con la política de aislamiento tradicional de los Estados Unidos y porque era patrocinado, según se decía, por la Internacional Comunista.—J.W.M'C.

Posteriormente, la política exterior norteamericana ha evolucionado contra el principio del aislamiento, y en sentido favorable a la seguridad colectiva, aunque este último principio todavía no se ha impuesto con una amplitud mundial.—J.C.

seguridad de los datos. Permanencia o constancia conseguida para ciertos datos que son el resultado de mediciones reiteradas, bajo condiciones idénticas o muy semejantes, de los mismos elementos, individuos o fenómenos. Este concepto no debe confundirse con el de validez de los datos.—M.Pt.

seguridad del muestreo. Medida en que una muestra dada caracteriza con precisión el universo de que ha sido elegida. Estabilidad de una medida de muestra a muestra. De ordinario, la seguridad de una estadística se mide en función del error-tipo, que tiende a ser relacionado inversamente con la raíz cuadrada del número de casos comprendidos en la muestra.—M.Pt.

seguridad social. Véase **seguridad, seguro social.**

seguro. Contrato por virtud del cual una persona (asegurador) asume un riesgo que normalmente debería recaer sobre otra persona que se lo transfiere (asegurado), a cambio de que ésta le pague una cierta suma de dinero (prima) por la protección que obtiene. El riesgo asegurado y los peligros cubiertos por el seguro pueden ser muy diversos; de ahí las diversas clases de seguros: marítimo, de incendio, de vida, de accidentes y enfermedades, de automóviles, de responsabilidad civil, de indemnización obrera, por daños a terceros, contra robos, etc. El contrato de seguro puede adoptar muy varias modalidades, en ocasiones de gran complejidad técnica. El seguro se basa en el cálculo de probabilidades. Puede constituir un negocio privado u organizarse sobre bases mutualistas. La inseguridad de la vida moderna ha llevado a concebir amplios sistemas de seguro social en que es el propio Estado o una institución descentralizada y de interés público la que asume la función de asegurador.—J.C.

seguro de accidente. Indemnización por lesión física sufrida a consecuencia de circunstancias desconocidas o inevitables. En general es un seguro voluntario; pero en algunos países se obliga al propietario de medios peligrosos de locomoción al aseguramiento de los pasajeros y transeúntes que puedan resultar dañados. Así, en México y en España se estableció el seguro forzoso de los viajeros por ferrocarril. En la Unión Norteamericana, algunos Estados han hecho obligatorio el seguro a los propietarios de automóviles.—J.W.M'C.

En México la Ley del Seguro Social ha establecido como obligatorio este seguro para los trabajadores, considerándolo dentro del capítulo de enfermedades no profesionales y de invalidez. Las aportaciones son hechas por los propios interesados, los patronos y el gobierno, y las prestaciones consisten en atención médico-quirúrgica y farmacéutica y subsidios, las que benefician también a los familiares.—A.M.P.

seguro de accidentes del trabajo. Indemnización que en forma de pago total o por pensiones se entrega a un trabajador que ha sufrido un accidente imputable al trabajo que desempeña. El accidente implica una lesión corporal producida en el trabajo, en ejercicio de éste o como consecuencia del mismo y debida a una causa violenta y exterior. El derecho a la indemnización se basa en la teoría de la responsabilidad profesional, según la cual la empresa es la creadora del riesgo, debido a la peligrosidad de los instrumentos y máquinas que se utilizan en la producción.

Además de la indemnización en efectivo el trabajador asegurado tiene derecho a hospitalización, atención médico-quirúrgica, aparatos de prótesis y ortopedia y reeducación para el trabajo.

Los sistemas de este seguro se iniciaron en Alemania en 1884, en Inglaterra en 1897, en Francia en 1899 y en Estados Unidos en 1902. En algunos países las aportaciones son tripartitas: patrono, trabajador y Estado, pero en otros, como en México, el riesgo es soportado totalmente por los empresarios.—M.VK. y A.M.P.

seguro de cesantía. Sistema de subsidios que se entregan a un asegurado ordinariamente empleado que pierde sus salarios debido a causas generales de desocupación, y que siendo capaz de trabajar regularmente en una profesión u oficio, busca dentro de ellos un trabajo

apropiado. Se organizó en un principio como esfuerzo particular de los sindicatos y sociedades de ayuda mutua, pero después de la primera guerra mundial ha sido objeto de estudio y aplicación por parte de los gobiernos, principiando en Inglaterra, en donde la legislación amplía cada vez más las pensiones, hasta el actual propósito de las enmiendas propuestas por Sir William Beveridge. En Alemania se inició este seguro en 1927, en Suecia en 1934 y en Estados Unidos en 1930 se estableció el sistema de mayor amplitud económica hasta ahora conocido. En México existe el seguro de cesantía en edad avanzada o sea después de haber cumplido los 60 años de edad.—A.M.P.

seguro de enfermedad. Sistema que otorga a los beneficiarios atención médico-quirúrgica, hospitalización, servicio farmacéutico y en ciertas condiciones subsidios por incapacidad para el trabajo. Se ha organizado con carácter voluntario por instituciones privadas de lucro y por cajas mutualistas de ayuda, pero la tendencia actual es favorable a su inclusión dentro del régimen de seguros sociales.

Dentro de los regímenes del seguro social, las aportaciones son generalmente tripartitas y proporcionales, a cargo de los patronos, los trabajadores y el Estado y los beneficiarios son los propios trabajadores, la esposa o concubina y los hijos menores de 17 años. Cf. *seguro de enfermedad profesional, seguro de maternidad.*—J.W.M'C.

seguro de enfermedad profesional. Sistema que otorga al trabajador el derecho de hospitalización, atención médico-quirúrgica, subsidio o pensión, si éste adquiere un padecimiento por una causa repetida durante largo tiempo, como obligada consecuencia de la clase de trabajo que desempeña. La causa de la enfermedad se produce en forma invisible, con desarrollo periódico, lento, insidioso y es casi imposible de precisar el momento de su incubación. Puede producir en el trabajador una incapacidad temporal o permanente para el trabajo.

La base del derecho a la indemnización se encuentra en la teoría del riesgo profesional atribuído a las condiciones de trabajo de la empresa. Los sistemas varían desde el voluntario hasta el forzoso. Se iniciaron en Alemania en 1883 y desde entonces 31 países han adoptado alguna forma de este seguro, aun cuando en muchos no se diferencia el carácter de enfermedad profesional y no profesional, habiendo quedado incorporadas todas en una sola organización.

En México, la erogación total por enfermedades profesionales queda a cargo de las empresas y paulatinamente el Instituto del Seguro Social está abarcando el otorgamiento de las prestaciones.—A.M.P.

seguro de invalidez. Sistema que otorga a los beneficiarios pensiones para su subsistencia cuando éstos se encuentran imposibilitados para efectuar un trabajo socialmente remunerado, debido a invalidez consistente en un estado crónico de enfermedad o lesión, o a causa de la pérdida de un miembro o de una función.—A.M.P.

seguro de maternidad. Sistema que otorga dos tipos de prestaciones a las aseguradas: uno que consiste en la hospitalización y servicios médicos, y el otro que compensa a la beneficiaria por la pérdida de los salarios que deja de percibir por abstención del trabajo durante los períodos prescritos, antes y después del parto. En algunos países este seguro se completa con ciertas cantidades en concepto de ayuda durante el período de lactancia. El sistema se cubre en México con las aportaciones que los trabajadores, patronos y Estado erogan por el capítulo de enfermedades no profesionales y maternidad. Bajo ciertas condiciones, el seguro de maternidad se extiende tanto a la esposa del asegurado como a la concubina.—A.M.P.

seguro de vejez. Pensiones concedidas a las personas que alcanzan una edad determinada, en la que generalmente son incapaces de efectuar un trabajo eficiente, en que la incidencia de la enfermedad y de la invalidez es alta y la desocupación, si ocurre, es probablemente permanente. Los derechos se obtienen por la contribución durante un número fijo de años con aportaciones del beneficiario y de sus patronos al fondo de seguridad. Para obtener la pensión no se requiere el estado de invalidez.—W.P.

seguro obrero. Forman el seguro obrero los diferentes sistemas particulares u oficiales que compensan al obrero por las pérdidas que sufre económicamente o en su integridad física debido al riesgo profesional a que está sometido por las condiciones del trabajo. Cf. *seguro de accidentes del trabajo, seguro de enfermedad profesional.*—A.M.P.

seguro social. Organización del Estado que se basa en la distribución de los riesgos sobre la sociedad en su conjunto y que tiende fundamentalmente a la protección del selario para colocar la economía familiar a cubierto de las disminuciones que puede sufrir como consecuencia de las contingencias en la vida del trabajador, tales como accidentes y enfermedades profesionales, accidentes y enfermedades no profesionales, vejez, invalidez, muerte, cesantía involuntaria, etc. Representa un complemento del salario, reducido por cualesquiera de los riesgos mencionados, y actúa como un estabilizador del tipo de vida de la población económicamente débil. Las recaudaciones se fijan previamente y sirven para crear las reservas necesarias para el financiamiento de las instituciones, contribuyendo a ellas los patrones, los propios asegurados y el gobierno. Las prestaciones que se otorgan a los asegurados comprenden hospitalización, asistencia médico-quirúrgica, subsidios y pensiones. En muchas legislaciones la atención médico-quirúrgica alcanza a ciertos familiares.—M.VK.

Las diferentes legislaciones han adoptado diversos sistemas que podrían quedar agrupados en esta clasificación:

a) Legislaciones que no han creado un sistema especial y propio de garantía, siendo característica la legislación inglesa, que considera la deuda nacida del accidente como cualquier deuda mercantil o civil. Solamente en la hipótesis del fallecimiento se considera privilegiado el crédito.

b) Legislaciones que han creado un fondo especial de garantía y organizado un sistema de seguro facultativo, como las legislaciones francesa, belga y española. El empresario puede adherirse a una compañía de seguros a primas fijas, a sociedades de seguros mutuos, a sindicatos de garantía o en ocasiones, cuando la legislación lo ha creado, a una Caja Nacional de Seguros.

c) Legislaciones que han instituido el seguro obligatorio con libertad de elegir el instituto asegurador. Sistema adoptado por la antigua legislación italiana, así como por Dinamarca y Filadelfia.

d) Legislaciones que han instituído el seguro obligatorio bajo un instituto determinado. Sistema adoptado por Alemania, Suiza y México.—A.M.P.

selección automática. Supervivencia y selección impremeditada mediante la concurrencia de gran número de personas, de una particular manera o modo de acción (uso social o costumbre), que parece haber satisfecho una necesidad o interés humano mejor que otros.—E.E.M.

selección racional. Selección deliberada a la luz de un conocimiento comprobable y con la concurrencia de gran número de personas, de una particular manera o modo de acción (uso social o costumbre) que se cree satisface una necesidad o interés humano.—E.E.M.

selección social. Situación-proceso en la que ciertas personas o grupos, en competencia consciente o inconsciente con otras u otros por obtener *status* en una cultura determinada (o entre culturas), triunfan y alcanzan reconocimiento, prestigio, poder o supervivencia social debido a su adaptabilidad a la situación cambiante. Semejante selección suele producirse en las crisis (q. vid.).—T.D.E.

semanario. Periódico que se publica y distribuye una vez por semana, y que puede hallarse altamente especializado por su contenido. En las comunidades rurales de Estados Unidos suelen publicarse semanarios rurales [*country weeklies*] que se distribuyen por correo como impresos en un día determinado de la semana entre los habitantes del poblado y del campo que lo rodea, sirviendo como medio de información local, de intercomunicación y de coordinación de las actividades del núcleo urbano y el campo; tales semanarios reflejan la vida, las ideas, las costumbres y las instituciones de sus lectores.—C.E.L.

semejanza de mentalidad. Véase **mentalidad semejante.**

semejanza social. Presupuesto filosófico en el que, junto con el de la identidad personal, hacía radicar Tarde el fundamento de la imputabilidad criminal. "El autor del acto voluntariamente dañoso para otro debe tener en común con su víctima y con sus acusadores rasgos de semejanza social bastante numerosos y manifiestos para crear entre éstos y él mismo y para hacerles sentir una especie de consanguinidad social más o menos estrecha. Su culpabilidad aumentará tanto más, cuanto más estrecha y percibida como tal sea dicha consanguinidad o semejanza social." "No se cumple esta condición cuando el acto incriminado es obra de un alienado, de un epiléptico en el momento de su acceso, incluso de un alcohólico en ciertos casos. En el instante en que actuaron, estos hombres no pertenecían a la sociedad de la que se les reputa miembros." Se trata de un razonamiento sociológico de raíz positivista, derivado de las doctrinas de Tarde sobre la imitación, que implica toda una teoría sobre el fundamento y alcance de la potestad punitiva.—J.C.

semi-agricultor. 1. Agricultor o campesino que sólo dedica a la agricultura una parte de su trabajo personal.—M.M.

2. Agricultor o campesino que se dedica a la agricultura complementaria *(q. vid.)*.—C.E.L.

sensación. 1. Factor elemental en la experiencia afectiva. 2. Experiencia afectiva, especialmente de agrado o desagrado. 3. Opinión basada en razones imprecisas.—M.S.

sentencia indeterminada. Sentencia de prisión impuesta a una persona condenada por un delito, sin límite de tiempo preciso; de ordinario la fijación efectiva de su duración depende de la conducta que observe el reo en la prisión. Sin embargo, tales sentencias indeterminadas suelen serlo sólo relativamente y su duración puede oscilar entre los límites máximo y mínimo que precisa la propia sentencia. Así, en el derecho penal norteamericano no existen sentencias absolutamente indeterminadas. También suele admitirse que la declaración de haber quedado cumplida la pena y la consiguiente orden de liberación constituyen una facultad judicial. —M.A.E. y J.C.

sentencia suspendida. Véase **suspensión condicional de la pena.**

sentido. Definición de alguna cosa como resultado de un proceso reflexivo. Este proceso se desarrolla del modo siguiente: cuando se interrumpe la interacción automática entre el organismo y su medio, la conciencia se desarrolla como un foco de atención que se proyecta sobre las condiciones productoras de la interrupción, transformándose en un pensamiento, propósito o proyecto que en su orientación responde al sentido de la pregunta: ¿qué es esto? En esta forma viva del juicio en desarrollo, el significado equivale a la identificación de lo percibido como no familiar, lo que ocurre mediante su inserción en el sistema usual, familiar, de la propia experiencia. Para ello es necesario encontrar un predicado a través de una serie de tanteos que se apoyan en el recuerdo de situaciones semejantes. En el instante en que la acción habitual, irreflexiva, queda impedida por el tropiezo de que hablamos, todo el esfuerzo de la conciencia consiste en precisar el tipo de situación en que funciona el objeto que domina su atención. La determinación de las relaciones funcionales de ese objeto con la experiencia del sujeto pensante constituye el proceso de identificación; el cual concluye en el acto de nombrar —por reiteración o invención— al objeto de que se trata; el nombre dado es el sentido o relación funcional de tal objeto en la experiencia del sujeto. La determinación del sentido así conseguida restablece la interacción interrumpida del organismo humano y su medio, su adecuado funcionamiento.—C.J.B.

sentido común. Capacidad mental de que dispone el hombre medio para hacer frente a los problemas de su vida cotidiana, sin ningún aprendizaje especial o conocimiento extraordinario. Inteligencia natural del ciudadano corriente desarrollada y fortalecida por las experiencias cotidianas.

sentimiento. Configuraciones generalizadas de emoción, pensamiento y acción; las premisas mayores, determinadas cultural y psicológicamente, que sirven de fundamento a los usos sociales, costumbres e instituciones de un grupo, clase o sociedad. Psicológicamente, predisposiciones y canalizaciones complejas y emocionales del impulso emotivo. Con frecuencia ambivalente. A veces, como en el caso del amor maternal, comprende una serie de factores, como temor, alegría, pena y cólera, relacionados todos en la estructura del sentimiento. Como el "id" freudiano o subconsciente, los individuos raramente son capaces de definir sus propios sentimientos con cierta exactitud y sinceridad. No sólo no son siempre comprendidos sus sentimientos por otros en un plano verbal, sino que la descripción de muchos sentimientos en tales términos es tabú. Cf. *opinión pública, sentimiento público.*—A.M'C.L.

sentimiento, análisis del. Método para informar sobre los sentimientos públicos, analizarlos e interpretarlos en lo que tienen de importancia para la formación de opinión respecto a un acontecimiento del día o futuro. Como medio de calcular y predecir las opiniones públicas, la técnica se basa en el reconocimiento de que los acontecimientos, los conflictos y los sentimientos son los factores dominantes en la formación de la opinión. Para reunir los factores necesarios para tal análisis se requieren interrogatorios más precisos y meditados que para hacer un escrutinio de la opinión; en la selección de los temas del interrogatorio los interrogadores, más que las reglas para la toma de muestras, siguen las directrices de la organización social, —A.M'C.L.

sentimiento colectivo. El sentimiento colectivo debe distinguirse de sentimientos idénticos o análogos que, teniendo el mismo o semejante contenido, no son colectivos. El sentimiento colectivo es la participación de numerosos sujetos en el mismo sentimiento, la misma alegría, tristeza, temor, etc. Esta participación puede revestir diferentes formas: a) puede tener su fundamento en la simpatía mutua (comprensión afectiva) entre los sujetos participantes (por ejemplo: en un grupo de presencia); b) puede producirse sin estos supuestos e incluso sin ninguna relación estrecha entre los sujetos participantes (p.ej.: el sentimiento de un "público"); c) puede combinarse con un fuerte sentimiento del "nosotros" que constituye más que una mutua simpatía y representa una índole peculiar de sentimiento colectivo. Los sentimientos colectivos desempeñan un papel muy importante en la vida social; se manifiestan en los símbolos y valoraciones sociales nimbados de emoción, e igualmente en las aspiraciones y reacciones directas de los grupos y de las sociedades enteras.—G.G.

sentimiento de grupo. Véase **grupo (sentimiento de.**

sentimiento de nacionalidad. Todo sentimiento que debe su existencia a la pertenencia de un individuo a una nación (q. vid.). En él se contienen sentimientos de fidelidad, aceptación y devoción a rasgos o modelos culturales determinados, en particular los del lenguaje, religión, vestido, decoro, recreo y normas familiares, Estado y organización económica.

sentimiento de raza. Todo sentimiento que tiene su origen en el carácter de la raza. Puede ser simpático o antipático. En su empleo práctico se aplica a los sentimientos característicos que, en teoría, van unidos a los rasgos también característicos, fisiológicos y hereditarios de una determinada raza (q. vid.). En sentido más restringido se usa por lo general para indicar las actitudes de antipatía de los miembros de una raza hacia los de otra. La existencia efectiva de un verdadero sentimiento de raza es cosa en extremo difícil de demostrar, tanto más cuanto que las actitudes manifiestas de los seres humanos están siempre más o menos atenuadas por la experiencia y por los factores culturales del medio. Esta dificultad de demostración, no obstante, no atenúa la validez del concepto, que teóricamente puede concebirse muy bien. De hecho, mucho de lo que pasa por sentimiento de raza es más bien sentimiento de nacionalidad (q. vid.).

sentimiento del "nos". Tipo característico de sentimiento colectivo por el cual muchos individuos participan, no sólo en el mismo sentimiento, sino en el sentimiento del mismo "nos" como centro del acto de sentir. El sentimiento del "nosotros" presupone una intuición emocional colectiva del "nos", es decir, una interpretación de la conciencia afectiva de muchas personas y grupos. Sus formas más intensas pueden observarse en el amor colectivo por el grupo mismo como un todo y en los éxtasis religiosos de grupo. El sentimiento del "nosotros" desempeña un papel importante en la vida del grupo y en la oposición y lucha entre los grupos. Por otra parte, no es fácil concebir una categoría sociológica como es la nación, a diferencia de las uniones funcionales (sociedad política, sociedad económica, etc.) y de las organizaciones superpuestas, sin la presencia de un sentimiento del "nosotros". [Inglés, *we-feeling*].—G.G.

sentimiento público. Actitud bastante uniforme de una proporción considerable de los miembros de una sociedad respecto a un objeto determinado, basada en la emoción, en el prejuicio, en la intuición y en la predilección personal, más bien que en la interpretación deliberada y racional de la experiencia y de la evidencia de los hechos.

señora. Mujer que tiene bienes y poder y que ejerce autoridad. Mujer cabeza de familia o casa. [Inglés, *mistress*].—W.G.

Ama. Mujer casada o viuda. Título de respeto y deferencia aplicable indistintamente por cortesía a toda clase de mujeres, como el de señor al varón y el de señorita específicamente a la mujer soltera.—J.C.

señorío. Véase **sistema señorial.**

separación. Situación afectiva de desvío o apartamiento de un cónyuge con respecto al otro. —F.W.K.

Tal situación puede dar lugar a un *status* legal, bien provisional e intermedio entre el matrimonio y el divorcio, bien como sustitutivo de este último en los países que no lo admiten.—J.C.

separación conyugal. Cese de la vida en común de marido y mujer por mutuo acuerdo, en virtud de convenio celebrado entre ellos, en el que se estipula la prestación de alimentos y la educación y cuidado de los hijos, o por resolución judicial dictada a demanda de parte y en procedimiento contencioso. Los convenios privados de separación conyugal tienen fuerza obligatoria en Inglaterra y en algunos Estados de la Unión Americana y son reconocidos y aprobados por los tribunales a falta de causas de divorcio. La separación *quoad thorum et habitationem* a virtud de procedimiento contencioso es la fórmula legal en uso en el derecho canónico y en los países que no admiten el divorcio.—J.W.M'C. y J.C.

separación de bienes. Régimen legal de administración del patrimonio de los cónyuges que evita toda confusión tanto entre los bienes que aportan al matrimonio como entre los que adquieren durante el mismo.—J.C.

"sept." Grupo social localizado o subdivisión tribal fundada en la descendencia común, sobre todo cuando la última se considera literalmente, es decir, tanto a través de la línea masculina como de la femenina; a veces se emplea el término para designar un grupo de parentesco unilineal o *sib* (*q. vid.*), pero con preferencia para diferenciarlo de él.—G.P.M.

séquito sepulcral. Viudas, esclavos u otras personas sacrificadas en el funeral para suministrar al fallecido una escolta o acompañamiento que le acompañe al otro mundo y le sirva en él. Cf. *sacrificio humano.*—G.P.M.

ser. En general, todo cuanto existe; específicamente, todos los procesos que integran dicha totalidad; de un modo más concreto, forma definida en la que subsisten dichos procesos.— J.H.B.

ser humano. El hombre en su pura y general cualidad; forma precisa en que cristalizan los procesos vitales en un organismo dotado de actitudes espirituales, cuya ausencia es lo que caracteriza a los seres subhumanos. Gracias a un sistema de valores, capaces de independización, el hombre se trasciende a sí mismo en un ser ya sobrehumano.—J.H.B.

ser no social. El hombre contemplado como fenómeno aislado.—J.H.B.

ser social. 1. El hombre en sus relaciones recíprocas con otros seres humanos. 2. Totalidad de los procesos básicos para las relaciones entre los hombres, en especial los que cristalizan en formas definidas y que adquieren de esa suerte el carácter de realidad frente a la mera apariencia.—J.H.B.

serie. Véase **acción serial.**

servicio civil. Sistema que, mediante el examen o teniendo en cuenta la idoneidad, capacidad y experiencia, establece y regula la selección imparcial, la posesión, ascenso, retribución y condiciones de empleo de los funcionarios públicos; órgano del gobierno dedicado a la administración de servicios civiles dirigido, de ordinario, por comisarios. En los Estados Unidos se establecieron los sistemas de servicio civil a fines del siglo XIX, con el propósito de eliminar los perniciosos efectos del *spoil system*, dar a los funcionarios la seguridad de una carrera, proporcionar a la administración trabajadores debidamente preparados y hacer frente a la necesidad, cada vez mayor, de personal técnico. —F.W.K.

En más amplio sentido, el término puede ser empleado como sinónimo de administración pública, para distinguir las actividades no militares de las propiamente militares, de entre las que el gobierno organiza y dirige.

servicio de la novia. Forma de matrimonio por la cual un hombre obtiene a la mujer trabajando para sus futuros padres políticos o sirviéndoles; forma sustitutiva del precio de la novia (*q. vid.*).—G.P.M.

servicio de utilidad pública. Servicio económico tan estrechamente relacionado con las necesidades básicas de todos los miembros de la sociedad que exige especial atención por parte de la administración y acaso su reglamentación y vigilancia. Los ejemplos más ostensibles son los transportes (líneas de tranvías, autobuses y ferrocarriles), las comunicaciones (teléfonos, telégrafos y radio) y los relacionados con las necesidades humanas más imperiosas: agua, luz y calefacción. Los servicios de utilidad pública pueden ser de propiedad pública o privada, pero por su naturaleza están sujetos a una regulación especial por parte de la comunidad, ya sea municipal o general. La tendencia del cambio social es a extender el alcance y la variedad de estos servicios. [Inglés, *public utility.*] Cf. *servicio público.*

servicio doméstico. Ejecución de tareas y prestación de servicios personales en el hogar no por miembros del grupo familiar sino por trabajadores pagados al efecto. En el curso de la historia el servicio doméstico fué prestado, frecuentemente, por penados, por emigrantes que en esa forma redimían su deuda, como en Norteamérica, por negros (esclavos o libres) y por otras personas de *status* inferior. Por consiguiente, aun siendo la ocupación más general de las mujeres, es también la menos reglamentada y la más desconsiderada. Cf. *servidumbre* (2). —A.E.W.

servicio público. Tipo de actividad de un órgano de la administración que atiende a las necesidades del público. Ejemplos: el servicio postal, la reglamentación de las instalaciones públicas, la reglamentación de las relaciones de trabajo, la reglamentación de los valores financieros y los servicios directos que se prestan a los ciudadanos individualmente, como el socorro, las pensiones, la enseñanza, los recreos y los servicios relacionados con la salud y la seguridad.—N.A.

servicio social. Esfuerzos organizados para mejorar las condiciones de las clases desvalidas sinónimo de trabajo social, aunque éste es un término más profesional. También abarca el campo más amplio de los organismos a quienes está encomendada la sanidad, los recreos, etc., públicos y privados, conocidos por la denominación de agencias de servicio social de una comunidad o servicios sociales.—R.N.B.

servicios. (*vivienda*) Los anejos a la vivienda humana, tales como el suministro de agua, luz, calefacción, refrigeración, energía eléctrica, combustible culinario y provisión de agua caliente, de que debe ser dotada para que se la pueda considerar como "decente, segura y salubre". [Inglés, *utilities*.]—S.S.

servidumbre. 1. Institución jurídica y social peculiar del régimen señorial de la Edad Media, de carácter predominantemente personal, que establecía una relación de dependencia entre los siervos (hombres libres o semilibres) que habitaban un feudo o señorío y su propietario o señor feudal. El siervo estaba sujeto a una serie de prestaciones personales, limitaciones en sus derechos y pesadas cargas y gravámenes. La servidumbre fué una forma social intermedia y de transición entre la antigua esclavitud y la moderna sociedad libre. 2. Conjunto de personas que constituyen el servicio doméstico de una casa. 3. Derecho o gravamen real limitativo del dominio sobre una propiedad inmueble y constituído en interés público o de otra propiedad determinada.—J.C.

servilismo. Adhesión o consagración personal desmedida y que se mantiene por debajo de las formas generalmente aceptadas (por su bajeza, falta de decoro, etc.). La expresión conserva una connotación histórica relacionada con las antiguas clases serviles.—J.C.

sevicias. Malos tratos, excesiva crueldad. Soler señala su posible carácter gradual, progresivo y el ánimo específico de aumentar los sufrimientos de la víctima antes de que ésta deje de hallarse en condiciones de defensa. Tal criterio permitiría distinguirla del ensañamiento, en el cual los actos materiales de acrecimiento del dolor de la víctima tienen lugar cuando ésta se halla impedida de toda defensa como resultado de la propia acción criminal. Otro delicado problema que se plantea en este punto es el de la posibilidad de concebir las sevicias morales. Las sevicias pueden valorarse como una circunstancia agravante o incluso cualificativa. También producen efectos civiles como causa de divorcio. —J.C.

sexo. Características físicas que distinguen al macho de la hembra.—E.R.G.

Es opinión general que la diferencia de sexo no constituye un estado físico susceptible de influir en cuanto tal sobre la imputabilidad; pero sí es una circunstancia individual que puede determinar, *propter infirmitatem sexus*, variaciones cualitativas o cuantitativas en favor de la mujer delincuente en orden al tratamiento penal aplicable. La constitución psicofísica de la mujer, por su parte, ha dado lugar a todo un tipo de criminalidad distinta y característica, la delincuencia femenina (*q. vid.*), de índole fraudulenta, astuta y pasional. La menor proporción de la incidencia criminal femenina fué explicada por Lombroso sobre bases constitucionales al considerar a la prostitución como un sustitutivo de la criminalidad. Hoy se interpreta el fenómeno del menor volumen de dicha criminalidad por razones estrictamente sociológicas. El sexo influye también en la capacidad jurídica general, sobre todo de la mujer casada, aunque es muy acentuada la tendencia moderna a equiparar política y civilmente a la mujer y al hombre. Todavía en muchos países poco evolucionados el sexo constituye un motivo de discriminación jurídica, política y social en contra de la mujer.—J.C.

sexos, distribución por. Composición de una población desde el punto de vista del sexo. La distribución por sexos puede formularse expresando el número de individuos de cada sexo como porcentaje de la población total. Con más frecuencia se formula en función de la "proporción de sexos", que suele expresar el número de varones por cada 100 hembras. Cf. *pirámide de edad.*—C.V.K.

sexos, proporción de. Proporción del número de varones de una población por cada 100 mujeres en un momento determinado.. Cf. *sexos (distribución por).*—M.K.

sexual. Relativo al sexo. Cf. *comercio sexual, comunismo sexual, delincuentes sexuales, experiencia sexual, totemismo sexual.*

"shadchan." Casamentero (*q. vid.*).

"sib." Grupo de parentesco unilineal y generalmente exógamo basado en la descendencia común y tradicional, ya sea matrilineal o patrilineal (*q. vid.*), que suele caracterizarse por la comunidad de totem (*q. vid.*). El término se emplea como sinónimo de clan (*q. vid.*) pero es preferible reservarlo para el grupo no localizado, es decir, el que comprende hermanos y hermanas de una misma línea de descendencia, cualquiera que sea la residencia. Cf. *descendencia, exogamia, fratria, gens, linaje, "sept".*—G.P.M.

"sibling". Hermanos (1) (*q. vid.*).

siervo. Persona que, en un sistema feudal, está adscrita a un lote de tierra y debe prestaciones y servicios a quienquiera que tenga algún título de posesión sobre el mismo, pero no es, como el esclavo, propiedad inmediata y personal de su señor. Cf. *servidumbre* (1).—G.P.M.

signos, lenguaje por. Sistema de gestos, mimético o convencional, empleado para comunicarse entre sí por las tribus que hablan idiomas diferentes.—G.P.M.

silencioso, comercio. Véase **trueque mudo.**

simbiosis. Relación mutua entre especies animales que entraña un cambio de servicios; división del trabajo, como la existente entre ciertas especies de hormigas y piojos, en la que cada una sirve a las necesidades de subsistencia del otro. Relaciones análogas existen entre ciertas plantas e insectos. El término se ha empleado para designar relaciones ecológicas en la sociedad humana. Cf. *cooperación antagónica.*—N.A.

simbiosis ecológica. Aspecto de coexistencia de la interacción ecológica, es decir, aquella relación impersonal que existe entre los habitantes de un área por virtud a) de su común dependencia de una fuente limitada de abastecimiento del medio, b) de su posición en los eslabones de una cadena funcional.—J.A.Q.

simbiosis industrial. Agrupación, en una comunidad, de fabricantes independientes que pueden beneficiarse utilizando recíprocamente sus productos. Un ejemplo existe en Kingsport, Tennessee, donde las vasijas y el embalaje de varias firmas son suministrados por una fábrica de cajas de la localidad y ciertas empresas acaban y distribuyen las primeras materias de las demás. La justificación económica del sistema radica en la eliminación de innecesarios acarreos en dos direcciones y de gastos de transporte. —S.S.

simbiótico. Referente a las relaciones de mutua alimentación entre especies. Cf. *simbiosis.*—N.A.

simbolismo. Práctica de utilizar actos, sonidos, objetos u otros medios que no son de importancia en sí mismos para dirigir la atención hacia algo que se considera importante; sustitución de un símbolo por la cosa simbolizada. Cf. *conducta simbólica, contacto simbólico, pautas simbólicas, personalidad simbólica, representación simbólica, talión simbólico.*—O.W.

simbolismo matemático. Empleo de términos matemáticos para expresar relaciones sujetas a clasificación lógica.

símbolo. Lo que se coloca en lugar de cualquier otra cosa. En particular, la representación relativamente concreta y explícita de un objeto o grupo de objetos más generalizado, difuso e intangible. Una parte muy grande de los procesos sociales se desenvuelve utilizando símbolos tales como palabras, dinero, certificados y escenas. Un verdadero símbolo suscita reacciones semejantes a las creadas por el objeto original (simbolizado), aunque quizá no tan intensas.

símbolo social. Símbolo no meramente personal, sino que, por tener una significación compartida, puede comunicar dicha significación; por ejemplo: los gestos, las palabras, los signos, las divisas, los héroes. Se distingue de los símbolos colectivos en que éstos son símbolos o representaciones de la colectividad y, más concretamente, de la historia y los valores del grupo como un todo.—T.D.E.

Cualquier persona, palabra, marca, sonido u otro objeto o expresión que se emplee para llamar la atención sobre un programa, idea, movimiento, objeto o servicio social. Entre los símbolos sociales figuran cosas como las siguientes: una iglesia, una escuela, un capitolio u otro edificio; Jesucristo, Carlos Darwin, Abraham Lincoln u otras personalidades; el sacerdote o pastor, el maestro o profesor, el gobernador o juez u otros funcionarios; la cruz, el libro escolar, la balanza de la justicia, la swástica, los haces u otros objetos; la música, la entonación, la medalla, el uniforme, etc. En realidad, las connotaciones de la expresión son tan numerosas que se refiere a una manera de contemplar objetos, ideas, instituciones y otros fenómenos, todos ellos práctica y socialmente reconocidos e incluso muchos socialmente ignorados. Los fenómenos socialmente ignorados llegan a ser símbolos de lo vulgar y delictivo. Cf. *estereotipo.*—A.M'C.L.

simpatía. Literalmente, sentir con otro. Reaccionar ante las experiencias y estímulos de otro como si fuesen propios. El hecho de compartir las emociones e intereses. Cf. *área de simpatía, comprensión simpática, conducta simpática, introspección simpática.*

simpatizante. 1. Que comparte las emociones, ideas o intereses ajenos; que siente simpatía por ellos.—J.C.

2. Expresión muy empleada, sobre todo después de la revolución rusa, para caracterizar a una persona que simpatiza con los objetivos de la Unión Soviética y del comunismo internacional, pero que, en consideración a su propio interés o al influjo público no se aviene a afiliarse oficialmente al movimiento. [Inglés, *fellow-traveler.* Alemán, *Mitläufer*].—R.N.B.

simpodial. Término introducido en la sociología y tomado de la botánica por Lester F. Ward para describir el curso tortuoso o en zigzag del desarrollo evolutivo. A Ward corresponde la distinción de haber señalado que la teoría de la evolución orgánica de su época era radicalmente incorrecta al presentar el curso de la evolución como arborescente o monopodial. En éste, el tronco o eje de desarrollo continúa extendiéndose en la dirección del anterior por el continuo crecimiento de un brote terminal, originándose todas las ramas como apéndices laterales. En el desarrollo simpodial, sin embargo, el tronco principal emite una rama que se convierte en un nuevo eje de desarrollo. El tronco original queda reducido a una rama o vástago, o puede desaparecer enteramente por atrofia. El nuevo eje de desarrollo continúa hasta dar origen a una nueva rama a lo largo de la cual tienen lugar ahora los principales procesos de desarrollo y esto se repite indefinidamente durante toda la vida de la planta. Si el verdadero curso del desarrollo evolutivo es simpodial, los géneros y especies de cada época geológica sucesiva no son la descendencia de las formas especializadas de las épocas precedentes, sino de formas más primitivas y generalizadas. Ward pudo responder así a aquellos críticos de la evolución, como el Dr. William Buckland y otros, que indicaban que las grandes especies que formaron las selvas carboníferas están ahora representadas únicamente por licopodios y belchos insignificantes e insistían en que no había habido evolución, sino degeneración. Esta teoría simpodial fué comprobada por Ward en sus investigaciones de paleobotánica y la extendió a la evolución de los animales, razas, pueblos y sociedades. La teoría de Ward ha sido ya generalmente aceptada en sus rasgos principales.—H.E.J.

simulación. Ficción o imitación de lo que no corresponde a la realidad, con el ánimo o propósito de inducir la voluntad ajena en sentido favorable a los intereses propios. Característica genérica de todo un tipo de delincuencia, la fraudulenta. Cf. *fraude.* Engaño. La esfera predilecta de la simulación criminal es la constituida por las falsedades y falsificaciones y por ciertos delitos patrimoniales (estafa, abuso de confianza, quiebra fraudulenta, etc.), aunque también es elemento constitutivo de algunos delitos de índole sexual (estupro). En términos jurídicos se llama también simulación toda alteración aparente de la causa, naturaleza u objeto auténticos de un acto o contrato. En este sentido puede producir efectos civiles en cuanto vicie el consentimiento prestado con engaño.—J.C.

simulación de enfermedad. Maniobra fraudulenta que se comete fingiendo enfermedad o lesión física inexistentes con el propósito de rehuir el cumplimiento de un deber jurídicamente exigible o de una comisión confiada o para obtener indebidamente el pago de una indemnización o de cualquier otra cantidad. [Inglés, *malingering*].—J.M.R.

La simulación de enfermedad puede constituir, según el propósito que la inspire, alguno de los delitos de incumplimiento de deber, falsedad o estafa.—J.C.

sin presencia, grupo. Véase **grupo en ausencia.**

sincretismo. Proceso de amalgamación de partes, culturas o principios antagónicos, o al menos diferentes. Más concretamente, asimilación de grupos extraños. Los elementos extraños desaparecen como entidades fisiológicas y culturales en la mayoría y ésta adopta a los individuos y también una selección y adaptación de sus rasgos culturales. Cf. *amalgama, asimilación social, transculturación.*—A.M'C.L.

sindicalismo. Tendencia del movimiento obrero francés que considera a los sindicatos y sus federaciones como células del futuro orden socialista e insiste en la completa independencia entre los sindicatos y los partidos políticos. El sindicalismo disfrutó de gran éxito ideológico en Francia en el período comprendido entre 1899 y 1937. La poderosa C.G.T. francesa (Confédération Générale du Travail) llevó a la práctica las ideas sindicalistas. Aun cuando al iniciarse el movimiento el sindicalismo predicó el derecho exclusivo de los obreros al control de la industria, después de la primera guerra mundial admitió igual derecho de los consumidores. Todas las formas del sindicalismo francés fueron antiestatales (su consigna fué: socializar, pero sin reforzar al Estado, *socialiser sans étatiser*). Algunas interpretaciones negaron por completo el derecho del Estado y otras deseaban únicamente limitarlo y contrapesarlo mediante una organización económica independiente (esta interpretación del sindicalismo es muy análoga a la del socialismo guildista británico). En el sindicalismo francés hubo además una tendencia reformista-moderada y otra revolucionaria. Cf. *democracia sindical, salario sindical, sindicato.*—G.G.

sindicalismo criminal. Expresión legal angloamericana con la que se significan ciertas formas sistemáticas de la apología del delito (q. vid.) inspiradas en determinadas ideologías sociales de carácter revolucionario. Así, son manifestaciones del sindicalismo criminal la apología del terrorismo (q. vid.) y de la transferencia o destrucción ilícitas de la propiedad. El sindicalismo criminal puede ir más allá de la simple apología, llegando a la excitación a delinquir y a la organización criminal. Cf. *sindicalismo.*—R.N.B. y J.C.

sindicalismo revolucionario. Tendencia radical del sindicalismo francés, particularmente influyente en el período comprendido entre 1905 y 1914. El sindicalismo revolucionario predicó la "acción directa", la "huelga general" y un antimilitarismo radical. Dió importancia a la iniciativa de las "*élites* revolucionarias" y fué, desde el principio hasta el fin, hostil al Estado en todas sus formas.—G.G.

sindicato. 1. Grupo secundario de lucha integrado por jornaleros y obreros asalariados y organizados con arreglo a directrices económicas con el fin de mejorar y proteger su *status* inmediato y sus condiciones de vida. [Inglés, *labor union*].—K.DP.L.

2. Asociación de trabajadores constituída para el estudio, mejoramiento y defensa de sus derechos e intereses, con atención particular a los salarios, horas y condiciones de trabajo, eficiencia, seguridad, enseñanza, seguros, etc. Estos beneficios los obtiene el sindicato en forma inmediata a través del contrato colectivo del que es titular. Los sindicatos han ampliado sus actividades a las de carácter político, tratando de colocar a sus representantes dentro de los sistemas legislativos para orientar directamente la legislación social que los favorezca. Subrayan la necesidad de la solidaridad de los trabajadores asalariados en la lucha del trabajo organizado por el reconocimiento público de sus derechos a emitir sus opiniones y a participar en la dirección de las industrias, así como en la actividad política en general. Las tendencias políticas del sindicalismo son muy variadas, pudiendo señalarse desde las francamente abstencionistas, hasta las de destrucción de los regímenes políticos, pasando por las del colaboracionismo de clases. Constituyen generalmente federaciones y confederaciones nacionales, que son las que marcan los grandes lineamientos de la política sindical y éstas a su vez se organizan en federaciones y confederaciones internacionales. El sindicalismo es un fenómeno social que aparece en cada país conforme éste va transformando sus industrias por el maquinismo; por ello los primeros sindicatos aparecieron en Inglaterra y en Francia. En un principio los gobiernos prohibieron a los trabajadores reunirse en sindicatos, considerando que rompían con el régimen liberal de la libre competencia, pero más tarde reconocieron la libertad de coalición y el derecho de huelga, que condujo lógicamente al reconocimiento, autorización y otorgamiento de personalidad jurídica a los sindicatos por el Estado. Algunos regímenes incorporaron a los sindicatos como partes estructurales en la formación del Estado, como en el cooperativismo fascista italiano y el 'nacional-sindicalismo falangista español.

En un principio los sindicatos se integraron casi exclusivamente para asalariados varones, excluyendo a las mujeres, pero en la actualidad la participción del trabajo de la mujer en la producción es tan importante que han quedado incorporadas al movimiento sindicalista. La sindicalización se ha desplazado también del elemento puramente obrero a todos los trabajadores, incluyendo a los funcionarios públicos, sobre

todo a los maestros. [Inglés, *trade union*].—
C.J.B. y A.M.P.

sindicato de empresa. Agrupación en un solo sindicato de varios individuos que pertenecen a diferentes profesiones, oficios o especialidades y que prestan sus servicios en una misma empresa. Su constitución corresponde a la idea de conexión y su forma a la estructura horizontal de una empresa en la que existen diferentes clases de industrias que se subsumen en una sola unidad jurídica: la empresa. [Inglés, *union shop*].—J.W.M'C.

sindicato de industria. Organización sindical de todos los asalariados de una industria determinada sin consideración a su oficio, profesión o especialidad. El movimiento sindical puede adoptar varias formas: sindicato de industria, sindicato de oficio y sindicato de empresa, y establecerse entre ellas una pugna por la obtención de los contratos colectivos. El sindicato de oficio generalmente sigue una política más conservadora, a veces tendiente al monopolio del trabajo especializado, mientras que el sindicato de industria propugna la organización de los obreros no cualificados. La fuerza de contratación del sindicato de industria se logra por la organización total de los obreros más bien que por el monopolio de unos cuantos oficios estratégicos. [Inglés, *industrial union*].—J.W.M'C. y A.M.P.

sindicato de oficio. Asociación compuesta por personas de una misma profesión, oficio o especialidad sin consideración a la industria o empresa en que puedan estar trabajando. El objeto de tal sindicato es celebrar un contrato colectivo con el patrono a fin de lograr condiciones de empleo más favorables para los miembros del oficio. El poder del sindicato de oficio se debe a su monopolio en una capacidad especial, logrado por el control del aprendizaje y de la concesión de autorizaciones para trabajar. Es evidente que una organización sindical por oficios puede ofrecer poco a las grandes masas de obreros no cualificados. En oposición al principio del oficio para la organización sindical se encuentra la idea del sindicato de industria (q. vid.) que pretende incorporar en una organización a todos los trabajadores de una industria determinada sin consideración a las diferencias de aptitud u oficio. [Inglés, *craft union*].—J.W.M'C.

sindicato preferente. Tipo de relación obrero-patronal creado por Luis Brandeis cuando intervino como árbitro en la huelga de los obreros del vestido de Nueva York, en 1913. Con arreglo a un acuerdo con un sindicato preferente el patrono debe contratar obreros sindicados en tanto el sindicato disponga de individuos hábiles y capaces; a falta de ellos, puede contratar a quien le parezca. Cuando se haga necesario realizar despidos, el patrono debe despedir primero a los individuos no sindicados. Por consiguiente, los individuos sindicados ob-

tienen un trato de preferencia tanto en la contratación como en el despido.—J.W.M'C.

sinergia. "Cooperación" inconsciente entre personas que, persiguiendo su propio interés y tratando de conseguir sus propios objetivos, producen una estructura-función societal no planificada, la acción moldeadora de la comunidad y productos culturales. Se distingue de la verdadera cooperación, de la telesis y de la autodirección societal (q. vid.).—T.D.E.

singular. Único. Cf. *causa singular*.

singularidad marginal. Diferencia perceptible entre personas que tienen puntos de semejanza, en particular una que atrae a las demás y que contribuye a otorgar capacidad de líder a quien la posee.—M.S.

singularismo. Teoría sociológica que sostiene que la sociedad es una mera suma de sus miembros y que no existe ninguna entidad ontológica llamada sociedad.

La teoría tiene tres variantes:

1. El singularismo radical, que sostiene que el individuo es la única realidad social y, por consiguiente, el valor ético supremo y que la sociedad sólo tiene valor cuando sirve para elevar la vida del individuo. Esta variedad del singularismo es hedonística y utilitaria.

2. El singularismo moderado, que concede que la sociedad, lo mismo que el individuo, es de un valor supremo y que la libertad o felicidad individual está limitada por el interés igual de la sociedad

3. El singularismo colectivista, que, aun considerando a la sociedad como mera suma de individuos, sostiene la superioridad de la colectividad sobre el individuo. Por ejemplo: el fascismo o hitlerismo.

Históricamente, el singularismo ha alternado con el universalismo y con la unidad mística, integralismo o armonismo (q. vid.).—J.D.

síntesis. Combinación de elementos o rasgos en una contextura o mixtura. Lo contrario de análisis.—H.A.P.

síntesis creadora. Proceso mental por el que determinadas ideas ya conocidas se combinan en un todo desconocido antes como tal concepto.—J.P.E.

síntesis social. Acercamiento o combinación de elementos sociales y personas o grupos en un sistema de relaciones más organizado que confiere significación, reconocimiento y apoyo recíprocos y que ordinariamente implica un acrecentamiento de la mutua comprensión y del servicio recíproco.—C.J.B.

sirviente doméstico. Véase **doméstico**.

sistema. Agregado de intereses o actividades conexas. Supone una organización de partes o fases en disposición ordenada. Filosofía que puede considerarse tal en todas sus partes conexas; también, un sistema de comunicación o de transporte, o un sistema económico. Cualquiera que sea el sistema, su mencionado carácter se descubre en la armonía de su funciona-

miento y en la integración de su estructura.—
N.A.

sistema clasificatorio. Sistema de parentesco
(q. vid.) en el que los términos de relación se
aplican normalmente a más de una categoría de
parientes. Hoy se admite que la mayoría de los
sistemas de parentesco son de este tipo, y la
palabra "clasificatorio" se reserva usualmente
para los términos particulares que se aplican a
los parientes de diversas categorías, por ejemplo, "tío" o "primo" en inglés.—G.P.M.

sistema de parentesco. Condiciones de parentesco corrientes en una sociedad determinada,
juntamente con los *status* y normas de conducta
asociados a ellas. Cf. *sistema clasificatorio.*—
G.P.M.

sistema de relación. Véase **sistema de parentesco.**

sistema de trabajo a domicilio. Sistema de
manufactura, iniciado poco antes del invento
de la maquinaria accionada mecánicamente, en
el que un comerciante suministraba a los trabajadores en sus casas las materias primas, conservando su propiedad, y pagaba la manufactura; quedaba de su cargo la venta del producto
acabado. Este sistema fué fomentado por la
expansión de los mercados al final de la Edad
Media y sirvió de transición entre el sistema
de artesanado y el de fábrica y salario que siguió a la Revolución Industrial.—J.W.M'C.

sistema fabril. Véase **fábrica (sistema de).**

sistema señorial. Organización social y relaciones que comprenden las costumbres, normas
y reglamentaciones referentes a la posesión de
grandes propiedades agrarias y a la explotación
del trabajo servil y de los arrendatarios libres
por los señores feudales; forma de posesión
feudal de la tierra y de la organización social feudal.—N.S.

sistemas institucionales. Agrupaciones de instituciones con arreglo a los campos principales
o fundamentales de la vida social en que las
mismas ejercen sus funciones básicas, tales
como el sistema económico (instituciones de
producción, cambio, consumo, transporte, etc.),
el sistema doméstico (parentesco, matrimonio,
herencia, familia), el sistema político (instituciones administrativas, legislativas, judiciales,
militares, de sanidad pública, etc.). Semejante
distribución de las instituciones de una sociedad determinada es siempre por necesidad más
o menos arbitraria, ya que en la vida real las
instituciones se superponen e invaden unas a
otras en su funcionamiento, se enlazan entre
sí y se apoyan unas en otras. En efecto, son
pocas las instituciones que realizan una sola
función. Así, aun cuando la familia es, principalmente, una institución doméstica, también
tiene que realizar, y debe hacerlo, funciones
educativas, religiosas, recreativas, sanitarias y
económicas.—J.O.H.

sistemas penitenciarios. A fines del siglo XVIII,
como consecuencia de la filosofía humanitaria
de la Ilustración y de la campaña que llevó a

cabo John Howard visitando y denunciando el
estado de las prisiones europeas, se inició un
movimiento reformador que dió por resultado
una ordenación y saneamiento de las antiguas
casas de detención y de trabajo mediante los llamados sistemas penitenciarios. De ellos, los
más importantes son el de Pensilvania, el de
Auburn, el progresivo, el irlandés y el de reformatorio (q. vid.).—J.C.

sistemática, sociología. Véase **sociología sistemática.**

situación. La totalidad de factores, internos y
externos, orgánicos y ambientales, de importancia para la conducta que se investiga, tales
como aparecen a un observador en un análisis
científico objetivo.—H.E.J.

situación de conflicto. Serie de circunstancias
que implican relaciones mutuamente antagónicas y francamente coactivas o destructoras de
individuos o grupos.—M.S.

situación de grupo. Serie de circunstancias
que comprenden uno o más conjuntos de personas que se considera mantienen relaciones sociales recíprocas. Las circunstancias pueden ser
las que existan dentro de un grupo o entre
grupos.—M.S.

situación del yo. El todo organizado de un in-
individuo con referencia a una serie específica
de relaciones sociales o a una clase general de
relaciones sociales.—M.S.

situación-proceso. Véase **proceso-situación.**

situación social. Circunstancias ambientales de
una unidad que contiene una o más unidades
distintas con las que pueden existir relaciones
sociales o puede darse una conducta social.
—M.S.

situacional, método. Modo de examinar y analizar problemas (personales o sociales), no en
función de causas singulares, sino como situa-
ciones-procesos: *situación* que en el momento
en que se la estudia apenas sale de la cadena
causal de las otras situaciones que la produjeron
y lleva ya en su seno las tendencias que la
transformarán en otra situación diferente. En
ella el observador (en papel de partícipe) puede o no estar introduciendo nuevos elementos.
Muchas condiciones o acontecimientos considerados en una cultura individualista como
rasgos o actos individuales, se contemplan en
tal análisis como situaciones: por ejemplo, el
liderazgo, la bondad, la criminalidad, la locura, el pauperismo, la pobreza, el sentido común, la competencia, el genio, el éxito, la
santidad, la hechicería.

En el trabajo social por casos el método
situacional considera que la unidad de diagnóstico y tratamiento es la situación problemática,
más bien que la persona que suele ser el foco
de atención en los datos del caso. La "situación" problemática es una abstracción o corte
en sección en la multiplicidad espacio-temporal
y se ha de comparar con la situación después
del tratamiento. Para fines prácticos se limita
a aquellos elementos de la personalidad y del

medio que se consideran relacionados de un modo significativo y suficiente en etiología o terapia como para ser tratados en cuanto unidad. Los trabajadores y agentes llegan a ser parte de la situación.—T.D.E.

"slogan." Palabra derivada de la gaélica *sluaghghairm*, que significa llamada al ejército. Por consiguiente, grito de batalla y, en sentido más lato, grito de llamada de un partido político, frase de reclamo de una organización comercial, frase o afirmación breve y atractiva asociada a un producto, movimiento, organización, institución o país. Aun cuando ya no se cree indispensable para una campaña anunciadora, los anunciantes de la última mitad del siglo XIX se esforzaron por hacer a los públicos europeos y americanos "conscientes de los *slogans*" y ellos y otros agentes de publicidad los emplean todavía. Sociológicamente, los *slogans* tienen las mismas características que los tópicos (q. vid.).—A.M'C.L.

soberanía. Nota de supremacía atribuida a un poder, grupo u orden jurídico. Existen tres aplicaciones diferentes del término soberanía que con frecuencia se confunden: a) La soberanía jurídica es la primacía de un orden jurídico sobre otros órdenes de derecho; por ejemplo, del orden jurídico internacional sobre el orden jurídico nacional, o del orden jurídico nacional sobre estructuras jurídicas particulares (como las del Estado y de la sociedad económica). b) La soberanía política, que es el monopolio del Estado para disponer de una coacción incondicionada dentro de los límites de su competencia jurídica. Es evidente que el Estado puede poseer soberanía política sin poseer soberanía jurídica; puede afirmarse que incluso en las épocas de un predominio de hecho del orden jurídico del Estado, éste nunca posee soberanía jurídica. c) La soberanía del pueblo es la prerrogativa inalienable del pueblo de gobernarse por sí mismo. Según diferentes interpretaciones, la soberanía del pueblo puede significar soberanía de su voluntad (poder) o soberanía de la ley espontánea engendrada por la comunidad nacional. La segunda interpretación del término lo sitúa en íntima relación con la "soberanía jurídica", de la cual es, en este caso, una forma parcial. Las teorías de la "soberanía absoluta del Estado" (elaboradas por primera vez en los siglos XVII y XVIII) confundieron la soberanía jurídica con la política suponiendo que no podían existir sin estar unidas y como atributos de una misma organización. Cf. *Estado, ley.*—C.G.

soborno. 1. Cohecho, corrupción. Delito contra la administración que se comete por el funcionario público que recibe dinero u otra dádiva o acepta directa o indirectamente una promesa análoga a cambio de hacer o dejar de hacer algo relacionado con sus funciones propias (cohecho pasivo) y por parte aquel que dé u ofrezca dádivas con el mismo fin (cohecho activo). También el dinero o dádiva ofrecido o

aceptado en el concepto expresado. [Inglés, *graft*].—J.C.

2. Merece consideración especial el soborno de testigos [inglés, *fix*], delito consistente en inducir a los testigos, víctimas o agentes de la autoridad a deponer falsamente en juicio. La inducción puede tener éxito o no, valerse de presiones sociales, económicas, políticas o de cualquier otra clase y adoptar o no forma organizada. Todas esas circunstancias pueden matizar el delito e influir en la determinación de la penalidad.—E.H.S.

soborno honesto. Expresión acuñada por George Washington Plunkitt, el famoso jefe de Tammany Hall, para designar el beneficio que obtiene un político utilizando sus informaciones sobre los proyectos de construcciones y mejoras públicas. Así, por ejemplo, es posible acaparar un trozo de terreno pantanoso, que la administración urbana se propone sanear y convertir en parque público, beneficiándose en gran medida con la expropiación subsiguiente o con la plusvalía de los terrenos colindantes. Soborno deshonesto o tráfico de influencias sería el cobro de trabajos y servicios no realizados, por personas que destinan una parte de las cantidades percibidas al político que gestionó que se abonasen indebidamente. [Inglés, *honest graft*].—J.W.M'C.

Los dos tipos de acción señalados corresponden al género de las negociaciones prohibidas a las autoridades y funcionarios públicos, y en cuanto tales pueden ser sancionadas como delitos.—J.C.

sobrepoblación. Situación de una sociedad en la que el número de habitantes es demasiado grande para conseguir o perpetuar algún objetivo reconocido y socialmente aceptado. El término carece de significación precisa a menos que se especifique el objetivo concreto. La estimación efectiva de la sobrepoblación en una sociedad determinada y en un momento dado puede variar en gran medida según los valores sociales determinados que se hayan tomado como criterio. Por ejemplo, la estimación de la sobrepoblación, considerada desde el punto de vista de la eficiencia militar, puede ser muy diferente de la que se basa en el nivel de vida. [Inglés, *overpopulation.*]

sobreseimiento. Institución procesal que pone término al procedimiento judicial. Es libre cuando reconoce la inexistencia manifiesta de un delito o la evidencia de la irresponsabilidad criminal, y provisional, cuando la falta de pruebas impide o detiene la investigación. El auto de sobreseimiento libre tiene la misma eficacia que la sentencia absolutoria. El auto de sobreseimiento provisional no impide la reapertura o continuación del procedimiento como consecuencia del descubrimiento o aportación de nuevas pruebas.—J.C.

sobrino, derecho del. Véase **derecho del sobrino.**

sociabilidad. Modo de estar ligado a un todo y por un todo. Diferentes formas de interdependencia en las relaciones con los demás (yo, *alter ego*, él, ellos) y diferentes formas de fusiones parciales en el "nos" (masa, comunidad, comunión), son ejemplos de formas de sociabilidad. A veces, el término sociabilidad (o socialidad) se entiende en un sentido más amplio, el de la capacidad de los individuos para integrarse en la vida del grupo e incluso en el sentido de la medida de su espíritu cooperativo.—G.G.

sociación. Término que comprende todas las relaciones interhumanas, o de interacción social, ya sean asociadoras, disociadoras o de carácter mixto. Sinónimos aproximados son conducta social, proceso social, relaciones humanas, etc. —H.B.

social. Lo que se refiere a las relaciones recíprocas de seres humanos en interacción, ya sea como individuos o como grupos. Término amplio que comprende todos los fenómenos que constituyen la materia de la sociología.

social, "survey." Véase **"survey" social.**

socialidad. La cualidad de estar socializado. Antinomia de individualidad.—H.A.P.

socialismo. Filosofía social, o sistema de organización social, basado en el principio de la propiedad pública de los instrumentos materiales de producción. En su esencia es un concepto económico más que político. La confusión general sobre este punto proviene sobre todo de dos causas: primera, el reconocimiento de que, en general, es necesaria la acción política para establecer el socialismo en una sociedad que no lo tiene; y segunda, la de que es difícil imaginar que el socialismo pueda funcionar de modo estable y sin roces en una sociedad no democrática. Teóricamente, el socialismo es compatible con casi todos los tipos de Estado y es muy significativo que algunas de las formas estatales más dictatoriales se definan a sí mismas como socialistas. Sin embargo, es difícil que la propiedad pública de los medios de producción pueda funcionar de modo eficaz bajo un gobierno despótico; y, por otra parte, una sociedad en la que el socialismo esté firmemente establecido necesita y trae casi automáticamente una forma política democrática.

Lo mismo que la democracia, la libertad política y la libertad moral, con las que está estrechamente relacionado, el socialismo es una cuestión relativa. Puede darse en grados de amplitud muy diversa. Dentro del sistema económico de cualquier país existen hoy innumerables y muy diversas empresas sociales, tales como los abastecimientos de aguas, los sistemas de alumbrado y energía eléctrica, las escuelas públicas, las carreteras, el servicio de correos, las instalaciones de transporte, el ejército y la marina, y tantas otras que forman una lista casi interminable, todas de propiedad pública. Sin embargo, existen muchas diferencias importantes entre el socialismo parcial y el socialismo pleno. En el socialismo parcial, los trabajadores, al menos en teoría, pueden elegir entre un empleo público o privado. En el socialismo pleno todo trabajador (y se supone que todo individuo adulto y físicamente capaz ha de ser un trabajador) deberá ser empleado por la sociedad.

La distinción entre socialismo y capitalismo no radica en el carácter del mecanismo de la producción, sino en la atribución de la propiedad del capital, la tierra y la empresa. El efecto del socialismo pleno consistiría en eliminar lo que se ha llamado renta de "propiedad", dejando únicamente la renta de "servicio". No es imprescindible que haya limitaciones a la acumulación de bienes de consumo con el carácter de propiedad privada, pero no habrá posibilidad de obtener renta de la propiedad de bienes de producción, o de lo que, en la terminología socialista, se llama "la explotación del trabajo".

Fundamentalmente el socialismo es en la práctica idéntico al comunismo. Difiere de él, sobre todo, por lo que hace al ritmo y método de transición y a la base de la retribución del trabajador. Lo característico del comunismo es su pretensión de un cambio rápido y, en caso necesario, violento, en tanto que el socialismo se contenta con hacer progresos empleando métodos reformistas, graduales y parciales. En teoría, el comunismo sostiene que todos los trabajadores deben ser retribuídos por igual sin tener en cuenta cuál sea la función o aportación económica, o que el ingreso se ajuste a la necesidad.

El Estado sin clases, que reluce tanto en las discusiones socialistas, no es sin embargo un componente necesario del socialismo, sino un ideal al que aspira la comunidad socialista y que espera alcanzar. La idea, bastante difundida, de que el socialismo entraña la propiedad y administración centralizadas en todas las funciones económicas, no está correctamente fundada en la teoría socialista. Las unidades públicas que, bajo el régimen socialista, habrían de dirigir las actividades económicas se confunden popularmente con las unidades políticas existentes, pero no es idispensable que así ocurra y sin duda alguna se darían tipos de divisiones económicas tan diversos como lo exigiera la eficacia del sistema. Naturalmente, se produciría una tendencia hacia la integración y coordinación que abarcaría a toda la nación.

Históricamente han existido muchas ramas de la teoría socialista. Así, por ejemplo, el socialismo marxista, el socialismo fabiano, el socialismo guildista, el nacional-socialismo, etc. El único ejemplo histórico del establecimiento de un socialismo general y de gran amplitud nos lo ofrece la Unión de Repúblicas Socialistas Soviéticas.

socialismo fabiano. El socialismo fabiano ofrece una transición constitucional y gradual a la propiedad por el Estado de los medios de producción. En esta doctrina no se reserva lugar alguno a las técnicas revolucionarias. Sus métodos son, por el contrario, educativos. Con carácter oportunista y práctico, trata de utilizar todos los medios legislativos disponibles para la regulación de la jornada de trabajo, la salubridad, los salarios y otras condiciones del trabajo. Esta forma de socialismo tiene su organización patrocinadora, la Sociedad Fabiana, fundada en 1884. En este movimiento social inglés el liderazgo ha provenido de un pequeño grupo de intelectuales entre los que figuran George Bernard Shaw, Lord Passfield, Beatrice Webb, Graham Wallas y G. D. H. Cole. Uno de sus miembros, J. Ramsay MacDonald, fué dos veces primer ministro de la Gran Bretaña.—J.H.E.

socialismo guildista. Tendencia del movimiento obrero inglés que tuvo un gran éxito ideológico en el período comprendido entre 1916 y 1926 y de la cual la idea principal, semejante a la que diera origen al sindicalismo francés, era la organización autónoma de una economía planificada mediante su control efectivo por los trabajadores y consumidores, que limitara y contrapesara al Estado político. Fué fundada una liga especial en pro del socialismo guildista que consiguió algunos éxitos prácticos en la industria de la edificación. El socialismo guildista se opuso con energía no sólo al comunismo sino también a todas las formas de socialismo centralista y colectivista. Se diferencia del sindicalismo francés en que tiene una visión pluralista más consecuente y por su conexión más íntima con la tradición liberal (por ejemplo: "liberalismo de grupo" favorable también a la libertad individual). El interés sociológico del socialismo guildista está enlazado a su aplicación práctica de algunos principios teóricos del "pluralismo social y jurídico" y a su aportación a la tipología de los grupos particulares.—G.G.

socialista. Individuo que profesa las doctrinas del socialismo y que defiende el establecimiento de un orden socialista. Afiliado al socialismo.

socialización. 1. Desarrollo de los rasgos individuales en conformidad con las pautas sociales dominantes.—P.F.C.

2. Amplio proceso económico de colectivización. Cf. *nacionalización.*—J.C.

socialización, proceso de. Proceso socio-psicológico por el cual se forma la personalidad bajo el influjo de las instituciones educativas; proceso entrelazado a) con las instituciones en que el proceso general de condicionamiento se relaciona con el proceso escolar, la familia, los grupos de juego, los grupos raciales, la comunidad, la iglesia, el cine, etc.; y b) con algunos problemas de la sociología de los grupos formados en el proceso educativo y de los grupos encargados de la educación: maestros, profesores, administradores, etc. Es un proceso centrado, fundamentalmente, en torno a la escuela, base de todos los esfuerzos y propósitos educativos organizados, que confiere a todo el proceso educativo una dirección precisa. Cf. *escuela.*—J.S.R.

socialización rural. Procesos del crecimiento de una sociedad caracterizados, esencialmente, por el grupo primario, la agricultura, la forma relativamente sencilla de la industria, el pequeño grupo local y por la existencia de una sociedad relativamente pequeña, homogénea e inmóvil.—H.A.P.

socializado, impulso. Véase **impulso socializado.**

socializar. Proceso de enseñar al individuo, a través de diversas relaciones, organizaciones educativas y regulaciones sociales, a acomodarse a la vida en su sociedad. No implica valoración moral alguna, sino más bien un ajuste suficiente a los usos sociales y costumbres de su tiempo y lugar para convertirlo en un miembro activo de su comunidad.—F.D.W.

sociedad. Grupo de seres humanos que cooperan en la realización de varios de sus intereses principales, entre los que figuran, de modo invariable, su propio mantenimiento y preservación. El concepto de sociedad comprende la continuidad, la existencia de relaciones sociales complejas y una composición que contiene representantes de los tipos humanos fundamentales, especialmente hombres, mujeres y niños. De ordinario, también, existe el elemento de asentamiento territorial. La sociedad es un grupo actuante, al extremo de que con frecuencia se la define en términos de relaciones o procesos. Es el grupo humano básico y en gran escala. Debe diferenciársela radicalmente de los grupos o agregaciones fortuitos, temporales o no representativos, tales como una multitud, los pasajeros de un barco, los espectadores de un juego de pelota o los habitantes de un campamento militar.

sociedad, ciencia de la. Véase **ciencia de la sociedad.**

sociedad componente. Sociedad considerada desde el punto de vista de su composición demótica o social. Cf. *sociedad constituyente.*—T.D.E.

sociedad, concepto orgánico de la. Concepto que puede incluir la analogía organicista (q. vid.); pero de una manera más general o por contraste puede indicar el reconocimiento de que una comunidad o una sociedad está organizada, es decir, que las partes y unidades colaboran en una unidad mayor. Una organización, lo mismo que un organismo, son orgánicos.—T.D.E.

sociedad conspirativa. Sociedad en la que la explotación por el grupo dominante ha suscitado oposición en los grupos oprimidos, los cuales, sin embargo, han de organizarse de modo secreto debido a la represión; sociedad en la que existen conspiraciones y grupos conspiradores. [Inglés, *conspiral society*].—T.D.E.

La conspiración como fenómeno social es en este caso una característica de la sociedad. La sociedad conspirativa no debe confundirse con la asociación de conspiradores.—J.C.

sociedad constituyente. Sociedad considerada desde el punto de vista de su constitución, es decir, de su estructura-función orgánica; o sociedad considerada como un elemento constituyente (funcional) en la estructura-función de otra sociedad más amplia. Cf. *sociedad componente.*—T.D.E.

sociedad de organización de la caridad. Tipo de organización norteamericana de trabajo social financiada con fondos privados, que en principio se ideó para coordinar las diversas actividades sociales de carácter filantrópico; organización que pone en práctica un programa de trabajo social por casos y otras actividades sociales y sanitarias.—W.P.

sociedad de utilidad pública. Asociación mercantil de carácter privado organizada con arreglo a la ley británica para la construcción y administración de viviendas para trabajadores y limitada por lo que respecta a la obtención de utilidades y dividendos. Puede compararse con la corporación norteamericana de viviendas, de dividendos limitados.—E.E.M.

sociedad estática. Sociedad en la que no se produce ningún cambio; en la que no funcionan más agencias que las relacionadas con los procesos "estático-dinámicos".—N.L.S.

sociedad funcional. Grupo de personas asociadas, dentro de otra sociedad más amplia y que en parte lo mantiene, con el fin de llevar a cabo, facilitar o disfrutar una función social determinada. Ejemplos de tales grupos funcionales son las sociedades literarias, fraternales, religiosas, de investigación, deportivas, económicas o políticas.—C.J.B.

sociedad, ideal de. Véase **ideal de sociedad.**

sociedad industrial. Vida de grupo organizada con arreglo a la pauta del industrialismo, condición indispensable del cual es una extensa transformación de la industria misma, a base del perfeccionamiento tecnológico que permite la ciencia aplicada, de la producción en gran escala de tipo maquinista y de la especialización y división del trabajo. A los cambios en la industria acompañan otros no menos notables, siendo los principales las transformaciones en los medios de comunicación y transporte, un mercado cada vez más amplio, la migración y la urbanización acelerada de la población y las alteraciones en los hábitos de consumo. De modo parejo, los grupos secundarios tienen cada vez mayor importancia y se producen alteraciones en los usos y costumbres que afectan a las relaciones de los grupos primarios. Los conflictos entre las clases, razas y otros grupos reflejan los rasgos típicos de la nueva situación, como también la delata la naturaleza más compleja del proceso de acomodación.—K.DP.L.

sociedad orgánica. Asociación de personas cuyo sistema de funciones sociales está tan sumamente organizado que sus servicios recíprocos merecen entera confianza por lo que respecta al mantenimiento de su existencia o al desempeño de los servicios que se requieren de ella por

la comunidad mayor de que puede ser miembro.—C.J.B.

sociedad patriarcal. Sociedad cuya cultura pone en manos del cabeza de familia varón o grupo de parentesco (q. *vid.*), según los casos, una notable autoridad y poder sobre los demás. Puede comprender rasgos tales como la residencia patrilocal (q. *vid.*), la descendencia (q. *vid.*) patrilineal y la patronimia, pero no es indispensable que así suceda. Cf. *patronímico.*—E.A.H.

sociedad primitiva. En sentido estricto, cualquier sociedad que no ha adquirido lenguaje escrito. Sociedad no civilizada.—E.A.H.

sociedad pueblo-regional. Unidad elemental del pueblo societal consolidada en patrones espaciales y susceptible de un estudio de laboratorio por la sociología popular [*folk sociology*] y por el regionalismo. La sociedad pueblo-regional es la más pequeña unidad social en la que pueden ser estudiados todos los aspectos, incluyendo los factores evolutivos espaciales e históricos. La sociedad pueblo-regional es universal y orgánica por oposición a aquellos de su meros planos que describen secciones transversales de la sociedad rudimentaria o primitiva.—H.W.O.

sociedad sagrada. Sociedad en la que prevalecen muchas normas obligatorias, generalmente aceptadas y unidas en un todo funcional; existe en ella un máximo de control social, interiorizado y exteriorizado, o sólo esto último. En tal sociedad, la resistencia al cambio es, de ordinario, muy fuerte en comparación con la que ofrece la sociedad secular (q. *vid.*). En efecto, para ciertos fines, una sociedad intensamente sagrada puede caracterizarse por existir en ella una marcada incapacidad y repugnancia, o sólo esta última, para ajustarse a lo nuevo. Sinónimos aproximados son: sociedad ideacional, comunidad, cultura (en un sentido especial), *Gemeinschaft* (comunidad), sociedad de *status*, etc.—H.B.

sociedad secreta. Asociación cerrada cuyos componentes, por lo general varones, se afilian a ella secretamente y no son identificados por los miembros de la comunidad en general. Algunas de sus actividades pueden realizarse en público, en cuyo caso los miembros actuantes suelen aparecer enmascarados o disfrazados de algún modo. Sin embargo, la mayor parte de las actividades de las sociedades secretas y de sus ceremonias rituales se llevan a cabo en presencia únicamente de los miembros de la sociedad. Características normales de estas sociedades son los distintivos o insignias y el ritual. Las sociedades secretas, primitivas y modernas, suelen dar importancia a la benevolencia recíproca y fomentar el trato social elemental entre los miembros. Pueden asumir funciones secundarias de regulación social mediante la tentativa de imponer su voluntad a los no miembros por medio de la amenaza o de la fuerza.—E.A.H.

sociedad secular. Sociedad en la que sus normas obligatorias, generalmente aceptadas, son pocas; existe en ella un mínimo de control social, exteriorizado o interiorizado, o sólo esto último. En tal sociedad, la resistencia al cambio es muy débil, de ordinario, en comparación con la resistencia de la sociedad sagrada (q. vid.). En efecto, para ciertos fines, una sociedad fuertemente secular puede caracterizarse por existir en ella una marcada incapacidad y repugnancia (o sólo esto último), para abstenerse de todo ajuste a lo nuevo. Sinónimos aproximados son: sociedad urbana, civilización, Gesellschaft (sociedad), sociedad contractual, etc. —H.B.

societal. Relacionado con la sociedad. Referente a cualquier grupo o grupos de algún tamaño incluídos en el concepto de sociedad, o a algo característico de ellos. Comparado con el término "social" (q. vid.), lo que la nueva palabra pretende subrayar es la estructura y funcionamiento del grupo más bien que las relaciones asociadoras. Sólo se ha aceptado por un grupo de sociológos norteamericanos. Cf. técnico societal.

societario. Societal (q. vid.)

sociogenético. Relacionado con el origen y conservación de la sociedad en sus aspectos claramente humanos, en particular el estético, el espiritual y el intelectual.

sociología. Estudio científico de los fenómenos que se producen en las relaciones de grupo entre los seres humanos. Estudio del hombre y de su medio humano en sus relaciones recíprocas. Las distintas escuelas sociológicas insisten y ponen de relieve en grado diverso los factores relacionados, algunas subrayando las relaciones mismas, tales como la interacción, la asociación, etc.; otras destacan a los seres humanos en sus relaciones sociales, concentrando su atención sobre el *socius* en sus diversos papeles y funciones. Que la sociología, tal como se ha desarrollado hasta ahora, tenga derecho al rango de ciencia es cuestión sobre la que aún no existe completo acuerdo, pero, en general, se reconoce que los métodos de la sociología pueden ser estrictamente científicos y que las generalizaciones comprobadas que constituyen la característica inequívoca de la verdadera ciencia van siendo progresivamente cimentadas en una extensa y concienzuda observación y análisis de las reiteradas uniformidades que se manifiestan en la conducta de grupo. Cf. *ciencia de la sociedad, conceptos sociológicos, "survey" social.*

sociología aplicada. Fase deductiva de la sociología científica. Empleo cuidadoso y preciso de las generalizaciones sociológicas para contribuir a la solución de los problemas sociales (q. vid.). Aplicación de las leyes y principios sociológicos a casos particulares. La sociología aplicada puede ser un instrumento de la reforma social o de la ingeniería social (q. vid.).

sociología biológica. Esfera de la investigación sociológica, algo imprecisa, que se concentra

en el estudio de las correlaciones y consecuencias sociales de los procesos biológicos de la herencia, la variación, la selección y reproducción de las poblaciones humanas. En su más lata connotación histórica esta expresión comprende las teorías bio-organicistas de la sociedad, las teorías antropo-sociológicas, o seleccionistas sociales, de las diferencias raciales e individuales y sus efectos sociales, las teorías de la "lucha por la existencia" con su insistencia sobre el papel de la guerra, e incluso las teorías demográficas que destacan los efectos sociales del volumen y densidad de la población. —F.H.H.

sociología científica. Véase **sociología, sociología sistemática.**

sociología clínica. División de la sociología práctica o aplicada que relata y sintetiza las experiencias a) de los psiquiatras sociales, con respecto a los problemas funcionales de la adaptación individual, y b) de los técnicos sociales, respecto a los problemas funcionales del ajuste institucional. Principalmente en el primer grupo, al menos en su intención, se encuentran las experiencias de los trabajadores sociales, gerentes de personal, psiquiatras, expertos en la orientación profesional, etc.; y principalmente en el segundo grupo se encuentran las de los consejeros de relaciones públicas, políticos profesionales, analistas del sentimiento y de la opinión, propagandistas, anunciantes, etc. La sociología clínica subraya, pues, el desarrollo de las técnicas de manipulación efectivas y terapéuticas y de la minuciosa información desde un punto de vista funcional concerniente a la sociedad y a las relaciones sociales.— A.M'C.L.

sociología criminal. Ciencia que estudia el delito como fenómeno social, es decir, la criminalidad en toda su complejidad y la pena en cuanto reacción social, en sus orígenes, evolución y significación y en sus relaciones con los demás fenómenos sociales relacionados con una y otra. La sociología criminal, pues, es una aplicación de la sociología general a los fenómenos específicos de la delincuencia. De definido origen positivista, se reconoce a Ferri como el creador de la sociología criminal, si bien la concebía en sentido amplio como la "ciencia general de la criminalidad", comprendiendo en ella incluso al derecho penal. La aportación principal de la sociología criminal a la moderna criminología la constituyen sus investigaciones en relación con los factores sociales de la criminalidad.—J.C.

sociología de la educación. La sociología aplicada a la solución de los problemas fundamentales de la educación. Mientras que aquélla examina el campo, discierne su estructura y describe su funcionamiento, ésta trata de esclarecer y mejorar el mismo orden.—J.S.R.

sociología del arte. Ciencia que se ocupa de la definición, clasificación e interpretación de las obras de arte y de los artistas en sus efectos sobre la sociedad y en el efecto de la sociedad sobre ellos.—J.H.B.

sociología del saber. Rama de la sociología de la cultura, iniciada y desarrollada en Alemania, que sostiene como punto de partida que los modos de pensar y conocer dependen de alguna manera de la realidad social en que se ofrecen, es decir, de los grupos sociales a que pertenecen los individuos; no sólo, por tanto, clases económicas, sino también generaciones, sectas, grupos profesionales y de *status*, escuelas, etc.—J.S.R.

sociología histórica. Aspecto de la sociología en el que los datos del pasado, de ordinario definidos como "historia", se utilizan para la generalización predictiva más bien que para la presentación de conjuntos individuales y particularizados; esta útima clase de utilización es estrictamente histórica, más bien que sociológica. La predicción sociológica mencionada puede ser de carácter retrospectivo o prospectivo, hipotético o real; todo lo que se requiere es formularla así: "siempre que se repitan estos factores típicos y en la medida en que lo hagan, las consecuencias típicas serán estas otras". La sociología histórica no debe confundirse con la historia de la sociología.—H.B.

sociología popular. Véase **"folk sociology"**.

sociología práctica. Véase **sociología aplicada**.

sociología psicológica. División de la sociología que subraya la importancia previa de los factores psíquicos como explicaciones de los fenómenos sociales.—H.A.P.

sociología rural. La sociología aplicada especialmente a los fenómenos de la sociedad rural.

sociología rural y urbana. Especializaciones de la sociología consagradas al estudio de las comunidades rurales o de las comunidades urbanas. Realmente, la sociología rural, aun cuando descriptiva de la sociedad rural y de los problemas sociales agrarios, ha de enfocar su tema con la comunidad urbana en la mente. Por otra parte, la sociología urbana enfoca los problemas sociales de la ciudad por la contemplación de los mismos destacándose sobre el fondo de la sociedad rural. Tanto en el caso de la sociología rural como en el de la urbana existen puntos en que ambas deben descansar en el terreno común en que la ciudad se encuentra con su trastierra.—N.A.

sociología sistemática. La sociología general con exclusión de los juicios de valor no científicos e insistencia en la interrelación sistemática de los conceptos que la integran a fin de ampliar el alcance y la precisión de la predicción científica de la recurrencia social.—H.B.

sociología urbana. Estudio científico de las adaptaciones y ajustes socio-económicos producidos por la concentración de la población en áreas geográficas limitadas.—E.E.M.

sociológico. Lo referente a la sociología (q. *vid.*). Lo relativo al estudio científico de los fenó-

menos de la asociación humana. No debe confundirse con social ni con societal (q. *vid.*).

sociológico, pluralismo. Véase **pluralismo sociológico**.

sociometría. Escuela y métodos que en sociología destacan la determinación operativa de los conceptos y la descripción cuantitativa de las relaciones humanas y otros fenómenos sociales. —J.W.M'C.

"socius." El organismo humano individual considerado como un partícipe en las relaciones sociales o en la conducta social. La partícula primaria de la ciencia sociológica.—M.S.

socorro. Dinero o artículos necesarios que se dan a personas necesitadas.—W.P.

socorro bajo techado. Socorro institucional (q. *vid.*). El socorro público o privado que se proporciona alojando a las personas necesitadas en campamentos, asilos u otras instituciones, a diferencia del socorro domiciliario.—W.P.

socorro de desastre. Asistencia prestada a individuos, familias y comunidades que han sufridos las consecuencias de cierta forma de catástrofe colectiva. [Inglés, *disaster relief*].—W.P.

socorro de pobres. El que se presta a personas cuyo principal problema es la necesidad económica. En la actualidad se utiliza la expresión socorro domiciliario.—W.P.

socorro de trabajo. Diversos tipos de actividad consagrada a proporcionar trabajo de interés para la comunidad, en favor de quienes carecen de él y se encuentran en situación de necesidad.—W.P.

socorro domiciliario. Alojamiento, combustible, alimentos, vestidos, alumbrado, efectos de menaje necesarios, cuidados médicos, dentales y de lactancia, etc., suministrados por una corporación pública a determinadas personas o familias en sus mismos domicilios.—W.P.

socorro en efectivo. Sistema de asistencia pública consistente en el suministro de cantidades de dinero efectivo a las familias necesitadas, en sus domicilios. Las autoridades de beneficencia calculan las necesidades de la familia con arreglo a un presupuesto genérico. La familia queda en libertad de gastar el dinero donde quiera y en los artículos que considere convenientes. En los casos de mala inversión se reemplaza el privilegio de recibir dinero por el socorro en especie (q. *vid.*). Este sistema de socorro es defendido por la mayor independencia que confiere a la persona socorrida. [Inglés, *relief-in-cash*].—J.W.M'C.

socorro en especie. Sistema de asistencia pública consistente en el suministro de los alimentos y vestidos necesarios a las familias necesitadas, en sus propios domicilios o mediante un delegado visitador que determina previamente a tal fin la especie y cantidad de artículos necesarios en cada caso. El socorro en especie se funda en la seguridad y economía de las inversiones destinadas a él mediante la organización de compras al por mayor y de amplias distribuciones con la intervención de las autoridades competentes. [Inglés, *relief-in-kind*].—J.W.M'C.

socorro externo. El que se presta a individuos o familias en sus propios hogares. Cf. *socorro domiciliario.*—W.P.

socorro institucional. El que se presta a un individuo proporcionándole alguna forma de institución que pueda acogerlo. Por ejemplo: asilo de ancianos u hospital.—W.P.

sodomía. El derecho angloamericano comprende bajo tal denominación, en sentido amplio, las relaciones sexuales *contra natura* mantenidas entre personas del mismo (pederastia y tribadismo o safismo) o diferente sexo o entre personas y animales (bestialidad). El consentimiento no afecta a su carácter delictivo, pero hace de la persona consentidora un cómplice del delito. Las leyes que prohiben la sodomía y la consideran delictiva se interpretan extensivamente para comprender todos los actos de cópula carnal antinatural. Este delito se sanciona con gran severidad.—A.E.W.

En los países latinos, tanto la *sodomia ratione sexus* (ambas formas de homosexualismo) como la *sodomia contra ordinem naturae* (*cunnilingus, fellatio*) y la *sodomia ratione generis* (bestialidad) son legalmente consideradas hoy como delitos sólo en cuanto atentados a las buenas costumbres u ofensas al pudor público, es decir, si atacan la libertad de determinación sexual o se cometen con publicidad, y por lo general se sancionan menos gravemente que en otras épocas. La evolución jurídica ha deslindado el campo del derecho con respecto a los de la moral y la religión y no permite ya la confusión entre delito, vicio y pecado, que caracterizó al antiguo derecho. La inversión sexual y ciertas perversiones sexuales, por lo demás, requieren un tratamiento médico (psiquiátrico o endocrinológico) y de seguridad más bien que penal.—J.C.

solar del lenguaje, teoría. Véase **lenguaje (teoría solar del).**

solicitación. Acción de pretender, buscar o requerir a otra persona para una acción común. Iniciativa de relación interpersonal.—J.C.

solicitante. El que solicita, pide o pretende con encarecimiento. Específicamente en el trabajo social, la persona que demanda o requiere los servicios de una agencia social. [Inglés, *applicant*].—W.P.

solicitud, fórmula o impreso de. Formulario para registrar los datos suministrados por quienes demandan un servicio, socorro, empleo, etc., según un modelo establecido previamente y con carácter general.—W.P.

solidaridad. Cohesión interna de un grupo. Integridad de un grupo con respecto a los elementos unificadores que lo mantienen unido. —N.A.

solidaridad social. Véase **cohesión social.**

solterón. Denominación usual de las personas célibes de uno u otro sexo en edad superior a la que socialmente se reconoce como prome-

dia para contraer matrimonio. En Inglaterra y Estados Unidos, especialmente durante los siglos XVII y XVIII, a las solteronas se las llamaba hilanderas [*spinsters*], por alusión a la dedicación usual y predominante de dichas mujeres, consideradas como fracasos sociales, a la hilandería. En España, por un proceso análogo, que alude a la exaltación de las prácticas devotas en dichas mujeres, se dice desde antiguo que se quedan para "vestir santos".—W.G. y J.C.

soma. Cuerpo. Cf. *somático, somatoplasma.*

somática, antropología. Véase **antropología somática.**

somático. Referente al cuerpo. Opuesto diversamente al medio, la célula o plasma germinal, y a una parte del cuerpo. La oposición más predominante es con el espíritu, como en lo psico-somático. Como este empleo del término sugiere que los fenómenos psíquicos son algo separado del cuerpo, debe recurrirse a él con precaución.—M.S.

somatoplasma. Todo lo del cuerpo salvo el plasma germinal; el protoplasma del soma o cuerpo como diferente del protoplasma de las células germinales. Llamado también somaplasma.—F.H.H.

somniloquio. Como en el caso del sonambulismo (q. vid.), el estado de somniloquio, durante el cual pueden cometerse delitos (injuria, calumnia, revelación de secretos, acusación falsa), no permite formular válidamente el juicio de imputación del que deducir responsabilidad criminal.—J.C.

sonambulismo. Sueño anormal durante el cual la persona que lo padece puede deambular en estado de inconsciencia. El sonambulismo puede constituir un síndrome psicopatológico. Los actos, delictivos o no, realizados durante el acceso sonambúlico no son imputables, ya que el sueño excluye el nexo psicofísico propio de la imputación. Sin embargo, el sonambulismo puede considerarse como un indicio de peligrosidad y dar lugar a un tratamiento curativo y de seguridad.—J.C.

soplón. Miembro de los bajos fondos sociales que proporciona a las autoridades información perjudicial, generalmente por motivos innobles (venganza, interés económico), con respecto a otros individuos de su propio medio. Numerosos y variados términos de argot se utilizan para designar peyorativamente a este tipo social. Confidente.—A.R.L.

sordomudez. Estado de anormalidad psicofísica consistente en la ausencia de la facultad de expresarse verbalmente, determinada por carencia congénita del sentido auditivo. Es opinión generalmente recibida la de equiparar al sordomudo, en orden a los problemas de la imputabilidad, con el menor de edad, ya que ambos, por causas físicas, carecen del desarrollo psíquico correspondiente a la plena imputabilidad, o lo poseen incompleto. Sin embargo, su capacidad física normal puede hacer de ellos sujetos peligrosos para los que debe prescribirse un tratamiento pedagógico y asegurativo especial. —J.C.

sororal, poliginia. Véase **poliginia sororal.**

sororato. Norma que permite o exige a un hombre casarse con las hermanas más jóvenes de su primera mujer o con una de ellas, ya sea como mujeres adicionales durante el curso de su vida o como una substituta después de la muerte de aquélla. Cf. *levirato.*—G.P.M.

sortilegio. Adivinación *(q. vid.)* echando suertes. —G.P.M.

"souteneur." Véase **chulo.**

soviet. Palabra rusa que significa consejo o concejo: celebrar consejo, deliberar. Los soviets son corporaciones electivas de delegados o representantes del pueblo que forman los cuerpos legislativos y gobernantes. En la U.R.S.S. existen soviets (consejos) en las aldeas, ciudades, regiones, repúblicas autónomas y en cada una de las repúblicas soviéticas que, en número de dieciséis (en julio de 1949), forman la U.R.S.S. Durante el gobierno zarista existió un Consejo Supremo de Estado responsable únicamente ante el Zar, que por supuesto se llamaba también soviet. Los soviets representantes del pueblo aparecieron por primera vez durante la fracasada revolución de 1905. En muchas ciudades la población trabajadora eligió un soviet de delegados de los trabajadores. De nuevo reaparecieron los soviets en la revolución de la primavera de 1917. Como forma de Estado, los soviets fueron instaurados en la victoriosa revolución de noviembre. La Revolución de Noviembre suele ser denominada por ello Revolución Soviética.

"sponsalia." Término latino, origen etimológico de la palabra esponsales o promesa de matrimonio en la ceremonia correspondiente. En la Edad Media, la Iglesia estableció una distinción tajante entre la promesa formal de llegar a ser marido y mujer en cierto número futuro *(per verba de futuro)* y la promesa de convertirse en marido y mujer en términos de presente inmediato *(per verba de praesenti).* Un esponsal en palabras del tiempo presente (por ejemplo: "Te tomo para que seas mi mujer casada") fué considerado por la Iglesia como matrimonio válido hasta el siglo XVI.—W.G.

"squaw." Mujer india norteamericana.—G.P.M.

"status." Posición o prestigio social de una persona en su grupo o del grupo en la comunidad. Posición que una persona o grupo mantiene en la consideración pública. El *status* puede ser impreciso en ciertos aspectos, pero francamente definido en otros, dependiente de las normas sociales o de otras reglas. El *status* económico puede determinarse por el volumen o la fuente del ingreso personal. El solo *status* económico no es bastante para conseguir prestigio social. Este puede descansar en parte en la riqueza, pero puede también ser determinado por la raza, la nacionalidad, la religión, el linaje familiar u otros factores.—N.A.

"status" económico. Posición o situación juzgada por la posesión de un tipo de riqueza o por la falta de ella.—O.W.

"status" social. Posición en un grupo social o en la sociedad. Posición relativa, rango o reputación. Lugar que un individuo o grupo ocupa en la escala social. Dentro de los límites prescritos por el *status* de un individuo en la sociedad en general, puede ocupar *status* diferentes en diversos grupos o instituciones. La asignación de los *status* y la determinación de sus deberes y recompensas aparecen cristalizadas en los usos sociales y en las costumbres y sancionados por unos y otras. Por consiguiente, los individuos situados en un *status* social elevado tienen un interés creado en mantener los rasgos culturales que aseguran la permanencia de sus *status*. Las personas que ocupan *status* sociales en los que son instrumentos de la acción del grupo, de la política, del ritual o del liderazgo, se denominan funcionarios sociales. Algunos de los criterios por los que se juzga el *status* son: el liderazgo, la dominación, la capacidad, el éxito, la profesión u otros medios de reconocimiento designados por el título, grado, cualidad de miembro, vestido, comportamiento u otros signos para conseguir que la atención de los demás quede fijada.—A.M'C.L. y O.W.

subárea de cultura. Véase **cultura (subárea de).**

subhumanos, controles. Véase **controles subhumanos.**

subincisión. Mutilación genital, extendida por Australia, realizada por medio de una incisión en la parte inferior del pene hacia la uretra. Cf. *circuncisión.*—G.P.M.

subjetivar. Hacer subjetivo, o poner una observación del mundo exterior en armonía con el estado psíquico interno; especialmente, interpretar una experiencia en función de una preferencia psíquica previa o predisposición. —F.H.H.

subjetivo. Referente a estados psíquicos internos tales como las emociones, los sentimientos, las actitudes o los conceptos; hecho de interpretar la experiencia en función de tales estados, con insuficiente consideración de la realidad, tal como se deriva de la investigación y la actitud científica. Cf. *método subjetivo, valor subjetivo.*—F.H.H.

sublevación. Rebelión, motín *(q. vid.).* Alzamiento colectivo y en armas contra la autoridad de los poderes constitucionales legítimamente constituídos.—J.C.

sublimación. Acto de dirigir la energía sexual u otra hacia algo distinto de su expresión característica.—E.R.C.

sublimar. Cambiar la energía de una forma a otra; en la literatura psicológica significa, de ordinario, utilizar el impulso sexual para algo distinto de su natural expresión.—E.R.C.

subordinación. Proceso (o resultado) de quedar en una relación de inferioridad con respecto a la influencia o la posición de otro. Cf. *supra-ordinación*.

subordinación jerárquica. Relación disciplinaria entre dos personas que ocupan distinto lugar en una escala o gradación social y por virtud de la cual una de ellas se halla vinculada con respecto a la otra por el deber jurídico de sumisión. De esta situación deriva que sean inculpables los actos delictivos realizados por el inferior en cumplimiento del deber de obediencia ante la orden del superior. Sin embargo, para que la obediencia debida constituya una causa de inculpabilidad deben cumplirse ciertas condiciones: existir dependencia jerárquica entre el que manda y el que debe obedecer, referirse el mandato a las relaciones habituales entre el que manda y el que obedece y a su respectiva competencia, y hallarse revestida la orden de las formas exigidas por la ley.—J.C.

subordinado. Más bajo en rango, clase o autoridad. Se aplica a las personas, razas y clases que participan en una actividad integrada.

subpoblación. Situación de la sociedad cuando la población numérica es demasiado pequeña para lograr o conservar un objetivo social reconocido y aceptado. Lo contrario de sobrepoblación *(q. vid.)*. [Inglés, *underpopulation*.]

subsección. División interior de la sección *(q. vid.)*. Cf. *clase matrimonial*.

subsidio. Donación efectuada por un organismo de auxilio, privado o público, para completar los ingresos de un individuo o familia, generalmente a intervalos regulares y en cantidades uniformes y determinadas por alguna ley o sistema establecido. El término se aplica específicamente al sistema británico de auxilio a los sin trabajo, pero se emplea en amplio sentido para designar toda subvención sistemática hecha sin la correspondiente compensación en trabajo o en cualquier otra forma. [Inglés, *dole*.] Cf. *compensación por paro*.

subsistencia. Conjunto de medios necesarios para el sustento o mantenimiento de la vida humana.

El término comprende muchos elementos que se relacionan con el estado de las artes industriales, con el *status* de los trabajadores, ya sean independientes o empleados, con la capacidad adquisitiva del salario obtenido como remuneración del trabajo, con la habilidad profesional o capacidad del trabajador y con las interrelaciones de hogar, comunidad y profesión. En esta significación compleja, el término fué reconocido históricamente cuando el Dr. Sun Yat-sen, primer presidente de China, bosquejando las bases de un programa nacional, declaró que el "principio de la subsistencia" era uno de los "tres principios del pueblo". En las naciones industrializadas de Occidente la creciente productividad del trabajo y los problemas de hallar mercados para la colocación del exceso han creado la paradoja de la subsistencia insegura producida por la falta de oportunidad para el trabajo, es decir, para contratarlo en las condiciones de empleo vigentes. [Inglés, *livelihood*.] Cf. *nivel de subsistencia*.—M.VK.

subsistencia, agricultor de. Véase **agricultor de subsistencia.**

subsistencia, cultivo de. Véase **cultivo de subsistencia.**

subsistencia, nivel de. Véase **nivel de subsistencia.**

subsocial. Lo que sucede entre seres humanos, pero sin implicar respuesta psíquica. La simple agregación y la pura coerción son sub-sociales. Cf. *control subsocial*.—T.D.E.

substracción. Hurto. Acción de apartar, separar o extraer. La substracción puede concebirse como la esencia o razón de ser genérica de todos aquellos delitos en que se produce una desviación con respecto al destino o situación normal de alguna persona (plagio) o cosa (hurto).—J.C.

suburbana, tendencia. Véase **tendencia suburbana.**

suburbano. Áreas frecuentemente rurales en tamaño, pero del todo urbanas en concepción del mundo y hábitos, cuya base económica es el empleo de sus habitantes en los próximos centros metropolitanos más bien que en la agricultura o en la industria local.—E. de S.B.

suburbios. Porciones periféricas de una ciudad o villa. Regiones exteriores adyacentes a una ciudad que suelen depender económicamente de ella, pero se hallan compuestas por entidades políticas independientes.—E.E.M.

subvención. Concesión de dinero hecha por el gobierno central de un país a una entidad gubernativa local con el fin de estimular o contribuir a la normalización de obras o servicios de interés público (enseñanza, vías de comunicación). Por inferencia se aplica también la expresión a las asignaciones procedentes de organizaciones privadas tales como las fundaciones.—J.W.M'C.

subversión. Véase **actividad subversiva.**

sucedáneo. Sustitutivo. Todo aquello que, poseyendo cualidades parecidas o análogas a otra cosa, puede utilizarse reemplazando o sustituyendo a lo que se desea. Los sucedáneos pueden desempeñar y de hecho han desempeñado una importante función en la economía autárquica y en la de penuria *(q. vid.)*.—J.C.

sucesión. 1. Término ecológico descriptivo del orden en una serie de ocupaciones de un *habitat* cuando una especie es expulsada o reemplazada por otra.—N.A.

2. Regla que se aplica a la transmisión de la autoridad. Por ejemplo: la antigüedad, elección o afiliación de parentesco; en este último caso, es "patrilineal" *(q. vid.)* si sigue la línea masculina, por ejemplo, de padre a hijo, y "matrilineal" *(q. vid.)* si sigue la línea femenina, por ejemplo, de madre a hija o, especialmente, de tío materno a hijo de la hermana. Cf. *descendencia*, *herencia*.—G.P.M.

sucesión hereditaria. Normas jurídicas y consuetudinarias que rigen la transmisión *mortis* *causa* de la propiedad. Es "patrilineal" *(q. vid.)* cuando sigue la línea masculina (por ejemplo, de padre a hijo) y "matrilineal" *(q. vid.)* cuando sigue la línea femenina (por ejemplo, de madre a hijo o de tío materno a hijo de hermana). [Inglés, *inheritance*.] Cf. *avunculato, descendencia, sucesión.*—G.P.M.

sudadero. Choza pequeña, herméticamente cerrada y en forma hemisférica, difundida entre los aborígenes de América del Norte, en cuyo interior se toman baños de vapor vertiendo agua sobre piedras caldeadas.—G.P.M.

suelo. *(estadística)* Véase **tope.**

sueño en vigilia. "Soñar despierto." Proceso mental durante la vigilia que toma la forma de series de imágenes incontroladas, por lo común con el carácter de aventuras imaginarias. —M.S.

sueño hipnótico. Aun provocado por sugestión hipnótica, el sueño despoja de su autonomía a la voluntad y consiguientemente afecta a las condiciones de la imputabilidad. Como en los casos del sonambulismo y el somniloquio, los actos realizados durante el sueño hipnótico podrían dar lugar a la exigencia tanto de una responsabilidad culposa con respecto a los guardadores de quien delinque en tales situaciones, como de una responsabilidad a título de dolo, agravada o no, contra el propio hipnotizado y contra el hipnotizador en el caso del sueño hipnótico preordenado. De un modo u otro, estas situaciones pueden ser indicios de peligrosidad y exigir la adopción de especiales providencias asegurativas.—J.C.

sufragio femenino. Derecho de las mujeres a votar en las elecciones en pie de igualdad con los hombres. La exigencia del derecho de voto se inició en los Estados Unidos antes de la guerra civil y, aunque oscurecida durante ella, continuó desarrollándose nacional e internacionalmente durante la última mitad del siglo XIX. En la Unión Norteamericana el movimiento realizó mayores progresos bajo la dirección de Carrie Chapman Catt y triunfó en 1920, al aprobarse la enmienda XIX de la Constitución de los Estados Unidos, que prohibe a los diversos Estados excluir a los ciudadanos de la prerrogativa del voto por razón de sexo. A esta disposición norteamericana siguió pronto la aprobación por el Parlamento inglés de una ley que extendía el derecho de voto a las mujeres mayores de treinta años; y luego de esta ley de 1928 vino otra que concedía a la mujer en su plenitud el derecho de sufragio.—J.W.M'C.

sufragista. 1. Partidario y defensor del sufragio femenino *(q. vid.).*

2. Término acuñado en el siglo XIX para designar a las mujeres que defendían con entusiasmo su derecho igual al voto. Las sufragistas concitaron en su contra a gran parte de la prensa por sus manifestaciones poco femeninas, sus peculiares atavíos y sus rencorosos ataques a las autoridades públicas que no apoyaban su causa.—J.W.M'C.

sugestibilidad. Propensión a ser sugestionado. —M.S.

sugestión. 1. Estímulo que domina la conciencia y la conducta de una manera inmediata, relativamente sin influjo del pensamiento, por medio de la formación o liberación de tendencias elementales a la acción por la intensificación de respuestas ya en marcha. 2. Estímulo que da como resultado un abandono, sin discernimiento, a las pautas de acción ya aprendidas. Esta opinión desconoce la posibilidad de la reeducación y resultados similares de la sugestión. 3. En sentido vulgar, presentación de una idea o insinuación al espíritu. 4. Aquello que es sugerido.—M.S.

sugestión contraria. Véase **contrasugestión.**

sugestión de masa. Estímulos, procedentes de los copartícipes en una multitud, del lugar en que se encuentra, de sus dirigentes y de las representaciones colectivas dominantes, que refuerzan en cada miembro de ella el ascendiente del complejo psíquico base del agregado, disociando otros posibles estímulos, inhibiendo ciertos aspectos de la persona y dando lugar, en consecuencia, a una disposición favorable a la sugestión y a la obediencia.—T.D.E.

sugestión hipnótica. El hipnotismo produce estados de sugestión hipnótica y posthipnótica durante los cuales el sujeto se encuentra en un estado de profunda perturbación de la conciencia y de automatismo volitivo que le hacen criminalmente inimputable. Tales situaciones, por tanto, que son transitorias y suelen ir acompañadas de amnesia, le impiden responder de sus actos.—J.C.

sugestión-imitación. Véase **imitación-sugestión.**

sugestión social. Sugestión que una persona ejerce sobre otra.—M.S.

suicida. Persona que se mata.

suicidio. El hecho de quitarse la vida un ser humano. Delito condenado por la ley en algunos Estados, pero en otros abolido como tal.

La abolición del delito de suicidio se funda en razones de política criminal y no alcanza a la instigación y al auxilio en el suicidio ajeno. —J.C.

sujeto activo del delito. Autor, delincuente. Persona física que realiza la acción criminal o que coopera en su ejecución por cualquiera de las formas reconocidas de participación criminal *(q. vid.).* Hoy sólo el hombre puede ser sujeto activo del delito porque sólo él es imputable; históricamente lo fueron también los animales, tanto individual como colectivamente. En cuanto a la posibilidad de comprender como tales a las personas jurídicas, subsiste la polémica en torno al problema de su responsabilidad criminal, si bien su responsabilidad civil permite resolver de hecho todas las cuestiones prácticas relativas a él.—J.C.

sujeto pasivo del delito. Víctima del delito *(q. vid.).* Persona sobre la que recae la acción criminal o que sufre en su corporeidad física o moral, en sus bienes o en sus derechos los efectos de dicha acción. Bajo la noción de sujeto pasivo del delito se ha entendido también el objeto material del delito o cosa que padece la acción delictiva. El expresado sería el sujeto pasivo directo o inmediato del delito; sujeto pasivo indirecto o mediato del mismo es la sociedad atacada por el delito en sus sentimientos o en su ordenación jurídica. No en todos los delitos existen distintamente estos tipos de sujeto pasivo, pues pueden confundirse, como acaece, por ejemplo, en los delitos políticos y sociales.—J.C.

sumisión. Proceso por el que una persona cede, se resigna o se rinde al poder o voluntad de otra.—J.P.E.

suntuarias, leyes. Véase **leyes suntuarias.**

superávit, economía de. Véase **economía de superávit.**

supercisión. Mutilación genital consistente en practicar una incisión longitudinal en el prepucio, a diferencia de la excisión del mismo en que consiste la circuncisión (q. vid.).—G.P.M.

superedificación. Ocupación excesiva de la superficie del terreno con edificios; en particular, edificación excesivamente densa. [Inglés, overhousing.] Cf. viviendas (congestión de).—E.E.M.

superego. Aspectos de la personalidad (q. vid.) que amenazan con imponer, o imponen, un sentimiento de culpa o sufrimiento psíquico y que determinan el idealismo; esencialmente lo mismo que conciencia.—H.H.

superorganización. Característica de la organización en la que los propósitos o fines llegan a subordinarse a los medios y en la que los detalles de administración, la importancia de los reglamentos y las trabas de la autoridad adquieren consideración preferente a la labor que ha de ser realizada.—N.A.

superpoblación. Sobrepoblación (q. vid.).

superstición. Creencia o práctica religiosa que es una supervivencia del pasado, falta de base adecuada tanto en el sistema religioso dominante como en el conjunto de conocimientos científicos existentes; supervivencia (q. vid.) religiosa.—G.P.M.

supervivencia. 1. Continuación de la existencia, con posibles limitaciones relativas al tiempo y lugar, de individuos, grupos, objetos e ideas.—J.H.B.

2. Elemento de cultura que subsiste, con función alterada o disminuída, cuando ya desaparecieron las circunstancias sociales que lo crearon, y a las que en un principio estaba adaptado.—G.P.M.

supervivencia del más apto. En la teoría de la evolución, la conservación y reproducción de aquellas variedades u organismos mejor adaptados para hacer frente a las condiciones de vida reinantes. La cifra fué acuñada por Herbert Spencer para expresar el resultado de la selección natural. De ella se ha hecho un uso incorrecto por los llamados "darwinistas sociales" que la interpretaron en el sentido de la supervivencia de los más brutales, egoístas, agresivos y astutos. Pero esta opinión carece de base científica en la teoría de la evolución que reconoce en las cualidades sociales, altruístas y cooperativas del hombre las condiciones más importantes de su supervivencia. Cf. valor de supervivencia.—H.E.J.

supervivencia individual. Supervivencia indefinida de un individuo que se intenta lograr, aunque sea de modo indirecto: física o corporalmente, mediante la procreación; espiritual y simbólicamente, mediante la creación, con la que se persigue entrar en la historia considerada como el residuo objetivado de la supervivencia.—J.H.B.

supervivencia social. Recuerdo existente de agregados sociales por medio de la tradición. Cf. símbolo social, tradición.—J.H.B.

supervivencia, valor de. Véase **valor de supervivencia.**

supraordinación. Proceso (o resultado) de adquirir superioridad de influencia o posición de uno sobre otro. Cf. subordinación.—M.S.

supraordinado. Más elevado en rango, clase social o autoridad. Indica la posición relativa de las personas, razas o clases en el orden social, y en cualquier aspecto del mismo, cuando sus relaciones se contemplan como una actividad integrada.—F.H.H.

supremacía. Poder de una persona, grupo social o pueblo en relación con otros. Es signo inequívoco del éxito en un área de competencia social o económica.—N.A.

supresión. (psiquiatría) Consciente, pero enérgica inhibición de un acto o complejo. Se distingue de la represión en que en ésta no sólo el complejo sino la resistencia u obstrucción realizada sobre él se ha hecho inconsciente. (sociología, economía, política) Represión, restricción o constreñimiento enérgicos que un grupo en posesión del poder hace de determinada actividad, grupo o modo de expresión.—T.D.E.

"survey." Término corriente en la sociología aplicada, en particular desde la publicación de la Survey de Pittsburgh en 1812; se emplea algo libremente para indicar toda reunión y análisis, más o menos ordenado y comprensivo, de hechos referentes a la vida total de una comunidad o a algún aspecto especial de ella. Por ejemplo: sanidad, enseñanza, recreo. Técnica derivada de los precursores como Le Play y Charles Booth, de los estadísticos en fecha más reciente, de los técnicos de la Fundación Russell Sage y de los especialistas universitarios; se emplea poco en la Europa continental, pero se utiliza extensamente en Estados Unidos e Inglaterra.—A.J.T.

"survey" social. Empresa de carácter cooperativo que se esfuerza por aplicar el método científico al estudio y tratamiento de los problemas sociales del día dentro de ciertos límites geográficos y que luego, por la difusión de los hechos, de las conclusiones alcanzadas y de las recomendaciones, ilustra la conciencia de la comunidad y es una fuerza para una posible acción inteligente y coordinada. En su desarrollo aprovecha la experiencia de cuantos profesionales considera utilizables: 1) de los trabajadores sociales, que merced a sus labores cotidianas en beneficio de la comunidad descubren aquellos puntos críticos que requieren mayor atención y comprensión: 2) del ingeniero, que por su tipo de actividad sabe captar las relaciones estructurales que guardan entre sí los diferentes tipos de condiciones sociales; 3) del agrimensor, cuya obra se refiere siempre a una determinada área geográfica; 4) del investigador social, que plantea cuestiones, investiga y analiza los hechos pertinentes y formula generalizaciones sólidas; 5) del médico, del planificador urbano y del trabajador social, por el sentido humano que llevan a sus tareas, y 6) del periodista, que interpreta todos los días hechos y conocimientos nuevos en función del hombre presentándolos en forma atrayente y estimulante de la acción.

suspensión condicional de la pena. Condena condicional (q. vid.). Intervalo existente entre la sentencia condenatoria y el cumplimiento efectivo de la pena o entre la declaración de culpabilidad y la imposición de la pena. Se diferencia de la suspensión temporal (q. vid.) en que esta última supone el aplazamiento de la ejecución de la sentencia por tiempo determinado, no se fundamenta en el interés del condenado y no depende de ella la certeza de la ejecución, mientras que la suspensión condicional es de duración indefinida, se acuerda en beneficio del condenado y puede determinar la remisión de la pena. La suspensión condicional de la pena es un instituto complementario del sistema de prueba (q. vid.), que permite a ciertas categorías de delincuentes condenados vivir en libertad y tratar de rehabilitarse, bajo la amenaza de que se pronuncie contra ellos la pena en suspenso y vigilados por el oficial de prueba (q. vid.). La suspensión de la pena está supeditada a la condición de que el beneficiado por ella observe buena conducta durante el período correspondiente. [Inglés, suspended sentence].—A.E.W.

suspensión de cargo o profesión. Pena restrictiva de derechos que prohibe temporalmente el ejercicio de empleo, cargo, profesión u oficio. Se diferencia de la interdicción en que no implica la pérdida del derecho a ejercer dichas actividades profesionales. Suele imponerse en casos de contravenciones o delitos de menor gravedad cometidos con infracción de los deberes inherentes al ejercicio profesional o abusando del mismo.—J.C.

suspensión (o aplazamiento) temporal de

la ejecución. Acuerdo superior (por lo común del ejecutivo del Estado) ordenando que se demore durante cierto tiempo la ejecución o cumplimiento de una sentencia firme con objeto de practicar investigaciones adicionales con respecto a la culpabilidad del condenado por ella. También puede ordenarse la prórroga de la ejecución con objeto de que el condenado pueda cooperar mediante su testimonio en las investigaciones judiciales pendientes relativas a otras personas. Siempre constituye una medida procesal de carácter extraordinario. Las suspensiones o aplazamientos de la ejecución se refieren principalmente a la pena de muerte. [Inglés, reprieve].—N.F.C.

sustitución. Proceso-situación de carácter psicofisiológico en el que se busca o suministra y acepta un objeto de satisfacción alternativo con o sin competencia por parte del objeto anterior. El deseo, apetito o interés en funciones sigue siendo semejante. Se distingue de la sublimación (q. vid.) porque en ésta se supone que, no sólo el objeto de amor, sino también la cualidad de la necesidad y de su satisfacción ha cambiado en algo más aceptable para la cultura, pues la líbido es (según la teoría) "convertible", como la energía mecánica, en otras formas o derivativos. Suministrar un hijo adoptivo a una madre acongojada es una sustitución; reemplazar la belicosidad por el fasto o el sexo por la salvación sería "sublimación"—T.D.E.

sustitutivo, sacrificio. Véase **sacrificio sustitutivo.**

sustitutivos de las penas cortas de prisión. Ante la imposibilidad de poner en práctica tratamientos eficaces de readaptación para los delincuentes condenados a sufrir penas de privación de libertad de breve duración y ante los riesgos de corrupción que entrañan tales penas por la inevitable necesidad de cumplirlas en un régimen de convivencia con delincuentes de las más diversas especies, es general la opinión de rechazarlas y sustituirlas por otras medidas —multa, condena condicional, perdón, represión, arresto domiciliario, prestación de trabajo, libertad vigilada, etc.— susceptibles de cumplir los propios fines que la pena pero que prevengan a los condenados (por lo general delincuentes jóvenes y primarios) contra los riesgos de una carrera criminal.—J.C.

sustitutivos penales. Medidas de orden económico, político, administrativo, educativo, familiar, etc., distintas de la pena que debe adoptar el Estado, actuando sobre las causas de la delincuencia, para hacerlas disminuir (Ferri). Los sustitutivos penales son medios de prevención social, se basan sobre el mismo fundamento que la política criminal y constituyen uno de sus medios de acción.—J.C.

"suttee." Se denomina así la práctica hindú consistente en la cremación de la viuda en la pira funeraria de su marido, y también la mujer que es objeto de ella.—G.P.M.

"sweat-box." Forma de castigo disciplinario ocasionalmente encontrada en algunos campamentos camineros del sur de Estados Unidos o entre cuadrillas o cadenas de presidiarios y que toma su nombre del instrumento con que se inflige, el cual consiste en un cajón angosto y construído de tal modo que la persona encerrada en él no puede estar cómodamente de pie, echada ni sentada.—T.S.

Formas y artefactos análogos de tortura, fijos o transportables, se encuentran en otros países. Se les suele designar con denominaciones de argot, ya gráficas, ya descriptivas.—J.C.

"swraj." Término de las Indias Orientales equivalente a independencia. Literalmente, autonomía.—S.C.M.

T

tablas de vida. Serie convencional de cómputos que se construye tomando las probabilidades de muerte en el espacio de un año para cada edad determinada; éstas, a su vez, se basan en los porcentajes de mortalidad por edades de la población que se considera. La tabla de vida expresa la significación de los porcentajes de mortalidad por edades observados en términos de expectativa de vida y de otras funciones en edades sucesivas para una cohorte hipotética de personas que comienzan a vivir al mismo tiempo (convencionalmente 100,000 comenzadas en el nacimiento) y que se supone haber estado sujetas durante el curso de sus vidas enteras a los porcentajes de mortalidad por edades de la población que se estudia. Las funciones comprenden, entre otras: l_x, número de la cohorte original que sobrevive a la edad exacta x; q_x, probabilidad de que una persona de la edad x muera en el lapso de otro año; p_x, probabilidad de que una persona de edad x viva otro año; T_x, número total de años de vida que quedan a los supervivientes asociados de la cohorte original a la edad x; $é_x$, expectativa de vida ("media del resto de la vida" o promedio del número de· años de vida que aún resta a los supervivientes a la edad x).—c.v.k.

Estas tablas son de importancia básica en el negocio de seguros.

tabú. Prohibición cuya infracción tiene como consecuencia un castigo automático; prohibición que se apoya en cierta sanción mágico-religiosa; regulación social por abstención en la que se tienen en cuenta los aspectos peligrosos del poder sobrenatural, rodeándoles de observancias estrictas; de modo más lato, toda prohibición sagrada.—j.l.g.

tacha. Causa o motivo legal que permite desestimar la declaración de testigos en un procedimiento judicial civil o criminal.—j.c.

talión. Forma primitiva de adecuación proporcional entre el delito y la pena según la cual ésta debía adoptar la misma expresión cualitativa y cuantitativa que aquél. Su fundamento es la represalia y su clásica formulación —"ojo por ojo, diente por diente"— se halla en el Antiguo Testamento e incluso en el Código de Hammurabí (siglo xx a.C.) El talión presupone la existencia de un poder público organizado y constituye una progresiva racionalización del derecho de venganza. Las necesidades políticas hicieron evolucionar o adoptar distintas modalidades a la pena talional, que así fué, ora

la exacta retribución de mal por mal (talión material) [retaliation], ora el castigo del delincuente en aquel de sus miembros con que había delinquido, o en cualquier otra forma representativa (talión simbólico) [poetic punishment]. Ejemplos de talión material se tienen en la sanción del homicidio o las lesiones (hombre por hombre, esposa por esposa, hijo por hijo, ojo por ojo, mano por mano), y de talión simbólico en los delitos patrimoniales, sexuales y otros (mutilación de la mano del ladrón y de la lengua del calumniador y del falsario, castración del fornicador, etc.). Cf. *"lex talionis"*, *represalia.*—j.c.

talión simbólico. Véase **talión.**

talismán. Objeto que se cree suministra protección contra el mal o que trae buena suerte, en particular si debe su eficacia a las artes astrológicas. Cf. *amuleto, fetiche.*—g.p.m.

tatuaje. Marca indeleble hecha en la piel, por lo común con intenciones decorativas, introduciendo una materia colorante bajo la epidermis por medio de punciones con una aguja o instrumento análogo. Cf. *escarificación.*—g.p.m.

El tatuaje suele ser una práctica muy extendida en ciertas capas sociales (marineros, prostitutas, delincuentes). Puede utilizarse con fines de identificación.—j.c.

taumaturgia. Arte de operar maravillas, mediante la prestidigitación, el malabarismo, etc.—g.p.m.

taylorismo. Véase **gerencia científica.**

teatro. Arte a través del cual se comunica a un auditorio un espectáculo vivo. Se originó en las danzas mágicas y rituales que producían una suerte de transfiguración del bailarín. Representa dramáticamente lo que es un conflicto social las más de las veces. Las principales formas teatrales son: la tragedia, la comedia, la ópera, el ballet, la pantomima, las sombras y el teatro de marionetas, etc. Formas semiteatrales son: el circo, las procesiones, el cine, etc. Cf. *mágico, conflicto social.*—j.h.b.

técnica social. El conjunto de principios, métodos y medios para el estudio y mejoramiento prácticos de la sociedad.—m.c.e.

técnicas, pautas. Véase **pautas técnicas.**

técnico-jurídica, escuela. Moderna dirección científica que partiendo de los postulados de la escuela clásica, aplica y perfecciona sus métodos al estudio del delito desde un punto de vista rigurosamente técnico-jurídico. Se la ha llamado también neoclasicismo. La escuela técnico-jurídica elimina del derecho penal toda investigación de carácter filosófico (como la fundamentación jusnaturalista), reduciéndolo a la simple exposición sistemática del derecho positivo; construye la teoría de la imputabilidad sobre presupuestos distintos del liberoarbitrismo y el determinismo (motivo de la gran disputa entre las escuelas clásica y positiva), prefiriendo por lo general el de la normalidad, originario de Liszt; atribuye al derecho penal como objeto exclusivo de su tratamiento el de los delincuentes imputables, reservando el de los inimputables para el derecho administrativo; concibe al delito como una pura relación jurídica, dejando para otras disciplinas el substrato humano individual y social del mismo, y a la pena como reacción jurídica contra el delito o consecuencia del mismo, destinada sólo a los delincuentes imputables; junto a ella, las medidas de seguridad, de carácter no penal, serían sanciones aplicables a los delincuentes inimputables, aunque, como éstos, quedarían fuera del ámbito del derecho penal. Pueden agruparse dentro de esta escuela científica autores como Rocco, Manzini, Vannini, Civoli, Masari y en cierto modo Battaglini. Se trata, pues, de una corriente predominantemente italiana y no debe confundirse con la dogmática jurídico-penal (q. vid.), que no repugna el estudio filosófico-jurídico y en la que se agrupan autores como Binding, Beling, Mayer, Mezger, Wolf, Zimmerl, Delitala, De Marsico, Antolisei, Grispigni y Jiménez de Asúa.—J.C.

técnico societal. Término que se pretende introducir en los Estados Unidos para indicar un especialista en el análisis de la estructura, función y cambio institucional, en el diagnóstico de los desajustes, en la provisión de ajustes, en la apreciación del papel discreto que haya de desempeñar un cliente en una situación determinada y en la predicción de las posibilidades futuras. Su facilitación de ajustes societales necesita un conocimiento tan adecuado como sea posible de las técnicas de la manipulación social cultural, así como de la tendencia y alcance de la experimentación permisible dentro de la situación social de que se trate. Como consejero de relaciones públicas, especialista administrativo, consultor en las relaciones de trabajo, director de personal, dirigente político, analista del sentimiento o cualquier otra cosa, el técnico societal aprovecha —en la medida del tiempo de que dispone, de su curiosidad y habilidad— lo que saben respecto a la sociedad los cultivadores de la ciencia social, por cuanto este conocimiento tiene un valor para la solución de los problemas prácticos. Cf. *consejero de relaciones públicas, sociología clínica, trabajo social.*—A.M'C.L.

tecnocracia. Teoría que subraya la importancia del técnico en la sociedad moderna, la influencia restrictiva del "sistema de precios" en la obstaculización del pleno uso de los progresos tecnológicos y la necesidad de conferir a los ingenieros el control de nuestra economía. Tuvo su origen durante la depresión, en las investigaciones y estudios de un pequeño grupo de ingenieros, economistas y publicistas dirigidos por Howard Scott. El interés por la tecnocracia adquirió las proporciones de una moda en 1932, para declinar en seguida con gran rapidez.—s.c.m.

tecnología. Rama de la antropología cultural (q. vid.) que se ocupa del estudio de la cultura material (q. vid.) y de las artes industriales. Cf. *cambio tecnológico.*—G.P.M.

tecnología social. Ciencias, artes y técnicas sociales aplicadas que sirven de fundamento al trabajo social como profesión y a la planeación y a la ingeniería sociales (q. vid.) como formas de control.—T.D.E.

tecnonimia. Práctica de nombrar al padre por el hijo, por ejemplo, llamar a un hombre, después del nacimiento de su primer hijo, simplemente "el padre de fulano".—G.P.M.

teleología. Estudio de los propósitos, fines, objetivos, causas finales o valores últimos que son inmanentes en los fenómenos naturales.—J.P.E.

telesis. Modo de pensar o plan de acción que supone ciertos valores como fines que han de alcanzarse mediante una conducta deliberada y conscientemente planeada. *Telesis individual:* Telesis aplicada a la planeación individual y a la acción personal. *Telesis social:* Telesis aplicada a la planeación de grupo, al control social. *Telesis colectiva:* a) Conducta télica por parte de una colectividad o grupo. Por ejemplo: una cooperativa de consumidores. b) Según Ward, la acción colectiva de la sociedad en la dirección, regulación, represión, etc., de las fuerzas naturales de la sociedad para el logro de ciertos fines. Para Ward, todas las fuerzas son expresión de la energía cósmica o universal y se comprenden en el concepto de "fuerza natural"; las fuerzas psicológicas y sociales son fuerzas naturales, la inteligencia representa la causa final y el agente directivo.—B.B.W.

Dirección consciente del cambio social hacia objetivos aceptados por la inteligencia humana; antítesis de evolución "natural" o "espontánea", de la idea de que el cambio social se dirige por fuerzas sobrenaturales o divinas y de teorías como la del determinismo geográfico y la del *laissez faire*. Tesis según la cual el espíritu y la razón hacen posible e imperativo que el hombre dirija su propio destino. Como corolario de esta proposición se sigue que lo artificial, lo hecho por el hombre, es superior a lo natural.—H.E.M.

telesis social. Elección consciente por la sociedad de sus objetivos y dirección inteligente de las fuerzas naturales y sociales para el logro de ellos. Cf. *planificación social, progreso social, telesis.*—A.E.W.

televisar. Proceso físico por el cual se captan imágenes, películas cinematográficas y otros objeto por medio de un fototubo que transmite tales imágenes a una cámara y desde ella a lugares distantes donde se reproducen sobre una pantalla por medio de la electricidad.—M.H.N.

televisión. Procedimiento de comunicación que proyecta imágenes o películas cinematográficas a un punto distante por medio de la electricidad y donde un aparato receptor reconstruye los mismos elementos fotográficos en una pantalla. El proceso comprende la inundación luminosa del área televisada, la descomposición de las imágenes de los objetos captados en gran número de elementos, la transmisión de dichos elementos mediante series cribadas y la reconstrucción de ellos en imágenes idénticas sobre una pantalla a cierta distancia del punto de origen. La transmisión facsímil difiere de la televisión en que el material gráfico se transmite y registra sobre papel, a cierta distancia, reproduciendo una copia del original en papel carbón.—M.H.N.

télico. Intencional; con referencia a un fin determinado. Teleológico. Cf. *cambio télico, proceso teleológico.*—B.B.W.

telismo individual. Sistema intelectual de ideas y fines organizado en torno a un propósito de perfección personal.

telismo social. Sistema de idealización y de esfuerzos conscientes que tiene su apoyo en la opinión de un sector influyente de la sociedad y al que aspira como la meta del mejoramiento social.

temor a los espíritus. El temor a lo sobrenatural tipificado por los espíritus inquietos del muerto.—A.G.K.

temperamento. Aspectos emotivos del carácter (q. vid.); humores dominantes o característicos de una persona (q. vid.); modos característicos y, por consiguiente, predecibles, mediante los cuales determinada persona utiliza y despliega la energía neuromuscular.—H.H.

temporalismo. Concepto de la realidad como un cambio incesante. En filosofía es la ideología del devenir y en sociología y ética es un término opuesto al de eternalismo, que se refiere a la concepción del Ser eterno como la verdadera realidad. Desde el punto de vista idealista, temporalismo y eternalismo se reconcilian y constituyen una síntesis.—J.D.

tendencia. Impulso innato en una dirección determinada. Lo que sucedería a un objeto si nada lo impidiera. Por ejemplo: todos los objetos materiales de este globo tienden a caer hacia el centro de la tierra, pero en la gran mayoría de los casos, en cualquier momento determinado, esta tendencia se encuentra neutralizada por una fuerza mayor. Propensión manifiesta y natural. Distínguese de inclinación (q. vid.). [Inglés, *tendency.*]

tendencia adquisitiva social. Cualidad consistente en tener un fuerte deseo de recibir o poseer un *status* social, afiliación a un grupo o algún otro valor social definido por el grupo a que pertenece el individuo.—J.P.E.

tendencia de población. Función continua que expresa los coeficientes cambiantes o constantes del cambio de la población; o una generalización conceptual de tales coeficientes y de sus efectos sobre el número y composición de una población.—F.L.

tendencia disgénica. Cambio que implica deterioro de las calidades hereditarias de una población. Cf. *eugenesia.*—M.K.

tendencia orgánica. Disposición temporal del organismo a responder de una manera particular. La tendencia es inconsciente, pero algunas veces puede ir acompañada por un vago trasfondo de conocimiento.—M.Pt.

tendencia suburbana. Movimiento persistente de la población urbana alejándose de las áreas congestionadas del corazón de la ciudad y en dirección a otras ciudades y comunidades más pequeñas próximas o adyacentes a la gran ciudad. La tendencia, posible gracias al desarrollo del transporte cómodo y rápido, ha dado origen a numerosas comunidades residenciales en la periferia de casi todas las grandes ciudades.—R.E.B.

tendencias criminales. Inclinaciones u orientaciones de la conducta humana, clasificables, que, cuando no son advertidas y compensadas, pueden llevar al sujeto a la delincuencia, esporádica o reiteradamente; tendencias de la conducta en ciertas condiciones, cabe esperar que la ajusten a pautas criminales; tendencias hacia la conducta delictiva.—F.W.K.

Dan lugar a un término clasificatorio —delincuentes por tendencia instintiva— que es como la versión psicológica del delincuente nato o constitucional.—J.C.

tendencias sociales. Curso y direcciones predominantes que muestran los desarrollos sociales tal como se ponen de manifiesto, para un período de tiempo determinado, en la suma de reacciones y en las instituciones dominantes. Estas tendencias pueden diferir muy bien de los acontecimientos concretos y de ciertos casos individuales por importantes que ellos puedan ser.—S.N.

tendencias sociológicas. Constatación de recurrencias en la marcha de los acontecimientos; la secuencia o continuidad corroborada constituye una ley sociológica. Por ejemplo: la despoblación rural, la urbanización.—H.A.P.

tendencias urbanas. Tendencias sociales o económicas o movimientos que se desarrollan en las comunidades urbanas, tales como la vida en casas de apartamentos, matrimonios aplazados, recreo comercializado. También, la tendencia o corriente de población hacia los centros urbanos.—E.E.M.

tenencia. Posesión efectiva y material de una cosa, sin referencia al título jurídico que pueda ampararla. Constituye un concepto de importancia jurídica por los efectos que de ella pueden derivarse. Así, la tenencia permite presumir el ánimo de apropiación, y en tal sentido de cosas que han salido ilegítimamente de la esfera de dominio de sus propietarios es un indicio de responsabilidad criminal por hurto e incluso puede implicar la anulación del título aparentemente legítimo que ampare la posesión. La tenencia de objetos prohibidos y la no amparada por los requisitos formales legalmente establecidos (con fines impositivos, de control, etc.) puede constituir actos preparatorios de delito, punibles en sí (tenencia de ganzúas y llaves falsas, tóxicos y venenos, propagandas subversivas, publicaciones obscenas), o figuras autónomas de delito (contrabando, tenencia de armas).—J.C.

tenencia de armas. Delito contra la seguridad y el orden público constituido por la mera posesión de armas prohibidas o, si no lo son, sin haber cumplido los requisitos y condiciones legalmente establecidos para ello. Cf. *tenencia*. Se trata de un delito formal y de peligro. —J.C.

tensión social. Estado afectivo que resulta de las fricciones y oposiciones reprimidas que se encuentran en los grupos sociales. Por lo general necesita un tiempo considerable de desarrollo y es consecuencia de la presión de los grupos de intereses por un lado, de la diferencia de tradiciones y de la ignorancia mutua por otro, así como de la acción de líderes intrigantes o sin competencia y del influjo de fuerzas del medio que, como el clima, el suelo desfavorable o la exigüidad de recursos, escapan al dominio del hombre.—G.M.F.

tensión societal. Tensión societal en términos operativos es la proporción de la intensidad total del deseo de una pluralidad con respecto a la cuantía total del desiderátum disponible. —S.C.D.

tensiones. Diferenciales químicos, mecánicos y neurológicos del organismo sentidos como presiones y esfuerzos; son objetivamente observables e incluso mensurables en las operaciones del cuerpo y en la conducta de la persona. El organismo entero, en equilibrio inestable con su medio y dentro de él, representa una configuración de tensiones infinitamente compleja de las cuales las más persistentes se conocen con los nombres de estructura, actitud y carácter (q. vid.). Las tensiones que cambian más rápidamente se denominan intereses, deseos, emociones, disposiciones, instintos, disposiciones motoras, arcos reflejos, etc., dependiendo de su lugar en el organismo y del hombre de ciencia de que se trate.—T.D.E.

tentativa. Conato. Según la sintética fórmula de Romagnosi, es "la ejecución incompleta de un delito". Constituye un grado del *iter criminis* en que el delito puede considerarse perfecto subjetivamente pero objetivamente imperfecto. En ella el sujeto activo del delito, resuelto a delinquir y con el propósito de hacerlo (perfección psíquica o subjetiva), da comienzo a su ejecución por medio de actos externos, pero sin que, por unos u otros motivos, lleguen a realizarse todos los que serían necesarios para que se produjesen los efectos dañosos de la acción criminal (imperfección objetiva). Esta última característica es la diferencia entre la tentativa de delito y el delito frustrado. El desistimiento voluntario en la tentativa es generalmente aceptado como causa de impunidad. Cf. *frustración* (2).—J.C.

teocracia. Gobierno de un Estado por eclesiásticos como representantes de Dios.—L.P.E.

teoría de la responsabilidad. La que sirve de fundamento a la mayor parte de nuestro derecho penal y que supone que todo individuo es responsable de su conducta en la medida en que puede "determinar la diferencia entre lo justo y lo injusto" (cf. *discernimiento*). Este concepto se rechaza, en general, por los psiquiatras y los psicólogos por no considerarlo base satisfactoria para diferenciar los tipos de conducta humana y para discernir la conducta delictiva.—M.A.E.

teoría deportiva de la justicia. Véase **justicia (teoría deportiva de la).**

teoría social. Toda generalización relativa a los fenómenos sociales establecida con el rigor científico necesario para que pueda servir de base segura a la interpretación sociológica.

teoría solar del lenguaje. Véase **lenguaje (teoría solar del).**

terapéutico. Curativo, mejorador (q. vid.); designa un plan de trabajo social por casos, de trabajo de grupo o de cuidado de custodia que está por encima del mero paliativo (q. vid.) porque la situación del cliente llega a ser mejor que cuando se inició el tratamiento e incluso puede ser normalizada. [Inglés, *remedial.*] Cf. *normalidad.*—T.D.E.

tercer grado. Denominación vulgar que se da en Estados Unidos a la práctica de golpear e intimidar a las personas sospechosas de delito, con el fin de obtener de ellas la confesión o información que no prestan espontáneamente. Entre la detención de un sospechoso y su primera comparecencia ante las autoridades judiciales, sólo la policía interviene en el caso y ninguna autoridad judicial ejerce jurisdicción. Tal es la oportunidad que aprovecha la policía para administrar el tercer grado. Pese a su completa ilegalidad, es casi imposible obtener prueba suficiente para encausar a la policía por tales abusos. [Inglés, *third degree*].—J.W.M'C.

terciario, contacto. Véase **contacto terciario.**

términos judiciales. Los plazos o períodos determinados legalmente o señalados dentro de sus atribuciones por autoridad competente para que dentro de ellos se verifique o efectúe determinada actuación procesal. Ejemplos: contestación a la demanda, proposición o ejecución de prueba, alegaciones, interposición o formalización de recursos, etc. Los términos o plazos judiciales pueden ser prorrogables o improrrogables y correr simultáneamente para todas las partes en un proceso o sucesivamente para cada una de ellas. Su inobservancia perjudica a quien debía atenerse a ellos y puede ser causa de nulidad de las actuaciones extemporáneas. Cf. *ley de términos.*—J.C.

territorialidad. *(der. penal)* Principio fundado en la idea de la soberanía y según el cual la ley penal de cada Estado debe ser aplicada a todos los delitos cometidos en su territorio, cualquiera que sea la nacionalidad de las personas implicadas en el mismo. Es el principio básicamente admitido, aunque su aplicación reconoce excepciones fundadas doctrinalmente en el principio de personalidad, en el principio real, de protección o defensa, y en el principio de universalidad. Cf. *extraterritorialidad.*—J.C.

terrorismo. 1. Técnica de las minorías que tratan de apoderarse del poder o de defender su autocracia, en la que la violencia y la amenaza de violencia, la represión, el secreto y el secuestro se emplean para quebrantar a sus adversarios activos, acallar el descontento e intimidar a la población en general. Instrumento de control tiránico *(q. vid.).*—T.D.E.

2. Delito contra la seguridad pública consistente en la comisión de actos de violencia calificados por el medio empleado (utilización de explosivos, sustancias incendiarias o armas que normalmente sean susceptibles de causar considerables daños en la vida o en la integridad de las personas, o de cualquier otro medio a propósito para producir graves daños en los servicios públicos) con el propósito de perturbar el orden público, atemorizar a la sociedad o a determinados grupos sociales o de realizar venganzas o represalias para lograr la desintegración de la estructura social o política.—J.C.

tesaurización. Atesoramiento *(q. vid.).*

tesoro. 1. Masa de dinero u objetos valiosos sustraída de la circulación o comercio normal y conservada improductivamente. Según su volumen puede influir perniciosamente sobre la economía general por las alteraciones que causa tanto al atesorar como al desatesorar. 2. El tesoro puede tener dueño conocido o no. Se reputa tesoro sin dueño conocido el que se conserva oculto en un inmueble sin que existan indicios directos de propiedad. El hallado en estas condiciones es objeto de diversas regulaciones jurídicas que afectan a la atribución de su propiedad, en la que suele hacerse participar en una u otra proporción al descubridor, al propietario del inmueble y, a veces, al Estado.—J.C.

testamento. Declaración unilateral de última voluntad por virtud 'de la cual una persona dispone la sucesión de sus bienes y derechos para después de muerte. Puede revestir diversas formas (ológrafo, abierto, cerrado, etc.) y contener declaraciones no patrimoniales, instituciones de administración, etc. El testamento es revocable; aunque fuertemente protegido por el derecho, puede ser objeto de impugnación por causas legales. El poder de libre disposición testamentaria está hoy reducido por las legislaciones, que suelen limitarlo mediante la institución de herederos forzosos y el establecimiento de cuotas o proporciones de disposición tasada

(reservas, mejoras) para proteger la institución y los vínculos familiares.—J.C.

testigos. Terceros procesales que relatan ante autoridad competente algún hecho de su conocimiento. Pueden ser oculares, presenciales, de conocimiento, de referencia, etc. En la valoración del testimonio humano deben tenerse en cuenta los datos de la psicología en relación con la personalidad del testigo y con las circunstancias de hecho en que se produjo la observación, que en muchos casos hacen posibles observaciones defectuosas, deformaciones sugestivas, etc., que en consecuencia deben disminuir la validez de la deposición testimonial en cuanto medio probatorio.—J.C.

testimonio falso. Delito contra la administración de justicia que puede cometer cualquier testigo o perito afirmando lo que no es cierto, negando o callando lo que sí lo es o alterando la verdad con reticencias o inexactitudes aunque sin faltar abierta y sustancialmente a ella, en la declaración de cualquier clase rendida ante una autoridad competente. La penalidad de este·delito se gradúa según las circunstancias (móvil lucrativo, vengativo, etc.) y los efectos y finalidades (perjuicio, favorecimiento, etc.) del caso. —J.C.

tierra. La suma total de los componentes materiales y de la configuración del globo, sólida, líquida y gascosa. La fuente básica de toda riqueza material y el emplazamiento espacial de los seres humanos. Desde el punto de vista de la utilidad humana la tierra presenta dos aspectos principales: superficie y productividad. La productividad, a su vez, puede dividirse en fertilidad agrícola y recursos mineros. Cf. *agricultura, minería.*

timo. Denominación vulgar de ciertas formas de estafa *(q. vid.).*

tipi. Tienda cónica de pieles curtidas extendidas sobre una estructura circular de largas pértigas unidas cerca de la cúspide, característica de los indios norteamericanos de las praderas y zonas adyacentes.—G.P.M.

típica, actitud. Véase **actitud típica.**

tipicidad. El principio de la legalidad de los delitos *(nullum crimen sine lege)*, concebido en su origen por la escuela clásica como simple garantía política que amparase los derechos de la persona humana contra las frecuentes arbitrariedades de la antigua justicia, ha experimentado en los tiempos modernos una notable evolución que, sin hacerle perder el expresado carácter, le hace incorporarse ahora como un elemento propiamente esencial al concepto jurídico del delito. Fruto de dicha evolución es la noción de la tipicidad *[Tipizität]*, creada por Beling para expresar en su sentido estricto la necesidad de que los delitos se modelen precisamente en tipos legales. Tal como se la concibe, la idea es fecunda en complejidades y ha sido muy desarrollada y debatida, incluso desde el punto de vista terminológico. *Tatbestand* (Beling), delito-tipo (Finzi, Soler) o tipicidad (Ji-

típico
tipología constructiva

ménez de Asúa) vendría a ser la mera "descripción legal del delito, desprovista de carácter valorativo", según el sentido original del término. Posteriormente se ha ahondado en el análisis del concepto y aunque hoy se mantiene la idea de descripción esquemática de los tipos o figuras de delito, característica constante de la tipicidad, también se admite que ella comprende ciertos elementos valorativos de índole objetiva que se consideran como integrantes de algunos tipos de delito.—J.C.

típico. Concerniente a un tipo.

típico-ideal, método. Véase **tipología constructiva.**

tipo. Construcción racional conseguida por la integración de una o más características de una entidad social; instrumento conceptual para la descripción sistemática de la vida social y para la construcción de esquemas de clasificación formales o materiales. También se le llama tipo ideal (q. vid.). El llamado tipo medio no es un instrumento y concepto sociológico, sino empírico, matemático o estadístico.

tipo construído. Véase **tipología constructiva.**

tipo cultural. Conjunto de características y conceptos de valor socialmente válidos en un tiempo o espacio determinados.

tipo de vida. Nivel de consumo ideal o normativo que representa el objetivo que un grupo de personas se esfuerza por alcanzar o mantener. Cuando un grupo ha logrado su objetivo, el tipo de vida coincide con la capacidad de consumo efectiva. Pero, debido a que los tipos son fundamentalmente psicológicos, el tipo de vida representa algo por encima o más allá de la capacidad efectiva. El nivel de consumo efectivo de un grupo grande o clase, expresado como un promedio, se considera algunas veces como una medida del tipo de vida del grupo. Esto se hace en el supuesto de que, por término medio, tal grupo o clase es capaz de expresar sus tipos de vida en su capacidad efectiva de consumo. Cf. nivel de vida.—C.E.L.

tipo ideal. Configuración o Gestalt de determinadas características que se construye al reunir las que se observan con más frecuencia en diversos casos de la categoría de que se trate. No todas esas características necesitan estar presentes en cualquier ejemplo, pero todas deben estarlo en una alta proporción de los mismos y ninguna debe ser incoherente con las demás características anotadas. Se supone que un ejemplo de la categoría absolutamente "puro" pondría de manifiesto todos esos elementos; por consiguiente, el tipo ideal puede ser utilizado para identificar a los miembros de una clase y también para medir la extensión de la tipicidad. Debe hacerse observar que "ideal", en el sentido en que aquí se emplea, no entraña afirmación alguna valorativa, puesto que es enteramente no-normativo. Cf. tipo, tipología constructiva.—H.E.M.

tipo individual. Estructura conceptual de formas instrumentales mediante su encarnación en un objeto definible sociológicamente.—J.H.B.

tipo, pauta. Véase **tipología constructiva.**

tipo, personalidad. Véase **personalidad-tipo.**

tipo social. Construcción racional acerca de la vida social, o parte de ella, hecha con sujeción a la forma (Gestalt) específica determinada por las cualidades de un objeto sociológicamente definido. Cf. entidad social.—J.H.B.

tipología constructiva. En las ciencias sociales se trata de una clase de método basado en la construcción de tipos mediante la selección de ciertos criterios (llamados "elementos", "rasgos", "aspectos", etc.) cuyas referencias empíricas pueden señalarse en la realidad. La construcción del tipo ha de realizarse con relación a un problema concreto y ha de orientarse por una hipótesis definida; no es el meramente clasificador el tipo de mayor utilidad. La concepción de la ciencia subyacente en la tipología constructiva es la de la naturaleza predictiva de toda actividad científica; aun cuando las predicciones deben formularse a menudo en términos retrospectivos más bien que prospectivos y aun cuando con frecuencia son hipotéticas más bien que reales, la lógica de la predicción (q. vid.) científica, que es en el fondo probabilidad lógica, sigue imperando en ellas de modo constante. Merece subrayarse este punto porque algunas interpretaciones del "método ideal-típico" (del cual la tipología constructiva es una forma) no perciben con claridad suficiente el carácter del "tipo ideal" como algo por esencia probable. Por esta razón, entre muchas otras, es preferible hablar de un "tipo construído". Los "tipos construídos" abundan en la investigación sociológica aunque no siempre se haya realizado su elaboración con el cuidado necesario y aunque alguna vez se encuentren faltos de apoyo empírico y de validación precisa. Los clanes, las castas, las clases, las naciones, las sectas, los cultos y las estructuras sociales semejantes son tipos construídos; la individuación, la supraordinación, la acomodación, la explotación y los procesos sociales similares figuran con frecuencia en la misma categoría. Debe indicarse, sin embargo, que la construcción y la aproximación empírica no son la misma cosa; ninguna casta "construída" puede darse en la realidad y en un momento dado con esas características. En este sentido, nada se da propiamente si no es como "excepción" a los tipos construídos.

Además, los tipos construídos no son por necesidad promedios, aun cuando todo promedio, en el sentido técnico especial de la media (no el modo o la mediana) tiene algunos de los atributos de un tipo construído. Por ejemplo, la "alumna media" de un cierto colegio, que según se cree tiene 0.6 de un niño durante todo su período reproductivo, no existe en carne y hueso; no es un ejemplo empírico, sino sólo una computación hecha sobre ciertos datos reales.

Los tipos construídos comprenden por lo común elementos distintos de los que son susceptibles de cuantificación y manipulación estadística. Es más, hoy no es posible todavía intentar una formulación numérica en la mayoría de los casos en que hacemos uso de la tipología constructiva. De lo que se deduce que, si bien se basa en la lógica de la probabilidad, no es ésta, de ordinario, "cuantitativa", a menos que pueda considerarse así toda formulación hecha en términos aproximativos.—H.B.

tipología sociológica. Véase **tipología constructiva.**

tiranía. Todo ejercicio del poder, cualquiera que sea su origen, arbitrario, despótico y, de ordinario, cruel; ejercicio del poder no limitado por la ley o la constitución; "poder puro y simple"; la especie de poder que no supone aquiescencia alguna por parte del súbdito. Puede ejercerse por un individuo o por un grupo. Cf. *control tiránico.*—F.E.L.

título. Encabezado (q. *vid.*).

todos sociales. Sistemas de relaciones sociales, tales como las instituciones, en donde es posible señalar sus componentes y en los que las partes y sus relaciones sólo cobran sentido si se las observa en su acción recíproca.—H.A.P.

todos societales. Sistemas de configuraciones societales en los que cada configuración es una combinación de formas, relaciones y cambios sociales y no sociales que puede considerarse como un todo. Ejemplo: la población, la organización social, el cambio social.—H.A.P.

tolerado, compañero. Véase **compañero tolerado.**

tolerancia. Actitud o proceso-situación de naturaleza social en la que se reconoce a los demás el derecho a manifestar diferencias de conducta y opinión, sin que ello implique de modo alguno su aprobación. Va unida a los sistemas de libertad en las formas de dominación; se distingue de todo estímulo directo a la variación y al cambio.—T.D.E.

tolerancia, zona de. Véase **zona de tolerancia.**

tolerante. Cualidad característica del individuo que manifiesta contención o indulgencia para los usos o costumbres que difieren de los suyos.—E.E.M.

tolerar. La acción de practicar la tolerancia, o sea de permitir, conscientemente, la continuación de los usos sociales o la expresión de opiniones y creencias que uno no aprueba, o que incluso se consideran nocivas para el bienestar social, ateniéndose al principio moral de que la libertad de expresión en tales cuestiones es, a la larga, menos perjudicial para el orden so-

toma de muestras. Muestreo (q. *vid.*).

toma de muestras. Véase **muestreo.**

tope. (estadística) Límite superior de la clase más elevada en una serie de clases. Se emplea como contraposición de suelo o fondo. [Inglés, *ceiling*].—M.Pt.

tópico. Palabra o frase que ha logrado difusión y que se emplea como si su significado fuera perfectamente sencillo, claro e inequívoco. Sin embargo, sólo está definida vagamente y con contenidos cambiantes. Tales palabras son familiares, indiscutidas, populares y nimbadas de emoción. Se imponen y anonadan a las personas que no dominan el análisis de la propaganda. Son particularmente útiles para los propagandistas, cuando con una concreta apelación a la emoción, al sentimiento y a la tradición se proponen sustituir un examen más racional de los hechos. Sugestiones muy diversas en favor de intereses particulares se "envasan" para el consumo popular en tales "envolturas" de reclamo, como, por ejemplo, "democracia", "americanismo", "el pueblo" y otras rutilantes vulgaridades. También se consigue infamar la defensa de intereses ajenos, mostrándolos indeseables mediante el empleo de ciertas palabras cargadas de sentido como "Wall Street", "esclavo", "fascista" y "nazi". [Inglés, *catchword*].—A.M'C.L.

tormento. Sufrimiento causado por distintos medios y que se empleaba en los tiempos antiguos y durante la Edad Media para hacer confesar al acusado. Se basaba en la teoría de que si el reo sufría suficientemente acabaría por confesar su delito. La dificultad de este sistema de determinar la culpabilidad o inocencia estriba en que da todas las ventajas a los seres humanos más insensibles y en que, a menudo, su resultado consiste en hacer "confesar" a personas inocentes. Beccaria y los penalistas clásicos protestaron de tal práctica y lograron que se abandonara en forma definitiva.—J.L.G.

tormento judicial. Aplicación de dolores corporales y sufrimientos físicos a los detenidos a quienes se acusa de algún delito, con el fin de obtener de ellos la confesión de su culpabilidad o que declaren los nombres de sus cómplices. En el antiguo derecho estaba legalmente reconocido y formaba parte del procedimiento judicial. Se aplicaba a los reos contra quienes sólo existían prueba semiplena o indicios y se fundaba en la privilegiada valoración de la confesión como medio de prueba y en la necesidad procesal de obtenerla por cualquier medio. El movimiento reformador del siglo XVIII combatió con energía el tormento desde un punto de vista humanitario. Al ponerse de manifiesto además el precario valor psicológico de las declaraciones obtenidas por medio de él y restarse valor procesal a la confesión, se extendió la corriente abolicionista del tormento. Sin embargo no desapareció totalmente de las legislaciones europeas hasta el siglo XIX y todavía ofrece lamentables supervivencias, amparadas en la clandestinidad, en ciertas prácticas policíacas ilegales —el *passage à tabac* de la policía francesa, el *third degree* de la policía norteamericana— que en su tosquedad constituyen inútiles y crueles manifestaciones de impotencia e ineptitud en declarado contraste con los avances de la policía científica moderna. Cf. *tercer grado, tormento.*—T.S. y J.C.

tortura. Tormento (q. vid.). Cf. "sweat-box". **"tory."** Nombre popular del partido conservador inglés. Se dice de todo reaccionario que se consagra al mantenimiento de un sistema de privilegios políticos, sociales y económicos.—R.N.B.

totalitarismo. El dominio completo del cuerpo político que abarca a todas las esferas de actividad y a todos los grupos sociales. Como tal monopolio político, un régimen totalitario no permite la menor oposición ni crítica, ni el reconocimiento y representación de un grupo divergente, y aspira al completo sometimiento del individuo. Las dictaduras modernas, a diferencia de los regímenes autocráticos del absolutismo antiguo, no se contentan con el dominio de las instituciones y fuerzas políticas, sino que subordinan prácticamente a su voluntad todos los organismos sociales y todo acto social. No reconocen ninguna esfera privada fuera del Estado totalitario.—s.N.

totem. Animal, planta u objeto natural del que se deriva el nombre de una sib y respecto al cual sus miembros sienten hallarse en una relación especial y manifiestan actitudes especiales. Cf. parentesco totémico.—J.G.L.

totémico. Relacionado con un totem. Cf. poste totémico.—J.G.L.

totemismo. Forma de organización social y de práctica religiosa que supone, de modo típico, una íntima asociación entre las sibs y sus totems, a los que se considera como antepasados o como relacionados de manera sobrenatural con un antepasado. Sobre el totem recae tabú alimenticio y da su nombre a las sibs.—J.G.L.

totemismo sexual. La asociación de totems a cada sexo; se practica en la Australia sudoriental.—G.P.M.

totemista. Totémico. Referente al totemismo. —J.G.L.

toxicomanía. Uso voluntario y regular de un enervante, acompañado del hábito psicológico de dicho uso. Este suele manifestarse por la angustia o inquietud que se apodera del toxicómano privado de su droga. En los bajos fondos sociales el término se aplica, de ordinario, al uso de la morfina, la heroína, el opio y otros opiáceos, así como a la mariguana y a la cocaína.—A.R.L.

La toxicomanía, además de crear hábitos perniciosos y situaciones de peligro por la frecuentación de bajos fondos y de traficantes en drogas, puede ser un factor causal del delito, tanto con objeto de procurarse los medios de satisfacción como bajo el estado de excitación que ciertas drogas producen.—J.C.

trabajador. Individuo que se dedica a trabajar, es decir, que aplica su energía personal a la producción de algún bien. El que suministra el factor trabajo a un negocio. En su empleo corriente el término queda limitado al tipo de obrero cuyas actividades son de tipo físico y manual más bien que intelectuales. En una economía capitalista se considera obrero al individuo que se emplea por otra persona y que trabaja por un salario. Cf. trabajo.

trabajador, enseñanza del. Véase **enseñanza del trabajador.**

trabajador migratorio. Obrero que encuentra ocupación casual en diferentes lugares en las distintas épocas del año y que, por consiguiente, debe trasladarse de un puesto de trabajo a otro. El concepto comprende tanto a los obreros agrícolas como a los obreros industriales (ej.: los de las industrias del petróleo y de la construcción) cuyos empleos imponen la frecuente migración de un lugar a otro.—s.C.M.

trabajador social. Persona ocupada en el trabajo social (q. vid.).—W.P.

trabajadores, prestaciones a los. Véase **prestaciones a los trabajadores.**

trabajadores, rotación de. Véase **rotación de trabajadores.**

trabajo. 1. Energía humana gastada en la consecución de algún fin conscientemente reconocido. De manera específica, uno de los factores básicos de la unidad o empresa que produce riqueza, de la cual el otro factor indispensable es la tierra. A medida que se desarrolla la cultura han ido añadiéndose otros factores: el capital, la organización y la propiedad.

2. El elemento de la población que contribuye al propio mantenimiento de la sociedad (q. vid.) suministrando una combinación de energía física e inteligencia humana al proceso de la producción. En la práctica se le distingue de los demás factores participantes por la relativa preeminencia de la energía física si se la compara con la capacidad intelectual o con la enseñanza y adiestramiento especializados; de ordinario, también el término es sinónimo en la práctica de trabajo asalariado, es decir, de la actividad productiva pagada por otra persona. Es corriente dividir el trabajo en no cualificado, semi-cualificado y cualificado. Cf. clase trabajadora.

trabajo a domicilio. Manufactura hecha en el hogar empleando materiales suministrados por un empresario que paga a destajo el trabajo realizado. El trabajo a domicilio fué en un tiempo una importante fuente de explotación de las mujeres obreras, pero las cruzadas sociales emprendidas desde 1890 contra dicho sistema lograron someterlo a una regulación. Cf. sistema de trabajo a domicilio.—J.W.M'C.

trabajo carcelario. La utilización del trabajo de los reclusos ha sido objeto de varios sistemas practicados con diversa fortuna en los distintos países. De esos sistemas, los más difundidos han sido el de arriendo y el de contrata. Conforme al primero [convict lease system], la administración penitenciaria contrata con un particular transmitiéndole el derecho a utilizar el trabajo de los condenados a cambio del pago de una cantidad igual por cada trabajador; por su parte, el particular asume el compromiso de alojar, alimentar, vestir y custodiar a los presos y algunas otras prestaciones. Así la administración queda relevada de toda responsabilidad económica. El sistema de contrata [contract system], que comenzó a practicarse en el siglo XVIII y en un tiempo gozó de gran favor, ofrece la particularidad de que el trabajo contratado debe practicarse dentro del establecimiento penitenciario o en sus cercanías y de que la administración sigue encargada de cuanto se refiere a alimentación, vestido y custodia de los trabajadores. Una modalidad de este último sistema es la del trabajo contratado [contract labor], por virtud del cual la administración penitenciaria suministra local, alumbrado, calefacción y custodia y el contratista aporta la maquinaria y las materias primas, pagando además el trabajo realizado en forma de salario o a destajo. El trabajo carcelario puede prestarse también bajo el sistema de administración directa o ser organizado y administrado cooperativamente.

Los sistemas clásicos del arrendamiento y de la contrata, con independencia de su rendimiento, han dado lugar a graves explotaciones y abusos, por lo que hoy se les proscribe en términos casi absolutos. Uno de los problemas más delicados que se relacionan con el trabajo carcelario es el de la competencia desigual que en ocasiones supone para el trabajo libre. Para resolverlo se ideó el sistema de administración y utilización por el Estado [state-use system], conforme al cual las mercancías elaboradas en la prisión son vendidas exclusivamente a instituciones y organismos públicos. Este sistema tiende a eliminar la influencia del trabajo carcelario (mano de obra y productos) en el mercado libre y a evitar que se convierta en una fuente de ganancias privadas. En este aspecto ha merecido la aprobación tanto de los sindicatos obreros como de fabricantes y comerciantes. Cualquier sistema eficaz de organización y administración del trabajo de los reclusos ha de sortear esa competencia y tener en cuenta que el trabajo carcelario debe ser productivo y coadyuvar a los fines de reeducación y readaptación social que se propone el tratamiento penitenciario.—J.L.G., J.W.M'C. y J.C.

trabajo de campo. ("survey" social) Proceso de recogida de los datos primarios de una población distribuída geográficamente.—M.Pt.

trabajo, división del. Véase **división del trabajo.**

trabajo forzado. Véase **trabajo obligatorio.**

trabajo infantil. Empleo regular de niños por toda la jornada, en la industria o en la agricultura, ateniéndose a una edad social y legalmente determinada. La Conferencia Internacional del Trabajo aprobó un proyecto de convención fijando en 15 años la edad mínima legal para el empleo de niños en empresas industriales y otro estableciendo este mínimo en 18 años cuando se tratara de trabajos peligrosos.

La edad mínima para el trabajo de los niños se ha ido elevando constantemente desde la primera vez que se emplearon niños pequeños en las fábricas textiles durante el siglo XVIII, y su regulación se inició en Inglaterra con la ley de Robert Peel: Health and Morals of Apprentices Act, en 1802. En Estados Unidos las primeras leyes para proteger el trabajo infantil se dictaron en Connecticut en 1813 y en la actualidad se ha fijado la edad de trabajo entre los 16 y los 18 años.—J.W.M'C. y A.M.P.

trabajo médico-social. Trabajo social por casos realizado en una clínica, hospital u otro establecimiento médico, o bien en asociación regular con un médico. Se ocupa especialmente de los problemas sociales que se relacionan con la enfermedad.—W.P.

trabajo, normas de. Véase **normas de trabajo.**

trabajo obligatorio. Servicios obtenidos coactivamente, de ordinario por acuerdo o con la aquiescencia de la autoridad gubernativa y por salarios en dinero o en especie.—E.E.M.

trabajo, oferta de. Véase **oferta de trabajo.**

trabajo penitenciario. El que desarrollan los reclusos durante el cumplimiento de la pena de privación de libertad. Se denomina así aquella fase de la organización penitenciaria en que se determina el empleo útil que ha de darse a los presos. Siempre ha existido la teoría de que éstos deben trabajar, tanto en consideración a los rendimientos económicos que el trabajo reporta como en bien de la disciplina física y mental de los reclusos. Se han esgrimido tantos argumentos humanitarios y económicos contra los diversos sistemas del trabajo penitenciario que el actual sistema se revela como totalmente inadecuado. La manufactura de artículos para uso del Estado (sistema proveedor del Estado), que prepondera en la actualidad, concentra el trabajo en un reducido número de objetos y pone interés especial en las faenas domésticas para la buena administración de la prisión como, por ejemplo, las lavanderías, las panaderías y la manufactura de vestidos. La economía en los presupuestos del Estado restringe la industria de la prisión reduciéndola al empleo de equipo anticuado. Las penas cortas de prisión, por contraste con las penas de larga duración, hacen más difícil el problema y son incompatibles con un sistema de trabajo penitenciario útil y planeado según fines de readaptación social. Cf. trabajo carcelario.—J.W.M'C. y J.C.

trabajo, problemas de. Véase **problemas de trabajo.**

trabajo social. Conjunto de actividades y procesos que tienen lugar cuando se trata de conseguir un ajuste en las relaciones de un individuo con otras personas o con su medio social y económico. Comprende el trabajo social por casos y por grupos. Incluye asimismo los órganos de administración y ejecución necesarios. Cf. técnico societal, tecnología social.—W.P.

trabajo social de publicidad e interpreta-

299

ción. Véase **publicidad e interpretación en el trabajo social.**

trabajo social familiar. Trabajo social por casos aplicado a la familia. El problema a que se enfrenta suele afectar a la familia en su conjunto más bien que a algunos de sus miembros.—W.P.

trabajo social por casos. Modo de ayudar a los individuos mediante servicios sociales y consejos personales para dar libre curso a sus capacidades y conseguir ciertos acomodos o ajustes tanto individuales como familiares. Cf. *método de estudio de casos, casos (trabajo por).*—W.P.

trabajo social por grupos. Modo de ayudar a personas que forman un grupo a fin de favorecer sus intereses y necesidades individuales y comunes.—W.P.

trabajo social psiquiátrico. Trabajo social por casos realizado en una clínica para enfermos mentales o de orientación infantil, o en asociación regular con un psiquiatra. Se ocupa en especial de problemas de conducta.—W.P.

trabajo, tribunales de. Véase **tribunales de trabajo.**

trabajos forzados. Se denomina así el añadido como medida punitiva a la pena de privación de libertad con el fin de hacer más penoso su cumplimiento. Es una modalidad anticuada y en desuso que se fundaba en la idea de que la expiación y el dolor deben ser notas consustanciales de la pena para que ésta cumpla su finalidad intimidativa. Los trabajos a que se solía destinar a los condenados a esta pena eran grandes obras públicas (construcción de vías de comunicación) u otros particularmente duros y sin finalidad económica.—J.L.G. y J.C.

tradición. Proceso-situación de naturaleza social en la que elementos del patrimonio cultural se transmiten de una a otra generación por medio de contactos de continuidad. Contenido cultural no material así transmitido y que tiene la sanción del prestigio de su antigüedad. Por analogía, en una institución cuyo personal se sustituye más de una vez por generación, se llaman tradiciones las prácticas, ideas y conocimientos transmitidos durante una serie de semejantes sustituciones. Cf. *tradición social.*—T.D.E.

tradición de grupo. Aspecto subjetivo de la cultura de un grupo que se transmite de generación en generación mediante el lenguaje, en la forma de significaciones, valores, creencias, sentimientos, actitudes y otras maneras de pensar, sentir y actuar en la medida en que son susceptibles de simbolización verbal.—H.E.J.

tradición social. Producto de la transmisión de generación a generación, de ordinario por el lenguaje oral o escrito, aunque también por medio de ceremonias, de las ideas, sentimientos y valores relacionados con la vida de un grupo. La tradición representa, en suma, el aspecto subjetivo de la cultura que ha pasado de unos a otros, empleando diversas formas de comunicación, en tanto que la costumbre es su aspecto objetivo, externo. La tradición es, sobre todo,

una manera de pensar y sentir que se transmite de generación en generación, en tanto que la costumbre es una manera de hacer lo transmitido. El vehículo principal de la tradición es el lenguaje hablado y escrito. La costumbre y la tradición constituyen la cultura del grupo. Los sociólogos se dividen por lo que respecta a cuál sea el elemento principal. Los behavioristas sostienen que la costumbre, como configuración de conducta, es el principal elemento. Los no behavioristas afirman que en los grupos humanos, en particular en los de cultura más avanzada, casi todas las costumbres se apoyan en la tradición. En otras palabras, las pautas de acción se alojan en la mente individual. Gracias al lenguaje y otras formas de comunicación y por este vehículo, aun más que por la acción imitativa, las costumbres se transmiten de generación en generación y subsisten. El hombre hubo de iniciar su vida sin ninguna tradición definida, puesto que la tradición necesita del lenguaje verbal como vehículo. Sin embargo, tan pronto como se desarrolló el lenguaje hablado, los grupos humanos comenzaron a acumular tradiciones. A medida que acumulaban conocimientos, ideas, sentimientos y valores los iban transmitiendo, y de esta manera llegaron a vivir cada vez más gracias a sus tradiciones y mediante ellas. El poder compulsivo de la tradición se debe por entero a su aceptación por los miembros actuales del grupo y a sus opiniones. No obstante, es evidente que como la tradición representa la experiencia del grupo, acumulada con frecuencia durante muchas generaciones, parece tener un peso que no posee la opinión del momento.—C.A.E.

tradicional. Según o conforme a un procedimiento establecido, tal como un código de preceptos morales aceptado desde hace largo tiempo o un orden de procedimiento bien conocido (por ejemplo, la manera tradicional de abrir la sesión de un tribunal o de celebrar la Pascua Florida o la Navidad).—R.E.B.

tradicionalismo. Actitud o filosofía que acepta, reverencia y defiende la justicia superior de ciertas instituciones y creencias sociales sólo por el hecho de ser una transmisión del pasado; sistema de fe fundado en la tradición o en la autoridad competente con menosprecio de los procesos críticos o racionales.—N.L.S.

tráficos ilegales. Suelen sancionarse como delitos determinadas especies de tráfico o comercio, ya porque constituyen formas accesorias de complicidad o encubrimiento con respecto a otros delitos (piratería, contrabando), ya con carácter autónomo, para proteger la libertad (trata de esclavos, trata de blancas), la salud pública (tráfico de estupefacientes), etc., o por otras consideraciones de interés público (negociaciones prohibidas a las autoridades y funcionarios).—J.C.

traición. Grave delito contra la seguridad exterior del Estado consistente en tomar las armas contra él, en unirse a sus enemigos exteriores, en función de la situación militar o diplomática, o en prestarles cualquier clase de ayuda o socorro. Sólo puede ser cometido por el connacional o por el extranjero obligado por un deber especial de obediencia, exista o no un estado de guerra internacional. La concurrencia de circunstancias de especial gravedad cualifica a la alta traición. En las modalidades de ayuda o socorro, la nacionalidad del autor determina la calificación del delito como traición (si es connacional) o espionaje (si es extranjero). El derecho norteamericano engloba bajo la misma denominación [*treason*] los delitos de traición y rebelión (q. vid.). La traición, muy diversamente definida por las legislaciones, es un atentado contra la independencia, la soberanía, la libertad o la integridad de la patria.—J.C.

transacción. Acción y efecto de transigir. Trato o convenio mediante el cual se arbitra una fórmula de acuerdo para ajustar alguna cuestión discutible o litigiosa, consintiendo los interesados, o alguno de ellos, para tal efecto, en algo que no se cree enteramente conforme a derecho o cediendo en sus intereses. Así, cabe hacer el arreglo de una deuda liquidándola o saldándola por menos de la suma debida. [Inglés, *compound*].—J.C. y F.W.K.

transacción criminal. Avenencia o acuerdo conseguido con un funcionario público para que, incumpliendo los deberes propios de su cargo y mediante remuneración, deje de promover la persecución de un delincuente, procurando o facilitando así la impunidad del mismo. [Inglés, *compound a felony*.] Esta especie de negociación constituye una forma del delito de prevaricación (q. vid.) agravada por la circunstancia de mediar precio o recompensa.—F.W.K. y J.C.

transculturación. Proceso de difusión e infiltración de complejos o rasgos culturales de una a otra sociedad o grupo social. Tiene lugar por contacto, generalmente entre dos culturas de diferente grado de evolución, viniendo a ser como un efecto del desnivel existente entre ellas; en el contacto suele imponerse la cultura más evolucionada, con absorción de la que lo es menos, y ésta, por su parte, puede subsistir en su localización original, aunque desnaturalizada por la influencia de la nueva cultura. Cf. "*acculturation*", cultura (*préstamo de*), *culturas* (*fusión de*), *sincretismo*, *variación cultural*.—J.C.

transgresión. Quebrantamiento, infracción, violación de una norma legal. Se emplea sin precisión científica como sinónimo de delito.—J.C.

transgresor habitual. Véase **delincuente habitual.**

transmigración. Reencarnación (q. vid.), especialmente por medio de una sucesión de formas o encarnaciones.—G.P.M.

transmisión social. Proceso por el cual los rasgos culturales pasan de generación en generación, consiguiendo así la continuidad. Sus medios son: la imitación, la educación, la en-

señanza, el tabú y las diversas formas de regulación social.

transporte. Acarreo o traslado de personas o cosas por medio de un vehículo, por tierra, agua o aire. Ejemplos: a lomo de un cuadrúpedo, en trineo o vehículo tirado por un ser humano o animal, en barco, ferrocarril, automóvil o aeroplano. También, instrumentos materiales implicados en dicho acarreo.—E.E.M.

transportista. Persona o agencia que, como ocupación ordinaria, se encarga de recibir mercancías para transportarlas, mediante precio, de un lugar a otro. Legalmente y en ciertas condiciones, se le atribuye el derecho de embargo sobre tales mercancías transportadas como medio de aseguramiento del pago de sus servicios. [Inglés, *common carrier*].—F.W.K.

trata de blancas. Designación corriente de los diversos manejos, con fines de lucro, para el fomento de la prostitución. Para pintar con rasgos sombríos el hecho de que el proxenetismo y el rufianismo pueden esclavizar a algunas mujeres en la prostitución de burdel, se la ha denominado también "esclavitud blanca" y "esclavitud femenina". La trata o comercio de mujeres no parece existir en gran escala en Estados Unidos. Se asegura que está más difundida en los países europeos, asiáticos y sudamericanos. La inducción de muchachas al ejercicio de la prostitución sujetándolas al sistema prostibulario se aplica a todas las razas, por lo que la expresión "trata de blancas" no es del todo exacta. [Inglés, *white slave*].—W.C.R.

La trata de blancas, en definitiva, está constituída por todas las actividades comercializadas orientadas hacia el fomento de la prostitución. Se la reprime severamente por todas las legislaciones, que la consideran como un grave delito. Dicha represión incluso es objeto de una acción internacional coordinada, política y policíaca.—J.C.

tratado internacional. Los términos tratado y convenio (q. vid.) se emplean indistintamente como equivalentes. Se llama tratado a un acuerdo formal entre Estados, por lo común sometido a la aprobación o ratificación del poder legislativo o del ejecutivo. Los tratados pueden ser bilaterales o multilaterales. Muchas normas se han acumulado en torno a la institución de los tratados. No pueden denunciarse unilateralmente; pero como los tiempos cambian, con frecuencia los tratados políticos dejan de ser convenientes para ambas partes. Entonces las exigencias políticas determinan la apertura de negociaciones para su modificación o su ruptura unilateral. El hecho de que el cambio sea una ley de la naturaleza se reconoce por el artículo 19 del Pacto de la Sociedad de Naciones, que recomendaba la modificación de los tratados cuando las circunstancias lo justificasen; pero el procedimiento estaba tan vagamente redactado que hizo de imposible aplicación dicho artículo. La realidad del cambio ha dado lugar a que predominen los tratados a corto plazo y con una fecha precisa de terminación, a menos que las partes deseen su prórroga. En cuanto a su cumplimiento, y en marcada contraposición con el principio de la inviolabilidad de los tratados, el derecho internacional acepta la cláusula *rebus sic stantibus*, conforme a la cual un cambio en las circunstancias de hecho que determinan la conclusión del tratado justifica el abandono o la modificación del mismo. Pero, como el artículo 19, esto no se cumple rigurosamente. Al extremo de que sólo sirve para excusar la rescisión unilateral de los tratados sin prueba alguna de los hechos en que se funde ni una resolución imparcial sobre ellos. Los nuevos tratados políticos, como el Pacto Kellogg —aun en el sentido más optimista de su significación— no tienen probabilidades de subsistir frente a circunstancias políticas incompatibles; ir más allá de los hechos inflexibles hace de tales tratados algo peor que documentos inútiles: despiertan esperanzas irrealizables y después recriminaciones y hostilidad generales. Los tratados, especialmente los multilaterales, suelen suscribirse con reservas. Tales reservas, si se aceptan por los consignatarios expresa o implícitamente, eximen al Estado que las formula de la obligación particular que es objeto de ella. —E.M.B.

En sentido genérico, tratado es "todo acuerdo o entendimiento entre Estados para crear, modificar o suprimir entre ellos una relación de derecho" (Sierra). Se pretende que el contenido del tratado son compromisos de orden político, mientras que el del convenio son compromisos de índole económica o administrativa. En realidad la diferencia es meramente formal y se refiere a la solemnidad de su otorgamiento. Con el mismo alcance se utilizan algunas otras denominaciones, como pacto (de mayor solemnidad), estatuto (tratado colectivo), arreglo o compromiso (de carácter accesorio y relativo a los medios de ejecución de un tratado), acuerdo (referente a asuntos de carácter económico), declaración (para afirmar una actitud política común), resolución, etc. Las observaciones precedentes sobre la conexión real entre los acuerdos internacionales y los hechos de la política internacional explican la inestabilidad que predomina en esta materia, así como sus perniciosas consecuencias para el destino de los pueblos. Sólo mediante la coordinación de intereses y la sumisión general a las normas del derecho internacional podrán lograrse mayores estabilidad y firmeza en las relaciones internacionales.—J.C.

tratamiento. Proceso por el cual se auxilia al individuo a fin de que pueda sacar mejor partido de sus capacidades o recursos sociales. Se emplea también, aunque más raramente, con relación al grupo o comunidad.—W.P.

transición, área de. Véase **área de transición.**

transición, zona de. Véase **zona de transición.**

"travois." Tosco vehículo de los indios de las praderas de Norteamérica, compuesto de dos pértigas atadas como varas a un solo perro o caballo, que son arrastradas por el suelo y que sirven para sostener una carga.—G.P.M.

tregua. Interrupción convencional y temporal de las hostilidades entre las partes empeñadas en guerra. La violación o quebrantamiento de la tregua es sancionada como delito contra la paz y la dignidad nacional.—J.C.

tregua moral. Véase **"moral holiday."**

trepador social. Toda persona que se esfuerza por romper con sus viejas relaciones y por cultivar el favor de otras personas situadas en planos más elevados. Persona cuyos contactos con otros individuos se planean de modo deliberado para mejorar su propia posición social.—W.C.H.

tribadismo. Relaciones homosexuales entre mujeres mediante el frotamiento de sus órganos genitales.—R.E.B.

tribu. Grupo social que suele comprender un gran número de sibs, bandas, aldeas u otros subgrupos, y que se caracteriza por la posesión de un territorio determinado, un dialecto definido, una cultura homogénea y peculiar y una organización política unificada o, al menos, cierto sentido de la solidaridad común frente a los extraños.—G.P.M.

tribunal canónico. Antiguo tribunal eclesiástico dotado de competencia en materia civil (derecho familiar y marital) y criminal y de jurisdicción sobre los miembros de la Iglesia católica —M.A.E.

La peculiar situación social de dicha Iglesia en la sociedad antigua dió lugar a la creación de esta jurisdicción especial hacia el siglo IV, llegando a adquirir gran importancia. La evolución histórica de los tribunales canónicos ha sido un mero reflejo de las vicisitudes por que ha atravesado la iglesia católica. El cambio experimentado por ella en su situación en los tiempos modernos ha despojado a los tribunales canónicos de gran parte de su autoridad, viniendo a quedar reducidos a una especie de jurisdicción voluntaria (de obligatoriedad espiritual), en todo caso concurrente con la civil, y disciplinaria privativa de la jerarquía eclesiástica, en sus distintos grados (sólo para los delitos y faltas eclesiásticos). Los tribunales canónicos aplican en el ejercicio de sus funciones el llamado derecho canónico (contenido principalmente en el Codex Juris Canonici). El reconocimiento de efectos civiles a los actos y resoluciones de los tribunales canónicos depende en cada caso de las normas que regulan en los diversos países las relaciones entre la Iglesia y el Estado.—J.C.

tribunal de honor. El que, dentro de ciertos cuerpos, grupos o colectividades, tiene autoridad legal y reconocida para enjuiciar los actos de sus miembros que se conceptúan contrarios o en oposición a la respectiva moral de cuerpo o clase, o en algún modo perjudiciales para éstos, incluso por razón de prestigio o consideración social, aunque no revistan carácter delictivo, y para imponer sanciones que pueden llegar hasta la exclusión del cuerpo o grupo de que se trate. —J.C.

tribunal de relaciones domésticas. Así se denominan en Estados Unidos los tribunales especiales dotados de jurisdicción para conocer en los casos que implican dificultades en las relaciones conyugales, incluso el abandono, y asimismo de los casos de delincuencia juvenil. En estos últimos, las relaciones de los padres del niño se consideran de fundamental importancia en cuanto factor causal de la delincuencia y de análoga transcendencia para la adaptación eficaz y el tratamiento del niño. Las consideraciones generales que sirven de fundamento a la organización de tales tribunales instituidos para hacer frente a la delincuencia infantil son que la familia es una unidad y que la adaptación es con frecuencia más bien un problema familiar que individual. Los tribunales de relaciones domésticas sólo existen en las grandes ciudades norteamericanas donde se plantean casos suficientes por su número para justificar la existencia de un tribunal especial.—M.A.E.

En los países hispano-americanos no existen organismos de este tipo. Por lo que hace a las relaciones estrictamente conyugales, los jueces y tribunales civiles ordinarios son competentes para entender en los casos de divorcio y separación, según los distintos procedimientos legales, e incluso para dictar la correspondiente sentencia, intentando previamente la avenencia de los cónyuges. Los jueces y tribunales civiles ordinarios entienden también en los casos que afectan a las relaciones paterno-filiales (patria potestad, tutela, adopción, etc.). En cuanto a la delincuencia juvenil, para conocer de ella existen jueces y tribunales especiales, de carácter tutelar, a quienes corresponde el pronunciamiento y vigilancia del tratamiento médicopedagógico más adecuado en cada caso para la readaptación social y familiar del menor delincuente.—J.C.

tribunal especial. Tribunal con jurisdicción especial y tasada sobre determinados tipos de causas criminales o pleitos civiles. Así, son tribunales especiales los de relaciones domésticas, los tutelares de menores, etc.—M.A.E.

tribunal municipal. Véase **juzgado municipal.**

Tribunal Permanente de Justicia Internacional. La Corte Internacional de Justicia es un tribunal con sede en La Haya que fué creado por el artículo 14 del Tratado de Versalles, después de la primera guerra mundial, y debía quedar integrado por quince jueces permanentes con sus correspondientes sustitutos. Se proyectó como jurisdicción obligatoria entre naciones, pero en los debates celebrados para la redacción

de su Estatuto se modificó su carácter y quedó como instancia de jurisdicción voluntaria para ciertos tipos especiales de casos. Prácticamente en todos ellos, las partes deben acceder a someterse a su jurisdicción. El Consejo y la Asamblea de la Sociedad de Naciones disfrutaban de facultades para solicitar dictámenes del Tribunal con valor consultivo, disposición que dió lugar a que los Estados Unidos, por decisión senatorial, se negasen a ratificar el protocolo de adhesión al Tribunal. Durante su existencia (1920-1939) decidió sobre setenta casos, entre sentencias ordinarias y dictámenes. Los jueces eran elegidos por el Consejo y la Asamblea de la Sociedad de Naciones por nueve años con posibilidad de reelección. En 1939, al iniciarse la segunda guerra mundial, el Tribunal cesó de funcionar. Muchos de los casos en que entendió se suscitaron con motivo de la interpretación de los tratados de paz de 1919.—E.M.B.

Organizadas las Naciones Unidas después de la segunda guerra mundial, la Carta correspondiente, suscrita en San Francisco el 26 de junio de 1945, establece en su capítulo XIV la creación de la Corte Internacional de Justicia, como órgano judicial principal de la Organización de las Naciones Unidas, conforme al Estatuto anexo a la Carta. Dicho Estatuto regula la organización, competencia y procedimiento del nuevo tribunal permanente de justicia internacional sobre bases análogas a las del anterior, por lo que puede afirmarse que es su continuación. La Corte Internacional de Justicia quedó efectivamente establecida de nuevo en La Haya en 1946 y en su breve actuación goza de un alto prestigio.—J.C.

tribunal popular. Jurado (q. vid.).

tribunales de menores. Tribunales competentes para conocer de los casos de delincuencia juvenil o de menores en estado peligroso. En la mayor parte de los Estados la jurisdicción de tales tribunales comprende a los menores hasta la edad de dieciséis o dieciocho años, aunque algunos la extienden hasta los veintiuno. Ciertas legislaciones transfieren a los tribunales ordinarios la competencia en los casos de delitos graves perpetrados por menores; otras todavía condicionan la jurisdicción especial al discernimiento moral. A los menores delincuentes se les considera como pupilos del tribunal y se les trata más bien como niños que necesitan ayuda y protección que como personas criminalmente responsables. La jurisdicción de dichos tribunales es tutelar; el procedimiento está exento de solemnidad; las audiencias suelen celebrarse a puerta cerrada, y las medidas que se dictan son de duración indeterminada y revisables y corresponden a un tratamiento médico y pedagógico especial adecuado a una situación individual, personal y social. Algunos Estados norteamericanos han establecido, además de los tribunales de menores [juvenile courts] y con carácter experimental, otros tribunales para adolescentes [ado-

sobre los menores comprendidos entre la edad límite de aquéllos y la de dieciocho o veintiún años, en que el sentimiento moral de responsabilidad parece hallarse más desarrollado. Los tribunales para adolescentes aplican métodos análogos a los característicos de los tribunales de menores y en realidad constituyen una supervivencia judicial del desacreditado criterio del discernimiento.—M.A.E. y J.C.

tribunales de trabajo. Bajo esta denominación y otras como las de tribunales industriales, comités paritarios, jurados mixtos, juntas de conciliación y arbitraje, etc. se comprenden los organismos jurisdiccionales especializados que tienen a su cargo el conocimiento y resolución por vía contenciosa de las diferencias individuales o colectivas que con motivo de la relación laboral pueden surgir entre patronos y obreros. Su competencia suele extenderse también al ejercicio de funciones de inspección, a la determinación de reglamentos de trabajo, de contratos-tipo y de tarifas de salarios mínimos, al registro de contratos de trabajo individuales y colectivos, a la calificación de huelgas, reajustes industriales y toda clase de conflictos de trabajo, etc. Su organización generalmente se basa en los principios de la especialización industrial y de la representación paritaria de obreros y patronos bajo la presidencia de funcionarios públicos especializados o de funcionarios judiciales que aseguren la imparcialidad del tribunal en sus decisiones, constituyendo una especie de jurado profesional. El procedimiento que emplean en sus actuaciones debe ser sencillo y rápido y de carácter conciliatorio y arbitral, procurando ante todo la avenencia entre las partes en conflicto; contra sus resoluciones suele permitirse a las partes el acceso, mediante diversos recursos, a instancias superiores de la organización judicial del Estado. Los tribunales de trabajo han adquirido modernamente gran importancia porque son la única forma de equilibrar las desigualdades económicas entre las partes y de asegurar en caso de conflicto un tratamiento equitativo obtenido por medios pacíficos, que proteja los derechos del trabajador sin perjudicar los intereses económicos de la sociedad.—J.C.

tribus criminales. Aquellas cuya cultura prescribe para con las personas extrañas una conducta hostil en oposición con las leyes políticas a cuya observancia están obligadas. Aparte el aspecto criminológico, las tribus criminales revelan un fenómeno de colisión entre normas consuetudinarias y legales. Puede comprenderse en el *lescent courts]* a los que confían la jurisdicción concepto la xenofobia de algunas civilizaciones antiguas y especialmente de ciertos grupos sociales de la India de cultura tribal que constituyen supervivencias de la xenofobia histórica a pesar de su taxativa prohibición en las leyes del Estado.—E.H.S. y J.C.

tropismo. Tendencia, inherente en la constitución biológica de un organismo, a reaccionar de una manera determinada a un estímulo externo también determinado.

trueque. Forma de intercambio o comercio en el cual las mercancías se permutan directamente por otras sin emplear un medio reconocido de cambio. Cf. *trueque mudo*.—G.P.M.

trueque mudo. Práctica común en los pueblos primitivos de cambiar mercancías por otros artículos sin la asistencia física de los que intervienen en el trueque. *Modus operandi:* Los traficantes de una tribu depositaban las mercancías ofrecidas en un lugar determinado y se retiraban; entonces, los traficantes de la segunda tribu aparecían, colocaban sus artículos de cambio junto a las mercancías ofrecidas y se retiraban. Reaparecían los primeros traficantes y, si les satisfacían, tomaban los artículos ofrecidos en lugar de los suyos y se marchaban; de lo contrario se llevaban los que dejaron. Los traficantes de la segunda tribu volvían a aparecer para recoger sus productos, ya sea los cambiados o los primitivos.—E.E.M.

tugurio. Edificio de viviendas reducidas, de aspecto descuidado e insalubre, ordinariamente situado dentro de otra edificación mayor, con frente a un pasadizo o formando callejones. A veces estos edificios son garitos escondidos tras fachadas más o menos decorosas; su aglomeración constituye barrios infectos o miserables, albergue de los bajos fondos. También, cada una de las viviendas del edificio. [Inglés, *alley dwelling*.] Cf. *barrio infecto*.—S.S. y J.C.

túmulo. Dolmen (*q. vid.*) cubierto de tierra.—E.A.H.

tumulto. Movimiento activo de una muchedumbre en relación con un objetivo común, de ordinario con empleo de violencia, insistencia o interponiendo un obstáculo sugestivo, y a veces galvanizando o polarizando los estímulos emotivos del símbolo, el *slogan* o la demagogia. Cf. *motín*, *muchedumbre*.—T.D.E.

tutela. Institución jurídica clásica establecida para asegurar la protección, el cuidado y la dirección de la persona, la propiedad o ambas cosas de una persona jurídicamente incapaz (menor de edad o enfermo mental). Durante siglos la tutela de los menores fué prerrogativa del padre y sólo a falta de él se atribuía a la madre. La opinión corriente ha considerado al padre como tutor natural de sus hijos hasta los tiempos modernos. En Inglaterra y en varios Estados de Norteamérica, los derechos de tutela de la madre, aun en la actualidad, son inferiores al del padre. Cuando el padre omite el nombramiento de tutor en su testamento, puede hacerse judicialmente dicho nombramiento para cuidar de la asistencia personal y la administración del patrimonio de los niños huérfanos hasta su mayoría de edad. También se hace judicialmente la designación de tutor en el caso de las personas mentalmente incapaces para dirigir sus asuntos. [Inglés, *guardianship*].—W.G.

U

ultimogenitura. Derecho exclusivo o preferencial del hijo más joven en la herencia. Cf. *primogenitura.*—G.P.M.

ultraje. Especie de injuria real consistente en la ofensa causada por medio de hechos, gestos o actitudes que denoten menosprecio. Se sanciona, como figura autónoma o como modalidad de la injuria, en cuanto delito contra el honor.—J.C.

unidad colectiva. Aspecto externo de un grupo funcional del que deriva la impresión de que su conducta es la de una unidad mucho mayor que la de cualquier subgrupo o persona incluídos en él.—T.D.E.

unidad de grupo. Véase **grupo (unidad de), unidad social.**

unidad, principio de. Véase **"non bis in idem".**

unidad mística. Integralismo, armonismo *(q. vid.).* Cf. *singularismo.*

unidad productiva. Negocio, empresa *(q. vid.).*

unidad social (unidad de grupo). La unidad de acción en un grupo social se produce en virtud de acomodos recíprocos en la conducta de sus miembros a fin de que la acción del grupo, como un todo, tenga un solo propósito. Por ejemplo: los miembros de un equipo de fútbol ajustan o coordinan de tal modo las actividades de cada uno de ellos, que el equipo entero actúa como si fuera una máquina humana dispuesta a llevar la pelota a la meta. Aun cuando el equipo de fútbol es un grupo muy artificial, no obstante, todos los grupos humanos se caracterizan por cierto acomodo recíproco de la conducta de sus miembros, de suerte que pueden funcionar así en la persecución de una finalidad objetiva. Su acción es el resultado de la integración o coordinación de las acciones, sentimientos y propósitos individuales de sus propios miembros. Así pues, la conducta de un grupo social suele llegar a unificarse de tal forma que nos permite hablar de la solidaridad del grupo. El proceso se llama "integración del grupo" *(q. vid.).* La unidad social o de grupo no significa que todos los miembros del mismo actúen de igual manera o tengan idénticos pensamientos y afectos. Por el contrario, para la integración de un grupo son necesarias las diferencias de conducta, de pensamiento y de sentimiento siempre que favorezcan la coordinación o el ajuste. La unidad del grupo resulta de la integración de los sentimientos y propósitos de adaptación de sus miembros. Se unen a fin de lograr algún propósito colectivo que, de ordinario, se desea por todos ellos. La unidad del grupo humano no se debe tan sólo a la presión del medio, sino aun más a las ideas, sentimientos y propósitos que tienen por fin la adaptación. —C.A.E.

unidades sociales. Elementos o materia básica del estudio social llamadas así porque se observan dentro de determinados límites y por ser relativamente constantes y mensurables. Por ejemplo: la persona, la familia, el nivel de vida, la actitud, la propaganda, el delito. Estas unidades pueden ser elementales y entonces se estudian como partes efectivas de un todo complejo, o bien combinaciones de constantes, en cuyo caso el análisis funcional las investiga en su estabilidad, uniformidad e interacción. —H.A.P.

unidades sociológicas. Elementos lógicamente considerados como actos pertinentes y observables y que se interpretan de manera uniforme. Tales unidades pueden expresarse en palabras, números, fórmulas u otros símbolos.—H.A.P.

uniformación. Proceso-situación social en el que se reprime toda diferenciación en interés de la uniformidad; tipo de control social en el que se establece determinada pauta social *(q. vid.)* y se obliga (por diversas técnicas) a los miembros del grupo a conformarse con ella; política de control social que tiene por objetivo la uniformidad en los modos de conducta, en las opiniones y en las personas; opuesto a diversificación.—T.D.E.

uniformar. Poner en conformidad con un modelo. [Inglés, *standardize.*]

uniformidad. Condición de semejanza entre determinados objetos, cualquiera que sea la característica comparada; ausencia de diferencias, en ciertos aspectos, entre personas o entre sus conductas. La uniformidad o identidad absolutas no se dan nunca en la naturaleza, ni incluso en el "mismo" objeto de momento a momento, puesto que el cambio y la unicidad son universales. La uniformidad es siempre relativa a los fines de que se trate. En el control social toda política de uniformidad detesta la diferenciación *(q. vid.)* y trata de fomentar la moda *(q. vid.)* y de reducir el número de variantes y el alcance de la variación *(q. vid.).* —T.D.E.

unilateral. Unilineal *(q. vid.).*

unilineal. Cómputo de la descendencia, herencia o sucesión *(q. vid.)* exclusivamente en la línea masculina o en la femenina. Cf. *bilateral.*—G.P.M.

unión libre. Forma de convivencia sexual y familiar no consagrada jurídicamente por las formas matrimoniales, pero estable, basada en el mutuo consentimiento y reconocida socialmente como el matrimonio. Se diferencia también de éste en la posibilidad de su disolución sin sujeción a formas jurídicas. El término ha sido recibido por algunas legislaciones y se emplea hoy con preferencia a otros como "amancebamiento" y "concubinato" *(q. vid.)* en cuanto no posee, como éstos, connotaciones morales o de reprobación social extrañas a su misma esencia.—J.C.

Por la misma consideración se prefiere el calificativo "extramatrimonial" [alemán, *unehelich;* inglés, *non-wedlock*] para designar lo referente a y lo derivado de toda especie de convivencia sexual no matrimonial; así se habla de relación extramatrimonial, de padre, madre, hijo, herencia, parentesco y caso extramatrimonial, eludiendo el uso de términos inconvenientes o impropios como "bastardo", "ilegítimo" y "natural" (con referencia a los hijos), de frase tan prolija como la de "hijos habidos o nacidos fuera de matrimonio" y de expresiones equívocas como "padre soltero" y "madre soltera". El hombre y la mujer casados pueden ser además padres extramatrimoniales.—T.D.E.

unión ritual. Comercio sexual prescrito u obligatorio en ocasiones ceremoniales tales como ritos agrarios de fertilidad, ceremonias de iniciación o matrimonio, o terminación de un período de continencia ritual *(q. vid.).* Cf. *desfloración, libertinaje ceremonial.*—G.P.M.

universal. General. Lo que comprende, es común o se refiere a todos sin excepción, en la especie o materia de que se trata. Lo que abarca la totalidad del mundo, todos los países, todos los tiempos. Cf. *evolución universal, pauta universal de cultura.*

universal de cultura, pauta. Véase **pauta universal de cultura.**

universales. Véase **principios universales.**

universalismo. Teoría que sostiene el valor supremo de la sociedad, como realidad tanto como concepto. Existen dos variedades de universalismo: 1) El universalismo extremo afirma que el todo es más valioso que las partes, que el individuo es una simple parte del todo social y que por eso carece de valor separado de él. 2) El universalismo moderado concede realidad al individuo y le otorga cierto valor aparte del todo social. Históricamente, el universalismo ha alternado con el singularismo y el integralismo desde el año 600 a.C. al 1900 d.C.—J.D.

universo estadístico. Población total de la que se selecciona una muestra. Conjunto de todos los casos posibles del grupo que se considera. Se llama también población, población matriz, universo mental. —M.PT.

universo mental. Conjunto discursivo formado por la totalidad de los conceptos, ideas, significados y puntos de vista en que participan en común los miembros de un grupo específico. [Inglés, *universe of discourse*].—J.P.E.

univocidad. Inequivocidad. Cualidad de lo que no es equívoco. Criterio lógico que permite distinguir, en la teoría de la tentativa criminal *(q. vid.),* los actos meramente preparatorios (equívocos, punibles sólo en calidad de delitos autónomos de peligro cuando expresamente los sanciona la ley) de los actos de ejecución (unívocos, que constituyen la tentativa, etapa punible del *iter criminis*). Carrara sentó las bases de este método, dándole un valor probatorio más que ontológico (Soler).—J.C.

urbanismo. Conjunto de conocimientos referentes al estudio de la creación, desarrollo, reforma y mejora de poblados y ciudades en orden a su mejor adaptación material a la realización de las necesidades colectivas de la vida humana. Cf. *planificación de ciudades.*—J.C.

urbanización. Proceso de conversión en urbano; procesos orientados hacia las zonas urbanas o movimientos de población en ese sentido; incremento de las zonas urbanas, de la población urbana o de los procesos de ese carácter.

urbano. Referente a una ciudad, grande o pequeña. Según los datos del censo de Estados Unidos relativos al período comprendido entre 1790 y 1900 inclusive, el término urbano se aplicaba a los municipios con una población de 8,000 o más habitantes. Desde el censo de 1910 se aplicó a los municipios con una población de 2,500 o más habitantes y a algunas otras subdivisiones con áreas densamente pobladas. Según el censo de 1940 estas "otras subdivisiones" constituían cerca de un 4% de la población urbana total de Estados Unidos. —O.W.

urbe. Ciudad, especialmente si es muy populosa, como suelen serlo las metrópolis *(q. vid.),* las ciudades industriales y las capitales políticas de los Estados.—J.C.

urna funeraria. Urna o vaso en donde se deposita el cadáver, o las cenizas después de la cremación *(q. vid.),* conforme a determinadas prácticas o ritos funerarios. Cf. *entierro.*—G.P.M.

uromancia. Práctica adivinatoria que se sirve de la observación e interpretación de la orina.—J.C.

U.R.S.S. Unión de Repúblicas Socialistas Soviéticas.

usanza. Modo de comportarse socialmente prescrito, sostenido por la tradición y mantenido en vigor por la desaprobación social de su violación. La usanza carece del apoyo coercitivo del Estado que caracteriza a las leyes y de las sanciones severas de las costumbres. Las usanzas difieren de las instituciones, entre otras cosas, por su reconocimiento menos preciso. La moda es menos permanente, y tanto la moda como el convencionalismo menos intrínsecamente significativos que la usanza. [Inglés, *custom*.] —M.K.

usos estatales. Algunos sociólogos norteamericanos hablan de *stateways* en relación con los *folkways* y los *technicways*. Se trata, en todo caso, de los procedimientos oficiales, organizadores y coactivos que emplea la sociedad para hacer frente a las necesidades, especialmente para el control social. Siguen a los usos sociales y las costumbres en el orden del desarrollo evolutivo de la sociedad que se mueve lentamente; este orden, por lo general, es el siguiente: usos sociales, costumbres, moral social, instituciones, procedimientos estatales, actuando éstos, en definitiva, para conservar e integrar los usos sociales, costumbres e instituciones. Los usos estatales tienen por supuesto, como ideal social, el equilibrio entre ellos y los usos sociales. Los usos estatales, desarrollados extraordinariamente en un mundo moderno, urbano, industrial, intelectual y tecnológico, tienden a evolucionar hacia los procedimientos técnicos y el totalitarismo. [Inglés, *stateways*.] Cf. costumbres, *usos técnicos, usos sociales*.—H.W.O.

usos sociales. Hábitos y tradiciones populares. Por ejemplo: saludar con el sombrero a una señora. Buenas maneras. Infracciones castigadas de manera irregular por exclusión, evitación u ostracismo. [Inglés, *folkways*].—A.G.K.

usos técnicos. Hábitos individuales y usos colectivos que se desarrollan al hacer frente a las necesidades y al pretender persistir dentro de un mundo dominado por la técnica. Los usos técnicos superan a los antiguos usos sociales (q. vid.) y suplantan a las costumbres (q. vid.), acelerando así el ritmo de la evolución societal y oponiéndose al desarrollo lento de la moral, de las instituciones y de las costumbres. Los usos técnicos, contrariamente a los usos sociales y a las costumbres, tienen su origen en situaciones concretas, específicas y tecnológicas, aparecen con rapidez y son mensurables en términos de objetividad estadística. Los usos técnicos son medida del cambio y del progreso social y reflejan no sólo la acción de la técnica sobre la cultura, sino las maneras como esa acción o influencia se produce. [Inglés, *technicways*].—H.W.O.

usura. Desde la antigüedad se entiende por tal el interés, rédito o gravamen impuesto por el uso de dinero prestado a un individuo o institución o depositado en manos de uno u otra, y computado, de modo general, por años o fracciones de año. Este gravamen ha provocado siempre el resentimiento en razón de los altos tipos impuestos y de las graves penalidades en caso de incumplimiento. Es difícil determinar los criterios para juzgar la usura porque dicha institución depende de las normas morales predominantes en una cultura determinada; esto es verdad en especial en una economía liberal donde las transacciones son voluntarias.—E.F.

La usura, entendida como el ejercicio habitual del préstamo a tipos excesivos de interés (por encima del tipo legalmente establecido), disimulando su naturaleza o abusando de las condiciones en que se encuentra el prestatario, es calificada como delito en muchas legislaciones.—J.C.

usurpación. Delito contra la propiedad consistente en el apoderamiento de bienes inmuebles o derechos ajenos, sin título legítimo y contra la voluntad de su dueño o titular, con ánimo de lucro y perjuicio ajeno. La usurpación puede revestir diversas formas que algunas legislaciones llegan a considerar cómo delitos autónomos, tales como el despojo, la perturbación de la posesión, la alteración o destrucción de lindes, etc. La usurpación, referida a bienes raíces o sedientes y a cosas inmateriales, se corresponde por su naturaleza con lo que son el hurto y el robo (q. vid.) respecto a los bienes muebles. Puede ir acompañada de violencia o intimidación o no.—J.C.

utilidad. Capacidad propia y real de un objeto para satisfacer un deseo humano. Es intrínseca al objeto y puede o no ser percibida por el observador. La creencia en la utilidad es la base del valor (q. vid.), pero la utilidad puede ser falsa o por completo inexistente. Cf. ganancia.

utilidad marginal. Importancia o valor que se atribuye a la unidad marginal o última adquirida de un determinado acervo de bienes económicos iguales; en realidad se aplica a cualquier unidad de una serie de bienes económicos equivalentes.—E.E.M.

utilidad pública, servicio de. Véase **servicio de utilidad pública.**

utilidad pública, sociedad de. Véase **sociedad de utilidad pública.**

utilidades decrecientes. Término que se emplea en relación con los principios económicos de las utilidades (o productividad) crecientes o decrecientes: a saber, a medida que se aumenta un factor determinado de la producción permaneciendo los demás invariables en cantidad y eficacia, el rendimiento por factor variable puede aumentar, pero llega un momento en que disminuye. En relación con la población y los recursos naturales representa asimismo aquella situación en que todo incremento neto en la población se traduce en una disminución per capita de la utilización de los recursos.—E.E.M.

utilitario. Movido por la conveniencia práctica, el placer o la comodidad o por la evitación de sus contrarios; actitud fría a diferencia de la motivación simpática, afectiva de las relaciones y contactos de carácter "primario" o de la motivación idealista, dogmática o fanática en los movimientos de masas, guerras, etc.—T.D.E.

utilizar. Hacer uso de, consumir, dedicar a una finalidad útil.—E.E.M.

utopía. En su sentido específico la palabra se refiere a un famoso libro, titulado así, que describe una comunidad ideal, escrito por Sir Thomas More, publicado en latín en 1516 y traducido a todos los idiomas. El término tiene dos acepciones generales: 1) en el dominio de las humanidades y de las ciencias sociales, toda descripción romántica o filosófica, por el procedimiento literario del diálogo, la novela u otra forma similar, de un estado imaginario y acaso irrealizable de la sociedad, libre de las imperfecciones humanas; 2) en el lenguaje vulgar, todo esquema de conducta social que se supone impracticable o notoriamente fantástico.—J.O.H.

utopismo. Construcción de proyectos para la realización del eterno sueño humano de una sociedad perfecta; mejora social consciente por medio de ideas, ideales e instrumentos concretos de cambio social.—J.O.H.

uxoricidio. Especie del delito de parricidio consistente en el homicidio de la mujer cometido por su marido. Su penalidad puede atenuarse considerablemente en caso de cometerse bajo el imperio de una emoción violenta cual es el haber sorprendido a la víctima en flagrante delito de infidelidad conyugal (uxoricidio por adulterio).—J.C.

V

vagabundaje. Vagabundeo. Situación de desvinculación y desarraigo social acompañada de actividad deambulatoria, improductividad y generalmente de la práctica de la mendicidad. Puede constituir un índice de peligrosidad (q. vid.). Cf. vagabundo, vagancia.—J.C.

vagabundo. Persona desvinculada, ambulante y por lo general indigente que suele ofrecer diferentes tipos de aspecto y conducta. Carece de domicilio fijo y de vinculación local y no desarrolla actividad alguna productiva. Su estado parasitario puede ser considerado como un índice de peligrosidad (q. vid.); cuando va acompañado de proclividad criminal constituye un grave problema para la seguridad de la comunidad social. [Inglés, vagrant.]
No debe confundirse tal situación con la mera actividad trashumante del ocioso pobre, músico o actor ambulante, del juglar o trovador de la Edad Media o del literato que vive al día. Se trata en estos casos de individuos que hacen un espectáculo de su estilo de vida y que desdeñan su pobreza. Entre ellos se han contado algunos de los antiguos filósofos y ciertos soldados aventureros de los ejércitos primitivos. [Inglés, vagabond].—N.A. y J.C.

vagancia. Situación ambivalente de la persona que, careciendo de vínculos sociales permanentes y de medios visibles y legítimos de sostenimiento, se muestra voluntariamente refractaria al trabajo regular, sistemático y habitualmente profesado. Cuando no se debe a causas sociales independientes del sujeto (ostracismo postcarcelario, paro forzoso), puede constituir un índice de peligrosidad (q. vid.). Por otra parte, en el fondo de la vagancia pueden hallarse factores psicopatológicos (neurastenia, epileptoidismo) que requieran un tratamiento específico. La vagancia debe diferenciarse del vagabundaje (q. vid.). Cf. vago.—J.C. y J.M.R.

vago. Persona sin vínculos sociales estables ni medios visibles y lícitos de sostenimiento. Refractario al trabajo. La expresión se emplea a veces como sinónimo de vagabundo, aunque la desvinculación local y la actividad deambulatoria, características de éste, no son notas esenciales del vago.—J.C.

validez de los datos. Grado en que los datos corresponden a algún criterio que constituye una medida aceptable de los fenómenos que se estudian. Exactitud con que los datos representan lo que quieren representar. No debe confundirse con seguridad de los datos (q. vid.). —M.Pt.

valor. Supuesta capacidad de cualquier objeto para satisfacer un deseo humano. Cualidad de un objeto determinado que le hace de interés para un individuo o grupo. El valor es, en estricto sentido, una realidad psicológica y no es mensurable por ninguno de los medios hasta ahora inventados. Debe distinguirse de modo preciso de utilidad (q. vid.) porque su realidad se encuentra en la mente humana, no en el objeto externo mismo. El valor es, de modo estricto, una cuestión de opinión; un objeto cuya utilidad es por completo falsa tendrá el mismo valor que si tal utilidad fuera verdadera hasta que se descubra el engaño. Los valores últimos son axiomáticos e inherentes a la naturaleza humana (q. vid.). Su existencia puede descubrirse por la investigación social o psicológica, pero no puede demostrarse ni su validez ni su justificación. Los valores son, al mismo tiempo, las fuentes últimas de la motivación de toda conducta consciente, racional y télica.

valor de supervivencia. Cualidad de cualquier rasgo o característica que le confiere, o que confiere a su poseedor, ventaja en la lucha por la existencia. El concepto es esencial en la teoría darwinista de la evolución, particularmente en asociación con el concepto de la "supervivencia del más apto". Es importante hacer observar que, a este respecto, el término "valor" no tiene importancia sino en cuanto a la supervivencia misma. Rasgos positivamente repugnantes a los seres humanos pueden ser útiles para fomentar la persistencia de tipos no humanos, y en la liza social, rasgos que están en desacuerdo, de un modo definido, con los valores sociales pueden, no obstante, conducir a la supervivencia de sus poseedores.

valor estadístico. Véase **estadístico** (1).

valor objetivo. Tipo de juicio sobre personas, grupos o instituciones formado y demostrado por el consenso de los competentes.—J.H.B.

valor subjetivo. Tipo de juicio aceptado por personas, grupos o instituciones que surge del contexto societal y es condicionado por él.— J.H.B.

valoración. Evaluación (q. vid.).

valores, escala de. Serie en la que los valores personales y sociales, o sólo estos últimos, están situados en orden de importancia relativa en las actitudes de una persona o grupo de personas determinado. El orden de que se trata puede ponerse de manifiesto de diversas maneras, desde la afirmación de una ley a la medición estadística de ciertos actos.—T.D.E.

valores sociales. Objetos, inanimados o animados, humanos, artificiales o inmateriales, a los que el grupo atribuye por general consenso (colectiva o distributivamente) un determinado valor. Éste puede ser positivo o negativo. Las actitudes personales suelen reflejar el consenso del grupo respecto a los valores sociales, si bien éstos, a su vez, pueden influirlo y modificarlo. —T.D.E.

valle, ecología de. Teoría que sostiene que el valle de un río muestra de modo típico ejemplos de las formas fundamentales de organización social por el influjo de la ocupación. Cerca de la fuente del río, en las montañas, se encontrarán mineros, seguidos a su vez por pastores, pequeños campesinos de las estribaciones, plantadores de las llanuras costeras, pueblo comercial habitante de ciudades cerca de la desembocadura y pescadores y marineros en la costa oceánica.—H.E.M.

variable. Todo rasgo, cualidad o característica cuya magnitud puede variar en los casos individuales. Se emplea en oposición a atributo y a constante (q. vid.).—M.PT.

variable dependiente. Véase **variable independiente.**

variable independiente. Cuando dos magnitudes se encuentran relacionadas de tal modo que si una de ellas toma una serie de valores concretos, quedan definidos los valores correspondientes de la otra, la primera se llama variable independiente, y la última variable dependiente. Se verá que la distinción entre las dos suele depender del punto de vista del investigador. Por ejemplo: se puede considerar a los hombres que se casan en diversas edades determinadas y calcular para cada grupo de edad la edad media de la novia, en cuyo caso la edad de los maridos sería la variable independiente, o se puede invertir el proceso y hacer de la edad de las novias la variable independiente.—P.H.F.

variables societales. Cambios sociales y no sociales de magnitudes y grados diferentes que modifican la interacción humana.—H.A.P.

variación. Desviación del tipo establecido. En la evolución orgánica el término se aplica a la desviación que tiene lugar en el plasma germinal y en el somatoplasma, relacionados entre sí, y de la que resulta la aparición de nuevas variedades y especies. En sociología el término sólo es válido en un sentido analógico.

variación cultural. Cambios en los usos, costumbres e instituciones de una sociedad que, estando inicialmente sometidos a un período de prueba y comparación, acaban por ser admitidos o rechazados por obra de los procesos sociales mismos. El individuo —como inventor, imitador o adaptador— es el agente mediante el cual se producen las variaciones culturales o se ofrecen para su aceptación. El proceso de préstamo entre culturas o subculturas (de grupo, de cla-

se) dentro de una sociedad se llama transculturación (q. vid.).—A.M'C.L.

vasectomía. Operación quirúrgica consistente en practicar un corte, ruptura o extirpación de una parte del conducto deferente, por el que circula el esperma emitido por el testículo. De ordinario es una operación sencilla que puede realizarse en una hora o menos y únicamente con la ayuda de anestesia local. Sistema de esterilización del macho.—O.W.

vecindad. 1. Status jurídico del vecino o residente con casa abierta en un pueblo o municipio. 2. Pequeña comunidad caracterizada por la limitada superficie que ocupa y por las relaciones personales de presencia, que alcanzan un alto grado de desarrollo. Cf. grupo de vecindad. [Inglés, neighborhood.] 3. Período de residencia en un pueblo que se requiere para que un individuo o familia tenga opción a los derechos, cargos y beneficios concedidos por las leyes correspondientes.

4. Relación de conocimiento y proximidad física que se establece entre los vecinos (q. vid.), que puede dar lugar a la recíproca prestación de pequeños servicios de asistencia e incluso originar una relación de amistad o enemistad. Cuando no es así, de la vecindad sólo se deriva una mera relación de conocimiento (intercambio del saludo, etc.). En la sociología norteamericana se tiende a establecer terminológicamente dicha distinción, diferenciando estos tipos de vecinos (neighbor, buen vecino, el del primer tipo; neigh-dweller, el vecino del último tipo).—J.C.

vecindario. Conjunto de personas o familias con relaciones comunes de vecindad. Especialmente el conjunto formado por la totalidad de los vecinos de un municipio o sólo por parte de ellos.—J.C.

vecino. Dícese del habitante de un municipio, manteniendo en él casa abierta y contribuyendo con los demás a las cargas de la comunidad. Es también una denominación correspectiva de los que residen en un mismo edificio o pueblo, pero ocupando distintas viviendas.—J.C.

vejación. Maltrato, molestia, persecución, perjuicio o padecimiento causado a alguien con el fin de hacerle sufrir en sus sentimientos de decoro o dignidad personal. Ultraje (q. vid.). Puede revestir o no carácter físico y material y, según las circunstancias en que tiene lugar y las personas que la llevan a cabo, constituir una figura de delito. Actos legales pueden cumplirse en forma vejatoria.—J.C.

vejamen. Vejación (q. vid.).

vejez. La edad avanzada, tanto si se contiene en los límites imprecisos de la vejez como si alcanza a la senectud, no se considera como una condición susceptible de influir sustancialmente sobre la imputabilidad, aunque es evidente que produce una disminución o debilidad de las facultades psíquicas del individuo. La vejez sí parece relacionada con especiales formas de criminalidad (fraudes patrimoniales, falso testimonio, atentados al pudor) y requiere un tratamiento penitenciario adecuado a las peculiares condiciones psicofísicas que la caracterizan. Esto último suele ser reconocido por las legislaciones, que prevén en cuanto a los ancianos el cumplimiento de las penas en establecimeintos y conforme a regímenes especiales.—J.C.

vejez, asistencia a la. Véase **asistencia a la vejez.**

"vendetta." Término italiano con el que se designan las rivalidades familiares sangrientas, costumbre de la que todavía existen supervivencias en la isla de Córcega, en las montañas del Estado norteamericano de Kentucky y en muchas otras zonas primitivas del mundo. Cf. *venganza de sangre.*—T.S.

venéreas, enfermedades. Grupo de enfermedades localizadas de ordinario en el sistema genito-urinario. Las dos más señaladas son la sífilis y la gonorrea. La primera es causada por un microorganismo que penetra en la circulación de la sangre y finalmente invade los huesos, los órganos vitales y el tejido nervioso produciendo deterioros tanto psíquicos como físicos. La gonorrea es producida por un germen que ataca la uretra y en raras ocasiones los ojos. Aun cuando tanto la sífilis como la gonorrea pueden ser transmitidas por medios distintos del contacto corporal, el comercio sexual es la fuente de infección principal y más corriente.—J.W.M'C.

venganza. Sufrimiento que inflige al ofensor quien antes fué agredido por él. El término es más amplio que el de represalia (q. vid.) porque la venganza no reconoce límites respecto a la índole o grado del daño con que se responde al ofensor. [Inglés, *revenge*.]—J.L.G.

La venganza constituye la primera forma de reacción penal que se observa en la administración de justicia y responde a un sentimiento ancestral no desaparecido de las sociedades modernas. La venganza da nombre a dos épocas de la justicia histórica, según que la ejerzan los particulares ofendidos (venganza privada) o la autoridad social en nombre de ellos y del interés colectivo (venganza pública o social). La venganza adoptó diversas manifestaciones (de sangre, familiar, colectiva, talional, transversal, libre) y en ocasiones dió lugar a interminables luchas familiares que se sucedían de generación en generación. Unicamente puede decirse que se inicia la decadencia de la venganza, y en términos sólo relativos, cuando deja de asignarse a la pena un sentido retributivo y se la concibe, en términos finalistas, como un medio de readaptar socialmente a los delincuentes. El motivo de venganza en la conducta delictiva es hoy considerado como bajo o inferior y puede, incluso, constituir una causa de agravación de la responsabilidad.—J.C.

venganza de la sangre. Antigua institución penal consistente en la práctica consuetudinaria, obligatoria para la familia de la víctima, de corresponder al homicidio de uno de sus miembros dando muerte al homicida o a uno de sus parientes. Cf. *composición.*—G.P.M.

La venganza de la sangre tiene fundamento mágico-religioso y viene a ser como una supervivencia especializada de la venganza privada, que se prolonga hasta los tiempos modernos en ciertas capas sociales. Coexiste con las formas composicionales optativas, constituyendo una excepción forzosa a ellas, prevista para los casos de homicidio. Es una forma rudimentaria de justicia, propia de los pueblos que se encuentran en una etapa primitiva de su desarrollo, en la que todavía no existe un poder público sólidamente fundado. [Inglés, *blood vengeance*.] Cf. *"vendetta", venganza.*—J.C.

veracidad. Hábito o costumbre de decir la verdad. Credibilidad que merecen los dichos ajenos. Contrario de mendacidad.

vertical. Véase **circularidad vertical, grupo vertical, movilidad vertical.**

viajero abonado, zona de. Area periférica en torno a las grandes ciudades desde la cual los residentes en ella viajan regularmente para trasladarse de su domicilio a su trabajo y para regresar a aquél, empleando de ordinario los sistemas públicos de transporte. [Inglés, *commuter's zone*.] Cf. *dormitorio (ciudad)*.—E.E.M.

vicio. Conducta personal de cierta índole que el código moral desaprueba, debido en particular a su tendencia a lesionar la propia personalidad física, mental o social, y a causa de su exposición, por contagio físico o social, a producir lesiones análogas en otros. El vicio adopta formas diversas, pero casi de modo invariable significa el empleo de algún impulso o apetito natural para fines o propósitos distintos de los que le son propios, o el abuso de semejante impulso para obtener una satisfacción excesiva. La práctica del vicio tiende a formar hábitos y a dejarse dominar progresivamente por él. Sus malos efectos pueden quedar limitados estrictamente al individuo. La desaprobación social del vicio tiene su fundamento en la lesión que sufre la sociedad por el deterioro de cualquiera de sus miembros individuales y en el peligro de su contagio a otros individuos. Cf. *áreas o zonas de vicio.*

vicio comercializado. Tal como suele emplearse esta frase en los estudios sociológicos, no significa otra cosa que el negocio de la prostitución. La prostitución ofrece diversos grados de comercialización, desde su ejercicio independiente por las propias prostitutas hasta la explotación de éstas en burdeles o casas de prostitución. En algunos países orientales el negocio de la prostitución ha sido aceptado como una institución. En los países occidentales se la tolera como parte del sistema de policía o tiene un *status* ilegal y, en este caso, se la hace objeto de medidas restrictivas en cumplimiento de la ley.—W.C.R.

víctima. Persona sobre quien recae la acción criminal o que sufre en sí misma, en sus bienes o en sus derechos las consecuencias nocivas de dicha acción. Perjudicado, ofendido por el delito. Sujeto pasivo del delito. La intervención previa o posterior del sujeto pasivo del delito, ya otorgando su consentimiento (cf. *consentimiento del ofendido*) a los actos dirigidos contra él, ya el perdón (q. *vid.*) que extingue la acción penal o la pena, ya promoviendo la expresada acción (mediante la denuncia o la querella) o coadyuvando a su ejercicio, es susceptible de revestir gran importancia a los fines jurídico-penales.—J.C.

vida. Una estructura-función del protoplasma, gracias a la cual es capaz de mantener un equilibrio de energías en sus respuestas a los diversos medios.—T.D.E.

vida, cambio de. Véase **cambio de vida.**

vida, ciclo de. Véase **ciclo vital.**

vida, expectativa de. Véase **expectativa de vida.**

vida familiar de los animales. Véase **animales (vida familiar de los).**

vida industrial, ciclo de la. Véase **ciclo de vida industrial.**

vida, nivel de. Véase **nivel de vida.**

vida, pauta de. Véase **pauta de vida.**

vida rural, fomento de la. El movimiento en favor de la vida rural tiene como finalidad la realización del deseo de hacer que la civilización rural llegue a ser algo tan eficaz y satisfactorio como las demás formas de civilización. Sus orígenes en Estados Unidos cabe fijarlos a partir de la labor que llevó a efecto la Comisión de la Vida Rural, instituída por el presidente Teodoro Roosevelt en 1908.—D.S.

vida, tabla de. Véase **tabla de vida.**

vigilancia por la autoridad. Véase **libertad vigilada.**

villorrio. Pequeño grupo de caseríos en un territorio rural. Pequeña aldea. [Inglés, *hamlet*.] Cf. *aldea.*—D.S.

vínculo mutuo. Véase **nexo mutuo.**

violación. Delito consistente en el conocimiento carnal de una mujer, logrado contra su voluntad y mediante violencia real o presupuesta de índole física o moral. La violencia ha de ser real en el caso de la mujer púber y capaz de consentir; se presume *juris et de jure* en el caso de la impúber, haya consentido de hecho o no, y en la mujer dormida, ebria o demente. La llamada "edad de consentimiento" es determinada muy variamente por las legislaciones de cada Estado, acusando la tendencia a elevarla incluso hasta los 18 años, en defensa y protección de la libertad de determinación. [Inglés, *rape*.] Cf. *estupro.*—A.E.W. y J.C.

violación de domicilio. Allanamiento de morada (q. *vid.*).

violación de secretos. Intrusión en la esfera de la intimidad privada que puede revestir carácter delictivo en cuanto ataque a la libertad y seguridad individuales cuando no está justificada por la necesidad, el interés público o la orden o mandamiento judicial. Tal es el caso de la efracción o quebrantamiento de la correspondencia. Debe distinguirse de la revelación de secretos.—J.C.

violencia. Característica que puede asumir la acción criminal cuando la distingue el empleo o la aplicación de la fuerza física o el forzamiento del orden natural de las cosas o del proceder. La violencia es elemento constitutivo de numerosos delitos contra las personas, ya afecten su vida o su integridad corporal (homicidio, lesiones), ya su honestidad (violación), y contra su patrimonio (robo, daños), etc. La violencia caracteriza también todo un tipo de criminalidad (violenta), por contraposición a la astucia, el fraude y la simulación (criminalidad fraudulenta).—J.C.

"virgate." Medida agraria utilizada en la Inglaterra medioeval para designar una superficie que ascendía, por lo general, a tres acres.—N.L.S.

visión, busca de la. Búsqueda deliberada de un espíritu guardián personal, que se manifestaba por medio de un sueño o visión, de ordinario después de ayunos y vigilias, que los indios de numerosas tribus norteamericanas emprendían durante la infancia o la adolescencia.—G.P.M.

visita de cárceles. La que un juez o tribunal debe realizar periódicamente a los establecimientos carcelarios de su demarcación a título de inspección y para recibir las quejas y reclamaciones de los reclusos en relación con el régimen y tratamiento a que dentro de ellas están sometidos.—J.C.

visita domiciliaria. Se llama así la que hacen los trabajadores o agencias sociales en relación con los casos sometidos a su conocimiento. También las que deben efectuar los jueces u otras autoridades en determinados establecimientos o centros con fines de inspección.—J.C.

visitador. Denominación genérica de cualquier funcionario público, trabajador social o miembro de sociedades filantrópicas, iglesias, etc., que tiene a su cargo hacer visitas o reconocimientos domiciliarios con fines de información y asistencia. Cf. *maestro visitador.*—J.C.

vista. Acto procesal solemne que se celebra ante un juez o tribunal con asistencia de las partes y sus representantes y defensores y del fiscal para informarle de un proceso civil o criminal, practicar determinadas diligencias (prueba), escuchar los informes y alegaciones pertinentes y resolver un incidente o dictar sentencia y fallo que lo concluyan. La vista puede ser pública o celebrarse a puerta cerrada con la exclusiva asistencia de las personas citadas, y la sentencia puede dictarse en el mismo acto o posteriormente.—J.C.

vital. Véase **estadística vital, índice vital, revolución vital, salario vital.**

vitalidad. Condiciones constitucionales favorables a la longevidad, a la salud o a la fecundidad.

Nota: El término se aplica algunas veces a un alto grado de fertilidad en cuanto tal, en el supuesto erróneo de que las circunstancias sociales tienen un influjo insignificante en la fertilidad.—F.L.

viuda, viudo. Mujer u hombre cuyo cónyuge ha fallecido y que no ha contraído nuevo matrimonio.—W.G.

viudal, cuota. Parte que corresponde a la viuda en la sucesión hereditaria de los bienes de su marido fallecido. [Inglés, *dower*].—G.P.M.

viudedad. Pensión vitalicia que corresponde a la viuda, mientras conserve su estado, en concepto de derechos pasivos y que le es abonada por la administración pública, si aquél era funcionario, o por los servicios de previsión o seguridad social.—J.C.

viudez. Estado del viudo o viuda; período durante el cual un viudo permanece en dicho estado.—W.G.

vivienda insalubre. Tugurio. Vivienda cuyas condiciones de infección, humedad y falta de ventilación, de luz natural o de calefacción e instalaciones sanitarias, son perjudiciales para la salud de sus ocupantes.—S.S.

vivienda lacustre. Vivienda sobre pilotes (*q. vid.*).

vivienda sobre pilotes. La construida sobre postes o pilotes, con gran frecuencia, pero no siempre, en un lago o pantano.

viviendas, congestión de. Ocupación de zonas de terreno con aglomeraciones de casas de tipo múltiple o de una o dos familias. [Inglés, *housing congestion.*] Cf. *superedificación.*—E.E.M.

viviendas, cooperativa de. Véase **cooperativa de construcción.**

viviendas de compañías. Véase **compañías (viviendas de).**

viviendas para la defensa. Así se llamaron en Estados Unidos [*defense housing*] las viviendas de guerra, las viviendas de emergencia construidas principalmente para hacer frente a las necesidades de los obreros civiles empleados en industrias de guerra o en las plazas militares o navales y del personal casado alistado en el ejército o la marina.—S.S.

volición. 1. En sentido lato, capacidad de realizar actos previstos, es decir, actos procedentes de su propia idea o representación. En este sentido, los actos voluntarios se distinguen de los actos reflejos; sin embargo, los actos pueden estar determinados por la idea o representación. La repetición de los actos de este tipo (hábito) puede hacerles perder el carácter voluntario. 2. En sentido estricto, capacidad de realizar actos dirigidos y premeditados. Estos actos no van meramente precedidos por su representación, sino por una reflexión sobre su idea misma, bajo la forma de examen o deliberación. En este sentido los actos voluntarios se distinguen de los actos espontáneos. 3. Capacidad de elegir. 4. (*filosofía*) Tendencia hacia un objeto considerado bueno por el intelecto. Cf. *voluntad.*—B.M.

volición social. Esfuerzo o impulso social bajo el estímulo del deseo o de "los sentimientos".

Los objetivos que se persiguen son "los fines de la volición."—F.H.H.

voluntad. Capacidad de dirigir la conducta personal mediante la elección entre dos o más posibilidades. Capacidad de equilibrar un estímulo o impulso con otro y de elegir aquel que parezca preferible desde el punto de vista del interés principal del individuo en cuestión. El concepto de voluntad lleva implícita la idea de que la voluntad humana es algo más que el resultado de un mero paralelogramo de fuerzas y de que el yo tiene poder para otorgar a un impulso determinado mayor peso que a otros, produciendo un resultado diferente del que podría esperarse si la persona humana fuera un mero mecanismo de reacciones gobernado por instintos, reflejos o tropismos. No existe distinción importante entre "voluntad" y "voluntad libre". Ambas se consideran dotes humanas exclusivas.

La voluntad lleva consigo de modo lógico los conceptos de volición, elección, razón, previsión y decisión. Acaso la existencia y actuación de la voluntad se revele con mayor claridad en los tipos de conducta en que no existe ventaja imaginable por parte de una alternativa sobre otra. Por ejemplo: se puede dejar un lápiz en la carpeta, ante uno, y decidir por medio de la voluntad moverlo a la derecha o a la izquierda.

voluntad colectiva. Voluntad asociada de dos o más individuos en donde además se supone que la voluntad del grupo es diferente de la de cada partícipe y de la suma de las voluntades de todos ellos. Concepto muy discutido. Cf. *voluntad individual, voluntad social.*—M.S.

voluntad de grupo. Véase **voluntad colectiva.**

voluntad individual. Voluntad de un individuo.

voluntad libre. Véase **voluntad.**

voluntad social. Voluntad combinada de dos o más partícipes en un proceso de interacción. Concepto muy discutido. Cf. *voluntad colectiva.*—M.S.

voluntario. Dependiente de la voluntad o relativo a ella. Cf. *asociación voluntaria, cooperación voluntaria.*

voluntariedad. Capacidad de querer. Capacidad psíquica de determinación autónoma en consideración a motivos propios y libres o aceptados como tales por el sujeto. La voluntariedad constituye un presupuesto necesario de la responsabilidad criminal, que dentro de la estructura del delito se vincula o refiere a la culpabilidad. Superada hoy la antigua discusión filosófica entre liberoarbitristas y deterministas, la voluntariedad, en cuanto expresión individual, es presumida generalmente en toda acción delictiva, si bien subordinando dicha presunción a la prueba en contrario que pueden suministrar las causas de inculpabilidad (*q. vid.*).—J.C.

voto. 1. Promesa solemne hecha a un ser sobrenatural por la cual una persona se obliga, bien de manera absoluta, bien con carácter condicional —siendo en este caso la condición la concesión anticipada de cierto favor divino—, a realizar un servicio o acto determinado de devoción o a abstenerse de un tipo particular de conducta. Cf. *ofrenda votiva.* 2. Sufragio electoral. Expresión de la voluntad individual en materia política o social.

voto dividido, técnica del. Artificio de investigación con arreglo al cual dos cuestionarios alternativos, de distinta redacción, se someten a secciones transversales comparables de la población a fin de probar el efecto de las diferencias en la redacción de las preguntas en las *surveys* y escrutinios de la opinión pública [Inglés, *split-ballot technique*].—M.Pt.

Vucetich, método de. Sistema de clasificación de las huellas digitales ideado por el argentino Juan Vucetich en 1891 y que se emplea en gran escala, con unas u otras modificaciones, en diversos países latinoamericanos, del sur de Europa y en Noruega.—T.S.

Es un método sencillo y de gran utilidad para la identificación personal, que permite la comprobación fidedigna de la reincidencia.—J.C.

W

wakanda. Concepto del poder sobrenatural impersonal de los indios sioux de Norteamérica. Cf. *mana.*—G.P.M.

wampum. Sartas o cinturones de conchas de marisco que los indios de Norteamérica emplean como adorno y como medida del valor. —G.P.M.

"Weltanschauung." Concepción del mundo (q. vid.).

"Wergeld." Precio del hombre. Institución composicional del antiguo derecho germánico, propia de la etapa de la venganza privada (q. vid.), consistente en la cantidad de dinero o bienes que el agresor o su tribu debían pagar al agredido o a la suya, en los casos de delitos graves y según la posición social del agredido. El *Wergeld* fué en un principio de aceptación potestativa por parte de la víctima del delito o de sus parientes y sólo mediante su pago podía el agresor rescatar su seguridad personal del ejercicio del derecho de venganza atribuído a aquéllos. Cf. composición, precio de la sangre.—J.L.G. y J.C.

wigwam. Choza de los indios de la parte oriental de Norteamérica, de forma variable (de arqueada a cónica) y cubierta de ordinario con esterillas de corteza.—G.P.M.

Y

yo. La concepción que tiene un individuo de su propia personalidad. [Inglés, *self*.] Cf. *conciencia (foco de), ego, personalidad.*—H.H.

yo, como espejo del mundo. Frase corriente en la sociología norteamericana desde Cooley. Se usa para indicar el proceso de formación del yo. Se trata del aspecto social de ese yo, como consecuencia del juicio que uno tiene de sí mismo al verse reflejado en el juicio y en las actitudes de los demás. [Inglés, *looking-glass self*].—F.D.W.

yo dividido o escindido. Desunión patológica de la personalidad que fluctúa desde la percepción del conflicto interior (por ejemplo: San Pablo) a la alternancia de personalidades más o menos completas y distintas (por ejemplo: en la novela, Dr. Jeklly y Mr. Hyde). [Inglés, *divided self*].—A.J.T.

yo, situación del. Véase **situación del yo.**

yo social. 1. El individuo tal como otros lo ven desde la perspectiva de sus experiencias sociales o el aspecto de su personalidad destacado como importante por los demás en sus relaciones con él. 2. La conciencia de un individuo acerca de su capacidad para asumir los papeles que se le exigen, o un sentido de estima para lo que se cree merece el reconocimiento de los demás. [Inglés, *social self*].—B.M.

Z

zadruga. Nombre eslavo de la familia comunal gobernada por el hombre o la mujer más viejos del grupo. Algunas veces se emplea, en la actualidad, para designar una cooperativa.—N.L.S.

zigote. Célula producida por la fusión de los dos gametos, el esperma y el huevo; el huevo fertilizado.—F.H.H.

zona. Área (q. vid.).

zona comercial. Territorio que circunda a un centro comercial, del que depende de manera inmediata y del que irradia su comercio rural. La zona comercial es de forma imprecisa y hasta cierto punto proporcionada en dimensiones al volumen del centro comercial. No tiene límites precisos y definidos sino más bien un contorno transitorio que varía con la competencia del centro de comercio interlocal y su auge o decadencia.—C.E.L.

zona de acuerdo. Parte o fragmento de la materia de una división sobre la que no se produce polémica alguna entre las personas o grupos que sustentan opiniones divergentes. Algunas veces se dice de ciertos funcionarios públicos o agencias sociales que actúan "en zona de acuerdo". No se aventuran a salir de ella por el temor de suscitar críticas. Cf. *área de entendimiento.*—N.A.

zona de deterioro. (*sociología urbana*) Área o zona urbana en la que un grado inferior de utilización del terreno sucede, más o menos permanentemente, a una utilización más valiosa del mismo. Por ejemplo: la erección de un distrito de viviendas insalubres en una zona que, con anterioridad, estaba destinada a casas de campo o edificios de apartamentos.—E.E.M.

zona de tolerancia. Expresión que generalmente se emplea en relación con las investigaciones sociales e informaciones sobre la prostitución en las ciudades americanas, y consiste en una concentración, más o menos consentida, de lugares de vicio o casas de prostitución en una zona determinada de una ciudad, de ordinario en los barrios bajos de las grandes ciudades. En un tiempo existió la tendencia a creer que la policía confinó realmente las casas de lenocinio dentro de los límites de la zona de tolerancia y que en este sentido las concentró, dando lugar al nacimiento de un distrito segregado. Pero la observación ha demostrado que existían muchas casas de prostitución fuera de la zona de tolerancia y que en su mayor parte la prostitución ambulante o callejera se verificaba fuera de dicho distrito. Es probable que la zona de tolerancia fuera más bien el producto de la segregación natural de los burdeles, que al invadir un área o zona de deterioro (q. vid.) o persistir en ella no fueron objeto de protestas ni por sus residentes ni por los encargados de velar por la ley. Las llamadas cruzadas contra el vicio, acompañadas, con frecuencia, de las *surveys* preliminares que pusieron de manifiesto el mal, han logrado hacer desaparecer las zonas de tolerancia en la mayoría de las ciudades norteamericanas. [Inglés, *segregated district*].—W.C.R.

zona de transición. (*sociología urbana*) Área o zona urbana en estado pasajero de deterioro caracterizado por un grado de utilización del terreno inferior al precedente y no apta todavía para que le suceda una utilización más valiosa. Por ejemplo: un distrito de viviendas levantado en una zona que estuvo dedicada a residencias de lujo, pero llamado a desaparecer por la intrusión de edificios destinados a negocios. Cf. *área de transición.*—E.E.M.

zona del viajero abonado. Véase **viajero abonado** (**zona del**).

zona ecológica. 1. Franja o superficie trazada sobre un eje radial, formando un círculo o semicírculo y que se caracteriza por alguna cualidad diferencial del ajuste entre hombre y medio. 2. Cualquier zona trazada siguiendo una gradiente ecológica, que se sitúa entre límites máximos y mínimos como expresada en función del factor variable de la gradiente.—J.A.Q.

zona erógena. Parte del cuerpo susceptible de estímulo sexual. Es más extensa en el cuerpo femenino que en el masculino.—E.R.G.

zona urbana. Área de la ciudad caracterizada por un fenómeno determinado: negocios, fábricas, residencias, inmigración, riqueza, pobreza, delito.—O.W.

zonificación. Acción y efecto de dividir en zonas un área urbana o rural para facilitar la realización de determinados fines políticos, administrativos o de otra clase. Cf. *división en zonas.*

Este libro se terminó de imprimir y encuadernar en el mes de julio de 1997 en Impresora y Encuadernadora Progreso, S. A. de C. V. (IEPSA), Calz. de San Lorenzo, 244; 09830 México, D. F. Se tiraron 3 000 ejemplares.